建筑工程变更相关法律问题研究

JIAN ZHU GONG CHENG BIAN GENG XIANG GUAN FA LÜ WEN TI YAN JIU

朱洁娜 赵振华 刘佳明 著

中国政法大学出版社

2024·北京

图书在版编目（ＣＩＰ）数据

建筑工程变更相关法律问题研究 / 朱洁娜，赵振华，

刘佳明著. -- 北京 ：中国政法大学出版社，2024. 9.

ISBN 978-7-5764-1773-9

Ⅰ. D922.297.4

中国国家版本馆 CIP 数据核字第 20244EW440 号

出 版 者　　中国政法大学出版社

地　　址　　北京市海淀区西土城路 25 号

邮寄地址　　北京 100088 信箱 8034 分箱　邮编 100088

网　　址　　http://www.cuplpress.com (网络实名：中国政法大学出版社)

电　　话　　010-58908586(编辑部) 58908334(邮购部)

编辑邮箱　　zhengfadch@126.com

承　　印　　固安华明印业有限公司

开　　本　　720mm×960mm　　1/16

印　　张　　30.5

字　　数　　520 千字

版　　次　　2024 年 9 月第 1 版

印　　次　　2024 年 9 月第 1 次印刷

定　　价　　129.00 元

序 言

在建筑工程这一浩瀚而复杂的领域，每一砖一瓦的堆砌都不仅仅是物理上的累积，更是法律与合同精神的深刻体现。随着城市化进程的加速和建筑技术的日新月异，建设工程项目日益呈现出投资规模庞大、建设周期长、技术难度高的特点，这些特性使得工程建设过程中的不确定性和风险显著增加。面对这些挑战，如何有效管理工程变更，平衡发包方与承包方之间的利益，确保工程项目的顺利进行，成了一个亟待解决的重要问题。

《建筑工程变更相关法律问题研究》一书的问世，无疑为这一领域的研究与实践提供了宝贵的参考。在建设工程合同纠纷中，工程变更往往会成为争议的焦点，其不仅关乎工程量的增减、工程价款的调整，更是直接涉及当事人之间权利义务的重新分配。因此，对工程变更相关法律问题的深入研究，不仅有助于提升司法裁判的准确性和公正性，对于指导行业实践、促进建筑业健康发展而言更是具有重要意义。

本书通过详实的案例研究和深入的理论分析，全面探讨了建设工程领域工程变更所涉及的法律问题。从工程变更与签证、索赔之间的法律关联，到EPC模式下固定总价合同工程变更的法律认定，再到国内外示范文本关于工程变更约定的差异比较，直至我国建筑工程工程变更相关规则的重构路径，作者以严谨的逻辑和丰富的实践经验，为我们呈现了一幅工程变更法律问题的全景图。

特别值得一提的是，本书在案例研究部分精心梳理并评析了我国中级以上法院近年来在涉工程变更案件审理中的最新裁判结果。这些案例不仅反映了司法实践中对工程变更问题的处理态度和裁判标准，更为我们理解和把握相关法律问题提供了生动的素材和有益的启示。通过对这些案例的深入剖析，我们能够更加清晰地看到工程变更背后的法律逻辑和利益博弈，从而更加准确地把握裁判的尺度和方向。

此外，本书还深入探讨了工程变更责任划分这一核心问题。在工程实践中，由谁来承担工程变更带来的不利法律后果，直接关系到发包方与承包方的切身利益。本书根据变更的不同情形，具体分析了发包方、承包方以及勘察、设计人等各方可能承担的责任，为我们在实践中处理类似问题提供了有力的指导。

总之，《建筑工程变更相关法律问题研究》一书是一部集学术性、实践性和指导性于一体的佳作。它不仅为我们提供了丰富的理论资源和案例参考，更为我们解决建设工程领域中的实际问题提供了有力的法律支持。我相信，本书的出版必将对推动我国建设工程法律制度的完善和发展产生积极而深远的影响。

在此，我衷心祝愿本书能够得到广大读者的喜爱和认可，并希望它能够成为我们共同探索建设工程法律问题的良师益友。

肖峰

2024 年 8 月 24 日

目 录

工程变更的认定及其相关法律问题

在建筑工程领域，关于工程变更的讨论很多，实践争议也比较大。那么，到底何为工程变更，工程变更的范围到底包括哪些，在施工过程中如何有效进行工程变更以及工程变更之后如何对变更责任范围进行划定以更好地维护自己的权益？这些都是实务界所共同关注的问题。本章将主要围绕这些问题而展开，并结合法院作出的相关裁判案例来剖析工程变更背后的相关法律问题。

一、工程变更相关概述

（一）工程变更的定义

工程变更是建筑施工合同中的一个常见概念，是发承包方在合同履行过程中对合同约定事项进行的调整和改变，主要包括工作内容的增减、质量标准的调整、施工顺序和时间的改变、施工工艺以及条件的变更等。《建设工程工程量清单计价规范》（GB50500-2013）、《由业主设计的建筑和工程施工合同条件》（以下简称"2017年版FIDIC红皮书"）等示范文本都对"工程变更"概念进行了界定。例如，《建设工程工程量清单计价规范》（GB50500-2013）将"工程变更"定义为：合同施工过程中由发包人提出或者由承包人提出经发包人批准的合同工程任何一项工作的增、减、取消或施工工艺、顺序、时间的改变；设计图纸的修改；施工条件的改变；招标工程量清单的错、漏从而引起合同条件的改变或工程量的增减变化。而2017年版FIDIC红皮书将"变更"定义为"变更指根据第13条［变更和调整］规定，经指示作为变更的、对工程所做的任何更改"。此外，《建设工程施工合同（示范文本）》

（GF-2017-0201）（以下简称"2017 年版示范文本"），虽然没有直接对工程变更的概念作出明确界定，但通过其第 10.1 款规定可以看出，工程变更主要涉及增加或减少合同中任何工作或追加额外的工作，取消合同中任何工作但转由他人实施的工作除外，改变合同中任何工作的质量标准或其他特性，改变工程的基线、标高、位置和尺寸以及改变工程的时间安排或实施顺序。

除了国内的一些示范文本外，在一些规范性文件中也可以找到对"工程变更"相关概念的界定。例如《阜阳市政府投资建设项目变更管理暂行办法（修订）》第 5 条就明确规定："本办法所称工程变更是指项目自工程初步设计批准之日起至通过竣工验收正式交付使用之日止，对已批准的初步设计文件、技术设计文件或施工图设计文件在实施阶段所发生的工程规模、技术标准、工作内容、工程数量、结构形式等进行的调整和修改（设计施工一体化项目的变更从初步设计至工程竣工，施工总承包方式项目的变更从招标完成至竣工验收）。"再如，《北海市政府投资建设工程变更管理办法（暂行）》第 2 条规定："本办法所称工程变更是指项目自签订施工合同之日起至竣工验收正式交付使用之日止，对已批准的施工图设计文件进行的调整、修改和完善（包括：建设规模、建设内容、建设标准、重要材料及设备、技术标准、结构型式等）。合同约定建设期内因主材价格、人工工资上涨引起工程价款变化的，不属于本办法规定的工程变更范围。"又如广州市律师协会的《建设工程索赔法律服务指引（2021）》将"工程变更"界定为："在工程项目实施过程中，按照合同约定的程序，监理人根据工程需要下达指令对招标文件中的原设计或经监理人批准的施工方案进行的在材料、工艺、功能、功效、尺寸、技术指标、工程数量及施工方法等任一方面的改变。"

由此可见，并不是工程上的任何更改都构成变更，只有当工程师按照规定程序指示其为变更时，该更改才构成变更，才能获得变更所对应的权利和义务。需要特别注意的是，虽然在建设工程合同中，对"工程"的变动通常会引起对合同权利义务的变动，但不能将两者等同对待。对于"合同变更"，在一般情形下只要合同当事人双方达成合意即可，《民法典》[1]第 543 条直接规定"当事人协商一致，可以变更合同"。在特殊情形下，"合同变更"也

---

[1]《民法典》即《中华人民共和国民法典》。为表述方便，本书中涉及我国法律文件省去"中华人民共和国"字样，直接使用简称，全书统一，后不赘述。

可由法院作出。《民法典》第 533 条第 1 款即提及"……在合理期限内协商不成的，当事人可以请求人民法院或者仲裁机构变更或者解除合同。"工程变更则与此大不相同。首先，在变更主体上，工程变更的主体是发包人，合同变更的主体则是合同双方当事人。其次，在变更范围上，工程变更的范围仅限于为保障工程顺利完成而对工程的外观、标准、功能等所作出的必要修改，需要发包人委托工程师作出修改，工程师无权单独作出修改。合同变更的可变更范围则相对更为宽泛，可能涉及合同中的各类权利义务。狭义上的合同变更，可对合同中除当事人以外的内容进行变化。广义上的合同变更还包括对合同当事人的变化（即债权转让或债务承担）。而工程变更范围仅限于为顺利实施工程而对工程的外观、标准、功能及其实施方式作出的必需修改。[1]但需注意，合同变更的范围或程度并非不受限制。如若对合同内容所作的变化已经影响到了合同的同一性，则此时应当属于合同更改。合同变更与合同更改的最大区别在于当事人意思表示。当事人有明确的变更或者更改意思，即可认定合同变更或合同更改，无须判断该变更为要素变更还是非要素变更。同时，在当事人意思表示不明确之时，应通过合同解释探求当事人真意。[2]在变更时间上，工程变更的时间一般发生在自签订施工合同之日起至竣工验收正式交付使用之日止，合同变更的时间所受限制并不明显，一般在合同履行过程中都可以进行变更，往往以当事人意思自治为主。

此外，在"工程变更"这一概念之外，也有示范文本使用"变更""设计变更"等表述来表达相似的意思。如《建筑装饰工程施工合同（甲种本）》（GF-1996-0205）、《建设工程施工合同（示范文本）》（GF-2013-0201）（以下简称"2013 年示范文本"）就使用了"设计变更"的表述。"设计变更"主要指向施工所依据的规划、设计文件的变更。此种变更会导致工程量的增加或返工，进而造成工期延长。[3]由此可见，设计变更仅是工程变更的一种类型。从广义上理解，工程变更包括设计变更、进度计划变更、施工条件变更以及原招标文件和工程量清单中未包括的"新增工程"等。由于建设施工的复杂性和多变性，建设工程施工合同一般都会设置专门条款对

---

〔1〕 梁晋：《"工程变更"与"合同变更"有啥不同》，载《中国招标》2015 年第 40 期，第 36 页。

〔2〕 吕双全：《合同变更中同一性识别规则的规范构造》，载《现代法学》2021 年第 2 期，第 19 页。

〔3〕 常设中国建设工程法律论坛第八工作组：《中国建设工程施工合同法律全书词条释义与实务指引》（第 2 版），法律出版社 2021 年版，第 591 页。

工程变更进行约定。针对施工复杂、情况多变的工程项目更是如此。值得注意的是，在招投标情形中，由于发承包双方在签订建设工程施工合同时无法对尚未发生的工程变更进行预料，一旦工程量发生变更，只要仍在原招标设计范围之内，承包方仍需承担相应的施工义务。若变更的工程已超出原招标设计范围且承包方无法履行，则承包方可以拒绝或者要求发包方予以相应补偿，而非招投标项目对此没有严格设计范围要求，只要依据合同约定或者当事人双方协商一致即可进行变更。

（二）工程变更的范围

《建设工程施工合同（示范文本）》（以下简称"示范文本"）对工程变更的范围作了如下界定：承包方按照工程师发出的变更通知及有关要求，进行下列需要的变更：①更改工程有关部分的标高、基线、位置和尺寸；②增减合同中约定的工程量；③改变有关工程的施工时间和顺序；④其他有关工程变更需要的附加工作。由此可见，在1999年版示范文本中，工程变更涉及的内容主要包括工程量、工程尺寸、施工时间和顺序等。而2013年版示范文本和2017年版示范文本对工程变更范围的规定基本相似："除专用合同条款另有约定外，合同履行过程中发生以下情形的，应按照本条约定进行变更：（1）增加或减少合同中任何工作，或追加额外的工作；（2）取消合同中任何工作，但转由他人实施的工作除外；（3）改变合同中任何工作的质量标准或其他特性；（4）改变工程的基线、标高、位置和尺寸；（5）改变工程的时间安排或实施顺序。"由此可见，2013年版示范文本和2017年版示范文本相对于1999年版示范文本的而言，工程变更的范围有所增加，并进一步进行了细化，"取消合同中任何工作，但转由他人实施的工作除外"也被列入工程变更的范畴。针对此类工程变更，2017年版示范文本还规定发包人违反约定，自行实施被取消的工作或转由他人实施的，承包人可以据此要求发包人承担相应的违约责任。

《建设工程工程量清单计价规范》（GB50500-2013）对工程变更的类型则列举了以下几类：①合同工程任何一项工作的增、减、取消；②施工工艺、顺序、时间的改变；③设计图纸的修改；④施工条件的改变；⑤招标工程量清单的错、漏引起的合同条件的改变；⑥招标工程量清单的错、漏引起的工程量增减变化。根据上述所列出的6种情形，可以看出工程变更主要涉及项目的质量目标、工期目标、投资目标的变化，大体上与《建设工程施工合同（示范文本）》所规定的变更范围一致。

此外，针对政府投资建设项目中的工程变更范围，各地方政府还会出台细则进行进一步规范。如《阜阳市政府投资建设项目变更管理暂行办法（修订）》第6条规定了工程变更主要包括以下情形："（一）设计文件中漏、缺的设计内容；（二）因勘察资料不详尽或其他原因导致的设计不准确，存在质量和安全隐患；（三）原勘察设计成果与自然条件（含地质、水文、地形等）不符；（四）在不降低工程质量和使用功能的前提下，能有效减少工程数量、降低施工难度和工程成本、加快施工进度而进行的设计优化；（五）有利于确保工程质量、安全、环保和节约用地，避免水土流失，改善施工条件的设计调整或修改；（六）因农田、水利、工矿、城镇规划、景区开发、生态建设以及文物、环境保护等工作，需要对原设计进行修改和完善；（七）受地理条件限制等客观原因影响，需要对原项目建设内容、建设规模、建设标准等进行调整或取消；（八）根据市政府或市政府相关主管部门要求，或因相关规划、区域规划的调整，须对项目建设内容、建设规模、建设标准和施工工期进行调整；（九）对工程施工过程中存在重大安全隐患或可能发生重大安全事故，需进行紧急抢险救灾而采取的工程措施；（十）因国家政策、国家标准、行业标准、地方标准调整，需要对原项目建设内容、建设规模、建设标准进行调整。"

《北海市政府投资建设工程变更管理办法（暂行）》第3条规定："项目招标后，必须严格执行经审查合格并备案的施工图设计文件，任何单位不得擅自修改。出现下列情形的，可以申请工程变更：1.因自然灾害、国防战备、应急抢险等不可抗力原因需对原设计进行补充、修改、完善的；2.项目实施过程中，施工现场已发生改变，若继续按原勘察、设计文件实施会出现质量和安全隐患的；3.市政府或其授权的机构根据城市发展需要决定对项目建设规模、使用功能、建设标准、建设内容、规划条件进行调整的；4.勘察、设计存在缺陷（含勘察资料不能准确反映地质情况或设计深度不足）并经原勘察、设计单位书面认可的；5.为节约工程造价优化设计的；6.因政策调整、征地拆迁等原因须调整设计文件的；7.有关部门检查作出整改要求的，市委、市政府文件作出要求的，自治区和市委、市政府领导调研视察作出要求并形成会议纪要或备忘录的；8.工程存在非施工单位造成的质量及安全隐患的；9.法律法规及合同约定的其他允许变更的情形。"

《淮南市政府性投资建设工程实施阶段全过程造价管理办法》第23条第1款规定："政府性投资建设工程原则上不允许发生工程变更，有下列情形之一确需变更的，由项目建设管理单位依照有关规定申请变更：（一）勘察、设计成果与项目地质、水文、地形等条件不符的；（二）工程量清单错项、漏项的；（三）因政策、规划和国家强制性规范要求的；（四）项目规划、设计有重大缺陷的；（五）受疫情、台风、地震、洪水、战争、文物保护等不可抗力影响的；（六）在不降低工程质量、使用功能、安全、节能、环保的前提下，能有效减少工程量、降低施工难度、减少工程成本、加快施工进度而进行设计优化的；（七）施工过程中，由于非施工单位原因，致使工程存在重大安全隐患或可能发生重大安全事故，需进行加固、抢险等措施的；（八）其他法定变更的情形。"

由上述不同地方政府出台的规范性文件可以看出，在政府性投资建设工程中，工程变更的范围既包括一般性建设工程项目变更的内容，同时又有其独特之处。相较于一般性的建设工程项目而言，政府性投资建设工程的变更范围更大，除了包括项目的质量目标、工期目标、投资目标的变化，对于一些因不可抗力或者政策变动，以及涉及社会利益、公共安全等需求导致工程发生变动的事项，也被纳入工程变更的范围。

二、工程变更的分类

工程变更根据分类标准的不同，可以被区分为不同的类型。如《北海市政府投资建设工程变更管理办法（暂行）》第6条就根据工程变更增加的费用和工程变更的次数将工程变更分为Ⅰ类、Ⅱ类和Ⅲ类三个档次："Ⅰ类变更是指单次变更增加金额不超过50万元（含50万元），且累计变更次数不超过3次（含3次）、单次或累计增加金额不超过签约合同价10%的变更；Ⅱ类变更是指单次变更增加金额50万元-300万元（含300万元）、累计变更次数超过3次、单次或累计增加金额超过签约合同价10%的变更；Ⅲ类变更是指单次增加金额300万元以上的变更。同一分部分项工程变更同时涉及费用增加和减少的，按照增减费用抵扣后的增加金额划分变更类别；不同分部分项工程变更中的增减费用不可以抵扣，按照增加部分金额划分变更类别；同一工程的变更不得化整为零规避审批。"根据工程变更的具体内容，也可以将其划分为重大变更、重要变更以及一般变更三个不同档次：一些涉及改变技术方案或者设计方案的变动，包括结构、位置、重大防护设施等，属于工程重大变更；涉及时间、位置、尺寸等小范围内的变动，属于工程重要变更；一些不改变原设计图纸，只是对原工程量做细微调动的，则属于一般变更。

构成工程变更的事项包括更改有关部分的标高、基线、位置和尺寸，增减合同中约定的工程量，以及改变有关工程的施工时间和顺序，其他有关工程变更需要的附加工作等，只要能够导致工程内容变化的都属于工程变更的范围。故而，工程变更的种类比较多，一般主要根据工程变更产生的原因来进行分类。主要可以分为：

（一）发包人原因

发包人的原因也可以被称为基于发包人的指示而产生的变更。根据《建设项目工程总承包合同（示范文本）》（GF-2020-0216）的规定："变更指示应经发包人同意，并由工程师发出经发包人签认的变更指示。除第11.3.6项［未能修复］约定的情况外，变更不应包括准备将任何工作删减并交由他人或发包人自行实施的情况。承包人收到变更指示后，方可实施变更。未经许可，承包人不得擅自对工程的任何部分进行变更。发包人与承包人对某项指示或批准是否构成变更产生争议的，按第20条［争议解决］处理。"该示范文本还要求："承包人应按照变更指示执行，除非承包人及时向工程师发出通知，说明该项变更指示将降低工程的安全性、稳定性或适用性；涉及的工作内容和范围不可预见；所涉设备难以采购；导致承包人无法执行第7.5款［现场劳动用工］、第7.6款［安全文明施工］、第7.7款［职业健康］或第7.8款［环境保护］内容；将造成工期延误；与第4.1款［承包人的一般义务］相冲突等无法执行的理由。工程师接到承包人的通知后，应作出经发包人签认的取消、确认或改变原指示的书面回复。"此外，2017年版示范文本明确："发包人提出变更的，应通过监理人向承包人发出变更指示，变更指示应说明计划变更的工程范围和变更的内容。"

在实践中，可能发生发包方在招投标后，对工程质量、技术标准、工期等提出新要求而进行工程变更，或者是基于合同以外的一些零星项目、非承包方责任而发生的现场签证的情况。此时，承包方不能直接进行变更，而应要求发包方提供正式文件，或者变更单/签证单。如果发包方需要对技术质量标准进行更改，并作出了变更要求的指示，也需要以正式下发的文件为准。如果是对非承包方原因造成的返工，则需要将其计入工程总量，并进行相应的价款结算，此时需要留下施工原件和已经返工图纸来证明增加的工程量。如果是以现场签证的形式来作出变更的指示，则应当先取得发包方的书面文件，并在施工完成后要求其进行签证确认，并保留相应的施工证据予以证明。对于监理已经计量并确认的文件，应当尽量保留原件作为日后价款结算的依据，避免发包人的新标准新要求实施后，对造成返工工程量不予计算。

此外，根据上述变更的定义可知，在政府投资类建设工程中，因上级行业行政主管部门提出的政策性变更和国家政策变化也会导致工程产生变更，例如基于地震原因，国家对建筑行业要求新建的和在建的结构物抗震等级有所要求，如果在建工程结构物的钢筋配筋率增加、混凝土等级提高、结构物尺寸的变化也会引起的工程变更。此外，发包方根据现场实际情况，为提高质量标准、加快进度、节约造价等因素综合考虑而提出的工程变更，工程规模、使用功能、工艺流程、质量标准的变化，以及工期改变等合同内容的调整，比如发包方根据现场实际情况或地方政府要求新增连接线道路工程，发包方要求比合同工期提前，发包方对装饰装修质量标准要求的提高，等等。

《城市房地产管理法》第 26 条、《闲置土地处置办法》第 2 条第 1 款、第 14 条及《海南省闲置土地认定和处置规定》第 6 条规定，国有建设用地使用权人应当按照土地使用权出让合同约定的土地用途、动工开发日期开发土地，超过动工开发日期满 1 年未动工开发的属于闲置土地，可征收土地使用权出让金 20%以下的土地闲置费；满 2 年未动工开发的，可以无偿收回土地使用权。但是，土地闲置系政府原因或不可抗力的除外。动工开发日期没有约定、规定或者约定、规定不明确的，以实际交付土地之日起 1 年为动工开发日期；实际交付土地日期不明确的，以核发土地使用权证之日起 1 年为动工开发日期。对于何种行为属于政府原因，可以参见《闲置土地处置办法》第 8 条及《海南省闲置土地认定和处置规定》第 13 条的规定，因未按照国有土地使用权出让合同或划拨决定的约定条件交付土地，因土地利用总体规划、城乡规划依法修改，因国家出台相关政策需要修改规划建设条件，因行政机关未依法实施涉及土地开发建设相关行政许可，因处置土地上相关群众信访，因军事管制、文物保护等，以及政府及其有关部门其他行为导致国有建设用地无法动工开发，出现闲置的，属于政府原因。由此可见，对是否属于政府原因行为，主要是看是否属于政策变动、军事管制等行为。

情形一：发包方要求缩短工期导致承包方成本增加，对工期要求进行缩短属于发包方的指示变更范围。

【案例】

——惠州某建筑劳务有限公司、山东某建设集团有限公司与北京某置业有限公司建设工程合同纠纷案[1]

基本案情

2017年2月3日，被告山东某建设集团有限公司与被告北京某置业公司签订了《××项目启动期及一期总承包工程合同》（以下简称"启动期及一期总承包合同"），合同形式为综合单价包干，措施费及总承包服务费总价包干；计划开工日期为2017年1月10日，计划完工日期为2018年8月15日。2017年10月23日，被告北京某置业有限公司与被告山东某建设集团有限公司签订《××项目启动期及一期总承包工程补充协议二》（以下简称"补充协议二【赶工费】"）。约定：协议承包范围为《赶工措施方案》所包含的所有增加的内容；本补充协议以《赶工措施方案》及2018年6月30日前获取1期毛坯竣工备案为目标在原合同基础上增加的赶工措施发生的一切费用，此为总价包干；原合同金额为129 180 723.9元，此协议金额为8 004 030.29元；在此价格中，实体工程金额为6 504 030.29元，协调费用金额为1 500 000元，包括总承包人提供的增值税专用发票中的进项税金793 192.39元。双方就赶工费产生争议诉诸法院。

一审法院认为，被告北京某置业有限公司与被告山东某建设集团有限公司签订的启动期及一期总承包合同及二期总承包合同中的《中标交底记录》显示，张某为涉案项目的项目经理、项目执行经理，被告山东某建设集团有限公司亦出具过张某的《任职证明》。因此，对于张某系涉案项目的相关负责人身份，一审法院予以认可。虽然原告与被告山东某建设集团有限公司双方没有对赶工措施费达成书面一致意见，但原告基于张某项目相关负责人的身份与其对赶工措施达成口头约定，并按照补充协议二【赶工费】的约定完成了相关的实体工程的赶工措施。因此，一审法院认为，被告山东某建设集团

---

[1] 案件来源：广东省惠州市中级人民法院二审民事判决书［2021］粤13民终5934号。

有限公司应当向原告支付相应的赶工措施费。补充协议二【赶工费】约定，协议金额为 8 004 030.29 元，其中实体工程为 6 504 030.29 元，协调费用为 1 500 000 元。根据被告山东某建设集团有限公司项目经理张某及原告的约定，原告按照补充协议二【赶工费】中进行的赶工措施包括第 6 项 78 号楼赶工材料增加费及第 7 项赶工人工增加费中的模板人工、钢筋人工、混凝土人工、砌筑人工、抹灰人工，属于原告完成的赶工措施款合计 3 580 813.55 元。被告北京某置业有限公司与被告山东某建设集团有限公司关于补充协议二【赶工费】的实际结算价款为 7 003 022.72 元，因此原告所完成工程的赶工措施费应当按照实际结算价款进行计算为 3 132 986.48 元（3 580 813.55 元÷8 004 030.29元×7 003 022.72 元）。而该部分赶工措施费 3 132 986.48 元，应包含山东某建设集团有限公司的可得承包利润，因山东某建设集团有限公司与原告未对赶工措施费的可得承包利润分配进行约定，一审法院酌情认定山东某建设集团公司可分得承包利润70%，而原告应得30%即 939 895.9 元（3 132 986.48元×30%）。

二审法院认为，虽然惠州某建筑劳务公司与山东某建设集团有限公司没有对赶工措施费达成书面协议，但山东某建设集团有限公司员工张某出具《证人证言》表明，其曾代表山东某建设集团有限公司与惠州某建筑劳务公司就赶工措施费达成口头协议，结合张某在《中标交底记录》上作为山东某建设集团的项目执行经理签名的情况，一审认定张某与惠州某建筑劳务公司在协商赶工问题时的承诺行为构成表见代理，有事实依据，二审予以确认。虽然双方在《惠州市当代上品湾项目一期主体及粗装修工程施工劳务分包合同》中明确约定赶工措施费等费用在惠州某建筑劳务公司承包范围内，实行综合单价（完全价格）包干方式承包，但双方在履行中以口头约定及实际行为变更了之前合同的约定，惠州某建筑劳务公司请求支付赶工费用，应当予以支持。

案例评析

赶工费是指当发包方要求的工期少于合理工期或者工程项目由于自然、地质以及外部环境的影响导致工期延误，承包方为满足发包方的工期要求，通过采取相应的技术及组织措施所发生的，应由发包方负担的费用，赶工中所额外增加的费用包括人工费、材料费、机械费、临建费、管理费、劳务损失、加班班次奖金以及相应的规费和税金等。在施工过程中，发承包双方未及时对赶工费达成书面协议的，只要有相关证人证言以及历史记录，赶工措施属于发包方项目经理指示要求的，可以将其认定构成工程变更。

情形二：现有证据不能证明赶工方案已经工程发包方确认，且不足以证明工程承包方所提交的相关费用是赶工所需而非正常施工所需的，该赶工措施不属于工程变更的内容。

【案例】

——中国某建筑有限公司、辽宁某置业有限公司建设工程施工合同纠纷案[1]

基本案情

2013 年 2 月，辽宁某置业有限公司作为甲方，中国某建筑有限公司作为乙方，签订了一份《施工框架协议书》。协议书约定：辽宁某置业有限公司委托中国某建筑有限公司进行××项目工程总承包施工，2013 年 3 月，双方签订一份《建设工程施工合同》。合同约定：乙方承建辽宁某置业有限公司发包的"××"工程的总承包工程。合同主要内容：工程概况，即工程名称"××"工程，工程地点某城，工程内容总建筑面积约 30 万 m^2，（其中一期 154 293.88m^2，住宅 1~10#楼为 17 层；商业门点 1~4#楼为 2 层~3 层、地下车库一层为 36 721m^2。二期工程约为 15 万 m^2）。合同签订后，乙方按约于 2013 年 4 月 30 日对一期工程开始施工，于 2014 年 12 月 31 日完工。工程当时没经竣工验收，但辽宁某置业有限公司自认于 2015 年 1 月 6 日将房屋交给买房的业主。因双方对工程造价有争议，乙方申请工程造价鉴定，一审法院依鉴定程序委托辽宁××造价咨询事务所有限公司（简称"鉴定单位"）对乙方施工的"××"项目的工程造价进行鉴定。

关于一期抢工损失。乙方认为，一期抢工方案双方已签字，相关费用为 7 353 283.92 元，应计入工程造价；甲方不同意，认为乙方没有按该方案实施；鉴定单位认为，乙方主张的 4 项赶工费用中，人工费和措施费（实际多数为材料费）已经在最终结算金额中得到体现，但具体由于赶工造成的与正

---

[1] 案件来源：最高人民法院二审民事判决书［2019］最高法民终 339 号。

常施工对应的造价差异没有计算标准。管理人员费用在赶工方案的人员投入表中并未得到体现。鉴定机构认为赶工费中的临建费用 262 935.25 元属于合理费用。一审法院认为，虽然双方制定了抢工方案，但是否实施了该方案，双方分歧巨大，甲方否认实施了该方案，乙方又没有其他证据佐证已经实施了该方案。已经发生的临建费用 262 935.25 元属于合理费用，应被计入工程总造价，对其他费用因证据不足，不予支持。

二审法院认为，在案涉工程施工过程中，虽然制定了赶工方案，但《施工组织设计（方案）报审表》中总监理工程师的审核结论为"同意按此方案执行，由建设单位确认"，而现有证据不能证明赶工方案已经建设单位甲方确认。乙方二审期间提交了《劳务人员考勤表》《工资表》《调入人员统计表》《物资采购单》《项目管理周报中关于新进模板的统计表》及《工程管理周报》等证据，亦不足以证明调入人员和增加物资是赶工所需而非正常施工所需。一审法院未支持乙方主张的抢工损失，并无不当。乙方关于抢工损失的主张，事实依据不足，二审法院不予支持。

案例评析

在工程施工过程中，虽然制定了赶工方案，但未能得到建设单位确认，即使能提供相应证据证明存在为赶工付出相应人工和物质费用，但仍不足以证明调入人员和增加物资是赶工所需而非正常施工所需，该项赶工措施不构成工程变更。

情形三：发包方、承包方签署的合同或其他文件明确表示发包人代表和项目经理不具有代理权时，发包人代表和项目经理无权对工程项目进行变更。

【案例】

——江苏某集团股份有限公司、重庆某加工有限公司加工合同纠纷案[1]

基本案情

2010 年 1 月 16 日重庆某加工有限公司（甲方）与江苏某集团股份有限公

---

[1] 案件来源：最高人民法院再审审查与审判监督民事裁定书［2017］最高法民申 2775 号。

司（乙方）签订了《重庆某加工有限公司主厂房工程及辅助设施施工合同》（以下简称《施工合同》），约定由江苏某集团股份有限公司对土建、装饰、电气、给排水工程予以承建；合同开工日期为2010年1月25日，竣工日期为2010年11月20日。其后双方签订《重庆某加工有限公司主厂房工程及辅助设施施工合同补充协议》（以下简称《补充协议》，具体签订时间不明），约定：由于工程原设计基础形式发生变更，原合同暂定总价增加1230万元；全部工程竣工验收合格，依据本合同结算条款的约定履行完结算程序后，付至工程最终结算款的95%，余款5%质保期满无质量问题甲方无息支付，质保期的约定按照《工程质量保修书》的约定执行，当工程款支付至最终结算总价的95%时，乙方必须提供最终结算总价款的全额发票；合同工期同原合同。工程于2010年3月8日开工，竣工时间为2013年9月28日。工程交付后，双方因工程款结算产生争议。

二审法院认为，从内容上看，双方仅仅是同意按照重庆市造价站的答复意见各自进行核算，并不能表明双方同意按照重庆市造价站的答复意见进行结算。从形式上看，《备忘录》仅有甲方在本案中的一般授权委托诉讼代理人余某与乙方的特别授权委托诉讼代理人朱某签字，没有两个公司加盖印章予以确认。现甲方并未追认余某的签字行为，且认为余某仅为本案一般代理人，无权代表公司对影响工程结算的事宜与乙方达成协议，其辩解理由成立。另外，根据《施工合同》第5.3条关于对发包人派驻项目代表的职权的约定，项目代表的职权仅为代为签收往来函件，代表发包人监控监理工作，对工程质量、进度、安全进行管理等。针对承包人提出的顺延工期的签证、设计变更的签证、确认工程竣工验收的验收报告、确认工程进度款、结算款等工作必须由发包人集团法人书面授权的委托代理人签认并加盖发包人公章后方为有效。因此，无论余某是否系甲方派驻案涉工程现场的项目经理，在其未获得甲方书面授权的情况下，亦无权签署涉及工程结算的文件。因此，《备忘录》记载的重庆市造价站的答复意见不能作为案涉工程的结算依据。

再审法院认为，从《施工合同》第5.3条关于对发包人派驻项目代表的职权约定来看，项目代表的职权仅是代为签收往来函件，代表发包人监控监理工作，对工程质量、进度、安全进行管理等。针对承包人提出的顺延工期的签证、设计变更的签证、确认工程竣工验收的验收报告、确认工程进度款、结算款等工作必须由发包人集团法人书面授权的委托代理人签认并加盖发包人公章后方为有效。因此，余某作为项目负责人在《备忘录》上签字确认的行为因欠缺授权而对甲方不发生效力。乙方是《施工合同》的当事人，其理应知悉《施工合同》约定的内容。鉴于《施工合同》对余某的授权有明确约定，乙方主张其对余某的无权代理行为有合理信赖，依据不足，余某的行为不构成表见代理。《施工合同》和《补充协议》均是由双方公司法定代表人和公司签章，而《备忘录》中只有双方项目负责人签字。据此，难以认定《备忘录》是对《施工合同》和《补充协议》中约定结算依据的更改。二审判决认定《备忘录》记载的重庆市造价站的答复意见不能作为案涉工程的结算依据，并无不当。

案例评析

如果合同对经理人的职权进行了约定，约定经理人的职权仅是代为签收往来函件，代表发包人监控监理工作，对工程质量、进度、安全进行管理等。此时仅有二者签署签证的行为并不构成表见代理，不得被作为工程量变更的依据，承包方也不得据此向发包方进行索赔。

情形四：合同签订后，因政府政策变化使工程难以按期完成，或者合同履行的条件发生重大变化，承包方可以据此向法院主张撤销合同。

【案例】

——山西某安装工程有限公司、山西某煤业有限公司建设工程施工合同纠纷案〔1〕

基本案情

山西某煤业有限公司，原名称为××煤矿，系国有煤矿，年产 60 万吨矿井。2008 年 6 月 24 日，山西某煤业有限公司作为甲方，山西某安装工程有限公司作为乙方，双方签订《建设工程施工合同》。合同约定："第一条工程项目：热风炉设备工程；3. 开工前提供完整的建筑安装施工图，施工技术资料；4. 组织承、包双方和设计单位有关部门参加施工图交底会审等。二承包方：1. 负责施工区域的临时道路、临时设施、水电管线的铺设、管理、使用和维

---

〔1〕 案件来源：晋中市中级人民法院二审民事判决书［2020］晋 07 民终 1670 号。

修工作；2. 组织施工管理人员和材料、施工机械进场；3. 编制施工组织设计或施工方案、施工预算、材料设备、施工总进度计划、材料设备、成品、半成品等进场计划。第三条工程期限，工程工期为 30 天。"

一审法院认为，甲方与乙方双方于 2008 年 6 月 24 日签订《建设工程施工合同》是事实，该合同是双方当事人的真实意思表示，且不违反法律规定，为有效合同。合同签订后，甲方按照合同的约定向乙方支付了第一笔款项 126 000 元，对此事实庭审当中甲方提供了转账凭据，乙方予以认可，予以确认。2009 年，原甲方由 60 万吨整合为 90 万吨，原机器设备与整合后的产能不相匹配，导致合同目的无法实现，后甲方通知乙方解除合同，乙方至今未退还甲方预付款项，对此事实，庭审双方未提出异议。现甲方请求解除双方签订的《建设工程施工合同》的理由，符合《合同法》（已失效）第 94 条规定的第 1 款第 1 项因不可抗力致使不能实现合同目的情形，予以支持。对乙方反诉要求继续履行双方签订的合同，并要求甲方提供相关技术资料的主张，不予支持。

二审法院认为，乙方和甲方对双方于 2008 年 6 月 24 日签订的《建设工程施工合同》的真实性、合法性无异议，该合同是双方当事人真实意思表示，且不违反法律、法规的规定，为有效合同。双方当事人也均认可甲方向乙方支付了第一笔款项 126 000 元。在 2009 年，因政策原因，原甲方由 60 万吨整合为 90 万吨，因合同中约定的机器设备与整合后的产能不相匹配，双方的合同未能继续履行，双方当事人直至被乙方起诉解除合同时为止，也未能就合同履行协商一致。根据乙方提供的证据，在本案涉诉合同履行的过程中，乙方与盂县某除尘设备有限公司签订工矿产品订货合同，合同金额为 31 万元，产品包括热风炉、除尘器、引、鼓风机等，交货地点为甲方某矿井，乙方支付定金 20 万元。根据煤矿的整合情况，并结合现行的环保等要求，乙方和甲方所签订的《建设工程施工合同》确实已不具备履行条件，甲方要求解除合同，符合《最高人民法院关于适用〈中华人民共和国合同法〉若干问题的解释（二）》（失效）第 26 条合同目的无法实现，情势变更的情形。故对乙方要求继续履行合同的上诉理由，本院不予支持。

案例评析

本案中，因政策原因导致原甲方由 60 万吨整合为 90 万吨，合同中约定的机器设备与整合后的产能不相匹配，故而无法按期完成合同约定内容，法院据此认为该情形属于不可抗力。因此，甲方可以拒绝继续履行合同。

情形五：政府原因需要符合"不能预见、不能避免且不能克服的"条件，该政府原因才能属于不可抗力，此时导致停工的，发包方不承担由此产生的费用。

【案例】

——山东某建设集团有限公司、禹城某房地产开发有限公司建设工程施工合同纠纷案[1]

基本案情

山东某建设集团有限公司，作为乙方，与禹城某房地产开发有限公司，作为甲方，签订的《建设工程施工合同》通用合同条款第7.5.1因发包人原因导致工期延误的条款约定："在合同履行过程中，因下列情况导致工期延误和（或）费用增加的，由发包人承担由此延误的工期和（或）增加的费用，且发包人应支付承包人合理利润。"其中，（7）专用合同条款约定了其他情形。专用合同条款第7.5.1条因发包人原因导致工期延误条款约定："（7）因发包人原因导致工期延误的其他情形：'①重大设计变更影响施工进度；②政策处理问题影响施工进度；③不可抗力，此延误工期须在发现后7天内办理签证，承包人在规定时间内办理签证发包方逾期不予受理为自动生效。造成工期延误发包方按合同总价的万分之五/天补偿承包方'。"

一审法院认定，甲方应当赔偿32天的工期延误补偿；二审法院判决书认定，乙方应当严格按照合同约定证明其及时办理签证，而且其主张的另外因重污染天气导致停工的15天均有符合合同约定的工程签证单予以证明，故在乙方并未提供充分证据证明其按照合同约定及时办理签证的情况下，即使存在现场停工的情况，亦不能认定系由甲方的原因导致。

再审法院认为，因重污染天气应急响应措施导致的停工系双方在签订合同之初不能预见、不能避免并不能克服的客观情况，可视为因不可抗力导致

---

[1] 案件来源：最高人民法院再审审查与审判监督民事裁定书［2021］最高法民申3027号。

的停工。根据《合同法》（已失效）第117条第1款的规定，不可抗力系法定免责事由。本案中，甲方、乙方将不可抗力约定为因发包人的原因导致工期延误的情形，同时约定此类情形的处理方式为"此延误工期必须在发现后7天内办理签证，承包人在规定时间内办理签证发包方逾期不予受理为自动生效"。因重污染天气应急响应措施导致停工的情形出现后，乙方应当按照合同约定在发现后7天内办理签证，现乙方未提供证据证明争议的32天已办理签证。在乙方主张的另外因重污染天气导致停工的15天已提供符合合同约定的工程签证单的情况下，因乙方对于争议的32天未提供充分证据证明其按照合同约定及时办理了签证，即使存在现场停工的情况，亦不能认定此种情形下的停工损失应依约由甲方承担。

案例评析

在此案中，当事人认为，某市人民政府启动的重污染天气应急响应的通知是政策处理问题，而非不可抗力事件。在重污染天气的情况下，如果没有某市人民政府启动重污染天气应急响应，乙方不会停止施工。某市人民政府为保障空气质量，以政府政策的处理方式要求停止施工才影响了施工进度。"政策处理问题影响施工进度"是双方签订的《建设工程施工合同》约定的"因发包人原因导致工期延误"的情况。根据合同约定，发生上述事件情况导致工期延误和（或）费用增加的，由发包人承担由此延误的工期和（或）增加的费用。而专用条款"③不可抗力，此延误工期须在发现后七天内办理签证，承包人在规定时间内办理签证发包方逾期不予受理为自动生效"条款约定的"发包方逾期不予受理为自动生效"的内容是"默示生效"条款，而非"默示除权"条款。针对某市人民政府启动的重污染天气应急响应的通知，甲方向乙方下达了《工作联系函》，要求乙方严格按照应急响应通知要求去实施。监理方也向乙方下达了《监理工作联系单》，要求根据上级主管部门的要求进行落实，并在监理日志中就涉案工程在禹城市人民政府启动重污染天气应急响应通知后的停工情况进行了备案。根据《京、津、冀及周边地区2017—2018年秋冬大气污染综合治理攻坚行动方案》的政策性措施要求，乙方公司、甲方及监理单位共同签署了《停工报告》。该期间因受政策性措施导致的32天停工，乙方亦已履行了三方确认的程序。故此，二审法院的该项判决内容与事实不符。再审法院因重污染天气应急响应措施导致的停工系双方在签订合同之初不能预见、不能避免并不能克服的客观情况，可视为由不可抗力导致的停工。

情形六：建设工程合同无效，当事人约定不可抗力导致停窝工的发包人不承担停窝工损失，该约定可以参照执行。

【案例】

——四川省某建筑工程有限公司、云南某房地产开发有限公司建设工程施工合同纠纷案[1]

基本案情

2013 年 11 月 5 日，四川省某建筑工程有限公司作为乙方，与云南某房地产开发有限公司作为甲方通过招投标程序签订《建设工程施工合同》。约定：由四川省某建筑工程有限公司开发的某国际广场项目，合同暂定金额为 1.5 亿元，合同价款采用固定综合单价，合同工期总日历天数 480 天。2013 年 11 月 5 日，四川省某建筑工程有限公司与云南某房地产开发有限公司签订《建设工程施工补充协议》。约定：承包人配合发包人办理施工许可证以及与施工有关的一切证件和手续，费用由承包人根据政策规定承担费用。承包人退场条款：承包人无论何种原因导致合同解除（包括甲乙双方依法解除、依双方约定解除或一方单方面解除等），为保证工程项目的顺利完工并交付购房人使用，以及双方纠纷的顺利解决，承包人均应在发包人承包人合同解除达成协议一致时起 10 个工作日内清退出场。否则，承包人应向发包人支付违约赔偿金，同时，发包人有权向当地人民法院申请承包人离场的先予执行。补充协议还对双方责任、监理工程师现场工程检查等内容进行了约定。双方就停窝工损失产生争议诉诸法院。

关于乙方主张 2014 年 8 月 4 日至 9 月 2 日的停工损失。一审法院认为，2014 年 8 月 3 日，云南省昭通市鲁甸县发生 6.5 级地震，行政主管部门发出停工通知。2014 年 8 月 8 日，行政主管部门口头通知乙方可以进行恢复施工；2014 年 8 月 15 日，行政主管部门电话通知乙方可以进行恢复施工；2014 年 8 月 22 日，行政主管部门召开会议要求乙方尽快恢复施工。之后，乙方于 2014 年 9 月 2 日恢复施工。根据双方合同通用条款第 39 条和专用条款第 39 条的约

---

[1] 案件来源：最高人民法院二审民事判决书［2019］最高法民终 1134 号。

定，因地震等不可抗力事件导致承包人机械设备损坏及停工损失的，由承包人承担，故乙方主张"8·03"地震及因城市管理需要造成的停工损失227.80万元，与双方约定相悖，与本案事实不符，一审法院不予支持。关于乙方主张2015年2月3日至4月11日的停工损失。一审法院认为，双方达成会议纪要后，乙方分别于2014年12月31日、2015年1月8日共向劳务公司支付工程款400万元。但乙方于2015年2月3日开始停工，该停工行为与双方达成的会议纪要内容不符，也与双方合同专用条款第35.1条、补充协议第8条，对于发包人因资金困难或其他情况，承包人承诺不采取任何法律措施干扰发包人的工程进度、房屋销售及入伙验收（如停工、怠工等）的约定不符，故乙方主张该时间段的停工损失无合同依据，一审法院不予支持。

关于第1笔2014年8月4日至9月2日的停工损失227.80万元。二审法院认为，案涉合同通用条款第39条和专用条款第39条的约定，因地震等不可抗力事件导致承包人机械设备损坏及停工损失的，由承包人承担。就本案而言，2014年8月3日，云南省昭通市鲁甸县发生6.5级地震，行政主管部门发出停工通知。2014年8月8日，行政主管部门口头通知乙方可以恢复施工；2014年8月15日，行政主管部门电话通知乙方可以恢复施工；2014年8月22日，行政主管部门召开会议要求乙方尽快恢复施工。之后，乙方于2014年9月2日恢复施工。前述事实表明，第一次停工原因系不可抗力，依照前述约定，承包人机械设备损坏及停工损失由承包人承担。虽然案涉合同无效，但毕竟为当事人所实际履行，在处理纠纷时应予充分考量，故乙方主张"8·03"地震及因城市管理需要造成的停工损失227.80万元，与双方约定相悖，故一审以此为依据进行认定，符合当事人的真实意思，并无不当。关于第2笔2014年9月3日至2015年2月2日窝工损失554.3130万元、第3笔2015年2月3日至4月11日的停工损失111.48万元。乙方上诉主张因甲方未足额支付工程进度款造成的前述停工损失应予支持。本院认为，前已述及，当事人在《补充协议》第8条中对甲方支付工程进度款迟延情形下乙方是否应停工以及如何计算违约损失进行了明确的约定，虽然案涉合同无效，但毕竟为当事人所实际履行，在处理纠纷时应予充分考量。而依照前述约定，发包人欠付工程款时，承包人有权按银行基准资金利息或按同期银行贷款利息主张30天以外的利息，而不得停工、怠工。现乙方以甲方未足额支付工程进度款为由，主张停工损失111.48万元与前述约定不符，一审以此为依据进行认定，并无不当。

案例评析

乙方主张的停工、窝工损失分为如下 3 笔：第 1 笔 2014 年 8 月 4 日至 9 月 2 日，因"8·03"地震及城市管理需要造成的停工损失 227.80 万元；第 2 笔 2014 年 9 月 3 日至 2015 年 2 月 2 日，因工程进度款未足额支付造成的窝工损失 554.313 万元；第 3 笔 2015 年 2 月 3 日至 4 月 11 日，因甲方未足额支付工程进度款造成的停工损失 111.48 万元。虽然案涉合同无效，但毕竟为当事人所实际履行，在处理纠纷时应予充分考量，2014 年 8 月 3 日，云南省昭通市鲁甸县发生 6.5 级地震，行政主管部门发出停工通知，该事实符合专用条款约定的免责事由。关于第 2 笔、第 3 笔停窝工损失，从其提交的证据来看，乙方提交的证据不能证明其提交据以主张损失赔偿的材料、机械设备均用于本案工程。而且，由于在乙方退场后的后续施工早已开展，计算停工、窝工损失所依据的条件也发生了重大变化，一审法院咨询鉴定机构的意见，鉴定机构认为损失无具体标准，周转材料无法判断，故无法进行鉴定，一审法院因此未对乙方的该鉴定申请予以准许，并无明显不当。在这种情况下，乙方主张的第 2 笔、第 3 笔停窝工损失欠缺事实依据，一审法院对此未予支持，并无不当。

此外，还需要注意的是，情势变更与不可抗力并不是同一层面上的概念。不可抗力可以导致情势变更。此时，合同是可以继续履行的，只是继续履行十分困难并导致不公平或者不能实现合同目的的后果。在情势变更情形中，双方当事人可协商变更或解除合同。协商不成的，则须由当事人向人民法院或仲裁机构申请予以裁定是否变更或解除合同，法院或仲裁机构拥有相应的裁量权。若不可抗力已经导致合同目的无法实现，往往会导致不能履行合同，则此时会产生法定解除权。当事人可直接通过行使法定解除权来解除合同。此时的不可抗力也构成免责事由。正如《民法典》第 590 条所规定的："当事人一方因不可抗力不能履行合同的，根据不可抗力的影响，部分或者全部免除责任，但是法律另有规定的除外。因不可抗力不能履行合同的，应当及时通知对方，以减轻可能给对方造成的损失，并应当在合理期限内提供证明。当事人迟延履行后发生不可抗力的，不免除其违约责任。"

对此，有学者指出，对"不可抗力"的理解，应是根据现有的技术水平，一般对某事件发生没有预知能力。人们对某事件的发生的预知能力取决于当代的科学技术水平。某些事件的发生，在过去不可预见，但随着科学技术水平的发展，现在就可以预见。例如，现在对天气预报的准确率已达到了90%以上，人们对狂风暴雨的规避能力已大大提高。如何认识"不能避免且不能克服"，应是指当事人已经尽到最大努力和采取一切可以采取的措施，仍不能避免某种事件的发生并不能克服事件所造成的后果。"不能避免且不能克服"表明某个事件的发生和事件所造成的后果具有必然性。[1]

（二）设计原因

设计原因也可被称为设计变更，设计变更是指原设计单位对原施工图纸和设计文件中所体现的设计标准进行改变和修改。设计变更也可以根据提出变更的主体不同划分为两种类型：一种是由于在招投标阶段设计图纸不完善或不准确，发包方主动要求变更设计；另一种是在具体施工过程中，承包人发现设计图纸和具体施工过程中的情形存在偏差，而主动要求对设计进行变更，该情形一般是由勘察或设计错误导致的。因设计原因引起工程变更占工程变更的比例比较多，比如设计单位经常在施工过程中补发设计补充文件、设计变更通知等。无论是发包方还是承包方提出的设计变更，都需要注意搜集变更图纸及交付依据，并形成工程量比对文件，或者通知发包人、承包人、监理人等召开会议，提出变更建议，形成各方均签字的会议纪要，尽量把各项细节标准及相关事项书面化，避免今后的扯皮、推诿，对先行施工完成部分的不认可，造成验收困难。

情形一：由于设计变更导致工期和价款发生变化，该项设计变更与工期变化之间存在因果联系需要根据图纸、签证来综合认定。

【案例】

——江苏某房地产开发有限公司与江苏某建设有限公司建设工程施工合同纠纷案[2]

基本案情

2008年10月30日，江苏某房地产开发有限公司（甲方）与江苏某建设

---

[1] 石宏主编：《〈中华人民共和国民法典〉释解与适用·总则编》，人民法院出版社2020年版，第336页。

[2] 案件来源：江苏省高级人民法院再审审查与审判监督民事裁定书［2016］苏民申989号。

有限公司（乙方）签订《××二标段施工合同》一份。合同约定：江苏某建设有限公司承包虎豹郡王府32号至39号、43号、1号电房及地库B的土建及水电安装建设工程。开工日期为2008年10月1日，竣工日期为2009年4月30日，工期212日历天。同日，双方签订《××二标段施工合同》补充协议一份。约定：一、经双方协商决定总工期为270天，……其中：1.1号电房，开工时间2008年11月1日，竣工时间2009年1月15日，工期76天。二期工程《施工合同》约定的开工时间为2008年10月1日、竣工时间为2009年4月30日。根据《工程造价司法鉴定报告》所载二期工程43号楼实际施工开工时间为2008年11月1日、竣工时间为2010年6月24日，其余楼幢实际施工开工时间为2009年3月24日、竣工时间为2010年10月27日，存在较为严重的超期现象。在二期工程施工建设中，江苏某房地产开发有限公司存在一定数量的设计变更及签证，双方为应否补偿产生过较大纠纷。

一审法院认为，我国合同法规定，当事人应严格履行合同义务。双方在施工合同及补充协议中约定了竣工日期及节点工期，乙方未能按约完成。根据双方施工合同通用条款第13条的约定，工期延误的情形包括发包人未按约支付工程进度款、设计变更和工程量增加等情形，承包人应在14天内就延误的工期向工程师书面报告。通用条款第14条约定，因承包人原因不能按照约定的竣工日期或工程师同意顺延的工期竣工的，承包人承担违约责任。双方在施工合同专用条款第13条约定，影响工期的设计变更应指因发包人设计变更而增加工程造价超过合同造价的2%，且经监理单位及发包人书面确认系发生在关键线路和关键工序上、将会实际影响原定施工进度计划的变更，所有工期顺延必须得到发包人书面批准方可顺延。设计变更并不当然导致工期延误。乙方未能提供证据证明存在符合合同约定的工期延期的情形，故依法应当承担违约责任。

二审法院认为：首先，依据讼争双方间的合同约定，涉案工程的开工时间为2008年10月1日、竣工时间为2009年4月30日。根据《工程造价司法鉴定报告》所载，二期工程43号楼实际施工开工时间为2008年11月1日、竣工时间为2010年6月24日，其余楼幢实际施工开工时间为2009年3月24日、竣工时间为2010年10月27日，涉案工程存在较为严重的逾期交付的事实。其次，乙方辩称涉案工程存在的工期延误是由于二期工程设计变更过多所致，故而双方曾达成因工程变更由甲方补偿给乙方150万元的合意。但如前所述，乙方并未举证证明其上述主张。而根据双方施工合同通用条款第13条、第14条以及专用条款第13条的约定，乙方未能提供证据证明存在符合合同约定的其可免于承担工程逾期违约责任的情形，故依法应当承担此项违约责任。讼争双方在合同中约定，拖延超过5日历天的，按每日10 000元向发包人支付损失费，其违约金的最高赔偿额为合同总价的10%，该约定并不违反法律规定。乙方虽现上诉认为，违约金约定过高应予调整，且原审法院未就此问题向其释明，程序存在瑕疵。本院认为，讼争所涉工程的逾期天数最少的也逾400天，其他则高达500余天，原审法院核算的逾期违约金并不过分高于甲方因工程逾期遭受的损失，故讼争双方对于工程逾期违约金的约定，不应予以调整。再次，对于工程逾期责任的分担问题，原审虑及工程设计变更、工程签证等因素，酌定甲方自担20%的逾期责任，而由乙方应承担逾期完工违约金2 432 308.42元，并无不当。

再审法院认为，乙方主张因甲方有大量的设计变更，再加上图纸延误、分包单位延误、甲供材延误等多方面因素，故工期延误的责任在于甲方。但根据双方施工合同专用条款第13条的约定，影响工期的设计变更应指因发包人设计变更而增加工程造价超过合同造价的2%，且该变更经监理单位及发包人书面确认同时发生在关键线路和关键工序上，将会实际影响原定工期进度计划的变更，所有工期顺延必须得到发包人书面批准方可顺延。因设计变更并不必然影响工期，而乙方未能提供证据证明施工过程中的设计变更存在符合合同约定的工期顺延的情形，亦未提供监理单位和发包人书面确认的证据，故乙方主张设计变更导致工期延误依据不足。关于图纸延误、分包单位延误、甲供材延误等因素：一则乙方作为总包单位本身应当统筹安排施工进度计划和对分包单位进行管理；二则亦未提供证据证明上述因素对工期造成影响及得到监理单位和发包方的确认，故乙方主张上述因素影响工期亦依据不足。一、二审法院综合考虑上述工程设计变更、图纸、分包、甲供材等因素确实会增加乙方施工管理的难度，从而酌定甲方自担20%的工期逾期责任，已体现了公平、合理原则。

案例评析

因设计变更并不必然影响工期，除非承包方能够提供证据证明施工过程中的设计变更存在符合合同约定的工期顺延的情形，与此同时，承包方还需要提供相应的书面证据来证明变更指示系发包方作出。此外，即使能够证明，但设计变更与工期长短之间也并不存在必然的联系，还应当结合设计变更行为是不是导致工期延长的关键因素。例如，在本案中，法院综合考虑工程设计变更、图纸、分包、供材等因素确实会增加乙方施工管理难度，从而酌定甲方自担20%的工期逾期责任。

情形二：合同签订后，因政策或市场环境的变化导致材料价格发生变化，承包方不能据此向发包方主张情势变更，要求调整预算总控价和材料价差。

【案例】

——重庆某集团股份有限公司、重庆某新环保产业发展有限公司建设工程施工合同纠纷案[1]

基本案情

2016年10月11日，重庆某集团股份有限公司（乙方）与重庆某新环保产业发展有限公司（甲方）签订《××节能环保产业园一期接续产业平台建设项目（A区）总承包工程建设工程施工合同》（以下简称《建设工程施工合同》）。该合同"合同协议书"载明：11.1"市场价格波动引起的调整"。市场价格波动是否调整合同价格的约定：不调整。钢材、商品砼等主要建材价格在施工期间较2016年7月出现较大上涨。2018年3月，重庆某集团股份有限公司向重庆某新环保产业发展有限公司发出《关于解决××环保产业园一期接续产业平台建设项目（A区）投资控价和材差的函》，提出因材料上涨潜在亏损近2000万元，建议按照工程施工同期重庆市材料信息价进行如实调整，以此作为本项目结算的依据，据实编制本项目竣工结算。2018年5月，重庆某新环保产业发展有限公司向重庆某集团股份有限公司发出《重庆某新环保产业发展有限公司关于××环保产业园一期接续产业平台建设项目（A区）相关事宜的函》，表示不同意调整预算总控价和材料价差。后，双方还多次协商，未就"材料价差"和"投资限价"达成一致意见，重庆某集团股份有限

---

〔1〕 案件来源：最高人民法院再审审查与审判监督民事裁定书［2019］最高法民申5829号。

公司遂提起本次诉讼。

一审法院认为，在本案中，双方当事人对主要建筑材料的价格调整系按照 2016 年《重庆工程造价信息》第 8 期公布的荣昌地区指导价计取，双方在签订中标合同时专用条款 11.1 条约定的"市场价格波动是否调整合同价格的约定：不调整"的含义应为价格上涨的风险由乙方承担，价格下跌的收益由乙方享有。在签订合同后，主要建筑材料（如钢材、商品砼）的价格确实存在上涨的情况，但上涨幅度并未超过历史高价，不属于双方无法预见的情况，且按照《最高人民法院关于适用〈中华人民共和国合同法〉若干问题的解释（二）》（已失效）第 26 条的规定，即使属于不可预见的重大变化，也仅是变更合同条款，即双方分摊相应风险，并非一味保护施工方利益，将材料价格上涨的风险转由发包方承担。如按照乙方的请求，将该条款直接撤销，则所有材料价格上涨的风险均由发包方甲方承担，也与双方在订立中标合同时由乙方应承担相应建材价格变化的风险和收益的目的不相符合，故一审法院对乙方要求撤销《建设工程施工合同》专用条款 11.1 条"市场价格波动是否调整合同价格的约定：不调整"的请求，不予支持。

二审法院认为，甲方为建设案涉工程，根据自己的经济状况确定了招标的具体条件并公开进行招标，乙方作为理性的、专业的建筑工程施工企业，理应知道其投标行为的法律后果。也即，在甲方明确将案涉工程限定在造价 1.5 亿元的情况下，乙方在投标时应当综合考虑相应的成本以及正常的商业风险，包括建筑材料上涨带来的商业风险，再决定是否投标以及以何种条件投标。其中，建筑材料的市场价峰值、谷值都应当成为乙方确定是否投标以及以何种条件投标所应当考虑的因素，这些因素应当被归入其进行经营决策所应当考虑的商业风险的范畴。乙方在对案涉工程进行施工的过程中，建筑材料价格虽有上涨，但上涨幅度并未超过其市场价峰值，乙方作为专业的建筑工程施工企业在投标时理应对此进行合理的预见，故本案中建筑材料价格的上涨属于乙方应当承担的商业风险，而不属于当事人在签订合同时无法预见的客观情况，不符合《最高人民法院关于适用〈中华人民共和国合同法〉若干问题的解释（二）》第 26 条规定的情势变更的范畴。乙方请求撤销《建设工程施工合同》专用条款第 11.1 条关于市场价格波动不调整合同价格的约定，理由不成立，一审未予支持并无不当。

最高人民法院认为，案涉《建设工程施工合同》专用条款第 11.1 条约定，市场价格波动不调整合同价格，即市场价格上涨的风险由重庆建工集团承担。合同签订后，市场价格确实因政策或市场环境的变化存在上涨的情况，但重庆建工集团作为专业、理性的建筑工程施工企业是在仔细研究了招标文件的全部内容并综合考虑相应的商业风险和成本变动后才向甲方投标的，其在明知案涉工程限定造价为 1.5 亿元的前提下理应将建筑材料的市场环境以及价格变化纳为其是否投标以及如何投标应考虑的商业风险因素。

案例评析

《最高人民法院关于适用〈中华人民共和国合同法〉若干问题的解释（二）》第 26 条规定："合同成立以后客观情况发生了当事人在订立合同时无法预见的、非不可抗力造成的不属于商业风险的重大变化，继续履行合同对于一方当事人明显不公平或者不能实现合同目的，当事人请求人民法院变更或者解除合同的，人民法院应当根据公平原则，并结合案件的实际情况确定是否变更或者解除。"该条系对合同法上情势变更原则所作的规定。根据该条规定可知，适用情势变更原则必须同时符合以下条件：一是客观情况的变化系当事人在订立合同时无法预见的；二是客观情况的变化导致合同成立的基础发生异常变动，继续履行合同对一方当事人明显不公平或者不能实现合同目的（《民法典》中已将"不能实现合同目的"删去）；三是客观情况不属于正常的商业风险。在本案中，乙认为，本案应根据情势变更原则和主管部门的相关规定，就价格涨幅超过5%的部分据实调整为由甲方自行承担。但法院认为，市场价格变动并未超出历史最高价，属于正常的商业风险范围，故而，法院对乙方的主张不予支持。

（三）承包方原因

指承包人在施工过程中发现的设计与施工现场的地形、地貌、地质结构等情况不一致而提出来的工程变更。因施工质量或安全需要变更施工方法、作业顺序和施工工艺等。承包人原因提出的工程变更在实际工程项目中也占较大比例，比如结构物基底设计标高要求的地基承载力不够需地基进行补强导致的变更，路基的软土处理范围、处理深度不够需增加的变更，由于临时交通需要增加的临时通行道路、便桥等措施工程的变更，等等。承包方原因导致发生工程变更的，主张增项的承包方应向发包方发出申请，由发包方及工程监理单位确认签证后，方能作为增项计算工程量。

【案例】

——北京某工程建设有限公司与天津某新材料有限公司建设工程施工合同纠纷案[1]

基本案情

北京某工程建设有限公司（乙方）与天津某新材料有限公司（甲方）因工程变更费用产生争议诉诸法院，一、二审法院对该项变更费不予支持。北京某工程建设有限公司不服并上诉至最高人民法院，北京某工程建设有限公司认为，一、二审判决对施工中使用的钢板桩以及因发包人原因导致工程设计变更而增加费用的认定错误。钢板桩不属于建设工程合同约定的固定价款覆盖的工程范围，同时有证据表明施工期间甲方确实进行了工程设计变更。北京某工程建设有限公司主张，由于甲方在招投标及订立施工合同中占主导地位，应采取有利于乙方的适用原则，以平衡双方利益关系，故建议最高人民法院对施工期间因甲方原因导致的工程设计变更以及乙方为工程建设额外使用的钢板桩发生的费用酌情给予补偿。

再审法院认为，乙方提出使用钢板桩的支出不包括在合同约定的固定价款覆盖的工程范围内，属于增加费用，应给付相应增项工程款。本院认为，根据合同对增加工程量签证的相关约定和行业惯例，主张增项的乙方应向发包方发出申请，由甲方及工程监理单位确认签证后，方能作为增项计算工程量。承包方在一、二审及申请再审时并未提供有关证据证明存在钢板桩施工属于增项的签证，故对该项增加费用不予支持。其次，对于工程设计变更及其增加费用问题，再审法院认为，再审审查是对相关生效裁判的审查。乙方在原审中均未提及该项诉请，原审法院尤其是二审法院对该项诉请没有进行审查，故该项请求不属于再审审查范围。最后，本案双方当事人处于平等缔约地位，在缔约过程中乙方充分知晓有关工程信息，不存在欺诈、胁迫情形，因而乙方主张对合同作出有利于乙方的解释不符合法律规定。综上，对乙方增加该两类费用的请求不予支持。

案例评析

根据合同对增加工程量签证的相关约定和行业惯例，主张增项的乙方应

---

[1] 案件来源：最高人民法院再审审查与审判监督民事裁定书［2014］民申字第2163号。

向甲方发出申请，由甲方及工程监理单位确认签证后，方能作为增项计算工程量。乙方如果未提供有关证据证明存在属于增项的签证，该项增项不构成工程变更。

（四）监理原因

在施工过程中，监理工程师可以根据现场实际情况提出的工程变更和工程项目变更、新增工程变更等，或者是出于工程协调和对工程目标控制有利的考虑而提出的施工工艺、施工顺序的变更。例如，2017 年版示范文本第10.3.2 条明确："监理人提出变更建议的，需要向发包人以书面形式提出变更计划，说明计划变更工程范围和变更的内容、理由，以及实施该变更对合同价格和工期的影响。发包人同意变更的，由监理人向承包人发出变更指示。发包人不同意变更的，监理人无权擅自发出变更指示。"因此，在实践中，由监理人单独发出指令进行工程变更的情形很少，监理人的权限和作用在建筑工程中的地位和作用被弱化。除非涉及一些因为环境变化而对工程进行细微的调整，或者因施工需要，需要临时作出紧急指示并要求监理人签字确认，以及在施工结束后做好工程量的计算，否则的话，监理人在工程变更中的作用并不大。如果合同约定监理人仅具有签署技术签证的权利，未经发包人同意擅自签署的工程量变更签证，不构成工程变更。

2017 年版 FIDIC 红皮书和 2017 年版示范文本的规定大致相同。两者所规定的变更权行使主体都主要包括发包人和监理人。在监理人变更指示的情形中，变更指示都需要通过监理人发出，监理人发出变更指示前也需要事先征得发包人同意。承包人收到经发包人签认的变更指示后，方可实施变更。未经许可，承包人不得擅自对工程的任何部分进行变更，如变更超过原设计标准或批准的建设规模，发包人应及时办理规划、设计变更等审批手续。

【相关规则索引】

《由业主设计的建筑和工程施工合同条件》（2017 年版 FIDIC 红皮书）第13.1 条［变更权］：

工程师可根据第 13.3 条［变更程序］在工程验收证书签发之前的任何时候提出变更。

除第 11.4 条［未能补救缺陷］规定外，除非双方另有约定，否则变更不包括业主或他人进行的任何工程的删减。

　　承包商应受根据第 13.3.1 条［指示变更］进行的每一项变更的约束，并应及时实施变更，除非承包商立即向工程师发出通知，说明（附有详细的佐证）：

　　（a）考虑到规范所述工程的范围和性质，变更的工作是不可预见的；

　　（b）承包商不能轻易获得变更所需的货物；或

　　（c）其将对承包商遵守第 4.8 条［健康和安全义务］和/或第 4.18 条［环境保护］的能力产生不利影响。

　　在收到该通知后，工程师应立即向承包商发出通知，取消、确认或更改指示。任何经如此确认或更改的指示视为根据第 13.3.1 条［指示变更］作出的更改的指示。

【案例】

　　——贵阳某建筑工程处诉贵州某学院建设工程施工合同纠纷案[1]

　　贵州某学院因办学需要，于 2010 年 11 月 15 日取得筑规建字 2010（清镇）056 号《建设工程规划许可证》，建设位于贵州省清镇市的××学院（一期）工程（工程总面积 50 387.8m²，包括 1 号~5 号学生公寓、教师公寓、浴室、食堂商业楼、校门、教学楼、报告厅），云南某建设集团有限公司（乙方）在该工程的投标中中标，于 2011 年 1 月 8 日与贵州某学院（甲方）签订《建设工程施工合同》，贵州某学院将其建设的一期工程发包给云南某建设集团有限公司施工，贵阳某建筑工程处为云南某建设集团的具体施工方。合同签订后，贵阳某建筑工程处进场施工。2012 年 7 月 10 日，贵阳某建筑工程处和贵州某学院双方对广场消防通道进行验收，形成了《项目验收表》。载明：开工日期为 2011 年 10 月 10 日，竣工日期为 2012 年 8 月 8 日。双方均加盖各自的法人印章。另外，5 号学生公寓和教师公寓均未经双方验收而实际投入使用，1 号学生公寓至今未动工修建。双方在履行合同过程中，就施工期限和工程结算等存在争议。

　　一审法院认为，根据双方签订的《建设工程施工合同》专用条款第 2 条第 4.1 项"监理单位委托的工程师姓名：崔某某职务：总监理工程师发包人

---

　　〔1〕　案件来源：最高人民法院再审审查与审判监督民事裁定书［2017〕最高法民申 4433 号。

委托的职权：按照本建设工程监理合同的有关条款执行，监理签证仅限于技术签证，不涉及工程造价、工程量的变更等"的约定，工程量的变更并不属于监理单位的签证范围，故一审法院认为贵阳某建筑工程处提交的增加工程量结算书并不能证明在实际施工过程中工程量有所增加，贵阳某建筑工程处要求据实结算没有事实和法律依据，对该主张本院不予支持。

二审法院认为，应按照合同约定的工程量予以确定，进行结算。本案合同对工程建筑面积进行了确定，价格约定为固定单价，该单价为综合包干价。在施工过程中，工程量的增加应征得建设方的同意，但贵阳某建筑工程处未提出证据证明甲方同意增加工程量，也未提供其他证据证明工程量增加的合理性，而仅凭工程量现场监理单位签字盖章的签证单，但在本案施工合同中已明确"监理签证仅限于技术签证，不涉及工程造价、工程量的变更等"，故工程量的增加不属于监理签证范围，监理单位对增加工程量的签证，不能代表建设方认可工程量的增加。贵阳某建筑工程处提出的无效施工合同中约定的监理签证范围不能作为事实认定依据的上诉理由，二审法院认为本案合同关于监理的条款，是建设方将履行监理职责的人员与监理范围的告知施工方，不是双方协商一致的结果，是独立的合同条款，不因施工合同的无效而无效。

再审法院认为，根据双方签订的《建设工程施工合同》专用条款第2条第4.1项"鉴定单位委托的工程师姓名：崔某；职务：总监理工程师；发包人委托的职权：按照本建设工程监理合同的有关条款执行，监理签证仅限于技术签证，不涉及工程造价、工程量的变更等"的约定，工程量的变更并不属于监理单位的签证范围，故不能认为贵阳某建筑工程处提交的增加工程量结算书能够证明在实际施工过程中工程量有所增加。本案再审审查中，贵阳某建筑工程处的委托诉讼代理人声称有结算书的原件，但在再审法院要求提交比对的时候，又无法举示原件。结合一审判决书即已载明贵阳某建筑工程处提交证据"甲方一期建设工程二三标段（增加部分）结算书复印件一份"，贵阳某建筑工程处事实上从未向人民法院举示结算书原件。原审未予认定贵阳某建筑工程处主张的增加工程量并无不当，贵阳某建筑工程处应对其自身举证不能承担相应的法律后果。

案例评析

合同对监理人的职权进行约定，监理签证仅限于技术签证，不涉及工程造价、工程量的变更等，其未经发包人同意擅自签署的工程量变更签证，不具有法律效力。

（五）合同原因

原定合同部分条款因客观条件变化，需要结合实际修正和补充。如因某些客观原因造成原合同签订的部分条款失效或不能实施，合同双方经协商，需对原合同条款进行修正或签订补充合同等。

【案例】

——辽宁某建设管理有限责任公司、中铁某工程有限公司建设工程施工合同纠纷[1]

基本案情

辽宁某建设管理有限责任公司（甲方）与中铁某工程有限公司（乙方）签订工程承包合同，双方就工程变更费用诉诸法院。辽宁某建设管理有限责任公司认为，中铁某工程有限公司的诉讼请求事项不构成工程设计变更，完成取土及相关施工系其根据《工程承包合同》应当履行的合同义务。原审判决直接认定远距离取土属于工程设计变更缺乏证据支持。中铁某工程有限公司主张导致其运距增加并产生费用的原因为《新民市山皮土、建筑用砂开发利用有关问题的通知》限制了其取土来源，该主张无事实与法律依据。依据《辽宁省高速公路工程设计变更管理办法》，取土运距增加不构成设计变更，不符合变更的条件与程序。依据案涉工程的招标、投标文件以及双方签订的《工程承包合同》，中铁某工程有限公司对工程的取土量及其与设计借土填筑量之间的差额部分是明确知晓且认可的，案涉土方远运不属于"不可预见的外界障碍或自然条件"，不构成设计变更。《工程设计变更报告审批单》系正常的工作流程材料，辽宁某建设管理有限责任公司在《工程设计变更报告审批单》上盖章仅为对程序性内容的表示，并不代表对于变更事项及变更数额的认可。

再审法院认为，《合同法》（已失效）第 77 条第 1 款规定："当事人协商一致，可以变更合同。"案涉建设工程施工合同系发包人高建局与承包人乙方

---

[1] 案件来源：最高人民法院再审审查与审判监督民事裁定书［2021］民申 7162 号。

签订。乙方提交的有高建局、设计单位、项目指挥部、监理单位共同盖章的《工程设计变更报告审批单》载明，在投标之前的现场调查中确认新民市高台子料场储量丰富，满足剩余借土填筑需要，因地方政府对取土场开采政策调整和取土场储量不足导致借土填筑费用增加。甲方关于异地取土系乙方过错所致而非设计变更的申请再审主张与《工程设计变更报告审批单》载明的内容相悖，亦缺乏证据支持，再审法院不予采信。《工程设计变更报告审批单》显示，总监办、设计单位、项目指挥部对乙方申请增加的取土费用进行了审查与调整，高建局盖章予以认可。根据案涉工程的施工情况，异地取土费用系案涉工程建设支出的必要成本，高建局知晓变更后的取土地点，对乙方异地取土及将取土应用于案涉工程建设未表示反对。原审法院据此认定案涉工程异地取土属于设计变更，并判令高建局的承继单位甲方承担因异地取土增加的费用，有事实和法律依据，并无不当。甲方在已实际获取取土利益的情况下，又提出《工程设计变更报告审批单》未经其上级单位审批、不应由其承担取土费用的主张，依据不足，亦有违诚实信用原则，再审法院不予支持。本案所涉异地取土系建设工程施工过程中的设计变更问题，并非当事人背离中标合同另行订立建设工程施工合同。因此，对甲方关于原审判决适用法律错误的申请再审主张，再审法院亦不予支持。

案例评析

根据案涉工程的施工情况，异地取土费用系案涉工程建设支出的必要成本，甲方知晓变更后的取土地点，对乙方异地取土及将取土应用于案涉工程建设未表示反对，《工程设计变更报告审批单》系本案异地取土建设工程施工过程中的设计变更问题，属于对原合同的补正，并非当事人背离中标合同另行订立建设工程施工合同。

（六）环境原因

在涉及工程变更时，地理、地质等因素也是一种重要的影响因素。由于地理、地质环境比较复杂多样，在很多情况下很难对其情形、面貌完全勘察清楚，并且实际勘察的数据与真实情况不符的事情也时有发生。这些情况只有在具体施工的时候才能发现。在施工过程中，承包方的施工和管理能力也是影响工程变更的一个重要因素，涉及地质变化而造成方案修改或者返工等问题时，常常会出现"责任真空"地带，此时需要承包方对风险进行提前预判以及精准施策，并收留、保存好必要的资料以便提出变更申请和索赔。因地理、地质原因造成工程变更，既可能会造成实体工程量上的变化，也有可能造成因施工方案调整而导致的措施项目增加，还有可能因地质灾害或意外情况造成返工，甚至机械损失人员伤亡等情形。上述均需要相应的依据性/支持性文件、专家论证意见甚至事故调查性文件等来支撑。承包人在承担施工任务的同时，应善于交涉和应对处理好各项情形的发生。

【案例】

——甘肃某建设集团公司与四川某文化旅游资源开发有限公司建设工程施工合同纠纷[1]

2014 年 3 月 26 日，甘肃某建设集团公司（乙方）与四川某文化旅游资源开发有限公司（甲方）签订《广元市××酒店建设项目昭××大酒店工程施工合同》，四川某文化旅游资源开发有限公司将××大酒店项目发包给原告承建。合同约定，合同签订后，四川某文化旅游资源开发有限公司应向甘肃某建设集团公司支付预付款 6 000 000 元，直至 2015 年 2 月，四川某文化旅游资源开发有限公司仅向甘肃某建设集团公司支付预付款 4 050 000 元，双方于 2015 年 3 月 10 日对已完工程进行了结算，结算价款为 4 963 784 元，扣除已支付的 4 050 000 元，四川某文化旅游资源开发有限公司还应向甘肃某建设集团公司支付工程进度款 913 784 元。虽然监理单位没有在合同约定的开工日期即 2014 年 3 月 28 日发布开工令，甘肃某建设集团公司仍按照四川某文化旅游资源开发有限公司的要求进场施工，在施工的过程中由于场地考古、施工用电等原因导致甘肃某建设集团公司停止施工，给甘肃某建设集团公司造成工资损失 763 886 元、现场管理人员工资 428 000 元，工资损失合计 1 191 886 元。

法院认为，原、被告双方具有建设工程资质，所签订的合同依法成立，合法有效，双方应遵守执行，在合同履行过程中，由于出现现场考古等情形，致使合同无法全面履行，双方应对相应事宜进行协商解决。本案中，原告甘肃某建设集团公司主张的工程进度款 913 784 元，有双方签订的《××大酒店工程（已完工程）竣工结算书》所确认，法院予以支持；原告主张的延期开

---

[1] 案件来源：四川省广元市昭化区人民法院一审民事判决书 [2015] 昭化民初字第 586 号。

工的费用（主要是项目部现场管理人员工资及补贴）763 886元，双方所签订的合同第12.2条约定，由于发包人原因引起暂停施工造成工期延期的，承包人有权要求发包人延长工期和增加费用，并支持合理利润。原告通知该费用由被告承担，被告四川某文化旅游资源开发有限公司也已签收确认，法院予以认可；关于原告主张停工后的工资损失428 000元，原告未提供充分的证据予以证实，且这部分证据也存在和763 886元损失相重叠的情形，法院不予支持。

案例评析

在施工过程中，承包人发现地下存在化石、文物等国家重点保护物品时，应当注意做好防护措施，避免施工失误导致上述物品遭受破坏，并严格依照法律法规的相关规定以及合同中的约定，向有关部门履行申报程序，并及时向当地的文物保护管理行政部门进行汇报，告知监理人和发包方现场施工情况，以便等候其指示，并做好相应的应急处理措施，由于施工过程发现化石、文物等地下物质，属于不可预知的风险，且承包人不存在任何过错。因此，基于此类事项导致工程变更，由此给承包方增加损失的，可以向发包方进行索赔，发包方应当对此予以相应的补偿。

因地理、地质等条件造成工程变更的，承包方要及时暂停施工并向监理人或发包方提出变更的请求，防止因后续继续实际投入而难以收回成本的局面。与此同时，承包方还需要了解周围的地理地质情况导致工程变更的各种复杂情况，包括但不仅限于施工方案的改变、施工项目投入费用的变化等各种所需的资料和程序，并及时保存好书面材料，如果遇到紧急情况，如由发包方审批流程慢导致的停工等，承包方还要尽可能采取会议纪要等形式来形成临时意见，并及时做好备案，为工程变更提供依据，在必要的时候承包方还可以邀请专家对地理地质条件进行勘察勘验，形成专家论证意见，为工程变更提供依据。

三、工程变更的程序

不同版本的《建设工程施工合同（示范文本）》对工程变更的程序都进行了规定，但又不完全相同。例如，2013年版示范文本规定：

31 确定变更价款

31.2 承包人在双方确定变更后14天内不向工程师提出变更工程价款报告

时，视为该项变更不涉及合同价款的变更。

31.3 工程师应在收到变更工程价款报告之日起 14 天内予以确认，工程师无正当理由不确认时，自变更工程价款报告送达之日起 14 天后视为变更工程价款报告已被确认。

31.4 工程师不同意承包人提出的变更价款，按本通用条款第 37 条关于争议的约定处理。

31.5 工程师确认增加的工程变更价款作为追加合同价款，与工程款同期支付。

31.6 因承包人自身原因导致的工程变更，承包人无权要求追加合同价款。

而根据 2017 年版示范文本规定，工程变更需要经过以下几个步骤：

10.3.1 发包人提出变更

发包人提出变更的，应通过监理人向承包人发出变更指示，变更指示应说明计划变更的工程范围和变更的内容。

10.3.2 监理人提出变更建议

监理人提出变更建议的，需要向发包人以书面形式提出变更计划，说明计划变更工程范围和变更的内容、理由，以及实施该变更对合同价格和工期的影响。发包人同意变更的，由监理人向承包人发出变更指示。发包人不同意变更的，监理人无权擅自发出变更指示。

10.3.3 变更执行

承包人收到监理人下达的变更指示后，认为不能执行，应立即提出不能执行该变更指示的理由。承包人认为可以执行变更的，应当书面说明实施该变更指示对合同价格和工期的影响，且合同当事人应当按照第 10.4 款〔变更估价〕约定确定变更估价。

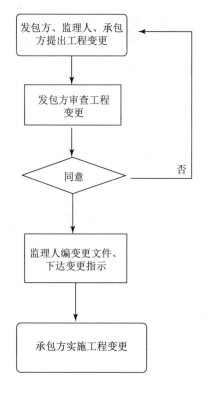

（工程变更流程简图）

此外，一些地方政府规范性文件也有关于工程变更程序的相关规定。如《北海市政府投资建设工程变更管理办法（暂行）》第7条就对工程变更程序进行了明确的规定：

（一）工程变更提出

（1）工程变更建议提出后，由建设（业主）和监理单位组织设计、施工等相关单位对变更可行性和必要性进行论证，同意变更的，编制工程变更申请报告，由建设（业主）和监理单位报工程变更审批领导小组审查或备案。

（2）工程变更申请报告内容包括但不限于：工程概况、变更原因、变更依据（含有关的会议纪要、现场照片、视频等证明材料）、变更内容、比选方案，变更对工程规模、安全、工期、生态环境、投资的影响，变更引起的工程量及合同价款的增减，必要的图纸文件和计算书，工程概、预算书等。

（3）工程变更涉及规划调整的，建设单位应按程序办理规划审批手续后再申请工程变更。

（二）工程变更审批

（1）Ⅰ类变更由建设（业主）单位加强内控制度管理，依法依规完善变更程序后组织实施。建设单位应当分项目建立工程变更台账，并及时将工程变更情况报变更审批领导小组备案。

（2）Ⅱ类变更由建设（业主）和监理单位向变更审批领导小组提出变更申请后，变更审批领导小组办公室从专家库中抽取3名及以上的专家，会同建设（业主）、监理、施工、勘察、设计等单位负责人到现场核验。现场核验通过的变更，由变更审批领导小组组长或委托副组长主持召开领导小组会议（可根据项目情况邀请相关单位领导和专家，对工程变更技术可行性、经济合理性进行论证）审查同意后，由建设（业主）和监理单位报行业分管副市长和分管财政副市长审批，经批准后按程序变更。

（3）Ⅲ类变更由建设（业主）和监理单位向变更审批领导小组提出变更申请后，变更审批领导小组办公室从专家库中抽取3名及以上的专家，会同建设（业主）、监理、施工、勘察、设计等单位负责人到现场核验。现场核验通过的变更，由变更审批领导小组组长或委托副组长主持召开领导小组会议（可根据项目情况邀请相关单位领导和专家，对工程变更技术可行性、经济合理性进行论证）审查同意后，由建设（业主）和监理单位报请市政府审批，市政府批复后按程序变更。

（4）对于Ⅱ类和Ⅲ类变更中涉及紧急情况、必须连续施工等情形的工程变更，建设（业主）和监理单位应组织专家论证并形成明确变更意见，报请行业分管副市长同意后，可采取动态设计，在施工的同时对原设计进行调整和完善，并及时报告变更审批领导小组，按程序完善审批手续。

（三）工程变更实施

工程变更申请经批准或备案后，由建设（业主）单位组织设计单位完成施工图设计变更工作，并发出工程变更通知书。施工图设计变更文件应按《房屋建筑和市政基础设施工程施工图设计文件审查管理办法》要求送原审查机构审查并完成备案。

在FIDIC条件下，对于工程变更也有相关的直接规定。例如2017年版FIDIC红皮书的规定：

13.3 变更程序

除第 13.1 条［变更权］另有规定外，工程师应按照下列任何一项程序提出变更：

13.3.1 指示变更

工程师可根据第 3.5 条［工程师指示］向承包商发出通知（描述所需的变更，并说明对成本记录的任何要求）的变更。

承包商应着手实施变更，并应在收到工程师指示之日起 28 天内（或承包商提议并经工程师同意的其他期限）向工程师提交详细详情，包括：

（a）对所实施或将要实施的各种工作的描述，包括承包商所采用或将要通过的资源和方法的具体详情；

（b）其实施方案，以及承包商根据第 8.3 条［方案］对该方案做的任何必要的修改（如有）和完成时间的建议；以及

（c）承包商根据第 12 条［测量和估价］对变更进行估价，提出调整合同价格的建议，并附有佐证详细资料（其中应包括确定任何估计数量），如果承包商因对完工时间的任何必要修改而引起或将产生费用，则应表明承包商认为承包商有权获得的额外付款（如有）。如果当事各方同意删减将由其他人进行的任何工作，承包商的建议也可包括因该项删减而造成的任何利润损失和其他损失和损害（或将要遭受的损失）。

此后，承包商应提交工程师合理要求的任何进一步详细资料。

随后，工程师应根据第 3.7 条［商定或决定］的规定，同意或确定：

（i）工期索赔，如有；和/或

（ii）合同价格的调整（包括根据第 12 条［计量和估价］对变更的估价）（使用不同工程的测量数量）

就第 3.7.3 条［时限］而言，工程师收到承包商提交的文件（包括所要求的任何进一步详细资料）的日期应为第 3.7.3 条规定的协议时限的开始日期。承包商有权获得该工期索赔和/或合同价格的调整，而不必按照第 20.2 条［付款和/或工期索赔］。

13.3.2 以建议变更

工程师在指示变更前，可向承包商发出通知以征求建议（描述提议的变更）。

承包商应在切实可行范围内尽快对该通知作出回复，其中之一是：

（a）提交建议，该建议应包括第 13.3.1 条［指示变更］（a）至（c）中所述的事项；或

（b）就第 13.1 条［变更权］（A）至（C）所描述的事项，说明承建商不能遵从的理由（如属这种情况）。

如果承包商提交了建议，工程师应在收到建议后尽快作出答复，通知承包商他/她是否同意。承包商在等待答复时不得延误任何工作。

如果工程师同意，不论是否有意见，工程师应指示变更。此后，承包商应提交工程师合理要求的任何进一步详细资料和第 13.3.1 条［指示变更］应适用。

如果工程师不同意该建议，不论是否有意见，如果承包商因提交建议而产生费用，承包商应有权依据第 20.2 条［付款和/或工期索赔］获得此类费用的支付。

在工程变更过程中，也会涉及各类书面性材料，如工程变更单、设计变更单、工程洽商单等一系列表格。它们在使用时有所不同，应当注意区分。工程变更单是由建设或承办方提出的工程变更要求，然后报送监理人审批确认的一种报表，对于一般涉及结构功能变化的变更需要经过设计方确认才可进行。而对于一些涉及重大事项变更的项目需要经过发包方审查确认后，方可进行。承包方的签字确认仅表示一些程序性事项的确认，例如对工期、费用等处理结果的确认，以及对收到设计变更单这一行为的确认。设计变更通知单一般是由设计方或建设方提出变更要求所提供的表格，设计变更的范围包括对设计图纸的修改。在施工过程中发现实际施工与图纸设计不相符、设计错位等，设计单位要及时将设计变更通知单下发给施工方。对于设计变更通知单，施工方对其签字也只是表示一些程序性的效力，包括对工期、费用以及对收到这一变更通知单行为的确认。工程洽商联系单也与上述两种有所不同，它是因为工程实际需要而必须增加各项工料或其他费用的一种洽商、联系的表格。比如，在施工过程中，因临时停电停水，图纸或设备等供应材料出现问题导致工程施工进度受到影响，此表格一般由施工单位的负责任人填写。

四、工程变更的责任

在施工过程中，由于工程变更会导致工期的延长或缩短，或者材料工艺

的增减最终导致工程的施工成本增长，此时应当根据引起工程变更的原因来划分相应的责任归属。因此，工程变更的责任问题也就是由谁来承担工程变更带来的不利后果问题。在实践中，工程变更责任的承担需要根据变更的情形来具体分析。其一，由发包方承担责任的情形，包括发包方要求、政府部门要求、环境变化以及因不可抗力等因素影响导致工程变更，由此造成工期延长或者费用的增加，承包方可以据此向发包方进行索赔。其二，承包方承担责任的情形，包括承包方在承担项目后，由于施工过程或者施工方案出现错误，导致工程变更，由此造成工期延长或者费用增加，应当由承包方自己承担，而不能向发包方索赔。此外，如果在施工过程中发现设计图纸和实际施工不符，而擅自更改设计方案，或者施工方案没有出现错误，但该方案没有经过发包方审批就实施，由此导致工期的延长或者费用增加，承包方也需承担相应责任。例如，在工程实践中，删减工作是一种常见的工程变更情形，它会打破承发包双方订立合同的初始状态，导致合同演进向偏离合同理想状态的方向发展，达到合同现实状态。[1]其三，勘察、设计人过错责任承担，即在施工过程中，由于勘察、设计人勘察、设计的质量不符合要求或者未按照期限提交勘察、设计文件拖延工期，勘察、设计人应当根据其相应的过错来承担不利后果。其四，施工人过错责任承担，即因施工人的原因致使建设工程质量不符合约定的，发包人有权请求施工人在合理期限内无偿修理或者返工、改建，经过修理或者返工、改建后，造成逾期交付的，施工人应当承担违约责任。

（一）发包人承担责任

发包人的责任主要包括基于发包方设计变更、调整合同工作量或者违约指定供应商，导致工期延误、修改或者成本费用增加等情况出现，由发包方承担工程变更的不利后果。

【相关规则索引】

广州市律师协会的《建设工程索赔法律服务指引》（2021年）

4.1.10 发包人设计变更

由于设计变更，可能会导致承包人工期延误、或对已完成工程部分进行

---

[1] 严玲、阳涛：《建设工程变更中删减工作引起的利润补偿研究》，载《建筑经济》2016年第2期，第56页。

拆除或修改、成本费用增加等，甚至是由于设计变更超出了原有申请批准的建设规模而需要等待发包人重新申请规划批准等手续而停工。对此而产生的所有损失，除非合同约定承包人需承担一定的风险比例，否则承包人有权向发包人索赔，要求赔偿损失及支付合理利润。

其中，应重视设计变更导致已完成工程部分的返工，对于重复工作的工程款结算，除了应结算最终竣工经验收合格的成果的价值外，还需计算因设计变更返工之前已完成的工作价值及拆除工程量。作为承包人应保存好返工前后已完成的工作成果、工作量等材料作为向发包人进行索赔的证据。

4.1.11 发包人调整承包人合同工作量

根据《民法典》第 798 条的规定："隐蔽工程在隐蔽以前，承包人应当通知发包人检查。发包人没有及时检查的，承包人可以顺延工程日期，并有权请求赔偿停工、窝工等损失。"（隐蔽工程是指建筑物、构筑物、在施工期间将建筑材料或构配件埋于物体之中后被覆盖外表看不见的实物。如房屋基础、钢筋、水电构配件、设备基础等部分项目工程）。

根据《民法典》第 803 条的规定："发包人未按照约定的时间和要求提供原材料、设备、场地、资金、技术资料的，承包人可以顺延工程日期，并有权请求赔偿停工、窝工等损失。"

根据《民法典》第 804 条的规定："因发包人的原因致使工程中途停建、缓建的，发包人应当采取措施弥补或者减少损失，赔偿承包人因此造成的停工、窝工、倒运、机械设备调迁、材料和构件积压等损失和实际费用。"

根据《民法典》第 805 条的规定："因发包人变更计划，提供的资料不准确，或者未按照期限提供必需的勘察、设计工作条件而造成勘察、设计的返工、停工或者修改设计，发包人应当按照勘察人、设计人实际消耗的工作量增付费用。"

根据《民法典》第 806 条第 2 款的规定："发包人提供的主要建筑材料、建筑构配件和设备不符合强制性标准或者不履行协助义务，致使承包人无法施工，经催告后在合理期限内仍未履行相应义务的，承包人可以解除合同。"

根据《民法典》第 807 条的规定："发包人未按照约定支付价款的，承包人可以催告发包人在合理期限内支付价款。发包人逾期不支付的，除根据建设工程的性质不宜折价、拍卖外，承包人可以与发包人协议将该工程折价，也可以请求人民法院将该工程依法拍卖。建设工程的价款就该工程折价或者拍卖的价款优先受偿。"

发包人调整承包人工作量既包括增加工作量，也包括减少工作量。对承包人可能造成的影响既包括增加工作量导致的工程价款的增加，也包括减少工作量导致的单价上升和利润损失等，承包人可以据此向发包人提出索赔。承包人在接到发包人调整工作量通知后，应及时做好价值核算，如对承包人的工期、造价、利润产生影响的，应做好证据固定，及时提出索赔。

需要注意的是，如果在固定总价合同履行过程中发包人变更工程量，根据《最高人民法院关于审理建设工程施工合同纠纷案件适用法律问题的解释（一）》的相关规定，承包人仅能就增减的工程部分价款单独参照合同约定或当地建设行政主管部门发布的计价方法或者计价标准进行计价结算，而不能要求对整个工程项目重新造价结算。

4.1.12 发包人负责提供的材料和设备供应延误、供货地点变更或存在质量缺陷

已在建设工程合同的《发包人供应材料设备一览表》列明由发包人负责提供的部分原材料、机械设备等材料的，发包人应严格按约定的材料及设备的名称、数量、价格、交货时间、地点及质量标准等确保供应。如发包人因自身原因导致由其提供的材料、设备无法被准时交给承包人、交货地点变更或者存在质量缺陷，并造成承包人工程延误或者产生额外运输、保管等费用或造成工程质量缺陷，承包人可以向发包人提出索赔并要求顺延工期。

但需注意的是，尽管发包人对合同约定由其提供的材料及设备的质量问题负有责任，但承包人出于对工程质量的负责应该对发包人提供的材料及设备进行必要的检验。如果承包人对发包人提供的材料、设备等没有进行必要的检验或经检验不合格仍然使用，由此导致工程质量缺陷，承包人可能也需承担相应责任。

4.1.13 发包人违约指定材料、设备生产厂家或供应商

建设工程合同约定由承包人采购的材料及设备，发包人不得强行指定生产厂家或者供应商。发包人违约强行指定的，承包人有权予以拒绝，由此导致工期延误或费用增加的，承包人可以向发包人提出索赔，但需有保留发包人违约指定厂家或供应商的相关证据。

【案例】

——某某控股集团有限公司、中建某工程有限公司建设工程合同纠纷[1]

基本案情

2011 年 2 月 16 日，某某控股集团有限公司（甲方）与中建某工程有限公司（乙方）签订《20 万吨/年芳烃联合装置项目设计、采购、施工总承包合同》，主要内容为：第一部分合同协议书。一、某某控股集团有限公司将 20 万吨/年芳烃联合装置项目的设计、采购、施工总承包工作交由中建某工程有限公司实施，即设计、采购、施工（EPC）交钥匙总承包。

一审法院认为，乙方提交了 215 份《工程联络单》以及 109 份《设计变更通知》，主张案涉工程存在大量设计变更、甲方未及时采购设备等情形，导致工期延误。甲方主张，案涉工程是 EPC 交钥匙工程，顺延工期应当经发包人签证确认，且乙方负责项目设计，相关设计变更与甲方无关。对此，一审法院认为：第一，虽然总承包合同约定乙方负责工程设计、采购、施工（EPC）交钥匙总承包，但因甲方亦负责一部分设备的采购工作，故双方在履行合同的过程中需要相互协调配合。第二，经审查 215 份《工程联络单》，案涉工程确实存在大量设计变更，且其中有相当数量的设计变更系由甲方提出，并要求乙方予以配合执行。第三，关于保温工程的问题，甲方在 2012 年 9 月 24 日尾号为 2404 的《工程联络单》中称："208 单元部分设备由于设计没有保温，根据生产实际需要，我公司决定增加下述设备的保温……"甲方还在 2012 年 12 月 5 日、2013 年 1 月 25 日、2013 年 6 月 8 日的《工程联络单》上继续要求增加保温设备，后甲方、乙方将保温工程分包给多家公司进行施工。同时，2012 年 2 月、4 月的多份《工程联络单》显示由甲方负责采购的三机组相关设备迟延进场，影响了工程进度。由此可见，工期延误不能完全归责于乙方，甲方亦负有一定责任，故由双方各自承担因工期延误造成的损失较为公平。对于甲方的该项反诉请求，一审法院不予支持。

二审法院认为，根据乙方提交的《工程联络单》《设计变更通知》，可以认定案涉工程存在大量设计变更且其中很多系甲方提出并要求乙方执行。其次，2012 年 2 月、4 月的多份《工程联络单》显示由甲方负责采购的三机组

---

[1] 案件来源：最高人民法院二审民事判决书［2018］民终 1240 号。

相关设备迟延进场，影响了工程进度。再次，甲方在 2012 年 9 月 24 日尾号为 2404 的《工程联络单》中明确，208 单元部分设备设计没有保温，根据生产实际需要，其决定增加保温工程施工，其在 2012 年 12 月 5 日、2013 年 1 月 25 日的《工程联络单》上继续要求乙方增加保温设备。由此可见，作为发包方的甲方对导致案涉工程竣工迟延确有责任。一审法院综合以上因素，以及甲方在案涉工程竣工后长达 3 年多时间内一直未要求乙方承担逾期竣工违约责任，直到 2017 年 11 月本案诉讼发生后才以反诉方式提出该项请求，对甲方的该项诉讼请求不予支持，并无不当。甲方关于案涉工程逾期交工的原因完全在于乙方的上诉理由，不能成立。其关于乙方应依照总承包合同约定承担逾期交工全部责任的上诉请求，二审法院不予支持。

案例评析

虽然本案是 EPC 总承包模式，但如果由于工期延误不能完全归责于乙方原因，甲方亦负有一定责任，根据公平原则，法院会判定由双方各自承担因工期延误造成的损失。

（二）承包人承担责任

承包人责任主要包括承包人的原因引起的工程变更，或者承包人将工程转包、违法分包。

【相关规则索引】

《民法典》第 806 条第 2 款规定："承包人将建设工程转包、违法分包的，发包人可以解除合同。"

《最高人民法院关于审理建设工程施工合同纠纷案件适用法律问题的解释（一）》第 12 条规定："因承包人的原因造成建设工程质量不符合约定，承包人拒绝修理、返工或者改建，发包人请求减少支付工程价款的，人民法院应予支持。"

《水利水电土建工程施工合同条件》（GF-2000-0208）

39.8 承包人原因引起的变更

（1）若承包人根据工程施工的需要，要求监理人对合同的任一项目和任一项工作作出变更，则应由承包人提交一份详细的变更申请报告报送监理人审批。未经监理人审批，承包人不得擅自变更。

（2）承包人要求的变更属合理化建议的性质时，应按第 59 条的规定办理。

（3）承包人违约或其他由于承包人原因引起的变更，其增加的费用和工期延误责任由承包人承担。

（3）勘察、设计人承担责任，主要包括勘察、设计的质量不符合要求或者未按照期限提交勘察、设计文件拖延工期，由此造成的损失，由勘察人、设计人承担。

【相关规则索引】

《民法典》第 800 条规定："勘察、设计的质量不符合要求或者未按照期限提交勘察、设计文件拖延工期，造成发包人损失的，勘察人、设计人应当继续完善勘察、设计，减收或者免收勘察、设计费并赔偿损失。"

（4）施工人承担责任，由于施工人的原因致使建设工程质量不符合约定，由此造成的损失，由施工人承担。

【相关规则索引】

《民法典》第 801 条规定："因施工人的原因致使建设工程质量不符合约定的，发包人有权请求施工人在合理期限内无偿修理或者返工、改建。经过修理或者返工、改建后，造成逾期交付的，施工人应当承担违约责任。"

工程变更与签证相关法律问题

在建筑工程领域，建设工程项目涉及的资金额往往比较大、建设周期长，导致影响建设工程的不确定因素增多。此外，建筑行业还受政治、市场以及其他自然因素的影响。这进一步导致建设工程施工合同签订之后难以对整个施工周期内可能发生的状况作出全面和准确的预判。故而，随着意外事件的不断发生，在施工过程中难免会遭遇很多签证。这也造就了建筑工程领域"低中标，高签证，多索赔"的特点。而高频词、多次数签证显然会对整个施工的进度、结算等方面造成影响。基于此，本章将以工程签证为主要研究对象，探讨签证、签证与工程变更，以及签证的效力认定和索赔等相关问题。

问题的提出

【案例】

——重庆某建设工程有限公司、重庆某建筑劳务有限公司建设工程合同纠纷[1]

基本案情

2013 年，重庆某建设工程有限公司承包了重庆某公司（全称贵州某某置业有限公司）开发建设的某县委片区改造项目，并将该项目中的部分工程劳务分包给重庆某建筑劳务有限公司。2013 年 11 月 5 日，重庆某建筑劳务有限公司作为乙方，重庆某建设工程有限公司作为甲方，双方共同签订《设备、

---

[1] 案件来源：最高人民法院再审民事判决书［2022］最高法民再 204 号。

周材、辅材劳务合同》，该合同加盖"重庆某建设（集团）有限公司××县委片区改造项目章"，费某作为重庆某建设工程有限公司的代表签字。双方对是否应承认合同外发生的工程量存在争议，遂起诉到法院。

问题 1：承包人未能提供签证文件时，如何确认合同外发生的实际工程量？

问题 2：法院进行裁判的依据为何？

法院判决：一审法院认为，乙方提交的《××县委区块改造项目劳务结算书》《万峰劳务 17 年复工后结算表》等证据能够证实乙方在 2017 年后仍然对涉案项目工程进行复工且双方对复工后完成的工程量进行结算的事实。且监理单位是业主单位授权监督管理现场施工的单位，其有权对现场施工的施工范围和施工面积等客观事实予以确认。乙方提交的经监理单位盖章和业主单位员工廖某签字确认的《万峰劳务贵州．开元嘉德项目结算表》载明的施工范围和施工面积等内容，与经甲方与乙方及监理单位盖章确认的《××县委区块改造项目劳务结算书》（含甲方与乙方双方员工签字确认的《万峰劳务 17 年复工后结算表》）及《合同外签证单》等证据载明的施工范围和施工面积等内容相互印证，能够证实乙方劳务分包的施工范围和施工面积等基本案件事实，故一审法院对乙方主张完成的施工范围和施工面积等事实予以确认。二审法院认为，关于合同外涉及的工程价款的问题。根据《最高人民法院关于审理建设工程施工合同纠纷案件适用法律问题的解释（一）》第 20 条的规定："当事人对工程量有争议的，按照施工过程中形成的签证等书面文件确认。承包人能够证明发包人同意其施工，但未能提供签证文件证明工程量发生的，可以按照当事人提供的其他证据确认实际发生的工程量"，基于合同外签证单上有监理单位的签字认可，甲方虽对系列签证单不予认可，但并未提出相反证据予以证明，故此，对甲方的该项主张，二审法院不予支持。一审法院按《合同外签证单》上记载的系列款项及金额最终计算得出合同外产生的工程施工费为 1 408 135.5 元无误，二审法院予以维持。最高人民法院认为，依据监理单位有效认定、业主单位工作人员签字的《万峰劳务贵州开元嘉德项目结算表》载明的施工范围、施工面积，结合与其印证的甲方、乙方、监理公司三方签章的《××县委区块改造项目劳务结算书》及《合同外签证单》，可认定乙方的合同内施工量，该工程量按照双方在《设备、周材、辅材劳务合同》中约定的单价可计算得出合同内工程价款。该价款加上合同外签证部分的工程款，即为乙方施工应得工程款总额。一审法院按此原则直接认定工程款，符合法律规定。

【案例】

——贵州某建设公司、遵义某房地产开发有限公司建设工程施工合同纠纷[1]

基本案情

2011年7月7日，贵州某建设公司（乙方）与遵义某房地产开发有限公司（甲方）签订《建设工程施工合同》，约定遵义某房地产开发有限公司将其开发的××路宏达花园项目发包给贵州某建设公司，约定的工程价款约为1000万元，合同工期为11个月（330天）。合同约定为："4.2.发包方派驻现场的代表为金某，职权为对工程施工全过程行使管理、安全、质量、技术等手续，并负责协调施工方与设计、监理、分包单位的关系等。"但在本合同施工过程中，对于包括设计图纸变更、价款变更、工程量增减、工期等直接导致工程价款增加或减少、工期顺延或者提前的签证，除经发包方派驻的工程师签证外必须经发包人加盖印章，方发生效力。合同签订之后，乙方于2012年1月17日进场施工，于2013年3月1日完成基础与主体分部施工。2014年1月，贵州某建设公司因各种原因停止施工。2015年2月4日，贵州某建设公司向遵义某房地产开发有限公司报送了工程结算书，遵义某房地产开发有限公司工作人员金某对该结算书予以签收。诉讼过程中，遵义某房地产开发有限公司向法院提出申请，要求对贵州某建设公司完成的工程量进行造价鉴定。不确定部分：1 383 694.68元（施工单位未按照合同要求履行签证手续）、1 089 170.5元（施工单位针对确定部分的材料差价未按照合同要求履行签证手续）、125 624.72元（施工单位针对不确定部分的材料差价未按照合同要求履行签证手续）。

问题1：未按照合同要求履行签证手续的费用能否被计入工程款？

问题2：法院如何裁定？

法院判决：一审法院认为，签证上无甲方盖章的部分（造价1 383 694.68

---

[1] 案件来源：最高人民法院再审民事判决书［2020］最高法民再336号。

元）、材料差价（1 214 795.22 元），根据《建设工程施工合同》的约定，对承包人送达的签证单，发包人应在 7 日内给予审批回复，如不回复，则视为认可承包人报送的资料。因该部分工程量的签证单上无甲方的签字或盖章，乙方也无证据证明该部分签证单已送达给甲方，故该部分造价不应计入乙方的工程款。二审法院也认为，对于未按合同约定履行盖章手续的三个不确定部分，金额分别为 1 383 694.68 元、1 089 170.5 元、125 624.72 元。因不符合双方的合同约定，不应当计入乙方工程款。但最高人民法院认为，关于鉴定意见书中未履行盖章程序的签证单所涉的三项费用是否应计入工程款的问题，双方在《建设工程施工合同》中约定，对于包括设计图纸变更、价款变更、工程量增减、工期等直接导致工程价款增加或减少、工期顺延或者提前的签证，除经发包方派驻的工程师签证外必须经发包人加盖印章方发生效力。对于鉴定意见"不确定部分"中承建单位未按合同要求盖章的签证单，经过甲方派驻的工程师金某的签字确认，在甲方未提交充分证据证明该部分工程系由其他施工人施工或上述签证系虚假签证的情况下，虽然甲方未加盖印章，但无法否定该部分建设工程系由乙方施工完成的事实，故从公平角度考虑，应对该部分工程及相应的 1 383 694.68 元工程价款予以认定。

一、签证相关概述

（一）签证的定义

近年来，随着我国经济不断快速发展，基础设施建设项目的投资规模越来越大，在这些项目的建设过程中，不可避免地会出现一些新变化和新情况。比如，地质条件的变化、设计变更、政策变动、市场材料价格变化等，从而导致签证的频繁发生。而工程签证是工程建设过程中常见的工程计价凭证，是施工过程中承、发包双方，就费用、工期、损失等施工活动中某些特殊情况达成的补充协议，是工程竣工结算文件的重要组成部分。例如，《建设工程工程量清单计价规范》（GB50500-2013）第 2.0.24 条就对工程签证做了如下规定："现场签证是发包人现场代表（或其授权的监理人、工程造价咨询人）与承包人现场代表就施工过程中涉及的责任事件所作的签认证明。"这一定义侧重从责任角度出发，相对具有较强的概括性和原则性。工程签证实际上是施工合同的补充、延伸，是发包人、承包人在合同履行过程中就因工程变更等情形而产生的各种费用、顺延工期、损失赔偿等达成的一致意见，是施工期间各种变化情况的记录和证明，更是工程结算时增减工程造价的重要凭证。《最高人民法院关于审理建设工程施工合同纠纷案件适用法律问题的解释（一）》第20条规定："当事人对工程量有争议的，按照施工过程中形成的签证等书面文件确认。"此外，也有人认为，工程签证是指工程发、承包双方在进行施工时，依据合同约定对设计图纸、施工方案、预算等费用不相符的情况进行造价调整或工期延长的一致协议，需进行相互的书面确认，可作为工程结算阶段造价确定的凭证。[1]

根据上述相关规定可知，签证即签认、证明的意思。从广义上来理解，也就是指建设单位与承包单位在履行合同的过程中发生的工程变更、索赔等事件涉及合同价款的调整，按合同协议的约定双方达成一致处理意见和补充协议的行为，包括设计变更、现场变更、索赔等形式，是对已订合同的一种弥补或动态调整。[2]狭义的工程签证概念与工程变更、索赔有所区别，主要是指工程承发包双方就施工现场发生的建设工程施工合同约定之外的工程量达成的计量、计费或工期协议。有人认为，工程签证"已经成为一种增补的合同状态补偿机制"。[3]所谓签证，从形式上看，工程签证是施工过程中发包人及其代理人回复承包人提出有关价款、工期和质量的报告、函件、要求所形成的签字盖章文件；从内容上看，施工签证主要是指施工企业就施工图纸、设计变更所确定的工程内容以外，施工图预算或预算定额取费中未含有而施工中又实际发生费用的施工内容所办理的签证，如由于施工条件的变化或无法遇见的情况所引起工程量的变化。工程签证既是工程合同管理中的重要工作，也是签证作为结算依据之一，是工程师造价控制工作的关键"控制点"。

工程签证的产生具有很大的必然性，在计划经济体制下，我国的工程价格管理体系基本延续了苏联模式，即同高度集中的计划经济相适应的基本建设概预算定额管理体制，工程价格采用定额取费模式。工程建设任务由国家

---

[1] 蒋朝敬：《工程签证中常见问题及应对措施》，载《中国高新科技》2021年第17期，第117页。

[2] 崔桂霞：《论工程签证与工程造价》，载《石油化工建设》2018年第1期，第36页。

[3] 尹贻林等：《2013版清单计价模式下现场签证对合同价款调整的多案例研究》，载《项目管理技术》2015年第6期，第19~24页；孟建兵：《建设工程现场签证的研究》，载《山西建筑》2018年第19期，第241~242页；柳雨良：《建设工程签证的法律规制研究》，西北师范大学2021年硕士学位论文，第10页。

主管部门按计划分配，建设单位、施工单位的财务收支实行统收统支，工程价格并不是工程价值的货币反映。据说，新中国第一份工程签证出现在 1961 年，在西南第一建筑工程公司新都机械厂工程施工中，当因建设单位原因发生一项合同预算外的项目和费用时，施工单位便以一份经济签证单要求补偿，建设单位在其上签认。该做法很快被推行全国，从而产生了概预算加签证的价格形成方式，工程签证也由此产生。

随着我国经济体制的改革，工程价格形式发生变化，但是签证却被延续下来，甚至与国际上的变更、索赔接轨，赋予了工程签证新的内涵。一方面，在建设工程合同中，价格条款和支付条款两种对价关系的平衡关系到双方的核心利益。价格条款是构建发包人对合同标的的要求和承包人主张价款之间的对价关系的主要手段，而支付条款非但是构建发包人分期支付工程价款和承包人按进度实施工程和交付标的之间的对价关系的主要手段，也是控制发包人和承包人之间债务发生数额的首要措施。在权利的天平倾向于发包人的情况下，承包人可能通过偷工减料，以次充好等手段来应对工程价款过低的局面，也可能通过停工等手段来应对工程价款支付过于滞后，导致其资金链断裂、工程资金供应不上的局面。因此，当由于非承包人的原因造成增加成本的分配原则，发包人应容许承包人调整价格。工程签证的产生具有必然性。建设工程的特点和双方对于风险的分担导致工程和工程价款是不断变化的。而这种变化需要一定的凭证记录，从而产生了工程签证。

"签证"是长久以来建筑惯例形成的行业术语，我国《建设工程施工合同（示范文本）》并没有关于其比较确切的定义，长期以来相关法规也一直没有提及。签证最早只是经济签证的概念，是对合同预算外价款的补偿。因此，狭义签证是指在施工过程中发包人代表和承包人代表签字确认的发包人要求完成的预算外零星工作及相应的费用的凭证。工程签证与工程预算一起，组成了计划经济体制下常用的"施工图预算加签证"计价方式。2004 年 10 月财政部和建设部颁布的《建设工程价款结算暂行办法》（财建［2004］369号）第 14 条第 6 款规定："发包人要求承包人完成合同以外零星项目，承包人应在接受发包人要求的 7 天内就工程量和单价、机械台班数量和单价、使用材料的金额等向发包人提出施工签证，发包人签证后施工……"第 15 条规定："发包人和承包人要加强施工现场的造价控制，及时对工程合同外的事项如实记录并履行书面手续。凡由发、承包双方授权的现场代表签字的现场签证以及发、承包双方协商确定的索赔等费用，应在工程竣工结算中如实办理，不得因发、承包双方现场代表的中途变更改变其有效性。"《最高人民法院关于审理建设工程施工合同纠纷案件适用法律问题的解释（一）》第20条规定："当事人对工程量有争议的，按照施工过程中形成的签证等书面文件确认。"可见，工程签证是工程价款结算的关键文件。但是签证的定义越来越模糊，从原来的经济签证走向了更广义的签证。

例如，《工程造价咨询业务操作指导规程》（中价协〔2002〕第016号文发布）对"工程签证"有以下术语解释：按承发包合同约定，一般由承发包双方代表就施工过程中涉及合同价款之外的责任事件所作的签认证明。《建设工程工程量清单计价规范》（GB50500-2008）对"现场签证"的术语解释是：发包人现场代表与承包人现场代表就施工过程中涉及的责任事项所作的签认证明。前者延续了经济签证的定义，而后者虽然强调对责任事件的签认证明，但摈弃了"合同价款之外"这一关键词，从而在法规层面上将签证广义化。随着市场经济的发展，人们的法律意识逐渐增强，而且清单计价模式逐步取代定额计价模式，狭义的工程签证应该向经济索赔过渡。由于传统中国文化认为"索赔"这一字眼过于刺激，但签证通过一种平和的签认淡化了双方经济利益的对抗，倡导共同完成施工发承包合同标的同一性，并且不论是业主、承包商还是监理工程师，对签证这一做法都有一种驾轻就熟的感觉，觉得操作起来比较简便。因此，笔者相信，签证在很长时间内不会消失。但这也造成了实务中签证操作的混乱，签证应用广泛，是一个很广义的概念：施工过程中发包人及其代理人回复承包人提出有关价款、工期和质量的报告、函件、要求所形成的签字盖章文件。

在建筑工程施工过程中，地理、地质、人为等诸多不确定因素都可能会直接或间接导致签证发生，进一步导致最终的结算款发生改变。尤其是在进入项目决策和设计阶段时，会有很多难以预料的事情发生，如受到前期施工图纸的影响，或者施工单位之间配合不力、材料价格发生变化等。此时导致施工计划调整的概率和频率自然也就比较高。签证能够弥补各种难以预料的情况发生，并随时进行更改。在实际施工过程中的签证，其产生的原因多种多样，存在的问题比较多。因而，管理者需要善于利用签证，以及时、有效地应对各种瞬息万变的情况。

（二）签证的法律特征

由于签证在施工过程中发生的概率比较高，面对不同的突发状况，签证扮演的角色也不一样。正因如此，签证具有多个法律特征。按照当前学界的划分，主要表现在以下几个方面：

第一，签证是对原施工合同的补充。根据原施工合同不足以推进施工进度或有效保证工程顺利完工时，即需要签证对原合同存在的一些漏洞进行调补。尤其是面对施工过程中发生的一些不确定状况，影响到工程量、费用、工期时，就需要发承包双方在进行充分协商的基础上，重新确认新的权利义务关系。此时，签证即是这种确认新权利义务关系的重要载体。由此可见，签证是发承包双方基于意思自治通过协商而达成的合意，属于对原合同进行补充的法律行为。

第二，签证是对原施工合同的变更。在施工过程中，基于工程量、价格、费用、工期等因素发生客观变化，发承包方需要通过对原合同中相关权利义务关系进行改变，通过重新订立新的权利义务关系来继续推动合同的有效履行，签证成了应当采取的一种必要行为。故而，签证在法律性质上也属于对原施工合同的变更。值得注意的是，该变更不涉及合同主体，仅涉及合同内容。

第三，签证是确定经济利益关系的行为。由于签证是发承包双方协商一致的结果，在工程完工进行价款结算时，承包方可以凭借书面签证作为增减工程和工程价款的依据。此时，签证除了是一种书面凭证外，还承载着重要的经济价值，是发承包方获取或减少经济利益的重要依据。

本书认为，签证的法律特征可以被概括为以下几个方面：

第一，工程签证涉及的利益已经确定，可直接作为工程结算的凭据。在工程结算时，凡是已获得双方确认的签证，均可直接在工程形象进度结算或工程最终造价结算中作为计算工程价款的依据。若进行工程审价，审价部门对签证单不另作审查。

第二，工程签证是合同双方协商一致的结果，是双方法律行为。建设工程合同标的大、周期长等特点决定了履行中的可变更性是常态，可变更性又决定了合同双方必须对变更后的权利义务重新予以确定并达成一致意见，几乎所有的工程承包合同都对变更及如何达成一致意见作出了规定。工程签证毫无疑问是合同双方意思表示一致的结果，也是工程合同履行过程中出现新的补充协议，是整个建设工程施工合同的组成部分。

第三，工程签证是施工过程中的例行工作，一般不依赖于证据。在工程施工过程中不发生任何变化是不现实的，如设计变更、进度加快、标准提高、施工条件、材料价格等变化，从而影响工期和造价。因该变化而对原合同进行相应调整，也是常理之中的例行工作。工程签证是合同双方对该调整用书面方式的互相确认，在没有异议的情况下，不需要其他证据，只依据已发生的变化，工程签证就能获得对方的确认。

那么，签证是否能等同于补充合同？

工程实务界甚至司法实务界流行着这样一种错误的观点：什么是签证？签证是工程施工过程中，承包方与发包方按照合同约定，对费用支付、工期顺延、损失赔偿等达成的双方意思表示一致的协议；双方互相书面确认的签证，即成为工程结算和结算价增减的凭据。工程签证的法律性质：它是一份协议，是对原合同的补充协议；是双方协商一致的结果，对双方的行为具有法律约束力；签证是用于工程结算的直接证据，是双方利益保障的有效凭据。许多人认为，从法律意义上讲，该合意是原施工合同的补充协议。这种协议是工程结算、索赔及争议解决的凭据。

签证是工程承发包双方在合同履行过程中对确认工程量、增加合同价款、支付各种费用、顺延工期、承担违约责任、赔偿损失等内容所达成一致意见的补充协议。签证是合同当事人意思表示一致的结果，是主张权利的凭据和索赔的基础，承包人凭借签证可以要求发包人延长工期、增加价款或赔偿损失等。工程索赔是合同履行过程中，对于并非自己过错，而是应由对方承担责任的情形所造成的损失，向对方提出经济补偿和（或）工期顺延等要求。实务中还应注意对签证效力的认定。对于符合签证主体是承发包双方，签证人员有必要的授权，签证内容及工期顺延和（或）费用的变化、工程量变化、签证内容经协商一致等构成要件的签证，应当确认其效力。对于存在发包人拒绝签证、签署意见为情况属实、监理签证、延期签证、过失签证以及恶意签证等情形，对于签证的效力应当结合合同的约定、当事人的授权、会议纪要等并结合《合同法》（已失效）的相关规定，综合认定其效力。

但是，该定义最主要的问题是只注重签证的最终法律结果，未注重签证的多样形式，难以解释和接轨清单计价方式。在计划定额体制逐步淡出的背景下，未充分考虑市场经济体制下基于清单计价方式的标准工程合同中签证形式的多样性，如价款调整、工程变更、经济补偿、工期顺延、暂定价、计日工、暂列金额等无不涉及签证。1999 年版 FIDIC 合同条件、2007 年版《标准合同》、2008 年版《工程量清单计价规范》里设置的暂列金额，用于在签订协议书时尚未确定或不可预见变更的施工及其所需材料、工程设备、服务等的金额，包括以计日工方式支付的金额。按照监理工程师的指示全部或部分使用，并相应调整合同价格。目的一是降低承包人的定价风险，二是减少签订合同时的争执时间，便于双方达成共识。同时，2007 年版《标准合同》、2008 年版《工程量清单计价规范》设置的暂估价，用于发包人在工程量清单中给定的用于支付必然发生但暂时不能确定价格的材料、设备以及专业工程的金额。建设工程具有工期长、合同价款大的特点，对建设工程的价款大多采取分期付款的原则。建设工程的特点和双方对于风险的分担都决定了工程和工程价款是不断变化的。对于这种变化，需要一定的凭证记录，这就决定了工程签证的产生。改革开放以后，建设工程招投标和工程量清单的运用日益增多，工程签证在其中的作用也日趋显著。在采用招投标的方式形成价格后，当在施工过程中遭遇一般设计变更、隐蔽工程增加、材料代用等导致增加施工费用和其他不可预见的工程建设费用时，承包人以工程签证的形式报监理工程师。而《建设工程工程量清单计价规范》（GB50500-2003）明确规定设置预留金，是招标人为可能发生的工程量变更而预留的金额，在施工过程中，承包人可以工程签证的形式向监理工程师申请。

其次，报道性签证通常并不直接涉及价款或工期的变更，不宜被理解为补充合同。那么，签证到底是什么？稍后的分析都会涉及这个问题，这里不妨先把答案告诉大家，签证只不过是一种证据而已。在工程师眼里，签证重在如何签，而在法律人眼里，签证重在怎样证、能不能证、能证多少？本书采取实务签证的理解，对签证作如下定义：签证是施工过程中发包人及其代理人回复承包人提出有关价款、工期和质量的报告、函件、要求所形成的签字盖章文件。须注意，从开工到竣工的整个施工过程都可能发生工程签证，包括发包人或其代理人对承包人信函的回复，但是竣工结算时所发生的文件不属于签证范畴。

（三）签证的成立要件和生效要件

工程签证是合同双方就合同履行过程中的变更及实际施工活动的变动引

起的权利义务关系变化重新予以确认并达成一致意见的结果，是双方的法律行为。互相书面确认的签证即成为工程结算的凭据，工程签证具有以下法律效力：一是可执行性。工程签证涉及的利益已经确定，可直接作为工程结算的凭据，具有可执行性。在工程结算时，凡是已获得双方确认的签证，均可被直接作为计算工程量及工程价款的依据，具有直接的可执行性。二是独立性。由于工程签证是合同双方就工期、费用等意思表示一致而达成的补充协议，是施工合同履行结果和变化确认的事实，它与施工合同的履行结果和变化具有客观性、关联性和合法性，诉讼中只要工程签证经双方签字、手续齐全，一般都会被人民法院直接认定，并作为工程款支付的依据，不需要证据来证明。

例如，《江苏省高级人民法院关于审理建设工程施工合同纠纷案件若干问题的意见》（已失效）第12条规定："建设工程价款进行鉴定的，承包人出具的工程签证单等工程施工资料有瑕疵，鉴定机构未予认定，承包人要求按照工程签证单等工程施工资料给付相应工程价款的，人民法院不予支持，但当事人有证据证明工程签证单等工程施工资料载明的工程内容确已完成的除外。"

在施工合同中，当事人之间会有很多的签证，其中与工程价款结算有关的签证如何认定比较有争议。本书认为：首先，建筑工程类案件，在工程设计、施工、质量验收、决算等方面涉及许多专业性问题，法官不可能都精通，但当事人对工程质量、工程结算的争议。一方面，法官可以借助鉴定等诉讼手段认定双方是否按约履行义务；另一方面，法官的专长在于从证据上把关、审核。合同虽然是当事人结算的重要依据，但合同履行中的签证也是认定当事人之间结算的依据。法官应当从证据的真实性、关联性、合法性上来认定证据的效力。其次，从签证的内容来判断当事人是否通过签证改变了合同中的约定，如果签证中涉及工程量或对某些项目计价方式的确定与合同约定不符，可以认为是对合同的变更，法官应根据变更的签证对当事人之间的争议进行认定。

建筑施工企业在工程管理工作中应注意对工程签证工作中细节的把握和形式的规范和完备，在工程签证过程中不仅要注重对实质要件的审查把关，也要注重对形式要件的审查把关。[1]无论签证是对原施工合同的补充，还是

---

[1] 徐江：《工程管理中签证形式要件的法律启示》，载《中国招标》2013年第35期，第34页。

对原施工合同的变更，其都是一种重要的书面凭证，会对发承包双方的权利义务关系产生重要影响。因而，一个有效的签证应当满足相应的成立要件。

1. 主体要件

建设工程签证主体应当是建设工程合同的当事人。一般指向，发包人及其法定代表人、其授权的现场代表、项目经理或施工现场负责人和承包人及其法定代表人、其授权的现场代表、项目经理或施工现场负责人。工程监理人是否有权进行签证，往往需要区分情况。一般而言，工程监理人员在监理过程中签字确认的签证文件，涉及工程量、工期及工程质量等事实的，原则上对发包人具有约束力，涉及工程价款洽商变更等经济决策的，原则上对发包人不具有约束力，但施工合同对监理人员授权另有约定的除外。至于现场工程师、资料员等其他人员是否有权签证，在有合同约定的情况下依照合同约定，在没有合同约定的情况下当前各法院的认定尺度并不完全相同。但在总体上，仍以其他人员是否获得授权或是否构成表见代理为基本判断标准。建设工程签证必须由承发包双方当事人签字盖章，只有一方签字盖章的不属于有效签证。

依照《建设工程施工合同范本》的规定，签证本属于工程师的职权之一，甚至在2017年版FIDIC红皮书里，签证确认还是专属于工程师的职权。但在实践中，业主对工程师持不信任态度，宁可把签证权限交给自己的亲戚，也不愿意把这个权限交给工程师。干脆一点的做法是，在《施工合同》里约定"监理工程师不享有变更价款或工期的权力"；委婉一点的做法是，约定"监理工程师只能行使合同价款范围以内的签证权"（矛盾在于，签证主要针对合同价款以外的变更、责任事件，合同价款以内何须签证）；更多的是，规定变更数额超过某一既定金额则由业主签证或审批后方为有效，或者规定监理工程师只享有变更、责任事件的审查权而无签证权。

司法实践中常见的一类问题是，在监理工程师不具备签证权限的情况下，还是擅自对签证做出处理意见，最后发包人不认可签证效力。法院通常会认为，监理工程师的地位是发包人的代理人，承包人不知道发包人对监理工程师的授权范围，监理工程师的行为构成表见代理，签证仍然有效。

如《北京市高级人民法院关于审理建设工程施工合同纠纷案件若干疑难问题的解答》规定："8. 承包人项目经理在合同履行过程中所施行为的效力如何认定？施工合同履行过程中，承包人的项目经理以承包人名义在结算报告、签证文件上签字确认、加盖项目部章或者收取工程款、接受发包人供材等行为，原则上应当认定为职务行为或表见代理行为，对承包人具有约束力，但施工合同另有约定或承包人有证据证明相对方知道或应当知道项目经理没有代理权的除外。9. 当事人工作人员签证确认的效力如何认定？当事人在施工合同中就有权对工程量和价款洽商变更等材料进行签证确认的具体人员有明确约定的，依照其约定，除法定代表人外，其他人员所作的签证确认对当事人不具有约束力，但相对方有理由相信该签证人员有代理权的除外；没有约定或约定不明，当事人工作人员所作的签证确认是其职务行为的，对该当事人具有约束力，但该当事人有证据证明相对方知道或应当知道该签证人员没有代理权的除外。10. 工程监理人员在签证文件上签字确认的效力如何认定？工程监理人员在监理过程中签字确认的签证文件，涉及工程量、工期及工程质量等事实的，原则上对发包人具有约束力，涉及工程价款洽商变更等经济决策的，原则上对发包人不具有约束力，但施工合同对监理人员的授权另有约定的除外。"

情形一：发包方未在联系单上签章，但承包方可以证明对方已签收的事实，并对工程量进行鉴定，且鉴定报告程序合法、内容客观真实，此鉴定能够作为认定工程造价的依据。

【案例】

——新疆某房地产开发有限公司诉浙江某建设有限公司建设工程施工合同纠纷[1]

基本案情

2008 年 12 月 31 日，浙江某建设有限公司（承包人、乙方）与新疆某房地产开发有限公司（发包人、甲方）签订《建设工程施工合同》一份，约定甲方将位于河南路的××公寓小区（一期 1#、2#、3#、4#、5#、6#楼、1#车库、1—a#车库）交由乙方施工；开工日期为 2009 年 4 月 1 日，竣工日期 1#、2#、3#、4#、5#、6#楼为 2010 年 7 月 15 日。

---

[1]　案件来源：最高人民法院民事再审裁定书［2016］民申 1743 号。

一审法院认为，关于未签字项目 1 918 020.21 元，经审核，虽然工程联系单中没有甲方签字，但乙方提交的收发文件登记簿可以证明对上述材料甲方已签收的事实，所以以上工程所产生的工程价款甲方应予负担。

二审法院认为，《建设工程施工合同》专用条款第 23.2 条（2）明确约定了工程量按施工图纸和设计变更联系单及签证联系单据实计算。某鉴定公司的计量方法符合双方合同的约定。其次，甲方自行统计的工程量，因没有施工方的确认，缺乏客观性。鉴定单位发现此问题后，中止了与甲方的单方核对并无不妥。某鉴定公司的鉴定报告程序合法、内容客观真实，能够作为认定本案工程造价的依据。本院对甲方在没有充分理由和证据推翻某鉴定公司鉴定报告的情况下提出的重新鉴定的申请，不予支持。

再审法院认为，甲方虽未在上述联系单上签字确认，但乙方提供的证据能够证明甲方已收到上述资料但未予答复。经鉴定单位核实，联系单中的施工项目已实际发生，应当计入工程总造价。

案例评析

在此案中，甲方认为，未签字的工作联系单上的工程，不应计入工程总造价。收发文件登记簿上的签字仅说明材料被签收。该工作联系单存在重复计算部分。但乙方提交的收发文件登记簿可以证明对上述材料甲方已签收的事实，且某鉴定公司的鉴定报告程序合法、内容客观真实，能够作为认定本案工程造价的依据。故而，法院支持乙方的主张。

情形二：签证不是由发承包方亲自做出，而是由其他工作人员做出，该签证无效。

【案例】

——厉某与安徽某建筑劳务有限公司等建设工程施工合同纠纷[1]

基本案情

2018 年 6 月 17 日，中铁北京某项目经理部（以下简称"北京局项目部"）与安徽某建筑劳务有限公司签订《建设工程施工劳务分包合同》，北

---

[1] 案件来源：上海市第三中级人民法院民事判决书［2021］沪 03 民终 80 号。

京局项目部将其承包商合杭铁路站房一标项目桩基工程中的部分桩基工程劳务分包给安徽某建筑劳务有限公司。该合同由案外人沈某代表安徽某建筑劳务有限公司签字捺印并加盖安徽某建筑劳务有限公司印章。合同约定为固定单价：灌注桩 145 元/延米，钢筋笼制作焊接 450 元/吨。总价款以最终完成工作量乘以单价计算。合同签订后，厉某组织人员进行施工。2018 年 11 月 13 日，案外人张某与沈某通话协商将灌注桩单价修改为 165 元/延米，并于通话当日或次日支付进出场费。安徽某建筑劳务有限公司在通话结束后即分两笔向张某微信转入 9000 元，又于通话次日向厉某账户转入 40 000 元，并备注"古城旋挖进出场费"。厉某认可张某系其在案涉工程中的代理人，可以代表厉某本人处理案涉工程事宜。安徽某建筑劳务有限公司提供的《建设工程桩基合同》为沈某代表安徽某建筑劳务有限公司签字捺印，安徽某建筑劳务有限公司认可沈某系该公司在案涉工程中的委托代理人及现场管理人员。以上事实有在案的《建设工程施工劳务分包合同》《建设工程桩基合同》《建设工程施工劳务分包合同》附件五、微信、银行付款凭证、2018 年 11 月 3 日张某与沈某通话记录、封某协议等佐证。

一审法院经审查认为，厉某提供的签证单中仅有所谓安徽某建筑劳务有限公司的工作人员签字，但却无证据证明签字人员赵某等人系安徽某建筑劳务有限公司授权，且签证单形式要件缺失、签证内容逻辑混乱，认定无证据效力，鉴定机构退鉴理由充分，予以准许。厉某当庭提交重新鉴定申请，原审法院不予准许。涉及转场费的签证单亦仅由赵某个人签字确认，原审法院不予采纳。

二审法院认为，一审司法鉴定的程序合法有效，不存在上诉人厉某所述的违法问题。司法鉴定的最终结论无法形成原因在于作为举证义务方的上诉人厉某提供的鉴定检材尚不足以支撑司法鉴定结论的出具，依法应由其自行承担举证不能的法律后果。在司法鉴定作为工程审价专业第三方都无法直接认定案外人赵某等人签证效力的情况下，上诉人厉某强求法院径行认定赵某的签证效力，继而认定其诉请主张，缺乏事实与法律依据，二审法院难以支持。

案例评析

在此案中，厉某认为，案外人赵某系安徽某建筑劳务有限公司的现场管理人员，其行为后果应由被上诉人安徽某建筑劳务有限公司承担责任。安徽某建筑劳务有限公司在一审质证和庭审中均自认赵某是其员工，而证人侯某的证言以及侯某与赵某的微信聊天记录、案外人张某与刘某的微信聊天记录均能够证明赵某有权代表安徽某建筑劳务有限公司进行现场工作管理、安排和监督。此外，安徽某建筑劳务有限公司虽一再强调赵某没有代理权，但涉案工程中除赵某外没有他人为上诉人签认工程材料，且安徽某建筑劳务有限公司之前的付款均系依据赵某的签认。即便赵某行为不是履行安徽某建筑劳务有限公司职务的行为，亦符合表见代理特征，同样应由安徽某建筑劳务有限公司对外承担责任。但是，法院认为，厉某缺乏直接的证据证明赵某经授权，故而法院对该签证的效力不予认可。

【关联规则】

《浙江省高级人民法院民事审判第一庭〈关于审理建设工程施工合同纠纷案件若干疑难问题的解答〉》第11条规定："要严格把握工程施工过程中相关材料的签证和确认。除法定代表人和约定明确授权的人员外，其他人员对工程量和价款等所作的签证、确认，不具有法律效力。没有约定明确授权的，法定代表人、项目经理、现场负责人的签证、确认具有法律效力；其他人员的签证、确认，对发包人不具有法律效力，除非承包人举证证明该人员确有相应权限。"

《北京市高级人民法院〈关于审理建设工程施工合同纠纷案件若干疑难问题的解答〉》第9条规定："当事人在施工合同中就有权对工程量和价款洽商变更等材料进行签证确认的具体人员有明确约定的，依照其约定，除法定代表人外，其他人员所作的签证确认对当事人不具有约束力，但相对方有理由相信该签证人员有代理权的除外；没有约定或约定不明，当事人工作人员所作的签证确认是其职务行为的，对该当事人具有约束力，但该当事人有证据证明相对方知道或应当知道该签证人员没有代理权的除外。"

当进行签证的人员是监理人员且施工合同未对监理人员的签证职责进行约定时，相关日志不直接发生签证效力。但若发包方对监理人员出具的工程量表示认可，即说明在施工过程中该监理人员具有签认施工月报表的工作惯例，因此可认定该签认行为构成表见代理。表见代理属于广义无权代理中的一种，与狭义的无权代理存在区别，表见代理中表见代理人与第三方签订的合同对于被代理人而言具有合法效力，狭义的无权代理中代理人与第三方签订的合同属于效力待定状态，如果被代理人进行确认，该代理行为才能约束被代理人。相反，则不对被代理人发生效力，第三方因此遭受的损失只能找无权代理人进行索赔。当然，若在合同中约定了监理人员的签证权利或者发包方直接对监理人员进行授权，则监理人员进行签证的行为即属于有权代理行为。

情形三：施工合同对工程变更签证进行了明确约定，增加工程量签证单仅有施工方签字而无发包方书面签证的，不能向发包方进行索赔。

【案例】

——福建某建筑工程有限公司、某置业集团有限公司建设工程施工合同纠纷[1]

基本案情

2013 年 8 月 20 日，某置业集团有限公司（甲方）与福建某建筑工程有限公司（乙方）未经招投标即签订了《××大楼主体建安工程施工合同书》，约定由乙方承建××大楼主体建安工程。该合同书第 15 条约定："增加工程及减少合同承包范围内的工程项目、设计变更、工程联系函、技术核定单、工程签证、费用的补偿与核减等：采用定额计价结算。所有设计变更及签证，乙方要统一编号后全部按甲方认可为准，按本合同约定标准计价。"第 28.4 条约定："所有工程变更和现场签证由监理工程师审核后签署书面意见并经甲方共同书面签证同意后方为有效。"双方就增加部分的工程价款产生争议，诉诸法院。

一审法院认为，乙方提交的工程量签证单并无甲方的签章，与双方在《湘商·鑫贸大楼主体建安工程施工合同书》中约定的签证变更流程不符，不应计入工程造价。因无法具体区分设计变更和签证变更所增加的工程造价，一审法院根据甲方于 2016 年 7 月 4 日向乙方出具的《开源鑫贸大楼主体建安工程工程总款初审结果汇总表》，认定设计变更增加部分的工程造价为 559 930.53 元。

二审法院认为，乙方提出一审未依据鉴定意见确定多增加的工程量，少计 154 323.58 元工程款，本院认为，因乙方提供的 2015 年 3 月 23 日、5 月 8

---

[1] 案件来源：湖南省高级人民法院二审民事判决书［2019］湘民终 824 号。

日增加的工程量签证单等证据虽有施工方黄某某、曾某某签字，但却无甲方书面签章，不属合同约定的有效签证，故不予认定。

案例评析

在此案中，乙方称有工程签证，但签证并无甲方盖章，根据施工合同约定，签证需具有甲方董事长罗某某的签字或盖章才有效。故而，乙方不能据此向甲方进行索赔。

情形四：监理工程师不具备签认工程决算月报表的法定职责，案涉施工合同中也未对监理的该职责进行约定，故该日志不直接发生签证效力。但当事人对监理人出具的工程量表示认可，即可说明在施工过程中，监理工程师的签认行为构成了表见代理，其签证行为合法有效。

【案例】

——李某、魏某1建设工程施工合同纠纷[1]

基本案情

2015年6月18日，福建某工程管理有限公司三明分公司作为发包方（甲方）就××新农村建设A1标段与某公司作为承包方盖章及李某签字（乙方）签订《建设工程施工合同》，由李某承包位于建设项目的2号弃土场挡土墙项目，2015年6月25日，魏某1、魏某2与福建某工程管理有限公司三明分公司签订《建设工程委托监理协议书》，委托福建某工程管理有限公司三明分公司就案涉列××自建房弃土场2某挡土墙及盲沟排水工程进行施工监理，监理费按不含税包干价12 000元计取，以现金支付监理费。监理期限自2015年6月25日开始，至工程竣工完成止。双方对挡土墙工程价款的支付条件是否成就及工程款的计算产生争议，并诉诸法院。

一审法院认为，在工程量的计算上，现双方认可案涉工程至今未完全完工，双方也未提交具有相应测量资质的部门提交的有效测量数据。而李某提供的监理王某的监理日志，系监理签认工程月报表的行为，属于书证，因监理工程师不具备签认工程决算月报表的法定职责，案涉施工合同中也未对监

─────────────

[1] 案件来源：福建省三明市中级人民法院二审民事判决书［2020］闽04民终1162号。

理的该职责进行约定，故该日志不直接发生签证效力。但魏某1、魏某2对监理王某出具的挡土墙第1~6层的工程量表示认可，即可说明在施工过程中，监理工程师具有签认施工月报表的工作惯例，故可认定此签认行为构成了表见代理，应当可以认定监理工程师王某对施工月报表的签认效力。魏某1、魏某2提出监理日记未记录天气及在监理时没有具有资质的建造师在场即否认后期监理工程师的签认行为理由不成立，不予支持。李某提供的《工程项目造价汇总审核表》等证据，无监理单位、建设单位、施工单位签字或盖章，不予确认。

二审法院认为，虽然李某借用公司资质与魏某1、魏某2签订的案涉《建设工程施工合同》无效，但工程监理人员在监理过程中对工程量进行签字确认，原则上应对建设工程施工合同各方当事人具有约束力。本案中，王某系发包人魏某1、魏某2聘请的工程监理人员，在监理过程中，王某在监理日志中对李某某施工的挡土墙工程量进行记录和确认，且魏某1、魏某2对王某确认的第1~6层的工程量予以认可，据此一审法院将监理日志作为确定案涉挡土墙工程量的依据，并无不当。

案例评析

监理工程师王某的签认行为不是代表监理公司，而是王某的个人行为，监理公司本身也不具有工程量的签认职责及资质。对工程造价有异议，应当由有资质的第三方造价机构进行审核认定，而不是以现场的监理记录为准。对于案涉挡土墙第1~6层的混凝土浇筑量，虽然经过魏某1、魏某2的确认，但在2015年8月11日魏某1、魏某2发现李某某在施工过程中造假且拒不整改，魏某1、魏某2有理由相信之前确认的工程量存疑，应当委托有资质的造价机构进行审核确认。法院以双方确认第1~6层的混凝土浇筑量为1659.3m³加上未经确认但有监理王某监理日志记录的第7~9层的浇筑量979.5m³结合合同约定的单价计算出本案工程总造价为817 736元是错误的。因此，虽然建筑施工合同无效，但发包方对监理出具的工程量认可的，属于表见代理，该监理日志仍可作为签证的依据。

值得注意的是，即使合同中对监理人员的签证权利进行了约定，也并不代表着监理人员在任何情形下都拥有签证的权利，还应仔细辨明合同中的此类约定是否存在限制。若合同中约定监理人员仅具有签署技术签证的权利，而监理人员未经发包人同意擅自签署工程量变更的签证，则该签证同样不具有法律效力。因为监理人员的行为已经溢出了合同约定的范畴，属于无权代理行为。无权代理行为除非能够构成表见代理，否则该行为不对本人（即发包人）发生效力。

2. 内容要件

建设工程签证的内容必须关涉建设工程施工合同中双方当事人的权利义务，而不能改变合同的主体。如若对合同主体进行改变，则本质上属于合同的转让（包括债权让与和债务承担），而与签证所具有的补充协议、变更行为等法律特征不相符合。至于签证所能够补充或变更的合同内容范围，则并没有特别限制，一般包括工期顺延、费用变化、工程量变化等方面。在合同对允许补充或变更的内容进行限制时，应当受该约定的限制。

工程签证涉及工程技术、隐蔽工程、工程经济、工程进度等方面的内容，无论哪一方面都会直接或间接地发生现场签证价款，影响工程造价的工程签证的主要内容见下：

（1）工程技术方面。施工条件的变化或由非承包人原因所引起工程量的变化；工程材料替换或代用等；更改施工措施和技术方案导致工作面过于狭小、作业超过一定高度，为保证工程的顺利采取必要措施；合同约定范围外的，承包人对发包人供应的设备、材料进行运输、拆装、检验、修复、增加配件等；发包人借用承包人的工人从事与工程无关的工作；施工前障碍物的拆除与迁移、迁移及跨越障碍物施工；等等。

（2）隐蔽工程方面。监理人某种原因未能按时到位，随后要求的剥离检查；在某工序被下一道工序覆盖前的检验，如基础土石方工程、钢筋绑扎工程；等等。

（3）工程经济方面。非承包人原因导致的停工、窝工、返工等任何经济损失；合同价格所包含的工作内容以外的项目；没有正规的施工图纸的建设项目，例如大检修工程、零星维修项目，由承包人提出一套技术方案，经审批完毕后实施，实施完毕后办理工程签证，依据工程签证办理竣工结算；合同中约定的可调材差的材料价格；等等。

（4）工程进度方面。设计变更造成的工期拖延；非承包人原因造成分部分项工程拆除或返工；非施工单位原因停工造成的工期拖延；等等。

（5）其他方面。不可预见因素，包括不可预见的地质变化、文物、古迹等等。

需要注意的一个问题是，应严格区分设计变更和工程签证。设计变更和工程签证费用都属于预备费的范畴，但是设计变更与工程签证是有严格区别和划分的。属于设计变更范畴的应该由设计单位下发设计变更通知单，所发生的费用按设计变更处理。

设计变更的含义：施工图编制出来后，经过设计单位、建设单位和施工企业洽商同意对原设计进行的局部修改。在施工过程前及施工过程中，由于原设计图纸有错误，施工因现场环境及作业环境的影响而受到局限及材料规格（或品种、质量）使用受到限制等因素，致使预计和已完成的现场施工结果不能达到设计要求，或建设单位对原工程的使用功能等相关指标进行了调整，以及工程建设参建各方提出的合理化建议等，设计单位对原设计图纸进行修改，可以被称为设计变更。设计变更可由设计单位、施工单位、监理单位、建设单位提出，经批准并由原设计单位出具设计变更通知单，方可由施工单位具体实施。设计变更的原因主要包括以下几类：① 修改工程技术：包括设备的改变，如原设计的铁暖变更为地暖。②增减工程内容：如框架结构中原设计的大空间变为小空间，窗变更为门，门洞口加大或缩小等。③改变使用功能：如原计划的多媒体室变为化学实验室；原有的阳台变更为厨房等。④设计错误、遗漏：如图纸平面尺寸及剖面尺寸不符，节点详图不全等。⑤提出合理化建议：如采纳监理及施工单位提出的施工排降水方案、冬季施工方案等。⑥施工中产生错误：如梁位移导致的结构卸荷处理等。⑦使用材料品种的改变，如一级钢变为二级钢、钢筋的代换等。⑧由工程地质勘察资料不准确引起的修改：如由于基础局部未到设计承载力出现的局部加深处理方案及基础出现特殊情况，（井、防空洞、管道等）。

可能会与设计变更有关的签证主要在于分析设计变更，追究责任方的责任。由于设计部门的错误或缺陷造成变更费用以及需采取补救措施的，由造价工程师协同业主与设计单位协商是否索赔；由监理单位的失职或错误造成设计变更的，应由监理单位承担一定的费用；由于施工单位的原因，施工不当或施工错误产生的变更费用由施工单位自负，若对工期、质量、造价造成影响，还应进行反索赔。

另外一个问题是，签证能不能包括变更施工合同主要条款的内容？近期在宁波仲裁委代理的一起施工合同纠纷案件中，签证单上有这样的内容，如"双方承诺互不追究工期违约责任""合同价款以外变更部分按实结算，不再下浮 13%""进度款支付比例由 70%增加到 80%"，这些实质性改变合同条款的内容能不能通过现场签证来实现呢？因为在这个案子中笔者代理的是施工方，当然会坚持认为签证单上的内容是有效的，毕竟《施工合同》"专用条款"第 2条把签证、联系单都规定为合同的组成部分并且解释顺序还在设计图纸之前，但对方律师的抗辩也是有一定道理的，即这是个强制招标项目，以签证单改变中标备案合同的主要条款，就会产生"黑白合同"的效力认定问题，还是应以备案合同为准的。

3. 意思要件

建设工程签证必须是发承包双方真实的意思表示，不存在合同无效、可变更、可撤销等情形，否则就不是有效的签证。而且，发承包双方的意思表示应当一致，在实务中通常被表述为：双方一致同意、发包人同意、发包人批准等。该要件与签证属于双方法律行为这一本质相契合。

情形一：工程量签证单由于缺乏建设单位、监理单位、施工单位的签字盖章，且依靠其他书面证据无法证明实际发生的工程量，该签证内容无法得到法院支持。

【案例】

——吴某、重庆市某建筑工程公司建设工程施工合同纠纷[1]

基本案情

2015 年 8 月 1 日，发包人某文化公司与承包人重庆市某建筑工程公司签订《建设工程总承包合同》。某文化公司作为甲方、重庆市某建筑工程公司作为乙方、吴某作为丙方签订了《补充协议》。约定：一、甲、乙、丙三方再次释明乙方与丙方于 2015 年 8 月 25 日签订的工程承包合同中的实际施工承包人为：吴某。该补充协议与该工程承包合同具有同等效力。同日，重庆市某建筑工程公司向吴某出具授权委托书，授权吴某全权代表其公司执行《××情景剧文化主题公园》改造建设工程的合同签署及管理工作。授权有效期：从本授权委托书签署之日起至工程合同履行完毕止。在授权范围和授权有效期 1

---

〔1〕 案件来源：最高人民法院二审民事判决书［2019］最高法民终 1082 号。

年内，吴某的一切行为，均代表重庆市某建筑工程公司，对其一切经济行为由委托代理人承担全部法律责任。关于涉案工程造价如何认定的问题。双方产生争议，诉诸法院。

一审法院认为，鉴定机构提出的实际距离是根据其组织双方当事人现场踏勘所作出的，符合鉴定的程序和原则，故该院对已完工程量清钢结构运输的费用也予以确认。因此，对双方已签证工程量工程款部分一审法院予以认定。其次，对未签证的工程量签证单部分的认定。因该部分的工程量并未得到乙方的签证认可，吴某提交的证据也不能证明其实际完成的工程量，故一审法院对其所主张的未签字的工程量签证单部分不予认可。

二审法院认为，未签字的工程量签证单从形式上看无建设单位、监理单位亦无施工单位签字盖章，不能证明真实性。从内容上看，大部分签证单均载明"经建设单位研究决定""经建设单位同意""应建设单位要求"，但吴某并未举示由建设单位出具的相应通知，不能证明系应建设单位要求进行的施工。故吴某提出的该部分签证单单列的费用应当被计入工程造价的上诉请求不能成立。

再审法院认为，对于71万元的其他工程项，吴某提交的工程量签证单，建设单位、监理单位、施工单位均未签字盖章。吴某亦不能举证证明某公司、重庆某公司或乙方对签证单予以确认，其提交的建筑施工图纸、照片等证据亦不足以证明实际发生的工程量。根据《最高人民法院关于审理建设工程施工合同纠纷案件适用法律问题的解释（一）》第20条的规定："当事人对工程量有争议的，按照施工过程中形成的签证等书面文件确认。承包人能够证明发包人同意其施工，但未能提供签证文件证明工程量发生的，可以按照当事人提供的其他证据确认实际发生的工程量。"原审未将71万元的其他工程项计入工程价款并无不当。对于138万元土石方工程，因吴某并未明确向一、二审提出该项诉讼请求，其向再审法院主张系必要工程但未提交相关证据，且鉴定意见已在签字确认工程量部分金额中列明了相关人工土石方工程费用及机械土石方工程费用，故对其该项主张，再审法院不予支持。

案例评析

吴某认为，土石方工程量客观存在，并且自己将每天的鉴证单交予业主，发包方虽未盖章，但吴某报送的工程量月报表以及预算清单里都有。依据双方合同的约定，报送后未回复视为认可，此部分金额涉及138万元。但该证据尚不足以证明签证工程量实际发生。此外，其提交的其他书面材料也不足以证明工程量的发生。

在成立要件上，按照合同法原理，建设工程合同，必须满足特定的成立要件，才能成立合同。例如，《民法典》第469条第1款规定："当事人订立合同，可以采用书面形式、口头形式或者其他形式。"第789条规定："建设工程合同应当采用书面形式。"作为对建设工程合同的补充或变更，签证也属于建设工程合同的有机组成部分，因此也应当采用书面形式。

各方审核后，除了在签证后签署审核意见，更重要的是签名盖章。签字盖章是影响签证证明力的重要因素。签证之所以能成为结算依据，不依附其他证据就能起到证明作用，就是基于双方的签字盖章，表明签证是双方行为，是得到当事人认可的。但在实务中，这个环节容易出现的情形是：只签字不盖章；不签字盖章；印章不符合要求；签字作假；签字盖章人不符合合同约定。产生这些情况的原因有：①双方对签字盖章的重要性认识不足，合同也未对签证签字盖章做详细规定；②承包人受到利益驱动，制造假签证；③发包人或监理工程师管理混乱，签字盖章权未明确规定。

有些发包方为了抬高签证难度，会专门刻制一枚"签证专用章"并且在合同中约定"签证单未经盖具签证专用章的无效"。这样的做法究竟是好还是不好呢？实践证明，更为混乱。一来其相对于签字盖章而言更容易被伪造；二来真印章也经常会失控，甚至到最后会出现真假印章满天飞的局面，此类印章不要求到公安报批也不会到工商部门进行备案，法院最后的判断标准是"只要在双方都认可的或者提交政府部门备案的合法文件上使用过印章都算是真的"，反倒是搬起石头砸了自己的脚。这样看来，与其规定专门印章，不如限定有权签证的人。

《杭州市中级人民法院民一庭关于审理建设工程及房屋相关纠纷案件若干实务问题的解答》（第一部分建设工程纠纷案件）对相关问题进行了回答：

第三个主题：工程鉴定第一问：在建设工程造价鉴定中，鉴定单位以承包人出具的工程签证单等工程施工资料有瑕疵为由不予认定的，对于相应的工程量及工程价款法院应当如何处理？

答：首先，应当有鉴定机构对其不予认定的理由予以说明，在当事人一方有证据证明该工程签证单等施工资料有效的，或者所涉工程量已实际施工完毕的情况下，可要求鉴定机构对存疑部分工程量及价款仍予以签订并单列，供审判时审核认定。

第八个主题：其他问题第一问：如何认定加盖有项目部专用章或者由项目经理签字的单据、票证的行为效力？

答：项目部是施工承包企业具体实施施工行为的组织体，项目经理是受企业委托对工程项目施工过程全面负责的项目管理者，是企业在工程项目上的代表人。从当前的建筑工程承包现状来看，承包人的项目部或项目经理以承包人名义订立合同，债权人要求承包人承担民事责任的，一般应予支持，但承包人有证据证明债权人知道或者应当知道项目部或者项目经理没有代理权限的除外。但应当注意的是，对于除项目经理以外的所谓现场负责人或者材料员、采购员等，因其自身并无法律、法规或行业规范所赋予的项目部管理权力，故对此类人员的签证是否具有表见代理的效力，则应当由主张该表见代理行为成立的一方当事人举证。同理，对于项目部技术专用章的效力，也同样如此。

《浙江省高级人民法院民事审判第一庭关于审理建设工程施工合同纠纷案件若干疑难问题的解答》（2012年）也涉及部分内容："十、哪些证据可以作为工程量、工程价款的结算依据？答：双方当事人在建设工程施工过程中形成的补充协议、会议纪要、工程联系单、工程变更单、工程对账签证以及其他往来函件、记录等书面证据，可以作为工程量计算和认定工程价款的依据。"

情形二：合同对工程联系单有约定，可以作为案涉计价依据。

【案例】

——四川某集团有限公司与新疆某实业有限公司建设工程施工合同纠纷[1]

基本案情

四川某集团有限公司与新疆某实业有限公司签订工程承包合同，合同约定"工程暂定价8000万元，合同价款采用可调价，即按照实际完成的工程

---

[1] 案件来源：最高人民法院二审民事判决书［2014］最高法民一终字第57号。

量，套用《全国统一建筑基础定额》……"承发包双方人员（有权）共同确认的材料单价或总价，合同价款的其他调整因素为设计变更、现场经济签证。

一审法院认为，双方在合同中约定的合同价款调整因素不含"工程联络单"，虽然工程联络单有几方签字，但是工程联络单不属于认定工程量的往来证据，与工程签证存在本质不同。因此，工程联络单所载工程量是否实际发生，应由承包方2提供相关证据加以印证。现承包方2未能举证证明该工程实际发生，故乙方据此提出的异议成立，不应计价。

二审法院认为，关于工程联系单问题，由于双方当事人并未在合同中约定将工程联系单作为计付工程款的依据，因此承包方2的该项主张缺乏依据，二审法院不予支持。

案例评析

"工程联络单"不同于"工程签证"；合同未约定"工程联络单"作为调价因素时，承包人不能仅凭"工作联络单"证明相应工程量的发生，而应另举其他证据加以印证。

情形三：合同中对工期顺延进行明确约定，发包方在约定工期届满后向承包方发出设计变更工程联系单，承包方对此不承担工期顺延的责任，发包方不能就工期延期向承包方进行索赔。

【案例】

——浙江某房地产开发有限公司、某建设集团股份有限公司建设工程施工合同纠纷二审民事判决书[1]

基本案情

2018年10月21日，浙江某房地产开发有限公司（甲方）与某建设集团股份有限公司（乙方）签订建设工程施工合同。建设工程施工合同第1条约定："工程名称为某村改造项目（总承包）……（7）专用条款中约定或工程师同意工期顺延的其他情况。"第5条约定，合同价款187 006 300元。通用条款第13.1款约定："因以下原因造成工期延误，经工程师确认，工期相应

---

[1] 案件来源：浙江省高级人民法院二审民事判决书［2019］浙民终1130号。

顺延：（1）发包人未能按专用条款的约定提供图纸及开工条件；（2）发包人未能按约定日期支付工程预付款、进度款，致使施工不能正常进行；（3）工程师未按合同约定提供所需指令、批准等，致使施工不能正常进行；（4）设计变更和工程量增加；（5）1周内非承包人原因停水、停电、停气造成停工累计超过8小时；（6）不可抗力；（7）专用条款中约定或工程师同意工期顺延的其他情况。"第13.2款约定："承包人在13.1款情况发生后14天内，就延误的工期以书面形式向工程师提出报告。工程师在收到报告后14天内予以确认，逾期不予确认也不提出修改意见，视为同意顺延工期。"第14.2款约定："因承包人原因不能按照协议书约定的竣工日期或工程师同意顺延的工期竣工的，承包人承担违约责任。"2008年11月12日，浙江某房地产开发有限公司（甲方）与某建设集团股份有限公司（乙方）签订土建工程承包补充协议、安装工程承包补充协议。2012年6月18日，浙江某房地产开发有限公司台州开发区分公司与某建设集团股份有限公司签订某村改造项目景观工程以及某村改造项目二、三区市政附属工程的某市建设工程施工合同。双方关于工期顺延产生争议。

一审法院认为，根据建设工程施工合同通用条款第13.1款的约定，发包人未能按约定日期支付工程预付款、进度款，致使施工不能正常进行的，经工程师确认，工期相应顺延。第13.2款约定，承包人在13.1款情况发生后14天内，就延误的工期以书面形式向工程师提出报告。工程师在收到报告后14天内予以确认，逾期不予确认也不提出修改意见，视为同意顺延工期。在甲方、乙方不能提供有效证据推翻鉴定结论的情况下，采信某鉴定公司的上述意见，即2011年9月26日至2012年12月18日属于爱华公司设计变更原因所致的工期顺延时间，顺延天数为450天。因乙方公司延误工期共计623天，其应当承担逾期竣工173天的违约责任。

二审法院认为，根据某鉴定公司所作的鉴定意见，甲方公司在合同约定工期届满后，陆续向乙方公司发出设计变更工程联系单，该工程变更导致的工期延误责任不应由乙方负责，故2012年12月18日以前的工期延误责任不应由乙方公司承担。甲方公司上诉认为只有关键线路的设计变更才会引起工期顺延等理由，乙方公司上诉认为甲方公司逾期支付工程进度款应顺延工期等理由，均已在一审中提出，鉴定人已经出庭作证，予以解释说明。一审在双方均不能提供有效证据推翻鉴定意见的情况下，对鉴定意见予以采纳，认定2011年9月26日至2012年12月18日属于甲方设计变更原因所致的工期顺延时间，乙方承担工程逾期竣工 173 天的违约责任，并无不当。

案例评析

在此案中，由于建设工程施工合同通用条款第 13.1 款约定了经工程师确认工期相应顺延的几种情形，乙方向一审法院提交施工图设计文件审查合格书、报告书、工程施工联系单、施工签证单等证据，并申请对工期进行司法鉴定。某鉴定公司认为，开工日期为 2009 年 9 月 26 日，合同工期总日历天数 729 天，合同约定竣工日期应为 2011 年 9 月 25 日。如法院认定实际竣工日期为 2013 年 6 月 9 日，共延误工期 623 天。但甲方在合同约定工期届满后，陆续向乙方发出设计变更的工程联系单，该工程变更导致的工期延误责任不应由乙方负责，故 2012 年 12 月 18 日以前的工期延误责任不应由乙方承担。甲方质疑，认为只有关键线路的设计变更才会引起工期顺延。某鉴定公司认为，在合同工期内多因素的同时影响下，方才有某干扰因素是否影响的是关键线路问题，合同工期结束后建设单位设计变更通知单的发出日，均成为关键线路的关键时间点。况且，在设计变更导致工期顺延期间，客观上也存在其他影响工期的"三通一平"、村民干扰、放慢施工、停工安全自检、中高考等叠加因素。方远公司则提出工期顺延应给予合理的天数，且甲方拖欠工程款进度款应进行工期顺延。某鉴定公司认定，施工单位无相应顺延工期的签证，故可顺延施工工期为 0 日。若施工单位未发出因欠款而停工的通知、未出现因欠款而停工的事实，工期无需顺延，法院支持鉴定机构的观点。

情形四：双方当事人已经在合同中明确约定了签证方式、签证流程，且承包方也据此办理过有效签证，如果该签证文件不符合合同约定，不可以作为案涉工程的计价依据。

——某置业集团有限公司、福建某房地产开发有限公司等建设工程施工合同纠纷[1]

基本案情

2011 年 4 月 11 日，发包人福建某房地产开发有限公司（甲方）与承包人某置业集团有限公司（乙方）签订《建设工程施工合同》。主要约定：发包

---

[1] 案件来源：福建省三明市中级人民法院二审民事终审判决书［2022］闽 04 民终 966 号。

方福建某房地产开发有限公司将××一期（1某~8某楼，沿新市南路商业、地下室6某~8某楼）工程以包工包料的形式发包给承包人乙方，开工日期为2011年4月11日。合同专用条款（六）合同价款与支付部分约定：合同价款采用按实结算方式确定，工程结算价款=（按图预算造价+设计变更签证+业主签证）×（1-下浮率%）某（1+税率）。进度款拨付和工程完工结算，除福建某房地产开发有限公司明确的材料价格外，其他材料价格按开、竣工期间《某某工程造价》各月信息包平均后作为信息价。工程签证必须按福建某房地产开发有限公司有关工程签证制度要求办理签证。福建某房地产开发有限公司以建行厦门分行审核的工程造价作为最终工程款支付给某置业集团有限公司，某置业集团有限公司认为应按照签证单所计算的造价计算工程款，故就其差额诉至一审法院。

一审法院认为，就林某签字部分的签证单，案涉合同"工程签证必须按甲方有关工程签证制度要求办理签证"的约定，但建行厦门分行审核时予以相应扣减，现因无证据证实建行厦门分行的核减有相应依据，故建行厦门分行对该部分的审核依据不足，不予采信。一审法院依据签证单及天和公司的鉴定确认该部分造价为754 405元（与建行厦门分行审核造价相差193 183元）；就傅某签字部分的签证单，建行厦门分行于审核时予以相应扣减，如前所述，亦因依据不足，不予采信。傅某在该签证单上签字时，担任甲方法定代表人，其签字属于以法人名义从事的民事活动，其法律后果应由甲方承担，且甲方未提供证据证实签证单价明显高于市场价格及乙方与傅某之间恶意串通或存在关联关系，故案涉签证单可以被作为计算工程造价的依据，某鉴定公司依据签证单，鉴定造价为6 962 090元（与建行厦门分行审核造价相差1 473 286元），予以确认。

二审法院认为，乙方提供的签证单中部分由时任甲方法定代表人傅某签字，部分由时任甲方董事林某签字，还有部分由甲方开发管理部盖章。结合林某、傅某身份，应当认定其二人的签字行为以及甲方开发管理部的盖章行为均系代表甲方对该签证单中主材价格的确认。至于办理签证应当如何履行审批流程系甲方内部管理规定，甲方以时任法定代表人傅某无权签字，从而否定案涉工程签证的效力，缺乏事实和法律依据，不予支持。

案例评析

甲方认为，根据合同的约定，甲方办理签证的流程如下：施工单位报价

—参照三明市工程造价信息价—建设方采价—根据合同项目负责人会签—签盖公司开发管理部章—甲方地产造价部审核—建行厦门分行审核。而双方在合同履行过程中，乙方及其项目经理明知甲方的上述签证流程，并且乙方也确实按照这一流程办理过签证，这些符合合同约定的签证即为有效签证，建行厦门分行的审核报告均对有效签证进行了造价审核。现乙方为了获取不当利益，在明知傅某没有签证权利的情况下，未在合同约定的施工前14天内报送甲方签证，而系嗣后找傅某补签。因此，仅有傅某签字的签证单系无效签证，不能被作为计价依据。傅某签字的签证单不能产生合同约定的签证的法律效力。法院仅基于傅某系当时的法定代表人，就认定其所有的签字行为代表公司，从而认定其的签证效力，该认定是明显错误的。诚然，如果双方签订的合同未对合同的签证方式、签证流程进行约定，那么作为公司的法定代表人所签署的价格文件理应被作为计价依据。但是，本案中，双方当事人已经在合同中明确约定了签证方式、签证流程，且作为承包方的乙方，也据此办理过有效签证，那么很显然，乙方系明确知道仅有傅某签字的文件是不能作为计价依据的。而乙方在无法获得案涉争议项目的有效签证的情形下，擅自找傅某签字，并且以此作为计价依据，明显违反了合同的约定，甚至有恶意串通的嫌疑。因此，虽然案涉签证单有时任法定代表人傅某的签字，但该签证文件不符合合同约定，不能被作为案涉工程的计价依据。但是，法院以办理签证应当如何履行审批流程系甲方内部管理规定为由，驳回了甲方的诉讼请求。

情形五：合同约定案涉工程的计价方式为预算加现场签证，案涉工程经济签证系实际发生的，且具有监理单位、监理工程师的签章确认，但缺少预算盖章，该签证仍有效。

【案例】

——敦化某房地产有限公司、秦某建设工程施工合同纠纷[1]

秦某（乙方）借用某集团股份有限公司的名义，分别于2012年5月8

---

[1] 案件来源：最高人民法院再审审查与审判监督民事裁定书［2021］最高法民申5357号。

日、8月8日与敦化某房地产有限公司（甲方）签订了敦化市××家具建材城《建设工程施工承包合同书》及敦化市××家具建材城、西安路北侧住宅建设项目的《建设工程施工合同》。双方当事人对经济签证存在争议，诉诸法院。

一审法院认为，秦某提供的经济签证中虽然甲方未盖章确认，但案涉工程监理公司对此已进行了确认，根据监理合同第二部分通用条件2.1.2（18）监理人义务的约定，监理人审查过施工承包人提交的工程变更申请、协调处理施工进度调整、费用索赔、合同争议等事项，且部分签证还有相关行政管理部门整改通知书等材料佐证，应当认定秦某主张的经济签证价款属实。2012年10月20日经济签证价款1 443 132元属于入冬维护费用，根据合同专用条款第8.1（6）条的约定："工程竣工未交给发包人前，承包人负责保护，承包人保护期间发生损坏，承包人出资并在发包人限定的时间内修复；发包人提前使用后发生损坏，由承包人负责在指定的时间内修复，修复费用由发包人承担。"故此，部分费用应由秦某负担，甲方应支付秦某经济签证价款5 346 078.84元（1 252 687元+662 541元+533 600元+216 000元+1 699 950元+981 300.84元）。该经济签证价款不同于工程量签证，双方在撤场结算时亦未对此进行明确，秦某要求自撤场之日起支付利息于法无据，原审法院不予支持。

二审法院认为，2013年4月1日，甲方与某监理有限公司签订《建设工程监理合同》第二部分通用条件第2.1.2条约定："除专用条件另有约定外，监理工作内容包括：审查施工承包人提交的工程变更申请，协调处理施工进度调整、费用索赔、合同争议等事项。"根据上述合同，案涉工程监理单位在涉及费用索赔签证上签章确认，符合该《建设工程监理合同》的约定，对甲方应具有约束力。另，从［2016］吉民初33号案件中双方当事人其他案涉工程签证的签章习惯来看，其上亦未有甲方签字盖章确认。且本案部分案涉签证有敦化市住房和城乡建设局安全生产监督管理办公室出具的《建设工程安全隐患责令暂停施工整改通知书》可资佐证。甲方主张监理单位和秦某恶意串通损害甲方的利益，并未提供充分有效的证据证明。故原审判决甲方给付秦某经济签证费用5 346 078.84元，并无不当。

再审法院认为，秦某借用某集团股份有限公司名义与甲方签订的2份《建设工程施工合同》，明确合同价款为"采用预算加现场签证"；甲方与监理公司签订的《建设工程监理合同》约定监理人义务包括审查施工承包人提交的工程变更申请，协调处理施工进度调整、费用索赔、合同争议等事项。虽然秦某提供的案涉经济签证未有甲方盖章，但已经监理公司确认及监理工程师签字，其中部分签证还有相关行政管理部门材料证明停工等产生费用的事由。且另案中其他案涉工程签证亦未有甲方签字盖章确认，故案涉签证的形成过程符合上述合同约定与双方结算习惯，原审将此作为秦某向甲方主张工程额外产生费用的依据，并无不当。甲方否认签证数据真实性缺乏事实依据，再审法院依法不予支持。

案例评析

甲方认为，秦某提供的所有签证，均没有甲方签字或盖章，明显存在监理单位和秦某恶意串通。秦某主张经济签证属于重复诉讼。对于某小区的三份经济签证，均发生在2014年4月3日双方之间签订《敦化市××（北区）退场决算书》之前，按照该决算书秦某某（秦某之子）退出工地现场，对于所有费用进行最终核定，并已经支付完毕，故秦某再就此期间的费用提出主张，属于重复主张。法院认为，虽然秦某提供的案涉经济签证未有甲方盖章，但已经监理公司确认及监理工程师签字，案涉签证的形成过程符合上述合同约定与双方结算习惯。故而，承认该签证有效。

根据上述案例工程签证出现的形式问题和法院的判决可知，在施工过程中，为避免后期的索赔麻烦，签证的最低限度要求是取得监理人的书面证据材料，建筑施工企业的其他证据材料比较丰富且能对该具有一定形式瑕疵的工程签证进行补强并形成证据锁链，如果没有相关的书面证据，则需要通过司法鉴定来证明施工过程中增加或者改变的工程量，否则将很难获得理想的司法裁判结果。工程签证作为主合同的延伸或者补充，必须符合合同生效的一般构成要件，即使在现场未能进行签证、签章也要在事后及时进行补充。签证的效力取决于两个方面的因素，即实质要件和形式要件是否违反法律、行政法规的效力性强制性规定。因此，建筑施工企业应该在实际工程签证工作中做到工程签证的实质性要件真实、合法；形式性要件规范、齐备。例如，行为主体具有相应的行为能力，标的确定、可能、合法和妥当，意思表示健全等。

此外，《最高人民法院关于民事诉讼证据的若干规定》（2019年修正）也规定了书证的一般形式要件。因此，不能因为签证适用存在瑕疵就简单地认定其不属于书面形式、违反了法律规定、不具备"形式要件"。建筑施工企业虽然存在一定的不合理性和形式瑕疵，但并不违反法律、行政法规的效力性强制性规定，其效力即不受影响。因此，判断签证是否有效尚应结合工程的具体情况和其他材料进行综合评析。一旦工程签证的形式要件被法院认定为违法或不规范、不完备从而影响签证的效力，建筑施工企业将可能面临签证失权的法律后果，进而会直接导致经济利益的减少或丧失。因此，建筑施工企业应尽量做到工程签证在实体上合法有效、形式上规范完备，这样方能最大限度地避免法律风险和观点分歧。

【关联规则】

《山东省高级人民法院民一庭关于审理建设工程施工合同纠纷案件若干问题的解答》（2020年8月15日）

4. 项目经理以承包人名义实施确认工程量、签订买卖合同或租赁合同、对外借款等行为，效力如何认定？

承包人对项目经理授权不明，或者项目经理在承包人授权范围外从事的相关行为，应当适用表见代理的法律规定，审查承包人是否对项目经理行为承担民事责任。合同相对人主张构成表见代理的，应当承担举证证明责任。

对于项目经理确认工程量的行为，一般应认定为有效，但承包人明确项目经理无确认工程量的授权，且发包人明知的除外。

对于签订买卖、租赁合同的行为，应当结合购买材料或租赁设备的品类、用途、交货地点，是否用于涉案工程以及施工合同履行习惯，相对方是否善意等情况，认定是否由承包人承担责任。

对于对外借款行为效力的认定要从严掌握。应当对借款流向、用途以及出借人是否善意等事实进行实质性审查，并结合承包人与项目经理之间关于涉案工程的资金投入、结算方式等约定，综合认定是否由承包人承担还款责任。

《北京市高级人民法院关于审理建设工程施工合同纠纷案件若干疑难问题的解答》（京高法发〔2012〕245号）

8. 承包人项目经理在合同履行过程中所施行为的效力如何认定？

施工合同履行过程中，承包人的项目经理以承包人名义在结算报告、签证文件上签字确认、加盖项目部章或者收取工程款、接受发包人供材等行为，原则上应当认定为职务行为或表见代理行为，对承包人具有约束力，但施工合同另有约定或承包人有证据证明相对方知道或应当知道项目经理没有代理权的除外。

9. 当事人工作人员签证确认的效力如何认定？

当事人在施工合同中就有权对工程量和价款洽商变更等材料进行签证确认的具体人员有明确约定的，依照其约定，除法定代表人外，其他人员所作的签证确认对当事人不具有约束力，但相对方有理由相信该签证人员有代理权的除外，没有约定或约定不明，当事人工作人员所作的签证确认是其职务行为的，对该当事人具有约束力，但该当事人有证据证明相对方知道或应当知道该签证人员没有代理权的除外

10. 工程监理人员在签证文件上签字确认的效力如何认定？

工程监理人员在监理过程中签字确认的签证文件，涉及工程量、工期及工程质量等事实的，原则上对发包人具有约束力，涉及工程价款洽商变更等经济决策的，原则上对发包人不具有约束力，但施工合同对监理人员的授权另有约定的除外。

《江苏省高级人民法院关于审理建设工程施工合同纠纷案件若干问题的意见》（已失效）（苏高法审委〔2008〕26号）

第十二条 建设工程价款进行鉴定的，承包人出具的工程签证单等工程施工资料有瑕疵，鉴定机构未予认定，承包人要求按照工程签证单等工程施工资料给付相应工程价款的，人民法院不予支持，但当事人有证据证明工程签证单等工程施工资料载明的工程内容确已完成的除外。

《浙江省高级人民法院民事审判第一庭关于审理建设工程施工合同纠纷案件若干疑难问题的解答》（浙法民一〔2012〕3号）

十一、施工过程中谁有权利对涉及工程量和价款等相关材料进行签证、确认？

要严格把握工程施工过程中相关材料的签证和确认。除法定代表人和约定明确授权的人员外，其他人员对工程量和价款等所作的签证、确认，不具有法律效力。没有约定明确授权的，法定代表人、项目经理、现场负责人的签证、确认且有法律效力；其他人员的签证、确认，对发包人不具有法律效力，除非承包人举证证明该人员确有相应权限。

《四川省高级人民法院关于审理建设工程施工合同纠纷案件若干疑难问题的解答》（川高法民一〔2015〕3号）

26. 如何认定当事人的工作人员签证确认行为的效力？

当事人的法定代表人以及经合同约定或当事人授权的工作人员对工程量

和价款等的签证确认行为对当事人具有约束力。虽没有合同约定或当事人授权当事人工作人员的签证确认属于履行职务行为，或者当事人事后追认，或者当事人虽不予追认，相对方有理由相信该签证确认人员有代理权的签证确认行为，对当事人具有约束力。

28. 如何认定工程监理人员在签证文件上签字确认行为的效力？

工程监理人员依据监理合同的约定以及监理规范实施的签字确认行为，对发包人具有约束力。超越监理合同约定以及监理规范实施的签字确认行为，除承包人有理由相信工程监理人员的签字确认行为未超越其监理合同的约定以及监理规范的以外，对发包人不具有约束力。

《福建省高级人民法院关于审理建设工程施工合同纠纷案件疑难问题的解答》（2007 年）

15. 问：施工过程中，发包方工作人员确认的工程量以及价款等的签证能否作为工程价款的结算依据？

答：双方当事人对有权进行工程量和价款等予以签证、确认的具体人员有约定的，除该具体人员及法定代表人外，他人对工程量和价款等所作的签证、确认不能作为工程价款的结算依据；没有约定的，发包人应对其工作人员的职务行为承担民事责任；但发包人有证明承包人明知该工作人员无相应权限的。该工作人员签证的内容对发包人不发生法律效力。

（四）签证产生的原因和分类

1. 签证产生的原因

在实践，工程签证产生的原因也比较多，主要包括：

（1）工程条件发生变化引起的；

（2）不可抗力发生及法规变化引起的；

（3）业主与监理单位工作指令引起的；

（4）设计变更引起的；

（5）设计修改引起的；

（6）施工单位提出做法修改引起的。

2. 签证的分类

在实务中，一般将工程签证分为以下几类：

（1）经济签证：主要是指在施工过程中，由于场地、环境、业主要求、合同缺陷、违约、设计变更或施工图错误等原因引起的，会给业主或承包商造成一定经济损失的签证。在实践中，产生经济签证的原因繁多复杂，应在合同中严格控制经济签证的范围和内容，把握好有关定额、文件的规定。

（2）工程技术签证：主要是指因施工组织设计方案、技术措施的临时修改，导致工程结算涉及的价款变动数额较大，进而产生的签证。此类签证需要组织论证，针对一些重大变化的方案还需要征得设计人员的同意，力争做到安全、经济、适用。

（3）工程工期签证：主要是指在实施过程中因主要材料、设备进退场时间及业主等条件发生改变，导致延期开工、暂停开工，工期延误等现象，故而需要进行的签证。招标文件中一般约定了工期罚则，在确定工期提前奖、工期延误罚款时，工期签证发挥着重要的证明作用。

（4）工程隐蔽签证：主要是指施工过程中对以后工程结算影响较大，资料缺失将无法补救，难以结算的签证。该类签证的内容主要包括基坑验槽记录、软地基处理、钢筋隐蔽验收等。

此外，从不同的角度，还可以将工程签证进行不同的分类。如按项目控制目标可以分为：工期签证、费用签证和工期+费用签证。按签证表现形式可以分为：修改或变更通知单、现场经济签证、工程联系单、会议纪要、函件及回复等多种形式。按签证事项是否发生或履行完毕可以分为：签证事项已发生或已完成签证和签证事项未发生或未完成签证等。但从法律适用的角度来看，以下分类方式更值得重视：

（1）按照签证人有无授权分为：有权签证和无权签证、表见签证。签证有效力的前提是工程师在授权范围内签证，如果工程师偏离发包人的指示或授权而作出签证决定，则对发包人没有约束力。不在签证权限范围、签证不恰当、签证人不适格等均可构成抗辩，但因授权不明等原因构成表见代理的除外。对于双方认可或根据惯例有权签证的，也应认定其签证效力。无权签证经过发包人的追认，可变为有权签证。

情形一：工程监理人员在监理过程中签字确认的签证文件，涉及工程量、工期及工程质量等事实的，原则上对发包人具有约束力。

【案例】

——青海某建筑安装工程有限责任公司与青海某置业有限公司建设工程施工合同纠纷[1]

基本案情

2011 年 9 月 1 日，青海某置业有限公司（甲方）与青海某建筑安装工程有限责任公司（乙方）签订的《建设工程施工合同》约定：青海某置业有限公司将某文化产业创意园商业广场工程发包给青海某建筑安装工程有限责任公司施工。施工过程中，青海某建筑安装工程有限责任公司提交了多份《工程签证单》，这些签证单最终没有监理单位盖章，只有监理人员冯某签字。后来双方因纠纷诉至法院，一审法院根据乙方申请，委托相关机构对乙方已完工程造价进行司法鉴定。经鉴定，上述工程签证单造价合计 146 771.20 元。青海某置业有限公司认为，上述签证单没有监理单位签章，因此对于该项鉴定结论不予认可。在诉讼过程中，监理单位某监理西宁分公司出具情况说明，上述签证单签名的监理人员冯某无总监理工程师的授权，总监理工程师不知情，并且在监理资料中无上述签证单，认为上述工程签证单是冯某超越权限的个人行为，不能被作为结算工程款的依据。

一审时，法院判决上述签证项目不予支持。

二审时，二审法院纠正了一审法院关于该项的判决，最终支持了上述签证项目。二审法院认为，根据乙方提交的《某产业创意园项目监理部拟进场人员名单》，冯某系监理单位指派的总监代表，双方有争议的工程签证单均系冯某签署。根据《最高人民法院关于审理建设工程施工合同纠纷案件适用法律若干问题的解释（一）》第 20 条的规定："当事人对工程量有争议的，按照施工过程中形成的签证等书面文件确认。承包人能够证明发包人同意其施工，但未能提供签证文件证明工程量发生的，可以按照当事人提供的其他证据确认实际发生的工程量。"冯某作为总监代表，又是现场唯一的监理，其在

---

[1] 案件来源：最高人民法院二审民事判决书［2014］最高法民一终字第 69 号。

工程签证单上的签字，是对本案建设工程现场施工情况的真实反映。因此，其签署的工程签证单能够证明变更、签证项目的实际发生，对变更、签证的工作量应当予以认定。

案例评析

工程监理是指监理单位根据发包人的委托，对承包人在施工质量、建设工期和建设资金使用等方面，代表发包人实施监督工作，而工程监理人员是监理单位派驻施工现场代表发包人对工程施工相关事项进行检查、查验、审核、验收，并签发相关指示的专业技术人员。在工程实践中，监理人员通常负责审核已完工程量、审查批准施工组织设计（含进度计划）、检验工程质量等，因此在施工合同对监理人员的职责和权限没有明确约定或约定不明的情况下，监理人员在监理过程中签字确认的签证文件，涉及工程量、工期及工程质量等事实的，原则上对发包人具有约束力。

情形二：实际施工人以承包人的项目经理名义在施工期间所实施的行为构成表见代理的，其签字确认的签证文件对承包人具有约束力。

——南通某建设集团有限公司与张某、罗某、某区人民政府建设工程施工合同纠纷案[1]

基本案情

某区人民政府将团结汽配城施工项目发包给南通某建设集团有限公司。而事实上，该项目实际施工人为罗某。随后，罗某与张某又签订《建设工程施工合同》，约定该项目由张某施工，工程造价为 8 000 000 元（最后以预决算为准）。2007 年 10 月张某退场，并于 10 月 2 日与罗某签订《施工图预算书》，双方确认预算额为 7 647 990 元。事实上，《施工图预算书》是双方在张某退出工地后对已施工工程量所做的确认，故《施工图预算书》名为预算，实则是对张某已完工程量的工程款结算。后来张某与罗某因该项目结算纠纷诉至法院。二审法院最终判决将《施工图预算书》作为涉案工程结算依据。

再审法院审查认为，表见代理属于广义上的无权代理，因被代理人与无权代理人之间的关系具有授予代理权的外观，致相对人相信无权代理人有代

---

[1] 案件来源：最高人民法院再审审查与民事监督民事裁定书 [2013] 最高法民申字第 683 号。

理权而与之为法律行为，法律使之发生与有权代理同样的法律效果。另案庭审时的证人范某、马某、安某、宋某称："工地的一些事罗某是可以作主的"，罗某"业务上是项目经理""我的上级是罗某，罗某是项目经理""后期所有的活都是交给罗某干的""罗某在工地是项目经理"。可见，施工过程中罗某对外是以南通某建设集团有限公司在团结汽配城施工项目的项目经理名义实施民事法律行为，且客观上罗某也确实实施了有被授予代理权的外观行为，包括在支付工程款项的票据上签字、在整改通知单上签字等，而对于罗某签字支付工程款项等行为，大辰公司、罗某均未提出异议。确定一种权利外观是否存在，不应从被代理人事后否认的表示来确定，而是要从第三人是否相信或者应当相信的角度来考虑。因此，即便大辰公司、罗某在庭审过程中否认罗某签订"施工图预算书"的效力，并不影响对罗某表见代理行为的认定。二审法院认定罗某在涉案工程施工期间所实施的前述行为构成表见代理，符合法律规定。

案例评析

实践中，承包人违法分包、转包或出借资质给实际施工人的，实际施工人通常会以承包人项目负责人的名义对外签订和履行合同。对于合同相对方而言，实际施工人通常具有一些有权代理的客观表象，如持有项目部印章、施工承包合同、项目负责人任命文件等，或在施工过程中实际负责施工管理，在有关工程技术资料、经济资料上签字等。实际施工人的前述行为构成表见代理的，其以承包人项目负责人名义所作的签证，应当被认定为有效，承包人应当对外承担法律责任。

（2）按照签证人意思是否真实，签证是否有效可分为：有效签证、无效签证、可撤销签证。比如，没有经过追认的无权签证就是无效的。如果是因为欺诈、重大误解或者显失公平签订的签证，就是可撤销的。而有权签证、经过追认的无权签证和表见签证就构成了有效签证。

情形三：施工过程中形成的工程量签证表等书面文件，若无足以反驳的相反证据，工程量签证表应被作为双方结算的依据。

——邓某与王某、彭某、昆明某建设（集团）有限公司、重庆市某建设（集团）有限公司、云南省某县国土资源局建设工程施工合同纠纷案[1]

基本案情

2011 年 3 月 7 日，昆明某建设（集团）有限公司与邓某签订《土地整治工程施工协议》，约定昆明某建设（集团）有限公司某镇南多等 5 个村土地整治项目四标段工程交由邓某施工。2011 年 5 月 25 日，邓某与昆明某建设（集团）有限公司确认，邓某累计完成的某镇南多等 5 个村土地整治项目四标段工程量价款为 627 314.25 元。2011 年 8 月 25 日，邓某与昆明某建设（集团）有限公司确认，本月邓某完成的某镇南多等 5 个村土地整治项目四标段工程量价款为 624 780.006 元。后来，双方因结算纠纷诉至法院。二审法院最终判决将上述工程量签证表作为涉案工程的结算依据。

再审法院审查认为，昆明某建设（集团）有限公司与邓某就涉案工程的工程量形成了 2 份工程量签证表，且工程量签证表加盖有昆明某建设（集团）有限公司项目部的印章。在一、二审诉讼过程中，昆明某建设（集团）有限公司对工程量签证表上印章的真实性并无异议，仅抗辩认为所涉工程量签证表不能作为结算依据，但并未提供邓某施工工程量的有效证据，且昆明某建设（集团）有限公司申请再审时亦未提供足以否定工程量签证表真实性的有效证据，故工程量签证表的证明力依法应予以确认。《最高人民法院关于审理建设工程施工合同纠纷案件适用法律问题的解释（一）》第 20 条规定："当事人对工程量有争议的，按照施工过程中形成的签证等书面文件确认。承包人能够证明发包人同意其施工，但未能提供签证文件证明工程量发生的，可以按照当事人提供的其他证据确认实际发生的工程量。"根据上述规定，该工程量签证表为施工过程中所形成的书面文件，并且昆明某建设（集团）有限公司签字确认，昆明某建设（集团）有限公司虽对工程量签证表记载的工程量存有异议，但其没有提供足以反驳的相反证据，工程量签证表应被作为双

---

[1] 案件来源：民事裁定书［2013］最高法民申字第 2434 号。

方结算的依据。

案例评析

若当事人对签证等书面文件确认的工程量存有异议，应提供足以反驳的相反证据。否则，工程量签证等书面文件应被作为合同双方办理工程结算的依据。

工程监理人员在监理过程中签字确认的签证文件，涉及工程量、工期及工程质量等事实的，原则上对发包人具有约束力。

（3）有效签证按作用分为：处分性签证、报道性签证。作为民事证据形式之一的书证按照内容可以被分为处分性书证和报道性书证。处分性书证是指记载以设立、变更或终止一定民事法律关系为目的的书证，报道性书证仅记载某事实，而无产生一定民事法律关系目的的书证。借鉴这种分类方式，可以将有效签证分为处分性签证和报道性签证，处分性是指设立、变更或终止一定民事法律关系，处分性签证指就工期延长、价款增减、损失补偿等涉及承发包双方权利义务关系的设定、变更或消灭的事由出具的签证。报道性签证指就工程计量、进度安排、材料报批、工程验收等涉及客观事实的记录、报道等事由出具的签证。处分性签证涉及承发包双方的权利义务，涉及风险的分担，是双务有偿合同，主要内容是承包人应当增减一定的工作量或改变原有的做法，发包人同意对此进行补偿，或者调整工期，或者调整费用。发包人将风险分配给承包人，并为此多付费用，体现合同的对价关系的平衡。而报道性签证是对客观事实的反映，是发包人的代理人对于施工过程中关于工程计量、质量保证措施或材料、设备资料等作出的回复，只是对客观事实的反映和记录。

【案例】

——浙江某建设集团有限公司与合肥某房地产开发有限公司建设工程施工合同纠纷[1]

基本案情

浙江某建设集团有限公司（乙方）与合肥某房地产开发有限公司（甲方）签订建设工程承包合同，双方就部分签证中存在的费用产生争议诉诸法院。

---

〔1〕 案件来源：最高人民法院民事判决书［2015］最高法民一终字第 104 号。

一审认为，对分包工程垃圾清理费用169 850元，甲方对其中的12-053号签证中挖断水管误工费8000元、清运分包单位留下垃圾费用5000元予以认可，予以确认。对于乙方提出的其余费用，该公司均以工程联系单的形式报甲方审核确认，但未获认可，根据双方所签《意向协议》的约定，施工现场的经济签证经监理公司和甲方项目部签证同意，报甲方相关部门审核盖章后方能生效。而乙方提交的工程联系单均未获得甲方的审核确认，故乙方据此要求甲方支付垃圾清运费用，除甲方认可的以外，其余费用因依据不足，不予认定。乙方要求赔偿的分包单位损坏造成的修补、返工损失658 596元，甲方对其中12-030号签证中6#~7#车库顶板防水回填清理人工费4000元，12-147号联系单中墙面污染致返工人工材料费16 000元，12-166号联系单中电缆损毁材料费3500元，12-157号中人工切除钢筋凿洞、清理费用1000元，12-054号签证中4#金库电梯开洞口人工费7700元予以认可，予以确认。对于其他未获业主单位审核确认的工程联系单上记载的费用，因依据不足，不予认定。综上，乙方要求甲方赔偿各项损失28 582 206元中除甲方认可的45 200元外，其余损失因依据不足，均不予认定。

二审认为，关于乙方上诉请求全部认定其他损失的赔偿问题。一审中，乙方提交工程联系单作为证据，主张分包工程垃圾清理费169 850元以及因分包单位损坏造成的修补、返工损失658 596元，应由甲方赔偿。甲方对该两部分费用中在部分签证中其确认的费用予以认可。双方在《意向协议》第22条中约定，施工现场的经济签证经监理公司和甲方（甲方）项目部签证同意，报甲方相关部门审核盖章后生效。据此，一审判决认为，其余费用因在签证中未得到甲方审核确认而不予认定，并无不妥。乙方上诉认为，应当对该部分损失予以鉴定，但其施工现场的签证未得到建设方认可，鉴定依据亦不足。故乙方的该项理由不能成立。

案例评析

合同约定"签证经监理公司和甲方项目部签证同意，报甲方相关部门审核盖章后方能生效"，若未经约定程序，则相应的签证单不能被作为结算调价依据。发包人要求对该部分费用进行鉴定的，不予允许。

二、瑕疵签证的甄别与排除

建设工程现场施工十分复杂，虚假签证、签证价格虚高、重复签证等问题时有发生，这些都会导致发承包双方产生争议。[1]这些都是承包方在实践中需要注意的地方。

（一）虚假签证

在施工过程中，施工单位会扩大工程造价，可能会在隐蔽工程和拆除工程中虚报工程量签证，从而达到获得更高利润的目的。由于虚假签证存在欺诈，违背了当事人意思表示一致的要求，故而虚假签证为无效签证，其相应主张无法得到法院的支持认可。

情形一：从形式上看，签证单有项目经理的签字，有部分签证单上还有盖章，但在内容上并不能确认已结算部分包含了签证单上记载的全部施工内容，该签证为虚假签证。

【案例】

——北京某建筑装饰工程有限公司与北京某建筑工程有限公司等建设工程合同纠纷[2]

基本案情

2016 年 9 月，北京某建筑工程有限公司（劳务作业承包方、乙方）与北京某建筑装饰工程有限公司（劳务作业发包方、甲方）签订专业分包协议。约定："第一条工程概况：工程名称：某项目外装饰工程。""第三条合同总价款：2 270 120 元。""第四条工期：总日历天数为 60 天，计划开工日期为2016 年 9 月 30 日，计划完工日期为 2016 年 11 月 28 日（具体工期满足甲方施工要求）。""30.1 合同外零工单价 150 元/工日。""30.2 项目经理部、经营人员对每月的劳务作业量、签证做出初审，报公司经营部做进一步审批。""30.3 经项目经理部、经营人员的书面签证可依专用条款约定调整合同价款，但应按以下规定执行：a）签证单据经项目经理部、经营人员会签后方可生效；b）签证单采用公司统一格式，非统一格式的签证单一律无效；c）签证

---

〔1〕吕先红、胡高、胡环：《浅谈现场工程签证存在的常见问题及应对办法》，载《中华建设》2020 年第 4 期，第 50 页。

〔2〕案件来源：北京市第二中级人民法院二审民事判决书［2023］京 02 民终 5385 号。

单一式二联甲乙双方各执一联，签证内容实施完毕后，计入最终结算。"双方就签证的真实性产生争议，诉诸法院。

一审法院认为，从形式上看，乙方提交的18张签证单均有甲方的项目经理曾某1的签字，有部分签证单上还有甲方的盖章，甲方虽然对签证单的真实性不认可，但并未提出相反证据，法院对签证单的真实性予以确认。从内容上看，签证单所记载的主要施工内容除吊篮之外，其他均与预算清单和结算汇总表内容不同，即从内容上并不能确认已结算部分包含了签证单上记载的全部施工内容，即使甲方提交的《承诺函》载明"工程款249万余元已完全结清"，亦不能据此推断增项款亦已结清。甲方认为，签证单系事后伪造，但该抗辩意见无证据佐证，法院难以采信。该签证单虽然没有项目其他相关人员的签字，但甲方亦未举证证明合同内项目的签证流程均系严格依照合同约定进行，并且曾某1系甲方在案涉项目的现场负责人和项目经理，施工方有理由相信曾某1有代理权，同时大部分签证单还有甲方的盖章，故乙方所主张的增项内容及相应工程款经过了甲方的确认，乙方据此主张增项款有合理依据。关于增项款的金额，法院根据签证单上确认的金额予以核算，同时，因签证单与结算汇总表均记载有吊篮费用，乙方并未举证证明两笔吊篮费用系因不同事由产生，故对于吊篮费用，法院将结合结算汇总表和签证单上记载的费用金额予以酌情扣减。

二审法院认为，乙方提交的签证单有甲方现场负责人曾某1的签字，部分签证单有甲方的盖章，二审法院认为，乙方主张存在增项工程已达到高度盖然性之证明标准。甲方主张案涉签证系虚假签证，但并未就此举证以证明，应当承担举证不利的后果。鉴于签证单记载的主要施工内容除吊篮外与结算汇总表上记载的内容不同，一审法院结合结算汇总表和签证单上记载的费用金额判决甲方尚欠付工程款950 000元并无不当，二审法院予以确认。

案例评析

就项目零工签证单和项目劳务签证单，甲方称签证单中"曾某1"二字不是手写，派工用途及工作内容从形式上看是同一支笔书写形成，不符合常理；签证单应当是在施工过程中的不同时期形成，很难是同一人、同一笔形成；签证单中没有申请人、质检安全技术等人员签字，也没有日期，从形式上看不具有任何法律效力；从签证单"说明"一栏来看，明确要求"此表格由分包方填写并交发包方签字确认，先签字后施工"，但签证单上并无分包方签字；"当月发生必须当月完成签证，并由项目经理在 OA 上完成公司审批"，但也无证据显示已完成了审批，根据司法解释的精神，即使存在相应的事实，也超过了乙方可以主张的期限；"对应的施工照片或者图纸附在以下空白处"，但签证单上无任何附图。故而，该签证为虚假签证。但法院认为，签证上的形式要求并不能证明该签证为虚假签证，与此同时，甲方并没有更直接的证据证明该签证为虚假签证，故而，对甲方的主张不予支持。

情形二： 签证涉及金额巨大，但是施工方没有提交任何能够与签证相对应的工程资料等证据相佐证，而且签证体现的巨大的人材机数量、停窝工天数等确实与常理不符，不符合工程签证应遵循的实事求是原则，不予支持。

【案例】

——通州某集团有限公司、烟台某房地产开发有限公司建设工程施工合同纠纷[1]

基本案情

2010 年 6 月 12 日，通州某集团有限公司（乙方）与烟台某房地产开发有限公司（甲方）签订《建设工程施工合同》，乙方承包甲方位于烟台红旗西路与冰轮路交汇处的宫家岛旧村改造一期工程 13 某、14 某、17 某~20 某及连体地下车库。一期工程为 8 幢单体工程及连体车库，建筑面积约 13 万 m²。资金来源：自筹。承包范围：施工图内除土方开挖、回填。竣工日期：2012 年 7 月 18 日，合同工期总日历天数 750 天。合同价款约 150 000 000 元（人民币）。同日，双方签订《补充协议》。约定如下：3. 承包方应服从发包方和监理公司合理的监督和管理，对监理人下发的监理通知书内容必须严格遵循，并在监理规定的时间内完成整改；本工程相关的所有技术资料，承包方必须与分部分项目工程同步进行整理、验签，承包方施工进程中以及施工后应将技术资料原件及时提供发包方和监理公司各一份备存；若因承包方提交的资

―――――――――

[1] 案件来源：最高人民法院二审民事判决书［2019］最高法民终 1082 号。

料不及时、不合格，影响正常验收时间，发生的延误验收应由承包方负责。

4. 承包方将营业执照及资质等有关证件复印件盖章后交发包方备存。双方就经济签证的真实性产生争议，诉诸法院。

一审法院认为，在本案中，乙方提交的签证虽然形式完备，但是没有任何能够与签证相对应的工程资料相佐证。而且，签证体现的人材机数量、停窝工天数确实与常理不符。因此，仅凭签证无法达到令通州公司的主张存在高度可能性的证明程度。而且，甲方提交的《情况说明》《立案告知书》以及陈某的证人证言等相关证据，虽然不能充分证实签证的产生存在犯罪行为，但是上述证据的存在足以使法院经审查认为签证的事实真伪不明。基于以上分析，乙方不能举证证明 11 份签证涉及的工程款应当被计入应付工程款的范围。

二审法院认为，虽然 11 份签证上都有甲方的签字盖章，其中 10 份还有总监理工程师的签字，但是在一审庭审时，总监理工程师陈某出庭作证，称其签字的所有签证都是甲方当时的负责人韩某、赵某分几次让他签的，其中 4 份数额较大的签证是虚假的，其他 6 份签证虽有相关事实，但是数额偏大。一审时，甲方还提交了某分局经济犯罪侦查大队出具的《情况说明》。《情况说明》载明，甲方当时的法定代表人韩某和项目负责人赵某涉嫌利用职务便利编制虚假工程经济签证单、现场签证侵占甲方工程款，涉嫌职务侵占罪，已立案侦查。另一方面，从签证内容看，签证涉及数千万元误工费、机械租赁费、材料租赁费等，但是甲方没有提交任何能够与签证相对应的工程资料等证据相佐证，而且签证体现的巨大的人材机数量、停窝工天数等确实与常理不符，不符合工程签证应遵循的实事求是原则。通过对上述证据的分析可知，乙方仅凭所提交的签证无法达到令人确信签证所载事实"存在具有高度可能性"的证明程度。乙方二审时主张签证所载事实至少有部分是真实的，但是其并未提交充足证据证明哪部分是真实的，在这种情形下，其有关经济签证、现场签证涉及的 1.39 亿元应当被计入工程价款的主张不能成立，一审判决对此认定并无不当。

案例评析

乙方认为，经济签证属于双方就特定事项达成的补充或新的合同，成立并生效。甲方不能证明经济签证存在无效或可撤销情形，经济签证对甲方具有约束力，甲方应当按此履行付款义务。甲方提交的《情况说明》《立案通知书》以及陈某的证词等材料不足以得出争议事实真伪不明的结论。多份协议及会议纪要均证明双方之间存在真实有效的经济签证，且甲方愿意支付经济签证所涉费用。但法院认为，乙方仅凭所提交的签证无法达到令人确信签证所载事实"存在具有高度可能性"的证明程度。签证虽然符合形式要件，但有违常理，故而，对该签证要求不予支持。为了证明签证的虚假性，甲方提交 2017 年 11 月 15 日烟台市公安局芝罘分局经济犯罪侦查大队出具的《情况说明》《立案告知书》各一份。主要内容是：甲方原法定代表人韩某、项目负责人赵某涉嫌利用职务便利编制虚假工程经济签证单、现场签证侵占甲方工程款 8000 余万元，其行为已触犯《刑法》第 271 条之规定涉嫌职务侵占罪。该案已于 2017 年 11 月 15 日立案侦查，目前正在侦查中。同时，甲方申请涉案总监理工程师，在相关签证上签字的陈某出庭作证。陈某述称，所有的签证都是甲方的负责人韩某、赵某分几次让他签的，其签字时，甲方、乙方的人员都已经签字了。4 份数额较大的签证是虚假的。甲方没有提交任何能够与签证相对应的工程资料等证据相佐证，而且签证体现的巨大的人材机数量、停窝工天数等确实与常理不符。故而，法院认可了甲方的主张。

【规则索引】

《江苏省高级人民法院民一庭建设工程施工合同纠纷案件司法鉴定操作规程》（已失效）（苏高法电〔2015〕802 号）第 37 条规定，当事人对签证文件的真实性及效力存在争议的，应由人民法院进行审查并作出认定。

《河北省高级人民法院关于印发〈建设工程施工合同案件审理指南〉的通知》（冀高法〔2018〕44 号）第 25 条第 1 款规定："当事人对施工合同效力、结算依据、签证文件的真实性及效力等问题存在争议的，应由人民法院进行审查并确认是否作为结算依据。"

《北京市高级人民法院关于审理建设工程施工合同纠纷案件若干疑难问题的解答》（京高法发〔2012〕245 号）第 34 条规定："当事人对施工合同效力、结算依据、签证文件的真实性及效力等问题存在争议的，应由法院进行审查并做出认定。"

《最高人民法院关于适用〈中华人民共和国民事诉讼法〉的解释》（2022 修正）第 108 条规定："对负有举证证明责任的当事人提供的证据，人民法院经审查并结合相关事实，确信待证事实的存在具有高度可能性的，应当认定该事实存在。对一方当事人为反驳负有举证证明责任的当事人所主张事实而提供的证据，人民法院经审查并结合相关事实，认为待证事实真伪不明的，应当认定该事实不存在。"

（二）签证价格虚高

在一般的建筑施工合同中，因法律法规、当地政府部门价格政策调整等非施工单位责任原因延误工期导致市场材料价格上涨时，发包方可能会允许施工单位调增材料价格。但是，有些主要材料不在当地造价管理部门公布的材料信息价内，经发包方和施工单位协商允许施工单位采用购买材料发票的价格形式进行材料价格调整。此时，施工单位为了获得更大的利润采取虚开发票价格提高材料总价，造成工程造价增加。签证价格虚高的主体是施工单位，在形式上需要采取虚开发票提高工程造价，主观上需要以获取不正当利益作为目的，客体上会侵害发包方利益，增加发包方的成本。签证价格虚高和虚假签证既有区别也有联系，二者都是施工单位所实施的虚假签证行为，目的都是获取更大的利润，但签证价格虚高，主要体现在价格的造假上，形式上为虚开增值税发票，而虚假签证不仅包括价格上的虚假签证，还包括工程量上的虚假签证等。

情形一：签证价格有双方签字盖章作为依据，但签证价格明显高于市场价格，此时签证价格可认定为虚高。

【案例】

——江苏省某建工集团有限公司与沛县某商贸有限公司、沛县某资产经营有限公司等建设工程施工合同纠纷[1]

基本案情

2007 年 7 月 12 日，沛县某资产经营有限公司（甲方）与江苏省某建工集团有限公司（乙方）签订《合作协议书》。约定："一、工程概况工程名称：

---

[1] 案件来源：最高人民法院二审民事判决书［2016］最高法民终 687 号。

江苏省沛县某宾馆建设项目。"同日，江苏省某建工集团有限公司（甲方）与沛县某商贸有限公司（乙方）、沛县某资产经营有限公司（丙方）签订三方《协议书》。约定："一、乙方建设的沛县某宾馆项目，由甲方依法总承包施工，鉴于该项目的特殊性，原建设主体为丙方。"江苏省某建工集团有限公司与沛县某商贸有限公司签订了《建设工程施工合同》。约定："一、工程概况工程名称：沛县某宾馆。工程内容：按发包人提供的施工图纸的全部工程内容。"双方就案涉工程造价是按照签证价计算，还是按照市场价计算产生争议，诉诸法院。

一审法院认为，案涉工程的签证单是在施工过程中与工程建设同步形成的，能客观反映当时施工现场状况以及建材使用情况，且签证单是经过甲方认可并签字确认的，虽然签证价格可能高于市场价格，但当时乙方提交签证单所附价款时，甲方并未提出异议，事后在结算工程款时甲方不认可当时其签字确认的签证单而是要求按照市场价确定工程款，有违诚信，故案涉工程造价应当按照签证价计算。按照签证单，案涉工程造价（不含汉源桥）为12 687.74万元，某桥工程造价为941.15万元。

关于材料采购保管费，二审法院认为，虽然案涉工程部分材料是业主通过招投标决定的，但其与部分签证价格有差别，在通常情况下签证价中应包含采保费，乙方主张该差价并非采保费但却无法提供相应证据，故一审法院对其主张应另行计取采保费不予支持，并无不当。关于赶工措施费。双方对于赶工费是否计取及计取比例没有约定。一审法院根据工程签证单（甲方亦认可）认定此项费用只应计取乙方因赶工增加的模板使用费266.08万元是正确的，乙方主张应按分部分项费的4%计算赶工措施费，并主张遗漏装饰和安装部分的赶工措施费，没有合同依据和法律依据，二审法院不予支持。

案例评析

在此案中，乙方认为，案涉工程造价应当按照签证价计算，因为案涉工程的工程签证单是经过甲方以及监理签字确认的，是双方的真实意思表示。甲方认为，案涉工程价款应当按照市场价计算，因为签证单的价款明显高于市场价，是不合理的。法院以该签证系双方意思自治的表现，且乙方未提供相反证据证明为由，对乙方的主张不予认可。

（三）重复签证计量

重复签证是指施工方为获取不正当利益，针对同一工程内容重复签证，重复签证的主体主要为施工方或承包方，其主观上需要存在重复签证故意，在内容上需要是对同一工程内容进行重复签证。由于重复签证属于对同一工程内容进行二次或多次签证，在客观上会侵害发包方的权利。故而，重复签证的工程内容难以获得法院支持。

在实际施工过程中，为了施工运输方便，会做施工便道。在一些情形中，承包方在报给监理、业主的《现场工程签证单》中会将施工便道的工程量单列，要求业主和监理签字确认。但其实，该施工便道工程量费用在临时工程费中就已经被包含在其中。如果施工单位在《现场工程签证单》中有将施工便道的工程量单列，就会存在工程量的重复计算，属于重复计量签证。

情形一：重复签证虽有签字签章，但未实际发生的工程款项不被支持。

【案例】

——北京某能源科技有限公司与保定某石油冷气工程有限公司建设工程施工合同纠纷[1]

基本案情

2016年6月3日，保定某石油冷气工程有限公司（乙方）与北京某能源科技有限公司（甲方）签订《制冷系统设备安装合同》，约定保定某石油冷气工程有限公司为北京某能源科技有限公司承揽的吉林某有限公司1亿只肉食鸡屠宰及食品加工厂项目所使用的约克等公司配套的制冷设备提供安装服务，合同价款为314万元。合同签订后，保定某石油冷气工程有限公司按照合同约定完成了项目施工。合同内工程款314万元甲方已经支付。此外，制冷系统支吊架安装费用1 585 580.03元以及合同外发生的95 149.97元。该两笔款在吉林某项目增项审定部分金额汇总确认表中，有北京某能源科技有限公司负责人王某的签字确认。北京某能源科技有限公司对合同外发生的抢工期增加费用等其他工程款项亦均提出异议。

一审法院认为，乙方与甲方签订《制冷系统设备安装合同》，乙方按照合同约定项目进行了施工，甲方支付合同内工程款314万元。对于合同外支吊

---

[1] 案件来源：吉林省长春市中级人民法院二审民事裁定书［2019］吉01民终3547号。

架安装增加费用 1 585 580.03 元，以及其他增加工程项目费用 95 149.97 元，虽然甲方对支吊架安装增加费用 1 585 580.03 元抗辩为合同内项目，不应另外计算工程款，但该部分工程款数额，有甲方负责人王某在增项审定部分金额汇总确认表签字确认，该确认表即使未加盖公章，也应认定是其代表甲方对支吊架实际发生工程款表示认可。因此，甲方应给付该合同外项目的工程款。

二审法院认为，乙方施工存在延期交工的事实，但关于延期交工的原因是什么、责任在哪方、损失如何确认应进一步审理。乙方提供的标注日期为2018 年 3 月 28 日的《吉林正大项目增项审定部分金额汇总确认表》，该确认表由甲方工作人员王某签字，表中标注了双方的争议内容，甲方虽未加盖印章，但对乙方相关争议项目已提报的事实予以确认。该表中的内容是不是王某代表甲方对双方工程结算价款的确认？对所列争议项目，应结合双方举证情况审查相关事实进行判定。综上，一审判决认定事实不清。

案例评析

此案中，关于速冻机电气部分增加费用 170 422.27 元，乙方提供的附件 6《安装施工内容、范围及界面简述》第 11 项明确说明乙方，不负责速冻机及相应电控单元材料及安装。但在实际施工过程中，乙方已经全部将速冻机及相应电控单元安装完毕，为此产生安装费 170 422.27 元。甲方对此数额无异议，只是在应否支付上存在异议。根据合同文本内容可知，速冻机及相应电控单元材料及安装不是乙方的施工内容，170 422.27 元安装费是增项，甲方应当支付。对上述费用，乙方提交了甲方签字认可的证据。但甲方认为，乙方主张的 170 422.27 元电气安装增加费用没有充分证据证明实际发生，乙方提交的证据为 032 号签证单，对于该签证单甲方不予认可。一审法院对此进行了支持，但二审法院认为该签证不代表当事人对工程结算价款的确认，故而撤销一审判决。

【关联规则】

《陵水黎族自治县人民政府办公室关于加强建设工程签证变更管理的通知》（陵府办［2010］197 号）

一、凡是实行以工程预审价为承包价的工程项目，签证增加额在 5% 以上

（含5%）的，原则上不予签证。

二、确因特殊原因（如功能调整、隐蔽工程、不可抗力等）造成设计变更增加工程造价的，应严格执行工程签证变更程序。工程签证变更程序：

（一）施工单位向业主单位及监理提出设计变更增加工程签证书面申请；

（二）业主单位组织监理、勘察、设计、施工单位代表到现场踏勘并初步确定处理措施及方案；

（三）设计单位出具设计变更文件及编制初步增加预算书（预算书应有业主、监理、勘察、设计、施工单位负责人签名及盖章）；

（四）业主单位向县政府申请批准增加工程签证；

（五）县政府或县委（签证增加额超过总造价的15%或100万元以上的，报县委审批）审批同意后，由业主单位召集住建局、审计局、监理单位、设计单位、施工单位到现场核实后办理工程签证手续；

（六）业主单位将工程签证单及增加预算书报县政府批转送县政府投资项目预算评审中心进行评审。

三、送审预算书经县政府投资项目预算评审中心审核后，核减（增）造价（建安费）在20%以上的，扣除全部预算编制费用，并记录该预算编制单位不良记录一次。

此外，在签证过程中，设计图纸范围的签证计量施工单位报给监理、签证意见和签证内容不正确、业主现场代表和监理人员在施工单位上报的《现场工程签证单》直接签上"同意属实"，以及签证日期不及时等问题亦经常会发生，从而导致纠纷产生。

（四）逾期签证失权的风险

逾期签证，主要是指承包方应当在约定的期限内将合同调整的原因、价格以书面的形式通知发包人而没有通知，或者承包方已经提出，但发包方或者工程师未在合理期限内进行审核，从而丧失相关权利的一种状态。根据《建设工程价款结算暂行办法》（财建［2004］369号）第9条的规定："承包人应当在合同规定的调整情况发生后14天内，将调整原因、金额以书面形式通知发包人，……承包人未在规定时间内通知发包人，或者未在规定时间内提出调整报告，发包人可以根据有关资料，决定是否调整和调整的金额，并书面通知承包人。"根据《2017版施工合同》通用条款第10.4.2款的规定：

"建设工程变更涉及工程价款调整的，承包人应在收到变更指示后 14 天内，向监理人提交变更估价申请。"根据上述办法及合同范本可知，承包人权利的行使期限为 14 天，逾期有可能丧失调价权利。

因此，签证具有时效上的要求，承包人的时效风险最大，对于处分性签证中索赔事项发生，1999 年版 FIDIC 合同条件第 20.1 款规定，承包人在开始注意到，或应该开始注意到这种事件或情况之后 28 天之内，应该向监理工程师提出索赔通知，否则竣工时间将不被延长，承包人将无权得到附加款项，并且发包人将被解除有关索赔的一切责任。我国的 1999 年版示范文本也有类似规定。因此，在签证事由出现后，承包人应该即时与监理工程师、发包人等办理签证。在实务中，这个环节常出现的问题是：在签证事项发生后，发包人、监理工程师常常会用各种理由搪塞，不予签收；或者承包人认为事过境迁，对于签证事项缺乏证据，因此可以在签证的工期和费用上"动手脚"。最后反而因为超过规定时效，时间与内容同真实情况有差异，又缺少现场原始资料，双方容易产生争议。例如，在甲供材料的情况下，承包人按图纸向发包人领料，而在实际施工中，常出现实际材料需要量大于图纸设计量的情况。这时，对于总包合同，在一定幅度内的增量是不调整合同价的。因此，承包人往往会忽略及时向发包人要签证，一般为了限制施工单位浪费材料，合同规定有限额领料条款，超过限额是要抵扣施工单位工程款的。秋后算账时，往往会成为一笔糊涂账。

当然，业主、工程师也有一定的时效风险。在承包人向监理工程师提出签证事项后，监理工程师应及时审核，如果认为签证内容不足，应让承包人补充资料。通报发包人，并给出解决方案。1999 年版 FIDIC 合同条件第 20.1 款规定："……在收到索赔报告或该索赔的任何进一步的详细证明报告后 42 天内（或在工程师可能建议且由承包商批准的此类其他时间内），工程师应表示批准或不批准，不批准时要给予详细的评价。他可能会要求任何必要的进一步的详细报告，但他应在这段时间内就索赔的原则作出反应。"

情形一：工期顺延签证，如不符合合同约定的形式（程序），不产生工程顺延的法律效果。

【案例】

——河北省某建设有限公司与昌江某水泥有限公司建设工程施工合同纠纷[1]

基本案情

河北省某建设有限公司（乙方）与昌江某水泥有限公司（甲方）签订建设工程施工合同，项目已完工，但双方就工期顺延产生争议诉诸法院。

一审认为，工程延期竣工共计104天。乙方（施工方）主张延期竣工的责任不在于乙方，而是存在甲方未能按期提供施工图纸等其他工期应当顺延的原因，该主张不能成立。理由如下：根据《建设工程施工合同》的约定，当事人双方已对工期顺延的条件做了明确的规定，工期顺延不仅要具备合同约定的发包人未能如期提供施工图纸等情形，而且还要经过一定的双方确认程序。乙方未能证明其主张的工期顺延符合合同约定的上述条件，故其延误竣工已构成违约，应按每延期7天支付违约金20万元的合同约定向甲方支付工程延期竣工违约金280万元（104天÷7天=14.8，14×20万元=280万元）。

二审认为，关于乙方是否应当承担延期竣工违约金280万元的问题。根据双方签订的合同约定，对于是否造成工程延期，应当由乙方提出书面报告，由甲方的工程师进行确认，才能作为顺延工期的依据。乙方主张工期应予顺延的证据均为甲方的单方工程记录、施工日志及《停电通知》，并未提交经双方签字确认的工期顺延的工程签证，也未提交因发生停电等原因造成工期延误而申请甲方确认的相关证据。在建设工程施工过程中，经双方签字确认的工程签证是证明施工中发生工程量变更、工期应顺延等情况的重要依据。因乙方未能提供按合同约定提交申请确认工期延误的报告及工程签证等证据，其主张工期顺延不能成立。

再审认为，本案《建设工程施工合同》第二部分为通用条款，第13.1条约定因以下原因造成工期延误，经工程师确认，工期相应顺延：①发包人未

---

[1] 案件来源：最高人民法院再审民事判决书［2013］最高法民提字第182号。

能按专用条款的约定提供图纸及开工条件；②发包人未能按约定日期支付工程预付款、进度款，致使施工不能正常进行；③工程师未按合同约定提供所需指令、批准等，致使施工不能正常进行；④设计变更和工程量增加；⑤一周内非承包人原因停水、停电、停气造成停工累计超过8小时；……第13.2条约定承包人在第13.1条约定的情况发生后14天内，就延误的工期以书面形式向工程师提出报告。工程师在收到报告后14天内予以确认，逾期不予确认也不提出修改意见，视为同意顺延工期。合同对于工期延误情形及工期顺延程序均有约定，即对于因符合合同约定原因造成的工程延期，应当由乙方提出书面报告，由甲方的工程师进行确认，才能作为顺延工期的依据。在建设工程施工过程中，经双方签字确认的工程签证是证明施工中发生工程量变更、工期应顺延等情况的重要依据。而在本案中，乙方虽申请再审主张工期应予顺延，但一方面并未提供经其与甲方双方签字确认的工期顺延签证，亦未提供因符合合同约定顺延工期条件其曾向甲方申请工期顺延的报告。所以，二审法院认为，乙方未能提供按合同约定提交申请确认工期延误的报告及工程签证等证据，乙方主张工期顺延不能成立并无不当。乙方该项再审主张依据不足，再审法院不予支持。

情形二：合同对索赔期限进行了明确约定，承包方逾期签证索赔，承包方无权再向发包方进行索赔。

【案例】

——福建某建筑工程有限公司、诏安某购销有限公司建设工程施工合同纠纷[1]

基本案情

2011年2月18日，福建某建筑工程有限公司（乙方）与诏安某购销有限公司签订《建设工程施工合同》，约定诏安某购销有限公司的"诏安××建设工程"由福建某建筑工程有限公司承建。合同约定："工期230天；价款24 751 407.93元；合同订立后，诏安某购销有限公司委托重庆某公司作为诉

---

[1] 案件来源：福建省漳州市中级人民法院二审民事判决书［2020］闽06民终2289号。

争工程的工程监理单位。"合同第 1.1.2.7 条约定："总监理工程师（总监）指由监理人委派常驻施工场地对合同履行实施管理的全权负责人。"合同通用条款第 3.1 条约定："监理人受发包人委托，享有合同约定的权力。监理人在行使某项权力前需要经发包人事先批准而通用合同条款没有指明的，应在专用合同条款中指明。"通用条款第 3.3.4 约定，除专用合同条款另有约定外，总监理工程师不应将第 3.5 条款约定应由总监理工程师作出确定的权力授权或委托给其他监理人。第 3.5.1 条约定："合同约定总监理工程师应当按照本款对任何事项进行商定或确定时，总监理工程师应当与合同当事人协商，尽量达成一致，不能达成一致的，总监理工程师应认真研究后审慎确定。"第 3.5.2 条约定："总监理工程师应当将商定或确定的事项通知合同当事人，并附详细依据。"

一审法院认为，因监理人为施工现场在场监督人，能证明施工过程出现的相应状况，但不能对损失款项的具体数额和标准作出认定，故结合某鉴定公司出具的鉴定意见，本案讼争工程因乙方提前进场施工而造成的机械租赁及班组窝工的损失 630 000 元、桩机及班组窝工损失 1 808 000 元、支付技术人员等相关人员的工资损失 702 000 元的事实，依法可予认定。

二审法院认为，根据案涉《建设工程施工合同》第 23.1 条的约定，承包人应当在知道或应当知道索赔事件发生后 28 天内，向监理人递交索赔意向通知书，并说明发生索赔事件的事由。而乙方、甲方、监理单位等单位签名确认的《诏安某粮库强夯地基停止施工工作会议纪要》显示，强夯受阻停止施工的时间也即索赔事件发生的时间为 2011 年 11 月 5 日，若据合同约定，乙方于 2012 年 2 月 29 日提交《工作联系单》索赔，已经超出双方约定的 28 天的索赔期，索赔不应得到支持。2012 年 2 月 29 日的《工作联系单》，监理单位的签名系专业监理"李某"的签名，并非总监理工程师游某或建设单位签名确认索赔事件。故只有李某签名的《工作联系单》不符合索赔规范，不具索赔力。一审并未全面审查当事人提交的证据材料，未组织当事人对送检材料进行质证，在对李某的签证行为作出"因监理人为施工现场在场监督人，能证明施工过程出现的相应状况，但不能对损失款项的具体数额和标准作出认定"分析意见后，仍将《工作联系单》作为鉴定依据，程序违法。

案例评析

乙方认为监理单位对工程建设合同实施过程中产生的工程施工方面的状

况及其造成损失的内容和数额、标准等均有职责代表建设单位作出认定，其认定结果应由建设单位承担法律责任。本案监理单位对乙方在施工过程中产生的相关损失的原因、损失数额的计算等均按程序作出了确认。因此，甲方予以支付损失赔偿合理合法，应予全面支持，法院根据双方合同中关于索赔期限的约定，对逾期签证进行索赔不予认可。

【案例】

合同对逾期签证进行了明确的约定，同时约定逾期签证即视为发包方自动承认，当事人不得以逾期签证为由，拒绝补偿。

——浙江某幕墙有限公司与慈溪某项目建筑中心（局）建设工程施工合同纠纷[1]

基本案情

2006年1月24日，浙江某幕墙有限公司（甲方）与慈溪某项目建筑中心（局）（甲方）签订《工程施工合同》，约定由慈溪某项目建筑中心（局）承包中国慈溪家电科技城幕墙工程，工程为办公会议幕墙和展览中心幕墙工程；开工日期以监理单位开工令为准，展览部分、办公楼分别签发开工令；竣工日期以发包人及监理单位签证为准，合同工期总日历数155天；合同价款24 772 229元；合同专用条款约定：发包人收到承包人的变更联系单后7天内签证，否则视为确认，每逾期1天，补偿1万元/天。办公会议楼幕墙工程于2006年3月28日开工，展览中心幕墙工程于2006年9月15日开工。浙江某幕墙有限公司累计已经向慈溪某项目建筑中心（局）支付工程款21 317 784元。2007年8月27日，慈溪某项目建筑中心（局）向浙江某幕墙有限公司提供完整的竣工资料2套（副本）。2007年11月1日，慈溪某项目建筑中心（局）向原审法院提起诉讼浙江某幕墙有限公司支付因审计逾期付款违约金189万元，因变更联系单逾期签证违约金2 214 000元。

一审法院认为，甲方对部分联系单存在逾期签证是事实，但是按照合同约定，发包人收到承包人的变更联系单后7天内签证，否则视为确认，因此甲方逾期签证对乙方不会造成任何影响，合同中有关每逾期1天，补偿1万

---

[1] 案件来源：浙江省高级人民法院二审民事判决书［2008］浙民一终字第218号。

元的约定也并无实际意义。而且，在本案审理过程中，甲方同意逾期签证的视为确认，双方根据这一原则对联系单部分工程造价进行了鉴定，对鉴定结果双方也均无异议。因此，对乙方要求甲方支付联系单逾期签证违约金的主张，不予支持。

二审法院认为，在工程施工期间，虽然甲方确实存在对部分联系单没有及时签证之事实，但从本案的实际情况来看，甲方逾期签证之行为对乙方未造成实际影响，且甲方在一审期间已同意对逾期签证的联系单予以确认，原审对该部分工程联系单也委托鉴定单位进行了鉴定，并作为案涉工程价款依据。因此，原审判决未支持乙方要求甲方支付逾期签证违约金的主张，并无不当。

案例评析：乙方认为，按照合同约定，发包人收到承包人的变更联系单后7天内签证，否则视为确认；每逾期1天，补偿1万元，故甲方应该按照合同约定支付违约金。甲方认为，合同已经明确约定，要么甲方在7天内签证，要么在7天后推定发包人确认，在这种情况下，不存在逾期违约金的问题。合同中"每逾期1天，补偿1万元"的设置是没有意义的，法院对此予以支持。合同对逾期签证情形进行了明确约定，同时约定逾期签证即视为确认，否则即按照逾期进行补偿，发包方逾期签证时，应当按照合同约定视为同意，逾期违约情形不再追究。

为了保证签证的有效性和合法性，以及便于后续索赔工作的开展，工程签证应从源头规划、设计上抓起，牢牢把握合同签订过程及施工环节，加强工程结算审核，控制好工程变更引起的工程造价。无论变更签证由哪一方提出，都必须经过建设、监理和施工单位三方协商一致，并出具书面材料，慎重签字认可，保证每一条、每一份变更签证的准确性、及时性、真实性，防止虚假签证、重复签证和事后签证以及逾期签证等现象的发生。此外，针对工程变更情形，变更签证管理不仅在现场发生时应及时处理，还要控制变更的发生，在特定情况下，还需要发包方提前介入、提前预防，确保工程质量。

（五）瑕疵联系单的甄别与排除

《最高人民法院关于审理建设工程施工合同纠纷案件适用法律问题的解释》（已失效）第16条第1款和第2款规定："当事人对建设工程的计价标准或者计价方法有约定的，按照约定结算工程价款。因设计变更导致建设工程的工程量或者质量标准发生变化，当事人对该部分工程价款不能协商一致的，可以参照签订建设工程施工合同时当地建设行政主管部门发布的计价方法或者计价标准结算工程价款。"但在实务中，容易出现的问题是：

（1）由于法制观念缺乏和利益驱动，参与方相互串通，以少签多、巧定名目、弄虚作假、无中生有、高估冒算等恶意签证行为时有发生。

（2）承包人利用各种手段多签签证，鱼目混珠，签证内容不明。签总价不签单价、签单价不签工程量、签结果（包括直接签工程量）不签事实、签文字形式不附图，使签证内容尽量有利于己方。

（3）监理工程师不分处分性签证或证明性签证，推诿责任。合同规定了在一定时期内，监理工程师应该就承包人提出的签证事项作出回复，因为时间比较匆忙，又为了避免责任，对于处分性签证，监理工程师常常仅签量、不签价，而具体套取定额、如何组价，由承包人与审计人谈，处分性签证只起到证明性签证的作用。在竣工结算时，出现了大量矛盾。

《最高人民法院关于审理建设工程施工合同纠纷案件适用法律问题的解释》（已失效）第 19 条规定："当事人对工程量有争议的，按照施工过程中形成的签证等书面文件确认。承包人能够证明发包人同意其施工，但未能提供签证文件证明工程量发生的，可以按照当事人提供的其他证据确认实际发生的工程量。"这是工程签证或索赔的法律依据。

1. 签证主体不规范所导致的无效签证情形

有许多承包商在工程签证的时候往往认为，只要是发包方的工作人员在上面签了字，工程签证的工作就完成了，将来依据工程签证结算工程款应该是不存在问题的。但殊不知，1999 年版示范文本以及 1999 年版 FIDIC 施工工程合同都就发承包双方的现场代表的指定和授权设计了专门的条款，同时也明确约定了相关事项——只能向"工程师"（即有权的现场代表）提出。因此，如果相关的工程签证非由指定的"工程师"签字，那么即使签字的人是发包方的工作人员，此工程签证也将因形式瑕疵而效力受损。

案例：某市 A 商务宾馆扩建，与 B 建筑工程公司签订了一份建筑工程施工合同，在合同中明确了现场代表以及监理工程师的人选和授权范围。合同进入履行过程，在 B 建筑工程公司完成了土建部分工程后，由于各方原因，A 商务宾馆决定解除建设工程施工合同，并愿意支付 300 万元的工程款。但 B 建筑工程公司主张应付工程款为 1200 万元，相持不下后，B 建筑工程公司起诉至法院。在庭审过程中，B 建筑工程公司提交了 28 份工程签证，并作为自己主张 1200 万元工程款的核心证据。然而，在此 28 份工程签证中，只有 2 份工程签订是由合同指定的工程师、项目经理及监理工程师共同签发的。因此，其余 26 份工程签证因形式要件不具备而属无效签证，B 建筑工程公司的诉讼请求也失去了证据的支持，无奈之下只能申请对工程造价进行评估。然而，申请评估的时间距离合同解除已经有 1 年之久，评估结果难以全面反映出 B 建筑工程公司土建部分的全部工程量。最终，B 建筑工程公司的诉讼请求未能得到法院的全部支持。

本案的焦点问题就在于，B 建筑工程公司实际施工量的确定。如果 B 建筑工程公司提交的工程签证在形式上不存在瑕疵，那么依据我国《建设工程价款结算暂行办法》第 15 条 "凡由发、承包双方授权的现场代表签字的现场签证以及发、承包双方协商确定的索赔等费用，应在工程竣工结算中如实办理" 的规定，B 建筑工程公司完全可以仅凭有效签证即可完成索赔。然而，正是由于 B 建筑工程公司工程签证形式要件的不具备，使本案的客观事实难以得到最大限度的还原，B 建筑工程公司在没有其他证据可以相佐证的情况下，承担举证不能的不利后果也是在所难免的。

这里有个重点问题，即表见代理的认定。《浙江省高院民一庭关于审理建设工程施工合同纠纷案件若干疑难问题的解答》（2012 年）："十一、施工过程中谁有权利对涉及工程量和价款等相关材料进行签证、确认？要严格把握工程施工过程中相关材料的签证和确认。除法定代表人和约定明确授权的人员外，其他人员对工程量和价款等所作的签证、确认，不具有法律效力。没有约定明确授权的，法定代表人、项目经理、现场负责人的签证、确认具有法律效力；其他人员的签证、确认，对发包人不具有法律效力，除非承包人举证证明该人员确有相应权限。"

2. 内容错误的签证如何排除

法院对于此类签证的采信还是比较严格的。

（1）判定签证是否与事实相符。在工程建设过程中经常发生增减工程的工程量，更换材料的品牌、规格、档次的签证。工程量签证主要是基于图纸尺寸与事实不符。根据施工图现场丈量时，现场丈量方法与实际误差较大，如高级装饰面料收口处。材料品牌签证与现场品牌名接近以假乱真，规格型号、档次以次充好，比如电工器材、洁具、五金配件及装饰面料厚度等。

（2）判定签证是否符合合同条款及招标文件规定。因工地代表对合同条款及招标文件不熟悉，有时甚至连招标范围、合同承包范围、合同采用何种计价方式都不知道，经常发生追加价款超过合同价款可调整范围或标内外界定允许追加范围，工期签证超过招标文件及合同约定同意延误原因的范围的情况。如某投标工程标书规定土方外运运距由施工单位根据自己实际情况自报，施工单位标底报 5 公里，而实际发生为 8 公里，工地甲方代表作变更签证；标内规定正常停水、停电应考虑包括在自报工期中，但工地代表对停水、停电影响工期都予以签证。

（3）判定签证是否与定额规定矛盾。主要工地代表对于定额规定工程量计算规则、定额单项包含内容、费用的定额规定范围不了解，出现签证与定额规定矛盾或重复计算的情况。例如，某工程钻孔桩的泥浆外运工程量签证按实际外运量计算，但定额规定泥浆工程量按成孔工程量计算，签证工程量计算额就多于定额规定。又如某大楼基础为独立柱基，但达不到设计要求，采用静压锚杆桩补强，工地代表对凿桩头签证，但定额已将凿桩头包括在内。

（4）判定签证是否与有关法律法规矛盾。我国建筑业都应遵守《民法典》《招标投标法》《建筑法》等法规。若签证违背这些法规，则属于不合理签证；有些法律法规规定发生费用可以被计算在工程造价中，但因工地代表不了解这些法律法规，因此出现了签证超过法律法规规定范围的情况。

（5）判定签证是否符合经验、常规及逻辑。有些签证属于工程建设过程中的隐蔽部分，有些签证内容与设计施工规范及定额规定不相符。签证不科学，存在签证增加工艺或工程量达不到设计、施工规范要求或实际施工与设计、施工规范相违背的情况（如在地基不发生换土情况下，土方外运签证工程量却大于挖土体积与填土体积之差）；有些签证与经验相差较大，不合常理或不合逻辑（如延误工期签证占整个工程工期比例较大，机械台班签证与机械台数、工期矛盾）。

3. 重复计价的签证如何排除

有些签证已经被包含在工程结算的取费中，签证不必再签这部分在结算时包含了的内容。在签证工作中应注意以下问题：

（1）施工图纸中已经包含的工程量签证就不应再签了。

（2）固定施工合同造价中包含的工程量签证就不应再签了。

（3）因下雨、刮风误工而发生的费用（不包括十几年不遇到的大风、暴雨）签证不应再签了。因为这笔费用已被包含在雨季施工增加费的取费中了，这笔费用是综合考虑工程造价长年计取的。

（4）材料二次试化验所发生的费用，签证就不应再签了（不包括工程材料规定的二次试化验之外的项目）。因为这笔费用已被包含在材料试化验取费中了，这笔费用是按工程类别、工程性质综合考虑以一定系数计取的。另外，施工单位的临时暂设所发生的费用已按有关文件规定由工程造价乘以相应的序数在结算中计取了，不必再另鉴证了。

（5）拉运材料、设备的汽车司机人工费的经济签证不应再单独做签证了。因为这笔费用已被包含在已给的汽车台班费中了。此外汽车台班还包括养路费、燃料费、维修保养费、大修理费、经常修理费等。

（6）现场材料保管费的签证不应再单独做签证了。因为这笔费用已被包含在材料费中了。此外，材料费还包括材料运输费、采购费、办理采购材料手续费、材料装卸费、包装费、材料保管费。

（7）施工单位办事处人员、现场管理人员费用的签证不应再单独做签证了。因为这笔费用已被包含在工程管理费及现场管理费中了，工程结算时乘以系数单独计取。

（8）凡是能计算出工程量，且预算定额中有子项目可计取的就不应再计零工了。签证计零工一般是在没办法计算工程量及没有定额子项可套取项目的情况下产生的费用。

（9）在办理签证前应先判断其项目是不是工程的变更项目，如果是应先办理设计变更或者设计联络之后再办理经济签证。因为按照有关规定，没有设计人员同意，建设单位、施工单位、监理单位无权随意改变设计图纸。设计变更、设计联络单的主要作用是设计人员是否同意变更，然后施工单位根据情况实施；而签证的主要作用是在设计人员同意变更的情况下给予多少经济补偿。

（10）在办理签证前应先检查施工单位工程施工质量是否合格，按规定施工质量合格后监理工程师才能计量办理签证。这项规定也是约束承包商提高施工质量的一种方法。

（11）由于施工单位的原因造成工程返工而发生的费用，监理工程师不应给予办理签证。

4. 显失公平的签证可否撤销

在 2017 年版示范文本的履行过程中，一旦发包人没有按照合同约定履行明示承诺义务，则将产生发包人沉默承诺的效力。此时，将以承包人提出的签证或索赔要求为准。现实中，承包人提出的签证或索赔要求极有可能来源于现实，却高于现实。在这样的情况下，有的学者认为：双方订立的这份关于签证或索赔的补充合同具有显失公平性。

《民法典》第 151 条规定："一方利用对方处于危困状态、缺乏判断能力等情形，致使民事法律行为成立时显失公平的，受损害方有权请求人民法院或者仲裁机构予以撤销。"讨论关于签证或索赔的补充合同是否显失公平，我们的立足点应该是合同订立时，而不是履行合同的结果。所谓"显失公平"，是指订立合同时对一方是过分有利，而对另一方是无利、利少甚至遭受重大损失。两方相比，权利义务极不平衡。然而，在建设工程合同订立时，基于建设工程的特殊性，无论是承包人还是发包人，作为合同的要约者和承诺者，双方均对要约、承诺作出的期限（即程序权利的行使）予以权利限制。这种限制带来的效果就是承包人提出签证或索赔与发包人确认或否认上述签证或索赔的权利是完全对等、完全公平的。承包人的不履行期限义务，将直面丧失签证或索赔权利的不利后果。同时，发包人的不履行期限义务，将直面承担承包人无论是虚报还是实报的签证和索赔责任。故，笔者认为，在关于签证或索赔类的补充合同签订时承包人与发包人之间不但不显失公平，而且是完全平等的。所以，当事人以合同履行结果的显失公平来否定合同的平等性是不符合《民法典》相关规定的。

例如，在江苏省某有限公司（乙方）与沛县某商贸有限公司、沛县某资产经营有限公司（甲方）等建设工程施工合同纠纷二审民事判决书［2016］最高法民终 687 号案中，法院认为，案涉工程的签证单是在施工过程中与工程建设同步形成的，能客观反映当时施工现场的状况以及建材使用情况，且签证单是经过甲方认可并签字确认的。虽然签证价格可能高于市场价格，但当乙方提交签证单所附价款时，甲方并未提出异议，事后在结算工程款时甲方不认可当时其签字确认的签证单而是要求按照市场价确定工程款，有违诚信，故案涉工程造价应当按照签证价计算。在此案中，签证单是在施工过程中与工程建设同步形成的，能客观反映当时施工现场的状况以及建材使用情况，且签证单是经过发包方认可并签字确认的，虽然签证价格可能高于市场价格，但发包方并未提出异议。故而，该签证有效，承包方可以据此向发包方索赔。

5. 月形象进度报表是否可以作为签证使用

按合同专用条款约定的时间向发包人提交月形象进度报表也是承包人的义务之一，而笔者认为利用月形象进度报表将理应由签证说明的工程变更在报表中体现，如果发包人予以核实则同样属于新合同的产生。但是，在此有一点却是我们无法忽视的：按照 2017 年版示范文本第 25.2 款的约定，工程师在收到承包人报告（即已完工程量的报告）后 7 天内未进行计量，从第 8 天起，承包人报告中开列的工作量即视为被确认，作为工程价款支付的依据。笔者认为，在工程量报告中包含的未经签证的内容是否同样适用默认的形式是存在争议的。第一种意见认为，此适用默认，因为该条款表明确认后的工程量可以被作为工程价款支付依据，所以一旦发包人 7 天内未予计量，沉默即意味承认。第二种意见认为，此处不适用默认，理由在于合同第 31.2 款明确约定"承包人在双方确定变更后 14 天内不向工程师提出变更工程价款报告时，视为该项变更不涉及合同价款的变更"，也就是说，即使工程量按照第 25.1 款和第 25.2 款的约定被发包人确认了，也并不意味着这涉及最后的价款变更及支付。笔者认为，2017 年版示范文本第 31.2 款更类似于对第 25.1 款的特殊约定。所以，在通过工程量月报表的形式体现签证内容时，必须是在发包人明示承诺的情况下才生效。

6. 利益链条导致的恶意签证须运用刑法手段

恶意签证是指业主代表受个人或部门利益驱使与承包商代表相互串通而签订的签证。实践中，由于业主单位很难提供证据证明恶意行为的存在，故法院一般是认可恶意签证的效力的，并且该类签证是主观形成，又是有备而来，甚至接受过专业指导，所以表现形式更加隐蔽，发现的概率小或者后期取证困难受到建设各方的联手抵制，对造价影响大，对审计质量更是严峻考验。

目前，通过工程记录签证作弊的主要手段有：①在隐蔽工程记录上作假。所谓隐蔽工程，是指建筑工程的基础、基层及其工序、用材、数量以及安装工程敷设于墙体、楼板和地面内部的工程项目，具有完工后不可见的特点。一般来讲，施工单位在隐蔽工程记录上作假，主要采取三种方式。一是无中生有、虚列工程项目。如笔者审查的某项市政工程在破除原道路面层和基层后直接铺设新路基，设计施工厚度为 21cm，施工单位办理隐蔽工程记录时，除了破除路面外，另外在 4 张有关基层处理及外运土方的隐蔽记录上，无中生有地虚列挖土方项目，提高竣工路面的高度27cm，虚增挖土方20cm厚，折算成体积14（X）m³，从而多计工程造价2.5万元。二是偷梁换柱，虚增工程量。如某项市政工程通过办理隐蔽工程记录，把人行道垫层全部按道路垫层计算，3（X）m²的多合土垫层清理换成27cm厚的新建项目，多算造价3.3万元。三是伪造签证。在审计某大楼装饰工程时，笔者查出有1份面积780m²厚度9cm的地面垫层签证记录是施工单位模仿监理人员签名单方伪造的，监理人员毫不知情。②运用现场施工记录签证作假。所谓现场签证记录，是指经过工程监理签字认可的关于工程内容、施工步骤、工程量等事项的证明材料，是审核工程量，判断定额套用是否正确的依据。

施工单位作假的方式主要有四种：一是重复签证。如某项工程施工单位在办理拆除工程量签证时，先办理了总签证记录，又按拆除的分项办理签证，结算时则根据汇总签证记录和分项签证记录相加计算工程量。二是虚列签证。如施工单位在办理一项拆除工程记录时，凭空填报施工场地原建筑物拆除2（X）m³。局部坑处理扩大为30m²碴基层。三是扩大签证。施工单位在一工程中处理2（X）m³多余工程土方和拆除废弃物时，采取了就近回填和运往场外6公里的地方，而签证记录未对不同运距的土方量分类，全部以6公里办理签证手续。四是提高材料价格签证。以协议方式高于市场价格签订主要材料价格，牟取非法利润。某大楼装饰工程审计时，甲、乙双方把一种大厅花灯价格议定为每盏1.5万元，而同类商品的市场平均价格每盏仅为0.5万元，协议价高出市场价200%。通过上述情况，我们可以看到，工程签证的真实程度与建设单位的组织管理状况是密切相关的，要防止施工单位通过建设单位代表和现场监理人员利用其管理签证职能，搞权钱交易，不履行管理监控职能；在施工工序、材质用料、用工等项目上为施工单位出具虚假签证录；在后续的附属工程以及新建项目的投标、协议定价等方面形成暗箱操作，出现人情面子工程等问题的发生，建设单位就应充分发挥其在工程项目立项、现场施工管理中的作用，严格把好签证、初审和送审工作三道关口。

案例：宁波北仑某住宅小区工程，整体地下室开挖，招标时确定的是土方工程，但实施的是爆破工程，甲方工程部经理签证"套用定额项目为特坚石开挖"，本来只需65万元的爆破工程变成了530万元。这个案子中，笔者代理的是发包方，开庭前通过承接爆破工程的攀枝花某公司取得了充分的证据，但开庭时发现，业主的工程部经理就坐在施工单位的证人席上，作证说之所以这样签证，是考虑到乙方的不平衡报价策略导致其亏损过大，为推动工程顺利进行，通过这种方式作合理弥补。这个案件一审败诉后，笔者通过公安找到了这位经理，其承认收受施工单位贿赂的事实，然后把笔录拿到省高级人民法院，最终才改变了判决。

三、工程变更与签证的关系

根据前面对工程变更和签证的定义可知，工程变更是在合同实施过程中由于合同状态的改变对原合同文件的修改与补充，并相应调整合同价款和工期的一种措施。而工程签证是对施工合同和施工图未包括以及工程量清单未考虑的、实际施工发生费用的内容所做的现场签证。

二者之间既存在联系也存在区别。工程变更和签证也存在一些共同点。比如，它们都造成了工程价款或工期的改变，或者二者兼而有之；它们都被列入了工程预备费或预留金；它们都需要建设单位和监理单位严格控制和管理。当然，它们之间也存在明显区别。首先，看变化内容能否被合同涵盖。如果变化发生在施工合同或设计文件约定的范围内，则按照工程变更来处理；如果不是发生在施工合同或设计文件约定的范围内，则需要通过签证来处理。其次，工程变更一般被认为是一种工作或行为，而签证则是对原有工作的一种补充，或者是用来确认某种工作的一种书面凭证。最后，工程变更需要履行一定的程序才能进行，其中主要涉及工程量、工程价款结算等方面的变动，管理上相对而言比较正规和复杂。而工程签证则是对已经完成的某项工作的确认，在程序上相对而言比较简单，允许存在一定的瑕疵。

在建筑工程领域，工程变更和工程签证的管理是工程施工过程中不可避免的关键组成部分。尤其是在复杂的建设项目中，工程签证和工程变更承担着施工方对项目质量和施工周期的多项任务要求，并且招投标文件、施工图纸也在实际施工中发挥着重要的作用。但是，受到现场施工和施工图纸差异的影响，为了能够进一步推动施工进度的有效完成，以及保障工程质量，往往需要通过工程变更的方式对施工计划进行更改。此时，监理人员需要深入施工现场，对施工现场的周围环境、资源和人员调动情况进行详细掌握，并及时进行签证，对施工计划进行改变，从而使施工图充分满足建筑施工的要求。对此，相关人员需要在满足相关的技术标准和保障工程质量的前提下，对工程造价和工程进度进行严格控制。而施工方需要在保障工程质量的前提下，加快施工进度，从而实现工程利益的最大化。此外，在施工过程中，当事人主张发生工程内容变更、设计增加及合同外增加项目的，应当提供双方当事人之间达成的补充协议、会议纪要、工程变更单、工程对账签证等书面文件形式作为载体的证据。否则，法院对其主张的工程量增加事实不予支持。

工程变更常常会伴随着工程签证的产生，故而，签证对于证明工程变更的存在客观事实，以及范围等具有重要的作用。但是，签证在明确工程变更事实范围的同时，也会存在一些其他问题。

情形一：发包方提交了变更通知单复印件，但施工方不认可收到过该通知单，发包方未能举证证明在签订内部承包合同前已将该通知单送达给施工方，或证明双方的内部承包合同内容确实包含了该变更通知单的内容，此时，变更的工作量为合同外工作量。

【案例】

——宿迁某建筑工程有限公司、刘某建设工程施工合同纠纷〔1〕

基本案情

2009 年 5 月 30 日，宿迁某建筑工程有限公司（乙方）与兰山某分公司（甲方）签订工程承包合同一份，约定兰山某分公司将其开发的沭阳××二期 G 区（G1 某、G2 某）楼土建、水电工程发包给宿迁某建筑工程有限公司承建。合同签订后，刘某即进场施工。刘某施工的沃德嘉园 G1 某、G2 某、G3 某、G4 某楼均于 2011 年 6 月 20 日经竣工验收合格，且已实际交付使用。双方对给付变更增加的工程款产生争议，诉诸法院。

一审法院认为，当事人对工程量有争议的，按照施工过程中形成的签证等书面文件确认。承包人能够证明发包人同意其施工，但未能提供文件证明工程量发生的，可以按照当事人提供的其他证据确认实际发生的工程量。刘某针对变更增加工程造价，除了该份有疑点的欠据外，并未能提供充分证据证明其所施工的变更增加工程造价达到 156.6 万元。据此，对该欠条的证据效力不予确认，故刘某以该份欠据为凭主张变更增加工程造价的理由不能成立，不予支持。

二审法院认为，乙方为证明阳光房变更为封闭阳台在内部承包合同签订

---

〔1〕 案件来源：最高人民法院再审审查与审判监督民事裁定书［2018］最高法民申 4137 号。

之前，并且已经包含在合同约定的单价之内，提交了设计变更通知单的复印件。对此，刘某不认可乙方在合同签订之前即将该设计变更通知单交付给刘某并将此作为合同单价的组成部分。二审中，乙方虽提交了该通知单复印件，但其未能进一步举证证明在内部承包合同签订之前，即将该通知单实际交付给刘某或双方约定的合同单价包含了该变更通知单的内容。故二审法院对该项上诉请求不予支持，对其申请调取该通知单原件的申请亦不予准许。此外，承包合同约定的决算方式是固定单价，乙方未能证明双方约定的下浮标准以及阳光房在约定的固定单价中的价格，亦未能证明与刘某对仅计算阳光房与封闭阳台的差价作出了明确约定。故乙方主张仅应计算阳光房与封闭阳台的差价以及还应予以下浮，无合同依据，二审法院不予支持。

再审法院认为，本案中，乙方与刘某对将"阳光房"变更为"封闭阳台"的施工项目均予以确认，乙方申请再审主张"阳光房"在签订承包合同之前已经变更为"封闭阳台"。故"阳光房"变更为"封闭阳台"不应当被认定为合同外增加的工程量。经审查，乙方虽提交了变更通知单复印件一份拟证明"阳光房"变更为"封闭阳台"在内部承包合同签订之前且已包含在合同约定的单价之内，但刘某并不认可收到过该通知单，乙方未能举证证明在签订内部承包合同前已将该通知单送达给刘某或证明双方的内部承包合同内容确实包含了该变更通知单的内容。因此，一、二审法院依据江苏某管理集团有限公司作出的天园基鉴字〔2016〕26号鉴定报告书的鉴定意见认定，实际发生的工程量并无不当。关于乙方主张工程款的计算方法有误的问题。经审查，双方签订的内部承包合同为固定单价合同，乙方现有证据不足以证明"阳光房"在该固定单价的承包合同中的实际价格，应当承担举证不能的法律后果，在"封闭阳台"被认定为承包合同范围外工程量的情况下，一、二审法院据此认定工程款并无不当。

案例评析

乙方认为，承包合同价格中包含"阳光室"工程造价。施工图纸中有"阳光室"工程项目，内部项目经理工程承包合同约定按图施工，故"阳光室"工程造价被包含在合同价格内。案涉鉴定报告书不能作为"封闭阳台"增加工程款的计算依据。"阳光室"变更为"封闭阳台"，此为工程变更，增加了"非封闭阳台"封闭所用的铝合金窗工程量，减少了部分隔断的工程量。工程款变更数额应为"封闭阳台"与"阳光室"之间工程造价的差额，而鉴定报告书中的铝合金阳台窗价款是设计变更后的"封闭阳台"的工程造价，并不是阳台工程设计变更前后的工程造价差额，故不能证明因变更工程增加或减少的工程款数额。因此，原审以鉴定报告书中的铝合金阳台窗价款作为增加工程款的依据明显属于认定事实错误。法院认为，发包方未能举证证明在签订内部承包合同前已将该通知单送达给施工方或证明双方的内部承包合同内容确实包含了该变更通知单的内容。此时，变更的工作量为合同外工作量。

情形二：建设工程施工中合同约定与工程签证作为建设工程结算依据，当事人主张发生工程内容变更、设计增加及合同外增加项目，但对此未能提供以双方当事人之间达成的补充协议、会议纪要、工程变更单、工程对账签证等书面文件形式作为载体的证据，当事人未提供工程量发生增加并经发包人同意的相应证据，对此应承担举证不能的责任。

【案例】

——李某、××煤粉有限公司建设工程施工合同纠纷[1]

基本案情

2016年6月22日，被告××煤粉有限公司（甲方：建设单位）与第三人××市某建业有限责任公司（乙方：施工单位）签订某煤粉厂设备基础新建工程施工合同，合同约定工程量及范围为"具体见施工图，含煤粉设备基础、空气压缩站、煤粉储存库及散装基础、厂区电缆沟。厂区电缆沟以实际完成量结算"。还对其他事项进行了约定。并在合同后附有某煤粉厂设备基础新建工程投标报价汇总表，此表中列明"煤粉设备基础、空气压缩站、煤粉储存库及散装基础共计价款1 348 000元；厂区电缆沟1为35米，价款42 000元；厂区电缆沟2为30米，价款30 000元。总造价1 420 000元"。被告与第三人均在此合同上加盖了公章，原告李某在第三人处签名。合同签订后，原告李某进行施工，现工程完工并已交付被告使用。双方因新增工程量产生争议，诉诸法院。

一审法院认为，对原告以被告在签订合同时未交付煤粉储存库及散装基础的图纸而主张此部分工程属增加的工程量要求被告另行支付工程款的请求，

---

〔1〕 案件来源：甘肃省高级人民法院民事审判监督民事裁定书［2021〕甘民申706号。

被告认为合同中已明确对此部分工程进行了约定，且不存在另行交付原告图纸，也并无增加工程量。一审法院认为，双方在合同第一项工程项目内容第1条工程量及范围中明确注明有"煤粉储存库及散装基础"，原告应对其主张的增加工程量负有举证责任，但其无证据证明，应由其承担举证不能的法律后果，对原告主张被告支付超出约定的工程款的诉讼请求，不予支持。

二审法院认为，双方就对"煤粉存储库及散装基础"的理解产生分歧，李某上诉，认为其中标的工程仅包括煤粉存储库和散装的基础工程，不包括煤粉存储库的地上工程，但被上诉人甲方向其交付的图纸包含了煤粉存储库的地下基础及地上工程，超过了合同范围，被上诉人应对增加的煤粉存储库地上部分的工程量承担付款义务。被上诉人甲方认为，按照合同约定，涉案工程包括煤粉存储库的地下基础及地上工程，被上诉人交付的图纸与双方签订的合同内容一致，不存在增加的工程量。二审法院经审查认为，对于煤粉存储库的地上工程是否被包含在合同中，应综合合同内容予以分析。根据双方签订的施工合同，施工范围为"具体见施工图"。因此，涉案工程施工范围最终应以施工图纸确定的内容为准。在庭审中，双方当事人认可施工图纸中包含了煤粉存储库的地上工程。因此，可认定图纸中的施工内容就是施工合同中约定的施工范围。故上诉人主张其实际完成的工程量超过了合同约定工程量，中标合同不包含煤粉存储库的地上工程的上诉理由，缺乏事实依据，二审法院依法不予支持。上诉人主张被上诉人甲方是分两次向其交付图纸，且图纸内容超出了合同约定的施工范围，被上诉人甲方对此不予认可，上诉人无充分证据证实其主张，该上诉理由不能成立。综上，一审以双方合同约定的价格确认案涉工程的工程款数额于法有据，应予维持。因上诉人无证据证实其完成的工程量超出合同约定的施工范围，故一审对其申请工程造价鉴定不予准许，符合法律规定。

再审法院认为，发包人甲方和承包人乙方、承包人代理人李某盖章签字的合同列明了工程涉及的工程量及范围，包含煤粉储存库及散装基础的内容。李某作为实际施工方在合同履行过程中主张发生工程内容变更、设计增加及合同外增加项目，但对此未能提供以双方当事人之间达成的补充协议、会议纪要、工程变更单、工程对账签证等书面文件形式作为载体的证据，同时李某提出，合同中的施工范围要以其在诉讼中提交的第一次交付的图纸内容为准。对此，甲方坚持以合同约定为准，并提出了图纸只有一套的抗辩意见。由于李某与甲方均认可李某在诉讼中提交的两组图纸与甲方提交的图纸一致，加之合同约定，具体以施工图为准并书面约定了工程量及范围。故李某亦需提供发包人同意其施工时，其他非书面的可证明实际工程量事实的真实性、合法性和关联性的证据，以证明其主张的合同约定施工范围口头变更的事实。对于工程款发生增加的事实，施工人李某应承担举证责任。李某在再审审查理由中提及其为泉湖公司项目经理，已说明其应对建设工程施工中合同约定与工程签证作为建设工程结算依据的重要性有所了解，现李某仅以其第一批收到的图纸无争议项目，第二批图纸含有争议项目主张存在增加工程量的事实，明显依据不足。鉴于李某未提供工程量发生增加并经发包人同意的相应证据，对此应承担举证不能的责任。

案例评析

在此案中，李某认为承建的施工范围仅是煤粉储存库基础、空气压缩站，不包含煤粉仓的土建部分，合同约定的项目应为煤粉设备基础（地下工程）、空气压缩站（地下、地上工程）、煤粉储存库基础及散装基础、电缆沟。一审审理中，李某提供了两组图纸，认为合同虽对煤粉储存库等有约定，但第一次交付的图纸中没有煤粉储存库等争议项目，第二次交付的图纸含有争议项目内容，并提出合同为格式合同的主张，试图证明工程量有所增加。对此，甲方明确提供了成套图纸，不存在工程量变更增加的问题，且李某无其他书面材料支持其所主张的工程量新增事实。故而，法院对其主张不予支持。

情形三：实际施工人未能提供签证，但能提供其他证据证明工程变更的工程量情况下，如果发包人、总承包人掌握工程量证据但拒绝提供，或举证不能的应当承担不利的法律后果。

【案例】

——中铁某集团有限公司诉冷某等建设工程施工合同纠纷[1]

基本案情

2002 年 1 月 12 日，中铁某集团有限公司同某青岛段项目部（甲方）与湖南某建工集团（乙方）签订了一份《承包施工协议书》。工程期限：本工程

---

[1] 案件来源：最高人民法院再审民事判决书［2016］最高法民再 284 号。

自 2002 年 1 月 12 日开工，至 2002 年 12 月 31 日竣工，以业主对工程的要求为准。7-1 工程结算：以业主批复的工程量清单内容计算的工程款收取管理费，管理费的提取比例为乙方承包工程总造价的 2.5% 税金由业主代扣。9-1 甲方负责与建设单位、监理部门和设计单位的接洽与联系。9-2 甲方负责按实际完成并由业主计量认可的工程量照合同规定拨付工程款。由业主或监理工程师提出的设计变更，乙方接到甲方的通知后，必须执行；由乙方提出的设计变更，必须由甲方报业主和监理工程师批后征得甲方的同意后方能实施。上述合同签订后，2002 年 3 月 2 日，湖南某建工集团下属机构湖南某建工集团路桥建筑工程有限公司一局（甲方）与冷某（乙方）签订了一份《联营承包合同》。双方就工程量产生争议，诉诸法院。

一审法院认为，本案中冷某不能提交施工过程中形成的签证等书面文件证明自己完成的工程量，可以按当事人提供的其他证据予以确认。冷某作为实际施工人提交了经甲方认可的向发包人出具的甲方同三线青岛段项目部文件同计支字 [2002] 第 1~9 号和 [2003] 第 1 号、7 号《关于申请第十七合同段第一——十一期支付的报告》及其附件工程进度表、投资及工程支付月报、清款支付报表、中间计量支付明细表、工程变更一览表、承包人施工报告情况表等已证实同三线青岛段第十七合同段之 K17+850-K26+600 段在该十一期工期内完成的工程量及应计工程价款。甲方在诉讼中称，该工程量及工程价款只是甲方向建设方报送的申请支付报告，不是工程量及工程价款的最后应计数额，应以建设方最终确认的工程量和工程价款为准。一审法院认为，确应如此，但因为甲方作为该工程的总包人向发包人报送的申请支付报告，发包人仅会向甲方进行工程量和工程价款的确认，湖南某建工集团和冷某作为分包人和实际施工人，不可能得到发包人与总承包人甲方最终确认的工程量和工程价款的证据。甲方有义务举证证明其与发包人最终确认的工程量及工程价款，但其经法院释明后仍未提交。所以，该工程量及工程价款虽然不是发包人与总包人甲方之间确认的最终工程量及工程价款，但该工程量及工程价款是甲方作为总包人向发包人和分包人作出的一个自认。所以关于 K17+850-K19+850 段所完成的工程量及工程价款可以依据上列支付报告及附件来予以确认。鉴于以上支付报告及附件包含了 K17+850-K26+600 段的工程量和工程价款，证明 K17+850-K19+850 段在其中所占工程量及应计工程价款是会计审计专业的工作，人民法院依法委托湖南建业项目管理有限公司就冷某完成的同三线青岛段第十七合同段（K17+850-K19+850 段）工程造价进行司法鉴定。

二审法院认为：首先，马某并非湖南某建工集团或其下属路桥公司的员工，甲方主张马某具有办理结算的权利主要是基于湖南某建工集团路桥工程有限公司与青岛某实业有限公司所签订的《联营协议》。然而，该协议仅明确马某系湖南某建工集团路桥工程有限公司所聘请的青岛某实业有限公司的工作人员，虽然马某为项目副经理，但其工作职责为协助湖南某建工集团路桥工程有限公司，湖南某建工集团也并未明确授权马某收取工程款及办理工程结算。而且，从湖南某建工集团于 2007 年 10 月 22 日派刘某和唐某等三人前往甲方办理涉诉工程的财务对账等事项的情况来看，直至 2007 年 10 月，湖南某建工集团与甲方仍未就涉诉工程价款的结算达成合意。因此，马某用非湖南某建工集团提供的"湖南某建工集团路桥建筑工程有限公司"印章于 2004 年 10 月 3 日与甲方签订的工程结算书，并非湖南某建工集团的真实意思表示，不能作为确认冷某实际施工工程价款的依据。其次，甲方所提交的工程量计算汇总表系甲方于 2007 年单方所编制，汇总表上"刘某"的签字也是刘某在 2007 年一次性签的，加之湖南某建工集团和冷某对该工程量计算汇总表的真实性均不予认可，而且甲方也未能提交制作工程量计算汇总表的基础单据，因此该院对甲方提交的工程量计算汇总表的真实性不予认可，该汇总表不能被作为确认冷某实际施工工程量的依据。冷某在施工过程中未形成签证等文件，但提交了甲方同三线青岛段项目部文件同计支字〔2002〕第 1~9 号和〔2003〕第 1 号、7 号《关于申请第十七合同段第一——十一期支付的报告》及其附件工程进度表、投资及工程支付月报、清款支付报表、中间计量支付明细表、工程变更一览表、承包人施工报告情况表等证据证明其实际施工的工程量。由于上述支付报告及其附件系由甲方认可并向发包人出具的，因此可以证明同三线青岛段第十七合同段之 K17+850-K19+850 段所完成的工程量。冷某所提交的甲方同三线青岛段项目部文件同计支字〔2002〕第 1~9 号和〔2003〕第 1 号、7 号《关于申请第十七合同段第一——十一期支付的报告》及其附件可以被作为确认冷某实际施工的工程量及相应工程价款的依据。

再审法院认为：在冷某已经举证初步证明工程量的情况下，掌握工程量证据的甲方拒绝提供相关工程量的证据以作为鉴定依据的，法院采信以冷某提供的初步证据作为鉴定材料的鉴定意见并无不妥。作为总包人的甲方，是实际掌握具体支付报告及其他工程施工工程量计量法律文件的主体。对于工程量和工程价款，发包人（业主）仅会与工程总包人甲方进行工程量和工程价款的确认，湖南某建工集团和冷某作为分包人和实际施工人，不可能得到发包人与总承包人甲方最终确认的工程量和工程价款的证据。因此，如果甲方认为法院所调取的《关于申请第十七合同段第 1-11 期支付的报告》及其附件所计量的 K17+850-K19+850 段工程量与业主方最终确认的工程量不符，应当提供其与业主确认的工程量和工程价款。在冷某已经举证初步证明工程量的情况下，作为掌握工程量证据的甲方在本案诉讼过程中经法院释明之后仍然拒绝提供相关工程量的证据作为鉴定依据，在这种情况下，原审法院采信以冷某提供的初步证据，并且以此作为鉴定材料提供给鉴定机构、并且最终采信该鉴定意见，并无不妥。

案例评析

依据《最高人民法院关于审理建设工程施工合同纠纷案件适用法律问题的解释（一）》第 20 条"当事人对工程量有争议的，按照施工过程中形成的签证等书面文件确认。承包人能够证明发包人同意其施工，但未能提供签证文件证明工程量发生的，可以按照当事人提供的其他证据确认实际发生的工程量"之规定，建筑施工过程中所形成的签证等书面文件虽然是认定工程量和工程款项的主要依据，但并非唯一的依据。实际施工人在未能提供签证的情况下，提交了经甲方向发包人（业主）出具的甲方同三线青岛段项目部文件同计支字［2002］第 1~9 号和［2003］第 1 号、7 号《关于申请第十七合同段第 1-11 期支付的报告》及其相关凭证等，已证实同三线青岛段第十七合同段之 K17+850-K19+850 段在该十一期内完成的工程量及应计工程价款。在发包人和总承包人拒绝提供相关证明工程量证据的情况下，原审法院根据鉴定报告确认出冷某完成的工程量，适用法律并无不当。虽然第 1~11 期支付报告中未记载湖南某建工集团或者冷某的名称，但根据本案查明事实：①冷某在 2002 年初到 2002 年 12 月 31 日进行 K17+850-K19+850 段施工。②在甲方给发包方的工程量和工程造价的记载中，包含了冷某从湖南某建工集团承包的 K17+850-K19+850 段工程的工程量数据。③在甲方未能证明另有其他的施工队伍对该 K17+850-K19+850 段进行了施工的条件下，法院依据第 1~11 期支付报告中的工程量和工程价款，经过专业的鉴定部门的专业审定，确认出冷某完成的工程量。

综合上述案例分析可以发现，为避免在建设工程施工过程中存在工程量的争议，在签订建设施工合同时，需要事先对完成项目范围和工程量相关信息进行明确约定，同时还要在合同中对变更签证的相关程序进行事先约定。例如，在合同中约定当项目出现设计变更、工程量变更时，承包人应提出书面方案交由发包人确认，经发包人确认同意并在签证上加盖发包人公章后，工程量变更签证方为有效，变更方案方可实施。此外，合同中还应当对包括发包人代表、项目经理、监理人员以及其他员工等有权签署签证的人员指定，以及授权的内容范围。由此可以在实际发生工程量争议时以有效签证作为工程量确认的依据直接使用。例如，约定发包人代表/项目经理的职权仅为代为签收往来函件，代表发包人/承包人监控监理工作，对工程质量、进度、安全进行管理等。此外，针对发包人/承包人提出的顺延工期的签证、设计变更的签证、工程量变更的签证，确认工程竣工验收的验收报告、确认工程进度款、结算款等工作，必须明确约定由发包人书面授权的委托代理人签认并加盖发包人公章后方为有效。如此，也可避免在实际施工过程中可能存在监理人和承包方串通之嫌。当然，为了限制监理人的权限范围，合同还可以约定监理签证仅限于技术签证，不涉及工程造价、工程量的变更、工期等，有关工程造价、工程量的变更、工期延期的签证须经发包人同意并加盖公章后，方为有效，以便监理人正确履行监督职责。

【关联规则】

《河北省高级人民法院建设工程施工合同案件审理指南》（冀高法〔2018〕44号）

13. 未施工完毕的工程项目，当事人就已完工程的工程量存有争议的，应当根据双方在撤场交接时签订的会议纪要、交接记录以及监理材料、后续施工资料等文件予以确定；不能确定的应根据工程撤场时未能办理交接及工程未能完的原因等因素合理分配举证责任。

发包人有恶意驱逐施工方、强制施工方撤场等情形的，发包人不认可承包方主张的工程量的，由发包人承担举证责任。发包人不提供相应证据，应承担举证不能的不利后果。

《最高人民法院关于适用〈中华人民共和国民事诉讼法〉的解释》（2022年修正）第112条第1款规定："书证在对方当事人控制之下的，承担举证证明责任的当事人可以在举证期限届满前书面申请人民法院责令对方当事人提交"。

四、工程量认定中的签证作用

（一）工程量认定中一般签证的作用

工程签证中关于工程量的规定最早源于《最高人民法院关于审理建设工程施工合同纠纷案件适用法律问题的解释》（法释〔2004〕14号）（已失效）第19条的规定："当事人对工程量有争议的，按照施工过程中形成的签证等书面文件确认。承包人能够证明发包人同意其施工，但未能提供签证文件证明工程量发生的，可以按照当事人提供的其他证据确认实际发生的工程量。"在此之后，《最高人民法院关于审理建设工程施工合同纠纷案件适用法律问题的解释（一）》第20条规定："当事人对工程量有争议的，按照施工过程中形成的签证等书面文件确认。承包人能够证明发包人同意其施工，但未能提供签证文件证明工程量发生的，可以按照当事人提供的其他证据确认实际发生的工程量。"例如，在〔2022〕最高法民再204号案中，甲方认为案涉工程至今未完成施工，乙方与监理方伪造证据。乙方提交的《结算表》《结算书》《面积确认表》仅是监理单位的意思表示，没有甲方盖章。甲方破产管理人明确第1~5号楼未完成竣工验收，说明乙方提交的证据是虚假的。但甲方没有相反的证据能够证明存在伪造，且在施工过程中，有双方签字确认的结算书，故而法院对有争议的工程量，通过签证等书面文件可以直接进行确认。

情形一：合同约定，签证经监理人签字确认，并需要经发包方签字盖章，工程量实际发生且无证据表明监理单位与施工单位存在违反监理程序行为的情形下，法院支持该工程量的存在。

【案例】

——怀化某房地产开发有限公司与浙江某建设集团有限公司建设工程施工合同纠纷[1]

基本案情

2009 年 11 月 20 日，怀化某房地产开发有限公司（甲方）与浙江某建设集团有限公司（乙方）签订《××建设工程施工合同》（以下简称"北区合同"）。主要内容为：1××总建筑面积 110 688m²，施工范围为施工图中的基础、土建、水电安装工程，实行包工包料，合同价款暂定 1.1 亿元。需要取得发包人批准才能行使的职权包括：承包人延期开工申请的答复令、发布停工令、复工令、工程量、工期、索赔等工程变更的联系单及工程价款的审核拨付等，未经发包人书面同意（需加盖法人公章）而作出的行为无效。详见合同组成文件《委托监理合同》内发包人委托监理公司的需要取得发包人批准才能行使的职权范围。第 5.3 条约定发包人派驻的工程师（简称"甲方代表"）职权包括：工程变更联系单签复权、现场管理执行权、涉及工程延期申请的答复令、发布停工令、复工令；涉及无信息价的材料、发包人指定材料和设备的价格签证、工程索赔等工程变更联系单和工程价款审核拨付等还需发包人加盖法人公章后方可生效。双方就工程价款结算产生争议。根据合同专用条款第 5.2 条的约定，该部分签证单需要建设单位签章认可才生效。双方就工程价款结算产生争议，诉诸法院。

一审法院认为：首先，陈某未举证证明该部分联系单所载内容系合同专用条款第 5.2 条约定的需要取得发包人批准才能行使的职权，不能就此认定签证单无效而不计入工程造价。其次，该部分联系单有监理签字认可，监理单位作为建设单位的受托人，有监理单位签字的联系单应能客观反映工程量实际施工情况。最后，陈某仅以无建设单位签章为由要求该部分工程量不计

---

[1] 案件来源：最高人民法院二审民事判决书［2019］最高法民终 1517 号。

入工程造价，没有提供联系单与实际工程量不符的证据予以推翻，故不予核减工程造价。关于 2 284 143.1 元。陈某认为，南区一、二标地下室土方鉴定价格 6 967 178.78 元中应核减 2 236 043.94 元，以及回填土方 1970m³ 费用 48 099.16元应由施工方承担。上述南区一、二标地下室土方，经建设单位工程师签字，且鉴定机构复核认为土方单价符合市场行情不予核减，一审法院予以认定。回填土方 1970m³ 费用 48 099.16 元，有建设单位和监理单位的签字，陈某亦未提交证据证明系施工方的过错造成，故不予核减工程造价。

二审法院认为，该部分签证单经监理签字，可以证明工程量已经发生。且甲方未提交证据证明签证单所载内容与实际施工不符。同时，《施工合同》专用条款第 5.2 条虽约定"需要取得发包人批准才能行使的职权：工程量等工程变更的联系单……"但甲方并未提供有效证据证明异议签证单所载内容属于该条款约定的事项。鉴定机构出具鉴定征求意见稿之后，一审法院多次要求陈某就其提出的该部分异议予以汇总，并详细说明异议联系单的具体情况、明确工程量是否实际发生并提交相应证明材料，但其均未回应法庭要求。故在工程量实际发生且无证据表明监理单位与施工单位存在违反监理程序行为的情形下，鉴定机构根据相关签证单作出相应的造价评估，一审法院予以采信，并无不当。

案例评析

甲方认为，在施工过程中，乙方并未按照前述合同约定，将涉及合同价款调整的工作联系单提交甲方确认，对于该部分联系单所记载的工程量是否实际发生、价格是否合理，甲方完全不知情，当然也不应该承担该部分费用。而且，万达公司在一审鉴定中提交的未经甲方盖章确认的签证单，存在诸多瑕疵。例如，编号 30 的《工程签证单》所载的工程索赔，是因为乙方承包案涉工程后，将全部工程肢解转包给四个实际施工人，该签证单所载工程索赔是挂靠万达公司的一个实际施工人给其他实际施工人造成的损失，系万达公司自身原因造成，应由其自行承担。但法院认为甲方未提交证据证明监理人签证行为属于恶意串通，且无法对鉴定机构的鉴定意见作出相反说明，故而，法院认可了监理人签证中的工程价款。

情形二：合同对工程结算价进行明确约定，当事人对工程量增减或现场签证有争议的，法院可以委托鉴定机构对此进行鉴定，并以此作为工程价款的结算依据。

【案例】

——陕西某置业发展有限公司、江苏某建设集团有限公司建设工程施工合同纠纷[1]

基本案情

2006年9月12日，经过招投标程序，陕西某置业发展有限公司（甲方）与江苏某建设集团有限公司（乙方）签订《建设工程施工合同》。有关合同价款，双方约定合同价款在合同约定后，除下列情形外，不得擅自变更，这些情形包括甲乙双方代表确认的工程量增减、甲方代表确认的设计变更或工程洽商、工程造价管理部门公布的价格调整等。双方增订工程结算办法约定，以中标价作为合同价签订的承包合同为依据进行结算，"结算价＝合同价＋工程量清单有误或设计变更工程造价增减＋现场签证增减"。双方因工程量增减产生争议，江苏某建设集团有限公司申请对案涉工程造价进行司法鉴定。一审法院依法委托某鉴定公司对案涉工程增减部分按合同约定的结算方法和结算标准对工程款（即工程量清单有误或设计变更工程造价增减＋现场签证增减部分）予以了鉴定。鉴定意见为，工程清单增减相抵后总造价增加了25 319 502元。鉴定机构对施工项目的工程量清单增减予以了测算并制作了测算一览表。该表详细列明了桩基工程、主体工程、土建签证工程、安装工程及增加工程部分的清单增加部分、减少部分等相关项目，并对原清单内容与实际工程不符部分予以了备注。其中，桩基工程部分，原清单内容与实际工程不符，整体减除；主体工程部分原清单内容与实际工程不符，占原合同价的99.84%。

一审法院认为，融威公司针对甲方对鉴定意见提出的异议出庭接受了质询，并出具书面材料对异议进行了答复。鉴定意见依据充分、客观。鉴定机构、鉴定人员资质合格，鉴定程序合法，鉴定意见经过双方当事人质证，可

---

[1] 案件来源：最高人民法院二审民事判决书［2018］最高法民终381号。

以作为认定本案事实的依据。重审中，甲方提出了重新鉴定的申请，不符合《最高人民法院关于民事诉讼证据的若干规定》（2008 年调整）第 27 条的规定，不予准许。关于甲方代付材料款的数额问题。除鉴定外，一审法院就甲方提交的代付材料款予以了认定。最终，一审认定甲方欠付工程款数额为 14 549 408.48元［29 892 361 元（合同约定价）+25 319 502 元（鉴定增加价）+270 000 元（防火门项目价）-27 139 424.20 元（已付款数额）-13 793 030.32元（代付材料款）］。

二审法院认为，双方所订建设工程施工合同对因工程量清单的工程数量有误或设计变更引起的工程量增减以及工程量清单有误或设计变更引起新的工程量清单项目的结算已经作出明确约定，并明确结算价为合同价、工程量清单有误或设计变更工程造价增减部分及现场签证增减部分之和。审理中，甲方对原投标公司设计变更、工程量清单变更等事实并未提出异议。鉴定中，鉴定机构依据经双方当事人质证的《建设工程施工合同》《施工图纸》《变更签证资料》及其他造价依据等，经对工程造价增减项逐项核算，在确定工程总造价的同时，亦根据一审法院要求测算了清单项目增减相抵后的工程造价增加额，符合项目施工实际，事实清楚、证据充分。甲方认为一审仅是以工程鉴定造价减去合同价的方法确定工程造价增加额，并未对项目增减项予以鉴定，与事实不符，也未提供证据证明各项鉴定计算清单有误，对其该项上诉请求，二审法院不予支持。

案例评析

甲方认为，鉴定意见在未对争议工程增减部分、增减工程量及价款予以明确的情况下，以鉴定工程总造价减去合同价的方法计算增加工程量及造价不当。但是，关于设计清单有误或设计变更引起的增减以及现场签证增减，均有甲乙双方和监理机构的签字确认，鉴定机构在鉴定意见和《鉴定意见书质证有关问题说明》对此也有说明。因此，法院不予支持甲方的主张。

情形三：关于合同外发生的工程量，只有监理人签字，而没有签章，签证仍然有效，工程量仍应当确认。

【案例】

——北京某建筑有限公司与北京某旅游发展有限公司建设工程施工合同纠纷[1]

基本案情

2018年7月24日，北京某旅游发展有限公司（甲方）与北京某建筑有限公司（乙方）签订《××天地北广场改造工程施工合同》。合同约定以下内容："一、工程概况 1. 工程名称：长城天地北广场改造工程。5. 本工程合同为【固定单价包干合同】，暂定合同总价款为（人民币）¥【7 277 587.83】元（大写：人民币【柒佰贰拾柒万柒仟伍佰捌拾柒元捌角叁分】）。乙方指派方某（联系方式：156××某某某某××）为本工程工地代表，代表乙方行使合同约定的权利，履行合同约定的义务。乙方应在开工前将工地代表的名称和详细资料提交给甲方并取得同意。未经甲方事先书面同意，乙方不得撤销或更换其工地代表。甲方认为乙方工地代表不足以胜任本项目工作的，有权要求乙方更换代表，乙方应于接到甲方通知后2日内按甲方要求重新指派项目工地代表。"2019年8月13日，涉案工程竣工，验收结论为符合要求，同意验收。后双方因合同内及合同外增加工程量造价产生争议，双方经核算后仍未能达成一致意见。

一审法院认为，关于合同外的施工内容争议项目。16份现场签证审批单（签证）均有监理工程师及甲方的副总经理陈某签字，甲方以未加盖公章为由不认可签证效力，不同意支付相关工程款。对此，法院认为，甲方副总经理参与签证签字，其未加盖公章应为甲方内部管理问题，不应归责于乙方，故对于甲方的该项抗辩意见，法院不予采纳。关于具体数额：①关于签证J2018-009、J2019-001，鉴定机构认定该签证施工内容属于安全文明施工费，措施费已经计取，不另计算。法院对此结论予以确认。②关于签证J2018-008、J2019-002、J2019-003、J2019-004、J2019-005、J2019-006、J2019-008、

---

[1] 案件来源：北京市第一中级人民法院二审民事判决书［2022］京01民终6318号。

J2019-009、J2019-010、J2019-011、J2019-012、J2019-013、J2019-014 各项工程，均有监理工程师和甲方副总经理签字，法院对上述各项工程造价1 053 337.25元予以确认，计入乙方工程量造价。③关于签证 J2019-007，签证记载机械挖土方工程量为 194.21m³、基础混凝土浇筑工程量 80.64m³，甲方按照施工现场照片推算得出挖土方工程量为 136.46m³、按照施工图纸计算混凝土浇筑工程量为 72.98m³，双方无争议部分造价为72 096.12元、有争议部分 8039.57 元，因鉴定机构对工程量争议无法核实，法院酌定争议部分8039.57 元中的4020 元计入乙方工程造价。④关于人造草皮单价，甲方提出应按市场价计算，鉴定机构认定有监理签字的单价确认单中确认的单价在市场价范围内，法院认为本项应属无争议项，不予处理。

二审法院认为，关于150×150某小料石单价，石材单价确认单上并无甲方相关人员的签字，乙方以此为据要求确认小料石单价依据不足，一审法院以市场平均单价计算小料石价格亦无不当。

案例评析

就合同外工程，乙方提交现场签证审批单（签证）16 份，编号分别为J2018-008、J2018-009、J2019-001、J2019-002、J2019-003、J2019-004、J2019-005、J2019-006、J2019-007、J2019-008、J2019-009、J2019-010、J2019-011、J2019-012、J2019-013、J2019-014，每份签证均有监理工程师及时任甲方副总经理陈某签字。对于签证，甲方以监理机构已经退场、有的公司员工已经辞职、签证没有加盖公章无法核实为由，否定签证效力，但也表示涉案工程均由乙方施工，无其他施工单位参与。但法院认为，未加盖公章应为甲方内部管理问题，不应归责于乙方，故甲方该项抗辩意见，法院不予采纳，对合同外的工程量，仍予以支持。

在建设工程施工中，签证是发承包双方就施工合同以外对实际施工内容发生变动而形成的书面凭证。签证可被视为对施工合同部分内容的变更，具有补充协议的性质。签证不仅影响工程量的结算，也影响发承包方利益的实现。尤其是在争议工程量纠纷案件中，签证是争议工程量确认的重要依据，实践中在签证单上签字署名的主体较为庞杂，而只有合法有效的签证才能成为争议工程量确认的依据，不同主体对签证的效力会产生不同影响。此外，虽然说双方当事人在建设工程施工过程中形成的补充协议、会议纪要、工程联系单、工程变更单、工程对账签证以及其他往来函件、记录等书面证据可以作为工程量计算的依据。但是，如果这些书面材料未能及时保留或者做好记录、签字确认，将很难得到法院的支持。

因此，在施工过程管理中，承包人要做好施工日志、技术资料等的日常记录，最好同时请在场监理人员进行签字确认；对非承包人原因的停水、停电以及其他情况造成的现场损失，要及时拍照、录像，保全固定证据；对发包人提供物资材料的进场时间、数量、质量等做好记录；对与发包人、监理人的会议纪要、往来信函以及设计变更、工程量增减、价款调整等签证手续资料要及时收集并整理保存。做好施工过程中证据资料的制作及保存保管，有利于在最终结算和争议解决中为承包人争取到主动权和有利局面，承包人应高度重视，认真做好这方面的工作。

（二）工程量认定中补充签证的作用

在一般的签证之外，还存在"补充签证"。"补充签证"是指签证事实已经发生，但由于主客观原因使得施工方没有及时进行签证，而需要在签证行为发生之后进行补充签字确认的书面依据。"补充签证"是否可算工程量也是建设工程实务中不可忽略的重要问题，补充签证和补充协议存在不同，就前文所言，签证的性质也被称为补充协议，是对原合同协议之外没有约定的内容进行补充。故而，作为补充协议的签证实质上相当于主合同之外的附属合同，而补充签证不具有补充协议的特征，不构成一份新的合同，只是对在施工过程中已经发生的签证的行为进行事后的补正。

情形一：若签证单系事后形成，且已由已离任项目代表等人签字确认，则签证属于"补充签证"，"补充签证"可以作为实际工程量的结算依据。

【案例】

——福州某酒店有限公司、福建某装饰工程有限公司装饰装修合同纠纷〔1〕

基本案情

1998 年 4 月 5 日，建设单位福州某房地产有限公司（甲方）与福建某装

---

〔1〕 案件来源：福建省福州市中级人民法院二审民事判决书［2017］闽 01 民终 5852 号。

饰工程有限公司（乙方）签订《建筑装饰工程施工合同书》，约定××大厦外墙装饰工程由福建某装饰工程有限公司承接。合同对工程概况、施工工期、材料（设备）供应方式、付款方法、设计图纸、甲乙双方主要责任等事项进行了约定。其中约定，合同价款按竣工图由甲方委托有权部门审定决算为准。外墙装饰（玻璃幕墙、航空板）约 16 000m²，每平方米 1180 元包工包料。施工工期为 122 日历天，开工日期以甲方正式通知日期为准；开工日期 2000 年 3 月 26 日，竣工日期 2003 年 10 月 25 日。福州某大酒店大楼幕墙子部分验收当天，甲方、中建某三分公司、福建某建筑设计研究院、宁德某资产投资经营管理公司、某 1 公司、某 2 公司、宁德某工程咨询监理公司召开了验收会议，同意通过验收，并形成了会议纪要。双方对诉争工程的工程造价存在争议。

一审法院认为，关于"补充签证"是否可算入乙方的工程量的问题。乙方提交的 2010 年 10 月 18 日"补充签证"，以证明工程造价。诉争装饰工程于 2003 年竣工，补充签证人员为诉争工程施工期间甲方派驻工地的代表，根据双方签订的合同约定，办理此期间的签证手续系甲方应当履行的义务，补充签证签字人虽均为甲方在 2005 年就离职的人员，但其签证的内容均发生在其任职期间，可作为确定工程造价的重要证据，甲方如对此有异议，可提供反证予以推翻，但其未能提交证据予以证明，故补充签证的工程量，一审法院予以采纳。

二审法院认为：首先，从补充签证形成的背景情况来看。根据甲方于 2009 年 1 月 20 日召开的案涉项目外墙装饰工程历史遗留问题协调会所形成的《外墙装饰工程专题会议纪要》内容可知，讼争 2010 年 10 月 18 日形成的补充签证所涉项目实质上系历史原因（合同对部分材料单价未明确约定、工程变更等）造成施工签证资料不齐全所致，甲方并不否认存在该施工项目，只是对签证材料不齐全及是否由甲方承担持有异议，并召开该协调会协商解决该问题。故案涉签证单虽系事后形成，并由已离任的甲方的项目代表杨某、周某、××三人签字确认，但因双方均确认缺乏资料系历史遗留问题，而杨某、周某、××作为原宁德驻榕办借调甲方的现场项目代表，对于案涉项目具体情况均知悉，在甲方未能举证证明乙方与杨某等三人存在恶意串通伪造补充签证，亦未能对补充签证所涉项目的工程量及金额提出相反证据的情况下，不能仅以案涉补充签证系嗣后形成而否定其效力。

其次，从补充签证内容来看。补充签证共10份，分别涉及外墙装饰工程部分单价的确认、外墙脚手架搭设的情况说明、工程检测费（幕墙三性检测费及相容性检测费）、工程设计服务费、代付土建公司进场费、西德铝塑板空运费、一至七层二次搭架费用、墙面清洗费用等费用的确认、定额取费标准和施工管理费情况、屋面节日灯安装工程的情况说明等。二审法院分别分析如下：①第一份《外墙装饰工程部分单价的确认》及第十份《屋面节日灯安装工程的情况说明》所涉项目部分材料单价（如干挂进口芬兰绿化岗石每平方米1380元、12mm钢化玻璃幕墙每平方米1080元）已在甲方与乙方于2001年12月5日签订的《协议书》中体现，签证所载单价与合同约定一致；对于装饰线条、墙帽、节日灯等（具体为180系列铝合金西德产白色铝塑料板立体装饰线、直径76mm不锈钢装饰管、180系列铝合金龙骨热弯6mm镀膜钢化玻璃幕墙、200某热镀锌槽钢化龙骨干挂浅黄火烧花岗石嵌线、干挂进口芬兰缘钻花岗石造型墙帽、干挂进口芬兰缘钻花岗岩弧形造型墙帽、航空障碍灯及频闪流水等）其他部分的单价，其所涉材料均用于案涉项目，案涉合同虽未约定单价，但1998年4月5日签订的《建筑装饰工程施工合同书》约定"附属工程如顶部塔楼、石板材干挂、防火隔墙、探照灯等工程价格另议"，2001年12月5日签订的《协议书》亦约定"对于进口绿钻花岗石造型装饰线条、圆柱面挂贴进口高级石板材、首层钢化透明玻璃弹簧门、制安纯金膜贴面招牌字、外墙夜灯、探照灯、节日彩灯及新电路布设等，约定由乙方承包安排施工且价格另议"。即装饰线条等额外材料的价格并不在包干价中，应另行协商确定，亦即该部分款项属于甲方依约应付款项；上述单价已得到杨某、周某、XX三人确认，且时任甲方项目负责人陈某出庭亦予确认，《编志提纲——××大厦工程建设志》相关记载亦可辅证，在甲方未能就该部分单价合理性予以举证反驳的情况下，上述两张《补充签证》可作为结算依据。②第二份《外墙脚手架搭设的情况说明》、第七份《一至七层二次搭架费用的确认》、第八份《墙面清洗费用等费用的确认》所涉项目费用，虽未约定在案涉合同中，但乙方已合理解释系因甲方要求致其支出该费用，在杨某、周某、XX三人已予确认，且陈某出庭亦予确认，《编志提纲——××大厦工程建设志》关于"2001年11月23日召开的甲方工程建设情况汇报会上市领导要求'为赶工期，钢脚手架及沿街安全防护架由乙方代搭设，费用决算增补'"等记载予以辅证的情况下，该三份《补充签证》亦可作为结算的依据。③第三份《工程检测费（幕墙三性检测费及相容性检测费）的确认》、第五份《代付土建公司进场费的确认》、第六份《西德铝塑板空运费的确认》，甲方于2009年6月1日出具的《关于乙方外幕墙装饰工程结算审核征求意见稿的复函》中明确"中建公司配合费、西德航空板空运费及三性试验费和相溶试验费发生的实际金额问题，由乙方提供发票后同意支付"，即甲方已确认应付该部分费用；至于该部分费用金额问题，乙方当前虽仅能提供部分发票或收据，但在上述费用客观上已实际发生，在杨某等人已予确认情况下，《补充签证》可作为双方结算的依据。④第四份《工程设计服务费的确认》（金额8.5万元），甲方认为该费用包含在包干总价中故不认可需支付该费用，但案涉合同约定设计费按总造价1.5%计取，并不包含在包干价中，且乙方已合理解释该《补充签证》所涉设计服务费系因甲方要求外幕墙艺术造型变更所产生的费用，并提供相关设计服务合同作为佐证，因该费用金额合理，且已得到杨某等人确认，陈某出庭亦予确认，故该《补充签证》可作为双方结算依据。⑤第九份《定额取费标准和施工管理费情况》，鉴定机构并未直接采纳补充签证约定标准，而是按照鉴定规范采用施工当期的计价依据与取费标准确定，乙方虽有异议但仍认可鉴定结论，故应按鉴定机构结论确定。综上分析，《补充签证》可作为双方结算的依据。上诉人甲方关于补充签证无效及所涉金额5 466 751元均应在总造价中剔除的上诉意见不能成立，二审法院不予采纳。

案例评析

甲方认为：①乙方单方提供的所谓2010年10月18日的"补充签证"，并非在施工过程中形成的，也无原始工程签证资料与其印证；②该"补充签证"抬头致函作为建设单位的福州甲方有限公司，要求甲方给予办理会签，但并未得到甲方的签认；③该所谓的"补充签证"也自始至终未得到该工程监理单位宁德建设工程咨询监理公司的签认；④签证上的三个签名人杨某、周某、XX为原某驻榕办人员，因诉争工程而借用到甲方，该三人已在2005年1月离开甲方。在工程结束已7年，该三人离开甲方已逾5年后，且未得到建设单位甲方授权的情况下在所谓的"补充签证"上签字，该"补充签证"不具有法律效力，不能作为工程结算的依据。但是，法院补充签证签字人虽均为甲方在2005年就离职的人员，但其签证的内容均发生在其任职期间。并且，甲方未能举证证明乙方与杨某等三人存在恶意串通伪造补充签证，亦未能对补充签证所涉项目的工程量及金额提出相反证据的情况下，不能仅以案涉补充签证系嗣后形成而否定其效力。因此，法院认可补充签证的工程量。

虽然项目经理在事后进行了补充签证，但这并不意味着，所有的补充签证都能够得到法院的支持和认可。如果补签人员非项目经理，且签证上未盖有原发包方的公章，该签证将得不到法院认可。原因在于，补充签证对于事后签证行为的一种追认，需要和签证一样有严格的程序要求，其中包括需要有专门授权签证的项目经理进行确认，以及发包方进行签章。否则，如果一旦存在恶意串通行为导致补充签证大量存在，将会损害发包方的利益。

情形二：若补充签证无发包方签章，也无项目经理进行确认，但施工方未提交充分有效的证据证实工程量另有增加或变更，补充签证内容所要增加工程量应增加工程款，法院不予支持。

【案例】

——张某、株洲某房地产开发有限公司建设工程施工合同纠纷[1]

2011 年 8 月 26 日，株洲某房地产开发有限公司（甲方）与某集团（乙方）就新外滩二期工程签订建设工程施工承包意向书。该意向书上两公司未加盖公章，分别由贺某、张某作为授权委托人签名。2011 年 10 月 27 日，株洲某房地产开发有限公司与某集团签订了攸县望云新外滩二期住宅工程的《湖南省建设工程施工合同》，工程造价 59 466 833 元，其中安全防护、文明施工措施费用 2 655 703.88 元，水、电安装（临建）30 万元。2013 年 12 月 6 日，涉案工程除部分项目由被告株洲某房地产开发有限公司另行发包给第三人施工完成外，其他工程全部由张某施工完毕并已办理竣工验收。因工程款结算发生纠纷，张某将某集团、株洲某房地产开发有限公司诉至法院。

一审法院认为，从双方在签订《补充合同》的同时编制具体预算，及双方认可的签证汇总单上"人工、费率暂按原预算"的内容来看，双方对《补充合同》的签订是经过充分协商和计算的，实际履行的也是《补充合同》。《补充合同》与备案的《湖南省建设工程施工合同》虽然在结算方式等内容

---

[1] 案件来源：最高人民法院再审审查与审判监督民事裁定书［2018］最高法民申 2256 号。

上不一致，但属于双方真实意思表示，且不违反法律法规的强制性规定，应以《补充合同》的工程造价 76 771 400 元作为本案结算工程款的依据。对增加签证部分的工程价款，也应按《补充合同》约定的预算标准计算，共计 1 261 740.67 元。

二审法院认为，本案双方在补充合同中约定工程固定总价为 76 771 400 元，施工过程中需变更的按专用条款执行。补充合同还约定，合同中没有的项目，由承包人根据竣工图纸及价格，双方已签字确认的确认单、工程报价单、预算书中的计价、取费方式计算变更和增加工程量的工程造价，经发包人项目经理审核同意后，作为双方结算的依据。承包人向项目经理提交已完成工程量报告的 7 天内，双方根据双方确认的工程量清单及发包人签字确认的变更、增加工程量予以确认。根据上述补充合同的约定，对于双方均签证认可并经一审法院认定的增加工程价款 1 261 740.67 元，双方均无异议，二审法院予以认定。因张某未提交充分有效的证据证实工程量另有增加或变更，对张某所称增加工程量应增加工程款的上诉请求，二审法院不予支持。

再审法院认为，张某提交编号为 002、004、005、006、007、008《工程技术经济签证单》和《施工技术问题核定单》，再审主张案涉工程在施工过程中还发生了多处变更、增加工程量。经审查，在编号为 002、007、008 三份《工程技术经济签证单》的"业主单位审核意见"一栏中，载明"情况属实，罗某"的内容，在编号为 004、005、006 三份《工程技术经济签证单》中载明了"情况属实，但不作为结算依据，甲乙双方协商处理，罗某"的内容。该 6 份《工程技术经济签证单》形成于 2011 年 11 月 20 日至 2012 年 3 月 13 日期间，罗某的落款时间为 2017 年 11 月 6 日。根据原审查明的事实，由张某施工的案涉工程于 2013 年 12 月 6 日竣工验收，而该 6 份《工程技术经济签证单》中业主单位的确认时间却均在案涉工程竣工约 4 年后，且在其"业主单位审核意见"一栏中未盖有甲方的印章，署名的罗某也并非甲方的项目经理。故张某在再审审查中提交的该 6 份《工程技术经济签证单》不足以证明发生了多处实际增加的工程量而未予结算的事实，不予支持。

案例评析

在此案中，该 6 份《工程技术经济签证单》形成于 2011 年 11 月 20 日至 2012 年 3 月 13 日期间，但罗某的落款时间为 2017 年 11 月 6 日，该签证为补充签证，但由于罗某非项目经理，且该签证无发包方签章，而施工单位没有其他证据能够证明工程变更存在的客观事实。故而，该签证所主张的工程变更价款，未得到法院的支持。

五、工程变更签证中的索赔

在建筑施工领域，工程变更一般涉及发包方指令的变更和设计单位出具的变更指令。工程变更导致的工程量增加、质量标准提高、返工、重做等事项，承包方工程款增加或工期延长均应成为签证、索赔的理由。而在工程变更索赔中，索赔事项涉及的变更依据，主要是建设单位的指令、设计单位下达的修改通知单、建设单位或监理单位签署确认的会议纪要等。没有依据，承包人的变更索赔难以得到支持。《建筑法》（2019 年修正）第 58 条规定："建筑施工企业必须按照工程设计图纸和施工技术标准施工……施工企业不得擅自修改工程设计。"2017 年版示范文本第 29.2 条约定："因承包人擅自变更设计发生的费用和由此导致发包人的直接损失，由承包人承担，延误的工期不予顺延。"所以，没有变更指令、修改通知单、会议纪要等书面材料，要想索赔十分困难。在工程变更中，签证是索赔的主要依据，但并非唯一依据，工程变更中的签证索赔，主要是以签证作为形式载体来作为索赔的直接依据。因此，签证索赔需要具备签证一般的形式和实质要件之外，也需要符合索赔的一般要件要求。

在国际上，由于 2017 年版示范文本与 2017 年版 FIDIC 红皮书作了修改，但均未改变"协议书、通用条件和专用条件"三项主要组成部分结构。因此，2020 年版《建设项目工程总承包合同（示范文本）》采用了与 2017 年版示范文本比较类似的条款结构，并相应地借鉴了 2017 年版《FIDIC 生产设备和设计-施工合同条件（黄皮书）》（以下简称"2017 年版 FIDIC 莫皮书"），取消了工程签证这一专属名词。2017 年版 FIDIC 黄皮书主要系对变更与索赔的程序性和对等性的进一步细化。因此，在国内，2020 年版《建设项目工程总承包合同（示范文本）》借鉴了其成熟经验，结合住建部、发改委于 2019 年底发布的《房屋建筑和市政基础设施项目工程总承包管理办法》（建市规〔2019〕12 号），虽然取消了工程签证的文字表述，但实际上优化了建设工程项目发承包双方的相关风险分担，使双方地位更为平等，并以多项价格调整条款完善规范了工程签证所涉及的工程变更程序和工作内容。

在我国的司法实践中，关于工程变更签证索赔的案例比较多，主要包括以下几种类型：

情形一：在建筑施工合同中，承包方对工程量有争议的，应当由其提交签证单或其他证据用于证明实际发生工程量。否则，法院不予支持。

【案例】

——湖南某建设集团有限公司、株洲某房地产开发有限公司建设工程施工合同纠纷[1]

基本案情

2012年8月9日，湖南某建设集团有限公司（乙方）与株洲某房地产开发有限公司（甲方）、某公司签订《总承包施工合同》，某公司为担保人。关于工程量：《总承包施工合同》第二部分通用条款第25.1条约定：承包人应按专用条款约定的时间，向工程师提交已完工程量的报告。工程师接到报告后7天内按设计图纸核实已完工程量（以下称计量），并在计量前24小时通知承包人，承包人为计量提供便利条件并派人参加。承包人收到通知后不参加计量，计量结果有效，作为工程价款支付的依据。第25.2条约定：工程师收到承包人报告后7天内未进行计量，从第8天起，承包人报告中开列的工程量即视为被确认，作为工程价款支付的依据。工程师不按约定时间通知承包人，致使承包人未能参加计量，计量结果无效。《总承包施工合同》第三部分专用条款第25.1条约定承包人向工程师提交已完工程量报告的时间：本工程按节点结算已完工程量，承包人必须在节点工程已完工后7个工作日内按照以下计算公式将当次节点实际完成的各部位的已完工程量报告送交工程师。工程师应于承包人递交已完工程量报告后14个工作日内进行计量和确认，并于确认后7个工作日内按合同约定予以支付。

一审法院认为，报告鉴定机构结合实际情况将塔吊基础72 338.42元调整为可确认金额符合法律规定。但该批签证单确系乙方及江某在本案进入鉴定程序后提供，不在诉讼请求范围之内，且该批签证无甲方签认，监理机构也

---

[1] 案件来源：最高人民法院二审民事判决书［2020］最高法民终534号。

否认在该批签证资料上进行签认，乙方及江某未能提供其他证据证实工程量实际发生。因此，该批签证对甲方不具有约束力，对该部分造价 3 502 797.26 元不予支持。内容按工程师要求提供。

二审法院认为，乙方在本案进入鉴定程序后提供的签证单，并无甲方的签章认可，监理机构也否认在该批签证资料上进行签章认可。同时，鉴定机构经修改调整后也未对该部分 3 502 797.26 元进行确认。乙方也未能提供其他证据证实工程量实际发生，原审法院对该部分造价未予支持，并无不当。

案例评析

乙方认为，本签证部分是实际发生的工作内容，比如株洲平均年降水量为 1257 毫米，案涉项目地处山谷，地势低、地下水丰富，发生抽水台班是必然，尽管业主方不在签证表上签字，也不能否定该事实。监理机构当时也已确认并签章，现虽然在甲方提供的材料中予以否认，但不能改变甲方委托的监理人签认的事实。上述签证单因甲方违法违约擅自接管工地导致大量工程资料被甲方控制，近 2 亿元的工程签证不足 350 余万元，显然与施工事实不符。人民法院对有事实证明有可能发生且得到监理方签认的签证造价应予支持。但是，乙方并未提供相应证据证明其工程增加的事实，故而，法院不支持其主张。

在变更签证索赔中，对于一些基础性的材料一定要准备充分完整，并且需要符合变更签证索赔的基本条件。这些材料之间在逻辑上能够严谨、缜密，才能保证索赔工作的顺利进行。而承包方在施工过程中，需要注意随时收集与业主、监理的来往文件、施工备忘录以及聊天记录等，一旦发生工程变更情形，需要及时向发包方报告，或根据合同约定让监理工程师进行签认。例如，施工过程非施工方自身的原因发生窝工时，要及时提交窝工报告，由监理工程师确认，并进行人员和机械设备的调节，确属停滞的机械和劳务，要由监理工程师现场签认。如果未能按照此步骤要求进行，那么在事后要想获得变更签证索赔将十分不易。相反，承包方还要为此付出更多的成本来达到索赔目的。因此，变更签证索赔的基础性资料的完整性要求做变更签证工作的相关技术人员一定要把工作做到认真细致。

2013 年版《建设工程工程量清单计价规范》第 9.14 条的"条文说明"较为全面地总结了工程签证的六种适用客体范围：一是承包人将发包人的口

头指令书面提出，由发包人签认为书面签认；二是承包人根据发包人的书面通知明确所需工料设备等内容由发包人签认；三是施工中发现招标工程量清单与实际不符，需承包人及时提出由发包人签认调整；四是因发包人原因导致承包人停工的签认索赔；五是合同价格因市场变化，需发包人对数量及单价进行签证确认；六是其他因施工条件、合同条件变化需签证确认的事项等。2020 年版《建设项目工程总承包合同（示范文本）》（编号：GF－2020－0216）以及 2017 年版示范文本针对工程签证的效力等级，在各自的第 1.5 条做出了基本一致的约定，排在前三位的是"合同协议书""中标通知书""投标函及附录"。其次是专用合同条件及通用合同条件，2020 年版《建设项目工程总承包合同（示范文本）》的专用合同项还包括"发包人要求"。是涉及合同具体事实的约定文件，包括"承包人建议书（建设项目工程总承包合同）""技术标准和图纸（建设工程施工合同）"以及"价格或工程量清单"。最后是"其他合同文件"。

情形二：当事人双方未签订书面合同对工程结算方式进行明确约定，因案涉建设工程施工合同约定采用固定价格，按工程价款一次包死，法院可以对案涉工程变更部分鉴定，当事人可以对鉴定部分向对方提出索赔。

【案例】

——张某等与新乡某房地产开发有限公司等建设工程施工合同纠纷[1]

基本案情

2012 年 7 月 30 日，新乡某房地产开发有限公司（发包方）与某公司（承包方）签订建设工程施工合同，该合同签订当日，某公司（甲方）与张某（乙方）签订工程施工承包协议。主要约定：经双方协商，甲方已把该工程的总承包方与甲方签订的合同、补充协议、合作条款等文件的复印件交于乙方，乙方完全同意在执行上述合同文件的同时执行本协议，工期以甲方开

---

[1] 案件来源：河南省高级人民法院再审民事判决书［2019］豫民再 691 号。

工为准，工程造价 12 723 580.3 元；承包范围为施工图纸、甲方与建设单位所签订的施工合同、变更、补充、签证、建设单位方招标文件、甲方投保文件、注明的条款等与工程相关的一切内容；2014 年 5 月 26 日，案涉工程竣工验收。2015 年 2 月 10 日，新乡某房地产开发有限公司与某公司、张某共同参与决算并出具决算书，确认某生活区一标段工程造价共计 13 985 886.86 元，其中案涉工程（别墅）合同价为 8 985 237.3 元，土建变更 53 379.24 元，安装变更 8272.63 元，商混钢筋调差 90 924.7 元、真石漆调差 459 186 元、文化石调差 153 552.09 元、屋面瓦调差 52 516 元、建筑面积调差 127 588.6 元，税金调差 43 128.92 元，决算调差小计 988 566.18 元，与合同价共计 9 973 803.48元。张某承建上述工程后，将其中"22-1#、9#楼无地下室；22-2#、23#、19#楼为双拼，3996.2m²；10#、13#、15#、18#楼为联排，6009.77m²"施工工程分包给孙某施工，但双方并无书面合同，孙某组织人员对分包工程进行了施工。三方关于工程款的数额问题产生争议，并诉诸法院。

一审法院认为，虽然孙某申请对其施工全部工程造价进行司法鉴定，该院原一审向其释明，因案涉建设工程施工合同约定采用固定价格，按工程价款一次包死，一审对其申请对案涉工程全部造价进行鉴定不予准许，对案涉工程变更部分鉴定予以准许，但孙某坚持对全部造价进行鉴定，对此引起的法律后果其应自行承担，虽鉴定意见载明案涉工程总价款为 15 069 480.66元，其中原施工图部分工程价款为 14 992 621.75 元，签证变更部分工程价款为 76 858.91 元。依照上述法律规定，仅采用签证变更部分价款 76 858.91 元，对原施工图纸部分价款采用合同固定价 8 985 237.3 元。孙某应得工程款数额为合同价 8 985 237.3 元+签证变更价款 76 858.91 元+调差费用 926 914.31 元=9 989 010.52元。

二审法院认为，因张某与孙某未签订书面合同，双方对结算方式各执一词。孙某主张其与张某口头约定据实结算，张某主张按照固定价结算，双方均没有证据印证结算方式，应认定双方约定不明。根据《合同法》（已失效）第 61 条、第 62 条及第 58 条的规定，在双方当事人既没有签订书面合同，又对工程价款计算方式各执己见的情况下，通过中介机构对工程造价进行司法鉴定，参照司法鉴定意见进行裁判，才能得出相对公正的结论。同时，工程造价鉴定是依据政府指导价即定额形成，直接反映了折价补偿返还原则。因此，在案涉两份建设工程施工合同以及张某与孙某之间的施工行为均属无效时，应当按照鉴定意见对案涉工程价款进行确定。鉴定意见载明案涉工程造价为 15 069 480.66 元，孙某应得工程款数额为 15 069 480.66 元。

再审法院认为，张某、甲方与孙某对工程款结算方式存在分歧，孙某主张按口头约定据实结算；张某、甲方主张应按上手合同约定的固定价结算，称从"交易习惯、常理与逻辑"推断，张某不可能在上手合同为固定价且未经利润核算的情况下，便与实际施工人约定据实结算，双方未签书面合同的原因是同意按上手合同履行等。张某、甲方的推理对于实际施工人孙某并不能成立，在未经成本、利润核算时，作为最终实际投入成本进行建设的实际施工人便同意按上手合同的固定价结算，不符合客观现实。甲方的该推理不符合实际施工人的"常理与逻辑"，且事实上固定价与实际工程造价差距巨大。约定的达成需双方合意，张某、甲方基于自己立场所作推定，并不能表明系双方合意的形成。即使在孙某第一次起诉时举出案涉两份书面合同作为己方证据，因无其他证据佐证，也不能当然认为双方口头约定按该两份合同约定的固定价结算工程款。因此，在双方合同关系无效、案涉工程经验收为合格工程、双方对工程价款如何结算无明确约定，且从现有证据不能得出双方口头约定按上手合同履行的情况下，二审按照鉴定意见认定案涉工程造价为 15 069 480.66 元，再审法院对此予以确认。

案例评析

在本案中，发包方认为，本案纠纷是由孙某未与张某签订书面合同引起，孙某主张据实结算无任何证据证明，张某主张与孙某约定是按上手书面合同进行结算具有证据优势，法院按鉴定意见认定应付工程款错误。发包方与甲方签订的合同有效，发包方亦按合同约定支付了全部工程款，不应向孙某承担付款责任。但由于双方均没有书面合同对此予以证明，出于公平原则的考虑，法院按照鉴定意见对工程变更的结算款予以认可。

情形三：合同明确载明工程签证仅有工地代表单独签字无效，须由监理方共同签字，并报发包方认可，如果仅有个人签字，未加发包方公章的工程签证为瑕疵签证，需结合工程现场施工情况以及有关建筑施工的强制性规范要求等一并予以判断确认。

【案例】

——南京某建筑安装工程有限公司等与南京市栖霞区某运输公司建设工程施工合同纠纷[1]

基本案情

2002年9月30日，南京某建筑安装工程有限公司（乙方）与南京市栖霞区某运输公司（甲方）双方就小市项目中的01、02、04幢房屋，签订《建设工程施工合同》，合同编号为：2002-46-069。合同约定：建筑面积为9055.8m²。开工日期为2002年10月8日，竣工日期为2003年7月30日，合同工期总日历天数262天。通用条款第33条在竣工结算条款中约定：发包人收到竣工结算报告及结算资料后28天内无正当理由不支付工程竣工结算价款，从第29天起按承包人同期向银行贷款利率支付拖欠工程款的利息，并承担违约利息。双方关于个人签证是否可以作为造价依据产生争议诉诸法院。

一审法院认为，《线材厂补充细则》签订之前叶某、李某个人签证效力应予认定。因此，小市项目土建争议造价1 066 538.08元和《南京线材厂集资建房争议造价分类统计汇总》第6项（发生在2003年7月17日《线材厂补充细则》之前的线材厂项目土建签证造价）144 451.94元，予以认定。《线材厂补充细则》签订之后叶某、李某的个人签证属瑕疵签证，环强公司要求依据上述签证给付工程价款。对此，根据《南京线材厂集资建房争议造价分类统计汇总》，线材厂土建签证可分为四种情况：①《南京线材厂集资建房争议造价分类统计汇总》第1项，签证所载明的事项无法从实物或规范角度判断其真实性，涉及的工程造价2 063 423.99元，应从工程总造价中予以扣除。②《南京线材厂集资建房争议造价分类统计汇总》第2、3项，签证所载明的事项实物虽无法判断，但规范有规定或不按规范施工导致无法通过竣工验收，

---

[1] 案件来源：江苏省高级人民法院二审民事判决书［2014］苏民终字第0210号。

涉及的工程造价702 028.96元和52 637.79元，依法应予认可。③《南京线材厂集资建房争议造价分类统计汇总》第4项，由于现场存在该部分工作内容，其造价1 306 971.03元，依法应予认可。④《南京线材厂集资建房争议造价分类统计汇总》第5项，由于签证所载明的事项在主体工程中已计算，故同意鉴定人不应另行计算造价的意见，该部分造价78 655.42元，依法应从总造价中予以扣除。线材厂安装签证部分争议造价184 610.26元，不应计入造价。环强公司提供的李某和监理单位出具的《证明》，系本案在江苏省高级人民法院二审期间相关人员和单位出具的，尚不足以证明线材厂项目瑕疵签证单载明的内容全部施工完毕，故不予支持。

二审法院认为，从备忘录所载内容来看，在小市项目和线材厂项目合同签订前，甲方全权委托重庆某公司代表其全面履行小市项目、线材厂项目工程招投标及施工过程中的管理、签证、工程款支付、竣工验收交付等一切事务。另从重庆某公司出具的《委任书》以及甲方报送给质监站的《项目负责人任命、变更通知》及《建设单位项目质量管理人员及机构设置一览表》等证据，可以看出叶某（重庆某公司副总）被任命为两项目的张某总负责人，李某（重庆某公司工作人员）被任命为线材厂项目的项目经理。原审法院认定，叶某、李某在授权范围内所从事的工程签证行为，系履行职务行为，并无不当。2003年7月17日甲方出台了《线材厂补充细则》，明确载明工程签证仅有工地代表单独签字无效，须由监理方共同签字，并报甲方认可。环强公司项目经理李某代表环强公司在该补充细则中签字确认，应认定双方就项目工程签证的相关问题达成一致意见，对双方均有拘束力，违反该约定的工程签证所涉造价原则上不予认定。由于《线材厂补充细则》对张某工地代表的签证权限进行了限制，且本案涉及小市和线材厂两个项目，故对两项目所涉及的工程签证的效力予以区分认定：（1）小市项目的工程签证形成于《线材厂补充细则》出台之前，不涉及工地代表签证权限的限制。①关于小市项目叶某所签字的签证能否认定的问题。由于叶某为项目总负责人，《委任书》也明确其有签证权限，故其签证应为有效签证。②关于小市项目所涉李某签证能否认定的问题。李某为重庆某公司的工作人员，而重庆某公司受甲方委托负责小市项目的工程管理等一切事务，虽然没有李某被任命为小市项目工地代表的直接证据，但小市项目中出现多份李某签证的工程签证，且部分签证中还有监理单位工作人员签字，亦有部分李某签字的签证加盖甲方的公章，因此可以看出，甲方对于李某参与小市项目的工程管理并予签证是明知的，而甲方也未能提供相反证据否定李某在小市项目的工程签证内容，故李某在小市项目中的工程签证也应被认定为有效签证。（2）线材厂项目中，在《线材厂补充细则》出台之前的叶某、李某个人签字的工程签证为有效签证，细则出台之后仅有两人个人签字，未加盖甲方公章的工程签证为瑕疵签证，需结合工程现场施工情况以及有关建筑施工的强制性规范要求等一并予以判断确认。故二审法院对于环强公司以及甲方有关签证效力的上诉意见，均不予采信。

案例评析

叶某作为项目总负责人，李某作为甲方的现场代表，其所签字的签证应为有效。鉴定报告只是称《任命书》上的甲方公章与比对样本公章不一致，而甲方至少有 3 枚不同的公章，故不能以此认定两人的签证无效。此外，虽然双方签订了《线材厂补充细则》，约定签证要报甲方认可，但环强公司在施工结束将所有签证报甲方盖章时，甲方却无理由而拒绝盖章。线材厂项目签证虽然没有甲方的盖章，但签证中有叶某、李某的签字，同时原二审中李某及设计、监理部门也出具证明予以证实，并且签证所涉工程均已施工完毕并验收合格，故上述签证的效力应得到法院确认，甲方也应支付相应签证的工程款。

情形四：合同对工期延误进行了明确约定，虽然有证据证明承包方工程质量存在瑕疵、施工进度缓慢，但发包方延期支付价款导致工期延误的，不得向承包方进行索赔，此时应由发包方承担主要责任。

【案例】

——中建某建筑工程有限公司、苏州某经济发展有限公司建设工程施工合同纠纷[1]

基本案情

2011 年 3 月 3 日，某 1 西安分公司（发包方、张某，甲方）与某 2 西安分公司（承包方、乙方）签订《汇通太古城 5#地土方工程施工合同》约定，承包范围为汇通太古城 5#地施工图所涉范围内的全部土方工程，工程须于

---

[1] 案件来源：最高人民法院民事二审民事判决书［2021］最高法民终 1263 号。

2011 年 4 月 25 日前全部完工。2011 年 9 月 15 日，签订《汇通太古城5#地1#~7#楼及部分地下车库建设工程施工合同》约定。承包范围：汇通太古城5#地1#~7#楼及部分地下车库设计图纸范围内的所有土建工程、安装工程（除张某分包工程以外）；开工日期：2011 年 7 月 1 日，竣工日期：2013 年 6 月 30 日；双方关于停窝工损失产生争议诉诸法院。

一审法院认为，双方签订的系列施工合同对工期延误和索赔约定，下列情况造成竣工日期推迟的延误，经张某代表确认，工期相应顺延：张某未按约定提供图纸及开工条件；张某代表未按合同约定提供所需指令、批准等，致使施工不能正常进行；重大设计变更或工程量发生重大变化的；不可抗力。乙方在以上情况发生后 5 天内向张某提出报告，张某代表在收到报告 5 天内予以确认、答复。非上述原因，造成工程延误不能按合同工期竣工，乙方按约定承担违约责任。张某未能按合同约定支付各种费用，顺延工期，赔偿损失，乙方可按以下规定书面向张某索赔：①有正当索赔理由，且有索赔事件发生的有效证据；②索赔事件发生后 28 天内，乙方向张某发出要求索赔的书面通知；③张某在接到索赔通知后 28 天内给予答复。本案中，承包方所提交的多份《工程函件》虽可以证明发包方未按合同约定支付工程进度款，确给承包方造成工期延误的停窝工损失，但承包方未提交证据证明其在合同约定的索赔时间内向发包方提出索赔申请以及损失数额，且承包方单方计算的停窝工损失数额亦没有充分证据予以印证，故承包方请求发包方承担停窝工损失 11 426 024 元，一审法院不予支持。

二审法院认为，虽然发包方提交承包方出具的《承诺书》以及工地例会会议纪要、监理工作月报等证据以证明承包方在施工中存在工程质量瑕疵、施工进度缓慢、作业人员数量不足等问题，但根据 2012 年 6 月至 2017 年 4 月的 8 份《工程函件》可以看出，承包方施工期间出现上述情况的主要原因是发包方未按时支付工程进度款，导致承包方在施工中欠付大量材料款而无力垫资施工，即汇通太古城5#地块工程工期延误的主要原因系发包方至今仍欠付巨额工程款，一审法院据此未予支持发包方、发包方主张的违约金9000万元并无不当。

案例评析

发包方认为，发包方在《汇通太古城5#地1#~7#楼及部分地下车库建设工程施工合同》中确有逾期付款的情况。该合同中约定发包方、发包方付款时承包方应当开具发票，故在承包方未开具发票的情况下，发包方享有先履行抗辩权，有权后支付工程款。发包方在《汇通太古城 5#地 1#、2#、3#商业建设工程施工合同》《汇通太古城 5#地块幼儿园建设工程施工合同》中，均是提前付款、超额付款，除质保金未到付款时间外，均已全额支付，从未拖欠任何款项，故不是造成该两个项目工期延误的责任人。但由于汇通未能及时汇款是导致工期延误的主要原因，故而，对于工期延误索赔的主张，法院不予支持。

按照 2017 年版示范文本通用合同条款第 1.1.4 项的规定，工期主要包括"按照合同约定所作的期限变更"。但是如何通过合同约定进行期限变更？而在其中，工期顺延的签证和索赔是最主要的一个渠道，它对承包方利益的实现具有重要影响。其中，根据前文所述可知，工期顺延签证一般是指承发包双方在施工过程中依法或依约对顺延工期所达成的双方意思表示一致的补充协议或变更，而工期索赔则一般是指对于非自身原因造成的工期延误，承包人依法或依约向发包人提出合同工期补偿要求的行为。在建筑施工领域，无论是工期顺延签证还是工期索赔，都需要合同人对施工过程工期动态变化的不断修正，并相应地以施工合同履约过程形成的证据为基础，同时还需要在施工过程中通过签证索赔再形成新的证据。因此，施工方需要通过管理人员在合同履约中时刻关注施工的变化，并做好证据留痕这一环节，才能有效地加强工期顺延的签证和索赔管理，最终真正维护自己的利益，规避工期延误导致的高额赔偿，增加自身的经济效益。

情形五：新增工程量虽然没有双方的签证，但是可以通过鉴定，对有争议的工程量根据材料领用量反算出其工程款金额。

【案例】

——罗某与五矿某建设集团有限公司、中铝某工程股份有限公司建设工程施工合同纠纷案[1]

基本案情

五矿某建设集团有限公司（承包方）于 2005 年 6 月 11 日与中铝某工程

---

〔1〕 案件来源：最高人民法院民事终审判决书 [2014] 最高法民一终字第 54 号。

股份有限公司（发包方）签订《广西某某铝业有限公司氧化铝一期工程高压溶出（Ⅰ~Ⅳ标段）工程施工合同》，合同金额为 3299.24 万元。五矿某建设集团有限公司与中铝某工程股份有限公司于 2005 年 12 月 10 日签订《广西某某铝业有限公司氧化铝一期工程 2#酸洗工程施工合同》五矿某建设集团有限公司与中铝某工程股份有限公司于 2006 年 1 月 20 日签订《广西某某铝业有限公司氧化铝一期工程 2#原料磨工程施工合同》，合同金额 3835.29 万元。五矿某建设集团有限公司与中铝某工程股份有限公司于 2006 年 8 月 20 日签订《广西某某铝业有限公司氧化铝一期工程排盐苛化工程施工合同》，合同金额 1308.96 万元。五矿某建设集团有限公司（甲方）将工程分包给罗某（乙方）。经过对账，罗某和五矿某建设集团有限公司以及第三人黄某均认可：罗某从黄某处收到五矿某建设集团有限公司支付的工程款 10 891 000 元。罗某在施工过程中对蓝图内部分的施工没有进行现场签证。罗某与五矿某建设集团有限公司或黄某之间没有进行过工程结算，罗某没有向五矿某建设集团有限公司或黄某提交书面的结算资料报告或相关的申请报告。由于双方未完成工程结算，罗某遂于 2012 年 1 月 10 日向法院提起诉讼。

一审法院认为：①甲方认为鉴定结论中认定的工程总额中关于附件六有 10 项内容采用的是最初的审计值，而非最终的审定值，共多计算 721 740 元。经鉴定机构核实，甲方关于设计变更结算金额的异议产生的依据是某工程造价咨询有限责任公司的审定金额，因甲方并未签字认可该审定金额，鉴定机构依据甲方提供的设计修改明细结算书及相应的设计变更签证单确定该部分工程造价并无不当，依法不予核减。②甲方认为附件六中无争议的三项内容应为有争议项，涉及金额为 377 454 元，经鉴定机构核实，该三项属于钢结构范畴，属于变更部分，由于甲方原来没有提出来，故鉴定机构未予调整。因甲方和罗某关于钢结构部分的内容大都属于有争议项，甲方不认可三项钢结构的金额即属于有争议项。但考虑到关于有争议的钢结构部分的工程量是根据罗某钢材领用量，反算出其工程款金额，没有考虑罗某可能有少量的钢材购买行为，且由于甲方原来没有主张该争议，故综合平衡考虑，对甲方主张的三项争议金额不予调整。

二审法院认为，从罗某与甲方合同约定的内容来看，仅约定了罗某施工的范围为 2#溶出酸洗、2#原料磨、3#高压溶出的土建工程，2007 年 9 月 19 日的《备忘录》虽在土建工程之后有"（含钢结构）"的字样，但并未注明是否包含了全部钢结构。关于钢结构的工程量没有双方的签证，由于双方约定钢材属于甲供材，因此鉴定机构依据钢材用量来反推罗某土建钢结构的工程量并无不当。罗某虽主张其自行购买了部分钢材，但并未提供采购合同与相应票据，应承担举证不能的不利后果。从鉴定机构反算的结论来看，罗某并未完成全部土建钢结构的施工。

案例评析

罗某认为，涉案工程土建部分全部在自己的分包范围内且经甲方以《备忘录》的方式书面确认。涉案的广西华银氧化铝一期工程 3#高压溶出、2#溶出酸洗、2#原料磨和排盐及苛化所有的土建工程均系自己施工有事实根据，应调增 2#原料磨因蓝图修改增加的工程量差额 1 193 650.02 元。一审判决确定的结算应当调增的工程款因计价基础有误，导致调增数额错误，应为 1 675 631.51 元。二审法院以新增工程量没有签证为由，支持一审判决。

情形六：合同约定采用综合单价为固定单价，不因市场价格变化、国家政策变化、图纸局部变更以及工期影响等因素调整。同时约定非承包方原因导致工期延期的，由发包方予以适当补偿的，出现工期延期的，即使没有变更签证，仍可向发包方进行索赔。

【案例】

——天津某股份有限公司、中国建筑某工程局有限公司建设工程施工合同纠纷〔1〕

基本案情

2018 年 9 月 7 日，天津某股份有限公司作为专业分包人（甲方）与中国建筑某工程局作为承包人（乙方）签订中国建筑某工程局京东亚洲一号郑州经开物流园项目（南区）总承包工程《盘扣式支模架工程专业分包合同》。第 9.2.1 条约定，综合单价为含税单价，乙方收款时需提供增值税专用发票。第 9.2.5 条约定，综合单价为固定单价，不因市场价格变化、国家政策变化、图纸局部变更以及工期影响等因素调整。本分包工程无签证，合同价款包含

---

〔1〕 案件来源：河南省高级人民法院再审审查与审判监督民事裁定书［2021］豫民申 1393 号。

一切风险。双方对盘扣架延期使用费用产生争议，诉诸法院。

一审法院认为，根据乙方与甲方双方签订的《合同》附件一合同工程量清单的约定，从模架开始搭设首日计算至拆除首日，施工作业面保底天数为45天，超出45天，每天每立方增加费用，即超过保底天数45天仍继续使用架体即为延期，应给付延期费用，单价按0.22元/m3/天计算。同时，双方约定因乙方原因造成的架体延期使用费用不予计算，故在本案中，乙方超期搭设架体造成延期的费用不应由甲方承担。关于架体延期使用期限是否扣除20天的问题，双方签订的《合同》第三部分专用条款第6.6条约定，非乙方原因造成的累计超过20天停工（如停水停电、施工待图等）、放慢施工进度等，从第21天开始甲方秉着实事求是的原则适当考虑补偿乙方损失，原则上不超过乙方的实际直接损失。架体延期费用予以计算。甲方主张因政府扬尘管控等原因导致停工计算延期费用时应适用上述前提条件扣除20天，乙方不予认同。一审法院分析认为，甲方主张的政府扬尘管控造成的停工包括在上述停工原因内，在架体使用期间，因政府扬尘管控造成的停工累计超过20天，从21天开始开始由甲方补偿乙方损失。因乙方原因造成的延期费用不予赔偿。关于后浇带架体延期使用费用，甲方认为后浇带架体在两侧主体结构拆除后60天亦可拆除，乙方认为需甲方发送拆除令方可拆除，但甲方未履行此项义务，乙方于2019年5月22日向甲方发送工作联系函，要求其3日内与乙方签署后浇带架体《拆除首日确认单》，乙方已采取措施避免损失扩大，但甲方未予回复，后乙方对后浇带架体使用情况经公证后于2019年5月30日拆除。故由此产生的后浇带延期费用，应由甲方承担。

二审法院认为，一审法院按照双方签订工作面移交单作为搭设开始的时间符合合同约定，并无不当。搭设超期罚款是双方约定的工程量清单中的明确约定，属于结算内容，一审法院在确定45天内工程款金额时予以扣除并无不当。综上，一审法院对于保底45天内的工程价款的认定事实清楚，并无不当。关于延期费用的性质问题。乙方主张系工程款，甲方认为是损失，不属于工程价款。首先，双方合同附件一合同工程量清单明确约定了延期1天增加费用单价为0.22元，明确注明"超出45天，每天每立方增加费用"。该部分被约定于工程量清单中，属于工程价款。其次，双方合同约定过程结算按月办理，超过45天并非不再结算。另外，根据双方《盘扣式支模架工程专业分包合同》的约定，案涉乙方分包的承插式盘扣高支模架及相关工程总工期为120天历日。而且，根据乙方的施工流程，以及甲方上诉状陈述"伸缩后浇带待两侧主体结构混凝土浇筑完成60天后，后浇带方可进行浇筑，后浇带浇筑后28天即可拆除，这是行业常识"等内容，保底的45天内不可能实现后浇带的拆除。因此，从本案合同的明确约定，以及案涉专业分包工程的性质和合同目的来看，合同内容既包括盘扣高支模架的搭设和拆除施工，也包括盘扣高支模架的租赁使用。关于该部分延期费用应否扣除因政府环保政策导致的停工天数问题，在本案合同履行期间，存在郑州市启动重污染天气应急响应管控的事实，一审法院根据该实际情况，参照合同的约定，扣除乙方超期搭设造成的延期费用及因政府扬尘管控累计停工20天的费用后，由甲方支付乙方延期费用的计算并无不当。

再审法院支持原审生效判决及相关理由，驳回甲方的再审申请。

案例评析

此案中，甲方认为，法院未理解固定综合单价及"保底天数"的本意。乙方主张延期使用费，应通过签证索赔程序进行，乙方并无任何签证索赔行为。法院将"施工作业面保底45天"认定为"超过保底天数45天仍继续使用架体即为延期，应给付延期费用"系对造价知识的误解，属于认定事实错误。其次，结合施工合同专用条款第9.3.4条签证索赔条款，双方已经明确约定了"在7天内提交详细的证据资料并填写工程联系函或签证单""未按以上程序办理的视为放弃"的签证索赔程序，合同订立时双方的本意是，如果存在签证事项，应按照约定进行签证，否则视为放弃。本案中乙方并无签证索赔行为。再者，本案乙方未经签证索赔，法院又不区分"延长使用"的具体原因，将全部风险判令由甲方承担，架空了施工管理中正常的签证索赔程序，导致事实上的不公平。因此，生效判决均未能理解固定综合单价及"保底天数"的本意，属于认定事实错误。双方订立合同时本就对因政府原因导致的"延期"有约定，即不增加工程款。该约定是贯穿于整个工期的（涵盖架体搭设和使用期间），绝非仅指架体搭设期间。以上约定的真实意思表示都是从作业面形成开始计算保底天数，而非从搭设首次计算。工程量清单中的"搭设首日计算"应属于表述错误，不符合双方的真实意思表示。乙方为拆除的义务人，其超期申请拆除存在过错，对损失扩大应承担相应责任。法院驳回再审请求，依照合同约定从模架开始搭设首日计算至拆除首日，对于非因乙方造成延期的部分，要求甲方进行适当补偿。

情形七： 合同对合同范围外增加工程量和工程款的签证与索赔事项进行了明确具体的约定，在施工过程中对于属于合同内还是合同外的工程量难以进行区分确认时，应当根据鉴定意见，并结合公平原则，由获益方承担一部分成本。

【案例】

——重庆某建设有限公司、江苏某建工集团有限公司建设工程分包合同纠纷[1]

基本案情

2013 年 7 月 28 日，重庆某公司（承包方）与重庆某建设有限公司（分包方）签订了《嵩明××小区一期项目劳务分包合同》对重庆某公司就嵩明××小区一期项目进行劳务分包的相关权利义务予以约定。2013 年 8 月 7 日，重庆某公司向重庆某建设有限公司缴纳劳务保证金 300 万元。2014 年 5 月 26 日，云南某公司与江苏某建工集团有限公司签订《建设工程施工合同》对江苏某建工集团有限公司承包嵩明××公租房工程所涉的权利义务予以约定。重庆某公司于 2014 年 4 月 23 日进场施工，案涉工程于 2016 年 12 月 8 日竣工。在施工过程中，重庆某公司超出合同约定范围施工并产生签证，重庆某公司与江苏某建工集团有限公司共同确认签证的金额为 224 023.23 元。当事人对于新增工程价款产生争议。

关于新增工程价款，一审法院逐一进行评析，并最终确认增加工程量所涉工程费为 377 134.86 元。二审法院认为，江苏某建工集团有限公司主张劳务分包合同对劳务分包范围进行了约定，合同第 16.2（1）（3）条约定工程价款按照固定单价结算，该合同第 19 条签证索赔条款对合同范围外增加工程量和工程款的签证与索赔事项进行了明确具体的约定。本案应计算的工程价款只能由合同范围内的固定单价工程款和合同范围外的签证索赔部分的工程款两部分构成。对合同范围外增加工程量和工程款的签证与索赔事项，上诉人与被上诉人

---

[1] 案件来源：云南省高级人民法院二审民事判决书［2019］云民终 1023 号。

已经通过签证的形式予以确认。二审法院认为，双方合同约定了工程范围以及计价方式，双方对工程价款的结算并无异议。一审对于双方有争议的部分已经经过核对，属于重庆某公司施工完成的部分予以了确认，对于属于合同内还是合同外的工程量也予以了区分确认，本案中并不存在应该按照合同第19条约定进行商务索赔的事实。江苏某建工集团有限公司所主张应按合同第19条约定，重庆某公司应办理商务索赔，否则对增加工程量所涉工程费不予支持的理由是不成立的。关于弹性腻子、网格带的费用15 010元的承担问题，该部分已经进行了施工，重庆某公司提交了证据证明该部分材料由其购买，江苏某建工集团有限公司对施工所需的材料数额及价款亦无异议，但其认为重庆某公司没有提交买卖合同予以证实不予认可的理由不充分，一审法院判决由江苏某建工集团有限公司承担该部分材料的责任并无不当。关于10某、11某楼水表安装费用的承担问题。一审中双方确认水表已经安装。江苏某建工集团有限公司认为该部分不在劳务分包合同及总包合同的范围以内，该费用不应由其承担。二审法院认为，该水表已经安装完毕且属于必要的安装，即便劳务分包合同和总包合同没有约定，从实际使用的情况来看，谁受益谁应承担责任。因此，该部分费用云南某公司应承担。从合同相对性来讲，重庆某公司向江苏某建工集团有限公司主张该费用并无不当，一审法院对此所作认定及判决合理，应予维持。

案例评析

虽然本案《劳务分包合同》第1条第3款对劳务分包范围进行了约定，根据讼争劳务分包合同上述条款的约定，本案应计算的工程价款只能由合同范围内的固定单价工程款和合同范围外的签证索赔部分的工程款（包括江苏某建工集团有限公司和正某地产公司两方确认）两部分构成。对合同范围外增加工程量和工程款的签证与索赔事项，上诉人与重庆某公司已通过签证的形式予以确认。即便重庆某公司认为尚有部分增加工程量未予签证，亦因重庆某公司未在签证失败后根据《劳务分包合同》第19条签证索赔第2款的约定在商务索赔事件发生后3天内将索赔报告报送至项目部，也应根据本条约定认定重庆某公司自动放弃该项商务索赔事件而对增加工程量所涉工程费不予支持。但是，法院认为，对于双方有争议的部分已经经过核对，属于重庆某公司施工完成的部分予以了确认，对于属于合同内还是合同外的工程量也予以了区分确认，并不存在应该按照《劳务分包合同》第19条约定进行商务索赔的事实。江苏某建工集团有限公司所主张应按《劳务分包合同》第19条约定，重庆某公司应办理商务索赔，否则对增加工程量所涉工程费不予支持的理由，法院不予支持。

【关联规则】

《最高人民法院关于审理建设工程施工合同纠纷案件适用法律问题的解释（一）》第10条规定："当事人约定顺延工期应当经发包人或者监理人签证等方式确认，承包人虽未取得工期顺延的确认，但能够证明在合同约定的期限内向发包人或者监理人申请过工期顺延且顺延事由符合合同约定，承包人以此为由主张工期顺延的，人民法院应予支持。当事人约定承包人未在约定期限内提出工期顺延申请视为工期不顺延的，按照约定处理，但发包人在约定期限后同意工期顺延或者承包人提出合理抗辩的除外。"

由于建筑工程施工时间跨度大、涉及金额高，工程变更签证索赔的发生概率比较频繁，几乎能够涵盖整个施工过程，施工管理人员应当对施工图纸、施工合同等进行全面了解，发现施工过程和施工合同存在偏差，应当及时向发包方汇报，并及时要求监理进行签认，保留变更签证索赔的书面材料。与此同时，施工管理人员还需要积极争取变更的机会，比如包括设计的优化，或者施工方案的变动，如此才能为自身创造最大的利润。当然，如果缺少完整的变更签证索赔材料，也是不容易得到索赔的。这就要求施工管理人员具备丰富的专业理论知识，还要具备与工程施工建设相关其他知识，更要具备一定的变更签证索赔工作的经验。在索赔时能够做到有理有据。

此外，变更签证索赔能否有效进行，还需要承包方提供准确、完整的基础证据和材料，如果承包人不能及时出具相关证据资料，则会导致变更索赔无法完成。例如，在［2023］京02民终5385号案中，合同对签证程序进行明确约定，当事人按照合同约定进行签证，关于增项款的金额，法院根据签证单上确认的金额予以核算。同时，因签证单与结算汇总表均记载有差别，且当事人并未举证证明增项费用系因不同事由产生，对于增项费用，法院会结合结算汇总表和签证单上记载的费用金额予以酌情扣减。因此，承包方在施工过程中必须对变更签证中所需要的资料进行较为全面的收集，并且妥善保存，及时寻找可以实现变更索赔的重要线索或机会，在对资料进行收集和整理时还应该具有一定的针对性和目的性，为变更索赔的开展提供支持。

工程变更和索赔相关法律问题

在建设工程领域，工程项目往往因为周期较长且施工过程各种情况错综复杂，导致建设工程变更及索赔不可避免。它们都是建筑工程造价控制中非常重要的部分，同时也是维护企业自身利益的重要手段。[1] 但何为索赔，工程变更与索赔有何联系和区别，以及实务中工程变更中的索赔裁判如何，这些都需要系统归纳和整理。本章主要围绕上述问题展开，就工程变更和索赔相关法律问题进行集中讨论。

问题的提出

【案例】

——某水电工程建设有限公司与关某等建设工程施工合同纠纷[2]

基本案情

2010 年某水电公司中标南水北调山东干线公司的南水北调东线一期×段工程（第二批）小运河段工程施工——六标段工程后，曾将涉案工程转包给孟某进行施工，孟某施工部分工程后双方解除合同关系。双方对施工情况进行了结算。2012 年 4 月 3 日，某水电公司与关某等签订协议，又将该项目转包给关某、武某，关某、武某于 2012 年 4 月 5 日进行施工，到 2013 年 6 月份竣工并将该工程交付使用。2015 年 11 月 6 日，双方又补签南水北调东线×段工

---

[1] 杨颖：《建筑工程变更与索赔的造价探讨》，载《住宅与房地产》2019 年第 6 期，第 60 页。
[2] 案件来源：山东省高级人民法院二审民事判决书［2020］鲁民终 2235。

程小运河段工程六标段协议书，某水电公司作为张某，聊城某水利工程施工有限责任公司、关某、武某作为乙方。合同协议约定："四、有关费用：1. 乙方承包费用以实际结算费用为准。2. 施工中，双方要共同配合，对施工中出现的资金周转的困难，双方要积极筹措周转资金，共同配合完成工程的结算、索赔资料任务及后期遗留问题，同时张某享有工程结算、索赔和后续问题费用补偿的权利，弥补张某的亏损，补偿数额由双方协商。"关某、武某实际施工后，某水电公司向其支付部分工程款，后拒不支付剩余工程款，关某等于2019年8月1日诉至临清市人民法院。某水电公司于2019年10月25日向一审法院提起反诉。

问题1：本案中是否存在工程变更？

问题2：如何主张对变更部分进行索赔，应提供何种证据？

法院最终判决：某水电公司反诉请求关某返还垫付款8 769 399元，依据不足，不予支持。某水电公司与关某之间的转包行为无效，但不影响双方有关结算条款约定的效力。2015年11月6日，某水电公司与关某签订的协议书约定，某水电公司"享有工程结算、索赔和后续问题费用补偿的权利，弥补张某的亏损，补偿数额由双方协商"。一审中，某水电公司提交证据证明涉案工程价差调整、变更索赔补偿款共计31 226 700.9元，其要求关某支付一半；二审中，某水电公司提交证据证明涉案工程价差调整、变更索赔补偿款数额共计37 896 302.8元，与其一审中主张的数额明显不同。对此，关某均不予认可，认为其本人是涉案工程的实际施工人，某水电公司不享有该补偿的权益。根据现有的证据可以证明涉案工程价差调整、变更索赔补偿等属于发包人根据工程施工的客观情况对整个工程进行的价格调整、变更索赔项目费用补偿，南水北调山东干线公司于2015年、2016年作出的批复文件、审核报告显示，其中2011年施工的部分工程变更索赔项目费用补偿款共计2 961 240.17元，包括邱屯枢纽围堰变更索赔项目费用补偿423 046.29元、边界沟项目费用补偿252 381.24元、坑塘处理变更索赔项目补偿1 209 293元、降排水增加费用变更索赔项目补偿968 895元、青苗清除变更索赔项目补偿107 624.64元。因此，上述补偿款项属于关某于2012年4月进场施工之前案外人施工产生的，应属于某水电公司所有，与关某无关。某水电公司反诉请求部分成立，予以支持，不成立部分，应予驳回。故关某应向某水电公司支付变更索赔项目费用补偿款 2 961 240.17 元。

一、索赔相关概述

（一）索赔的概念及成立要件

1. 索赔的概念

"索赔"一词最早起源于西方，是伴随着工程风险产生的一种补偿手段，在性质上属于经济补偿。"索赔"通过合同条款的约定，对合同价进行适当、公正的调整，以弥补业主或承包方不应承受的损失，从而使建设工程合同的风险分担趋于合理。有学者认为，建设工程中的索赔也叫"施工索赔"，是每一项大型工程建设中"不可避免的事件"。[1]关于索赔的概念，主要有三种观点。其一，1999 年版示范文本通用条款第 1.21 规定："索赔指在合同履行过程中，对于并非自己的过错，而是应由对方承担责任的情况造成的实际损失，向对方提出经济补偿和（或）工期顺延的要求。"其二，《建设工程工程量清单计价规范》（GB50500-2008）第 2.0.10 条规定："索赔指在合同履行过程中，对于非己方的过错而应由对方承担责任的情况造成的损失，向对方提出补偿的要求。"其三，《建设工程工程量清单计价规范》（GB50500-2013）第 2.0.23 条规定："索赔指在合同履行过程中，合同当事人一方因非己方的原因而遭受损失，按合同约定或法律法规规定应当由对方承担责任，从而向对方提出补偿的要求。"2013 年版示范文本和 2017 年版示范文本将索赔单列，不再与违约责任列在一起。索赔的前提是非因自己的原因造成的，应由对方承担责任的事项，"承包人认为有权得到追加付款和（或）延长工期的""发包人认为有权得到赔付金额和（或）延长缺陷责任期的"，应按约定程序向对方提出索赔。同时，2013 年版示范文本、2017 年版示范文本分列了"承包人的索赔"和"发包人的索赔"，明确肯定了索赔具有双向性，本书采用此观点。

索赔是承包人合法合理的正当权利要求，也是一种经济补偿而不是惩罚，是基于双方合作而不是对立。[2]有人将"索赔"称为"工程索赔"。"工程索

---

〔1〕 李武伦编著：《建设合同管理与索赔》，黄河水利出版社 2003 年版，第 20 页。

〔2〕 侣康康等：《承包商视角下工程变更费用索赔的障碍分析及对策研究》，载《价值工程》2020 年第 4 期，第 118 页。

赔"是指在合同履行过程中，对于非自己过错而是由对方责任情况造成的实际损失，向对方提出经济补偿和（或）工期顺延的要求。[1]广州市律师协会的《建设工程索赔法律服务指引》（2021年版）第1.2.17条规定："工程索赔认为，在工程合同履行过程中，合同一方当事人因非己方的原因而遭受损失，按照合同约定或者法律法规规定承担责任，从而向对方提出补偿的要求。在词语表达上，索赔通常指承包人针对发包人提出的补偿要求，而发包人针对承包人提出的索赔通常则称为反索赔。"

2. 索赔的成立要件

（1）非因己方过错。如果因合同当事人己方过错发生索赔事件，例如因承包人违约或者发包人违约，当事人一方不能向对方索赔。例如，在［2021］最高法民申5357号案中，秦某借用大洋众城集团股份有限公司名义与张某签订的两份《建设工程施工合同》，明确合同价款为"采用预算加现场签证"；张某与监理公司签订的《建设工程监理合同》约定监理人义务包括审查施工承包人提交的工程变更申请，协调处理施工进度调整、费用索赔、合同争议等事项。虽秦某提供的案涉经济签证未有张某盖章，但已经监理公司确认及监理工程师签字，其中部分签证还有相关行政管理部门材料证明停工等产生费用的事由。而且，另案中其他案涉工程签证亦未有张某签字盖章确认，故案涉签证的形成过程符合上述合同约定与双方结算习惯，而张某认为，《建设工程施工合同》明确约定涉及工期变更、停工、复工的确认指令，涉及工程造价增减需要发包人批准才能行使职权。而秦某提供的所有签证，均无张某的签字或盖章，秦某与监理方存在恶意串通情形。但是，张某主张监理单位和秦某恶意串通损害张某的利益，并未提供充分有效的证据证明。因此，应当根据合同约定内容，经监理签字确认后的索赔费用，法院认为张某应当予以承担。

---

［1］ 金水林：《工程变更与索赔的辩证关系及其运用》，载《建筑经济》2009年第S2期，第153页。

【案例】

——中国某集团有限公司、西安某环保科技股份有限公司等建设工程施工合同纠纷[1]

基本案情

2013 年 7 月 6 日，西安某环保科技股份有限公司作为发包人（甲方）与承包人中国某集团有限公司（乙方）签订案涉合同。本合同总价款为（含税价）38 244 326 元。通用条款第 3.5 条发包人代表应努力达成协议，当需要发包人代表对价值、费用或延期作出决定时，发包人代表应与承包人协商努力达成协议。如果承包人企图提出延长工期的申请，那么他应尽快地、在任何情况下均应在造成延误的事件开始后的 7 天之内，向发包人代表发出有关上述意图的通知以及本合同要求的、与延误原因有关的其他通知。发包人应在接到承包人提请组织交工验收的通知并经发包人认可后 30 天内组织竣工验收。如果发包人未在所规定的 30 天内组织进行交工验收，那么承包人视为已在上述规定期限的最后一天（作为交工日）通过发包人交工验收，发包人应予以认可。如果在第 13.9 款所述的交工报表中，承包人未就由本合同或本工程的实施引发的或与之有关的问题或事情（本工程接收证书签发后发生的问题或事情除外）提出索赔，那么对于上述问题或事情，发包人对承包人将不再承担任何责任。中国某集团有限公司、西安某环保科技股份有限公司向对方主张的因工期延误造成的损失或违约金、现场管理费能否成立产生争议。

一审法院认为，案涉合同约定，图纸会审和设计交底时间根据现场情况由双方协商确定。双方未明确约定图纸具体的交底时间，亦无监理单位、甲方签字确认的因图纸到达时间造成其窝工的具体天数、人员及设备数量的工程联系单。同理，乙方亦未提交因设备原因造成窝工的具体天数、人员及设备数量的工程联系单。乙方提交的单方证据不足以证实其主张，对其主张的损失不予支持。汽轮机拆除重装，属客观存在的事实，会议纪要不能证明系甲方导致，且乙方亦未提交因汽轮机拆除重装造成窝工的具体天数及人员。

---

〔1〕 案件来源：最高人民法院尔森民事判决书［2021］最高法民终 750 号。

故一审法院对乙方提出的窝工损失鉴定申请不予准许，乙方主张的损失金额不能成立。甲方主张乙方人员不足、不按监理指示的问题，根据甲方提交的工程联系单可以证明确有事实存在，但无法证明具体延误的天数。乙方施工以图纸、设备到达为前提，乙方提交的工程联系单可以证明乙方多次催促甲方尽快提供图纸、设备。会议纪要不能证明汽轮机拆除重装系乙方导致。案涉合同无效，违约条款亦无效，故甲方主张因乙方原因造成的延期违约金及管理费用不能成立。

二审法院认为，乙方主张甲方迟延开工、迟延提供图纸、设备以及汽轮机拆除给其造成停窝工损失。二审中，乙方和甲方均认可案涉合同约定案涉工程为开工时间不确定、交工时间确定的工程。乙方主张因迟延开工导致迟延交工与合同约定不符。案涉合同约定，图纸会审和设计交底时间根据现场情况双方协商确定。一审中乙方提交横道图、主要图纸需求计划、主要设备到货时间要求表等单方制作的证据，没有监理单位、甲方签字确认，无法证明系甲方原因导致停窝工的事实，也无法证明停窝工的具体损失。一审中乙方申请鉴定停窝工损失，因其提交的证据无法证明造成停窝工的具体原因，一审法院未予准许。二审中乙方提交自行委托第三方机构出具的咨询报告，用以证明停窝工损失，但乙方无法证明停窝工的具体原因，其按照咨询报告载明的索赔工程费用数额向甲方主张停窝工损失没有事实和法律依据，二审法院对乙方的该项主张不予支持。

案例评析

由于乙方、甲方提交的工作联系单、会议纪要等证据，可以证明造成案涉工程工期延误既有乙方的原因，也有甲方的原因。而甲方提交的施工进度表、会议纪要、工程联系单等证据，无法证明仅因乙方导致的工期延误的具体天数。在这里，双方当事人对停工原因都存在过错，且无法判断过错大小。因此，当事人均不得就此向对方主张索赔。

（2）存在实际损失。在项目施工中，如果发承包双方没有实际损失，合同当事人不能向对方索赔。

【案例】

——泗洪某热电有限公司与山西某设备安装有限公司建设工程施工合同纠纷[1]

基本案情

2009 年 5 月，泗洪某热电有限公司对其 2×75T/hCFB+1×C12MW 汽轮发电机组安装工程以邀请招标的方式进行招标。2009 年 6 月 1 日，原告山西某设备安装有限公司（乙方）向泗洪某热电有限公司（甲方）递交了投标书，投标书包括材料的安装报价为 1597.26 万元，不包括材料的安装报价为 688 万元。投标书另载明，报价的编制依据为：①招标文件；②初步设计说明书（2009 年 1 月）；③初步设计设备材料汇总表（2009 年 1 月）；④招标问题答疑；⑤投标人同类工程施工经验。合同签订后，山西某设备安装有限公司实际于 2009 年 9 月 20 日开始施工。2010 年 2 月 1 日，双方又签署备忘录一份。内容为：本着甲乙双方友好合作关系，便于双方今后工作和谐进行，经双方一致同意，付款方式由原来每月报工程量改为按节点方式支付。具体约定如下：①关键线路节点工程完成后，由乙方以书面形式报至监理及张某，经监理及张某确认后，张某 5 个工作日内支付关键线路节点的 80% 工程款，工程完工且通过竣工验收后付至关键线路节点的 100%；②原合同中的付款方式取消，以此备忘录为准；③原合同中其余条款仍按原合同执行。之后，泗洪某热电有限公司与山西某设备安装有限公司又因相关工程是否在合同范围之内、相关材料应由谁购买等问题产生争议。为此，双方多次进行协商，并于 2010 年 12 月 2 日对此签订补充协议，2011 年 6 月 22 日泗洪某热电有限公司向法院提起诉讼，请求判决山西某设备安装有限公司赔偿泗洪某热电有限公司延误工期损失 194.2541 万元。

原审法院认为，乙方提供的各工号管道人工费汇总表、劳务费预结明细表系其单方制作，真实性无法确定。根据乙方陈述，其提供的考勤表是根据劳务队上报的考勤作的汇总，但乙方未能提交各劳务队制作的考勤表，也未能提交其实际支付劳务费数额的证据，故乙方提供的考勤表的真实性无法确

---

[1]　案件来源：江苏省高级人民法院民事判决书［2014］苏民终字第 0073 号。

定。乙方提供的劳务合同无其他证据印证，乙方也未提供其实际支付劳务费数额的证据，无法确定劳动合同的真实性及具体履行情况。乙方提交的报告仅是其单方意见，且大部分没有甲方工作人员签收的证据，有甲方工作人员签收的报告内容仅是施工过程中正常的工作联系，虽然有部分工作影响乙方施工进度的内容，但并不能证明实际造成乙方停工、窝工。乙方提交的借出图纸清单表明，乙方是根据施工需要领取图纸，故借出图纸清单并不能说明甲方迟延交付图纸。虽然乙方提交的工地例会会议记录、工程联系单、土建交付安装中间验收交接表、设备材料交接表等证据反映，甲方部分设备未能按时交付，土建工程影响施工进度，但是根据涉案工程特点，涉案工程具备分项分期施工的条件，乙方在审理过程中未能提交其在施工过程中的施工组织设计方案，无法确定其实际施工方案和实际投入的施工人员和施工机械情况，故乙方提供的证据不足以证明因甲方的原因导致乙方实际停工、窝工。综上，乙方主张因甲方原因导致停工、窝工证据不足，故乙方要求甲方支付停工、窝工损失的诉讼请求不应得到支持。

二审法院认为，关于双方主张的违约损失问题，乙方主张由于甲方违约导致其停、窝工损失，虽然甲方对工期迟延有一定责任，但甲方图纸、设备、场地等迟延交付并不必然导致停工、窝工，且乙方亦未提供相应停、窝工损失的证据，故原审法院未予支持，并无不当。至于甲方提出由于乙方擅自撤场，导致其不得不另找施工队伍完成后续工程，客观上造成施工费用增加、预期收益减少，因甲方自身也存在违约行为，故二审法院酌定乙方给付甲方违约金150万元。

案例评析

工期延误与工程停窝工并非同一概念。乙方提交给甲方和工程监理的联系单以及工地例会记录等足以证明甲方在图纸交付、设备交付、场地交付上延期，导致工期迟延。而工期迟延、材料价格上涨也是双方产生纠纷的根源，但工期延误并不当然地会导致工程停窝工，而乙方在未经甲方同意的情况下擅自撤场，单方解约，严重违反了合同约定。此时，造成的损失不能向甲方主张索赔。

（3）索赔事件和实际损失之间存在因果关系。如果工期延误与工程停窝工之间并无必然的联系，因发包方原因导致工期延误，但承包方不能仅据此向发包方就窝工损失进行索赔。

【案例】

——某建设集团有限公司、江阴某房地产开发有限公司建设工程施工合同纠纷[1]

基本案情

2011年8月，江阴某房地产开发有限公司（发包人，甲方）与某建设集团有限公司（承包人，乙方）签订《建设工程施工合同》一份（合同编号：益茂项目037号，以下简称"施工合同"），约定由乙方承建甲方首府花园项目。承包范围为土建、装修、水电安装、电梯、消防、园林室外工程等总承包。开工日期：2011年8月15日，竣工日期：2013年2月15日，合同工期总日历天数540天，合同价款164 301 100元。通用条款第25.1条约定，承包人应按专用条款约定的时间，向工程师提交已完工程量的报告。工程师接到报告后7天内按设计图纸核实已完工程量（以下称"计量"），并在计量前24小时通知承包人，承包人为计量提供便利条件并派人参加。承包人收到通知后不参加计量，计量结果有效，作为工程价款支付的依据。第25.2条约定，工程师收到承包人报告后7天内未进行计量，从第8天起，承包人报告中开列的工程量即视为被确认，作为工程价款支付的依据。通用条款第26.1条约定，在确认计量结果后14天内，发包人应向承包人支付工程款（进度款）。

一审中，甲方曾申请进行工期鉴定，以确定施工方可顺延的工期天数。一审法院后也委托某鉴定公司对涉案工程中施工方可顺延的工期天数进行鉴定。一审法院认为，关于乙方主张的工期延误造成的窝工损失，某鉴定公司结合工期延误分析的鉴定意见，结合双方补充协议的约定，所计算的损失亦属合理，予以采信。对于甲方对现场人数的异议，因双方在鉴定过程中均未提供劳动力动态分布图或其他能反映整个施工过程中现场实际进场人数的资料，但考虑到相应阶段客观上会存在一定施工人员在施工现场的情况，鉴定机构依据工程常规及经验加以测算亦无不当，甲方现也未提供依据证明鉴定

---

〔1〕 案件来源：最高人民法院再审审查与审判监督民事裁定书［2021］最高法民申7787号。

机构测算的情况明显与实际不符，故对其异议不予采纳。

二审法院认为，乙方与甲方在补充协议中就工期及停窝工问题有明确约定，即因甲方原因导致累计停、窝工超过30天的，甲方按江阴市劳动和社会保障局发布的"江阴市企业最低工资标准"计取补贴费，补贴费用按日历天计算，补贴天数以实际停工、窝工人数为准，双方另行办理签证，其他所有费用概不计算，工期可以相应顺延。据此可知，若因甲方的原因而导致乙方发生停窝工且超过约定期限，双方应当另行办理有关停窝工的签证，从而固定具体的停工、窝工的人数、天数等事实，明确双方就停窝工问题的权利义务。乙方向甲方主张停窝工损失的，亦应按照以上合同约定提供签证等证据以证明其存在的具体停工、窝工事实，以及相应的停窝工时间、人数等。但在本案中，乙方并不能提供与停窝工事实有关的任何签证，亦不能提供其他证据证明其客观上存在停窝工的事实。因此，乙方向甲方主张赔偿停窝工损失，不符合双方之间的合同约定，亦缺乏相应的事实基础，该主张不能成立。

再审法院认为，乙方依据江苏至衡诚达工程咨询有限公司出具的鉴定意见主张停窝工损失，该鉴定意见据以作出停窝工损失的主要依据是2011年7月28日原江阴市建设局停工通知、2012年3月2日会议纪要"因上部结构图纸未到，要求暂停施工"、2013年7月19日会议纪要"如还没有资金，我方将在8月1日停工"、2013年12月20日会议纪要"如果在1月10日不支付工程款就全部工程停工"以及其他关于工期延误的证据材料。由于以上证据均不足以充分、有效地证明乙方客观上存在的具体停窝工事实，故该鉴定意见因缺乏停窝工的事实基础，难以确证相关损失的直接发生以及导致相关损失可能发生的直接原因，尚不能达到乙方主张的证明目的，二审判决驳回乙方主张的停窝工损失赔偿请求，并无不当。此外，乙方在再审审查阶段向法院提交的关于人工费用的相关证据，仍不能证明其存在的具体停窝工事实。因此，乙方相关再审申请事由，不能成立，再审法院不予采信。

案例评析

《最高人民法院关于适用〈中华人民共和国民事诉讼法〉的解释》（2020年修正）第90条第1款规定："当事人对自己提出的诉讼请求所依据的事实或者反驳对方诉讼请求所依据的事实，应当提供证据加以证明，但法律另有规定的除外。"在此案中，乙方请求甲方赔偿停窝工损失，应当提交证据证明其存在的具体停窝工事实。但是，乙方根据工期延误事实主张其存在停窝工事实及停窝工时间，工期延误与工程停窝工之间并无必然的联系，根据案涉工程存在工期延误的事实并不能推断出乙方在施工过程中存在停窝工事实的结论。因此，非因对方过错，因停窝工导致工期延误而造成损失的，不能向对方进行索赔。

工期延误属于客观事实，即只要承包人在客观上的实际施工期限长于合同约定工期的，便属于工期延误。但工期延误的事实并不能必然得出承包人在施工过程中存在停窝工情形的结论，二者之间也不能等同。在建设工程施工合同法律关系中，按期完成工程施工是承包人所应承担的合同义务，承包人未按期完成工程施工的，则应依照法律规定及合同约定向发包人承担有关工期延误的责任，发包人在此情形下可以要求承包人赔偿因工程逾期完工而造成的损失。但若有证据证明工期延误系因发包人的原因所导致，则承包人可以此抗辩发包人的主张。然而，当承包人另行向发包人主张工程停窝工的损失时，即使存在因发包人原因导致工期延误的情形，也应当依据相关证据来审查认定具体的停窝工事实，包括是否存在客观上的停窝工，以及停窝工的具体时间、人数、损失数额等情况，进而判断发包人是否应向承包人承担赔偿责任。也就是说，不能仅凭因发包人原因导致了工期延误而直接推导出承包人存在停工、窝工情形的结论，在承包人主张停窝工损失时，其有责任提供充分、有效的证据来证明具体的停窝工事实以及相关的损失情况。

此外，在［2021］青25民终196号案中，上诉人认为案涉工程存在的质量问题，导致升压站内设备运行不稳定，不能达到应有的发电量，从而给上诉人造成了发电量损失。该损失系因工程质量不合格而产生的直接损失，与被上诉人所施工工程存在质量问题有直接的因果关系。由于质量问题一直得不到解决，是上诉人的发电量损失持续产生，给上诉人造成巨额经济损失。但是，上诉人并未提交证据证明二者之间存在因果关系，也缺乏其他相应的权威鉴定结论来进行辅证。故而，法院对其索赔主张不予认可。

（4）根据合同约定或者法律规定，合同当事人应当对该损失承担责任。如果合同约定和法律规定并未要求对方承担责任，合同当事人不能向对方索赔。

【案例】

——江西省某建设集团股份有限公司与福建某公司等建设工程施工合同纠纷[1]

基本案情

2018 年 7 月，福建某公司与江西省某建设集团股份有限公司（乙方）签订《劳务施工合同》，后双方因停窝工损失产生争议诉诸法院

法院认为，福建某公司与业主方签订《施工合同谈判备忘录》第 7 条第 5 款约定："中标人承诺不因征地拆迁协调方面的影响向业主提出索赔。"第 13 款约定："中标人对业主因建设用地的审批及征地拆迁等原因，不能一次性提交土地使用表示谅解，承诺不因此提出索赔。"福建某公司与乙方签订的《劳务施工合同》第 1 条约定："本合同以乙方保证全面履行与业主方签订的《工程施工合同》，向业主方作出的各项承诺及总公司各项规章制度为前提而订立。"据此，原审认为，乙方应当知晓福建某公司与业主方之间的协议内容以及福建一公司向业主方所作的各项承诺，并应予遵守。另外，福建某公司与乙方于 2018 年 7 月 15 日形成的《会议纪要》载明："关于民事拆迁等由乙方提供索赔资料，项目部配合上报。"该纪要内容仅明确了福建一公司配合上报索赔资料，并未明确福建某公司承担乙方的窝工损失，况且福建某公司已完成上报索赔资料的义务。因此，乙方关于福建某公司承担窝工损失的主张，缺乏充分依据。原审的上述认定不缺乏依据，处理并无不当。

案例评析

由于《施工合同谈判备忘录》第 13 款约定："中标人对业主因建设用地的审批及征地拆迁等原因，不能一次性提交土地使用表示谅解，承诺不因此提出索赔。"因此，在施工过程中，由于发包方审批以及征地原因导致停窝工，承包方不得据此向发包方主张索赔。

---

[1] 案件来源：最高人民法院再审审查与审判监督民事裁定书 [2022] 最高法民申 105 号。

(5) 不存在其他阻碍索赔的生效要件。

【案例】

——山东某建设有限公司、林芝某房地产开发有限责任公司建设工程施工合同纠纷案[1]

2015年1月30日，林芝某房地产开发有限责任公司（甲方）与山东某建设有限公司（乙方）就"××幸福小区B1区电梯公寓建设项目"签订《建设工程施工合同》。该合同第一部分协议书载明了工程概况、合同工期（计划开工日期为2015年3月6日，计划竣工日期为2015年10月15日，合同约定工期日历天数为220天）、质量标准、签约合同价与合同价格形式（签约合同价为44 788 796.00元，总价包干不予调整）等内容。合同第三部分专用条款对涉案项目承包人驻派施工现场的项目经理人员和承包人擅自更换项目经理的违约责任、违约金、实际开工日期、计划竣工日期、工程按进度付款方式、工期延误违约金等相关内容进行了约定。2015年3月15日开工。2015年10月22日，甲方与乙方签订《××幸福小区B1区电梯公寓建设项目施工承包合同补充协议》，对应由乙方承担的门窗工程，甲方自行委托门窗专业分包单位承担，扣除价款1 807 946.19元等相关事宜进行了约定。2015年10月22日，甲方与乙方签订《××幸福小区B1区电梯公寓建设项目施工承包合同补充协议（2）》，对因设计变更原因，增加建筑面积564.3m²，增加金额1 001 819.00元等事项进行了约定。一审法院判定被告山东某建设有限公司于本判决生效之日起10日内向原告林芝某房地产开发有限责任公司支付工期延误违约金5 220 000.00元。乙方上诉，认为甲方提起的违约索赔诉讼，早已超过合同约定的期限，丧失胜诉权，其诉讼请求应予驳回。

二审法院认为，乙方在二审中提出根据《建设工程施工合同》通用合同条款19（3）约定"发包人应在知道或应当知道索赔事件发后28天内通过监理人向承包人提出索赔意向通知书，发包人未在前述28天内发出索赔意向通知书的，丧失要求赔付和（或）延长缺陷责任期的权利"。甲方提起的违约索赔诉讼，早已超过合同约定的期限，其诉讼请求应予驳回。对此，二审法院

---

[1] 案件来源：最高人民法院再审审查与审判监督民事裁定书［2019］最高法民申2708号。

认为，根据《民法总则》（已失效）第199条的规定："法律规定或者当事人约定的撤销权、解除权等权利的存续期间，除法律另有规定外，自权利人知道或者应当知道权利产生之日起计算，不适用诉讼时效中止、中断和延长的规定。存续期间届满，撤销权、解除权等权利消灭。"二审法院认为，根据该规定，适用除斥期间的权利为撤销权、解除权等形成权。本案中索赔权属于损害赔偿请求权，不属于除斥期间。因此，本案中，甲方请求人民法院保护其民事权利属于诉讼时效期间。根据《民法总则》（已失效）第197条第2款的规定："当事人对诉讼时效利益的预先放弃无效。"《最高法院关于审理民事案件适用诉讼时效制度若干问题的规定》（已被修改）第4条第1款规定"当事人在一审期间未提出诉讼时效抗辩，在二审期间提出的，人民法院不予支持，但其基于新的证据能够证明对方当事人的请求权已过诉讼时效期间的情形除外。"乙方在一审中并未提出时效抗辩，对于乙方的该项上诉请求二审法院不予支持。

再审法院认为，二审判决依据《民法总则》（已失效）第197条第2款、第199条，《最高法院关于审理民事案件适用诉讼时效制度若干问题的规定》（已被修改）第4条第1款的规定，以诉讼时效利益的预先放弃无效、乙方在一审期间并未提出诉讼时效的抗辩为由驳回乙方诉讼时效的抗辩具有事实和法律依据。乙方关于甲方未在28日内发出索赔意向通知书，丧失索赔权利的再审申请理由亦不能成立。

案例评析

甲方认为，本案不应适用案涉《建设工程施工合同》中的索赔期限条款，乙方在一审中并未就索赔期限问题提出时效抗辩。因此，其在二审中的该上诉请求不应得到法院的支持。根据二审法院的认定，索赔权属于损害赔偿请求权，不属于除斥期间，最高人民法院支持这一判决，驳回了乙方的诉讼请求。

（二）索赔的分类

目前国内外关于索赔的分类不尽相同，但总的来说，大致有以下几种分类方式：

1. 以索赔的原因为分类标准

（1）工程量变化引起的索赔。此类索赔是指在施工过程中发包方或者监理人要求承包方从事合同文件工程范围以外或工程量清单中未列举的工作，或者减少合同文件工程范围或工程量清单中的工作量而引起的赔偿。该类索赔还可被进一步区分为增加（减少）工程量索赔、工程范围变更索赔、设计图纸错误索赔、终止合同索赔等。

（2）工程拖期引起的索赔。此类索赔是指非承包方过错而导致工程拖期所引起的索赔，即施工进度长于合同文件中约定的完工日期而引起的有关事项索赔。该索赔主要包括工期延长索赔、设计图纸拖交索赔、业主风险索赔、暂停施工索赔等。

（3）工程变更索赔。由于发包方或监理人指令变更设计、增加、减少或删除部分工程局部的实施计划、变更施工次序等，从而使得工期延长和费用增加情况下产生的索赔，即属于此类索赔。工程变更不仅仅会引起工程量的变化，可能还会引起设计、工期等发生变化。

（4）施工条件变化引起的索赔。在施工过程中，由于地理地质条件发生变化或非承包方的原因导致施工费用增加，也会引发索赔。此类索赔主要包括地理地质变化索赔、人为障碍索赔、不利自然条件索赔、不可抗力引起的索赔等。索赔事件的发生是由一定行为造成的，这种行为是作为也可以是不作为，例如，不可抗力。因不可抗力所造成的违约责任可以部分或全部免除，但不可抗力可能正是导致索赔的直接原因，不可抗力可以免除违约责任，但不能阻止索赔权利的行使。[1]根据［2020］晋 07 民终 1670 号判决书可知，政策变动属于政府行为之一，法院将其认定为情势变更，故而对于当事人一方的合同履行能力给予了最大程度的保护，但并非所有的政府行为都能被认定为情势变更。对此有必要进一步区分。

此外，引起索赔的原因还有：地基变化索赔、加速施工索赔、合同文件错误索赔、暂停施工索赔、终止合同索赔、设计图纸拖交索赔、拖延付款索赔、物价上涨索赔、发包方违约索赔、法律法规变化索赔等。

2. 以索赔依据为分类标准

（1）合同索赔。该类索赔是指承包方依据工程项目的合同文件提出索赔要求。即使工程项目的合同文件没有专门关于索赔的文字表述，只要可以根据该合同文件的某些条款解释出相应含义，承包方也有权提出索赔要求，获得经济补偿。合同索赔是最常见的索赔。

（2）道义索赔。道义索赔也被称为"优惠索赔"，在国际工程承包界也

---

〔1〕 孙建生：《论我国建设工程索赔制度的完善》，山东大学 2012 年硕士学位论文，第 14 页。

有很多惯例。在特定条件下，承包方会存在明显的大量亏损，基于道义要求，承包方可以据此向发包方进行索赔。发包方基于道义要求，或出自善良意愿，会同意给承包方适当的经济补偿。

3. 以索赔关系主体为分类标准

这种分类其实是合同索赔类型下的一种再区分。

（1）发包方与承包方之间的索赔。这是承包施工中最普遍的索赔形式。它既包括承包方向业主提出的工期或经济索赔，以弥补实施合同范围以外工程所引起的附加开支，也包括业主向承包方提出的反索赔。[1]

（2）总承包方与分包方之间的索赔。该类索赔是指总承包方和分包方按照他们之间签订的分包合同，有权向对方提出索赔的权利，以维护自己的利益，获得相应的经济补偿。

（3）承包方同供货方之间的索赔。承包方在中标后，根据合同规定的工期和施工机械，向设备制造厂家询价订货，最后和供货商签订供货合同。供货合同一般约定供货商提供施工设备的型号、数量、质量标准和供货时间等具体要求。如果任何一方违约，根据他们之间所签订的供货合同，双方都有权向对方提出索赔的权利。这种索赔也被称为商务索赔。

4. 以索赔内容为分类标准

（1）工期索赔。工期索赔，是指在施工过程中，由于非承包方责任的原因而导致施工进度延误，承包方要求发包方延长施工期限，使原合同规定的竣工日期推迟一段合理的时间，从而避免承担拖期损失赔偿费风险的索赔。

（2）经济索赔。在经济索赔中，承包方向发包方要求补偿不应该由其自己承担的经济损失或额外开支。该索赔的目的是得到经济补偿，即增加经济收入。如果在实际施工过程中所发生的施工费用超过了投标报价书中该项工作所预算的费用，而这项费用超支的责任不归属于承包方，则这也不属于承包方的风险范围，其可向发包方要求经济补偿。

5. 以索赔处理方式为分类标准

（1）单项索赔。单项索赔主要是针对某一影响施工的事件提出的索赔，即针对众多的事件采取一事一索赔的方式进行。在某一索赔事项发生后，承包方及时向发包方报送索赔通知书，编报索赔报告书，要求单项解决支付，而不

---

〔1〕 杨晓林、冉立平主编：《建设工程施工索赔》，机械工业出版社2013年版，第1页。

与其他的索赔事项混在一起。其他事项的索赔同样如此。不同事项的索赔依次进行。单项索赔避免了多项索赔的相互影响和制约，相对比较容易解决。

（2）综合索赔。综合索赔也被称为总索赔，是指在工程竣工前，承包方将工程过程中所有涉及未解决的单项索赔集中起来，一起向发包方提出一份总的索赔报告，合同双方在工程交付前或交付后进行最终谈判，以总的方案来解决索赔问题。此类索赔相对来说比较省时。

6. 以索赔业务范围为分类标准

（1）施工索赔。工程承包施工阶段的索赔工作，主要是施工索赔。施工索赔是承包方因发包方违反工程承包合同条款损失经济利益而对发包方索取赔偿的一种经济活动。在工程项目施工过程中，由于招标单位或其他原因，导致承包方增加了工程费用或延误了工程进度，承包方根据合同文件中有关条款，通过合法的途径和程序，要求招标单位偿还其在施工中的费用损失或工期损失。施工索赔是一项涉及面广、学问颇深的工作。

（2）商务索赔。商务索赔主要是指在实施工程项目过程中的物资采购活动引起的索赔事项。由于供货商、运输商等有关方面在物质数量上短缺、质量上不符合要求、运输途中损坏或不能按期交货等原因，给承包方造成经济损失时，承包方向供货商、运输商等有关方提出索赔要求；或由于投保的货物发生保险范围内的损坏，而给投保者造成经济损失时，投保者向保险公司提出索赔。

7. 同期延误

同期延误是工程索赔中一种比较常见的索赔方式，它是指在工程建设过程中，发包人和承包人的延误同时发生，由此而引发的发包人与承包人相互向对方进行索赔的情形。站在发包人的角度上来看，工程需要按期竣工，如此才能保证工程项目能够正常运营，并以此收回成本和实现盈利。故而，按期竣工对发包方非常重要。而站在承包方的角度上来看，工程按期竣工不仅是自身履行合同的义务性要求，同时也是承包方能否结清工程款的重要依据。因而，按期竣工同样对承包方也非常重要。在一般的工程索赔实践中，由于索赔事由和责任主体单一，故而对索赔事件的处理较为简单，但在实际的施工过程中，各种突发事件时有发生，同时承包方有可能将工程进行转包，使得施工主体比较多，此时任何主体和事件都有可能会引发索赔，在这种复杂的社会关系下，对索赔的处理也较为复杂。而针对同期延误所引发的索赔事件而言，由于涉及的因素比较多，处理程序也十分复杂，在这种情形下，要对各方的责任进行完全的量化处理十分不易。

一方面，同期延误导致索赔难的原因是建设工程的工序比较多，任何一个中间环节出现问题都有可能会导致开工延迟或者迟延交付，当然也有可能是因为发承包方的原因导致工序本身存在迟延，比如工程变更、图纸迟延交付等。与此同时，由于导致开工迟延与工序本身迟延的原因多种多样，各种原因之间有可能会存在叠加或者连锁反应，由此导致是基于开工延迟所引发的工期延误，还是开工本身延误导致工期延误的原因很难进行判断。另一方面，由于不同索赔事件中，对于是属于发包人过错还是承包人过错引起的存在判断错误的风险，因而在责任的具体划分上，对于属于哪些责任应当属于谁承担或者共同承担又会变得十分复杂。因此，对于同期延误引发的索赔无论是在责任的追究上，还是在责任的划分上都显得十分困难。

（1）针对发包方的原因及其责任承担。

发包人承担工期延误的责任的主要原因包括未按照特定要求和日期提供原材料、施工图纸、场地或者改变合同内容、增加减工程量、设计变更等。例如，《民法典》第803条规定："发包人未按照约定的时间和要求提供原材料、设备、场地、资金、技术资料的，承包人可以顺延工程日期，并有权请求赔偿停工、窝工等损失。"第804条规定："因发包人的原因致使工程中途停建、缓建的，发包人应当采取措施弥补或者减少损失，赔偿承包人因此造成的停工、窝工、倒运、机械设备调迁、材料和构件积压等损失和实际费用。"但在实践中，上述情形往往只是由发包方单方面的原因造成的，故而责任划分比较明确，应当由发包方承担工期延误的责任。例如，《标准施工招标文件》（九部委2007年版）通用合同条款第11.3款"发包人的工期延误"约定："在履行合同过程中，由于发包人的下列原因造成工期延误的，承包人有权要求发包人延长工期和（或）增加费用，并支付合理利润。需要修订合同进度计划的，按照第10.2款的约定办理。（1）增加合同工作内容；（2）改变合同中任何一项工作的质量要求或其他特性；（3）发包人迟延提供材料、工程设备或变更交货地点的；（4）因发包人原因导致的暂停施工；（5）提供图纸延误；（6）未按合同约定及时支付预付款、进度款；（7）发包人造成工期延误的其他原因。"在特定情况下，发包方未按照合同约定支付工程进度款，或者发包方所提供的施工设计图纸出现偏差，承包方作为施工单位未能发现最终导致工程出现纰漏，影响工程进度，这些索赔事件都是由多种原因造成的，争议往往比较大。故而，要想进行索赔，通常不会很顺利。

情形一：合同长期采用固定总价模式，约定价格不可更改，施工过程中因不可归责于双方当事人原因，此时，根据公平原则，由双方各自承担一半责任。

【案例】

——广西某建筑安装工程有限公司与防城某科技材料有限公司建设工程施工合同纠纷[1]

基本案情

防城某科技材料有限公司（甲方）与广西某建筑安装工程有限公司（乙方）于2003年7月26日签订了一份《建设工程施工合同（厂房）》。合同约定，防城某科技材料有限公司将其位于防城港市某桥右侧的厂房工程承包给广西某建筑安装工程有限公司承建。承包方式为包工包料，总造价双方确定为168万元。总造价含报建所有部门收费及竣工使用执照取得的相关费用，开工所需地质钻探、钻探后因政府部门要求做的基础施工费，场地平整、清洁费用及所有工料、器具、运输、税捐、保险等费用。天车须出具出厂合格证，主管机关使用合格证。施工工期自开工日至取得使用执照、完工止，总工期为70天（含假日）；双方就《建设工程施工合同》关于工程造价的约定存在争议诉诸法院。

一审法院认为，双方当事人在正式签订《建设工程施工合同》之前，对工程的造价已进行了多次磋商，且乙方于2003年7月17日用传真的形式将其承包甲方厂房的成本价拟定为1 562 803.17元报给甲方，最后达成以168万元的包干价承包建设甲方厂房的协议。协议的达成是经过双方在合同中所称的，经过长时间友好协商形成的，况且本案作为承包方的乙方，其是专业的承包施工企业，有着长期从事承包工程的丰富经验。因此，其主张双方在合同中关于工程造价的约定显失公平，缺乏事实依据和法律依据，不予确认。

---

[1] 案件来源：广西壮族自治区高级人民法院民事判决书［2005］桂民一终字第45号。

二审法院认为，甲方在乙方施工过程中，多次变更工程项目，造成工程未能按时完工。在此期间，因市场建筑材料涨价导致工程造价增加，发生了非当事人所能预见的根本性变化，参照《最高人民法院关于印发〈全国经济审判工作座谈会纪要〉的通知》（法发［1993］8号）（已失效）第2条第6点"由于不可归责于当事人双方的原因，作为合同基础的客观情况发生了非当事人所能预见的根本性变化，以致按原合同履行显失公平的，可以根据当事人的申请，按情势变更的原则变更或解除合同"的规定，结合本案的实际情况，如在建筑材料大幅度涨价的情况下仍按原来的合同价格履行，对乙方显失公平且甲方对工程未能按时完工也有一定的责任。因此，对主要建筑材料价差损失 164 802.22 元，应由甲方承担一半责任。

案例评析

由于不可归责于当事人双方的原因，作为合同基础的客观情况发生了非当事人所能预见的根本性变化，以致按原合同履行显失公平的，可以根据当事人的申请，按情势变更的原则变更或解除合同。例如，市场价格发生巨大波动，导致承包人继续履行合同会遭受巨大损失，此时承包方可以要求接触或变更合同。在此案中，由于发包方多次变更工程项目，导致工程未能按时完工，根据公平原则，由双方共同承担损失。

情形二：承包人虽未取得工期顺延的确认，但能够证明在合同约定的期限内向发包人或者监理人申请过工期顺延且顺延事由符合合同约定，且工期延误主要原因是发包方造成的，承包人以此为由主张工期顺延的，法院予以支持。

【案例】

——江西某建设有限公司、理县某水电开发有限责任公司建设工程施工合同纠纷[1]

基本案情

2010年3月28日，理县某水电开发有限责任公司（甲方）与江西某建设

---

[1] 案件来源：最高人民法院二审民事判决书［2020］最高法民终 455 号。

有限公司（乙方）签订《工程承包合同》约定理县珊瑚沟水电站总体工程。《工程承包合同》约定工期为20个月，江西某建设有限公司应于2012年7月31日完成案涉工程的建设，《工程承包合同》第10条"停工、窝工损失处理方法"约定：①承包人根据施工合同进场，由于发包人原因造成的停工、窝工损失由发包人负责，其计算方法按现场施工人员人数，每人每天补偿生活费30元整。②由于承包人意外情况引起的停工、窝工损失发包人不承担责任。③由于停工、窝工原因而造成关键线路延误，属于发包人责任的，则总工期顺延；属于承包人责任的，由承包人负责。

一审法院认为，根据本案查明的事实，监理对乙方提交的工期延期及损失赔偿报告单进行了签证，确认案涉工程工期延误18个月，确认甲方应赔偿乙方因工期延误增加的人工费、机械设备闲置费、管理费。根据《最高人民法院关于审理建设工程施工合同纠纷案件适用法律问题的解释（二）》（失效）第6条第1款的规定："当事人约定顺延工期应当经发包人或者监理人签证等方式确认，承包人虽未取得工期顺延的确认，但能够证明在合同约定的期限内向发包人或者监理人申请过工期顺延且顺延事由符合合同约定，承包人以此为由主张工期顺延的，人民法院应予支持。"能够认定案涉工程工期延误的责任不在乙方，甲方请求乙方赔偿工期延误损失缺乏相应的事实依据和法律依据，一审法院不予支持。

二审法院认为，双方之间的《工程承包合同》并未约定提供施工设计图纸系承包人乙方的义务，且从乙方提交的有监理及发包人代表签字的报告单等证据来看，案涉工程存在初步设计与实际施工情况差异较大、装机容量增加、业主资金不到位等影响施工进度的因素，且监理对乙方关于工期延期时长及损失赔偿的报告单进行了确认，由此可见，工期延误并非由乙方的原因造成。依照《最高人民法院关于审理建设工程施工合同纠纷案件适用法律问题的解释（二）》（失效）第6条第1款的规定："当事人约定顺延工期应当经发包人或者监理人签证等方式确认，承包人虽未取得工期顺延的确认，但能够证明在合同约定的期限内向发包人或者监理人申请过工期顺延且顺延事由符合合同约定，承包人以此为由主张工期顺延的，人民法院应予支持。"甲方要求乙方承担工期延误的违约责任，二审法院不予支持。

案例评析

案涉工程自2010年12月1日正式开工，《工程承包合同》约定工期为

20个月，乙方应于2012年7月31日完成案涉工程的建设，但乙方能够证明在合同约定的期限内向甲方或者监理人申请过工期顺延且顺延事由符合合同约定，且案涉工程存在初步设计与实际施工情况差异较大、装机容量增加、业主资金不到位等影响施工进度的因素。故而，承包方不承担工期延误的责任。

（2）针对承包方的原因及其责任承担。

作为承包方，按照合同约定如期完成工程量是其主合同义务之一。故而，一旦出现工期延误，通常由承包方承担由此带来的不利风险，除非双方有其他约定，或者出现了法定的豁免事由，才有可能免责或者由发包方承担。在通常情况下，承包方承担工期延误责任的主要情形是由于工程质量不合格需要维修或返工导致的工期延误以及因承包人资金或人员不足导致的工期延误。例如，根据《民法典》第801条规定："因施工人的原因致使建设工程质量不符合约定的，发包人有权请求施工人在合理期限内无偿修理或者返工、改建。经过修理或者返工、改建后，造成逾期交付的，施工人应当承担违约责任。"由于承包人原因造成工期延误，承包人应支付逾期竣工违约金。逾期竣工违约金的计算方法在专用合同条款中约定。《民法典》第584条规定："当事人一方不履行合同义务或者履行合同义务不符合约定，造成对方损失的，损失赔偿额应当相当于因违约所造成的损失，包括合同履行后可以获得的利益；但是，不得超过违约一方订立合同时预见到或者应当预见到的因违约可能造成的损失。"第585条规定："当事人可以约定一方违约时应当根据违约情况向对方支付一定数额的违约金，也可以约定因违约产生的损失赔偿额的计算方法。约定的违约金低于造成的损失的，人民法院或者仲裁机构可以根据当事人的请求予以增加；约定的违约金过分高于造成的损失的，人民法院或者仲裁机构可以根据当事人的请求予以适当减少。当事人就迟延履行约定违约金的，违约方支付违约金后，还应当履行债务。"

工期延误如果是由承包方单方面原因造成，发包方可以据此向承包方进行索赔。此时，承包方将承担由工期延误带来的不利后果。

情形一：合同虽然无效，但由于承包方施工质量存在问题，导致工程延期，发包方可以据此向承包方进行索赔。

【案例】

——江苏某建设集团有限公司、安庆某房地产发展有限公司建设工程施工合同纠纷[1]

基本案情

2015 年 3 月 3 日，安庆某房地产发展有限公司（甲方）与江苏某建设集团有限公司（乙方）就安庆××广场项目-商业区桩基签订了一份《桩基工程施工合同》。约定："工程名称：安庆××广场项目—商业区桩基施工合同。承包方式：综合单价包干。合同总价：暂定金额 31 317 519 元。总工期：90 日历天（包含但不限于试桩、桩二次拨运、地下障碍清除、桩测试、质监站验收通过的时间在内）。进场施工日期：2015 年 2 月 27 日。竣工退场日期：2015 年 5 月 30 日。"合同还对工期延误、工程质量及检查、违约责任等内容进行了明确约定。扬州桩基公司于 2016 年 1 月 7 日补桩施工完成，江西某公司于 2016 年 5 月 22 日补桩施工完成，江苏某基桩公司于 2016 年 6 月 15 日补桩施工完成。

根据乙方与甲方《桩基工程施工合同》第 9.2.2 条的约定，由乙方原因造成工期延误的，每逾期 1 日，乙方向甲方偿付合同总价款 0.5‰的违约金。经查，案涉合同约定竣工退场日期为 2015 年 5 月 30 日。由于施工质量问题，案涉桩基工程至 2016 年 6 月 15 日才补桩完成，逾期 380 天，甲方仅主张 210 天，法院予以确认，故该工期延误违约金为 3 288 339.5 元（31 317 519 元×0.5‰/天×210 天）。另根据该合同第 9.2.3 条的约定，乙方工程质量验收不合格的，应负责无偿修理或返工，直至工程质量合格，并向甲方支付合同总价款 10%的违约金。根据上述认定，朱某施工的案涉工程质量不合格，乙方应承担质量违约金 3 131 751.9 元（31 317 519 元×10%）。

案涉《桩基工程施工合同》约定竣工退场日期为 2015 年 5 月 30 日，由于施工质量问题，案涉桩基工程至 2016 年 6 月 15 日才补桩完成，逾期 380

---

[1] 案件来源：最高人民法院二审民事判决书［2019］最高法民终 589 号。

天。但甲方主张工程逾期 210 天，本院予以确认。按照合同约定，工期延误违约金应计算为 3 288 339.5 元（31 317 519 元×0.5‰/天×210 天）。因《桩基工程施工合同》无效，该违约金不能当然被采纳。但因乙方施工质量存在问题，导致案涉工程工期延误并造成损失，乙方应向甲方支付适当的工期延误损失。由于甲方在乙方开始施工时未取得施工许可证，对案涉工程肢解发包，存在过错，法院参照工期延误违约金的数额，酌定乙方、甲方各承担 50% 的工期延误损失责任。故，乙方应向甲方支付工期延误损失 1 644 169.7 元。

案例评析

甲方在与施工总承包单位签订总承包合同之外，将桩基部分分包给其他施工单位，并还与桩基部分的施工单位签订了分包合同。该行为违反了《建筑法》第 24 条"提倡对建筑工程实行总承包，禁止将建筑工程肢解发包"，国务院《建设工程质量管理条例》第 7 条第 2 款"建筑单位不得将建设工程肢解发包"的规定，对甲方肢解发包行为进行处罚。甲方将案涉工程的桩基项目肢解发包，违反了法律和行政法规强制性规定，所以案涉《桩基工程施工合同》应为无效。施工合同虽然无效，但因承包人施工质量原因导致工期延误的，承包人仍然应当承担工期延误的责任。

情形二：承包方违法将工程进行外包，导致工程延期和长期停工，发包方可以据此向承包方提出索赔。

【案例】

——某建筑工程有限公司与某粮油购销公司建设工程施工合同纠纷[1]

基本案情

某公司原名称为湖南某工程公司，后更名为湖南某第一工程有限公司，2011 年 10 月更名为现名称。2011 年 9 月 6 日，某建筑工程有限公司（乙方）与某粮油购销公司（甲方）签订《建设工程施工合同》，约定某公司承包建设×县××超市复建项目工程；计划开工日期为 2011 年 7 月 15 日、竣工日期为2012 年 2 月 15 日；合同采用固定综合单价，合同价为 8 186 937 元。双方就

---

[1] 案件来源：最高人民法院再审审查与审判监督民事裁定书[2019]最高法民申 4340 号。

工程质量产生争议诉诸法院。经某甲方申请，一审法院委托某会计师事务所对工期延误造成的房屋租金损失进行鉴定。某会计师事务所于 2015 年 3 月 9 日作出的［2015］015 号鉴定意见为：工程工期为 210 天，应于 2012 年 6 月 7 日竣工，截至 2014 年 7 月 24 日尚未竣工，延误工期 777 天；因根据相关文件通知精神，调整项目外墙装饰用干挂花岗石，施工方由此影响工期；2012 年 9 月 5 日至 2012 年 11 月 22 日此段时间可以扣除 78 天，鉴定延误工期为 699 天，造成建设方房屋租金损失 2 022 766.20 元。

一审法院认为，根据建工质检中心作出的鉴定意见，乙方施工工程存在质量问题。《合同法》（已失效）第 281 条规定："因施工人的原因致使建设工程质量不符合约定的，发包人有权要求施工人在合理期限内进行无偿修理或者返工、改建。经过修理或返工、改建后，造成逾期交付的，施工人应当承担违约责任。"鉴于双方合同已解除且工程已交付甲方，由乙方完成工程修复整改不符合客观实际，故乙方应当向甲方支付鉴定意见确定的整改修复费用 2 553 596 元，由甲方自行完成整改修复工作。同时，鉴于甲方并未举证证明其已完成后期工程并已实际开展经营，即整改修复工作必然影响到甲方的后期工程施工和经营，故甲方请求乙方赔偿其由整改延误工期造成的经济损失不能成立。

二审法院认为，不能仅凭赔偿数额高于工程价款就认定赔偿额超过了乙方订立合同时所能预见到的违约损失，应当就各项赔偿款的具体性质和双方订立合同时的实际情况进行综合分析评判。第一，针对出租营业设施租金损失，一审法院系根据双方合同约定工期、实际开工日期和合同解除日期，在扣除工程设计变更因素导致的顺延工期 78 天后，确定乙方存在延误工期 389 天的违约行为。获取出租营业设施租金属于双方合同履行完毕后甲方的合理期待，但是乙方的违约行为导致甲方不能按期投入使用工程，且该"使用"也并不局限于甲方自用，甲方完全可以根据其经营的实际情况进行出租，而无须在双方合同中就工程具体用途进行详细的约定，这符合普遍的社会经济现状和交易习惯。因此，出租营业设施租金属于乙方订立合同时应当预见到的损失，一审法院根据其认定的工期延误天数并参照鉴定意见确定的每日租金损失标准计算出的损失 1 125 688.2 元符合客观实际、公平合理，本院予以维持。

最高人民法院认为，汉源县人民政府 2014 年 7 月 3 日汉府阅［2014］38

号《研究汉源县粮油超市等灾后重建项目相关事宜的纪要》载明：县粮油超市项目计划于2012年6月10日竣工，但在2012年5月主体工程完工后，受装饰装修变更、施工方委托的原代理人携工程款潜逃及拖欠多家供货商材料款等原因影响，项目进展缓慢，至今基本处于停工状态，已严重超期，且工程建设过程中存在诸多不规范的问题，必须认真清理并加以整改；2014年2月，乙方提出复工诉求，要求支付二次施工脚手架费用36万元，并对未完工程进行调价，增加工程款99万元，两项共计135万元。蜀会师审字第〔2015〕015号鉴定意见认定，根据相关文件通知的精神，调整项目外墙装饰用干挂花岗石，施工方由此影响工期，2012年9月5日至2012年11月22日此段时间可以扣除78天。据此，原审法院在计算延误工期时已相应扣除因设计变更延误的78天。乙方关于一、二审法院未考虑装饰装修设计变更的主张，不能成立。乙方多次搭建和拆除脚手架系其内部管理混乱及停工所致，不能作为其延误工期的抗辩理由。一、二审判决认定乙方应当承担案涉工程工期延误的违约责任，具有事实和法律依据。

案例评析

乙方将工程违法交由无建设资质和经济实力的案外人熊某施工，并且因为拖欠款项导致施工进入困境，且未采取有效措施复工，以致工程长期停工和逾期竣工，其延误工期、工程质量不合格的违约行为，应当由承包方承担相应的赔偿责任。

情形三：承包方在施工过程中存在工期延误的情况，但工期延误是由于工期安排不合理造成的，此时承包方无需承担工期延误的责任。

【案例】

——八方某公司与景宁某有限公司建设工程合同纠纷案[1]

基本案情

八方某公司（乙方）通过招投标方式取得景某石某某居住小区（a区）工程的建设项目，并于2004年6月21日与石印某公司（原景宁某有限公司，

---

[1] 案件来源：浙江省高级人民法院二审民事判决书[2009]浙民终字第100号。

甲方）签订《建设工程施工合同》。约定：石印某公司将景某石某某居住小区a标段所属建安、装饰及相关室外附属工程发包给八方某公司施某，工期为自开工之日起300天，合同价款为固定合同价14 539 573元，并对合同外价款的调整方法及风险费用的计算方法作了约定。2008年2月14日，八方某公司向原审法院提起诉讼，请求：石印某公司支工程款595万元，并支付延期付款利息。石印某公司提起反诉，请求：八方某公司返还超付工程款481 582元，垫付水电费及修理费计175 329.24元，并支甲期延误违约金205万元。

一审法院认为，《建设工程施工合同》约定合同工期总日历天数300天，开工日期以开工报告为准，无具体开工日期，《补充条款》约定2004年11月30日完成某体结构不合理，应按合同约定工期300天计算。其次，在施某过程中存在工期顺延的情形，有联系单为凭，因工程丙变更而影响工程进度，因政策处理而影响施某等。最后，验收时，甲方未提出工期延误的主张，应视其认可乙方按时完工。综上，乙方承建的工程按时完工，不构成违约，对甲方反诉主张乙方承担违约责任的请求，不予支持。

二审法院认为，双方签订的《建设工程施工合同》及《补充条款》约定：合同工期为开工之日起300天，乙方在2004年11月30日前完成本区域全部单位工程主体结构。但乙方于2005年6月23日主体结构完工，按合同规定应承担逾期违约责任。二审法院认为，根据查明的事实，双方《建设工程施某某同》约定的开工日期以开工报告为准，工期为300天。而甲方发出的开工报告的时间分别为2004年7月10日和8月28日。因此，2004年6月22日双方签订《补充条款》时，甲方尚未发出开工报告，约定乙方应在2004年11月30日前完成本区域全部单位主体结构，对乙方不合理。且在工程施工过程中，还存在乙方曾多次受到当地村民阻挠无法进行正常施工等情形。因此，主体工程未按时完工并非完全是乙方的原因，对于甲方要求乙方承担延误工期违约责任的请求，二审法院不予支持。

案例评析

在通常情况下，工期延误的责任主要由承包方承担，但如果工期延误的原因是工期约定不合理，且因工程变更影响和政策处理影响工程进度，一旦出现工期延误的情形，承包方不承担违约责任。

根据上述案例可以发现，在同期延误索赔事件中，对于责任承担的认定，首先需要弄清楚延误的原因是什么。其中既包括单方面的原因，也包括多方面原因综合的结果。对于延误原因的分析，需要找出初因是什么，即最开始或者最直接导致工程延误的事由。在此基础上，需要进一步判断初始责任应当是由哪一方负责，谁先导致了同期延误事件的发生，谁就应当承担同期延误的责任。其次，分析延误时间是发生在关键线路上，即会决定整个项目的最短完成事件的线路，关键线路上出现的任何瑕疵延迟都将影响整个项目工程的进度和总工期。当然，在司法实践中，也存在对于同一时间段内发生的两种以上的工期延误事件，按照其各自给总工期造成的影响来分担责任的情况。例如《民法典》第592条第1款规定："当事人都违反合同的，应当各自承担相应的责任。"此时的责任判定，尤其是划分责任比例就成了裁判者依公平正义、诚实信用原则进行自由裁量的范畴，但该原则的适用取决于庭审法官的主观因素。为了更好地适用责任比例分担原则，可以在兼顾初始责任人的情况下，适当地适用发包人责任优先原则，对于费用补偿，则应在进行责任划分时适用承包人责任优先原则，对承包人课以更重的责任承担比例。

（3）非发承包双方的原因，或者是由发承包双方共同原因造成的。

情形一：非发承包双方原因导致的停工损失，合同未约定该原因导致的停工损失由发包人承担，承包方向发包方索赔的，法院不予支持，但可以认定由发包人承担50%的停工损失。

【案例】

——北京某建筑集团有限公司、北京某房地产开发有限公司建设工程施工合同纠纷案[1]

基本案情

2014年3月15日，北京某房地产开发有限公司（甲方）与北京某建筑集团有限公司（乙方）签订《合同协议书》。约定："工程名称：总后军需物资油料部经济适用住房工程（室内外装修工程）；工程地点：北京市海淀区四季

---

[1] 案件来源：最高人民法院二审民事判决书［2019］最高法民终1800号。

青乡；工程内容：外装修、室内精装修；承包范围：1#～10#楼、服务楼的室外及室内公共区域部分的精装修，1#～5#楼、6#楼部分的屋内精装修及所涉及精装修部分的水电工程。开工日期为 2014 年 3 月 18 日，竣工日期为 2015 年 6 月 30 日。"2016 年 3 月 15 日，北京某房地产开发有限公司与北京某建筑装饰工程有限公司签订《施工合同》，约定北京某建筑装饰工程有限公司对总后军需物资油料部干部经济适用住房 1#、4#室内装修工程进行施工，承包形式为合同价款采用施工范围内双方确认的工程清单总价包干承包方式，"结算价 = 固定包干总价 + 洽商签证总额"，合同含税固定包干总价为 99 934 404.98 元；工程总工期 313 天，2016 年 6 月 6 日开工，2017 年 4 月 15 日前完工。双方就工程款延期支付违约金产生争议，诉诸法院。

一审法院认为，乙方主张的工程款延期支付违约金，依据为《合同协议书》合同专用条款第 35 条关于"发包人不按合同约定支付工程款，每延期一日，发包人向承包人支付按到期应付而未付款项万分之二的违约金，最高额度为本合同价的 3%，工期顺延"的约定。由于《补充协议（四）》关于双方对"由于乙方两年多来一直借款垫资施工"的补偿进行了约定，应认为双方对于甲方未按约定支付工程进度款，乙方垫资施工的补偿问题重新进行了安排。故本院对乙方该项工程款延期支付违约金的请求不予支持。

二审法院认为，一审以 APEC 会议、清华附中事故、抗战胜利 70 周年纪念三项事由引起的停工索赔均有相关文件佐证，且为客观存在的事实，同时考虑到该情形均为不可归责为双方的事由，认定甲方应支付乙方 50%的停工损失 758 397.5 元，并无不妥。甲方关于一审法院认定停工损失无证据的主张，与事实不符，不应支持。

案例评析

合同未约定 APEC 会议、清华附中事故、抗战胜利 70 周年纪念原因导致的停工损失由发包人承担，且引起停工索赔的事由是不可归责于任何一方当事人的其他事件，如果全部由发包方来承担停工损失，对发包方而言显然是不公平的。故此，法院将停工损失在发承包方之间进行平摊。

情形二：发包方工程量增加、交地延迟、拆迁补偿，承包人施工组织不合理、措施不科学、擅自停工等原因导致工程停工和延期交付，双方均有责任，按照各自过错共同承担。

【案例】

——广元某建筑劳务有限公司、中国某工程局有限公司建设工程施工合同纠纷[1]

基本案情

2012年5月12日，中国某工程局有限公司嘉陵江××水利枢纽库区公路复建工程项目部作为发包人（甲方）与广元某建筑劳务有限公司（乙方）作为承包人签订了《复建工程施工分包合同》。变更：施工中如需对原工作内容进行变更，乙方按照变更通知及有关要求进行施工；施工中乙方不得擅自对原工程设计进行变更，否则由此发生的费用由乙方承担。变更处置原则。变更引起工期变化时，则按以下原则调整工期：若变更使合同工作量减少，张某认为应提前变更项目的工期时，由双方协商确定，但确定的完工日期不得晚于业主对该项工作批复的完工日期；乙方承包工程后，监理机构于2011年10月7日签发合同项目开工令，并确定实际开工日期为2011年9月12日。乙方实际于2011年9月12日组织人员、机械进场施工。陆续完成道路、桥梁施工作业。案涉工程开工时间为2011年9月12日，合同工期396天，合同工期截至2012年10月12日，但实际主体完工之日为2014年8月18日。双方就因工期延误产生的损失诉诸法院。

一审认为，案涉乙方与甲方签订的合同属于无效合同，根据《合同法》（已失效）第58条的规定："合同无效或被撤销后，因该合同取得的财产，应当予以返还；不能返还或者没有必要返还的，应当折价补偿。有过错的一方应当赔偿对方因此所受到的损失，双方都有过错的，应当各自承担相应的责任。"本案双方签订的合同无效，双方均有过错，乙方因履行案涉合同受到的损失，应当根据双方的过错责任进行分担。前述已经查明，案涉三条路均超合同工期完工，超合同工期的原因有工程量增加、交地延迟、拆迁补偿等原

---

[1] 案件来源：最高人民法院二审民事判决书［2020］最高法民终912号。

因导致的村民阻工、洪水灾害、设计变更以及施工作业面复杂等多种因素，同时也有承包人施工组织不合理、措施不科学、擅自停工等原因。因此，对工期延误双方均有责任。前述已经认定，案涉工程因增加工程量、水毁恢复合理顺延至 2013 年 3 月 13 日，非承包人原因工期顺延至 2014 年 3 月 13 日，那么 2014 年 3 月 14 日至 2014 年 8 月 18 日应当被认定为属于乙方原因超期时间，但由于双方原因导致工期延误的事实存在交叉，故不能区分各自原因导致工期延误的具体时间段，只能对 2013 年 3 月 11 日至 2014 年 8 月 18 日延误期间的损失根据过错责任认定损失承担。根据前面已经认定的各自原因导致延误工期的时间，一审认定延误工期的责任发包人承担主要责任，川越劳务公司承担次要责任。

二审法院认为，因为在实际施工中，存在征地拆迁问题、农民阻工问题等导致工期延误，根据工程例会、监理监评例会会议纪要及通知，建设项目部同意对由非承包人原因导致的工期延误造成的人工工资、材料价格进行调整。据此，鉴定机构对延误工期的主要材料砂、碎石、钢材按广元市造价站（或交通造价站）信息价加合理运费考虑材料价格与投标价比较后，按规定承包单位承担 3%～5% 的价差风险，超过部分予以计算出金额，符合相关规定及客观实际。乙方主张的综合组价缺乏合同依据，而对未获得监理、业主审核同意的部分，其未提交足够证据证明系因对方原因形成，一审对其相关调价主张未予支持并无不当，长江设计公司、甲方上诉主张的调价方式亦缺乏合同依据，故对双方上诉意见均不予支持。

案例评析

乙方主张被上诉人交地迟延的初始行为导致工期延误，故因超合同工期产生的材料费及人工费上涨、机械使用费等损失均应当由被上诉人赔偿。但法院认为，双方签订的合同无效，双方均有过错，应当根据双方的过错责任进行分担。由于双方原因导致工期延误的事实存在交叉，故不能区分各自原因导致工期延误的具体时间段，只能根据延误期间的损失来认定损失承担。

在司法实践中，司法机关对于同期延误情况主要有两种裁判方式：一种是如果有相对可确认为能够延长工期的情形，则裁判一般可以允许相应延长工期。另一种则是在证据并不足够充分时，裁判者行使自由裁量权，根据发包人和承包人提交的相关证据，对工期的顺延进行酌定裁判。至于延误导致的费用索赔，则需要根据主张费用索赔的一方举证证明各自损失实际发生的费用大小及损失与延误之间的因果关系。但是，无论是承包人还是发包人，在无法区分自身风险事件导致的损失和对方风险事件导致的损失情况下，都无权享有费用索赔权。

与此同时，根据对以往司法裁判案件的梳理可以发现，法官一般将工期延误的举证责任科于承包人一方。承包人首先应当证明造成工期延误的事件属于发包人风险事件，而不是承包人风险事件，同时还需要证明已经向发包人提起工期顺延签证或索赔，并提供相应的书面或其他证据予以佐证。最后还应当证明发包人风险事件对工期的影响程度。故而，对于承包人而言，在出现工期延误事件时，应当按照合同约定的索赔程序和要求发出工期或费用索赔申请，并附有相应风险事件的证明资料并注明需要顺延的具体天数或索赔的费用数额，且保留邮寄或签收的证据。而对于发包人而言，由于在实践中即使承包人无法充分举证证明工期延误天数，但在其仅能证明发包人风险事件对工期的影响程度时，法官也会行使自由裁量权，酌情认定工期延误天数。所以，发包人在面对承包人提出的顺延工期申请时，一定要积极应对、收集证据，在合同约定时间内给出回复意见，并附有相应的佐证资料，以期维护自身合法权益。

（三）索赔期限

索赔期限，是指受损害方有权向违约方提出索赔的期限。按照法律和国际惯例，受损害方只能在一定的索赔期限内提出索赔，否则就会丧失索赔权利。

1. 示范文本中关于索赔期限的相关规定

根据 1999 年版示范文本的规定，索赔通知时间需要在事件发生后 28 天内，但并未明确未在该期限内通知索赔的后果。因而，在形式上，该示范文中的期限不属于严格上的索赔期限。而 2007 年版《标准施工招标文件》明确："承包人应在知道或应当知道索赔事件发生后 28 天内，向监理人递交索赔意向通知书，并说明发生索赔事件的事由。承包人未在前述 28 天内发出索赔意向通知书的，丧失要求追加付款和（或）延长工期的权利。" 2011 年版《建设项目工程总承包合同示范文本（试行）》则明确："承包人应在索赔事件发生后 30 日内，向发包人发出索赔通知。未在索赔事件发生后的 30 日内发出索赔通知，发包人不再承担任何责任，法律另有规定除外。"2013 年版《建设工程工程量清单计价规范》同样明确了索赔期限："承包人应在知道或应当知道索赔事件发生后 28 天内，向发包人提交索赔意向通知书，说明发生索赔事件的事由。承包人逾期未发出索赔意向通知书的，丧失索赔的权利。"2013 年版示范文本基本形成了施工领域固定的索赔期限条款："承包人应在知道或应当知道索赔事件发生后 28 天内，向监理人递交索赔意向通知书，并说明发生索赔事件的事由；承包人未在前述 28 天内发出索赔意向通知书的，丧失要求追加付款和（或）延长工期的权利。"2017 年版示范文本与索赔期限相关的内容，主要体现在第 19 条 "索赔"中，索赔期限与 2013 年版基本相同。2020 年版《总承包合同示范文本》将 2011 年版中的 "30 天"调整为"28 天"，与施工合同示范文本保持了一致："索赔方应在知道或应当知道索赔事件发生后 28 天内，向对方递交索赔意向通知书，并说明发生索赔事件的事由；索赔方未在前述 28 天内发出索赔意向通知书的，丧失要求追加/减少付款、延长缺陷责任期和（或）延长工期的权利。"2020 年版《总承包合同示范文本》相较于 2011 年版除了在索赔期限上有所调整之外，另一发生变化之处是关于索赔期限的起算时间点。2020 年版将 2011 年版中的 "索赔事件发生后"这一客观起算点调整为 "索赔方指导或应当知道索赔事件发生后"这一主观起算点。

2. 索赔期限的性质

关于索赔期限性质的讨论，实务界存在不同的观点。有人将其视为一种时效，认为索赔方如不严格遵守索赔时效的规定，逾期提出索赔要求，则其胜诉权将得不到法律支持。该观点进一步认为，权利人的主张在索赔时效期间届满后因诉权消灭而变为自然之债，此种请求权不受法律强制实施的约束力和保障，但权利人的实体权利并未就此丧失。如果被索赔方放弃索赔时效的抗辩权，向权利人作出回应或给付，索赔方有权接受回应或给付，不构成不当得利。[1]也有人将其视为一种除斥期间，认为索赔期限的作用与除斥期间的立法旨趣相同，都是重在维护既有秩序，使得改变既有秩序的权利无法永久存续，此点有别于诉讼时效旨在维护新秩序。此外，索赔期限长短不变，

〔1〕 楼英瑞、郑翔：《建设工程施工合同索赔时效若干问题研究》，载《施工企业管理》2003 年第 7 期，第 32~34 页。

不像诉讼时效那样存在中止、中断或延长的情形，这点与除斥期间是一致的。最为关键的是，索赔期限内不行使权利的效果是整个实体权利的消灭，而不仅仅是胜诉权的丧失。[1]

情形一： 合同约定发包人在收到承包人提交的索赔报告后逾期答复视为认可条款，承包方据此提出索赔，法院予以支持。

【案例】

——贵州省某会议中心有限公司、中国建筑某有限公司建设工程施工合同纠纷[2]

基本案情

2002 年，中国建筑某有限公司中标某某饭店建设项目。2002 年 6 月 7 日，贵州省某会议中心有限公司作为发包方（甲方）与中国建筑某有限公司作为承包方（乙方）签订了《建设工程施工合同》。约定：工程名称为贵州省人民政府某某饭店会议中心，工程地点为贵阳市北京路 147 号某某饭店院内，工程内容为土建、安装、消防、装饰工程。合同工期总日历天数 316 天，合同价款为 14 722 635.96 元。通用条款第 36 条约定：当一方向另一方提出索赔时，要有正当索赔理由，且有索赔事件发生时的有效证据。发包人未能按合同约定履行自己的各项义务或发生错误以及应由发包人承担责任的其他情况，造成工期延误和（或）承包人不能及时得到合同价款及承包人的其他经济损失，承包人可按下列程序以书面形式向发包人索赔：①索赔事件发生后 28 天内，向工程师发出索赔意向通知；②发出索赔意向通知后 28 天内，向工程师提出延长工期和（或）补偿经济损失的索赔报告及有关资料；③工程师在收到承包人送交的索赔报告和有关资料后，于 28 天内给予答复，或要求承包人进一步补充索赔理由或证据；④工程师在收到承包人送交的索赔报告和有关资料后 28 天内未予答复或未对承包人作进一步要求，视为该索赔已经认可；⑤当索赔事件持续进行时，承包人应当阶段性地向工程师发出索赔意向，

---

〔1〕 林镥海、沈琼华：《〈建设工程施工合同〉示范文本签证和索赔期限问题探讨》，载《政治与法律》2005 年第 4 期，第 95 页。

〔2〕 案件来源：最高人民法院二审民事判决书〔2016〕最高法民终 497 号。

在索赔事件终了后 28 天内，向工程师送交索赔的有关资料和最终索赔报告。索赔答复程序与第 3、4 项相同。双方就损害赔偿问题协商未果，中国建筑某有限公司诉至法院。

一审法院认为：首先，待工损失属于实际损失，属法律规定的损害赔偿范围。待工损失系甲方单方违约给乙方造成的等待进场施工期间产生的损失，属已发生的实际损失，符合《合同法》（已失效）第 113 条规定的损害赔偿范围，应予支持。其次，根据双方约定，应视为省开投公司已经认可了该项损害赔偿责任。双方签订的《建设工程施工合同》通用条款第 36 条约定："工程师在收到承包人送交的索赔报告和有关资料后 28 天内未予答复或未对承包人作进一步要求，视为该索赔已经认可。"该约定系双方当事人的真实意思表示，于法不悖，对双方均有约束力。从《协议书》的内容来看，省开投公司至迟于 2006 年 4 月 3 日收到《贵州省政府甲方会议中心工程停工损失咨询报告》，但其未在约定期间进行答复，应视为对该索赔认可。根据《建设工程施工合同》的约定，利息应从省开投公司认可该索赔之日，即 2006 年 5 月 2 日起算。双方对违约损害赔偿金的资金占用费没有约定，一审法院根据公平原则酌定按中国人民银行同期贷款利率计算。

二审法院认为，由于该工程长期停工等待，造成工程停工损失费共计 11 692 906 元，其中已造成机械设备费、管理费、人工费等损失共计 6 575 544 元，临时设施、利润等损失共计 5 117 362 元。一审法院以国际会议中心收到乙方《贵州省政府甲方会议中心工程停工损失咨询报告》后未在《建设工程施工合同》通用条款 36 条"工程师在收到承包人送交的索赔报告和有关资料后 28 天内未予答复或未对承包人作进一步要求，视为该索赔已经认可"的约定期间内答复为由，视为其对索赔数额的认可，二审法院认为并无不当。

案例评析

合同双方对收到承包人提交的索赔报告后逾期答复视为认可，该约定属于当事人的真实意思表示，并未违反法律、行政法规的效力性强制性规定，也不存在其他法定无效情形的，该约定合法有效。例如，根据《民法典》第 140 条的规定："行为人可以明示或者默示作出意思表示。沉默只有在有法律规定、当事人约定或者符合当事人之间的交易习惯时，才可以视为意思表示。"发包人在收到承包人提交的索赔报告后逾期答复，该行为之法律性质为沉默。合同就逾期作出索赔答复进行了约定，视为该索赔已经认可，该约定系双方当事人真实意思表示，应当对双方均有约束力。在该案中，对索赔期限的性质相当于采用了时效的定性，认为逾期提出的索赔属于自然之债。因此，发包方对承包方索赔的逾期答复行为可以被视为意思表示。据此，法院应当按照该约定进行裁判。

情形二：合同约定逾期索赔丧失索赔权利时，发包方以此约定拒绝承包方的索赔请求的，法院予以支持。

【案例】

——中铁某集团有限公司、哈密市某有限责任公司建设工程施工合同纠纷[1]

基本案情

2011 年 9 月，哈密市某有限责任公司（发包方，甲方）与中铁某集团有限公司（承包方，乙方）签订《××露天煤矿剥离及采煤工程施工承包合同》（以下简称《施工承包合同》）。13.2 乙方应在第 13.1 款情况发生后 14 天内，就延误的计划以书面形式提出报告，经哈密市某有限责任公司和监理确认后方可削减计划。13.3 中铁某集团有限公司因自身原因连续 3 个月不能达到其施工组织设计和工程进度计划的要求时，即属中铁某集团有限公司违约，哈密市某有限责任公司有权收取适当的违约金，在工程进度款中予以扣减。双方就工程变更价款产生争议诉诸法院。

一审法院认为，依据《施工承包合同》第 33 条"工程设计变更"及第 34 条"确定变更价款"部分的约定，甲方有权指示乙方对工程或任何单位工程的形式、质量或数量作出变更，如果乙方认为工程变更（包括设计变更和需另行计价的隐蔽工程）超出了其包干范围，应在工程变更确定后 14 天内，提出变更工程价款的报告，如乙方在双方确定变更发生后 14 天内不向甲方和监理提出变更工程价款的报告，视为该项变更不涉及合同价款的变更。2013 年 8 月 3 日，甲方与乙方在就确定工程结算方式召开的会议中确认采剥计划

---

[1] 案件来源：最高人民法院二审民事判决书［2020］最高法民终 348 号。

调整势在必行。2013 年 11 月 29 日，甲方向乙方下达《关于××煤矿全年任务调整的通知》，对吉朗德煤矿全年任务进行调整。乙方并未举证其在任务调整确定后的 14 日内提出了变更工程价款的报告，故应视为该项变更不涉及合同价款的变更，故乙方现主张甲方因调减任务给其造成损失并要求其赔偿，与双方当事人上述合同的约定不符，法院不予支持。

二审法院认为，甲方于 2013 年 8 月 3 日与乙方在会议中已经确认对采剥计划进行调整。甲方又于 2013 年 11 月 29 日向乙方下达《关于××煤矿全年任务调整的通知》，明确对吉朗德煤矿全年任务进行调整。根据案涉《施工承包合同》第 33.1 款关于"甲方有权指示乙方对工程或任何单位工程的形式、质量或数量作出变更"的约定以及第 34.1 款关于"如果乙方认为工程变更（包括设计变更和需另行计价的隐蔽工程）超出了其包干范围，应在工程变更确定后 14 天内，提出变更工程价款的报告，如乙方在双方确定变更的发生后 14 天内不向甲方和监理提出变更工程价款的报告，视为该项变更不涉及合同价款的变更"的约定，乙方未能举证其在任务调整确定后的 14 日内依据上述约定提出异议，乙方关于"甲方在 2011 年 9 月招标文件中写明案涉工程施工 5 年，乙方按照穿爆工程量、剥离工程量的约定准备机械设备和人员，但从 2013 年 11 月 25 日开始，甲方开始下发调减年度生产计划文件，至 2016 年乙方共损失 23 746 235.32 元"的主张，二审法院不予采信。故一审判决甲方不承担上述因调减生产计划给乙方造成损失并无不当。

案例评析

合同约定逾期索赔丧失相关索赔权利时，发包方以此约定拒绝承包方的索赔请求的，法院予以支持。由此可见，根据当事人意思自治的原则，如果当事人已经在合同中对逾期索赔丧失索赔权利进行了明确约定，如果发生逾期索赔的事由，则应当依照合同的约定进行。

情形三：建设工程合同无效情形下，索赔期限条款对双方当事人仍然有效，并可以继续适用。

【案例】

——中铁某工程局集团有限公司、福建某航道疏浚工程有限公司等航道、港口疏浚合同纠纷[1]

基本案情

福建某航道疏浚工程有限公司（乙方）的经营范围包括港口清淤、航道疏浚、船舶租赁等，其向中铁某工程局集团有限公司（甲方）承包宁德三都澳城澳8号、9号泊位工程的炸礁及清礁工程。双方于2015年6月12日订立《劳务分包合同》。因工程涉及爆破资质及炸药购买、储存，福建某航道疏浚工程有限公司同时以福宁公司名义与中铁某工程局集团有限公司订立了同《劳务分包合同》权利义务内容一样的《专业分包合同》。《劳务分包合同》约定："总价29 127 000元，包括劳务、材料、机械等各种费用。"合同同时约定中铁某工程局集团有限公司派驻工地履行合同的代表是杨某，索赔事件发生后，福建某航道疏浚工程有限公司应在28天内向中铁某工程局集团有限公司提交索赔报告，否则不予受理，并视为放弃索赔。2016年8月9日，福建某航道疏浚工程有限公司的工程船离场。双方就合同无效导致的工程损失产生争议并诉诸法院。

一审法院认为，《最高人民法院关于审理建设工程施工合同纠纷案件适用法律问题的解释（二）》（已失效）第3条第1款规定："建设工程施工合同无效，一方当事人请求对方赔偿损失的，应当就对方过错、损失大小、过错与损失之间的因果关系承担举证责任。"因此，本案中，乙方向甲方索赔案涉损失，还需进一步证明案涉《劳务分包合同》无效与船舶长时间进场待工以及因此窝工造成损失的因果关系。显然，二者没有因果关系，乙方船舶长时间进场待工以及因此造成的窝工系由炸药审批手续未办妥、工程无法正常开工所致。事实上，从《劳务分包合同》的内容可知，双方约定包括炸药审批在内的整个爆破工程均由乙方承包。乙方主张甲方曾召集喻某新等人协调、

---

[1] 案件来源：最高人民法院再审与审判监督民事裁定书［2021］最高法民申3396号。

指定喻某新负责提供炸药仓库,因此对办理炸药审批负有义务,也无事实依据和证据证明,主张甲方未尽协助提供相关资料以办理炸药审批的义务,同样没有事实依据,亦无法证明因此导致炸药审批手续无法办理。因此,乙方以合同无效索赔案涉损失没有事实依据。

二审法院认为,根据《劳务分包合同》的约定,甲方全面负责与设计单位、业主、监理的联系和协调工作。在三都港口未及时对炸礁基岩面标高及工程量进行复核和确认的情况下,甲方有义务与设计单位和业主协调解决上述问题以确保炸礁工程顺利开工。因此,甲方对于炸礁工程未能如期开工负有一定责任。《合同法》(已失效)第60条第2款规定,当事人应当遵循诚实信用原则,根据合同的性质、目的和交易习惯履行通知、协助、保密等义务。本案中,炸礁工程因故不能如期开工,甲方应当采取适当措施防止船舶滞留时间过长。原审法院以案涉《劳务分包合同》无效与船舶长时间进场待工造成的损失之间缺乏因果关系为由判决驳回乙方的诉讼请求,未审理甲方的合同缔约过失责任,也未全面查清炸礁工程没有如期开工的原因,导致作出的判决结果有失公允,二审法院予以纠正。

最高人民法院认为,《劳务分包合同》约定了包括炸药审批在内的整个爆破工程均由乙方承包,但炸药审批所需的安全评估合同、立项报告、环评报告等材料需要由甲方协助提供,否则乙方无法完成炸药审批手续。因此,甲方有义务提供炸药审批相关材料。二审法院调取的甲方在其与三都港口码头建造合同纠纷一案中提交的《关于宁德三都港口发展有限公司解除施工合同的通知书的复函》,说明甲方自认乙方的炸礁船于2015年10月13日进场,乙方为履行《劳务分包合同》做了炸礁前期的准备工作。上述复函还证明,案涉炸礁工程无法按时开工的原因除了炸药库问题之外,还涉及三都港口未及时对炸礁基岩面标高及工程量进行复核和确认等原因。甲方向本院提交的《工程业务联系单》(编号017)涉及承包方、监理单位、业主三方为推进本工程顺利施工所需解决的问题及相关内容的联系事宜,该份证据并不能推翻二审判决认定的结论。二审判决根据本案事实和证据,综合认定乙方2015年10月至2016年7月期间的船员工资损失574 529元由甲方承担,并无不当。案涉合同被认定无效后,甲方援引该合同中的条款主张乙方提出索赔请求超过索赔期限,缺乏依据。

案例评析

根据《民法典》第 793 条第 1 款的规定："建设工程施工合同无效，但是建设工程经验收合格的，可以参照合同关于工程价款的约定折价补偿承包人。"第 507 条规定："合同不生效、无效、被撤销或者终止的，不影响合同中有关解决争议方法的条款的效力。"鉴于案涉炸礁工程无法按时开工的原因除了炸药库问题外，还涉及三都港口未及时对炸礁基岩面标高及工程量进行复核，未及时确认炸礁工程量等原因，即未能提供炸药库仅为炸礁工程未能如期开工的原因之一，但并非唯一原因。因此，甲方应当承担部分责任，根据合同约定，索赔事件发生后，乙方应在 28 天内向甲方提交索赔报告，否则不予受理，并视为放弃索赔。尽管案涉合同被认定无效，其中关于索赔期限的条款仍可适用。

（四）索赔范围的确定

因承包人导致的工期延误引起的赶工，由此引发的赶工费如何承担？

首先，根据《民法典》第 509 条第 1 款的规定："当事人应当按照约定全面履行自己的义务。"因此，在一般情形下，除发承包双方另有约定外，该赶工措施费由承包人自行承担。由于承包人应当按照建设工程施工合同约定的工期向发包人交付工程建设成果，按期履行合同是承包人的先行义务，故而由于承包人的原因导致工期延误，其采取的赶工行为之法律性质为全面履行自己义务的行为，该赶工措施费理应由承包人自行承担。《建设工程工程量清单计价规范》（GB50500-2013）第 2.0.25 条就"提前竣工（赶工）费"约定为"承包人应发包人的要求而采取加快工程进度措施，使合同工程工期缩短，由此产生的应由发包人支付的费用"。可见，赶工费系由发包人原因赶工产生，因承包人延误工期导致其自行赶工产生的费用不能被认定为赶工费。

其次，如果是非因承包人导致的工期延误引起的赶工，而是因发包人要求赶工，在该情形下的赶工措施费由发包人承担。

情形一：虽然没有书面证据证明存在赶工，但实际施工进度相比约定工期或定额工期较快，承包单位因赶工而产生额外费用时，可以据此向发包方进行索赔。

【案例】

——哈尔滨某建筑工程有限公司与哈尔滨某皮草有限公司建设工程施工合同纠纷[1]

基本案情

哈尔滨某建筑工程有限公司（乙方）、哈尔滨某皮草有限公司（甲方）之间没有签订书面建筑工程施工合同，双方口头协商工程竣工后，按照国家和省市相关规定进行结算。哈尔滨某建筑工程有限公司 2013 年 6 月进场施工，2014 年 6 月交工，工程未经验收，哈尔滨某皮草有限公司于 2014 年 8 月开业投入使用，未提出有质量问题。该标段工程完工后，哈尔滨某建筑工程有限公司、哈尔滨某皮草有限公司及第二标段施工方哈尔滨某水利水电建筑工程有限公司，三方就工程款结算问题共同委托某造价咨询公司进行工程造价咨询，于 2015 年 3 月 10 日签订《建设工程造价咨询合同》。该合同第 8 条约定："咨询人按三委托人的委托对施工工程总造价进行审计，咨询人对审计出的总工程造价结果对三委托人均有约束力，该审计结果是三委托人进行工程价款结算的依据，任何一方委托人都应严格执行，不得提出任何异议，也不得要求重新审计。"双方关于"赶工费"是否应予给付的问题产生争议，诉诸法院。

一审法院认为，双方诉争的"赶工费"系根据建设工程行业规范及惯例确认的理论工期范围内提前完成工程所产生的额外费用。该工期缩短有工程项目核减、工程标准降低因素，也有工程成本增加因素。基于此，相关法律规定并没有对工程存在"赶工"发包方应承担"赶工"费用进行规定，即对"赶工"产生的核增、核减费用应由双方自行约定，并按约定标准予以履行。在本案中，乙方举示证据证明在施工中存在其主张的"赶工"事实，但对该"赶工"出现的原因、费用如何计算等因双方未签订书面合同，对此并没有任何约定，仅有的《建设工程造价咨询合同》也未对此予以提出与明确。故争

---

[1] 案件来源：黑龙江省高级人民法院二审民事判决书［2017］黑民终 152 号。

议"赶工费"是否给付、如何给付仍属双方待商议内容。依据有约定从约定、无约定从法定的法律原则，在无法律规定及双方约定的情形下，甲方对乙方主张的"赶工费"不予认可，理由成立，乙方举示的鉴定意见初稿中关于"赶工费"的描述及乙方自行委托的鉴定意见，均不能成为其主张成立的依据。乙方应承担违反规定未签订施工合同及后续合同中对争议款项未予约定所产生的不利后果，其主张的"赶工费"即便客观存在，也属其自愿承担增加成本的范畴，对其主张，法院不应予以支持。

二审法院认为：首先，案涉工程《工程技术资料》关于模板安装及拆除的验收记录，能够体现出在施工过程中存在增加模板材料的投入。其次，新翔公司的初审报告认定"该工程在几个月内完成，客观上存在赶工、抢工情况，从现有资料中没有查到任何关于双方赶工的文件资料，但是从施工内业及多方洞察，该工程在几个月内完成，赶工是事实"。再次，案涉工程系政府重点项目、形象工程，政府有关部门要求建设单位尽快完成施工。一审判决认定该工期缩短有工程项目核减、工程标准降低因素，也有工程成本增加因素，缺乏事实依据。关于甲方是否应支付乙方赶工费的问题。本案中，虽双方未签订施工合同，乙方亦未能提供经对方认可的赶工措施方案，但根据一审诉讼中证人怀某宇、李某乾的证言，证实在施工过程中，甲方工程负责人多次召集各标段施工单位开会，要求进行赶工，并承诺支付相关费用。另一方面，乙方作为施工单位为了赶工额外支付人工费和增加模板周转等相关费用，如无发包方对其承诺支付赶工费用，自行增加成本支付赶工费用有违常理。由于乙方实际施工的工期与定额工期相比较明显缩短，甲方于交工当年开始营业，甲方从中受益。原审法院以双方未约定赶工费，即便客观存在，也属其自愿承担增加成本，判决驳回乙方的诉请，有违民事活动应遵循的公平原则，二审法院予以纠正。

案例评析

在此案中，一审和二审法院对关于赶工费的处理意见不一致。一审严格依据有约定从约定、无约定从法定的法律原则，在无法律规定及双方约定的情形下，甲方对乙方主张的"赶工费"不予认可，而二审法院以实际发生的工期为事实依据，认为乙方实际施工的工期与定额工期相比较明显缩短，甲方于交工当年开始营业，甲方从中受益。因此，基于公平原则，应当由发包方承担由赶工带来的费用。

情形二：施工合同和补充协议中关于赶工费约定不一致，如果补充协议约定在合同范围外发生赶工费的，承包方仍可向发包方进行索赔。

【案例】

——某建设集团有限公司、黑龙江某热力有限责任公司等建设工程施工合同纠纷[1]

基本案情

2013 年 5 月 7 日，黑龙江某热力有限责任公司作为发包人（甲方），与承包人某建设集团有限公司（乙方）签订《建设工程施工合同》。开工日期为 2013 年 5 月 10 日，竣工日期为 2013 年 12 月 31 日，合同工期总日历天数为 236 天；2013 年 7 月 19 日，黑龙江某热力有限责任公司、某建设集团有限公司、江苏某建设工程有限公司形成《赶工会议简要》。主要内容为：基于双鸭山市政府及供热办专题会议精神，该工程必于 2013 年 10 月 15 日供暖。会议就 2013 年 10 月 15 日供暖倒排计划如下：10 月 15 日 72 小时试运；9 月 15 日—10 月 14 日单机调试，烘炉煮炉；8 月 15 日—9 月 14 日炉墙砌筑保温；7 月 1 日—8 月 15 日锅炉安装，8 月 15 日水压试验。三方同时签订《补充合同书》，主要内容为：为达到热源厂提前供暖的工期要求，补贴承包人因工期提前而增加的施工人员及工程赶工等费用；确定工程目标为《赶工会议简要》的内容，赶工费用为 580 万元；合同签订后 7 天内，支付赶工费用 200 万元；三方一致同意将赶工费用汇至毓恒公司账号。2013 年 9 月 18 日，三方形成《赶工费用汇款方式变更说明》记载："补充合同书中赶工费用共计人民币 580 万元，其中某建设集团有限公司占 380 万元，江苏某建设工程有限公司占 200 万元。现因发包人要求，须将赶工费用分别汇至某建设集团有限公司及江苏某建设工程有限公司的账户中。"双方就赶工措施费产生的争议诉诸法院。

一审法院认为，案涉《建设工程施工合同》虽包含了赶工措施费，但该费用系针对合同约定的 2013 年 5 月 10 日至 2013 年 12 月 31 日的施工期限，

---

[1] 案件来源：最高人民法院二审民事判决书［2021］最高法民终 1075 号。

故该工期内发生的赶工费用，应予以给付。而《补充合同书》中的赶工费用是指在约定工期的前提下继续赶工所产生的费用，两笔费用虽同为"赶工费"，但指向的内容不同，不存在重复计算、侵害甲方利益的问题。并且，赶工目的系为甲方能够完成在 2013 年 10 月 15 日供暖的约定，由发包人补贴承包人因工期提前而增加的费用。三方《赶工会议简要》已就 2013 年 10 月 15 日供暖倒排作出具体计划，并就 10 月 15 日供暖需发包人提供的设备材料、到货计划及赶工措施作出明确约定。发包人保证设备在拟定的时间内供给安装，如因设备及其他发包人原因不能按时供热，责任由发包人自行承担。由于甲方在提供设备的过程中存在滞后及质量问题，导致未能全部实现赶工目的，故甲方应对此承担责任。赶工事实已经发生，对应的费用应按约定给付。

二审法院认为，乙方在一审举示的《补充合同书》《赶工会议简要》《赶工款汇款方式变更说明》，以及 1#和 2#锅炉基础交接检查验收记录、1#交工验收签证表、设备竣工验收及移交生产签证表、锅炉本体水压测试签证表等证据，足以证明乙方和毓恒公司均按照《赶工会议简要》的约定履行了赶工义务，而甲方在提供设备的过程中存在滞后及质量问题，导致未能全部实现赶工目的。根据《赶工会议简要》关于"如因设备及其它发包人原因不能按时供热责任由发包人自行承担"的决议内容，甲方应对此承担责任。一审法院判决甲方给付对应的赶工费用，有所依据。甲方该项上诉理由不成立，二审法院不予支持。

案例评析

案涉《建设工程施工合同》虽包含了赶工措施费，而《补充合同书》也约定了赶工费，但二者指向的对象不一样，《补充合同书》的赶工费用是指在约定工期的前提下继续赶工所产生的费用。因此，如果承包方在施工合同约定的期限内完成了工程，可以据此要求发包方承担赶工措施费，而如果承包方不仅在约定的工期内完成了，还有所提前，应当按照补充协议约定的内容，进一步要求发包方予以相应补充，二者不存在重叠和冲突。

赶工费能否进行索赔，还与其是否系赶工的正常支出相关，例如在"徐州某有限公司与浙江某建工集团有限责任公司青海分公司等建设工程施工合同纠纷案"（〔2016〕最高法民申 3080 号）中，最高人民法院就认为案涉工程发包方有相关证据证明，工程承包方所需增加的费用与赶工期无关，已向承包方表示在结算时不予认可，承包方请求支付赶工费的，人民法院不予支持。同时，也并非所有赶工费在索赔时都能得到法院支持。例如，在"江苏某有限公司与沛县某商贸有限公司等建设工程施工合同纠纷案"（［2016］最高法民终687号）中，最高人民法院认为双方未在合同中就赶工费是否计取及计取比例作出约定，可以根据工程签证单认定此项费用只应计取工程承包方因赶工增加的模板使用费，从而对赶工费进行酌情处理。

2013年版示范文本第7.9.1规定：发包人要求承包人提前竣工的，发包人应通过监理人向承包人下达提前竣工指示，承包人应向发包人和监理人提交提前竣工建议书，提前竣工建议书应包括实施的方案、缩短的时间、增加的合同价格等内容。发包人接受该提前竣工建议书的，监理人应与发包人和承包人协商采取加快工程进度的措施，并修订施工进度计划，由此增加的费用由发包人承担。承包人认为提前竣工指示无法执行的，应向监理人和发包人提出书面异议，发包人和监理人应在收到异议后7天内予以答复。在任何情况下，发包人不得压缩合理工期。第7.9.2规定：发包人要求承包人提前竣工，或承包人提出提前竣工的建议能够给发包人带来效益的，合同当事人可以在专用合同条款中约定提前竣工的奖励。广州市律师协会的《建设工程索赔法律服务指引》（2021年）第4.1.30规定：因发包人原因导致工期延期令承包人需增加履约担保的费用，在工程合同中，发承包双方往往会通过约定提供履约担保来保证双方权利得到保障。履约担保一般包括缴纳履约保证金或者要求第三方担保公司、保险公司或银行提供履约保函等。发包人要求承包人提供履约保函的，一般保履约保函的有效期截止为工程建设合同约定的工程竣工验收合格之日后的30天~180天，如果工期延误，势必需要对履约保函进行续期增加费用。如果由于发包人原因导致工期延期，承包人为此所付的履约保函续约费，可向发包人索赔，但建设工程合同另有约定的除外。

此外，在不可抗力情形下发生的赶工费，承包方不能向发包方进行索赔。例如，在［2014］苏民终字第0210号案中，南京某建筑安装工程有限公司（乙方）认为，根据双方签订的2002年10月16日补充协议，南京某建筑安装工程有限公司（乙方）同意在保证施工质量及安全的前提下，将竣工日期提前为2003年4月29日。为此，张某（甲方）同意增付乙方赶工措施费共36.5万元，乙方必须确保按上述工期竣工并通过竣工验收，否则张某将施以相应处罚。虽然小市项目竣工日期为2003年7月20日，但南京某建筑安装工程有限公司（乙方）提供的小市集资建房工作签证第6页《关于小市集资建房01、02、04幢赶工措施费用确认的报告》载："我公司按照协议约定投入使用了赶工所需用的全部材料及人工等，由于2003年上半年"非典"原因，该项目延期至2003年7月份交付。鉴于上述因素，请认可并支付实际发生的赶工措施费用36.35万元。"在该报告下方，张某人员（叶某）批复了"同意在原合同基础上增付30万元赶工措施费"。有相关甲方签字认可的报告就说明赶工事实成立，盖章只是手续问题，但因"非典"原因延期不属于环强公司的责任，应按批复增加赶工措施费30万元。甲方认为，该报告上批复同意增加赶工措施费用30万元的字据，只有相关人员签字、无单位盖章，缺乏法律效力，并且竣工验收证明上的通过验收时间为2003年7月30日，所以该项费用不仅不应计取，还需再扣除逾期完工费36.35万元。法院认为，甲方作为工程的建设方，为加强工程管理、控制施工成本，有权对其任命的工程负责人进行管理和权力限制。2003年7月17日的《线材厂补充细则》，对双方均有约束力。南京某建筑安装工程有限公司（乙方）关于其只有工作人员签字、没有公司签章确认，该协议没有生效的辩解理由不能成立，不予采纳。《线材厂补充细则》签订之前的部分签证，均有建设方叶某、李某及监理人员签字，故对上述签证的效力予以认定。甲方认为该部分签证无效，但也未举证证明签证工程内容并未施工，对甲方的该主张，不予支持。

【关联规则】

《建设工程工程量清单计价规范》（GB50500-2013）第9.11.2条规定："发包人要求合同工程提前竣工的，应征得承包人同意后与承包人商定采取加快工程进度的措施，并应修订合同工程进度计划，发包人应承担承包人由此增加的提前竣工（赶工补偿）费用。"

《深圳市建设工程计价费率标准》规定，计划工期压缩超过按现行《深圳市建设工程施工工期定额》计算所得定额工期20%的，其周转材料的摊销次数缩短、人工加班费用增加等费用可按下列公式计算：赶工措施费 =（1-合同工期/定额工期-20%）×（人工费+措施项目费）×赶工措施费系数。（注：赶工措施费计算基数中的人工费是指单位工程中分部分项工程人工费，措施项目费是指不包含赶工措施费的措施项目之和。）

《北京市住房和城乡建设委员会关于执行2018年〈北京市建设工程工期

定额〉和 2018 年〈北京市房屋修缮工程工期定额〉的通知》第 4 条规定："经测算确定的赶工增加费不得小于以工程造价（不含设备费）为基数，乘以下列费用标准计算的费用：（一）压缩定额工期幅度在 5%（含）以内的，工期每压缩一天的费率为：1. 建筑工程、轨道交通工程：0.25‰；2. 市政工程、房屋修缮工程：0.75‰。（二）压缩定额工期幅度在 10%（含）以内的，工期每压缩一天的费率为：1. 建筑工程、轨道交通工程：0.5‰；2. 市政工程、房屋修缮工程：1.25‰。（三）压缩定额工期幅度在 20%（含）以内的，工期每压缩一天的费率为：1. 建筑工程、轨道交通工程：0.9‰；2. 市政工程、房屋修缮工程：2.55‰。（四）压缩定额工期幅度超过 20%（不含）的，工期每压缩一天的费率为：1. 建筑工程、轨道交通工程：1.35‰；2. 市政工程、房屋修缮工程：3.9‰。"

《文物保护法》（2017 年修正）

第 32 条：在进行建设工程或者在农业生产中，任何单位或者个人发现文物，应当保护现场，立即报告当地文物行政部门，文物行政部门接到报告后，如无特殊情况，应当在 24 小时内赶赴现场，并在 7 日内提出处理意见。文物行政部门可以报请当地人民政府通知公安机关协助保护现场；发现重要文物的，应当立即上报国务院文物行政部门，国务院文物行政部门应当在接到报告后 15 日内提出处理意见。

依照前款规定发现的文物属于国家所有，任何单位或者个人不得哄抢、私分、藏匿。

《古生物化石保护条例》（2019 年修订）

第 18 条：单位和个人在生产、建设等活动中发现古生物化石的，应当保护好现场，并立即报告所在地县级以上地方人民政府自然资源主管部门。

县级以上地方人民政府自然资源主管部门接到报告后，应当在 24 小时内赶赴现场，并在 7 日内提出处理意见。确有必要的，可以报请当地人民政府通知公安机关协助保护现场。发现重点保护古生物化石的，应当逐级上报至国务院自然资源主管部门，由国务院自然资源主管部门提出处理意见。

生产、建设等活动中发现的古生物化石需要进行抢救性发掘的，由提出处理意见的自然资源主管部门组织符合本条例第 11 条第 2 款规定条件的单位发掘。

第 19 条：县级以上人民政府自然资源主管部门应当加强对古生物化石发掘活动的监督检查，发现未经依法批准擅自发掘古生物化石，或者不按照批准的发掘方案发掘古生物化石的，应当依法予以处理。

《建设工程施工合同（示范文本）》（GF-2017-0201）

"第二部分　通用合同条款"

1.9 化石、文物

在施工现场发掘的所有文物、古迹以及具有地质研究或考古价值的其他遗迹、化石、钱币或物品属于国家所有。一旦发现上述文物，承包人应采取合理有效的保护措施，防止任何人员移动或损坏上述物品，并立即报告有关政府行政管理部门，同时通知监理人。

发包人、监理人和承包人应按有关政府行政管理部门要求采取妥善的保护措施，由此增加的费用和（或）延误的工期由发包人承担。

承包人发现文物后不及时报告或隐瞒不报，致使文物丢失或损坏的，应赔偿损失，并承担相应的法律责任。

《标准施工招标文件》（2013 年版）

"第四章　合同条款及格式"

1.10 化石、文物

1.10.1 在施工场地发掘的所有文物、古迹以及具有地质研究或考古价值的其他遗迹、化石、钱币或物品属于国家所有。一旦发现上述文物，承包人应采取有效合理的保护措施，防止任何人员移动或损坏上述物品，并立即报告当地文物行政部门，同时通知监理人。发包人、监理人和承包人应按文物行政部门要求采取妥善保护措施，由此导致费用增加和（或）工期延误由发包人承担。

1.10.2 承包人发现文物后不及时报告或隐瞒不报，致使文物丢失或损坏的，应赔偿损失，并承担相应的法律责任。

《标准设计施工总承包招标文件》（2012 年版）

"第四章　合同条款及格式"

1.10 化石、文物

1.10.1 在施工场地发掘的所有文物、古迹以及具有地质研究或考古价值的其他遗迹、化石、钱币或物品属于国家所有。一旦发现上述文物，承包人应采取有效合理的保护措施，防止任何人员移动或损坏上述物品，并立即报告当地文物行政部门，同时通知监理人和发包人。发包人、监理人和承包人应按文物行政部门要求采取妥善保护措施，由此导致费用增加和（或）工期延误由发包人承担。

1.10.2 承包人发现文物后不及时报告或隐瞒不报，致使文物丢失或损坏的，应赔偿损失，并承担相应的法律责任。

《建设项目工程总承包合同示范文本（试行）》（GF-2011-0216）

"第二部分 通用条款"

7.1.8 承包人新发现的施工障碍

发包人应根据承包人按照 7.2.8 款的约定发出的通知，与有关单位进行联系、协调、处理施工场地周围及临近的影响工程实施的建筑物、构筑物、文物建筑、古树、名木、地下管线、线缆、设施以及地下文物、化石和坟墓等的保护工作，并承担相关费用。

对于新发现的施工障碍，承包人可依据 13.2.3 款施工变更范围第（3）项的约定提交变更申请，对于承包人的合理请求发包人应予以批准。施工障碍导致工程关键路径延误的，竣工日期相应顺延。

工程索赔不是双方协商一致的结果，而是单方主张权利的要求。索赔与已发生或履行完毕的签证是统一的关系，即索赔是一种过程，签证是一种结果。未发生或者未履行完毕的签证与索赔无关。发包人未能按照合同约定履行各项义务、发生错误以及应当由其承担责任的其他情况，造成承包人工期延误、不能及时得到合同价款和其他经济损失，承包人均可就上述索赔事件提出索赔。

情形四：承包方提交的证据并不能有效证明已明确认可其存在相应损失，也未能证明在索赔事件发生后其已按照约定程序向对方提出了索赔要求，对此，法院不予支持。

【案例】

——北京某集团有限责任公司、河北某职业学院建设工程施工合同纠纷 [1]

基本案情

2006 年 1 月和 3 月，河北某职业学院就学院新校区一期一标段、二标段工程向社会招标，北京某集团有限责任公司中标。中标后北京某集团有限责

---

〔1〕 案件来源：最高人民法院二审民事判决书［2019］最高法民终 922 号。

任公司（乙方）与河北某职业学院（甲方）于 2006 年 2 月 25 日签订了《建设工程施工合同》，约定工程名称为河北某职业学院新校区一期一标段工程。开工日期为 2006 年 3 月 8 日，竣工日期为 2007 年 7 月 30 日，合同价款为66 454 765 元。合同价款采可调价款，调整方法按照 2003 年河北建设工程预算定额、费用定额及相关文件调整。2006 年 4 月 6 日，双方又签订了关于河北某职业学院新校区一期二标段工程的《建设工程施工合同》。开工日期为2006 年 4 月 8 日，竣工日期为 2007 年 8 月 8 日，合同价款为 23 979 443 元。《建设工程施工合同》签订后，北京某集团有限责任公司开始进场施工，于2007 年 10 月基本完工。河北某职业学院从 2007 年 10 月使用至今。双方就结算款产生争议诉诸法院。

一审法院认为，乙方未提交监理公司认可其索赔事由的证据，甲方提交的监理公司出具的《工程进度问题的报告》提及因材料未能及时进场、人员配备不足等原因导致施工进度滞后。另外，《补充协议》签订之时，乙方主张的工期延误事实、图纸变更事实已经存在，但《补充协议》未涉及违约责任以及损失承担，一审法院对乙方要求甲方承担损失的主张不予支持。

二审法院认为，案涉《建设工程施工合同》虽被认定为无效，但其中有关一方向另一方提出索赔的条件和程序条款对双方仍有拘束力。乙方主张其在施工过程中存在窝工、机械设备停止使用等多方面的损失应由甲方赔偿，但其提交的证据并不能有效证明甲方已明确认可存在相应损失，也未能证明在索赔事件发生后其已按照约定程序向对方提出了索赔要求。且乙方和甲方均参与了某市审计局的审计过程，乙方表示就损失问题已向审计机关提出，但从 24 号审计报告的内容来看，审计机关亦未对乙方提出的相关损失予以认定。并且，经一审查明，甲方提交监理公司出具的《工程进度问题的报告》中，提及施工进度滞后的原因在于材料未能及时进场、人员配备不足等，故一审判决未支持乙方提出的损失赔偿请求，并无不当。乙方的该项上诉请求，二审法院不予支持。

案例评析

北京乙方承建案涉工程出现了多项质量缺陷，导致案涉工程不能进行竣工验收，工程不能如期结算，乙方对其主张的损失没有提交证据证明，对于乙方提出的损失赔偿请求，法院不予支持。

（五）索赔程序

索赔程序是由施工单位向建设单位提出索赔意向，调查干扰事件，寻找索赔理由和证据，计算索赔值，起草索赔报告，通过谈判、调解或仲裁，最终解决索赔争议等一系列行为所构成的流程。建设单位未能按合同约定履行自己的各项义务或发生错误以及应由建设单位承担的其他情况，造成工期延误和（或）施工单位不能及时得到合同价款及施工单位的其他经济损失，根据 2017 年版示范文本的相关规定，施工单位可按下列程序以书面形式向建设单位索赔：

（1）索赔事件发生 28 天内，各工程师发出索赔意向通知；

（2）发出索赔意向通知后 28 天内，向工程师提出延长工期和（或）补偿经济损失的索赔报告及有关资料；

（3）工程师在收到施工单位送交的索赔报告及有关资料后，于 28 天内给予答复，或要求施工单位进一步补充索赔理由和证据；

（4）工程师在收到施工单位送交的索赔报告和有关资料后 28 天内未予答复或未对施工单位提出进一步要求，视为该项索赔已经认可；

（5）当该索赔事件持续进行时，施工单位应当阶段性地向工程师发出索赔意向，在索赔事件终了 28 天内，向工程师送交索赔的有关资料和最终索赔报告。索赔答复程序与（3）(4）规定相同，建设单位的反索赔的时限与上述规定相同。

概括而言：

（1）承包人向发包人提出索赔的程序：索赔事件发生后 28 天内，发出索赔意向通知书（说明理由），逾期未发出，丧失权利；发出索赔意向通知书后 28 天内，正式索赔通知书（详细说明理由和要求），索赔事件有连续影响的还应提交延续索赔通知，索赔事件影响结束后的 28 天内，最终提交索赔通知书（说明要求并附必要记录和证明材料）。

（2）发包人对承包人索赔的处理程序：监理人收到索赔报告后 14 天内报送发包人，发包人在监理人收到索赔报告或进一步证明材料后的 28 天内，监理人向承包人出具经发包人签认的索赔处理结果，发包人逾期答复，视为认可索赔要求，承包人接受索赔处理结果，索赔款项在当期进度款中进行支付，如果不接受索赔处理结果，可以通过争议解决。

（3）发包人向承包人提出索赔的程序：索赔事件发生后28天内发出索赔意向通知书，逾期未发出，丧失索赔权利，发出索赔意向通知书后28天内递交索赔报告。

（4）承包人对发包人索赔的处理程序：收到发包人提交的索赔报告后承包方及时审查索赔报告的内容、查验发包人证明材料，承包人逾期答复，视为认可索赔要求，承包人接受索赔处理结果应在支付给承包人的合同价款中扣除赔付的金额或延长缺陷责任期，不接受索赔处理结果可以通过争议解决条款解决。

《建设项目工程总承包合同（示范文本）》（GF-2020-0216）相较于2017年版示范文本而言，主要变化在于提出索赔的对象和审核索赔的期限。《建设项目工程总承包合同（示范文本）》（GF-2020-0216）中，承包人作为索赔方时，其索赔意向通知书、索赔报告及相关索赔文件应向工程师提出；发包人作为索赔方时，其索赔意向通知书、索赔报告及相关索赔文件可自行向承包人提出或由工程师向承包人提出，审核期限为42天。

为能够成功索赔，《广州市律师协会建设工程索赔法律服务指引》（2021年）有关工程索赔的文件与资料准备作出如下要求：

（1）索赔资料的准备。

工程合同履行过程中，任何一方在发生索赔事件时，均可按照合同约定向相对方提出索赔意向、索赔要求或者声明保留索赔的权利，这些索赔工作程序均离不开索赔资料的收集、整理、提交和处理。因此，索赔资料既是索赔的基础，也是成功索赔的关键。

根据索赔阶段的不同，索赔资料的要求有所区别。律师在为当事人就索赔事项提供法律服务时，应有针对性地根据索赔事件的特点、索赔行为所处的具体阶段，与当事人共同做好索赔资料的收集、整理、提交、谈判、确认等相关法律服务。

通常，在准备资料时，当事人及律师可以根据索赔事件的具体情形，做好如下准备工作：

第一，跟踪和调查索赔事件，掌握索赔事件产生的详细经过，形成基础材料。并且，不管是否有必要提出索赔，发承包双方都应当积极主动地积累和收集索赔相关证据、材料，以有利于今后随时都能应对变更或突发状况。

第二，分析索赔事件产生的原因，划清各方责任，确定是否符合索赔条件，在基本符合索赔条件时，及时向对方提出索赔意向书。

第三，对索赔事件引起的损失或损害进行调查分析，确定工期索赔和费用索赔值，提供具体的计算过程和依据。

第四，围绕索赔搜集相关支撑证据，或通过公证等手段保全证据，为提出索赔报告获得充分而有效的证据支持。

第五，根据合同约定的文件格式和流程，起草、确定索赔报告。

（2）索赔文件。

第一，索赔意向书。发、承包双方在合同履行过程中，认为发生符合合同约定的索赔事件时，应以书面形式向对方提出索赔意向书，表达索赔的意向。索赔意向通知要简明扼要地说明索赔事由发生的时间、地点、简单事实情况描述和发展动态、索赔依据和理由、索赔事件的不利影响、索赔工期或赔偿的具体要求及其依据等，以便于对方了解诉求，并为下一步双方进行索赔谈判做好准备。

索赔意向书格式要点：

其一，事件发生的时间和情况的简单描述；

其二，索赔依据的合同条款和理由；

其三，有关后续资料的提供，包括及时记录和提供事件发展的动态；

其四，对工程成本和工期产生的不利影响及其严重程度的初步评估；

其五，声明/告知拟进行相关索赔的意向。

第二，索赔报告：

其一，索赔报告根据索赔事件的发展，可分为最终索赔报告和中间索赔报告。

提出索赔一方根据合同示范文本中有关索赔的程序性规定，在发出索赔意向通知后的 28 天内或经过监理工程师同意的其他合理时间内向监理工程师提交全部索赔文件。在通常情况下，此类索赔报告应为最终索赔报告。但如果索赔事件工程的影响持续时间长，索赔一方则应按监理工程师要求的合理间隔（一般为 28 天）提交中间索赔报告，并在干扰事件影响结束后的 28 天内提交一份最终索赔报告。索赔报告未在合同规定的时间内提交的，则将丧失就该事件请求索赔的权利。律师应当协助当事人确认索赔事件发生的时间，并提示当事人在合同约定的期限内提交索赔报告。而且，在索赔事件持续时，应当注意提示当事人及时提交中间索赔报告。

其二，索赔报告的内容，索赔报告是索赔材料的正文，一般包括三个主要部分。

标题：报告的标题应言简意明地概括出索赔的核心内容。

事实与理由：该部分陈述客观事实，合理引用合同规定，建立事实与索赔损失间的因果关系，说明索赔的合理合法性。

损失与要求索赔的金额与工期：只需列举各项明细数字及汇总即可。

其三，索赔报告的编制要求。

编制索赔报告时应注意以下要求：

对索赔事件要叙述得清楚明确，避免采用"可能""也许"等估计猜测性语言，造成索赔说服力不强。

报告中要强调事件的不可预见性和突发性，并且索赔方为避免和减轻该事件的影响和损失已尽了最大的努力，采取了能够采取的措施，从而使索赔理由更加充分，更易于对方接受。

责任要分析清楚，报告中要明确对方的全部责任。

计算索赔值要合理、准确。要将计算的依据、方法、结果详细说明列出，这样易于对方接受，减少争议和纠纷。

第三，支撑性文件。索赔支撑性资料应包含支持索赔要求的各项证明文件，这类文件通常包括与索赔事件相关的如下资料，并由提出索赔一方根据索赔意向进行收集和整理：

其一，招投标文件、建设工程合同文本及附件、补充协议及其他合同性文件；双方往来的信件及各种会议、会谈纪要、备忘录或任何指示、指令文件。

其二，工程图纸及技术规范、技术交底文件、施工组织设计或专项施工方案及其审批文件等。

其三，施工进度计划和实际施工进度记录、施工现场的有关文件（施工记录 备忘录施工月报施工日志等）。

其四，施工现场视像资料，如索赔事件持续，则应采取合理方式形成持续的视像资料记录。

其五，工程所在地的气象资料、工程地质勘查资料或报告等。

其六，工程检验记录、检（试）验报告、隐蔽工程验收记录、工程交接记录、各种检查验收报告和技术鉴定报告等。

其七，工程中送停电、送停水、道路开通和封闭的记录和证明。

其八，施工现场保留的人员及各项生产要素的记录文件。

其九，法律、法规或政策性文件，以及政府的相关规章或规范性文件。

第四，通知或要求等：

其一，工程款支付申请、工程款支付凭证、工程款发票等；

其二，其他相关文件材料或信息，如政府工程定额站发布的材料价格信息、外汇部门发布的汇率信息、金融部门发布的利率信息等。

2017年版示范文本分别针对分发承包方的索赔程序进行了明确的规定，其中包括索赔的期限、正式递交索赔报告等。因此，因施工过程遭受的损失，根据合同或者法律规定的要求，当事人一方可以提出索赔要求，否则即视为放弃索赔权利。此外，以2017年版合同条件为例，国外关于工程索赔程序的规定主要包括：

2017年版FIDIC红皮书第3.7.2款［工程师的决定］规定："工程师应根据合同，在充分考虑所有相关情况的情况下，对此事或索赔作出公正的决定。""在第3.7.3款［时限］规定的确定期限内，工程师应将其决定通知双方。该通知应说明这是'工程师确定的通知'，并应详细说明确定的理由和详细的佐证具体情况。"关于工程师决定的期限，第3.7.3款规定，如业主和承包商未在规定的期限内达成协议，工程师应尽快通知双方启动决定程序，并于42天内或者双方同意的其他期限内作出决定。这一期限规定是借鉴1999年版FIDIC红皮书第20.1款索赔事项决定期限的规定，并移到第3.7款，同时将适用范围扩充到所有工程师决定事项。对于工程师未按期作出决定的后果，第3.7.3款明确："如果工程师未在有关期限内通知商定或者决定的：如属索赔，工程师应被视为或已作出拒绝该项索赔的决定；或就待商定或决定的事宜而言，该事宜应被认定为是一项争议，任何一方均可根据第21.4条［得到争端裁决委员会的决定］将该争议提交得到争端裁决委员会的决定作出决定，而不必按照不服处理（第3.7.5款［对工程师决定的不满］和第21.4.1条（A）［将争议提交争端裁决委员会］则不适用）。"

由此可见，对于索赔事项，工程师未在规定期限内作出决定的，应被视为已作出拒绝该项索赔的决定。这一规定是1999年版FIDIC红皮书未有的内容，属于2017年版红皮书新增的规定。这一规定与我国国内众多示范文本所作的规定大相径庭。

【附：2017 年版 FIDIC 红皮书相关条款】

3.7 商定或确定

在履行本款规定的职责时，工程师应在双方之间采取中立行为，不得被视为代雇主行事。

当这些条件规定工程师应根据本款规定商定或确定任何事项或索赔时，应适用下列程序：

3.7.1 协商一致

工程师应与双方进行共同和/或单独协商，并应促进双方进行讨论，努力达成协议。工程师应立即开始这种协商，以便有充分时间遵守第 3.7.3 款 [时限] 规定的协议时限。除非工程师另有提议并经双方同意，工程师应向双方提供咨询记录。

如果达成协议，在第 3.7.3 款 [时限] 规定的协议期限内，工程师应将由双方签署的协议通知双方。该通知应说明这是一份"当事人协议通知"并包括一份协议副本。

如果未在第 3.7.3 款 [时限] 规定的协议期限内达成协议；或双方通知工程师，未能在此期限内达成协议，以较早的期限为准，工程师应相应地通知双方，并应立即按照第 3.7.2 款 [工程师的决定] 规定行事。

3.7.2 工程师的决定

工程师应根据合同，在充分考虑所有相关情况的情况下，对此事或索赔作出公正的决定。

在第 3.7.3 款 [时限] 规定的确定期限内，工程师应将其决定通知双方。该通知应说明这是"工程师确定的通知"，并应详细说明确定的理由和详细的佐证具体情况。

3.7.3 时限

在下列情况之后，如达成协议，工程师应在 42 天之内或由工程师提议的其他时限内发出通知由双方同意，（本条件下的"协议期限"）：

如某事项须予同意或决定（非索赔），则按本条件适用的分款所述的协议时限的开始日期；

如属根据第 20.1（C）条 [索赔] 项来自索赔方提出的索赔，则按工程师收到根据第 20.1（C）条提出的通知的日期；或如属根据第20.1 (A) 或 (B) 条 [持续效力索赔] 提出的索赔,则按临时或最终的具体详细的索赔 (视情况而定)。

工程师应在第3.7.1条最后一款 [协商达成协议] 后的42天内,或在工程师提议并经双方同意的其他时限 (本条件下的"确定时限") 之后,通知他/她的决定。

如果工程师未在有关期限内通知商定或者决定的:

如属索赔,工程师应被视为或已作出拒绝该项索赔的决定;或就待商定或决定的事宜而言,该事宜应被认定为是一项争议,任何一方均可根据第21.4条 [得到争端裁决委员会的决定] 将该争议提交得到争端裁决委员会的决定作出决定,而不必按照不服处理 (第3.7.5款 [对工程师决定的不满] 和第21.4.1条 (a) [将争议提交争端裁决委员会] 则不适用)。

3.7.4 商定和决定的效力

每项商定或决定对双方均有约束力 (工程师应遵守),除非并直至根据本款予以修订,或如果决定,应根据第21条 [争议和仲裁] 予以修订。

20.2.5 同意或确定索赔

在根据第20.2.4条 [充分详细的索赔] 或第20.2.6条 [继续影响的索赔] 的规定接收到充分详细的索赔后,工程师应按照第3.7条 [商定或决定] 的规定进行同意或确定:

(a) 索赔方有权获得的额外付款 (如有),或降低合同价格 (如雇主作为索赔方);和/或

(b) 根据第8.5条 [延长竣工时间] (如果承包商作为索赔方) 延长竣工时间 (如有) (在其到期之前),或根据第11.3条 [延长缺陷通知期] (雇主作为索赔方) 延长缺陷通知期 (如有)。

1.3 通知和其他通讯

凡这些条件规定发出通知 (包括不满意通知) 或发出、提供、发送、提交或传递另一种通信 (包括接受、确认、通知、协议、批准、证书、索赔、同意、决定、裁定、解除、指示、无异议、会议记录、许可、建议、记录、答复、报告、请求、复审、陈述、提交或任何其他类似类型的通信),则通知或其他通讯应以书面形式发送;

以上所述的所有通知和所有其他类型的通信,不应被不合理地拒绝或拖延。

情形一：合同中对索赔程序进行了约定，承包方未在约定程序内向对方提出索赔，承包方对于索赔费用的诉讼请求，法院不予支持。

【案例】

——中铁某工程有限公司与安徽某交通开发有限公司、安徽某控股集团有限公司建设工程施工合同纠纷[1]

基本案情

2003年，安徽某交通开发有限公司获得了××至××高速公路建设经营权。同年12月31日，中铁某工程有限公司经过招投标（乙方），与安徽某控股集团有限公司签订××高速公路路基工程施工《合同协议书》，约定甲方将××高速公路13标段发包给中铁某工程有限公司施工，合同总价为201 901 950元，工期22个月等内容。关于索赔程序，合同通用条款第53条约定，如果承包人根据合同条款中的任何条款提出任何附加支付的索赔，应该在该索赔事件首次发生的21天之内将其索赔意向书提交监理工程师，并抄送业主。监理工程师在接到上述索赔意向书时，无需认可是否系业主责任，应先审查这些当时记录，并可指示承包人进一步做好当时的记录。如果承包人提出的索赔要求未能遵守本条中的各项规定，则承包人无权得到索赔或只限于索赔由监理工程师按当时记录予以核实的那部分款额。监理工程师在与业主和承包人协商后，确定承包人有权得到的全部或部分的索赔款额。合同专用条款进一步针对合同通用条款第53条增加约定，承包人提出索赔申请的记录包括业主、监理工程师与承包人的谈话记录，工地人工、材料、机械统计报表，施工备忘录、监理记录及驻地监理工程师填写的各种报表。中铁某工程有限公司提起诉讼，请求安徽某控股集团有限公司支付尚欠工程款以及赔偿迟延支付工程预付款利息。

一审法院认为，《合同协议书》及《协议书》合法有效。乙方要求甲方支付尚欠工程款及利息的诉请无事实依据，不予支持。二审法院认为，依据合同通用条款第69.1款的约定，如果甲方存在迟延支付工程款的情形，乙方有权终止对本合同项下的承包，并通知业主，抄送监理工程师。但是，从本案施工合同的实际履行情况来看，乙方并未依据上述约定终止对本合同的承

---

[1] 案件来源：最高人民法院二审民事判决书［2014］最高法民一终字第56号。

包，也未履行通知业主及抄送监理工程师的义务，这应视为其已经默许甲方迟延支付工程预付款的行为。其次，即使存在甲方迟延支付工程预付款、应根据合同通用条款的约定支付乙方迟延利息的义务，乙方还应根据合同通用条款第53条的约定，在该索赔事件首次发生的21天之内将其索赔意向书提交监理工程师，并抄送业主。但是，乙方并未提供证据证明其依据上述约定，向甲方提出针对迟延支付工程预付款的利息索赔请求，故亦根据该条关于"如果承包人提出的索赔要求未能遵守本条中的各项规定，承包人无权得到索赔"的约定，乙方也无权获得该部分利息的赔偿请求。一审法院在无法计算迟延付款的利息及乙方未提供证据证明其在损失发生后及时向甲方提出索赔主张的情况下，驳回乙方关于甲方支付迟延支付工程预付款利息201 018.62元的请求，并无不当。乙方针对该工程预付款利息的上诉请求，无事实及法律依据，应予驳回。

案例评析

合同对索赔程序进行了约定，如果承包人提出的索赔要求未能遵守本条中的各项规定，则承包人无权得到索赔或只限于索赔由监理工程师按当时记录予以核实的那部分款额。在此案中，乙方未履行通知业主及抄送监理工程师的义务，以及乙方还应根据合同通用条款第53条的约定，在该索赔事件首次发生的21天之内将其索赔意向书提交给监理工程师，但乙方并未提供证据证明其依据上述约定。

情形二：承包方无相关证据证明按照合同约定内容向发包方提出索赔，或者在规定期限内提出索赔要求，其索赔请求法院不予支持。

【案例】

——沈阳某房地产开发有限公司与中国某工程局有限公司建设工程施工合同纠纷案[1]

基本案情

2006年5月11日，作为发包人的沈阳某房地产开发有限公司（甲方）与作为承包人的中国某工程局有限公司（乙方）就"××国际俱乐部"工程项目

---

〔1〕 案件来源：最高人民法院二审民事判决书〔2013〕最高法民一终字第168号。

签订《建设工程施工合同》。第36条"索赔"部分约定，36.1当一方向另一方提出索赔时，要有正当索赔理由，且有索赔事件发生时的有效证据。36.2发包人未能按合同约定履行自己的各项义务或发生错误以及应由发包人承担责任的其他情况，造成工期延误和（或）承包人不能及时得到合同价款及承包人的其他经济损失，承包人可按下列程序以书面形式向发包人索赔：①索赔事件发生后28天内，向工程师发出索赔意向通知；②发出索赔意向通知后28天内，向工程师提出延长工期和（或）补偿经济损失的索赔报告及有关资料；③工程师在收到承包人送交的索赔报告及有关资料后，于28天内给予答复，或要求承包人进一步补充索赔理由和证据；④工程师在收到承包人送交的索赔报告和有关资料后28天内未予答复或未对承包人作进一步要求，视为该项索赔已经认可；⑤当该索赔事件持续进行时，承包人应当阶段性地向工程师发出索赔意向，在索赔事件终了后28天内，向工程师送交索赔的有关资料和最终索赔报告。索赔答复程序与（3）（4）规定相同。双方当事人在实际履行上述合同的过程中发生纠纷，故而向法院提起诉讼。

法院认为，在双方合同履行的过程中，甲方确将合同约定的乙方承包范围内的采暖、幕墙、A塔及B塔顶楼造型、A塔及B塔铝合金隔热窗、进户门及锁安装、外墙保温等14项施工项目直接发包给了第三方进行施工。但是，从双方在实际施工过程中的工程联系往来函件内容来看，乙方对甲方直接外委上述14项施工项目的行为诉前从未提出异议，更未按双方合同约定的程序提出索赔请求，乙方在结束施工后向甲方提交涉案工程结算书及双方签订《竣工结算确认书》时，也均未提及此问题，故一审法院应认定乙方对甲方外委上述施工项目的该行为已予认可。甲方在此问题上并不构成违约，当然也不承担赔偿乙方可得利益损失的责任。

案例评析

合同对索赔程序进行约定，承包方无相关证据证明按照合同约定内容向发包方提出索赔，或者在规定期限内提出索赔要求，对在施工期间给承包方造成的损失，发包方可以不用承担。

情形三：合同未明确约定承包人逾期提出索赔即丧失索赔权利的，承包人逾期提出索赔，法院不予支持。

【案例】

——某建设有限公司、兴义某公路投资建设有限责任公司建设工程施工合同纠纷〔1〕

基本案情

2013年3月26日，某建设有限公司（承包方，乙方）与兴义某公路投资建设有限责任公司（发包方，甲方）签订工程施工承包合同："23 索赔：23.1 承包人索赔的提出。根据合同的约定，承包人认为有权得到追加付款和（或）延长工期的，应按以下程序向发包人提出索赔：（1）承包人应在知道或应当知道索赔事件发生后28天内，向监理人递交索赔意向通知书，并说明发生索赔事件的事由。承包人未在前述28天内发出索赔意向通知书的，丧失要求追加付款和（或）延长工期的权利。（2）承包人应在发出索赔意向通知书后28天内，向监理人正式递交索赔通知书。（3）索赔事件具有连续影响的，承包人应按合理时间间隔继续递交延续索赔通知。（4）在索赔事件影响结束后的28天内，承包人向监理人递交最终索赔通知。23.2 承包人索赔处理程序。（1）监理人收到承包人提交的索赔通知书后，应及时审查索赔通知书的内容、查验承包人的记录和证明材料，必要时监理人可要求承包人提交全部原审记录副本。（2）监理人应按第3.5款商定或确定追加的付款和（或）延长的工期，并在收到上述索赔通知书或有关索赔的进一步证明材料后的42天内，将索赔成立结果答复承包人。（3）承包人接受索赔处理结果的，发包人应在作出索赔处理答复后28天内完成赔付。"

一审法院认为，关于甲方主张乙方未依据合同约定进行索赔申报的问题。根据乙方提供的工程联系单，乙方分别于2013年8月、9月、10月，2014年2月、4月、5月、6月、7月就弃土场问题导致停工向建新监理公司第B驻监办报送了相关报告，未超出《施工合同书》"承包人应在知道或应当知道索赔事件发生后28天内，向监理人递交索赔意向通知书，并说明发生索赔事件的

---

〔1〕 案件来源：最高人民法院二审民事判决书［2018］最高法民终373号。

事由。承包人未在前述 28 天内发出索赔意向通知书的，丧失要求追加付款和（或）延长工期的权利"约定的 28 天的索赔期限，故甲方该抗辩主张，无事实依据。

二审法院认为：一方面，《施工合同书》"通用合同条款"并未明确约定乙方超过期限提交有关资料和凭证就丧失索赔权利；另一方面，根据查明的事实，乙方于 2014 年 8 月 1 日起全面停工后，双方就结算等事宜一直有往来的函件、短信等，说明双方一直就结算等事宜在进行协商。

案例评析

合同未明确约定承包人逾期提出索赔（即丧失索赔权利）的，承包方逾期提出索赔，人民法院对此予以认可。

二、工程变更与索赔的联系和区别

工程变更和索赔是建筑工程领域常见的一组概念，二者之间有何联系和区别也成了理论和实务一直讨论的重点。本部分内容主要围绕二者之间的关系展开，来进一步讨论实务中工程变更与索赔之间的联系和区别。

（一）工程变更与索赔的联系

按照前述对索赔的定义可知，索赔通常是指施工单位在合同实施过程中，对非由自身原因造成的工程延期、费用增加而要求业主给予补偿损失的一种权利要求。在索赔过程中会涉及发承包双方。工程变更与索赔在内容上有交叉，两者有转化的条件。[1]工程变更引起的费用增加，也属于索赔范畴，也应索赔。此外，索赔也被认为是一种经济行为，而变更是一种技术行为。不过，变更就会造成工程量的增减，进而引起工程造价的变化，有增也有减。此外，变更是一种事实行为，而索赔属于一种法律行为，通过变更引起争议之后进行索赔。

（二）工程变更与索赔的区别

虽然工程变更和索赔之间的联系很强，它们对项目目标顺利实现的影响都很大，依据都是合同文件，都涉及工期和费用的改变，都是承包方获取额

---

〔1〕 金水林：《工程变更与索赔的辩证关系及其运用》，载《建筑经济》2009 年第 S2 期，第 154 页。

外利润的主要手段。工程变更与"索赔"是既有区别又互相联系的辩证关系。[1]但是，二者无论是概念还是实现方式都有所区别。

首先，二者的概念有所不同。工程变更一般是在工程的正式实施过程中，按照合同约定程序，监理人依照工程实际需要，对招投标文件中原设计或批准的施工方案在材料、功效、尺寸等方面所作出的更改。而索赔是在施工过程中，发承包方对于非因自己的过错而出现的损失要求对方予以赔偿或补偿的要求。其次，在产生的时间顺序上，工程变更是在施工过程中提出，而索赔一般是在事后提出。再次，在法律效力上，工程变更是一种事实行为，不发生法律效力，而索赔则是依照合同规定或法律规定进行解决，具有法律效力。二者的关系也有所不同，工程变更是索赔的前提，索赔是变更的结果，但工程变更不一定会引发索赔，同样，索赔也不一定是由变更引起的。工程变更不一定会引发索赔，只有当变更存在争议且无法协商解决时，才会引起索赔事件。此外，工程变更和索赔在经济补偿和控制能力上也有多处不同。例如，在经济补偿费用的组成上，工程变更引发的费用一般主要包括成本、管理、利润等，而索赔引发的费用一般包括承包商实际发生的费用。

相较于索赔而言，工程变更具有很强的主动性，尤其是发包方对工程变更的主动性更强，而索赔需要特定事项发生，并给自己利益造成损失才可提出。因而索赔的主动性相对而言比较弱，只有在工程变更事实发生之后，当事人一方因对方变更给自己造成损失时，才能提出索赔。其次，工程变更由于涉及各方意见的统一，这些需要各方进行协商并进行评估后才能进行。而索赔涉及实质性利益争议，此时各方的利益已经发生冲突，矛盾已然形成，对于发生索赔或者索赔金额多少，各方往往争执不已，难以形成有效的意见。故此，当事人往往通过仲裁或者诉讼等第三方形式来解决。最后，工程变更和索赔对合同价格的影响还不同，工程变更事实的发生不一定会导致合同价格的增加，而一旦索赔事件成功，当事人一方可以获得赔偿或补偿，而另一方必然需要付出一定的费用来进行弥补。故而，索赔会对合同价格产生影响。索赔过程中发生的鉴定费、诉讼费等也需要有人进行支付。

---

[1] 金水林：《工程变更与索赔辩证关系在项目实践中的应用》，载《工程造价管理》2010年第3期，第47页。

三、工程变更中的索赔

工程变更索赔是指，发承包方依据合同的有关约定，基于工程变更而向对方主张一定的赔偿或者补偿的合理要求。

其中，判断工程变更合同文件的优先顺序：

（1）合同协议书及各种合同附件（含评标期间和合同谈判过程中的澄清文件和补充资料）；

（2）中标通知书；

（3）投标函及投标函附录；

（4）项目专用合同条款；

（5）公路工程专用合同条款；

（6）通用合同条款；

（7）工程量清单计量规则；

（8）技术规范；

（9）图纸；

（10）已标价工程量清单；

（11）承包人有关人员、设备投入的承诺及投标文件中的施工组织设计；

（12）其他合同文件。

情形一：施工过程中，发包人对部分工程内容进行了更改，增加了工程量，导致承包人未能依约如期完工，此时承包人可以主张因发包人变更工程设计的原因延长工期，并据此向发包方进行索赔。

【案例】

——某公司与广东某有限公司四川分公司建设工程施工合同纠纷[1]

基本案情

某公司（甲方）与广东某有限公司四川分公司（乙方）相继签订了6份《建设工程安装承包合同》，将位于重庆市垫江县某商城的装饰装修工程发包

——————————

[1] 案件来源：最高人民法院再审查与审判监督民事裁定书［2017］最高法民申2815号。

给广东某有限公司四川分公司施工。上述合同的第 3 条约定，若非发包方原因工期延误即视为承包方违约，承包方竣工交验时间每延后一天须向发包方按 5000 元/天支付违约金。前 5 份合同第 21 条违约责任约定，因承包方原因造成工程竣工验收逾期超过 10 日，发包方有权解除合同，承包方应按工程预算总价款的 20% 向发包方支付违约金。第 6 份合同第 21 条违约责任约定，因承包方原因造成工程竣工验收逾期超过 3 日，发包方有权解除合同，承包方应按工程预算总价款的 20% 向发包方支付违约金。双方就工期延期产生的费用有争议，并诉诸法院，陈某为第三人。

一审法院认为，某商城的装饰装修工程是一个整体，甲方将此拆分为 6 个工程项目全部发包给乙方施工，虽然双方签订的 6 份《建设工程安装承包合同》分别约定了工期和工期顺延的情形。但是，该 6 个工程项目相互关联，客观上具有施工的先后顺序，商城需各项工程均施工完毕后方能投入使用。且在施工过程中，甲方对部分工程的施工内容进行了更改，增加了工程量，双方对增加工程的工期延期及工程价款如何计算并未进行明确的书面约定，故无法对每一单项工程的实际完工时间及延期天数进行确定。结合本案实际，一审法院认为，双方在 6 号合同中约定的完工时间 2013 年 4 月 26 日系整个工程完工的最后时间，应以该日期为乙方的完工期限，乙方在此施工期限内未全部完成某商城的装饰装修工程，也未提供证据证明该期限的延误是由甲方的原因所致或甲方同意顺延，依法应承担相应的违约责任。

二审法院认为，案涉系列 6 份合同均为案涉工程的一部分，双方约定的付款方式、违约责任、争议解决方式都完全相同，且各分项工程之间的施工互相交叉，无法具体区分，因此双方签订的案涉系列合同应被视为整体合同。依据一审法院查明的事实，案涉工程系列合同中的 6 号合同约定的完工时间 2013 年 4 月 26 日，为整个工程的最后完工时间，结合案涉工程 2013 年 7 月 16 日投入使用的事实，一审认定案涉工程延期 80 天并无不当。虽然乙方认为，案涉工程存在工程量增加及设计变更的情形，并举示了确认函、签证等证据予以证明，但乙方举示的证据只能证明案涉工程确实存在工程量增加及设计变更的事实，但工程量增加及存在设计变更并不必然导致工期延长，乙方亦并未在施工的过程中向甲方提出要求延长工期的请求，应视为双方对工期未重新约定；一审认定的违约金标准并无不当。

再审法院认为，依据乙方在原审中举示的证据，案涉工程存在增加工程及设计变更的情形，但工程量增加及设计变更并不必然导致工期延长，乙方也未在施工期间据此提出顺延工期的请求，应视为其同意按原约定工期执行。其次，乙方提交的工程款支付申请表只能证明其要求支付工程款的请求，但不能证明其符合双方合同约定的付款条件，也不能证明在符合付款条件的情况下，甲方拒绝支付工程款导致工期延误。另外，乙方在一审中提交了陈某的出院证明及发票，拟证明陈某为追讨工程款被甲方人员殴打致伤，该证据与甲方不按时支付工程款导致工期延误的待证事实之间不具有关联性。故乙方认为系甲方导致工期延误，不应承担工期延误的违约责任的申请再审事由不能成立。

案例评析

在施工过程中，工程量增加及存在设计变更并不必然导致工期延长。承包人如果在施工过程中出现发包人对工程设计进行变更的事由，合同一开始约定了完工期限，此时承包人应合理评估变更后的工程是否需要延期。如果承包人无法在原定合同约定的时间内完成施工，则应在发包人变更工程设计的时候通过签订补充协议的方式重新确定工程的完工期限。如此才能更好地保障自己的利益。在此案中，双方在6号合同中约定的完工时间2013年4月26日系整个工程完工的最后时间。故而，应以该日期为乙方的完工期限，但是乙方在此施工期限内未全部完成某商城的装饰装修工程，也未提供证据证明该期限的延误是由甲方的原因所致或甲方同意顺延。因此，工期延误的责任应当由自己承担，不能进行索赔。

情形二：发包方原因导致的工期延误的事实，在双方未达成赔付损失协议的情况下，由此造成的停工费、窝工费，承包方不能向发包方进行索赔。

【案例】

——重庆某园林有限公司与重庆某房地产有限公司建设工程施工合同纠纷[1]

基本案情

2010年11月17日，重庆某园林有限公司（作为承包方即乙方）与重庆

---

[1] 案件来源：最高人民法院申请再审民事裁定书［2015］民申字第1004号。

某房地产有限公司（作为发包方即甲方）签订合同约定："1. 项目名称：××城项目一期园林景观工程（A组团）。2. 工程承包范围：园林景观建筑工程及水景工程，园林水、电系统与设备设施配套工程，园林景观小品与公共艺术配套设施工程，园林种植土回填及绿化工程。"2011年10月30日，重庆某园林有限公司承建的工程施工完毕。2011年11月1日，重庆某房地产有限公司将其建设的曼哈顿一期工程房屋陆续交付业主投入使用。重庆某园林有限公司要求重庆某房地产有限公司支付工程款未果，遂于2012年10月18日向重庆市第五中级人民法院提请诉讼，要求重庆某房地产有限公司支付工程款2 280 213.66元、工程质保金796 308.81元及利息。重庆某房地产有限公司赔偿管理人员工资、租赁费等损失645 803.70元、抢工损失4 294 987元。

乙方认为：首先，依照双方签订的《建设工程施工合同（a组团园林景观工程）》（以下简称《建设工程施工合同》）第6.6条的约定，乙方放弃的费用是工程停缓建所造成的停工费、窝工费，但在本案中，乙方主张的费用是因甲方未按期移交施工场地导致工期延误所造成的管理费损失。其次，《建设工程施工合同》并不是双方协商一致的结果，而是甲方拟定的格式合同。其免除自身主要义务、排除乙方主要权利的格式条款无效。并且，对格式条款的理解发生争议的，应当作出不利于提供格式条款一方的解释。再次，根据《合同法》（已失效）第283条、第284条之规定，只要是发包方原因导致的停缓建或工期延误，责任都应当由发包方承担。《建设工程施工合同》6.6条约定违反《合同法》（已失效）的强制性规定，应当被认定为无效，承包人因此造成的损失应当由发包人承担。

法院认为，案涉《建设工程施工合同》第4条约定，合同价款为闭口包干价1460万元，其包括的项目中含有管理费等可预见及不可预见的费用。《建设工程施工合同》第6.6条约定，由发包人原因导致的工程缓建，承包人不收取停、窝工费，并自愿放弃向发包人索赔的权利；本工程因发包人停建，在发包人书面通知承包人后，所产生的一切费用及相关损失发包人不再承担。发包人书面通知前所产生的费用按本合同约定办理结算。根据前述约定，即使本案存在由甲方原因导致的工期延误的事实，在双方未达成赔付损失协议的情况下，乙方向甲方主张工程管理费损失缺乏合同约定。乙方申请再审主张其请求为甲方未按期移交施工场地导致工期延误损失，而并非工程停缓建所造成停工费、窝工费，合同依据及法律依据不足，不应予以支持。

案例评析

乙方申请再审主张《建设工程施工合同》第6.6条为格式条款和违反《合同法》（已失效）的规定而无效。乙方并未提交证据证明案涉合同条款为格式条款，另一方面双方当事人为平等民事主体，乙方为专业公司，应该具有签约时的商业风险判断能力，其也并未在合理期间内对其认为显失公平的合同条款提出变更或撤销的救济。此外，乙方认为，甲方未按期移交施工场地导致工期延误损失，而并非工程停缓建所造成的停工费、窝工费，无合同约定和法律依据。因此，乙方向甲方进行工期延误索赔的，法院不予支持。

情形三：合同对因工程变更导致工期延误，经发包方确认后可以顺延，但发包方不承担任何费用，承包方不能据此向发包方提出索赔。

【案例】

——四川某建筑有限公司、某商业控股有限公司建设工程施工合同纠纷案[1]

基本案情

2013年4月30日，某商业控股有限公司作为发包人（甲方）与承包人四川某建筑有限公司（乙方）在宁夏银川市××区签订了一份《中国××国际商贸城批发市场二期1#~3#公寓楼工程施工合同》。约定内容为：合同总价暂定人民币233 408 300元，最终据实结算。关于"5. 工期管理"的约定内容为"暂定开工日期为2013年5月1日，竣工日期为2016年5月1日"；其中第5.6.1条约定"因以下原因在施工关键线路（按乙方提交，并经甲方、监理确认的施工网络图中关键线路）造成工期延误，经张某确认，工期相应顺延；但甲方不再承担包括乙方窝工停工费等在内的任何费用（已经由乙方在增加的措施费中包干考虑），其中（b）张某引起的工程延期开工、停建、缓建、暂停施工"。2014年5月6日，四川某建筑有限公司向甲方发出《工作联系单》，事由为无后续施工图纸，现场停工损失，载明因1#楼、2#楼的部分后续施工图纸不全，造成四川某建筑有限公司人员、材料、机械窝工，项目管理

---

[1] 案件来源：最高人民法院二审民事判决书［2020］最高法民终1145号。

成本增加，某商业控股有限公司以及监理工程师在该《工作联系单》以及所附《进场人员窝工费用、机械周转料具租赁费用清单》上签字或盖章。2014年5月30日，四川某建筑有限公司向某商业控股有限公司以及监理公司发出《工程延期报审表》，提出索赔工期为84天，某商业控股有限公司以及监理公司经过审核，同意延长工期77天。双方就关于停、窝工损失以及由此产生的贷款利息、同期银行透支利息等损失争议诉诸法院。

一审法院认为，案涉建设工程施工合同虽属无效，但合同中就工期约定的内容是与计算工程价款数额有关的内容，且是双方当事人签订合同时的真实意思表示，应当予以参照适用。案涉建设工程施工合同中关于工期条款的约定，其中第5.6.1条款约定："因以下原因在施工关键线路（按乙方提交，并经甲方、监理确认的施工网络图中关键线路）造成工期延误，经张某确认，工期相应顺延；但张某不再承担包括乙方窝工停工费等在内的任何费用（已经由乙方在增加的措施费中包干考虑）：……（b）甲方引起的工程延期开工、停建、缓建、暂停施工。"参照上述约定内容，由甲方原因造成的工期延误，甲方给予顺延工期，但不承担乙方的停、窝工损失。本案中，关于乙方主张的1#、2#、3#楼因建设方案调整，致使其停工造成的损失问题，乙方曾于2014年4月8日及2014年5月6日向甲方发出2份《工作联系单》，写明案涉工程因甲方原因造成停、窝工，甲方以及监理工程师在该《工作联系单》以及所附《进场人员窝工费用、机械周转料具租赁费用清单》上签字或盖章，后甲方按照乙方发出的《工程延期报审表》，经过审核，同意延长工期77天。之后，对乙方的停、窝工损失，尽管双方也予以了协调、磋商，但最终未能达成一致意见，无法认定双方对停、窝工损失问题达成了新的处理意见，故仍应当参照合同约定处理该问题。

二审法院认为，案涉建设工程施工合同第5.6.1条款约定："因以下原因在施工关键线路（按乙方提交，并经甲方、监理确认的施工网络图中关键线路）造成工期延误，经甲方确认，工期相应顺延。但张某不再承担包括乙方窝工停工费等在内的任何费用（已经由乙方在增加的措施费中包干考虑）：……（b）甲方引起的工程延期开工、停建、缓建、暂停施工。"本案中，乙方于2014年4月8日及2014年5月6日向甲方发出2份《工作联系单》，载明案涉工程由甲方原因造成停、窝工，甲方以及监理工程师在该《工作联系单》以及所附《进场人员窝工费用、机械周转料具租赁费用清单》上签字或盖章，后甲方对乙方报送的《工程延期报审表》经过审核，同意延长工期77天，双方未对停、窝工损失问题达成新的处理意见，依照前述约定，因甲方原因造成的工期延误，甲方给予顺延工期，但不再承担乙方的停、窝工损失，故乙方主张甲方承担停、窝工损失以及由此产生的贷款利息、同期银行透支利息的上诉请求不能成立。

案例评析

案涉工程因甲方原因造成停、窝工，甲方以及监理工程师在该《工作联系单》以及所附《进场人员窝工费用、机械周转料具租赁费用清单》上签字或盖章，后甲方对乙方报送的《工程延期报审表》经过审核，可以延期。但合同第5.6.1条约定："在施工关键线路（按乙方提交，并经甲方、监理确认的施工网络图中关键线路）造成工期延误，经甲方确认，工期相应顺延；但甲方不再承担包括乙方窝工停工费等在内的任何费用（已经由乙方在增加的措施费中包干考虑），其中（b）甲方引起的工程延期开工、停建、缓建、暂停施工。"因此，乙方不能据此向甲方进行索赔。

EPC 模式下固定总价合同工程变更相关法律问题

　　固定总价合同由于工程造价结算简便、承包方承担价格浮动和工程量错误的主要风险等特点，在建筑工程领域备受发包方青睐，尤其是对于合同履行周期短、结构相对简单、具有丰富项目管理经验的工程项目而言，以固定总价方式签订发包合同对于发包方而言可能更为合适。但是，在实践中，EPC 模式下固定总价合同如何认定，如果发承包签订的是固定总价合同，之后是否还能进行调价，以及如何确认固定总价合同内的工程量和变更的工程量，司法鉴定能否直接作为工程量变更的认定依据等，这些都是固定总价合同中工程变更所面临的问题。本章节将主要围绕上述问题展开讨论，并通过归纳、整理实务中关于此类案件的法院裁决，希望能够为读者提供一些参考。

问题的提出

【案例 1】

　　2016 年，中铁某局作为甲方与乙方某建设有限公司因签订《隧道施工劳务协议》，负责隧道工程建设。双方在合同中约定"协议履行期间，不论发生工、料机的价格浮动或者政策性变化，综合单价均不作调整"。乙方某建设有限公司提出，对于石方开挖、超前锚杆、二次衬砌混凝土等三项分项工程的工程量无异议，但对该三项分项工程的单价有异议，应以调整后的单价计价。乙方某建设有限公司提交了 11 份《验工计费单》复印件，其中 10 份签字处空白，用以证明双方对相关工程单价进行了调整。中铁某局张某对《验工计费单》的真实性提出异议。

问题1：双方签订的建设工程合同是什么类型的合同？

问题2：乙方能否依据《验工计费单》主张调整工程单价？

法院最终判决：双方已经在合同中将工程单价明确约定为一次性包干价，工程单价的变更应经严格的程序和双方的有效确认。《验工计费单》全部系复印件，其中 10 份签字处均为空白，未完成全部审批程序，因而双方并未最终达成一致意见。对于某建设有限公司关于单价调整的主张，不予支持。

【案例 2】

2012 年 7 月 31 日，滨海某公司与远达某公司签订有关中水回用项目的《总承包合同》以及附属《施工协议》《采购协议》和《服务协议》。《总承包合同》约定："本工程总承包范围包括：工程施工图设计、设备和材料采购、建筑安装工程施工、设备监造、调试、验收试验、配合环保专项验收、技术服务与培训、移交生产、性能保护、工程质量保修期限内的服务进行全过程总承包。"2012 年 9 月 10 日，滨海某公司和远达某公司签订《补充协议》。

关于工程造价部分，双方发生争议。滨海某公司主张：双方签订的总承包合同为 EPC 合同，EPC 合同为设计施工一体合同，在设计出水量没有改变的前提下不存在任何工程造价的增加。远达某公司根据日后经营需要，擅自变更了原图纸，增加了施工内容，对此不认可；应根据实际完成情况，将没有完成的工程量在固定总价中予以扣减，从而得出最终工程造价。

问题1：如何认定工程量的变更？

问题2：在总承包合同为 EPC 合同的情形中，变更的工程量能否计入应付工程款范畴？

法院最终判决：滨海某公司对远达某公司变更设计图纸并进行施工是明知且授意的，其应向远达某公司支付已完工程的工程款。

一、EPC 模式下固定总价合同相关概述

（一）什么是 EPC 模式？

近年来，EPC 模式（也被称为 EPC 工程总承包模式）成为我国工程行业的热点之一。该模式也越来越多地出现在国际大型工程承包市场上，逐渐成了当前国际工程承包中一种被普遍采用的承包模式，尤其是发达国家工程建

设管理的主流模式之一。因而，准确理解 EPC 模式至关重要。

在国际上，国际咨询工程师联合会（FIDIC）在 1999 年根据不同的应用场景发布了四个合同版本：《施工合同条件》（Conditions of Contract for Construction）、《生产设备与设计−施工合同条件》（Conditions of Contract for Plant and Design−Build）、《设计、采购和施工/交钥匙项目合同条件》（Conditions of Contract for Engieer，Procure，Construct / Turnkey Projects）和《合同的简短格式》（Short Form of Contract）。其中，工程总承包项目常用的合同条件主要是《生产设备和设计−施工合同条件》（Conditions of Contract for Plant and Design−Build）和《设计−采购−施工与交钥匙项目合同条件》（Conditions of Contract for Engieer，Procure，Construct / Turnkey Projects）。而根据参与价值链环节的不同，总承包又可被进一步分为"设计+采购+施工"总承包（EPC）、"设计+施工"总承包（DB）、"设计+采购"总承包（EP）、"施工"总承包（GC）和"交钥匙工程"总承包（Turnkey）几种模式。其中，"设计+采购+施工"总承包是最为常见的工程总承包模式之一，亦即 EPC 模式。该种模式将设计、采购、施工进行统一发包。随着我国经济和生产力水平的发展，在当下社会资源整合以及专业化生产的要求下，EPC 模式在我国建筑承包市场中得到了迅速推广，在我国诸多规范性文件中都可以找到推广 EPC 模式的相关内容。

《建设部关于培育发展工程总承包和工程项目管理企业的指导意见》（建市〔2003〕30 号）明确："工程总承包是指从事工程总承包的企业（以下简称工程总承包企业）受业主委托，按照合同约定对工程项目的勘察、设计、采购、施工、试运行（竣工验收）等实行全过程或若干阶段的承包。鼓励具有工程勘察、设计或施工总承包资质的勘察、设计和施工企业，通过改造和重组，建立与工程总承包业务相适应的组织机构、项目管理体系，充实项目管理专业人员，提高融资能力，发展成为具有设计、采购、施工（施工管理）综合功能的工程公司，在其勘察、设计或施工总承包资质等级许可的工程项目范围内开展工程总承包业务。"

《住房城乡建设部关于进一步推进工程总承包发展的若干意见》（建市〔2016〕93 号）要求："一、大力推进工程总承包：（一）充分认识推进工程总承包的意义。工程总承包是国际通行的建设项目组织实施方式。大力推进工程总承包，有利于提升项目可行性研究和初步设计深度，实现设计、采购、施工等各阶段工作的深度融合，提高工程建设水平；有利于发挥工程总承包企业的技术和管理优势，促进企业做优做强，推动产业转型升级，服务于'一带一路'战略实施。（二）工程总承包的主要模式。工程总承包是指从事工程总承包的企业按照与建设单位签订的合同，对工程项目的设计、采购、施工等实行全过程的承包，并对工程的质量、安全、工期和造价等全面负责的承包方式。工程总承包一般采用设计-采购-施工总承包或者设计-施工总承包模式。建设单位也可以根据项目特点和实际需要，按照风险合理分担原则和承包工作内容采用其他工程总承包模式。（三）优先采用工程总承包模式。建设单位在选择建设项目组织实施方式时，应当本着质量可靠、效率优先的原则，优先采用工程总承包模式。政府投资项目和装配式建筑应当积极采用工程总承包模式。"

《国务院办公厅关于促进建筑业持续健康发展的意见》（国办发〔2017〕19 号）规定："三、完善工程建设组织模式：（三）加快推行工程总承包。装配式建筑原则上应采用工程总承包模式。政府投资工程应完善建设管理模式，带头推行工程总承包。加快完善工程总承包相关的招标投标、施工许可、竣工验收等制度规定。按照总承包负总责的原则，落实工程总承包单位在工程质量安全、进度控制、成本管理等方面的责任。除以暂估价形式包括在工程总承包范围内且依法必须进行招标的项目外，工程总承包单位可以直接发包总承包合同中涵盖的其他专业业务。"

《房屋建筑和市政基础设施项目工程总承包管理办法》第 3 条规定："本办法所称工程总承包，是指承包单位按照与建设单位签订的合同，对工程设计、采购、施工或者设计、施工等阶段实行总承包，并对工程的质量、安全、工期和造价等全面负责的工程建设组织实施方式。"第 6 条规定："建设内容明确、技术方案成熟的项目，适宜采用工程总承包方式。"

（二）什么是固定总价合同？

建设工程项目合同价款的确定方式通常有三种：总价合同、单价合同和成本加酬金合同。总价合同又可以被分为固定总价合同和可调总价合同，单价合同又可以被分为固定单价合同和可调单价合同，成本加酬金合同也可以被分为成本加固定酬金合同、成本加固定百分比合同、成本加浮动酬金合同、最高成本加奖罚合同等。无论是工程总承包还是施工总承包，都可以采取前述三种方式对价格进行确定。从概念上理解，固定总价合同在建筑行业也被称为"包死合同"或"闭口合同"。这意味着在此种合同价款确定方式中，除了业主进行工程量的增减以及变更设计之外，不得随意调整价款。其中的"总价"指的是合同中约定的所有工程量以及承办商在完成该工程量时所进行的全部工程量的总价款。由于工程总价款不会轻易被改变，若在建设过程中发生市场材料价格的变动以及工程量的冒算高估和漏项等，都会对结算工作造成严重的影响，从而产生诸多纠纷。对于承包方而言，在该价款确定方式中，其无疑需要承担较大的价格浮动风险。相应的，对于发包方而言，由于固定总价合同采取的是"一口价"形式，发包人对项目的过程管理不需要耗费过多精力，工程量管理也相对简单，承包人对项目过程管理享有更多的自主权。基于利益考量，承包人可以凭借自己的专业能力对项目方案进行优化、增强管理能力和提升效率，并最大限度地降低或规避风险事项的发生，从而使自己降低成本，提升获取利润的空间。针对 EPC 固定总价的风险责任分配问题，实证研究可以提炼出四种主要样本：新增工程价款如何处理、未完工的工程价款是否扣减、结算依据是否为固定总价、实际施工时工程发生其他变化如何处理，以及相应的裁判规则。[1]

《房屋建筑和市政基础设施项目工程总承包管理办法》（建市规〔2019〕12 号）第 16 条规定："企业投资项目的工程总承包宜采用总价合同，政府投资项目的工程承包应当合理确定合同价格形式。采用总价合同的，除合同约定可以调整的情形外，合同总价一般不予调整。建设单位和工程总承包单位可以在合同中约定工程总承包计量规则和计价方法。"

EPC 总承包模式的主要特点即是采用固定总价合同。在 EPC 固定总价合同模式下，项目以固定总价合同模式进行招标，投标人按照招标文件要求提交投标方案和工程量及报价，在不改变合同实质性条款的情况下，以中标人的投标报价作为双方约定的合同总价。EPC 固定总价合同模式在我国建筑承包市场中得到了推广，与之相适用的合同价款确定方式也在不断发展完善。

《建设项目工程总承包合同（示范文本）》（GF-2020-0216）所采用的价格确定方式只有固定总价一种，没有推荐其他的价格确定方式："2. 合同价格

---

〔1〕 王淑华、姜明言：《EPC 模式固定总价的风险责任分配实证研究》，载《山东工商学院学报》2024 年第 3 期，第 72 页。

形式：合同价格形式为总价合同，除根据合同约定的在工程实施过程中需进行增减的款项外，合同价格不予调整，但合同当事人另有约定的除外。""除专用合同条件中另有约定外，本合同为总价合同，除根据第 13 条［变更与调整］，以及合同中其他相关增减金额的约定进行调整外，合同价格不做调整。"

情形一：在实践中，由于正式设计图与招标图纸存在差异，在正式施工过程中，会存在多次设计变更，致工程量大幅增加。承包方和发包方容易就工程量增加部分及涨价部分的工程款产生争议，此时将合同认定为固定总价合同还是固定单价合同，会直接影响发承包双方当事人的利益。

【案例】

——鞍山某重工有限公司、鞍钢某有限责任公司建设工程施工合同纠纷[1]

基本案情

2008 年 1 月 17 日，鞍钢某有限责任公司将"鞍钢某重机公司主厂房工程"项目以邀请招标的方式对外招标，鞍山某重工有限公司等单位为受邀请投标单位。2008 年 1 月 28 日该工程揭标，鞍山某重工有限公司以钢材用量 7478.868 吨，报价 6103 万元中标，中标为工程第二标段。鞍山某重工有限公司（乙方）与鞍钢某有限责任公司（甲方）签订《建设工程施工合同》，双方就工程量增加部分及钢材涨价部分的工程款产生争议。

一审法院重审认为，关于乙方主张甲方于 2008 年 2 月 22 日下发的正式设计图与招标图纸存在差异，存在多次设计变更，致工程量大幅增加，要求甲方按实际工程量给付工程款的问题，按照谁主张谁举证的原则，因乙方提供不出招标图纸，无法通过比对来确认正式设计图与招标图存在工程量增加的情况，因此本案仍应按照乙方在投标时自报的工程量来确认工程款，故乙方该项主张证据不足，不予支持。关于因钢材价格上涨，就甲方是否应就增加的成本承担责任问题，根据本案查明的事实，在甲方、乙方签订修缮修理合同之后，钢材的市场价格大幅上涨，继续按原合同价格履行对于乙方而言显失公平，且就原材料价格上涨问题乙方向甲方提出风险共担的要求之后，甲

---

[1]　案件来源：辽宁省高级人民法院再审民事判决书院［2017］辽民再 644 号。

方同意按市场涨幅大小（800 元/吨～1000 元/吨）比例，承担该费用的 1/3，该"同意"应当被视为是对合同价格条款变更的自认。

二审法院认为，在双方当事人对案涉合同价格形式存在争议的情况下，需要根据不同合同价格形式的特征，结合本案证据，对案涉合同是综合单价合同还是固定总价合同进行综合判断。单价合同是指合同当事人约定以工程量清单及其综合单价进行合同价格计算、调整和确认的建设工程施工合同，在约定的范围内合同单价不作调整。总价合同是指合同当事人约定以施工图、已标价工程量清单或预算书及有关条件进行合同价格计算、调整和确认的建设工程施工合同，在约定的范围内合同总价不作调整。单价合同只确定单位价格，确定工程量后，以单价乘以工程量得出工程价款，而总价合同则是直接确定工程的总价格。本案中，甲方就案涉钢结构工程建设项目招标时，向包括乙方在内的投标人提供了招标图纸、施工要点等招标文件，招标交底会上甲方说明给各单位的招标图纸供招标计算工程量使用。同时施工要点明确："各投标单位应认真审图，确定工程项目和工程量"；"标段最终报价是指该标段的整体最终优惠报价"。乙方报价时计算钢材量为 7478.942 吨，报价单载明"合计预算总额 61 634 488.62 元""最终货币优惠报价 6103.45 万元"。乙方中标后与甲方签订的三份修缮修理合同也载明了合同总价。上述证据表明，案涉工程招标过程中投标人根据招标图纸和施工要点计算工程量，根据工程量报合同总价，中标后签订的合同为总价合同。

案例评析

固定总价合同中所谓的"固定"，是指价款一经约定，除发包方设计变更增加工程量外，一律不调整合同价款。所谓的"总价"是指，完成合同约定范围内工程量以及为完成该工程量而实施的全部工作的总价款，除了重大设计变更，一般合同价不予调整。在固定总价合同中，发包方只提供施工图纸和说明，承包方在报价时要自己计算工程量，再根据申报的综合单价得出合同总价。即便发包方提供工程量清单，也仅是承包方投标报价的参考，承包方要承担工程量漏算、错算的风险。根据《建筑工程施工发包与承包计价管理办法》（2013 年）（中华人民共和国住房和城乡建设部令第 16 号）第 13 条第 1 款和第 2 款的规定："发承包双方在确定合同价款时，应当考虑市场环境和生产要素价格变化对合同价款的影响。实行工程量清单计价的建筑工程，鼓励发承包双方采用单价方式确定合同价款。"《建设工程工程量清单计价规范（GB50500-2013）》第 8.2.1 条也规定，单价合同"工程计量时，若发现招标工程量清单中出现缺项、工程量偏差，或因工程变更引起工程量的增减，应按承包人在履行合同过程中实际完成的工程量计算"。由此可见，如果是工程量清单计价，就应该走单价，固定单价也就意味着结算的依据是已完成工程量而不是施工图工程量，固定总价合同与固定单价合同存在明显区别。

在认定固定总价合同的过程中，若在同一份合同中出现了前后矛盾的条款约定：首先，要考虑专用条款和通用条款孰优的问题，所谓的通用条款是根据法律、行政法规的规定及建设工程施工的需要订立，通用于建设工程施工的条款，而所谓的专用条款是对通用条款的具体化、补充或修改，是必备的配套条款，不能缺少，否则通用条款就会不完善。由此可见，通用条款和专用条款不同，通用条款是所有相同版本的建设工程施工合同共有的内容，专用条款是签订合同的双方针对合同项下的那个工程或者项目所作的有针对性的、不同于通用条款或者将通用条款予以细化的特别约定。在解释顺序上，专用条款的解释顺序一般优于通用条款，必须由双方特别约定，才具有法律效力，否则不能作为结算依据。这里主要是因为专用条款更加体现当事人的意思自治。因此，在判断是否固定总价合同时，还需要根据合同所体现的当事人的真实意思表示来进行评判。

情形二：在强制招标项目中，如果备案价格和实际施工价格不一致，备案价格具有优先性，如果备案合同是固定计价，就不能认定为可调价格。

【案例】

——江苏某集团有限公司与徐州某食品有限公司建设工程施工合同纠纷[1]

基本案情

徐州某食品有限公司为建设厂房，制作了工程招标书。其于 2009 年 6 月

---

[1] 案件来源：江苏省徐州市中级人民法院二审民事判决书 [2014] 徐民终字第 2679 号。

21日出具的工程招标书载明，招标方式为邀请招标，招标书八（二）工程质量保证金和结算方法之1载明：中标单位向建设单位缴纳50万元工程质量保证金，待工程竣工验收合格后半月内退还中标单位（专项存入银行，包括利息退还）。2009年7月22日，江苏某集团有限公司（乙方）向徐州某食品有限公司（甲方）交纳了50万元工程质量保证金，双方签订徐州某食品有限公司厂房建设工程施工合同，约定合同工程价款一次性承包价2 288 900元（除合同内相关商定条款及张某确认的工程联络单变更签证外、原电子预算中漏算或套错定额均不得调整）。基于合同专用条款六·23·1，双方约定了合同价款的其他调整因素：①按图纸和规范要求，结合现场实际情况，超出招标电子版图范围的工程量按实调增。②施工中对图纸需要变更的部位，由设计院出具联系单，或经发包方同意，决算时增减调整此工作量。③工程报价书中的土建、安装材料价格原套用5月份信息后总价下浮21%，作为合同成交价；现经双方商定套用7月份的徐州市丰县信息价带入预算后，预算总价同样下浮21%执行，最终成为合同的成交价，非信息价不作调整。双方就实际施工工程总工程款应如何确定及徐州某食品有限公司尚欠江苏某集团有限公司工程款数额产生争议。

一审法院认为，在合同履行过程中，由于双方当事人就工程款如何结算发生争议且不能协商确定，乙方向法院起诉，并申请法院就此进行鉴定。在此情况下，法院依照法定程序确定了鉴定机构江苏某工程造价咨询有限公司，该鉴定机构对本案所涉工程进行了工程鉴定，并出具了鉴定报告。针对鉴定报告，双方当事人均提出了相关异议。对于双方的异议，江苏某工程造价咨询有限公司做了书面回复，并派专人在庭审中做了详细说明和答复。双方虽各自提出了异议，但均未提出足够的证据推翻该鉴定结论。法院对江苏某工程造价咨询有限公司作出的苏华价〔2013〕第143号鉴定报告予以认定，实际施工的总工程价款应以该鉴定报告得出的结果为准，即3 094 946.57元。扣除甲方已支付的乙方工程款2 515 565元，甲方尚欠乙方的工程款数额为579 381.57元。

二审法院认为，根据鉴定部门一审期间所作的鉴定结论，可以看出，工程造价由两大部分组成，分别为合同固定总价和变更增加部分的工程造价，而根据鉴定机构在一审期间、二审期间的答复，能够看出鉴定机构认为合同成交价并非下浮21%，而是24.93%。因此，鉴定机构在一审期间鉴定结论中就合同固定总价涉及的土建、安装材料价格仅套用了 2009 年 7 月份丰县信息价，仅是对固定价 2 288 900 元范围内的土建、安装材料价格进行的价差调整，未对下浮比例做调整是因为涉案厂房经过招投标程序，招投标价格（3 049 179.84 元）和最终签订的合同固定价（2 288 900 元）之间的下浮比例为 24.93%。通过双方当事人对涉案合同条款的文意解释以及考虑到合同其他条款的履行情况，二审法院认为，双方当事人在签订合同时对于涉案工程款结算的真实意思表示应当是采取可调价格计算工程价款。

案例评析

在非强制性招标项目中，双方当事人在建设工程施工合同协议条款中约定了固定总价，又在专用条款中约定土建、安装材料价格调整下浮的，应当遵循专用条款优先的原则，对涉案工程施工合同的计价方式可理解为可调价格，而非固定总价。但是，在强制招标项目中，如果备案价格和实际施工价格不一致，备案价格具有优先性，因为强制性招标项目合同需要按照规定进行备案。经过备案，工程结算时就应当按照备案合同的计价方式来结算，即如果备案合同是固定计价，就不能认定为可调价格，反之亦然。若招标完成时已确定了固定价，又改变为可调价，属于违反法律的强制性规定。《招标投标法》（已被修改）第 46 条规定："招标人和中标人应当自中标通知书发出之日起 30 日内，按照招标文件和中标人的投标文件订立书面合同。招标人和中标人不得再行订立背离合同实质性内容的其他协议。"合同的计价方式属于实质性内容。因此，计价方式被改变即属于中标的实质性内容被改变，违反了法律的强制性规定，其行为不应得到法律的保护。

另外，值得注意的是，若发承包双方签订工程建设 EPC 总承包合同书，约定合同价为"签约合同价"，是一种可调整的合同价款，而专用条款约定本工程采用固定总价承包时，一般专用条款应当优先于组成案涉合同的各项文件，包括合同协议书及通用条款。此时，发承包双方签订的工程建设 EPC 总承包合同仍应属于固定总价合同。

情形三：双方签订的 EPC 合同，通用条款中对签约合同价作了说明是可调整的合同价款。但专用条款约定本工程采用固定总价承包时，一般专用条款优先于组成案涉合同的各项文件，该 EPC 总承包合同仍应属于固定总价合同。

【案例】

——敦煌某能源开发有限责任公司、中国能源建设集团某电力建设有限公司建设工程施工合同纠纷[1]

基本案情

2013 年 10 月 18 日，敦煌某能源开发有限责任公司（发包人，即甲方）与中国能源建设集团某电力建设有限公司（承包人，即乙方）在甘肃省敦煌市签订 EPC 合同，将敦煌××产业园 330KV 升压站配套 5 座 110KV 升压站 7#站项目 EPC 总承包工程交由中国能源建设集团某电力建设有限公司承建。签约合同价为 32 600 568 元。合同签订后，中国能源建设集团某电力建设有限公司于 2013 年 11 月 20 日开工，2014 年 8 月竣工，2015 年 1 月 25 日试运行并投产。双方就欠付工程款数额应如何确定产生争议。敦煌某能源开发有限责任公司认为，双方签订的《工程建设 EPC 总承包合同书》（以下简称"EPC 合同"）中第一部分合同协议书第 3 条约定为"签约合同价：人民币（大写）叁仟贰佰陆拾万零伍佰陆拾捌元整（￥32 600 568.00 元）"；第二部分通用条款第 1.1.5.1 条确定"签约合同价：指中标通知书明确的并在签订合同时于合同协议书中写明的，包括暂列金额、暂估价的合同总金额"；合同通用条款部分对暂列金额、暂估价的处理也明确约定"承包人可以使用暂列金额，但应按照 15.6 款规定的程序进行，并对合同价格进行相应的调整"。因此，合同签约价只是包括暂列金额、暂估价在内的金额，是一种可调整的合同价款。

一审法院认为，双方签订的 EPC 合同是双方的共同意思表示，不违反法律、行政法规的强制性规定，应为合法、有效的合同，双方应依合同约定全面履行各自的义务。该合同专用条款第 17.1 条约定："本工程采用固定总价

---

[1] 案件来源：甘肃省高级人民法院二审民事判决书［2021］甘民终 232 号。

合同承包，合同中规定应由承包人承担的为完成本合同工程的所有费用及维护期间的一切费用都已包含在签约合同中，且该签约合同价包括承包商为履行本合同规定的全部责任和义务而承担的风险费、保函费用、不可预见费等全部费用。除非合同中另有约定，该签约合同价在合同执行期间不会因物价变动、通货膨胀及政策性调整等因素的影响而作任何调整。"专用条款第 15.1 条约定："本工程采用固定总价承包，除第 15.3.2 条专用条款调整条件外，结算时合同价格不作任何调整。"专用条款第 15.6 条约定："本工程按通用合同条款 15.6B 执行；本项目不设暂估价。"依据上述合同约定，双方签订的合同价为固定总价即 32 600 568 元。

二审法院认为，甲方上诉称双方签订的 EPC 合同中第一部分合同协议 3 约定为签约合同价，并在第二部分通用条款中对签约合同价作了说明，认为本案合同签约价只是包括暂列金额、暂估价在内的金额，是可调整的合同价款。经查，EPC 合同第三部分专用条款第 17.1 条约定："本工程采用固定总价合同承包，合同中规定应由承包人承担的为完成本合同工程的所有费用及维护期间的一切费用都已包含在签约合同中，且该签约合同价包括承包商为履行本合同规定的全部责任和义务而承担的风险费、保函费用、不可预见费等全部费用。除非合同中另有约定，该签约合同价在合同执行期间不会因物价变动、通货膨胀及政策性调整等因素的影响而作任何调整。"通用条款第 1.4 条合同文件的优先顺序约定："组成合同的各项文件应互相解释，互为说明。除专用条款另有约定外，解释合同文件的优先顺序如下……"从该条约定可以看出，专用条款优先于组成案涉合同的各项文件，包括合同协议书及通用条款。结合专用条款第 15.6 条的约定："本工程按通用合同条款 15.6B 执行；本项目不设暂估价"，案涉合同价为固定价总价，即 32 600 568 元。因此，甲方认为合同价款为可调整的合同价款的理由不能成立。

案例评析

发承包双方签订工程建设 EPC 总承包合同书，约定合同价为"签约合同价"，是一种可调整的合同价款，而专用条款约定本工程采用固定总价承包时，一般专用条款优先于组成案涉合同的各项文件，包括合同协议书及通用条款。此时，发承包双方签订的工程建设 EPC 总承包合同仍应属于固定总价合同。

（三）固定总价合同的特点

1. 工程造价结算简便

在固定总价合同中，由于合同总价比较固定，除非业主（发包方）改变合同施工内容，否则的话，合同内约定的价款就是承发包双方最终支付的工程结算价款。对于业主而言，通过固定总价的形式可以为自己节省大量的计量和核价工作，从而更好地将精力放在对施工工程进度和工程质量的监督上。

2. 承包方承担价格浮动和工程量错误的主要风险

对于承包方而言，由于工程价款在事前是固定的，一旦承包方在投标时出现询价失误，或者合同在履行过程中出现价格上涨或其他非归于客观原因导致价格上涨的风险，都需要由承包方自己承担，而业主不给予补偿。因此，在固定总价合同中，承包方首先就要承担价格浮动的风险，承包人需在投标报价时对工程项目的风险因素作出评估，并把风险因素包含在投标报价之中。[1]

与此同时，由于固定总价合同采取的是总承包形式，在发包时，业主往往只需要提供施工图纸和说明，承包方在竞标时需要根据自己的业务能力来计算工程量，再根据申报的综合单价得出最终的总价。即便业主已经提供了工程量清单，也只是为承包方投标报价提供报价参考。因而，即使最终的工程量与业主提供的工程量清单不能吻合，业主往往也无需就工程量计算错误承担责任。如此一来，承包方还要承担工程量漏算、错算的风险。而在招投标过程中，业主（尤其是外资企业的业主）给予的投标时间比较短，承包方无法根据施工图纸对所需工程量进行精确计算，只能结合图纸凭借经验对工程量进行估算。因此，错算、漏算的风险无法避免。如果漏算、错算与实际工程量相差太大，对于承包方而言，显然也十分不利。

3. 承包方工程索赔比较困难

在固定总价合同的条款中，业主一般会事先明确约定，只有在业主同意变更设计或增减工程量的情况下，才能对合同价款进行调整。如此一来，一旦出现实际价款和合同总价不一致的情形，承包方的索赔机会将大大减少，而业主只要通过对工程造价的控制就能够将预算控制在一定范围之内。因此，

---

〔1〕 曾雪芳：《固定总价合同模式下建设项目索赔成因与预防对策》，载《建筑经济》2023 年第8 期，第62 页。

固定总价合同在客观上也是对承包方"低中标、勤签证、高索赔"进行约束的一种有效方法。此种合同价款形式对于企业管理制度严格、超预算资金需要经过董事会严格审批的外资企业而言尤为重要。

（四）适于采用固定总价合同的工程类型

1. 合同履行周期短的工程

在固定总价合同模式下，工程总价款是固定不变的，发、承包双方都需要面临施工过程中可能出现的材料价格波动风险。虽然承包方承担价格浮动的风险更大，但并不一定就意味着承包方会面临亏损，在材料价格下跌的情况下，承包方也有可能会获得更大的利润。因此，如果在签订合同时材料处于一个高价位阶段，而在合同正式履行时，材料价格突然出现大幅度下跌，此时亏损的反而是发包方。反之，如果签订合同时材料价格处于低迷阶段，而在合同正式履行过程中，材料价格突然出现大幅度上涨，此时亏损的则是承包方。若要想避免合同签订和履行时的材料价格出现大幅度波动，最好的办法就是压缩工程施工周期，将价格风险控制在可预期的范围之内。因此，固定总价合同一般最好适用于履行周期短（一般不超过半年）、材料价格相对稳定的小型工程。

2. 结构相对简单的工程

在招投标过程中，业主给予招投标的时间较短，承包方对所需工程量的计算只能结合图纸凭借经验进行大约估算。对于结构比较复杂的工程，工程量的误差率比较大、报价浮动也相对较大，承包方错算、漏算工程量的概率也大。此类风险将主要由承包方承担。一旦承包方要求发包方调价的请求遭到拒绝，或者承包方遭受到价格上涨风险带来的巨大损失，则业主不予分担。在实践中，承包方可能会采取停工、诉讼的方式来解决这些问题。如此一来，对工期要求比较严格的业主将不得不花费大量的精力和时间来应对这些问题。因此，结构比较复杂的工程不太适合采用固定总价合同模式，而结构相对简单的工程遭遇上述问题的情形则较少。

3. 具有丰富项目管理经验的工程

对于采用固定总价合同模式的工程，在通常情况下需要具有已完工的类似项目可供参考的经验，包括造价、项目标准、档次等，这些都会成为新合同签订的样本。并且，有了过去的经验作为参考，对于曾经出现过的问题可以在新合同中得到有效规避，从而帮助发承包双方相对准确地评判竞价的合理性，以及制定相应的应对方案。例如，一个具有丰富项目管理经验的公司从设计到施工都会制定各种内容详细的技术规格文件。在具体的施工过程中，包括各系统、各专业的材质、规格、用量标准、施工细节、验收标准、调试方案等各方面都会有明确的要求。这对于承包方而言，能够节省不少的精力和成本。一般而言，外资企业通常具有很严格的项目管理流程，其管理经验也比较丰富。因此，外资企业选择固定总价合同模式的比较多。

《建设工程工程量清单计价规范》（GB50500-2013）对固定总价合同形式的适用条件作出了规定："建设规模较小，技术难度较低，工期较短，且施工图设计已审查批准的建设工程可采用总价合同。"

（五）固定总价合同的效力认定

在建设工程总承包合同纠纷案件中，固定总价合同的效力是每个建设工程案件首先要审查的内容。合同的效力问题直接影响着案件的审理方向和当事人的利益。一旦固定总价施工合同被确认为无效，会直接影响到合同工期、质量、价款以及相应的违约责任等条款的适用。固定总价合同的效力会直接影响到发包人与承包人之间的权利义务关系。因此，在合同签订过程中，发承包双方需要对合同的相关条款进行审慎审查。

建设工程合同属于民事法律行为，关于民事法律行为的效力，《民法典》相关条文已经作了规定。具体如下：

（1）第 143 条规定："具备下列条件的民事法律行为有效：（一）行为人具有相应的民事行为能力；（二）意思表示真实；（三）不违反法律、行政法规的强制性规定，不违背公序良俗。"

（2）第 146 条规定："行为人与相对人以虚假的意思表示实施的民事法律行为无效。以虚假的意思表示隐藏的民事法律行为的效力，依照有关法律规定处理。"

（3）第 153 条规定："违反法律、行政法规的强制性规定的民事法律行为无效。但是，该强制性规定不导致该民事法律行为无效的除外。违背公序良俗的民事法律行为无效。"

（4）第 154 条规定："行为人与相对人恶意串通，损害他人合法权益的民事法律行为无效。"

　　根据上述可知，第 143 条是对民事法律有效要件的一般性规定。有效的民事法律行为必须具备该条中的各项要件。第 153 条则是对《民法典》第 143 条中"不违反法律、行政法规的强制性规定"情形的进一步明确，不是所有违反法律和行政法规的强制性规范的民事法律行为都是无效的。第 146 条和第 154 条则对其他民事法律行为无效的情形进行了具体规定。

　　由于建设工程施工涉及公民的人身安全和财产安全，这一特殊性决定了建设工程总承包合同的效力除与合同双方的行为能力和意思表示相关外，同时也需要遵照法律和行政法规的强制性规定。其中包括：

　　1. 承包人在中标工程后，不得对工程进行违法分包

　　在建筑工程领域，分包现象比较普遍，一个项目的完成通常需要多个专业团队进行分工合作。承包单位受制于专业技术、物质设备等条件的限制，往往会将一个总工程的非主体结构部分分包出去，由不同的施工单位共同完成。我国法律对工程分包并不禁止，但严格禁止违法分包行为。但是，与其他领域不同，在 EPC 总承包模式下，关于何为"违法分包"还未有统一的认识，而在司法实践中，法院多倾向于参照适用建设工程施工领域的法律、司法解释，认为建设工程合同包括工程勘察、设计、施工合同。例如，2020 年 3 月 1 日颁布实施的《房屋建筑和市政基础设施项目工程总承包管理办法》对工程总承包作出了明确的界定，也减少了以往工程总承包的一些法律争议。其中规定工程总承包实行资质双控制度，相比于没有"双资质"的要求，总承包方可以将工程中的部分工程发包给具有相应资质条件的分包单位，这就意味着，工程总承包的设计和施工，还是得遵照《建筑法》《招标投标法》《建设工程质量管理条例》等关于分包的规定，其中可以分包，但是不得分包给没有资质的单位或个人，或者只能分包非主体部分，主体部分得自行完成，或者分包之后不得再分包。但是，对于合同没有约定的，又未经业主认可同意而分包的，行政监管部门可能不会认定为违法分包，但是一旦发生纠纷，进入司法程序，则在很大概率上会被认定为违法分包。

　　《民法典》第 791 条第 1 款和第 2 款规定："发包人可以与总承包人订立建设工程合同，也可以分别与勘察人、设计人、施工人订立勘察、设计、施工承包合同。发包人不得将应当由一个承包人完成的建设工程支解成若干部分发包给数个承包人。总承包人或者勘察、设计、施工承包人经发包人同意，可以将自己承包的部分工作交由第三人完成。第三人就其完成的工作成果与

总承包人或者勘察、设计、施工承包人向发包人承担连带责任。承包人不得将其承包的全部建设工程转包给第三人或者将其承包的全部建设工程支解以后以分包的名义分别转包给第三人。"

《建筑法》第 24 条规定:"提倡对建筑工程实行总承包,禁止将建筑工程肢解发包。建筑工程的发包单位可以将建筑工程的勘察、设计、施工、设备采购一并发包给一个工程总承包单位,也可以将建筑工程勘察、设计、施工、设备采购的一项或者多项发包给一个工程总承包单位;但是,不得将应当由一个承包单位完成的建筑工程肢解成若干部分发包给几个承包单位。"第 29 条规定:"建筑工程总承包单位可以将承包工程中的部分工程发包给具有相应资质条件的分包单位;但是,除总承包合同中约定的分包外,必须经建设单位认可。施工总承包的,建筑工程主体结构的施工必须由总承包单位自行完成。建筑工程总承包单位按照总承包合同的约定对建设单位负责;分包单位按照分包合同的约定对总承包单位负责。总承包单位和分包单位就分包工程对建设单位承担连带责任。禁止总承包单位将工程分包给不具备相应资质条件的单位。禁止分包单位将其承包的工程再分包。"

《房屋建筑和市政基础设施工程施工分包管理办法》(2019 年修正)第 14 条规定:"禁止将承包的工程进行违法分包。下列行为,属于违法分包:(1)分包工程发包人将专业工程或者劳务作业分包给不具备相应资质条件的分包工程承包人的;(2)施工总承包合同中未有约定,又未经建设单位认可,分包工程发包人将承包工程中的部分专业工程分包给他人的。"

《建设工程质量管理条例》(2019 年修订)第 78 条第 2 款直接对违法分包行为进行了列举:"(1)总承包单位将建设工程分包给不具备相应资质条件的单位的;(2)建设工程总承包合同中未有约定,又未经建设单位认可,承包单位将其承包的部分建设工程交由其他单位完成的;(3)施工总承包单位将建设工程主体结构的施工分包给其他单位;(4)分包单位将其承包的建设工程再分包的。"

2. 承包人需具备相应资质,或者所承包的工程不得超越其所拥有的资质等级

建筑资质是我国建设部对施工单位的资金、设备、技术、人员素质、安全条件等方面的全方位能力的硬性考核和检测。资质证书是对企业能力的肯定,建筑资质等级越高,代表企业的施工能力越强,整体实力也就越强。建筑资质也代表着企业的施工能力和信誉。建筑资质对于建筑企业而言是进入

建筑行业的通行证。为了规范建筑市场秩序、加强建筑活动监管、保证建设工程质量安全，法律法规等规范性文件也都要求只有取得相应资质的企业方可从事资质许可范围内的相应工程承包、工程项目管理等业务。

《建筑法》第 13 条规定："建筑施工企业取得施工总承包资质的条件及建筑施工企业从事建筑活动应当在取得相应等级的资质证书后。"第 26 条规定："禁止建筑施工企业以任何形式允许其他单位或者个人使用本企业的资质证书、营业执照，以本企业的名义承揽工程。"

《建筑业企业资质管理规定》第 5 条规定："建筑业企业资质分为施工总承包资质、专业承包资质、施工劳务资质三个序列。"

《房屋建筑和市政基础设施工程施工分包管理办法》（2019 年修正）第 15 条规定："禁止转让、出借企业资质证书或者以其他方式允许他人以本企业名义承揽工程。"在建设工程当中对于资质的要求不仅仅局限在承包人方面，对工程进行分包的，分包单位也应当具有相应资质，否则分包合同无效。

《建筑法》第 29 条规定："建筑工程总承包单位可以将承包工程中的部分工程发包给具有相应资质条件的分包单位……"

《建筑业企业资质标准》（建市〔2014〕159 号）规定："施工总承包工程应由取得相应施工总承包资质的企业承担。取得施工总承包资质的企业可以对所承接的施工总承包工程内各专业工程全部自行施工，也可以将专业工程依法进行分包……设有专业承包资质的专业工程单独发包时，应由取得相应专业承包资质的企业承担。取得专业承包资质的企业可以承接具有施工总承包资质的企业依法分包的专业工程或建设单位依法发包的专业工程。""施工总承包工程应由取得相应施工总承包资质的企业承担。取得施工总承包资质的企业可以对所承接的施工总承包工程内各专业工程全部自行施工，也可以将专业工程依法进行分包。对设有资质的专业工程进行分包时，应分包给具有相应专业承包资质的企业。施工总承包企业将劳务作业分包时，应分包给具有施工劳务资质的企业。"

此外，承包单位或分包单位的资质需要自始取得。我国现行法律排除了建设工程施工合同中承包人在履行合同后才取得资质情况下，建设工程合同的有效性。但若承包单位或分包单位在签订合同时只是处于资质等级不够的状态，即超资质等级签订建设工程施工合同，则只要其在建设工程竣工前取得相应资质等级，合同均为有效。

《最高人民法院关于审理建设工程施工合同纠纷案件适用法律问题的解释（一）》第 4 条规定："承包人超越资质等级许可的业务范围签订建设工程施工合同，在建设工程竣工前取得相应资质等级，当事人请求按照无效合同处理的，人民法院不予支持。"

建筑资质的类型很多，如施工总承包资质、专业承包资质。在施工总承包资质中，该资质又可被细分为建筑工程、公路工程、铁路工程、市政公用工程等 12 项。在专业承包资质序列中也设有地基基础工程、起重设备安装工程、预拌混凝土、电子与智能化工程等 36 项专业承包资质。以施工总承包资质为例，具体包括以下几种要求：①建筑工程施工总承包；②公路工程施工总承包；③铁路工程施工总承包；④港口与航道工程施工总承包；⑤水利水电工程施工总承包；⑥市政公用工程施工总承包；⑦电力工程施工总承包；⑧矿山工程施工总承包；⑨冶金工程施工总承包；⑩石油化工工程施工总承包；⑪通信工程施工总承包等。

3. 应当招标的建设项目工程必须进行招标

建设项目工程量大，涉及的价款往往较高。工程招投标可以使工程价格更合理，有助于减少工程建设项目资源消耗。对于建筑工程企业而言，招投标节省了成本，促使社会资源有效配置，便于合理设置施工项目费用，为固定资产创造了更大的社会效益。虽然并不是所有的建设工程项目都需要进行招投标，但对于一些涉及国家利益和社会公共利益的项目而言，必须通过招投标确定承包人，否则签订的相关合同无效。

《招标投标法》第 3 条第 1 款规定："在中华人民共和国境内进行下列工程建设项目包括项目的勘察、设计、施工、监理以及与工程建设有关的重要设备、材料等的采购，必须进行招标：（一）大型基础设施、公用事业等关系社会公共利益、公众安全的项目；（二）全部或者部分使用国有资金投资或者国家融资的项目；（三）使用国际组织或者外国政府贷款、援助资金的项目。"没有经过招投标程序而签订的上述三类施工项目合同均属无效合同。

此外，在招投标过程中，投标人亦不得违反《招投标法》的相关规定要求，需严格按照招投标程序进行，否则签订的合同亦为无效。

《招标投标法》第 32 条规定："投标人不得相互串通投标报价，不得排挤其他投标人的公平竞争，损害招标人或者其他投标人的合法权益。投标人不得与招标人串通投标，损害国家利益、社会公共利益或者他人的合法权益。

禁止投标人以向招标人或者评标委员会成员行贿的手段谋取中标。"第 33 条规定："投标人不得以低于成本的报价竞标，也不得以他人名义投标或者以其他方式弄虚作假，骗取中标。"第 43 条规定："在确定中标人前，招标人不得与投标人就投标价格、投标方案等实质性内容进行谈判。"

情形一：承发包方虽然已经签订固定总价承包合同，并对工程范围、合同价格、竣工及付款时间等都进行了约定，但合同签订前双方未依法进行招标投标程序，违反了法律的效力性强制性规定。基于此，法院可以依职权认定该合同无效。

【案例】

——西安某电气有限公司、青海某新能源投资有限公司建设工程施工合同纠纷[1]

基本案情

2012 年 5 月 30 日，青海某新能源投资有限公司作为发包人（甲方），西安某电气有限公司作为总承包人（乙方），双方签订《青海某新能源投资有限公司××分公司 20MWp 并网光伏电站 EPC（设计、采购、施工）总承包合同》（以下简称《总承包合同》）。该合同对工程范围、合同价格、竣工及付款时间等均作出了约定。其中第 8.1 条约定，甲乙双方以初步设计并经审定后的工程概算为参照基础，结合本工程的实际情况，确定本工程 EPC 总承包的总价 2.03 亿元，作为本工程总投资的最高限额由乙方控制。合同签订后，双方进行了履行。涉案工程于 2013 年 10 月 12 日通过验收，青海某新能源投资有限公司已投入使用。双方就工程欠款及迟延支付工程款的违约金产生了争议，并诉诸法院。

一审法院认为，涉案《总承包合同》建设工程为光伏发电工程，合同总价款达到 2.03 亿元。根据《招标投标法》（已被修改）第 3 条的规定及当时适用的《工程建设项目招标范围和规模标准规定》（已失效）第 3 条第 1 项和第 7 条之规定，应属必须招标的工程项目。而且本案所涉项目为合同金额达 2.03 亿元的光伏发电工程，涉及公共利益和公共安全，认定必须招标的工程项目与 2018

---

[1] 案件来源：最高人民法院二审民事判决书［2018］最高法民终 1184 号。

年6月1日开始施行的《必须招标的工程项目规定》并不抵触。本案中，乙方自认双方当事人在签订《总承包合同》前并未进行招投标程序。故根据《最高人民法院关于审理建设工程施工合同纠纷案件适用法律问题的解释（一）》第1条第1款第3项之规定，涉案《总承包合同》因违反效力性法律强制性规定，应属无效合同。

二审法院认为，乙方虽未请求一审法院认定合同效力，但其请求甲方支付欠款本金及迟延付款违约金的基础为《总承包合同》有效。一审法院依职权审查合同效力时查明，涉案合同签订前未依法进行招标投标程序，违反法律强制性规定，应属无效，确与乙方主张的合同效力不一致。就《总承包合同》的效力认定问题，一审法院曾明确要求乙方于庭后提交书面意见，而乙方提供的书面回复意见：一方面承认涉案工程确实未履行招投标程序；另一方面表示合同效力问题以一审判决认定为准，且表明即使《总承包合同》无效，其主张的诉讼请求具体数额也不变更，而仅将请求甲方按照同期中国人民银行贷款利率4倍支付延迟付款违约金变更为请求其按照同期中国人民银行贷款利率4倍赔偿损失。据此，一审未予明确释明并未影响乙方诉讼请求，同时乙方亦知道合同效力的认定与其诉讼请求的关系，故乙方主张一审法院程序违法，无事实和法律依据，不予支持。

案例评析

《最高人民法院关于审理建设工程施工合同纠纷案件适用法律问题的解释（一）》第1条第1款第3项规定，建设工程施工合同具有"建设工程必须进行招标而未招标或者中标无效的"，应当依据《民法典》第153条第1款的规定，认定无效。合同无效是一种自始的、确定的、当然的无效。即使当事人未在诉讼请求中提及对合同效力的确认，法院也应主动审查合同效力，并依职权对无效合同进行确认。值得注意的是，合同的无效并不意味着合同当事人无法获取任何对价。前述案件审理时所适用的《最高人民法院关于审理建设工程施工合同纠纷案件适用法律问题的解释》（已失效）第2条即规定："建设工程施工合同无效，但建设工程经竣工验收合格，承包人请求参照合同约定支付工程价款的，应予支持。"《民法典》第793条规定："建设工程施工合同无效，但是建设工程经验收合格的，可以参照合同关于工程价款的约定折价补偿承包人。建设工程施工合同无效，且建设工程经验收不合格的，按照以下情形处理：（一）修复后的建设工程经验收合格的，发包人可以请求承包人承担修复费用；（二）修复后的建设工程经验收不合格的，承包人无权请求参照合同关于工程价款的约定折价补偿。发包人对因建设工程不合格造成的损失有过错的，应当承担相应的责任。"现行有效的《最高人民法院关于审理建设工程施工合同纠纷案件适用法律问题的解释（一）》第6条规定："建设工程施工合同无效，一方当事人请求对方赔偿损失的，应当就对方过错、损失大小、过错与损失之间的因果关系承担举证责任。损失大小无法确认，一方当事人请求参照合同约定的质量标准、建设工期、工程价款支付时间等内容确定损失大小的，人民法院可以结合双方过错程度、过错与损失之间的因果关系等因素作出裁判。"

4. 承包人不得违反法律规定，将其承包的工程转包给他人

转包是指承包人在承包工程后，又将其承包的工程建设任务转让给第三人，转让人退出现场承包关系，受让人成为承包合同的另一方当事人的行为。由于转包容易使不具有相应资质的承包者进行工程建设，以致造成工程质量低下、建设市场混乱，所以我国法律、行政法规均作出了禁止转包的规定。在我国，转包行为一律无效。转包在现实中的表现形式也具有多样性。既包括将承包的全部建设工程转给他人的行为，也包括将承包的全部工程肢解以后以分包的名义分别转给他人承包的行为。

关于转包和挂靠的区别，根据重庆某房地产有限公司、白某建设工程施工合同纠纷案［2019］最高法民申729号可知，区分转包和挂靠主要应基于实际施工人（挂靠人）有没有参与投标和合同订立等缔约磋商阶段的活动加以判断。转包是承包人承接工程后将工程的权利义务概括转移给实际施工人，转包中的实际施工人一般并未参与招投标和订立总承包合同，其承接工程的意愿一般是在总承包合同签订之后，而挂靠是承包人出借资质给实际施工人，挂靠关系中的挂靠人在投标和合同订立阶段一般就已经参与，甚至就是其以被挂靠人的代理人或代表的名义与发包人签订建设工程施工合同。因此，一般而言，应当根据投标保证金的缴纳主体和资金来源、实际施工人（挂靠人）是否以承包人的委托代理人身份签订合同、实际施工人（挂靠人）有没有与发包人就合同事宜进行磋商等因素，审查认定属于挂靠还是转包。

关于挂靠和违法分包，根据《建筑工程施工发包与承包违法行为认定查处管理办法》（建市规［2019］1号）第9条的规定，挂靠是指单位或个人以

其他有资质的施工单位的名义承揽工程的行为。前款所称承揽工程，包括参与投标、订立合同、办理有关施工手续、从事施工等活动。第10条规定，存在下列情形之一的，属于挂靠：没有资质的单位或个人借用其他施工单位的资质承揽工程的；有资质的施工单位相互借用资质承揽工程的，包括资质等级低的借用资质等级高的，资质等级高的借用资质等级低的，相同资质等级相互借用的；本办法第8条第1款第3~9项规定的情形，有证据证明属于挂靠的。参考黄衍培、新疆三联工程建设有限责任公司建设工程施工合同纠纷再审审查与审判监督民事裁定书（［2021］最高法民申138号）的观点，在挂靠关系下，实际施工人是以被挂靠人的名义参与投标、订立合同、办理施工手续、从事施工，而在违法分包情形下，实际施工人是以自己的名义施工。

关于借用资质和违法分包，借用资质是指没有资质的实际施工人使用有资质的建筑施工企业名义承揽工程的违法承包活动。其情形主要包括：①没有资质的单位或个人（没有与该施工单位没有订立劳动合同，或没有建立劳动工资或社会养老保险关系）。②借用其他施工单位的资质承揽工程；有资质的施工单位相互借用资质承揽工程，包括资质等级低的借用资质等级高，资质等级高的借用资质等级低，相同资质等级相互借用。③专业分包的发包单位不是该工程的施工总承包或专业承包单位，但建设单位依约作为发包单位的除外。④劳务分包的发包单位不是该工程的施工总承包、专业承包单位或专业分包单位。⑤施工单位在施工现场派驻的项目负责人、技术负责人、质量管理负责人、安全管理负责人中一人以上与施工单位没有订立劳动合同，或没有建立劳动工资或社会养老保险关系。⑥实际施工总承包单位或专业承包单位与建设单位之间没有工程款收付关系，或者工程款支付凭证上载明的单位与施工合同中载明的承包单位不一致，又不能进行合理解释并提供材料证明。⑦合同约定由施工总承包单位或专业承包单位负责采购或租赁的主要建筑材料、构配件及工程设备或租赁的施工机械设备，由其他单位或个人采购、租赁，或者施工单位不能提供有关采购、租赁合同及发票等证明，又不能进行合理解释并提供材料证明。根据［2019］最高法民申943号的观点，认定一项工程是借用资质承建还是违法分包，应重点从实际施工人前期是否直接联系发包方，是否直接参与招投标和建设工程施工合同的订立，是否向有资质的单位缴纳管理费等方面进行审核。

《建设工程质量管理条例》第78条第3款规定："本条例所称转包，是指承包单位承包建设工程后，不履行合同约定的责任和义务，将其承包的全部建设工程转给他人或者将其承包的全部建设工程肢解以后以分包的名义分别转给其他单位承包的行为。"

《民法典》第 791 条第 2 款规定："承包人不得将其承包的全部建设工程转包给第三人或者将其承包的全部建设工程支解以后以分包的名义分别转包给第三人。"

《房屋建筑和市政基础设施工程施工分包管理办法》（2019 年修正）第 13 条规定："禁止将承包的工程进行转包。不履行合同约定，将其承包的全部工程发包给他人，或者将其承包的全部工程肢解后以分包的名义分别发包给他人的，属于转包行为。违反本办法第十二条规定，分包工程发包人将工程分包后，未在施工现场设立项目管理机构和派驻相应人员，并未对该工程的施工活动进行组织管理的，视同转包行为。"

《建筑工程施工发包与承包违法行为认定查处管理办法》（建市规〔2019〕1 号）第 8 条第 1 款规定："存在下列情形之一的，应当认定为转包，但有证据证明属于挂靠或者其他违法行为的除外：（1）承包单位将其承包的全部工程转给其他单位（包括母公司承接建筑工程后将所承接工程交由具有独立法人资格的子公司施工的情形）或个人施工的；（2）承包单位将其承包的全部工程肢解以后，以分包的名义分别转给其他单位或个人施工的；（3）施工总承包单位或专业承包单位未派驻项目负责人、技术负责人、质量管理负责人、安全管理负责人等主要管理人员，或派驻的项目负责人、技术负责人、质量管理负责人、安全管理负责人中一人及以上与施工单位没有订立劳动合同且没有建立劳动工资和社会养老保险关系，或派驻的项目负责人未对该工程的施工活动进行组织管理，又不能进行合理解释并提供相应证明的；（4）合同约定由承包单位负责采购的主要建筑材料、构配件及工程设备或租赁的施工机械设备，由其他单位或个人采购、租赁，或施工单位不能提供有关采购、租赁合同及发票等证明，又不能进行合理解释并提供相应证明的；（5）专业作业承包人承包的范围是承包单位承包的全部工程，专业作业承包人计取的是除上缴给承包单位"管理费"之外的全部工程价款的；（6）承包单位通过采取合作、联营、个人承包等形式或名义，直接或变相将其承包的全部工程转给其他单位或个人施工的；（7）专业工程的发包单位不是该工程的施工总承包或专业承包单位的，但建设单位依约作为发包单位的除外；（8）专业作业的发包单位不是该工程承包单位的；（9）施工合同主体之间没有工程款收付关系，或者承包单位收到款项后又将款项拨给其他单位和个人，又不能进行合理解释并提供材料证明的。"

情形一：发承包双方签订了总承包合同，计价模式为固定总价包干，结算时总价不作调整。发包方将总承包施工的范围内不涉及主体工程的部分进行了指定分包，而并非肢解分包的，总承包合同仍有效。

【案例】

——绍兴某房地产开发有限公司、江苏南通某建设集团有限公司建设工程合同纠纷[1]

基本案情

2018年10月22日，绍兴某房地产开发有限公司（甲方）与江苏南通某建设集团（乙方）签订了总承包合同。约定：由江苏南通某建设集团总承包某区域公司××湖塘GC-1地块二标段的施工，合同金额为197 740 640.19元，绝对工期为492天，计划开工日期为2018年8月13日，计划竣工日期为2019年12月20日，具体开工日期以张某（甲方）或监理工程的开工通知日期为准。双方于2020年6月1日签订了《××湖塘GC-1地块二标段施工总承包合同转包干补充协议》。约定：本工程计价模式为固定总价包干，××湖塘GC-1地块（樾山府）项目总承包转包干价较原合同及补充协议减少人民币含税金额8 510 512.02元，转包干价确定为人民币含税金额189 628 428.17元，总价包干，结算时总价不作调整。2020年11月12日，案涉工程通过竣工验收备案。双方对合同效力产生争议，甲方主张依据上述协议的约定，江苏南通某建设集团应承担相应的违约责任，而江苏南通某建设集团则抗辩上述合同违反了国家关于建设工程不得肢解发包的规定，且违反招投标法的禁止性规定，应认定为无效，相应的违约条款亦无效，甲方以此主张的违约金无事实和法律依据。

一审法院认为，肢解发包系指建设单位将应当由一个承包单位完成的建设工程分解成若干部分发包给不同的承包单位的行为，而根据上述合同的约定及查明的事实，甲方系在确定乙方总承包施工的范围内将不涉及主体工程

---

[1] 案件来源：浙江省高级人民法院二审民事判决书［2021］浙民终1112号。

的土方、桩基等部分进行了指定分包，并不等同于乙方主张的直接将工程肢解后分包。此外，根据《招标投标法》《必须招标的工程项目规定》（中华人民共和国国家发展和改革委员会第 16 号）、《必须招标的基础设施和共用事业项目范围规定》（发改法规规〔2018〕843 号）等文件的规定，案涉工程并不属于必须招投标的工程，故对乙方的抗辩理由不予采信。上述协议系双方真实意思的表示，内容亦不违反法律、行政法规的禁止性规定，应被认定为合法有效，对双方具有约束力。

二审法院认为，乙方主张案涉总承包合同因甲方肢解发包而无效的抗辩无法成立。经审查，总承包合同附件第 2.2 条张某分包范围载明"……2. 由张某指定分包工程纳入乙方总承包管理，张某指定分包单位纳入总包管理，整个项目的质量、进度、安全由乙方向张某负责，乙方不得以张某分包为免责理由……4. 总包办理招标报建规费缴纳的范围包括土方、桩基、土建、安装、门窗、外装饰等所有分包工程及甲供材。张某分包工程乙方向张某收取总包管理配合费，总包管理配合费用计取标准及配合内容详见附件……"可见，双方均认可乙方公司作为总承包人，有权向甲方收取总包管理费并将指定分包单位纳入总包管理。故乙方主张案涉工程系肢解分包，与合同约定不符的主张，不能成立。

案例评析

肢解分包系指建设单位将应当由一个承包单位完成的建设工程分解成若干部分分包给不同的承包单位的行为。发承包双方签订了总承包合同，计价模式为固定总价包干，结算时总价不作调整。发包方对总承包施工的范围内不涉及主体工程的部分进行了指定分包，而并非肢解分包的，总承包合同仍有效。

二、固定总价合同工程变更的计价

国外 EPC 合同多采用总价计价方式，国内工程总承包合同在此基础上发展出了具有中国特色的多元化计价方式。我国工程总承包计价方式的多元化，是由我国的国情和体制决定的，其不仅取决于建设项目的自身特点、建设单位对风险承担的主观意愿，还与项目资金来源属性息息相关，亦更加注重建设单位对投资的过程管控力度。因而，对国内工程总承包合同的各类计价方式进行全面了解，方能够更好地认识和理解固定总价合同中计价方式的特点。

此外，由于计价方式的多元化，在实践中也不乏存在发承包双方对于究竟采用何种计价方式存在争议的情形。尤其是存在多份合同文本时，各文本对于计价方式的表述又不完全相同时，争议更为激烈。此时应当先比较不同合同文本或不同表述是否存在实质性抵触。若存在实质性抵触，再结合合同效力、当事人真意等因素确定应采用哪种计价方式。

（一）国内工程总承包合同的计价方式

1. 固定总价方式

在建设工程领域，与承包方签订固定总价合同，是发包方规避风险的一种常见方式。在该类合同的计价方式中，合同价款一经确定，一般不进行调整。固定总价虽然是闭口合同，但并非无限风险合同，也有风险边界范围，超出风险边界范围的事项可调整合同价款。但固定总价合同并非绝对"固定"，而是相对"固定"。固定合同结算金额为固定总价部分加上合同约定可调整事项价款，包括变更、签证、另委、索赔、补偿、奖励、罚扣款等。例如，关于涉案工程价款的约定，若存在备案登记的《建设工程施工合同》和未经备案登记《建设工程施工合同补充协议》两种形式，应当区分工程项目是否必须招投标，以及《建设工程施工合同》与《补充协议》是否存在实质性抵触，以确定最终计价方式。

【案例】

——重庆某贸易集团有限公司与贵州某投资管理有限责任公司等建设工程施工合同纠纷[1]

基本案情

2013 年 1 月 16 日，贵州某投资管理有限责任公司作为发包人（甲方），重庆某贸易集团有限公司作为承包人（乙方）签订了两份《建设工程施工合同》，其中一份《建设工程施工合同》约定的工程名称为"金沙县 2012 年××××××社区安置房项目一标段（东区）"，另一份《建设工程施工合同》约定的工程名称为"金沙县 2012 年×××××社区安置房项目二标段（西区）"。收费标准及工程结算：项目采用跟踪审计，乙方当月完成的产值经审计后从

———————

〔1〕案件来源：最高人民法院二审民事判决书［2019］最高法民终 583 号。

次月 1 日起开始计息，利息按照中国建设银行同期同类型项目贷款利率按月结算；回报率为建安工程项目投资的 1%；另计取建安工程项目投资造价 1%的管理费。"工程项目总投资=建安工程项目投资+（资金占用费+回报率+管理费）×1.0341"，工程项目总投资下浮后作为乙方最终结算总价，下浮比例双方另行协商。2013 年 1 月 16 日，贵州某投资管理有限责任公司（发包人、张某）与重庆某贸易集团有限公司（承包人、乙方）另又签订了一份《补充协议》，约定工程最终价款为按经审计的工程项目总投资下浮 6%。双方就《补充协议》的效力产生争议，并诉诸法院。

一审法院认为：第一，根据《必须招标的工程项目规定》（中华人民共和国国家发展和改革委员会令第 16 号）、《必须招标的基础设施和公用事业项目范围规定》（发改法规规〔2018〕843 号），案涉"金沙县×××××社区安置房建设项目"并不在上述规定的必须招标的工程范围内，当事人签订经备案的合同后，另行签订补充协议的，只要补充协议的内容意思表示真实，不违反法律行政法规的效力性强制性规定，均为有效协议。第二，2013 年 1 月 16日，甲方与乙方签订了 2 份《建设工程施工合同》（含东区和西区），甲方与乙方对这 2 份合同的效力均无异议。同日，甲方与乙方另又签订了 1 份《补充协议》，约定了工程款支付的细节，以及甲方承诺借资给乙方用于工程施工等内容。此外还约定："工程最终价款为按经审计的工程项目总投资下浮6%。" 2 份《建设工程施工合同》第 6 条第 2 款均约定："工程项目总投资下浮后作为乙方最终结算总价，下浮比例双方另行协商。"《补充协议》关于工程项目总投资下浮 6%的约定与 2 份《建设工程施工合同》的约定相衔接和呼应，是对 2 份《建设工程施工合同》的补充和完善，且并未约定与 2 份《建设工程施工合同》实质性抵触的内容。《补充协议》系与 2 份《建设工程施工合同》在同一天签订，合同内容系双方真实意思表示，不违反法律、行政法规的效力性强制性规定，因此《补充协议》合法有效。

二审法院认为：本案中，双方当事人在同一天内分别签订了 2 份《建设工程施工合同》以及《补充协议》。《补充协议》约定工程的最终价款为按照经审计的工程项目总投资下浮 6%。本院认为，《补充协议》所约定的案涉工程价款下浮并非对中标合同作出了实质性变更或变相降低了工程价款。首先，甲方与乙方签订的 2 份《建设工程施工合同》（含东区和西区）均约定："工程项目总投资下浮后作为乙方最终结算总价，下浮比例双方另行协商。"表明双方对工程价款下浮具有合意，且该合意不违背法律法规的强制性规定，应属有效。同日，甲方与乙方签订的《补充协议》将下浮比例予以明确，符合法律规定和双方的合同约定。其次，《补充协议》关于工程项目总投资下浮6%的约定与2份《建设工程施工合同》的约定相衔接和呼应，是对《建设工程施工合同》的补充和完善，而且并未与中标合同有实质性抵触的内容。《补充协议》系与2份《建设工程施工合同》在同一天签订，合同内容系双方的真实意思表示，不违反法律、行政法规的效力性规定，故《补充协议》合法有效。

案例评析

《最高人民法院关于审理建设工程施工合同纠纷案件适用法律问题的解释（一）》第2条第1款规定："招标人和中标人另行签订的建设工程施工合同约定的工程范围、建设工期、工程质量、工程价款等实质性内容，与中标合同不一致，一方当事人请求按照中标合同确定权利义务的，人民法院应予支持。"（原《最高人民法院关于审理建设工程施工合同纠纷案件适用法律问题的解释（二）》［已失效］第1条第1款。）根据该款的规定，以招投标形式签订的建设工程施工合同，当事人不得再另行签订其他施工合同或者补充协议变相压低工程价款、变动中标合同的实质性内容、损害承包方的合法权益。至此，如果当事人之间另行签订的施工合同关于工程价款的约定与中标合同约定不一致，且变动中标合同中的实质性内容的，仍应按照中标合同来确定合同双方当事人的权利义务。另行签订的合同若与中标合同不存在实质性抵触，则两合同均为有效。

2. 平方米单价方式

固定平方米单价合同也被称为"固定综合单价"合同的延伸，它可以被视为是固定总价合同的另一种表达。但是否需要采用平方米单价合同，主要看建筑面积在设计过程中的变化是否会很大。在一般情况下，如果建筑面积和单价变化不大，根据"平方米单价×建筑面积"的计算公式得出的最后总金额几乎不会发生变化。此时，虽然在形式上采用的是单价计价方式，但实质上可视为固定总价计价方式。而合同的最终结算价可以通过"平方米单价×建筑面积"计算所得金额，再加上合同约定可调整事项价款（包括变更、签证、另委、索赔、补偿、奖励、罚扣款等）得出。但在实践中，变更费用是否存在与平方米单价部分的结算也容易产生争议纠纷。

【案例】

——中国建筑某集团有限公司、辽阳某房地产开发有限公司建设工程施工合同纠纷[1]

基本案情

2013 年 5 月 20 日，中国建筑某集团有限公司（乙方）与辽阳某房地产开发有限公司（甲方）签订《建设工程施工合同》（以下简称《520 合同》）。约定：由中国建筑某集团有限公司作为总承包单位施工建设辽阳××小区及××医院工程；工程总建筑面积约为 70 万 m^2（其中医院 141 604m^2，商品房开发部分 555 546m^2）；住宅部分暂定单价 1700 元/建筑平方米（暂定总价 944 428 200 元），医院部分暂定单价 2450 元/建筑平方米（暂定总价 346 929 800 元），暂定合同总价 1 291 358 000 元；工程采用包干包料方式，计价方式为定额加价方式。2014 年 7 月 5 日，中国建筑某集团有限公司和辽阳某房地产开发有限公司签订《补充协议（三）》调整医院部分结算方式。主要内容为：主体结构结算方式变更为单价平方米包干，建筑面积"包死"（包括地下建筑面积 44 455m^2、地上建筑面积 107 055m^2），单价为地上 938 元/建筑平方米、地下 1432 元/建筑平方米、综合平方米单价 1083 元/建筑平方米。建筑面积平方米单价"包死"。××医院工程主体结构已完工。双方对工程价款产生争议。

一审法院认为，案涉工程辽阳××小区部分在履行法定招投标程序之前，双方已就实质性内容进行协商，并达成协议，故中标无效，由此签订的 4 份备案合同均为无效。根据《最高人民法院关于审理建设工程施工合同纠纷案件适用法律问题的解释》（已失效）第 1 条的规定，案涉工程辽阳××小区部分中标无效，而辽阳××医院部分未履行招投标程序。依据上述司法解释的规定，《520 合同》《补充协议（二）》《补充协议（三）》均无效。因备案合同无效，乙方与甲方之间工程价款的结算应当依照当事人的真实意思表示，以《520 合同》《补充协议（二）》《补充协议（三）》这三份合同作为案涉

---

[1] 案件来源：最高人民法院二审民事判决书［2019］最高法民终 796 号。

工程的结算依据。

二审法院认为，《补充协议（三）》约定，经测算××医院建筑"包死"面积为 151 508m²，甲方主张乙方施工完成的襄平医院实际面积为 139 246.5m²，此处建筑面积为鉴定机构根据××医院施工图纸测算所得。甲方对于《补充协议（三）》约定的经测算襄平医院主体结构建筑"包死"面积与按图纸测算出的××医院建筑面积存在的 12 261.5m² 差距，未作出合理的解释。《补充协议（三）》约定××医院建筑面积"包死"、每平方米单价"包死"，其真实意思即为不考虑乙方完成的实际施工面积及每平方米工程实际造价，均一律按约定的"包死"建筑面积及每平方米单价确定××医院主体结构工程价款的固定总价。甲方未曾对××医院施工图纸提出过异议，对于乙方依施工图纸进行施工所完成的建筑面积，应视为符合各方的约定，在没有证据表明乙方进行××医院施工所完成的工程建筑面积违反合同约定的情况下，应按《补充协议（三）》约定的固定总价方式结算工程价款。

案例评析

合同约定中的建筑面积"包死"、每平方米单价"包死"的真实意思为不考虑承包方完成的实际施工面积及每平方米工程实际造价，一律按约定的"包死"建筑面积及每平方米单价来确定主体结构工程价款总价。

3. 费率下浮计价方式

费率下浮计价方式是指在工程总承包项目招投标时，仅确定中标下浮率，合同签约价格为暂定价，结算时根据合同约定适用的定额和对应信息价格组价后并计及中标下浮率结算。费率下浮计价适用于设计深度不足、没有完整招标图纸的项目，可以更快地推进项目的招投标进程。费率下浮计价合同为开口合同，在过程支付和竣工结算时投资管控难度较高，十分考验建设单位过程投资管控水平。

情形一：在建设工程施工合同中，承发包方对下浮率产生争议的，在约定计价和鉴定计价两种方式中，下浮率应当以约定计价为基础。

【案例】

——福建某建设集团有限公司、云南某实业有限公司建设工程施工合同纠纷[1]

基本案情

2015 年 1 月 15 日，福建某建设集团有限公司（乙方）与云南某实业有限公司（甲方）签订《建设工程施工合同》，约定：福建某建设集团有限公司自筹资金，承包云南某实业有限公司位于昆明市××县的米钢结构厂房，具体栋号为 3-1#～3-3#、3-31#～3-43#（工程为钢结构，地上三层，总面积为 31 408m²）的工程施工，施工范围包括设计施工图纸（土建工程、钢结构、安装工程）。约定合同价与合同价格形式为：固定总价包干，单栋价格为 5 965 955.43元，五标段共计 16 栋，总价为 95 455 286.82 元。双方约定：在标段全部栋号主体封顶后，发包人（云南某实业有限公司）支付给施工方（福建某建设集团有限公司）合同总价款的30%，计 28 636 586.05 元。2016 年 1 月 7 日，福建某建设集团有限公司完成了除三栋停工栋号外的其他 13 栋房屋主体封顶工作，并经监理人验收确认。双方就工程款支付条件是否成就及工程价款如何确定产生争议，并诉诸法院。

一审法院依法委托官审造价对乙方负责施工的云南工业品产业基地标准化厂房五标段现场已完工工程的造价进行司法鉴定。官审造价经实地勘验，按照一审法院委托范围，就案涉已完工工程进行造价鉴定，并按照双方的合同约定，对造价总额进行了 5% 的下浮。鉴定意见为：51 231 029.41 元。该鉴定金额应被作为本案定案依据予以采信。本案中，案涉工程防火防腐涂料施工的结算依据是 2003 年度的相关定额，而本案在确定防火防腐涂料重做费用时，国家标准中的施工工艺发生变化，如按照 2013 年度的定额标准，就施工单价而言，与市场实际施工价格差距较大，故官审造价提出了两种鉴定意见。一审法院认为，在施工标准及工艺发生变化的前提下，官审造价以市场价格

---

[1] 案件来源：最高人民法院二审民事判决书［2020］最高法民终 337 号。

为参照作出的鉴定意见，符合客观事实，亦符合公平原则。

二审法院认为，双方签订的《建设工程施工合同》约定：单栋包干价格为 6 279 953.08 元，在此总价下浮 5% 后单栋价格为 5 965 955.43 元；五标段共计 16 栋，总价为 100 479 249.28 元，下浮后总价为 95 455 286.82 元。该结算条款采用包干价格，双方达成下浮合意的前提条件为"在此总价"，即在包干价格的基础上。本案通过司法鉴定确定工程价款，改变了下浮合意的前提条件，故对于乙方关于工程总造价不应下浮 5% 的主张，二审法院予以支持。

案例评析

在采用费率下浮计价方式的情形中，发承包方就工程价款的下浮计算是以约定价格为基础还是以鉴定价格为基础产生争议的，应采用约定价格。因为约定价格是发承包方在《建设工程施工合同》中的合意。在价格约定条款效力不存在瑕疵的情形下，下浮率的确定以双方当事人的约定优先，从而对双方当事人的意思自治进行充分尊重。这也与民事法律关系中，在不违反法律、行政法规的效力性强制性规定等前提下，当事人之间有约定的约定优先这一基本规则相符合。

情形二：下浮率条款本身就是建设工程的一种计价方法，属于合同中关于工程价款的约定，是工程实践的常规行为，也是投标报价合理竞争的表现。在建设工程施工合同无效但工程质量合格的情形中，仍可参照下浮率条款进行工程款结算。

【案例】

——某建设集团有限公司与天津某房地产开发有限公司建设工程施工合同纠纷[1]

基本案情

2010 年 11 月 23 日，某建设集团有限公司（乙方）与天津某房地产开发有限公司（甲方）签订了《备案合同》。约定：①工程名称为天津市××大厦总承包工程；②工程内容包括土建工程（含补桩工程）、基坑支护工程（除止

---

[1] 案件来源：最高人民法院二审民事判决书［2019］最高法民终 412 号。

水帷幕、灌注支护桩及竖托桩外、给排水、采暖、通风、电气及消防、弱电预留预埋施工图纸及工程量清单全部内容）；③工程工期，开工日期 2010 年 11 月 23 日，竣工日期 2013 年 1 月 28 日，合同工期总日历天数 798 天；④质量标准，合格标准；⑤合同价款，贰亿伍仟叁佰陆拾贰万柒仟壹佰贰拾陆元（253 627 126.00 元）。合同专用条款还约定："（6）合同价款与支付 23. 合同价款及调整，本合同价款采用可调价格合同；23.2.2 采用可调价格合同，合同调整方法①本合同中钢筋、混凝土价格及工日单价在特定条件下可以调整，其余单价均为固定单价不可调整；钢筋、混凝土价格及工日单价的具体调整方法按本合同相关条款规定执行；本合同中的工程量以 2010 年 12 月 21 日双方共同签字确认之合同图纸中双方确认之工程量为准。②除根据合同条款的明确规定外，所有工程项目的单价绝对不能以任何方法调整或变更，任何错误无论是否属计算合同价款时的算术错误均被视为已被双方接受。"某建设集团有限公司、天津某房地产开发有限公司还签订了《关于编号为塘施 2011-102 备案合同的补充协议》（以下简称《补充协议》），天津某房地产开发有限公司的签字时间为 2010 年 12 月 1 日，某建设集团有限公司的签字时间为 2011 年 1 月，发包人为天津某房地产开发有限公司，总承包单位为某建设集团有限公司。内容：鉴于双方已经就××大厦总承包工程达成合作意向，并已于 2010 年 11 月 23 日签订了编号为塘施 2011-102 的《备案合同》，为明确总承包《备案合同》与补充及变更之关系，订立补充协议。双方对已完工程造价应如何确定产生争议，并诉诸法院。

一审法院认为，依照《最高人民法院关于审理建设工程施工合同纠纷案件适用法律问题的解释》（已失效）第 2 条，施工合同无效的，承包人请求参照合同约定支付工程价款的，应予支持。现双方《备案合同》虽为无效合同，但合同的承、发包人作为合同相对方，承包人有权参照合同约定主张工程款，发包人亦享有此项权利。且从建筑市场实际情况来看，建筑业签约价格通常低于签约时的工程定额标准，乙方作为承包人，对于合同无效也是负有责任的，在此情况下，其主张按照定额标准据实结算工程价款，会导致其获得比有效合同更多的利益，该标准也显失公平。故一审法院委托鉴定机构所做的鉴定意见参考双方《备案合同》约定的计价标准，并无不当。依据鉴定机构的鉴定意见，双方所签合同造价在定额基础上下浮率为 24.66%，该下浮率较高。而涉讼工程的施工部位仅至正负零以上六层，乙方无法获得签订合同时所预期的合同整体履行完毕应得的利润收益，而依建筑市场的施工惯例正负零以下地基基础施工属于施工投入较大的部分，而造成工程不能如期完工又属发包人甲方的责任，故结合本案合同签订及履行的情况、停工的具体责任、工程款下浮的比例等情况，为平等保护双方当事人的利益，避免因合同未履行完毕导致利益失衡，一审法院酌情将鉴定机构所确定的下浮比例予以调整，即该部分下浮双方当事人各负担一半。鉴定意见确定的下浮率为24.66%，一审法院酌情调整为下浮率12.33%。

二审法院认为：一方面，乙方和甲方通过签订补充协议，明确《备案合同》仅作为备案使用，实际施工之合同金额及性质、付款方式、合同单价、计价方式、工期、工程质量、工程范围及其他等内容再另行签订补充协议及变更协议确定，即双方均明确《备案合同》约定的合同单价、计价方式等不是双方的真实意思表示，但双方在此之后并未另行签订补充协议及变更协议，故双方对于工程款结算没有明确约定。另一方面，乙方和甲方在招标前进行实质性谈判为双方行为，双方对于《备案合同》无效均有过错。同时，乙方在停工前向甲方送达了停工通知，该通知载明乙方停工系由甲方不及时支付工程款所致。结合鉴定机构的鉴定意见书，甲方确实存在大量欠付工程款的情形。综合上述情形，一审判决充分考虑双方真实意思并结合过错、施工进度等具体情形，在二者主张的结算标准之间平衡双方利益居中自由裁量，按照在定额基础上下浮12.33%计算工程款，并无明显不当。

案例评析

在建设工程合同无效的情形下，如何计算工程价款是实践中经常面临的问题。对此，法律法规存在相应规定。如《民法典》第793条规定："建设工程施工合同无效，但是建设工程经验收合格的，可以参照合同关于工程价款的约定折价补偿承包人。建设工程施工合同无效，且建设工程经验收不合格的，按照以下情形处理：（一）修复后的建设工程经验收合格的，发包人可以请求承包人承担修复费用；（二）修复后的建设工程经验收不合格的，承包人无权请求参照合同关于工程价款的约定折价补偿。发包人对因建设工程不合格造成的损失有过错的，应当承担相应的责任。"《最高人民法院关于审理建设工程施工合同纠纷案件适用法律问题的解释（一）》第19条规定："当事人对建设工程的计价标准或者计价方法有约定的，按照约定结算工程价款。

因设计变更导致建设工程的工程量或者质量标准发生变化，当事人对该部分工程价款不能协商一致的，可以参照签订建设工程施工合同时当地建设行政主管部门发布的计价方法或者计价标准结算工程价款。建设工程施工合同有效，但建设工程经竣工验收不合格的，依照《民法典》第 577 条规定处理。"第 24 条规定："当事人就同一建设工程订立的数份建设工程施工合同均无效，但建设工程质量合格，一方当事人请求参照实际履行的合同关于工程价款的约定折价补偿承包人的，人民法院应予支持。实际履行的合同难以确定，当事人请求参照最后签订的合同关于工程价款的约定折价补偿承包人的，人民法院应予支持。"地方法院也存在各自相关文件，如《江苏省高级人民法院关于审理建设工程施工合同纠纷案件若干问题的解答》（已失效）第 5 条提及："建设工程施工合同无效，建设工程经竣工验收合格的，合同约定的哪些条款可以参照适用？建设工程施工合同无效，建设工程经竣工验收合格的，当事人主张工程价款或确定合同无效的损失时请求将合同约定的工程价款、付款时间、工程款支付进度、下浮率、工程质量、工期等事项作为考量因素的，应予支持。"《山东高院民一庭关于审理建设工程施工合同纠纷案件若干问题的解答》提及："1. 施工合同无效，当事人主张参照合同约定结算工程价款，如何处理？施工合同无效，建设工程经竣工验收合格的，可以将合同中关于工程价款、付款时间、工程款支付进度、下浮率、质保金等约定条款作为折价补偿的依据。"

4. 模拟清单计价方式

模拟工程量清单计价模式是基于初步设计相关成果文件，参照类似已有房屋建筑工程而进行"提前"计价的预算编制模式。因此，模拟清单的计价一般是在方案设计、初步设计阶段以及施工图纸不完备的情况下，根据并对照有类似工程项目或者标准化清单编制本项目清单来进行工程量估算，最终实现招标。对于一些设计标准化、有类似工程或对标工程的项目，模拟清单计价模式的应用比较便利，但对于一些新的工程项目，或尚未形成设计标准的工程项目，则相对比较麻烦。模拟清单计价合同又被称为"半开口"合同，签约合同价为暂定价，而模拟清单单价固定，结算时工程量通常按实际结算。

例如，福建省造价总站组织编制了《福建省房屋建筑工程总承包模拟清单计量规则（2022 年版）》。该规则的总说明提及，建设标准、功能需求、技术参数、规格型号等难以确定的，或主要材料设备的市场价格差异较大的，可采用暂定综合单价或暂定主材方式进行计价。采用暂定综合单价方式的，项目特征所对应的发包人要求均不必填写，但需在发包人要求栏目标注"暂定综合单价"。采用暂定主材方式的，需同时列出主材数量和单价，并在该条模拟清单的下方按下列格式要求列出：在项目编码栏目标注"主材 1. 主材 2……"在项目名称栏目列出材料设备名称，在项目特征栏目列出型号规格，在发包人要求栏目标注"暂定主材"，在计量单位栏目列出采用的计量单位，在工程量栏目列出一个计量单位模拟清单所需要的材料用量（含损耗），在综合单价栏目列出暂定主材的单价。

【案例】

——重庆某建筑总公司与重庆某建筑工程有限公司建设工程施工合同纠纷[1]

基本案情

2010 年 5 月，某工程集团重庆设计研究院对重庆市××区生态农业示范区连接道路改造工程进行施工图设计。该施工图设计载明：××区生态农业示范区连接道路改造工程道路设计全长为 331.4 米、宽 42 米，其中道路工程中的路面工程［即高速公路匝道拓宽段及新建段路面（不包含现有高速公路匝道路面）］。重庆某建筑总公司中标后于 2010 年 8 月与重庆某建筑工程有限公司签订《建设工程施工合同》。该合同约定，重庆某建筑工程有限公司（甲方）将××区生态农业示范区连接道路改造工程发包给重庆某建筑总公司（乙方）施工。合同第 6 款第 23.2 项约定：本合同价款采用固定总价合同方式。工程款（进度款）支付：工程款（进度款）支付的方式和时间，工程施工完成 50%后支付合同价的 40%的工程款，工程完工经业主验收合格后支付 35%的工程款，审计后支付 20%的工程款，剩下 5%作为质保金，在无任何质量问题的前提下付清（不计息）。2010 年 11 月 16 日，施工完毕。2015 年 8 月 6 日，重庆某建筑工程有限公司诉至一审法院，请求法院判决重庆某建筑总公司按照《建设工程施工合同》的约定对××区生态农业示范区连接道路改造工程的工程价款进行结算，并退回其多付的工程价款约 69 万元（此金额为重庆

---

[1] 案件来源：重庆市第三中级人民法院［2016］渝 03 民终 1474 号。

某建筑工程有限公司单方计算，为暂定金额，具体结算金额待双方在诉讼中结算确定）。

一审法院认为，甲方与乙方签订的《建设工程施工合同》是双方当事人的真实意思表示，未违反法律、法规的强制性规定，系合法有效。双方当事人均应当按照施工合同的约定履行双方的权利和义务。对于甲方以按照审计机关作出的审计报告作为工程款结算依据的诉讼请求，因该施工合同中明确约定"本合同价款采用固定总价合同方式"，并未约定以审计机关的审计报告为结算依据，且招标文件第 13.6.1 规定"本次招标范围的所有内容按中标价包干"，故对于甲方的这一请求，不予支持。双方的工程款结算应当以合同约定的固定总价包干方式确定。

二审法院认为，涉诉工程的施工设计资料中原定的道路全长为 331.4 米、宽 42 米，并按此确定了具体的工程量。重庆市××区惠农投资有限公司的招标文件中载明的道路长度为 270.7 米、宽 42 米，但载明的工程量与招标文件相同，乙方与甲方签订的《建设工程施工合同书》载明的道路长度为 270.7 米、宽 42 米。一审中，甲方提交的××区审计局审计取证记录，要求根据该记录记载的乙方的实际施工量计算工程款。经一审法院释明，乙方表示对道路工程实际施工的工程量不申请鉴定，但也未提供证据予以反驳。乙方实际施工完成的工程量未达到招投标文件中的工程量，故应当在固定总价内减少工程款。重庆市××区惠农投资有限公司的招标文件单位工程费汇总表中载明的"其他项目费"，即"暂列金额"，是指招标人在工程量清单中暂定并包括在合同价款中的一笔款项，用于施工合同签订时尚未确定或者不可预见的所需材料、设备、服务的采购，施工中可能发生的工程变更、合同约定调整因素出现时的工程价款调整以及发生的索赔、现场签证确定等费用。甲方对乙方增加工程量价款已经另外计算，故在计算乙方总的工程价款时，应当扣除"其他项目费"。

案例评析

暂列金额是建设单位对工程实施中必然会发生的一些设计变更、签证等金额的一个预估。在工程量清单中，暂定金额包括用于施工合同签订时尚未确定或者不可预见的所需材料、设备、服务的采购，施工中可能发生的工程变更、合同约定调整因素出现时的工程价款调整以及发生的索赔、现场签证确认等的费用。它应该是据实调整的，其支付后的余额应当归发包人所有，需要从总价包干合同总金额中予以扣除。

5. 限额总价方式

限额总价作为一种动态计价方式，主要是在招标时采取费率下浮或模拟清单招标的形式，以暂定价作为合同的签订价，在施工图设计完成后，根据施工图预算或施工图工程量，和中标下浮率或模拟清单单价重新确定合同价格，通过签订补充协议转化为固定总价合同，但是按照施工图计算的结果，如果超出合同原签约价格，则超出部分不额外增补，由总承包人继续优化，确保不超出原合同签约价格，实行限额设计、限额施工，是为限额总价。限额总价合同结算需经历"二次调整"。第一次调整为合同签约价至固定总价的"转固"过程，第二次调整为"转固"后类似固定总价的结算调整。经过"二次调整"后，达到合同最终结算价。

【案例】

—— 北京某建筑设计有限公司与贵州某投资控股集团有限公司建设工程合同纠纷[1]

基本案情

2015 年 7 月 1 日，北京某建筑设计有限公司为张某（甲方），贵州某投资控股集团有限公司（联合体牵头人）、中国某机场建设集团公司（联合体成员）作为乙方，就××机场航站区改扩建工程即案涉国内航站楼工程，签订《EPC 总包合同》。该合同主要约定："1. 签约合同总价为：169 800 000 元。详见《铜仁××机场航站区改扩建工程总承包投标文件（商务标）》。其中勘察费 110 万元、设计费 680 万元（包括联合体成员设计费 435 万元、联合体牵头人设计费 245 万元、设计费中包含方案征集费 97 万元）、工程费 16 190 万元（包括：航站楼新建及旧航站楼改造工程 12 402.03 万元、暖通工程 1589 万元、供电供水及雨污工程 319 万元、新建车库 60 万元、总图工程 1015.50 万元、站坪工程 440.61 万元、采购飞行牵引车 363.86 万元）。2. 合同价格形式：暂定合同价（计价原则：工程总价原则上不能超出中标价），实

---

[1] 案件来源：最高人民法院二审民事判决书 [2021] 最高法民终 1312 号。

际结算以 2013 年建设工程工程量清单计价规范，2004 年版相关计价定额和《民用机场目视助航设施安装工程预算定额》（2012 年试行版）为计价依据，以审计结果为准。第二部分通用合同条款。17.3 工程进度款。17.3.1 付款时间。除专用合同条款另有约定外，工程进度付款按月支付。17.3.2 支付分解表。除专用合同条款另有约定外，承包人应根据价格清单的价格构成、费用形式、计划发生时间和相应工作量等因素，按照以下分类和分解原则，结合第 4.12.1 项约定的合同进度计划，汇总形成月度支付分解报告。第三部分专用合同条款 15.3.2 变更计价原则。（1）由于发包人原因增加的工程量即设计变更按以下原则进行计价：①计价取费按《贵州省建筑工程计价定额》（2004 年版）、《贵州省装饰装修工程计价定额》（2004 年版）、《贵州省安装工程计价定额》（2004 年版）、《贵州省市政工程计价定额》（2004 年版）、《贵州省园林工程计价定额》（2004 年版）、《民用机场场道工程预算定额》和《民用机场目视助航设施安装工程预算定额》（2012 年试行版）为计价依据。②执行贵州省定额项目的人工费、机械使用费按贵州省最新现行文件执行。（2）材料价格：材料按施工期间当期铜仁市工程造价站造价信息计取。铜仁市工程造价站公布的造价信息中无法查到的材料，发包人和承包人双方协商组织有关部门通过市场询价签字确认材料价格。"双方就支付相应工程款产生争议，诉诸法院。

一审法院认为，《EPC 总包合同》第一部分合同协议书第 4.2 条约定："合同价格形式：暂定合同价［计价原则：工程总价原则上不能超出中标价，实际结算以 2013 年建设工程工程量清单计价规范，2004 版相关计价定额和《民用机场目视助航设施安装工程预算定额》（2012 年试行版）为计价依据，以审计结果为准］。"第三部分专用合同条款第 15.3.1 变更范围约定："根据本工程特点，商定的其他变更范围：工程项目实施期间和结算时，原则上不允许出现正变更，因总包单位进行技术优化或调整确需进行变更的，须按规定变更程序经报批，所发生费用必须控制在中标总价范围内，最终结算以审计意见为准。超出中标总价范围的费用由总包单位自行承担，最终结算以审计为准。发包人原则上不提出变更，确需提出时按变更程序执行。发包人的审查和批准：在施工过程中如因技术原因、不可预见事项或其他特殊原因确需调整工程项目建设资金的，承包人一定要及时通知发包人、监理人及中介审计机构到场核查，核查处理结果应做好记录和会签工作，并按权限报请审批。在现场确认后承包人应在 10 个工作日内提交增加费用的报告，报告应说明变更原因、增加费用金额、增加费用计算书，若承包人不在规定的时间内提供增加费用报告，该类变更所涉及的增加费用视为不增加。承包人在收到总监下达的正式变更令后方可实施。如承包人在未收到同意调整的书面批复前，先行实施，所产生的工程费用由承包人自行负责并承担违约责任。非发包人原因提出变更所产生的费用由承包人自行承担，发包人原因提出变更费用按变更发生实际工程量按变更计价原则进行清单计价。"第三部分合同专用条款第 26 条之补充条款第 17 项约定："工程设计实行总价限额设计，在设计阶段要按发包人提供的概念性设计方案结合项目中标价进行总造价控制设计，因承包人的原因超出中标价的，由承包人自行承担。"根据上述约定，可以认定案涉国内航站楼新建及旧航站楼改造工程中标和合同价 12 402.03 万元原则上固定，非因发包人甲方的原因且未经符合约定的变更程序，不得增加工程费用。按照上述约定的精神和文义，一审法院认为，乙方实际总包的国内航站楼新建及旧航站楼改造工程约定费用为 10 143.36 万元，非因发包人甲方的原因且未经符合约定的变更程序，不得增加工程费用。

二审法院认为，根据《EPC 总包合同》专用合同条款 15.3.1 的约定，发包人原则上不提出变更，确需提出时按变更程序执行。而从《EPC 总包合同》通用合同条款 15.3. 变更程序的约定来看，发包人提出变更的流程如下：①发包人通过监理人向承包人发出变更意向书—承包人根据发包人发出的变更意向书，认为能够实施此项变更的，通过监理人向发包人提交实施变更工作的具体实施方案—发包人同意承包人提交的变更实施方案的，通过监理人按 15.3.3 发出变更指示；②发包人通过监理人向承包人发出变更意向书—承包人根据发包人发出的变更意向书，认为难以实施此项变更的，立即通知监理人并附详细依据—监理人、承包人和发包人协商后确定撤销、改变或不改变原变更意向书。通过约定的变更流程可以看出，发包人甲方作出变更指示前，需先将变更意向书交由承包人乙方从专业角度确认能否实施并进行反馈，再由甲方参考乙方的反馈意见后最终决定是否发出变更指示。而在本案中，发包人甲方和监理人三维监理公司向乙方发出变更指示前，并未通过递交变更意向书的方式经乙方进行确认反馈，而是以会议纪要的方式径行向乙方发出了变更指示。由此可以认定，甲方未按照《EPC 总包合同》约定履行变更程序。《EPC 总包合同》专用合同条款 15.3.1 约定"非发包人原因提出的变更产生的费用由承包人自行承担，发包人原因提出变更费用按变更发生实际工程量按变更计价原则进行清单计价"，明确了发包人原因提出变更后的计价方式为根据实际工程量计价。综上，二审法院认为，国内航站楼建设过程中已构成发包人提出变更，且未履行变更程序的责任应归责于发包人甲方，故变更产生的费用应按变更发生实际工程量按计价原则计价，由甲方承担，乙方应收工程总价款可以突破《EPC 总包合同》约定。

案例评析

固定总价合同虽然主要是以合同及图纸范围内的承包内容为总价进行包干，但也不可避免会存在部分政府及国有投资工程，会要求在采用固定总价合同的基础上遵循当地的造价管控程序，概算、预算审核程序仍执行当地定额计价体系。因此，在实践中，当预算价大于固定总价时，结算执行包干价，而当预算价小于固定总价时，结算只能就低原则。比如，承发包方在固定总价合同中约定："施工图预算超出设计概算，结算价为合同固定总价；施工图预算低于设计概算，结算按预算金额按实结算。"类似这种情况，合同是否按固定总价结算要以施工图预算结果作为衡量标尺，此时的固定总价合同实质上还是定额计价合同，固定总价是可以调整的。

6. 混合计价方式

混合计价是一种包含两种以上不同计价形式的组合计价方式，一般是对工程中较为明确的部分采用闭口形式，而对于工程中具有不确定性的部分采用开口形式。混合计价合同结合了确定与不确定、开口与闭口合同的特点，使其能够平衡发承包人之间的风险与收益分配，实现公平的目的。也正是基于混合计价合同灵活、便利的特点，其在实践中的运用范围比较广泛。如2023 年 3 月 1 日实施的《建设项目工程总承包计价规范》（中价协〔2022〕53 号）第 3.2.3 条第 2 款规定："总价合同中也可以在专用合同条件中约定，将发承包时无法准确把握施工条件变化的某些项目单独列项，按照实际完成的工程量和单价进行结算支付。"混合计价常见的表现形式为："固定总价+暂列金（暂估价）"，其中暂列金或暂估价部分可以采用费率下浮或模拟清单等计价方式。

双方签订固定总承包合同，将合同价格形式约定为：施工图范围内工程量采用合同总价包干方式执行，在施工过程中因政府决策变动及张某方案调整导致的工程量增减，按可调价合同执行，单价参照施工同期市场价执行。

此种约定属于混合计价模式，有约定的应当依照约定进行计价。

【案例】

——贵州某建设工程有限公司、某交通运输局等建设工程施工合同纠纷[1]

基本案情

2013年4月2日，××发展改革局批准××县城冷水溪至邦洞道路建设工程项目立项。2014年9月20日，贵州某建设工程有限公司（乙方）与某交通运输局（甲方）签订《建设工程施工合同》。与本案有关的合同约定："合同工期：计划开工日期为2014年9月20日，计划竣工日期为2015年9月20日，工期总日历天数与根据前述计划开竣工日期计算的工期天数不一致的，以工期总日历天数为准；签约合同价与合同价格形式：1.签约合同价为：人民币82 400 555元。2.合同价格形式：施工图范围内工程量采用合同总价包干方式执行，在施工过程中因政府决策变动及张某方案调整导致的工程量增减，按可调价合同执行，单价参照施工同期市场价执行。"王某以贵州某建设工程有限公司名义完成了上述《建设工程施工合同》《××县冷水溪至邦洞道路建设工程第一标段自来水管迁改协议》《××县冷水溪至邦洞道路建设一标段绿化工程施工协议》约定的工程。双方对工程量及工程价款存在异议，并诉诸法院。

一审法院认为，乙方和甲方在《建设工程施工合同》第6条约定：本协议书与下列文件一起构成合同文件：①中标通知书（如果有）；②投标函及其附录（如果有）；③专用合同条款及其附件；④通用合同条款；⑤技术标准和要求；⑥图纸；⑦已标价工程量清单或预算书；⑧其他合同文件。在专用条款第1.1.1.1约定："其他合同文件包括：与工程施工有关（路基超深、图纸改动、审计漏项等）的具有合同约束力的通知、批准、证明、证书、指令、要求、请求、同意、意见、确认、决定、补充协议、洽商、变更等书面函或文件。"合同中对工程单价及本案鉴定过程中双方当事人达成的《××城冷水溪至邦洞道路建设项目一标段变更工程量鉴定协调事项》以及招投标文件可

---

[1] 案件来源：最高人民法院再审民事判决书［2021］最高法民再318号。

以作为认定本案价款依据。依照上述约定，《会议纪要》、××国资公司《请示》等也为合同组成部分。本案道路施工过程中，原采用的破碎方法为爆破破碎，因施工过程导致附近居民房屋受损，双方同意变更破碎方法为机械破碎，对于破碎单价双方没有约定。由于"机械破碎石方"没有定额，导致该项目一直不能招投标。为能确定定额，××国资公司组织了县发改、县监察、县财政、县物价、县审计等部门经半年多时间询价，测定综合价为 115 元/m³。询价后报给黔东南州政府投资前置审计中心确认，该审计中心审定价为115.28 元/m³，建议执行 115 元/m³。××国资公司向××人民政府请示。2014 年 8月 13 日，××人民政府召开第十六届县人民政府 32 次常务会议，同意按照州政府投资前置审计中心审定的"机械破碎石方"单价 115 元/m³执行。故工程款应当以方案二工程总价款 106 979 467.68 元予以支付。

二审法院认为，双方争议的道路工程的施工合同是经过招投标签订的，虽合同无效，但工程已竣工并交付使用，应当认定案涉情形符合《最高人民法院关于审理建设工程施工合同纠纷案件适用法律问题的解释》（已失效）第2 条情形，乙方可以参照合同约定主张甲方支付工程价款，即参照标准是双方合同约定的计价方式和标准。在双方签订的施工合同中，道路工程约定为固定总价82 400 555 元，变更工程量按实际变更量并依据《贵州省市政工程计价定额》（2004 年）计价调整。由于案涉道路工程已经一审法院委托鉴定机构进行鉴定，对于合同内工程甲方也同意按115 元/m³计价计算，故该部分双方现已无争议。现双方争议问题在于合同外增加和变更部分机械破碎石方的单价问题，而该部分的单价根据合同约定为按《贵州省市政工程计价定额》（2004 年）计价，故采用《鉴定意见书》方案一的鉴定结论符合双方当事人的约定及法律规定。

再审法院认为，本案合同外变更工程量价格的确定应当参照适用《建设工程施工合同》第一部分协议书的相关约定，而不应当参照适用《建设工程施工合同》第三部分专用条款的相关约定。经查明，乙方和甲方签订的《建设工程施工合同》由合同协议书、通用合同条款、专用合同条款三部分组成，该合同因王某兴挂靠乙方而无效，但关于工程价款的约定可予以参照。《建设工程施工合同》第一部分合同协议书约定"合同价格形式约定施工图范围内工程量采用合同总价包干方式执行，在施工过程中因政府决策变动及张某方案调整导致的工程量增减，按可调价合同执行，单价参照施工同期市场价执行"，《建设工程施工合同》第三部分专用合同条款约定"承包范围（增减工程量）合同价款调整方法：变更工程量由发包方、财政、审计、设计、承包方及监工方六方共同确定，变更工程造价按实际发生工程量计算，按《贵州省市政工程计价定额》（2004 年）计价"。由上可知，《建设工程施工合同》在合同协议书和专用合同条款两部分对变更工程量的具体计价方式作了不同约定，故需对合同各部分文件的优先适用顺序予以确定。《建设工程施工合同》第三部分专用合同条款约定了合同文件的组成及优先顺序，即合同文件组成按《合同协议书》第 6 条约定，优先顺序则按《通用合同条款》第 1.4条。根据双方约定的 [2007] 第 56 号令《通用合同条款》："组成合同的各项文件应互相解释，互为说明。除专用合同条款另有约定外，解释合同文件的优先顺序如下：(1) 合同协议书；(2) 中标通知书；(3) 招标函及投标函附录；(4) 专用合同条款；(5) 通用合同条款……"据此，在案涉合同各部分约定发生冲突时，应当按照合同协议书的约定以优先解释。虽然本案双方约定的合同无效，但工程价款仍可参照约定的价格予以确定。双方争议合同外增加的机械破碎石方工程属于变更工程量，其价格的确定应当参照合同第一部分协议书的相关约定。

案例评析

在混合计价模式中，合同既采用合同总价包干方式，又采用可调价合同执行的，在施工过程中因政府决策变动及张某方案调整导致的工程量增减，应当依照约定进行计价。

（二）固定总价合同中的价格争议

《建设项目工程总承包合同（示范文本）》（GF-2020-0216）规定："合同价格形式为总价合同，除根据合同约定在工程实施过程中需进行增减的款项外，合同价格不予调整，但合同当事人另有约定的除外。"《最高人民法院关于审理建设工程施工合同纠纷案件适用法律问题的解释（一）》第 19 条第1 款规定："当事人对建设工程的计价标准或者计价方法有约定的，按照约定结算工程价款。"由此可见，固定总价合同并非绝对"固定"，而是相对"固定"。固定总价合同结算金额为固定总价部分加上合同约定可调整事项价款部分，包括变更、签证、另委、索赔、补偿、奖励、罚扣款等。

固定总价合同中的价格争议主要是指在固定总价合同签订后，合同履行完成前，由人工、建筑材料价格涨跌、工程量变化等原因引起的争议。在固定总价合同模式下，人工、建筑等成本通常都包含在总价内，但如果工程建筑项目履行期过长，材料等价格的波动也将变大。在此情形下，无论是发生合同中某一建筑材料价格大幅上涨或者下跌，对签订固定总价合同的不利方而言，可能都会要求相对方对此予以相应的补偿，而相对方一般也会以合同签订模式为固定总价的形式为由予以拒绝，此时发包方和承包方就会对价格产生争议。相同的，在合同签订之后，也可能存在工程量确认上的争议，同样会引发价格争议。基于此，根据引发价格争议具体原因的不同，固定总价合同中的价格争议主要可以被分为以下几类：

1. 因材料涨价引起的价格争议

在固定总价合同中，价格争议最主要的争议情形是由材料大幅度上涨带来的，此时对承包方而言显然是不利的，尤其是针对低价中标的承包方而言更是如此。如果材料大幅上涨的情形超过了正常的商业风险范围，使合同签订时双方都难以预见到客观情形的变化，承包方就将面临无法承担的巨额损失。基于此，承包方会要求发包方予以相应的补偿。而发包方通常会以双方签订的是固定总价合同为理由，进行拒绝。双方就此产生争议。对此种情况的处理并不存在统一的裁判结果，仍然需要考虑当事人间是否存在特别约定、是否存在违约行为、是否构成情势变更等方面的因素进行综合判断。基于此，针对由材料涨价引发价格争议的情形，存在以下几种处理方式：

（1）若发承包方在固定总价合同中已经约定风险承担办法，则按照约定处理。合同是当事人意思自治的体现，在不违反法律、行政法规的强制性规定的前提下，合同约定的内容应当被优先适用。这一私法逻辑在建设工程领域、建设工程合同、固定总价合同中都应当被遵循。

【案例】

——金某、株洲某房地产开发有限公司建设工程施工合同纠纷[1]

基本案情

2010 年 4 月 7 日，株洲某房地产开发有限公司（甲方）与某公司（乙方）签订《建设工程施工合同》，约定由某公司承包株洲某房地产开发有限公

---

[1] 案件来源：最高人民法院再审审查与审判监督民事裁定书［2021］最高法民申 164 号。

司财富广场工程，该合同由协议书、通用条款、专用条款三部分组成。协议书第 2 条约定：工程承包范围为施工图纸范围内所有土建工程、安装工程及变更工程（但拟分包工程除外）。第 5 条约定：合同价款 156 245 967.55 元，其中包括 16 245 967.55 元的分包工程款（分包工程详见补充协议第 4 条）。第 23.2 条规定，本合同价款采用固定价格合同，除专用条款中约定可调整合同价款的因素为风险范围以外的因素外，其余因素均不属于合同价款所包含的风险因素。合同价款中包括的风险范围包括但不限于：施工期内遇市场价格（人、材、机）波动，除国家法律、政策和标准、规范强制性规定必须调整的外，不予调整，承包人在投标报价时已考虑并预测工期内可能发生的价格波动风险。2011 年 6 月 1 日，建设、勘察、设计、监理、施工单位确定基础质量验收合格。某公司、金某与株洲某房地产开发有限公司就工程结算计量计价方法存在争议，诉诸法院。

一审法院认为：乙方与甲方签订的《补充协议》第 3 条就钢材问题进行了约定。本案中，甲方已经按约定提供 4900 吨钢材，剩余钢材价格变化的风险应由乙方自行承担，因此对于钢材不再调差。

二审法院认为：某鉴定公司在按固定总价方式鉴定中，未充分对工程鉴定造价金额 155 485 436.18 元作出说明：鉴定造价（包括设计变更部分）未包括合同专用条款第 23.2.a 款施工期内遇市场价格（人、材、机）波动的工程价款。但案涉《建设施工合同》第 3 部分专用条款第 23.2.a 款约定："施工期内遇市场价格（人、材、机）波动，除国家法律、政策和标准、规范强制性规定必须调整的外，否则，不予调整，属于承包人应承担的风险，承包人在投标报价时已考虑并预测工期内可能发生的价格波动风险。"而湖南省建设厅《关于工程主要材料价格调整的通知》（湘建价〔2008〕2 号）中"单项主要材料预算价格或市场价格涨降幅度超过规定时，该单项主要材料价格应按实际市场价格全部调整"的内容，主要针对建设工程招标和合同签订备案等事宜予以指导和规范，而对于已招标及已签订施工承包合同且尚未办理工程结算的工程等，并没有具体、明确应予调整的内容，仅指出应按公平协商、互惠互利的原则处理。因此，二审法院综合当事人约定，工程实际情况，利安达公司有关市场价格（人、材、机）波动调整价差数额的回复，当地建筑市场有关规定等多个因素，认为：在一审法院对招标清单与图纸不符的价差 35 885 509.09 元 80% 的部分，已作对实际施工人更有利的处理后，如再行对市场价格波动进行调差，事实上无异于据实鉴定，并将使以固定总价为基础的承包结算方式名存实亡，导致发包人设定固定总价的合同目的无法实现，双方当事人利益有所失衡。因此，本院对案涉工程价款涉及市场价格（人、材、机）波动部分，不予调整。

案例评析

合同明确约定："施工期内遇市场价格（人、材、机）波动，除国家法律、政策和标准、规范性强制性规定必须调整的外，否则，不予调整，属于承包人应承担的风险，承包人在投标报价时已考虑并预测工期内可能发生的价格波动风险。"该约定已经将材料价格变动的风险分配给了承包人。在最终计价时应按照合同约定进行处理。

（2）即使发承包方在固定总价合同中对材料价格上涨风险的承担进行了约定，且将该风险约定给承包方承担，但若是因为发包方的原因导致材料价格上涨，则基于公平原则，发包方仍应对承包方进行相应的补偿。即使发承包在合同中约定材料价格变动由承包人承担，也并不意味着一旦风险被现实化，该风险就直接分配给承包人。因为在实践当中，也可能存在因为发包人一方的原因导致工程延期，使承包人遭遇到了材料价格上涨的时点。这一不利后果的产生与其说是风险的现实化，不如说是因归责于合同一方当事人的原因使对方遭受损失。此时有必要结合公平原则不再遵循合同的僵硬性规定，而是由发包人对承包人进行相应补偿。这一规则在诸多规范性文件中也可以找到相应的依据。

情形一： 因工期延误导致上述费用增加造成损失的，由导致工期延误的一方承担；双方对工期延误均有过错的，应当各自承担相应的责任。

【案例】

——某交通运输局、鄂尔多斯某公路建设开发有限公司建设工程施工合同纠纷案[1]

基本案情

某交通运输局（发包方）与鄂尔多斯某公路建设开发有限公司（承包

---

〔1〕 案件来源：最高人民法院再审审查与审判监督民事裁定书［2019］最高法民申 5628 号。

方）签订工程施工合同，鄂尔多斯某公路建设开发有限公司（甲方）将合同分包给湖南某工程公司作为实际施工人（乙方），因材料价格上涨导致施工材料成本增加产生争议，不服河南省高级人民法院［2018］豫民终707号民事判决，申请再审。

某交通运输局、鄂尔多斯某公路建设开发有限公司申请再审称，二审法院认为双方当事人对于造成施工材料价格上涨导致施工材料成本增加均应承担一定的责任属于事实认定不清，且缺乏证据证明。乙方作为实际施工人只能在发包人欠付工程款的范围内主张权利，工程材料调价款不在工程款审核认定范围内。《招标文件》也约定："施工期内，自合同规定的开工之日起12个月内，材料价格不予调整；从第13个月起，当材料价格波动影响合同价格是，对其中的钢材、水泥等材料按照以下原则进行调整：当期材料价格与上期材料价格相比上涨幅度不大于10%时，由承包人自担风险，材料价格不予调整。"本案不符合材料调差的条件。另外，申请人已经预付了材料款3300万元，后期材料涨价等因素造成的材料差价无需由业主承担。二审法院认为申请人应向乙方支付逾期工程款的利息属于事实认定不清，且适用法律错误。对于逾期工程款是否需要支付利息的问题，属于《招标文件》中的实质性内容，因此在《招标文件》与《施工合同》附件《工程质量责任合同》约定不一致时，应以《招标文件》的约定为准。《招标文件》未约定逾期支付工程款应支付利息，原审法院认定申请人需要向乙方赔偿逾期付款的损失，没有事实及法律依据。

再审法院认为：首先，一审时，乙方举证了关于供方××区给水管网导致××大桥二标无法施工的报告、关于罕台川特大桥征地问题的报告、关于搅拌站建设情况的报告、关于请求解决电杆移位的报告、关于××一级公路第二合同段无法施工的情况报告、关于办理××铁路跨线施工许可的报告、关于××一级公路第二合同段有关社会问题的专题报告等证据，能够证明因发包方交通局、甲方征地、设计、协调等原因导致案涉工程无法按照进度进行施工，造成工期延误的事实。其次，乙方举证的关于沙漠旅游区永久性征地延误申请补偿费用的报告、关于包西铁路影响施工申请补偿费用的报告、《内蒙古自治区建设工程费用定额》、关于申请材料价格调整的报告、关于申请材料价格调整的报告以及一审法院依据乙方的申请委托河南某建设工程管理有限公司所作的《鄂尔多斯市××一级公路树林召至独贵塔拉段工程停窝工损失费及材料价差调整的司法鉴定意见书》，能够证明由交通局、甲方原因所造成的工期延误带来的工程材料价格上涨、成本增加具体情况。因此，原审认定因交通局、甲方原因造成了工期延误，工期延误也带来了乙方工程材料成本增加，原审法院认定交通局、甲方对延误工期造成施工材料价格上涨、成本增加负有责任，有事实依据。此外，《招标文件》虽然对正常施工期内材料价格波动风险的承担作出了约定，但该约定并不适用于因发包方原因导致的工期延误期间的材料款调差，以双方当事人可以预期的合理风险负担约定调整单方违约造成的损失扩大，显然有违公平、有悖逻辑；交通运输局没有证据证明其已经在工期因自身原因延误之前将材料款一次性全额支付给实际施工人或承包人，一次性全额支付也不符合建筑行业的交易习惯，交通运输局、甲方以已经支付材料款为由主张不应负担因延误工期造成材料成本增加费用，没有事实依据。

案例评析

在固定总价合同中，虽然发包方在合同中对材料价格上涨引起的价格风险约定由承包方承担，但如果出于发包方的原因导致工期延期而引起材料价格上涨。此时，基于公平原则，法院会要求发包方承担一定的损失。

情形二：当事人在合同中约定，与本合同有关的一切合同、协议、双方函件，经双方签字盖章方可生效，并具备与本合同同等的法律效力。在履行合同过程中，双方当事人通过往来函件的方式对材料调差的方式进行变更将直接导致合同总价款发生重大变化，仍属于合同部分，不构成对原合同的实质性变更。

【案例】

——某建筑安装工程总公司与某房地产公司建设工程施工合同纠纷[1]

基本案情

2011 年 7 月，某房地产公司就其所建设的××县×房产 14#、15#住宅楼工程建设项目对外招标，某建筑安装工程总公司中标。2011 年 7 月 29 日，双方

---

[1] 案件来源：最高人民法院再审民事判决书［2017］最高法民再 248 号。

签订了《建设工程施工合同》，并对该合同进行了备案。该合同约定：由某建筑安装工程总公司（乙方）承包某房地产公司（甲方）的"××县×房产14#、15#住宅楼工程建设项目"，承包范围为图纸范围内的所有工作内容；开工日期为2011年7月29日，竣工日期为2011年12月8日；合同价款为7 631 794.15元；合同价款采用可调价格合同，合同价款调整方法为依据合同价加设计变更经济技术签证，执行全国统一工程量计算规则。该合同专用条款第47条补充条款约定："1、与本合同有关的一切合同、协议、双方函件，经双方签字盖章方可生效，并具备与本合同同等的法律效力；上述合同签订后，某建筑安装工程总公司将涉案工程交给与其存在挂靠关系的杨某实际施工。"2012年9月，涉案工程验收完毕并交付使用。在结算过程中，由于双方对工程造价无法达成一致意见，双方经协商于2013年8月委托克拉玛依市某工程造价咨询有限责任公司××分公司对涉案工程的造价进行审核，审核价未经双方确认，造价公司未出具工程造价咨询报告。由于双方对涉案工程的造价存在争议，遂发生纠纷。

一审法院判决某房地产公司于本判决生效之日起15日内向某建筑安装工程总公司给付工程款938 696.14元。

二审法院认为，涉案工程经过了招投标，双方当事人在备案合同中已经对材料价格的调整方式以及工程价款的结算方式作出了明确约定，双方均应严格按照合同履行。双方当事人在履行合同过程中通过往来函件的方式对材料调差的方式进行变更将直接导致合同总价款发生重大变化，属于对合同的实质性内容进行变更，仍应以中标的备案合同作为结算依据。

再审法院认为，根据本案查明事实，案涉《建设工程施工合同》第三部分"专用条款"第6条"合同价款与支付"第23项"合同价款及调整"中23.2（2）约定：合同价款采用可调价格合同，合同价款调整方法依据合同价加设计变更经济技术签证，执行全国统一工程量计算规则等；"专用条款"第47项补充条款约定，与本合同有关的一切合同、协议、双方函件，经双方签字盖章方可生效，并具备与本合同同等的法律效力。乙方和甲方共同确认的材料价格确认函是双方在履行合同中对价格进行调整的来往函件，内容符合上述合同约定，该确认函应具备与合同同等的法律效力，属合同的一部分，不构成对合同内容的实质性变更。二审判决认定该确认函属于对合同的实质性内容进行变更，缺乏证据证明。双方签订《建设工程施工合同》并对该合同进行备案后，在实际履行合同过程中并未另行签订合同；双方就材料调整形成了材料价格确认函，该函与备案合同具有同等法律效力，属合同的一部分，并不构成对备案合同的实质性变更。亦即，本案实际情况并不符合上述司法解释规定的情形，二审判决适用上述司法解释规定，认定材料价格确认函构成对备案合同的实质性变更，并排除该函记载内容所包含的材料差价部分计入工程造价，属适用法律错误，再审法院予以纠正。

案例评析

在此案中，甲乙双方合同专用条款第 47 条补充条款约定："1、与本合同有关的一切合同、协议、双方函件，经双方签字盖章方可生效，并具备与本合同同等的法律效，且双方在备案合同中已对材料价格的调整方式及工程价款的结算进行约定，双方均应严格履约。"二审法院认为，在履行合同过程中，通过往来函件的方式对材料调差的方式进行变更将直接导致合同总价款发生重大变化，属于对合同的实质性内容进行变更。再审法院认为，该函与备案合同具有同等法律效力，属于合同的一部分，并不构成对备案合同的实质性变更，对二审法院判决进行了纠正。

【相关规则索引】

《最高人民法院关于审理建设工程施工合同纠纷案件适用法律问题的解释》（已失效）第 21 条规定："当事人就同一建设工程另行订立的建设工程施工合同与经过备案的中标合同实质性内容不一致的，应当以备案的中标合同作为结算工程价款的根据。"

《建设工程施工合同（示范文本）》（GF-2017-0201）

第 7.5.1 条（因发包人原因导致工期延误）："在合同履行过程中，因下列情况导致工期延误和（或）费用增加的，由发包人承担由此延误的工期和（或）增加的费用，且发包人应支付承包人合理的利润：

（1）发包人未能按合同约定提供图纸或所提供图纸不符合合同约定的；

（2）发包人未能按合同约定提供施工现场、施工条件、基础资料、许可、批准等开工条件的；

（3）发包人提供的测量基准点、基准线和水准点及其他书面资料存在错误或疏漏的；

（4）发包人未能在计划开工日期之日起7天内同意下达开工通知的；

（5）发包人未能按合同约定日期支付工程预付款、进度款或竣工结算款的；

（6）监理人未按合同约定发出指示、批准等文件的；

（7）专用合同条款中约定的其他情形。"

《北京市高级人民法院关于审理建设工程施工合同纠纷案件若干疑难问题的解答》（京高法〔2012〕245号）

第12条："固定价合同履行过程中，主要建筑材料价格发生重大变化，当事人要求对工程价款予以调整的，如何处理？建设工程施工合同约定工程价款实行固定价结算，在实际履行过程中，钢材、木材、水泥、混凝土等对工程造价影响较大的主要建筑材料价格发生重大变化，超出了正常市场风险的范围，合同对建材价格变动风险负担有约定的，原则上依照其约定处理；没有约定或约定不明，该当事人要求调整工程价款的，可在市场风险范围和幅度之外酌情予以支持；具体数额可以委托鉴定机构参照施工地建设行政主管部门关于处理建材差价问题的意见予以确定。

因一方当事人原因导致工期延误或建筑材料供应时间延误的，在此期间的建材差价部分工程款，由过错方予以承担。"

《安徽省高级人民法院关于审理建设工程施工合同纠纷案件适用法律问题的指导意见（二）》

第15条第1款："建设工程施工合同履行过程中，人工、材料、机械费用出现波动，合同有约定的，按照约定处理；合同无约定，当事人又不能协商一致的，参照建设行政主管部门的规定或者行业规范处理。"

（3）若发承包方在固定总价合同中约定了相关情形不利后果的承担问题，但是因为双方原因导致工期延误，且工期延误期间直接导致了材料价格上涨，则基于公平原则，发包方应对承包人进行相应的补偿。本种情形与前一种情形具有相似性。两者的主要相似点在于都是因材料价格上涨带来的价格争议，且最终并未将材料价格上涨带来的不利后果都如合同约定的一般由承包人承担，发包人需要承担部分责任。两者的不同点在于，前一种情形导致工期延误、材料价格上涨的原因主要可归责于发包人，本种情形中导致工期延误、材料价格上涨的原因可归责于发承包双方。这进一步导致在本种情形中，发包人对承包人进行补偿的比例会低于前一种情形，这里体现出的是一种风险损失共担的状态。

【案例】

——江苏某建设工程有限公司、江苏某旅游开发有限公司建设工程施工合同纠纷[1]

基本案情

2016 年 12 月 31 日江苏某建设工程有限公司（乙方）、江苏某旅游开发有限公司（甲方）签订《建设工程施工合同》，第一部分合同协议书部分：工程名称××安置小区二期工程，计划开工日期 2017 年 2 月 1 日、计划竣工日期 2017 年 8 月 22 日，工期总日历天数 200 天，签约合同价为 2600.099 43 万元。合同第二部分通用条款按照《建设工程施工合同（示范文本）》（GF-2013-0201）通用合同条款执行。合同第三部分专用合同条款约定：7.5.2 因发包人原因和国家行政要求的停工（非承包人原因），但发包人不支付停工期间的窝工及机械停滞等产生的任何费用；11 价格调整，市场价格波动不调整合同价格，12.1.1（1）承包人风险范围④施工期间所有建筑材料的市场价格波动风险；12.3.1 工程量计算规则按《建设工程工程量清单计价规范》（GB50500-2013）及相关文件执行。双方就 200 天工期外管理人员的基本养老保险 148 354 元、200 天工期外管理人员公积金 43 160 元、农民工工伤保险费用 39 001.58 元以及变更担保方式为保函支付的担保费 11 000 元，是否属于工期延误损失产生争议。

法院认为，虽然第一份合同明确约定因甲方原因和国家行政要求的停工（非甲方原因），甲方不支付停工期间的窝工及机械停滞等产生的任何费用。但考虑到乙方工期延误实际损失，基于公平原则，法院酌定对工期延长项目损失 3 039 209.84 元，由甲方承担 30%；对乙方主张的农民工工伤保险费用 39 001.58 元，属于按照工程造价收取的费用，与工期是否延误无关，由于已经包含在工程造价范围，对该主张不予支持；乙方主张的计划开工日到实际开工日期间的管理人员工资（含社保、公积金），因该期间原告没有进场施工，对其主张不予支持；工期内意外伤害保险费用 34 009.30 元，因当时未办

---

[1] 案件来源：淮安市洪泽区人民法院一审民事判决书［2020］苏 0813 民初 1715 号。

理施工许可证施工，无法办理工伤保险所发生的合理费用，法院酌定由甲方承担30%；工期外意外伤害保险费用20 000元，由被告承担30%；200天工期外管理人员基本养老保险费用以及200天工期外管理人员公积金费用中，法院认为个人应当缴纳的费用，不应算作延误工期损失，单位应当缴纳费用计128 353.7元，可作工期延误损失，由被告承担30%即38 506.11元；变更担保方式为保函支付的担保费11 000元，并非其损失，不予支持。乙方主张工程诉讼损失，法院亦认为不应作为工期延误损失。

案例评析

在固定总价合同履行期间，如果发承包方对材料价格上涨均负有责任，基于公平原则，发承包方都需要承担相应的损失，并共同承担价格上涨的风险。

由此可见，在固定总价施工合同实际履行过程中，建筑材料价格的变化如果超出了正常的市场风险范围，法院需要突破合同不调价的约定，如何计算调价金额以及如何分担责任是下一步要面临的问题。如果合同对于材料价格调整计算方法或责任分配有约定（例如在通用条款或变更条款中有相应条款），一般按照约定进行计算。没有约定或者约定不明确的，如果当事人要求对价格予以调整，法院会酌情根据公平原则进行考虑。

此外，在司法实践中，为了保证市场材料价格的平稳运行，维护双方当事人的利益，政府部门还会颁布一系列的《清单计价规范》来指导调价机制的有效运行。作为建工领域中清单计价方式的国家标准、政策性调价文件，《清单计价规范》是政府部门为促进发承包方建立风险共担机制出台的指导性文件。该文件在确定调价计算公式及分配建材上涨责任时较为公平合理，符合工程实践及市场规则，故可以主张将该文件中的规定作为计算调价金额以及责任分配的依据。

【相关规则索引】

《江苏省建设厅关于加强建筑材料价格风险控制的指导意见》（苏建价〔2008〕67号）规定："承包方的投标价格中包含的材料价格风险的幅度（一般风险包干幅度不应大于10%）……采用固定价格合同形式的：当工程施工期间非主要建筑材料价格上涨或下降的，其差价均由承包人承担或收益；当工程施工期间第二类主要建筑材料（材料费占单位工程费 10% 以上的各类材料）价格上涨或下降幅度在 5% 以内的，其差价由承包人承担或受益，超过 5% 的部分由发包人承担或受益。"

《苏州市住房和城乡建设局关于加强建设工程材料价格风险管控的通知》（苏住建建〔2021〕23 号）规定："已签订固定价格（包括固定总价与固定单价）施工合同的，主要材料（如水泥、砼、钢材、铜、铝、沥青、石材、玻璃等，以及其价值占单位专业工程分部分项工程费 5% 以上的其它材料、设备）价格在施工期间大幅涨跌和影响时间超出发承包双方所能预见的范围和承担的风险时，发承包双方按照风险共担原则，可协商签订补充协议。1. 施工合同对材料的价格风险幅度以及差价调整办法未进行约定或者约定不明的，或对主要材料中全部或部分材料的差价约定不调整的，发承包双方可协商签订补充协议，对工程造价予以调整。2. 当工程施工期间主要材料价格上涨或下降幅度在 5% 以内的，其差价由承包人承担或受益，超过 5% 的部分由发包人承担或受益。"

《浙江省建设工程计价规则》（2018 年版）允许发承包双方在合同中约定："承包人可承担 ±5% 以内的人工和单项材料价格风险，超过部分应由发包方承担或受益。"对建筑材料价格波动引起的合同价格调整，发承包双方应按照合同约定的价款调整办法执行。合同没有约定或约定不明确的，发承包双方可根据实际情况，本着诚信、公平的原则，签订补充协议。合同工期内，主要建筑材料价格异常波动时，为缓解承包人的资金压力，建设工程发承包双方可协商在工程进度款支付时，将建筑材料调差部分作为工程进度款一并支付，并签订补充协议。

《四川省高级人民法院关于审理建设工程施工合同纠纷案件若干疑难问题的解答》（川高法民一〔2015〕3 号）回答：

24. 约定工程价款实行固定总价结算的施工合同在履行过程中材料价格发生重大变化如何处理？约定工程价款实行固定总价结算的施工合同履行过程中，主要建筑材料价格发生重大变化，超出了正常市场风险范围，合同对建材价格变动风险负担有约定的，依照其约定处理；没有约定或约定不明的，当事人要求调整工程价款，如不调整显失公平的，可在市场风险范围和幅度之外酌情予以支持，具体数额可以委托鉴定机构参照工程所在地建设行政主管部门关于处理建材差价问题的意见予以确定。因一方当事人原因致使工期或建筑材料供应时间延误导致的建材价格变化风险由该方当事人承担，该方当事人要求调整工程价款的，不予支持。

在规则理解中，"建设行政主管部门关于处理建材差价问题的意见"主要指向《清单计价规范》和政策性调价文件。若《清单计价规范》和政策性调价文件没有对调价作出具体的规定，法院可以直接委托专业的鉴定机构对建材的价差进行鉴定。需要注意的是，《清单计价规范》和政策性调价文件并非法律、行政法规的强制性规定，而仅是国家标准或政府部门的指导性文件，不具有强制适用效力。如果当事人一方据此主张合同不调价的约定因违反该等规定而无效，进而主张应予调价，无法得到法官的支持。但不可否认，国家标准或政府部门指导性文件对司法实践中法院就相关争议进行判定仍具有一定的参考性价值，承包人可以充分利用其中的有利规定，将其作为调价参考因素或计算调价金额的依据。

【案例】

——江苏某建设工程有限公司与江苏某烟草薄片有限公司建设工程施工合同纠纷[1]

基本案情

2016 年，江苏某烟草薄片有限公司就"再造梗丝验证生产线配套工程建设项目生产工房钢格栅工程"对外招标，2016 年 8 月 29 日，江苏某建设工程有限公司投标并中标，中标价格为 1 414 378.71 元。2016 年 9 月 22 日，江苏某烟草薄片有限公司（甲方）与江苏某建设工程有限公司（乙方）签订建设工程施工合同，合同价为 1 414 378.71 元。上述合同专用条款第 11.1 条规定："市场价格波动是否调整合同价格的约定：合同价格中包括了施工期间的政策性调整、建材市场风险、合同责任、人工单价、施工质量及安全的风险等，市场价格波动不予调整合同价格。"第 12.1 条合同价格形式约定："综合单价包含的风险范围：施工期间的政策性调整、建材市场风险、人工单价、材料检测费、复检费、合同责任、施工质量及安全的风险等。"根据××市工程造价管理处出版的《××工程造价管理》杂志记载的××市建设工程材料指导

---

[1] 案件来源：江苏省高级人民法院再审民事判决书 [2020] 苏民再 8 号。

价，自 2016 年 8 月至 2017 年 4 月期间，××市钢材整体价格水平处于上涨状态，但每月平均涨幅较平稳，为逐渐上涨的过程。双方就材料价格上涨费用产生争议，并诉诸法院。

一审法院认为，综合考虑到涉案工程为生产工房钢格栅工程，工程所需的主要材料为钢材，而至双方合同约定的开工日期，钢材价格上涨了近 2 倍的客观事实，也未有证据证明乙方存在故意不履行合同义务情形，结合双方合同中履约保证金条款的约定，一审法院酌定由乙方向甲方赔偿违约损失142 000 元（用乙方已经支付的履约保证金予以冲抵）。

二审法院认为，鉴于涉案工程为生产工房钢格栅工程，工程所需的主要材料为钢材，而从双方签订合同之日至约定的开工日期，钢材价格上涨了近 2倍，该变动程度已远超出正常人的合理预期，乙方于缔约时对此亦难以预见，如仍按合同原定价款继续履行显然难以承受，故其提出解除合同实属无奈之举。根据公平原则和诚实信用原则，综合衡量合同未履行的原因、当事人的过错、当事人缔约地位强弱、损失后果等因素，二审法院对该违约损失作适当调整，酌定由乙方向甲方赔偿 100 万元。

再审法院认为，案涉建设工程施工合同约定采用固定价格的计价方法，在正常的市场价格风险情况下，对于建筑材料价格变化不应予以调整合同价格。但是，本案中从乙方中标时的 2016 年 8 月至开工时的 2017 年 4 月间，工字钢价格从 2016 年 8 月的 3130 元/吨大幅上涨至 2017 年 3 月份的 4240 元/吨，涨幅达 35%以上。案涉工程总价为 1 414 378.71 元，材料费即占 1 069 875.7 元。而案涉工程系钢结构工程，钢材为主要材料，双方当事人也均认可钢材占工程造价比例在 70%以上。建筑行业系微利行业，承包人利润有限。上述钢材价格变化已显然超出市场价格的正常波动，极有可能导致合同约定价格低于承包人的实际施工成本，在这种情况下如苛求承包人按照原固定价格合同履行，极有可能导致承包人的亏损，亦极有可能带来建筑质量隐患。《招标投标法》（已失效）第 33 条规定，投标人不得以低于成本的报价竞标。《建设工程质量管理条例》（已被修改）第 10 条也规定建设工程发包单位不得迫使承包方以低于成本的价格竞标。而如强求承包人按照原合同价格履行，其后果与承包人低于成本中标并无差别，将严重影响发包承包双方对施工合同的正常履行，亦会给工程施工带来潜在的质量安全隐患。

案例评析

本案中，因第二类主要材料钢材价格出现大幅上涨，超出建材市场的正常价格波动水平，造成乙方按照原固定价格合同履行确实难以为继。在此情形下，乙方于 2017 年 3 月 19 日向甲方发函，要求将合同价格调整为 2 957 394.99 元，其主张是合理的，该价格亦低于甲方后来与某有限公司签订的合同价格 3 105 698.34元。双方本应依照公平和诚实信用的原则充分协商，以期达成补充协议，共同分担非正常市场风险，使合同得以妥善履行。然而，甲方以合同约定的工程计价方式为固定单价，材料价格上涨是乙方应承担的合同项下的风险为由拒绝调整价格。乙方也未尽最大努力继续进行沟通协商，而于 2017 年 3 月 21 日即向甲方发函解除合同，其行为构成违约，应承担相应的违约责任。

（4）发承包方在固定总价合同中没有约定调价，但基于情势变更的原因导致材料价格上涨的，也可要求相对方予以一定的补偿。但在司法实践中法院依据情势变更作出补偿裁判的案例并不多。

作为民法中的一项重要原则，情势变更最早起源于 12 世纪至 13 世纪注释法学派在注解优士丁尼《法学阶梯》中所抽象出来的"情势不变"条款。随着现代交易类型和交易风险的增加，情势变更逐渐发展成了一种保障诚实信用和公平正义的风险防范原则。在情势变更的问题上，应当注意到即使都是双务合同，如建设工程等具有特殊性的合同，在《民法典》未作特别规定的情况下，除了受情势变更一般规定的约束之外，在具体适用时可能还需要作出特别的考量。根据《民法典》第 533 条的规定，对于情势变更的判断应当要求属于"无法预见的、不属于商业风险的重大变化"，这些变化会对合同相对方造成"明显不公平"。具体到建设工程施工合同领域，需要首先通过合同解释规则确定合同约定的内容，其次要将合同约定的风险承担和法定的风险划分进行剥离，再次需要个案判断情势的变化是否"重大"，最后要严格把握"不可苛求""牺牲临界"的标准。[1]

法院在审理类似案件过程中，要对情势变更和商业风险进行合理区分。商业风险一般主要是与从事商业活动有关的固有风险。比如，在交易过程中，

---

〔1〕 黄喆：《情势变更原则在建设工程合同中的适用——德国建筑私法实践及其对我国的启示》，载《法律科学（西北政法大学学报）》2013 年第 5 期，第 93 页。

基于供求关系变化发生的价格涨跌，只要尚未达到异常的风险变动程度，通常情况下都属于正常的商业风险范围。而情势变更则属于合同缔约时，当事人双方都无法预见的非市场系统所引发的固有风险。因此，法院在判断某种重大客观变化是否能够适用情势变更时，需要认真对该变化是否属于社会上一般人观念上的无法预见事项、风险变化程度是否远超于正常人的合理预期范围，以及风险是否能够被有效预防和控制、交易的性质能否被归入"高风险"概念的认识范畴等因素进行综合考量。这些都需要法官结合当时的实际市场运行状况，在个案中对情势变更的运用和商业风险的识别进行权衡。值得注意的是，《民法典》并没有排除不可抗力情形下，适用情势变更原则的可能性。此时重要的是，在发生不可抗力时，如何区分是适用情势变更条款还是适用不可抗力解除条款。关键点落在了不可抗力所造成的后果的严重程度上。若不可抗力已经导致合同目的无法实现，则适用法定解除条文，合同当事人可以直接行使法定解除权解除合同。若不可抗力未严重到导致合同目的无法实现的程度，则适用情势变更条文。

此外，针对这些变化会对合同相对方造成"明显不公平"的相关判断，也需要法官结合案件的客观情况在审慎的基础上作出判断。由于"明显不公平"是一个极其概括的用语，它没有提供任何确定显失公平的因素，甚至没有提供衡量公平与否的思考维度，一切依赖于对"公平"概念的抽象理解。根据最高人民法院编著的《中华人民共和国民法典合同编理解与适用》中的观点，对"显失公平"要件的理解应当注意四个方面。一是显失公平必须达到双方权利义务关系明显违反公平、等价有偿原则的程度，如果仅仅为某种程度的偏离，对双方的利益关系影响不大，则不能认定为显失公平。司法实践中，应当根据个案的具体情况，结合所涉交易领域、当时的社会环境等因素综合判断。二是显失公平的结果，必须由合同当事人承担，如果继续履行合同引起的显失公平结果由第三人承受，则不能适用情势变更制度。三是判断是否显失公平应当以债务人履行债务的时间为准，情势变更与显失公平的结果之间必须具有相当强的因果关系。

【相关法条索引】

《民法典》第 6 条："民事主体从事民事活动，应当遵循公平原则，合理确定各方的权利和义务。"

《民法典》第 533 条："合同成立后，合同的基础条件发生了当事人在订立合同时无法预见的、不属于商业风险的重大变化，继续履行合同对于当事人一方明显不公平的，受不利影响的当事人可以与对方重新协商；在合理期限内协商不成的，当事人可以请求人民法院或者仲裁机构变更或者解除合同。人民法院或者仲裁机构应当结合案件的实际情况，根据公平原则变更或者解除合同。"

《最高人民法院关于当前形势下审理民商事合同纠纷案件若干问题的指导意见》（法发〔2009〕40 号）指出要"慎重适用情势变更原则，合理调整双方利益关系"；严格审查变更或解除合同的请求；严格审查"无法预见"的主张；人民法院要合理区分情势变更与商业风险；在调整尺度的价值取向的把握上，人民法院仍应遵循侧重于保护守约方的原则。

《最高人民法院关于依法妥善审理涉新冠肺炎疫情民事案件若干问题的指导意见（二）》（法发〔2020〕17 号）明确："疫情或者疫情防控措施导致承包方未能按照约定的工期完成施工，发包方请求承包方承担违约责任的，人民法院不予支持；承包方请求延长工期的，人民法院应当视疫情或者疫情防控措施对合同履行的影响程度酌情予以支持。疫情或者疫情防控措施导致人工、建材等成本大幅上涨，或者使承包方遭受人工费、设备租赁费等损失，继续履行合同对承包方明显不公平，承包方请求调整价款的，人民法院应当结合案件的实际情况，根据公平原则进行调整。"

《房屋建筑和市政基础设施项目工程总承包管理办法》（建市规〔2019〕12 号）第 15 条："建设单位和工程总承包单位应当加强风险管理，合理分担风险。建设单位承担的风险主要包括：（一）主要工程材料、设备、人工价格与招标时基期价相比，波动幅度超过合同约定幅度的部分；（二）因国家法律法规政策变化引起的合同价格的变化；（三）不可预见的地质条件造成的工程费用和工期的变化；（四）因建设单位原因产生的工程费用和工期的变化；（五）不可抗力造成的工程费用和工期的变化。具体风险分担内容由双方在合同中约定。鼓励建设单位和工程总承包单位运用保险手段增强防范风险能力。"

《重庆市高级人民法院、四川省高级人民法院关于审理建设工程施工合同纠纷案件若干问题的解答》第 14 条第 1 款："固定总价施工合同履行过程中，钢材、水泥等对工程造价影响较大的主要建筑材料价格发生重大变化，超出了正常市场风险范围，合同对建材价格变动风险调整计算方法有约定的，依照其约定调整；没有约定或约定不明，当事人请求调整工程价款的，参照《中华人民共和国民法典》第 533 条的规定处理。"

《湖北省高级人民法院关于审理涉及新型冠状病毒肺炎疫情商事案件若干问题的解答》第 6 条规定，因为新型冠状病毒肺炎疫情属于不可抗力，不属于该条（情势变更规则）适用的范围，但与该条规定的情形类似，故可以类推适用该条规定。

《内蒙古自治区高级人民法院关于审理涉新冠肺炎疫情民商事案件相关问题的指引》第 13 条："因疫情构成不可抗力的，原则上不再适用情势变更原则。"

《江苏省高级人民法院关于为依法防控疫情和促进经济社会发展提供司法服务保障的指导意见》第 5 条规定，因疫情及其防控措施致使合同不能履行的，适用合同法关于不可抗力的规定处理。因疫情形势或防控措施导致继续履行对一方当事人明显不公平或者不能实现合同目的，可以适用合同法关于情势变更的规定。

《上海市高级人民法院关于充分发挥审判职能作用为依法防控疫情提供司法服务和保障的指导意见》指出："根据不可抗力或情势变更等相关规定，并结合案件具体情况，妥善处理。"

《浙江省高级人民法院关于规范涉新冠肺炎疫情相关民事法律纠纷的实施意见（试行）》第二部分"依法妥善审理有关合同纠纷案件"中的第 2、3 条规定，由于疫情原因，继续履行合同对于一方当事人明显不公平或者不能实现合同目的，依照情势变更规则对相关情形进行认定。因疫情防控措施导致合同不能履行的，可认定为不可抗力。

情势变更的核心价值在于打破合同约定绝对优先的规定，只有在履行合同会给相对方利益造成严重失衡的情形下，法院才有可能适用情势变更原则来作出判决。《最高人民法院关于正确适用〈中华人民共和国合同法〉若干问题的解释（二）服务党和国家的工作大局的通知》（法〔2009〕165 号）提出"确需在个案中适用（情势变更）的，应当由高级人民法院审核，必要时应报请最高人民法院审核"。最高人民法院之所以在《最高人民法院关于适用〈中华人民共和国合同法〉若干问题的解释（二）》发布 3 天之后即专门发布《最高人民法院关于正确适用〈中华人民共和国合同法〉若干问题的解释

（二）服务党和国家的工作大局的通知》，要求层报高级人民法院审查批准，是为了最大限度地避免对交易安全和市场秩序造成冲击，防止个别企业假借"情势变更"逃废债务或者逃避正常的商业风险。在处理方式上，首先是由双方当事人协商；协商不成的，人民法院应当坚持调解优先的原则，积极拓展调解工作领域，不断创新调解方式，将调解工作贯穿到合同诉讼的全过程。

在案件审理过程中，由于最高人民法院对情势变更原则的适用进行了严格限制，使得地方法院在审理类似案件时十分谨慎，但如果不适用又会使合同相对方利益遭受巨大损失，此时，法院可以基于公平原则来处理类似案件。例如，依据《最高人民法院关于在防治传染性非典型性肺炎期间依法做好人民法院相关审判、执行工作的通知》（已失效）（法［2003］72号）第3条的规定："依法妥善处理好与'非典'防治有关的民事案件：……（二）当事人以与'非典'防治相关事由对医疗卫生机构等提起损害赔偿诉讼或者对防治'非典'的医疗卫生机构等提起的其他相关诉讼，人民法院暂不予受理。（三）由于'非典'疫情原因，按原合同履行对一方当事人的权益有重大影响的合同纠纷案件，可以根据具体情况，适用公平原则处理。因政府及有关部门为防治'非典'疫情而采取行政措施直接导致合同不能履行，或者由于'非典'疫情的影响致使合同当事人根本不能履行而引起的纠纷，按照《中华人民共和国合同法》第117条和第118条（现《民法典》第533条）的规定妥善处理。"

在已有的法院判决中，法院倾向于不支持承包人主张的价格上涨应适用情势变更原则。主要原因已如前述，在于承包人主张的材料价格上涨本身很难符合情势变更原则的"不可预见"和"非商业风险"要件，加之在法院严格适用情势变更原则，个案适用情势变更需要报上级法院审核的大背景下，对于合同已明确约定适用固定总价或固定单价的，出于保护合同约定的价值取向，一般法院很难作出价格上涨属于情势变更，应突破合同约定调价的判断和裁判。通过检索可以发现，在较为典型的案例中，各法院基本均遵循了上诉思路，未认定材料价格上涨。

情形一：即使建筑材料价格确实存在上涨的情况，但只要上涨幅度并未超过历史高价，就不属于双方无法预见的情况，不能适用情势变更原则。

【案例】

——重庆某集团股份有限公司与重庆某环保产业发展有限公司建设工程施工合同纠纷[1]

基本案情

2016 年 10 月 11 日，重庆某集团股份有限公司（乙方）与重庆某环保产业发展有限公司（甲方）签订《苏高新荣昌节能环保产业园一期接续产业平台建设项目（A 区）总承包工程建设工程施工合同》（下称《建设工程施工合同》）。该合同"合同协议书"载明："签约合同价：勘察费按国家计委、建设部《工程勘察设计收费管理规定》（计价格〔2002〕10 号）并依据自身实力及市场行情，以 369 600 元完成本次勘察范围内的所有工作；设计费按国家计委、建设部《工程勘察设计收费管理规定》（计价格〔2002〕10 号）并依据自身实力及市场行情，以 2 601 900 元完成本次设计范围内的所有工作；工程建安费暂定金额为 14 000 万元，施工单位中标下浮比例为 8.58%，具体结算办法按结算原则执行……11. 价格调整。11.1 '市场价格波动引起的调整'。市场价格波动是否调整合同价格的约定：不调整。"钢材、商品砼等主要建材价格在施工期间较 2016 年 7 月出现较大上涨。2018 年 3 月，重庆某集团股份有限公司向张某发出《关于解决××节能环保产业园一期接续产业平台建设项目（A 区）投资控价和材差的函》，提出因材料上涨潜在亏损近 2000 万元，建议按照工程施工同期重庆市材料信息价进行如实调整，以此作为本项目结算的依据，据实编制本项目竣工结算。2018 年 5 月，重庆某环保产业发展有限公司向重庆某集团股份有限公司发出《重庆某环保产业发展有限公司关于××节能环保产业园一期接续产业平台建设项目（A 区）相关事宜的函》，表示不同意调整预算总控价和材料价差。后，双方还多次协商，未就"材料价差"和"投资限价"达成一致意见，重庆某集团股份有限公司遂提

---

[1] 案件来源：重庆市高级人民法院二审民事判决书〔2019〕渝民终 492 号。

起本次诉讼。

一审法院认为，双方当事人对主要建筑材料的价格调整系按照 2016 年《重庆工程造价信息》第 8 期公布的××地区指导价计取，双方在签订中标合同时专用条款 11.1 条约定的"市场价格波动是否调整合同价格的约定：不调整"的含义应为价格上涨的风险由重庆某集团股份有限公司承担，价格下跌的收益由重庆某集团股份有限公司享有。在签订合同后，主要建筑材料（如钢材、商品砼）的价格确实存在上涨的情况，但上涨幅度并未超过历史高价，不属于双方无法预见的情况，且按照《最高人民法院关于适用〈中华人民共和国合同法〉若干问题的解释（二）》（已失效）第 26 条的规定，即使属于不可预见的重大变化，也仅是变更合同条款，即双方分摊相应风险，并非一味保护施工方利益，将材料价格上涨的风险转由发包方承担，如按照乙方的请求，将该条款直接撤销，则所有材料价格上涨的风险均由发包方张某承担，也与双方在订立中标合同时由乙方应承担相应建材价格变化的风险和收益的目的不相符合，故一审法院对乙方要求撤销《建设工程施工合同》专用条款第 11.1 条"市场价格波动是否调整合同价格的约定：不调整"的请求，不予支持。

二审法院认为，甲方为建设案涉工程，根据自己的经济状况确定了招标的具体条件并公开进行招标，乙方作为理性的、专业的建筑工程施工企业，理应知道其投标行为的法律后果。也即，在甲方明确将案涉工程限定在造价1.5 亿元的情况下，乙方在投标时应当综合考虑相应的成本以及正常的商业风险，包括建筑材料上涨带来的商业风险，再决定是否投标以及以何种条件投标。其中，建筑材料的市场价峰值、谷值都应当成为乙方确定是否投标以及以何种条件投标所应当考虑的因素，这些因素应当被归入其进行经营决策所应当考虑的商业风险的范畴。乙方在对案涉工程进行施工的过程中，建筑材料价格虽有上涨，但上涨幅度并未超过其市场价峰值，乙方作为专业的建筑工程施工企业在投标时理应对此进行合理的预见，故本案中建筑材料价格的上涨属于乙方应当承担的商业风险，而不属于当事人在签订合同时无法预见的客观情况，不符合《最高人民法院关于适用〈中华人民共和国合同法〉若干问题的解释（二）》（已失效）第 26 条规定的情势变更的范畴。乙方请求撤销《建设工程施工合同》专用条款第 11.1 条关于市场价格波动不调整合同价格的约定，理由不成立，一审未予支持并无不当。

案例评析

此案中，乙方作为专业的承包公司，在投标时应当综合考虑相应的成本以及正常的商业风险，包括建筑材料上涨带来的商业风险，再决定是否投标以及以何种条件投标。其中，建筑材料的市场价峰值、谷值都应当成为乙方确定是否投标以及以何种条件投标所应当考虑的因素，这些因素应当归入其进行经营决策所应当考虑的商业风险的范畴。乙方在对案涉工程进行施工的过程中建筑材料价格虽有上涨，但上涨幅度并未超过其市场价峰值，这些属于在投标时理应对此进行合理预见的情况，故本案中建筑材料价格的上涨属于乙方应当承担的商业风险，而不属于当事人在签订合同时无法预见的客观情况。

情形二：虽然在多数案件中适用情势变更进行裁判的可能性比较低，但这并不是排除情势变更原则在任何案例中的可适用性。在符合各构成要件的情形下，该原则仍有适用空间。最为典型的是，施工过程发生了不可预见的风险，导致工程无法按时施工，或者继续施工会给当事人造成巨大损失，此时仍可适用情势变更原则。

【案例】

——山西某煤业有限公司与九台市某工程有限责任公司建设工程施工合同纠纷[1]

基本案情

山西某煤业有限公司（甲方）与九台市某工程有限责任公司（乙方）于2008 年 9 月 25 日，分别加盖各自公司合同专用章、法定代表人签字，签订《山西某煤业有限公司××矿改扩建井巷工程施工合同》，合同期为 2008 年 9 月25 日至 2009 年 2 月 28 日。合同约定：合同工期为 2010 年 8 月 1 日至 2011 年7 月 31 日（各项工程期限以公司下达计划为准），张某（被告）供应的材料、设备和工程款拨付不及时，以及不可抗力、外部关系等非乙方的原因引起的延期开工、中途停工和窝工，经张某签字后，工期顺延。因乙方原因施工管

---

[1] 案件来源：山西省高级人民法院二审民事判决书 [2015] 晋商终字第 10 号。

理不善或者由乙方责任造成的工程质量返工、事故处理等导致延误工期的，工期不予顺延。并约定除张某供应以外的其他材料、设备由乙方采购。工程结算：①以实际验收合格工程量为准结算；②材料价格参照《山西工程建设标准定额信息》，当期当地价格与定额信息幅度较大时经禾谱华咨询造价公司询价，双方考察认定后做相应调整。2012 年 2 月 15 日，晋中煤运向灵石县人民政府出具晋中煤销字［2012］46 号文件《关于山西某煤业有限公司变更开采方式的请示》，称山西某煤业有限公司整合××矿后，由于煤层埋藏较浅，受小窑开采破坏严重，在矿井基建期间，仅回风大巷在掘进过程中就揭露空区 16 次。由于小窑破坏，空区积水、积气严重，在执行"有掘必探"过程中，累计排放老空积水达 7 万余 m^3。2014 年，当事人就合同工程款产生争议诉诸法院。

一审法院认为，现有证据表明是在合同履行过程中发生了原、被告双方订立合同时无法预见的、非不可抗力造成的不属于商业风险的重大变化（即该井田区域过去小窑破坏性开采严重，井巷施工过程中遇到了多处采空区，导致无法布置长壁工作面正规开采，同时由于采空积水、积气情况不明，给井工开采带来了极大的安全隐患），继续履行合同已经不能实现合同目的，即改扩建井巷工程已不能实现合同目的，才是被告提出终止合同的真实原因。而原告向被告出具的授权委托书给刘某的授权权限是否有终止合同的代理权限并不明确，但原告在刘某加盖项目部公章签收被告终止合同通知后并未向被告提出异议，对与被告间施工合同已经终止履行的事实也不予否认，依法应视为在刘某签收该通知后，原、被告双方间的施工合同已经终止。但本案所涉 2010 年 7 月施工合同，为双方法定代表人各自签字、加盖公章后签订，而被告却将终止合同通知向并未明确有原告终止合同授权的项目经理刘某发出。在施工合同终止后，在明知刘某代理期间已过、代理权已经终止的情况下，被告仍将原告方井下设备移交给刘某，均明显违背交易习惯和诚实信用原则，违背了法定义务。对于由此给原告造成的实际损失，被告依法应当予以赔偿。

二审法院认为，双方于 2010 年 7 月签订的《甲方公司××矿 90 万吨/年改扩建井巷工程施工合同》是双方的真实意思表示，合法有效，双方应按照合同约定履行各自的权利义务。在合同履行过程中，发生了不属于商业风险的重大变化（即该井田区域过去小窑破坏性开采严重，井巷施工过程中遇到了多处采空区，导致无法布置长壁工作面正规开采，同时由于采空积水、积气情况不明，给井工开采带来了极大的安全隐患），继续履行合同已经不能实现合同目的。致使上诉人于 2012 年 1 月 10 日向乙方时任项目经理刘某发出停止施工并终止 2010 年 7 月双方签订的《甲方公司××矿 90 万吨/年改扩建井巷工程施工合同》的通知，刘某在通知上签字并加盖项目部的公章予以签收。乙方对刘某的签收行为未提出异议，依法应视为在刘某签收该通知后，双方间的施工合同已经终止。合同终止后，乙方依据合同性质有撤出自己设备的义务，而乙方怠于履行自己的义务，致使其综掘机及其他一些设备被滞留在甲方处。该矿由井工开采变更为露天开采，甲方不可能使用乙方的综掘机继续施工，乙方也未提供证据证明甲方使用了其综掘机，让甲方赔偿其租赁费无证据支持。故一审法院判令由甲方赔偿乙方综掘机租赁费 2 857 342.68 元不当，应予撤销。

案例评析

在司法实践中，认定国家政策或者规划调整是否构成情势变更时，最高人民法院一般考察的因素包括：国家政策或者规划调整是否属于当事人在订立合同时无法预见的情形，以及国家政策或者规划调整是不是造成显失公平结果或使合同无法正常履行的重要因素。国家政策或者规划调整需要当事人在合同订立前无法预见，合同订立后或者履行完毕后所发生的国家政策调整和规划调整都无法通过主张情势变更来要求解除合同或者进行调价。在建筑工程案件中，能够使用情势变更原则变更或解除合同的案例仅限于政府行为、规划调整或者法律规范发生变化、疫情或防控措施等。这在客观上基本排除了因物价上涨而主张情势变更来解除合同或者调价的可能，即使可以，难度也非常大，几乎无法实现。但是，在因国家政策和行政行为造成合同履行障碍的场合，不同法院对事件的定性亦有不同。对于国家政策，大多数法院认为，当事人既然从事相关领域的业务，就应当对政策的走向有所预见。故而，政策调整不属于当事人在签订该合同时无法预见的客观情况，不应适用不可抗力规则，也不应适用情势变更规则。

2. 因工程量变更引起的价格争议

在固定总价模式下，由于设计变更或者发包方增减工程量是引起合同价款发生变化的主要因素，因此如果发承包方在合同中对因设计变更或者发包方要求增减工程量引起的价格变动没有进行明确约定，一方主张按照变更工程量的单价按照市场价或者造价监管部门市场信息指导价，而另一方则坚持要求按照招投标时的单价进行计价，双方就会因价格变动产生争议。在建设工程的计价标准和计价方法上，有合同约定一般依照合同约定进行，如果无约定或者约定不明确，则需要经过双方协商一致，协商不成的，可以参照签订建设工程施工合同时当地建设行政主管部门发布的计价方法或者计价标准结算工程价款。例如，《最高人民法院关于审理建设工程施工合同纠纷案件适用法律问题的解释（一）》（法释〔2020〕25号）第19条规定："当事人对建设工程的计价标准或者计价方法有约定的，按照约定结算工程价款。因设计变更导致建设工程的工程量或者质量标准发生变化，当事人对该部分工程价款不能协商一致的，可以参照签订建设工程施工合同时当地建设行政主管部门发布的计价方法或者计价标准结算工程价款。建设工程施工合同有效，但建设工程经竣工验收不合格的，依照民法典第五百七十七条规定处理。"需要注意的是，这里的参照标准是"可以"，而并非"应当"，法律并未对其作出强制性的规定要求，给当事人双方留下了很大的自由选择空间。此外，在建设施工合同中，基于意思自治原则，如果双方明确约定了工程变更价款调整方法，则应当严格按照约定执行。如果双方没有约定，应根据《建设工程工程量清单计价规范》（GB50500-2013）的规定进行调整。

【相关规则索引】

《民法典》

第577条规定："当事人一方不履行合同义务或者履行合同义务不符合约定的，应当承担继续履行、采取补救措施或者赔偿损失等违约责任。"《民法典》第510条规定："合同生效后，当事人就质量、价款或者报酬、履行地点等内容没有约定或者约定不明确的，可以协议补充；不能达成补充协议的，按照合同有关条款或者交易习惯确定。"

第511条规定："当事人就有关合同内容约定不明确，依据前条（《民法典》第510条）规定仍不能确定的，适用下列规定：（二）价款或报酬不明确的，按照订立合同时履行地的市场价格履行；依法应当执行政府定价或者政府指导价的，依照规定履行。"

《建设工程工程量清单计价规范》（GB50500-2013）规定：

（1）已标价工程量清单中有适用于变更工程项目的，应采用该项目的单价；但当工程量变更导致该清单项目的工程数量发生变化，且工程量偏差超过 15% 时，可调整。当工程量增加 15% 以上时，增加部分的工程量的综合单价应予以调低，当工程量减少 15% 以上时，减少后剩余部分的工程量综合单价予以调高。

（2）已标价工程量清单中没有适用但有类似于变更工程项目的，可在合理范围内参照类似项目的单价。

（3）已标价工程量清单中没有适用也没有类似于变更工程项目的，应由承包人根据变更工程资料、计量规则和计价办法、工程造价管理机构发布的信息价格和承包人报价浮动率提出变更工程项目的单价，并应报发包人确认后调整。

（4）已标价工程量清单中没有适用也没有类似于变更工程项目的，且工程造价管理机构发布的信息价格缺价，应由承包人根据变更工程资料、计量规则和计价办法和通过市场调查等取得具有合法依据的市场价格提出变更工程项目的单价，并应报发包人确认后调整。

《最高人民法院关于审理建设工程施工合同纠纷案件适用法律问题的解释（一）》（法释〔2020〕25 号）第 28 条规定："当事人约定按照固定价结算工程价款，一方当事人请求对建设工程造价进行鉴定的，人民法院不予支持。"

各个地方法院还专门以指导意见、会议纪要等形式，对因设计变更或者发包方增减工程量导致合同价款发生变化时，如何确认工程结算价款的问题进行了专门的解释：

《重庆市高级人民法院关于当前民事审判若干法律问题的指导意见》关于"固定价合同的结算"指出："建设工程合同中当事人约定按固定价结算，或者总价包干，或者单价包干的，承包人按照合同约定范围完工后，应当严格按照合同约定的固定价结算工程款。如果承包人中途退出，工程未完工，承包人主张按定额计算工程款，而发包人要求按定额计算工程款后比照包干价下浮一定比例的，应予支持。"

《山东省高级人民法院关于印发全省民事审判工作会议纪要的通知》（鲁高法〔2011〕297 号）中"关于固定价格合同未履行完毕而解除的，工程价款如何结算的问题"指出：根据住房和城乡建设部《建筑工程施工发包与承包计价管理办法》第 12 条规定，建设工程合同价可以采用固定价、可调价和成本加酬金三种形式。建设部、财政部联合发布的《建设工程价款结算暂行办法》第 8 条的规定，固定价格又分为固定总价和固定单价两种形式。《最高人民法院关于审理建设工程施工合同纠纷案件适用法律问题的解释》第 22 条对于固定价格合同已经完全履行完毕情形下的工程价款结算问题作了明确规定，而对固定价格合同未履行完毕情形下的工程价款结算问题未明确。对于建设工程施工合同约定按固定单价结算的，则应根据固定单价核算出已完工程的实际工程量，据实结算工程价款；如果建设工程施工合同约定按固定总价结算，则按照实际施工部分的工程量占全部的工程量的比例，再按照合同约定的固定价格计算出已完部分工程价款。

《北京市高级人民法院关于审理建设工程施工合同纠纷案件若干疑难问题的解答》（京高法发［2012］245 号）对"固定总价合同履行中，当事人以工程发生设计变更为由要求对工程价款予以调整的，如何处理"的问题进行回答："建设工程施工合同约定工程价款实行固定总价结算，在实际履行过程中，因工程发生设计变更等原因导致实际工程量增减，当事人要求对工程价款予以调整的，应当严格掌握，合同对工程价款调整有约定的，依照其约定；没有约定或约定不明的，可以参照合同约定标准对工程量增减部分予以单独结算，无法参照约定标准结算的，可以参照施工地建设行政主管部门发布的计价方法或者计价标准结算。主张工程价款调整的当事人应当对合同约定施工的具体范围、实际工程量增减的原因、数量等事实承担举证责任。"该文件也对"固定总价合同履行中，承包人未完成工程施工的，工程价款如何确定"问题进行了回答："建设工程施工合同约定工程价款实行固定总价结算，承包人未完成工程施工，其要求发包人支付工程款，经审查承包人已施工的工程质量合格的，可以采用'按比例折算'的方式，即由鉴定机构在相应同一取费标准下分别计算出已完工程部分的价款和整个合同约定工程的总价款，两者对比计算出相应系数，再用合同约定的固定价乘以该系数确定发包人应付的工程款。当事人就已完工程的工程量存在争议的，应当根据双方在撤场交接时签订的会议纪要、交接记录以及监理材料、后续施工资料等文件予以确定；不能确定的，应根据工程撤场时未能办理交接及工程未能完工的原因等因素合理分配举证责任。"

《浙江省高级人民法院民事审判第一庭关于审理建设工程施工合同纠纷案

件若干疑难问题的解答》对于"能否调整总价包干合同的工程量、工程价款"的问题进行回答："建设工程施工合同采用固定总价包干方式，当事人以实际工程量存在增减为由要求调整的，有约定的按约定处理。没有约定，总价包干范围明确的，可相应调整工程价款；总价包干范围约定不明的，主张调整的当事人应承担举证责任。"

《湖北高院民事审判工作座谈会会议纪要》（2013 年）第 32 条明确：建设工程合同中当事人约定按包干价结算，承包人按照合同约定范围完工后，应当严格按照合同约定结算工程款。因设计变更导致工程量变化或质量标准变化，当事人要求对工程量增加或减少部分据实结算的，应予支持。如果工程未完工，承包人请求结算工程款的，区分情况处理：（1）已完工程质量不合格的，由承包人进行修复，修复后质量合格的，可以请求支付工程款，修复后质量仍不合格的，承包人请求支付工程款的，不予支持；（2）已完工程质量合格的，合同约定以单价包干方式计价的，按照包干单价和已完工程量计算工程款；合同约定以总价包干方式计价的，若工程未完工系承包人原因导致，鉴定未完工部分，以总包价减未完工部分造价计算工程款；若工程未完工系发包人原因导致，按照建设行政主管部门颁发的定额及取费标准据实结算。

《四川省高级人民法院关于审理建设工程施工合同纠纷案件若干疑难问题的解答》（川高法民一〔2015〕3 号）对于"约定工程价款实际固定总价结算的施工合同出现因设计变更导致工程量或者质量标准发生变化的如何结算工程价款"的问题，明确："当事人约定按照固定总价结算工程价款，应当严格按照合同约定的工程价款执行，一方当事人请求对工程造价进行鉴定并依据鉴定结论结算的，不予支持。建设工程因设计变更导致工程量或质量标准发生变化，当事人要求对工程价款予以调整的，如果合同对工程价款调整有约定的，依照其约定；没有约定或约定不明的，应当由当事人协商解决，不能协商一致的，可以就变更部分参照签订建设工程施工合同时当地建设行政主管部门发布的计价方法或者计价标准结算工程价款。主张工程价款调整的当事人应当对合同约定施工的具体范围、实际工程量增减的原因、数量等事实承担举证责任。"

对于"约定工程价款实行固定总价结算的施工合同在履行过程中材料价格发生重大变化如何处理"的问题，明确为："约定工程价款实行固定总价结算的施工合同履行过程中，主要建筑材料价格发生重大变化，超出了正常市场风险范围，合同对建材价格变动风险负担有约定的，依照其约定处理；没有约定或约定不明的，当事人要求调整工程价款，如不调整显失公平的，可在市场风险范围和幅度之外酌情予以支持，具体数额可以委托鉴定机构参照工程所在地建设行政主管部门关于处理建材差价问题的意见予以确定。因一方当事人原因致使工期或建筑材料供应时间延误导致的建材价格变化风险由该方当事人承担，该方当事人要求调整工程价款的，不予支持。"

对于"约定工程价款实行固定总价结算的施工合同在未全部完成施工即终止履行的工程价款如何结算"的问题，则提出：约定工程价款实行固定总价结算的建设工程施工合同在未全部完成施工即终止履行，承包人已施工的工程质量合格，承包人要求发包人支付工程价款的，由双方协商确定已施工的工程价款，协商不成的，由鉴定机构根据工程设计图纸，施工图纸，施工签证，交接记录等资料以及现场勘驻结果对已完成工程量占合同工程量比例计算系数，再用合同约定的固定价款乘以该系数确定发包人应付的工程价款。当事人就已施工的工程量存在争议的，应当根据双方在撤场交接时签订的会议纪要，交接记录以及监理材料，后续施工资料等文件予以确定；不能确定的，应根据承包人撤场时未能办理交接及工程未能完工的原因等因素合理分配举证责任。

《河北省高级人民法院建设工程施工合同案件审理指南》（2018 年 5 月 7 日审判委员会总第 9 次会议讨论通过）第 11、12、13、14 条提出："合同约定固定价款的，因发包人原因导致工程变更的，承包人能够证明工程变更增加的工程量不属于合同约定包干价范围之内的，有约定的，按约定结算工程价款，没有约定的，可以参照合同约定标准对工程量增减部分予以单独结算，无法参照约定标准结算可以参照施工地建设行政主管部门发布的计价方法或者计价标准结算。主张调整的当事人对合同约定的施工具体范围、实际工程量增减的原因、数量等事实负有举证责任。""建设工程施工合同约定工程款实行固定价，如建设工程尚未完工，当事人对已完工程造价产生争议的，可将争议部分的工程造价委托鉴定，但应以合同约定的固定价为基础，根据已完工工程占合同约定施工范围的比例计算工程款。即由鉴定机构在同一取费标准下分别计算出已完工程部分的价款和整个合同约定工程的总价款，两者对比计算出相应系数，再用合同约定的固定价乘以该系数，确定工程价款。当事人一方主张以定额标准作为造价鉴定依据的，人民法院不予支持。""未施工完毕的工程项目，当事人就已完工程的工程量存有争议的，应当根据双方在撤场交接时签订的会议纪要、交接记录以及监理材料、后续施工资料等文件予以确定；不能确定的应根据工程撤场时未能办理交接及工程未能完工的原因等因素合理分配举证责任。发包人有恶意驱逐施工方、强制施工方撤场等情形的，发包人不认可承包方主张的工程量的，由发包人承担举证责任。发包人不提供相应证据，应承担举证不能的不利后果。"

《盐城市中级人民法院关于审理建设工程施工合同纠纷案件若干问题的指导意见》（盐城市中级人民法院审判委员会 2010 年 7 月 15 日第 9 次会议讨论通过）第 21 条指出：当事人对固定价结算的建设工程施工合同的施工范围有争议且不能协商一致的，按下列规则处理：（1）根据合同约定和签约时依据的设计图纸等原始资料确定工程施工范围；（2）对合同中施工范围条款理解有争议的，按照《合同法》（已失效）第 125 条的规定处理；（3）根据前两项规定仍不能确定施工范围的，如发包人不能证明争议事项已包括在固定总价包干范围内的，则应当另计工程价款。

《北京市第一中级人民法院对民事审判中部分执法不统一问题的规范意见》（2011 年）关于"发包方能否以合同约定是固定价结算为由拒付增项工程的工程款"问题进行说明：在有些建筑工程施工合同中，双方约定采用固定价方式结算工程价款，但实际施工过程中双方通过洽商变更增加或减少部分施工项目，由此产生是否仍适用合同约定的固定价结算的问题。处理的基本意见是：（1）如果发生洽商变更，应看双方合同中约定是否增减合同价款，或双方有无另行约定；（2）在约定采用固定价结算时，如果工程没有完成，则应采取"按比例鉴定法"来确定应付工程款，即让鉴定机构算出在同一取费标准下已完工程部分的价款和整个合同工程价款，将两者比例乘以合同约定的固定价。

《宣城市中级人民法院关于审理建设工程施工合同纠纷案件若干问题的指导意见（试行）》（2013 年）第 17 条规定：建设工程施工合同约定工程价款实行固定价结算的，一方当事人要求按照定额结算工程价款的，人民法院不予支持。但因设计变更导致工程量变化或者质量标准变化，当事人要求对工程量增加或减少部分据实结算的，人民法院应予支持，当事人另有约定的除外。

在因工程量变更引起的价格争议中，还可以根据工程量发生变更的原因进一步对此类争议进行划分。

（1）建设工程因设计变更导致施工单位和发包方价格协商不一致，工程价款的结算可以参照政府部门的计价方法。在建设工程施工合同履行过程中，因建设单位设计变更导致工程量或质量标准发生变化的，合同中对价款确认有规定，应当严格依照合同约定的处理。如果合同对此没有约定，而当事人亦不能达成一致，不能直接适用或参照合同约定内容结算工程价款，也不能简单机械地直接照搬合同约定进行计价，而是应以市场信息价进行结算，可以参照施工合同签订时的当地建设行政主管部门发布的计价方法或者计价标准结算工程价款。其目的在于为当事人双方提供一个明确的参考标准，且受到不同地方经济发展水平以及工程项目大小等因素的影响，在双方不能达成合意的前提下，适用当地行政主管部门颁发的计价方法或标准结算价款更为稳妥。

【案例】

——遂宁某纸业有限公司与西南某建设集团有限公司建设工程施工合同纠纷[1]

基本案情

2014 年 8 月，遂宁某纸业有限公司（甲方）与西南某建设集团有限公司（乙方）签订《建设工程施工合同》。约定："施工中张某需对原工程设计变更，应提前以书面形式向乙方发出变更通知。乙方按照工程师发出的变更通知及有关要求，进行下列需要的变更：（1）更改工程有关部分的标高、基线、位置和尺寸。（2）增减合同中约定的工程量。（3）改变有关工程的施工时间和顺序。（4）其他有关工程变更需要的附加工作。因设计变更导致合同价款的增减，由张某承担；乙方在工程变更确定后 14 天内，提出变更工程价款的书面报告，经工程师确认后调整合同价款。变更合同价款按下列方法进行：①合同中已有适用于变更工程的价格，按合同已有的价格变更合同价款；②合同中只有类似于变更工程的价格，可以参照类似价格变更合同价款；③合同中没有适用或类似于变更工程的价格，由乙方提出适当的变更价格，经张某商务联络人确认后执行。"2016 年 8 月 31 日，西南某建设集团有限公司（建设单位）、上海某科技股份有限公司（设计单位）、成都某地质勘察院（地勘单位）、遂宁某监理工程有限公司（监理单位）、核工业公司（施工单位）及国开区安全质量监督站、市城建档案馆的相关工作人员召开了关于甲方 1 号

---

[1] 案件来源：四川省高级人民法院二审民事判决书［2018］川民终 741 号。

成品仓库、1 号倒班宿舍、餐厅、门卫、给水处理站、室外土建等工程的竣工验收会议，各相关单位工作人员在会议上均表示同意验收。其后，乙方以甲方拖欠工程款为由提起诉讼。在诉讼过程中，乙方向一审法院申请对甲方 1 号成品仓库、1 号宿舍、餐厅、门卫、消防水池、水泵房、堆场、地磅、门卫、室外土建工程的工程总造价进行司法鉴定。在一审法院的组织下，双方当事人共同选定了四川某工程造价咨询有限公司进行工程造价司法鉴定。

法院认为，《最高人民法院关于审理建设工程施工合同纠纷案件适用法律问题的解释》（已失效）第 16 条第 1 款、第 2 款规定："当事人对建设工程的计价标准或者计价方法有约定的，按照约定结算工程价款。因设计变更导致建设工程的工程量或者质量标准发生变化，当事人对该部分工程价款不能协商一致的，可以参照签订建设工程施工合同时当地建设行政主管部门发布的计价方法或者计价标准结算工程价款。"双方当事人在《建设工程施工合同》中约定，变更合同价款若合同中已有适用于变更工程的价格，按合同已有的价格变更合同价款，若合同中只有类似于变更工程的价格，可以参照类似价格变更合同价款，若合同中没有适用或类似于变更工程的价格，由乙方提出适当的变更价格，经张某商务联络人确认后执行。由于新增项目没有相应的认价资料，但施工过程中因甲方设计变更而导致工程量增加是客观事实，双方当事人对该部分工程价款亦不能协商一致，故鉴定机构以《建设工程工程量清单计价规范》（GB50500-2008）、2009 年《四川省建设工程工程量清单计价定额》及其实施办法和配套文件为依据计取新增项目的工程价款符合前述司法解释的规定，也没有违反双方约定的计价原则。

案例评析

甲方与乙方在《建设工程施工合同》中约定，变更合同价款若合同中已有适用于变更工程的价格，按合同已有的价格变更合同价款，若合同中只有类似于变更工程的价格，可以参照类似价格变更合同价款，若合同中没有适用或类似于变更工程的价格，由乙方提出适当的变更价格，经张某商务联络人确认后执行。由于新增项目没有相应的认价资料，而设计变更导致工程量增加是客观事实，双方当事人对该部分工程价款亦不能协商一致，可以参照类似价格变更合同价款。

（2）因发包人设计变更导致工程量或质量标准发生变化，工程结算款的计算。在建设工程施工合同履行过程中，因发包人设计变更导致工程量或质量标准发生变化的，如果合同中对此没有约定，而当事人亦不能协商达成一致，不能直接适用或参照合同约定内容结算工程价款，可以参照施工合同签订时的当地建设行政主管部门发布的计价方法或者计价标准结算工程价款。

【案例】

——武汉某建设集团有限公司与武汉某物业有限公司建设工程施工合同纠纷[1]

基本案情

2009 年 12 月 1 日，武汉某物业有限公司（甲方）与武汉某建设集团有限公司（乙方）签订《××小区工程建筑施工补充合同（执行合同）》。2010 年 2 月 4 日，招标代理机构和招标人武汉某物业有限公司针对××工程向乙方发《中标通知书》，中标价为 5860 万元，建筑面积为 41 944m²。2010 年 2 月 6 日，双方又签订一份《湖北省建设工程施工合同（备案合同）》。2010 年 4 月 20 日，××公建及住宅项目办理《建设工程规划许可证》（武规岸建字 [2010] 004 号），建设规模：3 栋 1 层~32 层，面积 27 696.7m²（另：半地下室建设面积 3805.73m²，地下室建筑面积 7333.37m²）。2010 年 4 月 27 日，办理了××1 号、2 号、3 号楼住宅楼及商业用房的《建筑工程施工许可证》，备注："框剪 2 栋 1 层~32 层，框架 1 栋 1 层，其中地下室建筑面积 11 139.7m²。含桩基、深基坑（补办手续）。" 2012 年 12 月 14 日，补办施工许可证手续，即在同一编号的《建筑工程施工许可证》上备注"经武规（岸）验×××号×××号楼变更，增加面积 19 352.46m²"补办新证。2011 年 4 月 8 日，乙方向甲方发《工作联系函》，载明："根据《××小区工程建筑施工补充合同》（执行合同）的精神，以及 3 号商业楼主体结构修改的状况，结合实际情况，特致函协商确定以下问题，以利工程顺利进行：（1）3 号楼商业楼价款的结算。除钢材、水泥、商品砼、加气混凝土砖等主材按施工当期《武汉建设工程价格信息》计取材料预算价以外，其他均按原施工合同执行（人工费增长幅度较高，加之需要日夜抢工，请予以考虑）。（2）3 号商业楼施工工期。确保 2011 年 7 月

---

[1] 案件来源：最高人民法院再审民事判决书 [2018] 最高法民再 166 号。

31 日完工。"2013 年 1 月 11 日，建设单位、监理单位、施工单位、设计单位对××3 号楼办理了工程质量竣工验收手续，验收结论为符合要求，同意验收。2013 年 7 月 25 日，对××3 号楼办理了竣工验收备案手续，建筑面积 32 182m²，结构为框架地上 5 层、地下 2 层。之后，双方因涉案工程结算事宜协商未果，遂乙方提起诉讼。

法院认为，《最高人民法院关于审理建设工程施工合同纠纷案件适用法律问题的解释》（已失效）第 2 条是《合同法》关于合同无效后"折价补偿"原则的体现，因建设工程施工合同的特殊性，已竣工验收合格的工程无法"各自返还"，考虑合同无效后工程价款结算缺乏折价补偿的相关标准，故司法解释规定在工程验收合格的客观基础上，以尊重各方当事人的意思自治及缔约时的市场调节结果即合同约定价格为参考，对工程进行结算。然而，如设计变更、工程建设规模变更等情况导致工程量大幅增加，由于市场、人工等波动因素的影响，工程成本处于变动状态，在此情况下，如承包人未明确同意按照合同价格进行结算，不宜仅以施工方继续施工为由推定当事人具有继续按照合同价格结算的意思表示。具体到本案，案涉××3 号楼工程合同约定的原建筑结构为地下 2 层、地上 1 层，在实际施工过程中，甲方变更设计方案，地上结构变更为地上 5 层，并办理了工程规划许可手续的变更。3 号楼施工面积大幅增加，相应的乙方工程量也大幅增加，由于甲方设计变更的相关手续未能及时办理，3 号楼实际竣工验收时间大大超出合同约定工期。3 号楼工程在设计规划、施工面积、工程量、工期上均超出原合同约定的范围，应当认定为重大设计变更。因此，除非合同明确约定由施工方承担合同外风险，从公平的角度来看，对于 3 号楼的工程价款，应予以适当调整。

在 3 号楼施工期间，即 2011 年 4 月 8 日，乙方向甲方出具《工作联系函》要求调整工程价款。2011 年 11 月 20 日，乙方总经理周某在鄂建〔2011〕145 号文复印件上明确批复："在 2011 年 12 月 15 日前完成并取得竣工备案证的前提下，就 3 号楼主材、人工价格等事宜，我司将结合施工实际参考该相关文件规定，待竣工结算时给予综合考虑并协商处理。"由此可见，乙方与甲方对于 3 号楼工程的结算方式一直处于磋商阶段，甲方同意就 3 号楼工程结算价格另行协商。乙方系基于甲方承诺另行协商的前提下继续履行施工义务，结合诉争工程发生设计变更、工程量增加、工期延长期间施工主材料、人工价格确有上涨的事实，二审判决按照执行合同的计价标准对 3 号楼进行结算确有不当。

鉴定机构出具的《3号楼工程造价两种计算方式的比较》，按照定额据实计价和按照合同约定计价差额项目，细化为人工费、材料费、机械费、措施费、安装费、间接费6项。鉴于双方已经于2011年11月20日就调差的范围（主材和人工）达成一致意见，对机械费、措施费、安装费、间接费不再予以调整。至于调差的数额，根据鉴定机构的回复意见，乙方与甲方各自作出的差异计算方式都有一定的合理性，但考虑甲方所主张的合同工期内外分阶段项目及数量界定准确性未经双方当事人认可，乙方主张实际造价确实远高于合同约定结算方式造价，又考虑双方当事人对案涉两份建设工程施工合同被认定为无效均有过错，法院依法酌定对差异造价数额673.4万元（629.62 + 43.78）的80%（包含鄂建〔2011〕145号材料中规定的由承包人承担的5%变化幅度以内的材料价格）予以调整。

案例评析

案中，承包方主张的实际造价确实远高于合同约定结算方式造价，考虑到双方当事人对案涉两份建设工程施工合同被认定为无效均有过错，法院对差异造价数额酌定进行分配。

发包人变更设计所带来的后果除了前述的工程量或质量标准变化外，还可能进一步导致承包人工期的延长。此时，对于发承包方而言就将面临"在既定工期内该如何对承包人以完成的工程量进行计价"的问题。就现有的司法实践而言，在固定总价合同模式下，发包人与承包人约定按照固定价结算工程价款的，因工程设计变更导致承包人未完成合同约定的工程量时，已完工部分经验收质量合格的，可以采用"按比例折算"的方式，即计算已完工部分的工程量和整个合同约定的总工程量的比例系数，再用合同约定的固定价乘以该系数确定发包人应付的工程价款。

【案例】

——肖某与陈某、某建设股份有限公司、东莞市某建筑劳务分包有限公司建设工程分包合同纠纷[1]

基本案情

2019年，肖某以某建设股份有限公司名义与陈某签订了《××射击场旋挖

---

[1]　案件来源：江西省高级人民法院再审民事判决书〔2022〕赣民再74号。

钻桩施工劳务协议》第 1 条约定："工程名称：江西省射击运动中心××射击训练基地建设项目；工程量：包干总工程量为 3100（暂定直径为 900mm，长度为 1020m，直径 1300mm 桩量为 1980m³）。桩径分别：1.900 径 102 根，每根设计孔深 8.2 米~10 米；2.1300 径 74 根，每根设计孔深 16 米~21 米。承包方式、内容：劳务大清包。包工不包料（除主材混凝土、钢筋由甲提供外，其余均由乙方负责），包设备、包安全文明施工。质量标准：合格。"第 2 条约定："本工程工期为 60 日历天，自业主及张某通知开工：2019 年 5 月 18 日起。"第 4 条约定："支付乙方设备进场运输费伍万元整。"第 6 条约定："总包干总价为 126 万元整。合同约定为 3100，合同内工程量不增加造价。"双方还就其他权利义务进行了约定。后陈某组织对桩基进行了施工，因发包方设计变更，工程仅需施工 148 根桩基，陈某实际完成 148 根桩基施工。肖某已付陈某款项共计 777 763 元［其中包含 2019 年 5 月 24 日支付 5 万元（旋挖机进场运输费）］。2020 年 1 月，××省建设工程质量检测中心对该工程进行质量检测并出具检测报告。检测结果为：共有 I 类（2L/时刻前无缺陷反映波，有桩底反射波）桩 148 根，占总桩数 100%。

一审法院认为，根据××省建设工程质量检测中心出具的《基桩及锚（锁）杆验收试验质量检测报告》可得知，陈某实际施工基桩为 148 根，与陈某和肖某签订《××射击场旋挖钻桩施工劳务协议》约定两种计算方式。一是包干价为 126 万（基桩为 176 根）；二是工程量按施工现场实际桩长计量。《××射击场旋挖钻桩施工劳务协议》是约定的包干价，但由于合同的变更，致使陈某的施工未达到合同的全部工程量，其工程款应按陈某实际完成的工程量予以计付。现双方都无法提供证据证实每根基桩单价且已完成工程量的价款，又未申请鉴定。故一审法院结合合同工程量价款、已完成工程量、未完成工程量的核算比例，计算出该工程未完成工程量价款为 349 805 元，劳务工程实际工程款应为 910 195 元。肖某辩称 5 万元设备进场运费属于合同包干价内的应予以计算在支付的劳务工程款中。根据双方签订的《××射击场旋挖钻桩施工劳务协议》约定，5 万元设备进场运费属于单独列项，且未注明包含在包干价内，故对肖某的辩解理由不予采纳。因肖某已支付劳务工程款 727 763 元（肖某共支付 777 763 元，但其中包含 5 万元设备进场运费），故剩余未支付的劳务工程款应为 182 432 元（910 195 元-727 763 元=182 432 元）。

二审法院认为，一审法院查明某建设股份有限公司作为施工方承建××省射击运动中心××射击训练基地建设项目后，肖某以某建设股份有限公司名义与陈某签订了《××射击场旋挖钻桩施工劳务协议》，权利义务由肖某与陈某承受，各方当事人均无异议，该认定并无不当。《最高人民法院关于审理建设工程施工合同纠纷案件适用法律问题的解释》（法释〔2004〕14号）（已失效）第16条第1款规定："当事人对建设工程的计价标准或者计价方法有约定的，按照约定结算工程价款。"第22条规定："当事人约定按照固定价结算工程价款，一方当事人请求对建设工程造价进行鉴定的，不予支持。"因此，在双方当事人约定了固定单价结算涉案工程情况下，应按双方约定的计价标准确定工程造价。肖某以某建设股份有限公司名义与陈某签订的《××射击场旋挖钻桩施工劳务协议》第6条约定总包干总价为126万元，故肖某在没有证据证明合同变更系陈某的施工原因时，肖某应以合同总包干价与陈某结算，陈某的该上诉理由有事实和法律依据，二审法院依法予以采纳。

再审法院认为：首先，涉案合同因陈某不具有相应劳务资质，违反了法律强制性规定而属于无效合同，但是涉案项目已经竣工验收合格，故可以参照涉案合同约定结算工程价款。其次，根据再审期间各方提供的证据可以证实涉案工程确实进行了设计变更，变更后的实际施工量少于原设计图纸的施工量，且各方均确认陈某实际完成的桩数为148根，少于涉案合同约定的176根，故肖某主张涉案项目工程款应按陈某实际完成的工程量予以计付，应予支持。二审法院认为，肖某在没有证据证明合同变更系陈某的施工原因时应以合同总包干价与陈某结算，缺乏依据，本院予以纠正。陈某主张涉案合同约定工程量数据是肖某故意放大的。一般而言，发包人与承包人签订固定总价合同后，最终结算价款将严格按照合同约定的内容进行结算，双方均要承担一定的风险，必然要更加严谨地对合同条款进行约定，故在陈某未提供充分证据予以证明的情况下，再审法院对其主张不予支持。最后，涉案合同约定的工程价款是固定价，且未对因设计变更导致工程量减少的情况进行约定，现涉案项目由于施工现场地势因素的影响导致规划和设计发生变更，而肖某和陈某对实际施工工程量的变化均不存在过错，且双方都无法提供证据证实每根基桩单价且已完成工程量的价款。因此，再审法院认为，在固定价合同中，承包人未完成合同约定工程量，但已完工部分经验收质量合格的情况下，可以采用"按比例折算"的方式，计算已完工部分的工程量和整个合同约定的总工程量，两者对比计算出相应系数，再用合同约定的固定价乘以该系数确定应付的工程价款。

案例评析

因设计变更导致建设工程的工程量或者质量标准发生变化，当事人对该部分工程价款不能协商一致的，可以参照签订建设工程施工合同时当地建设行政主管部门发布的计价方法或者计价标准结算工程价款。虽然合同违反法律、行政法规的强制性规定无效，但涉案项目已经竣工验收合格，可以参照涉案合同约定结算工程价款，涉案合同约定的工程价款是固定价，且未对因设计变更导致工程量减少的情况进行约定，对于工程变更，双方均无过错，且无法证明已完成工程量价款，再审法院采用"按比例折算"的方式来计算应付价款。

（3）因工程量清单错算、漏算引起的价格争议。工程量清单是建设工程的分部分项工程项目、措施项目、其他项目、规费项目和税金项目的名称和相应数量的明细清单。《建设工程工程量清单计价规范》（GB50500-2013）明确规定："招标工程量清单作为招标文件的组成部分，其准确性和完整性应由招标人负责。"《最高人民法院关于审理建设工程施工合同纠纷案件适用法律问题的解释（一）》第22条亦规定："当事人签订的建设工程施工合同与招标文件、投标文件、中标通知书载明的工程范围、建设工期、工程质量、工程价款不一致，一方当事人请求将招标文件、投标文件、中标通知书作为结算工程价款的依据的，人民法院应予支持。"由此可见，工程量清单作为招标文件中的重要组成部分，对于确定未来的工程价款结算而言具有重要的意义。

而对于工程量清单的法律性质，理论和实务界也存在不同争论。《建设工程工程量清单计价规范》（GB50500-2013）是住房和城乡建设部在 2003 年发布的国家标准，又先后于 2008 年、2013 年进行了修订。该规范第 4.1.3 条规定："招标工程量清单是工程量清单计价的基础，应作为编制招标控制价、投标报价、计算或调整工程量、索赔等的依据之一。"据此有观点认为，《建设工程工程量清单计价规范》属于国家强制性标准。例如，在［2020］鲁民终 638 号判决当中，法院认为："……涉案合同有关约定合同价格不因市场价格的变动而调整的条款属于让上诉人承担无限风险，该约定违反了《建设工程工程量清单计价规范》（GB-50500-2013）第 3.4.1 条的规定，应认定无效。"也有观点认为，该强制性条文不属于违反法律、行政法规的强制性规定，合同依然有效。

原因在于，《建设工程工程量清单计价规范》由住房和城乡建设部会同国家质量监督检验检疫总局联合发布，属于国务院部委颁布的规范，是部门规章，而非法律、行政法规。例如，陕西省高级人民法院在［2018］陕民终 718 号案中认为："《建设工程工程量清单计价规范》主要系用来规范建设工程发、承包及实施阶段的计价规范，并非法律法规所规定的效力性强制性规定，不能替代双方当事人对自身权利处分所达成的合意，故应尊重当事人意思自治的内容，优先适用当事人的合同约定，一审以《建设工程工程量清单计价规范》3.1.5 条属强制性规定认定安全文明施工费应计取错误，二审予以纠正。"还有观点否认了上述两种观点，对《建设工程工程量清单计价规范》中的强制性条文做出了类型化分析，认为国家标准《建设工程工程量清单计价规范》中的强制性条文，并非都符合我国关于工程建设强制性标准的定义。

在招标过程中，一般是由发包人或者招标人编制并提供工程量清单，承包人完成工程量清单项目并据此向发包人主张工程价款。但是，在实践中，施工单位为了能够获取中标机会，往往会忽视工程量清单存在的一些问题，由此导致在中标后却发现正式施工图纸计算的工程量与工程量清单中的工程量存在较大差异，工程量清单存在缺漏项，进而向发包人索赔，由此双方产生争议。这类争议主要是由施工企业报价漏项、工程量错算导致的。并且，我国对工程量的计算已经作了统一的规定，而施工企业一般又有专门的预算人员对整个施工过程进行计算，如果施工企业错算了工程量，损失的还主要是自己的利益，即便是在合同履行中发现存在上述情况，施工单位也很难向发包方要求补偿损失，除非工程量错算特别大，且发包方招标过程存在明显过错。

因工程量清单错算、漏算引起的价格争议，在司法实践中，基于应当对错算、漏算负责主体的不同，承担增补工程结算款的主体也有所不同，具体可以分为四种情形：

情形一：由发包方承担增补工程结算款。该情形主要指向工程量清单由发包人制定，或者工程量清单错算、漏算是发包人原因引起，且合同对此种情况中的责任承担没有特殊约定时，缺漏项工程的增补款应当由发包方承担。

【案例】

——辽宁某公司与佟二堡某公司、××镇管委会建设工程合同纠纷[1]

基本案情

2009 年 4 月 1 日，某公司委托苏州某造价师事务所有限公司就"××文化论坛国际会议中心泛光照明工程"对外招标并制定《施工招标文件》。该文件载明，招标文件发放时间为 2009 年 4 月 3 日，投标文件递交截止时间为 2009 年 4 月 14 日；投标报价方式为本工程采用工程量清单固定单价报价；投标报价的计价方法为本工程采用工程量清单计价的方法，投标单位应根据提供的图纸和技术资料，对提供的工程量清单进行认真审核，如发现工程量清单上的内容与图纸有异，应在开标前 4 天及时向招标单位提出，如不提出，则认同为，投标单位已确认工程量清单上的内容已包含图纸上的所有内容。上述招标文件的图纸载明特制线性地埋灯 1 的工程数量为 821.31 米，而工程量清单中载明特制线性地埋灯 1 的工程数量为 530.7 米，两者相差 290.61 米。辽宁某公司（乙方）与佟二堡某公司（甲方）签订《施工承包合同》，2013 年 8 月 29 日，工程竣工验收合格，双方就商品混凝土泵送费用产生争议，诉诸法院。

一审法院认为，关于商品混凝土泵送费用。招标文件没有对工程的混凝土泵送进行描述，甲方也没有明确告知乙方在投标报价时应将泵送的费用计入报价，在招标文件和合同中也没有对工程中混凝土的输送提出解决方案，但在建设工程中又必须涉及混凝土的泵送问题，所以混凝土泵送费属于招标文件的漏项，此项费用应由甲方承担，甲方应当给付乙方泵送费 255 948.79 元。

二审法院认为，关于混凝土泵送费问题，招标人在编制招标工程量清单时并没有把泵送费编制进招标文件，属于招标工程量清单漏项，由于泵送费本身有定额子目列项，根据《建设工程工程量清单计价规范》（GB50500-

---

〔1〕 案件来源：辽宁省高级人民法院二审民事判决书［2016］辽民终 216 号。

2013)"第 4.1.2 条：招标工程量清单的准确性、完整性由招标人负责；第6.1.4 条：投标人必须按招标工程量清单填报价格"之规定，投标人投标时并未将混凝土泵送费计入投标报价。而在实际施工过程中又必须涉及混凝土泵送问题，故该项费用应由甲方承担。关于土方含水率系数调整问题，招标人在提供招标工程量清单中关于土方项目没有准确和全面地描述土方项目特征（即土壤含水率），投标人只能按照招标文件工程量清单列项报价。而甲方是在开工后才将工程勘察报告提供给乙方，故土方含水率系数调整费用应由甲方承担。

案例评析

在招标过程中，招标工程量清单由招标人完成，如果合同没有其他约定，其准确性和完整性理应由招标人负责。

情形二：由承包方承担工程结算款损失，发包人不予增补工程结算款。该种情形主要指向合同约定了清单工程量由承包人负责确定，如果施工过程中存在清单缺项的情况，承包方不应增加工程价款，而如果合同未约定清单工程量，清单存在缺项的话则应视为让利，承包方同样不应增加工程款。

【案例】

——中国某电力工程局有限公司、东莞某投资有限公司建设工程合同纠纷[1]

基本案情

中国某电力工程局有限公司（乙方）于 2009 年 10 月 10 日与东莞某投资有限公司（甲方）签订了《土建部分工程施工合同》（KW02-HT032），合同约定了工程名称、地点、内容、结构形式等。工程承包范围列明了项目建（构）筑物一览表，并约定以上土建施工范围及内容若有遗漏，以土建招标书、澄清函告、投标书以及经发包方确定的上述承包范围内的可作正式施工的施工图纸包含的工作内容作为补充。第 5 条合同价款约定，含税金在内的

---

〔1〕 案件来源：广东省东莞市中级人民法院二审民事判决书［2018］粤 19 民终 10803 号。

所有费用金额为 87 680 000 元。2010 年 1 月 10 日，双方就案涉工程另行签订了《××省建设工程施工合同》，约定合同总价为 87 680 000 元，该合同第 52 条约定，工程量清单中开列的工程量应包括由承包人完成施工、安装等工作内容，其任何遗漏或错误既不能使合同无效，也不能免除承包人按照图纸、标准与规范实施工程合同的任何责任。对于依据图纸、标准与规范应在工程量清单中计量但未计量的工作，应根据第 60 条的规定确定合同价款的增加额。工程量清单中开列的工程量是根据合同工程设计图纸提供的预计工程量，不能作为承包人履行合同义务中应予完成合同工程的实际和准确工程量。发包人应按承包人实际完成的工程量及其在工程量清单项目中填报的单价或总价的乘积向承包人支付工程价款。

一审法院认为，《土建部分工程施工合同》第一部分第 2 点"工程承包范围"约定，工程范围包括但不限于建（构）筑物一览表显示的"子项名称"，土建施工范围及内容如有遗漏，以土建招标书、澄清函告、投标书以及经发包方确认的上述承包范围内可作正式施工的施工图包含的工作内容作为补充。根据上述约定，正式施工图的内容应被包括在正式施工范围内，且双方已经就施工范围内的工程款进行了固定总价的约定，故乙方主张以招投标过程中甲方提供的工程范围的文件作为实际的施工范围，本院不予采信。故对乙方要求甲方支付工程量清单缺项价款 3 325 775.77 元、合同范围外增加项目总价款 1 307 214.89 元、烟囱项目缺项价款 3 815 829.53 元、暖通项目缺项价款 388 311.28 元的诉讼请求，一审法院予以驳回。

二审法院认为，科维公司在公开发布的招标文件中明确载明"投标人将根据发包人提供的《初步设计》图纸（包括设计说明书和设计人员选项用的标准图集）和现场踏勘以及施工经验按照工程量计算规则自行确定工程量……"及"全部工程造价按下列约定计算：根据招标文件所述的要求，参考《初步设计》和发标图纸、澄清函告以及对施工现场的踏勘了解并负责增补校核该工程量，经充分的评估约定计算"。根据上述招标文件载明的内容，证明乙方在投标前已经清楚涉案工程款及工程量是综合招标文件的多方面因素决定，并非依据科维公司招标文件中的图纸来确定。又根据《土建部分工程施工合同》第一部分第 2 点"工程承包范围"的约定，工程范围包括但不限于建（构）筑物一览表显示的"子项名称"，土建施工范围及内容如有遗漏，以土建招标书、澄清函告、投标书以及经发包方确认的上述承包范围内可作正式施工的施工图包含的工作内容作为补充。乙方确认已按正式图纸完成施工，但无证据证明其施工内容包含超出正式施工图纸范围内的其他工程，也没有提供证据证明上述工程属于《土建部分工程施工合同》第31条约定的可以变更工程款的范围。根据招标文件载明的内容及《土建部分工程施工合同》的约定，正式施工图的内容应被包括在正式施工范围内，故乙方要求科维公司支付工程量清单缺项价款、合同范围外增加项目总价款、烟囱项目缺项价款、暖通项目缺项价款，不符合招标文件及《土建部分工程施工合同》的约定，无事实和法律依据。

案例评析

合同约定清单工程量由乙方负责确定，在清单缺项的情况下，不应增加工程价款，如果合同未约定，清单存在缺项的话则应视为让利，乙方同样不应增加工程款。此外，在固定总价合同中，《工程量清单计价规范》的内容不影响合同效力，在招标文件、合同约定工程量由乙方根据踏勘确定的情况下，出现缺项不应增加工程款。

情形三： 由双方共同承担损失。该情形包括两种可能。其一，双方对工程清单出现缺项、漏项的情况都存在一定过错；其二，双方对工程清单出现缺项、漏项都没有原因力。在这两种情况下，虽然从结果上看都是由双方共同承担损失，但双方共同承担损失的根本逻辑和损失分配方式并不相同。在前一种情形中，往往是根据各方对损害后果的原因力来分配所需承担的损失额度；而在后一种情形中，则往往是根据公平原则，将损失在双方当事人间进行分配。

【案例】

——深圳某建筑工程有限公司等诉湖北省某工程公司建设工程施工合同纠纷[1]

基本案情

2010年6月28日、7月16日，深圳某建筑工程有限公司（原告，即乙方）与湖北省某工程公司（被告，即甲方）分别签订《华润电力（贺州）有

---

[1] 案件来源：湖北省武汉市中级人民法院民事判决书［2014］鄂武汉中民商初字第00961号。

限公司一期 2×1000mw 超超临界机组工程景观大道建筑工程承包合同》。约定：被告为华润电力（贺州）有限公司一期 2×1000mw 超超临界机组工程景观大道工程的建设需要，将该项目下建筑施工工程发包给深圳某建筑工程有限公司，合同价为固定总价，总金额为人民币 8 884 996 元。2010 年 4 月 17 日，原告进场开始施工。2012 年 1 月 2 日原告退场。2012 年 8 月 20 日，原告、被告、第三人对未完工程量进行核对，签署了《2012 年 8 月 20 日后湖北电建未施工完项目》清单，项目结束后，双方对工程量产生争议，并诉诸法院。

法院认为，由于承包人对清单所列工程量是否完全、准确，主要需通过施工图和相关规范进行核算，当工程项目只有初步设计，没有明确施工图时，清单所列工程量往往会因漏项、计算错误而与实际工程量出现较大差距，从而导致合同双方在工程价款结算时发生争议，故以工程量清单进行报价更适宜于固定单价的工程合同。住房和城乡建设部制订的《建设工程工程量清单计价规范》（住房和城乡建设部公告第 1567 号）明确规定，国有资金投资的项目应实行工程量清单招标，采取工程量清单计价方式，建设工程造价由分部分项工程费、措施项目费、其他项目费、规费和税金组成。分部分项工程量清单应采取综合单价计价方式。采取工程量清单计价的工程，应在招标文件或合同中明确风险内容及其范围（幅度），不得使用无限风险、所有风险或类似语句规定风险内容及其范围（幅度）。因此，本案所涉工程合同在无施工图情况下，以工程量清单报价为基础约定总价包干，并包含所有风险。其约定的计价方式缺乏科学性，存在较大缺陷，不符合国家规定的工程计价规范，也有违合同法的公平诚信原则，扰乱了建设工程市场的正常秩序，是导致原、被告双方产生结算纠纷的根本原因。被告与第三人签订合同后违法予以分包，将合同价格风险直接转嫁给原告，对形成本案纠纷应负有主要责任。原告为达到承接工程的目的，明知合同约定的价格条款具有较大风险，仍然与被告签订合同，在完工后再请求据实进行结算，主观上亦有过错。综上，对于原告实际完工的工程，除合同约定的固定总价外，属于被告已确认的合同外工程的价款，以及鉴定机构依合同外签证所计算出的工程价款，被告均应承担全额付款义务。对清单工程量差异及漏项所形成的增加工程量对应的工程价款，法院根据合同法的公平原则，酌定由被告承担 80% 的付款义务，其余 20% 作为报价风险由原告自行承担。

案例评析

工程量清单漏项责任应根据双方过错程度分别承担。合同约定工程量清单准确性由承包人负责，有违公平原则和诚信原则，因双方对缺项均有过错，因此应由双方共同分担责任。在此案中，对清单工程量差异及漏项所形成的增加工程量对应的工程价款，法院根据合同法的公平原则进行裁决并无不妥，

情形四：发承包方签订固定总价合同，但在具体的施工过程中，实际施工工程量与工程量清单不一致，即工程量清单存在缺项、漏项的情形时，为了保障公平，应当要求发包方对实际工程量承担支付义务。

【案例】

——金某1、株洲银泰房地产开发有限公司建设工程施工合同纠纷案〔1〕

基本案情

2010年3月6日，金某2（乙方）与金某1（甲方）签订《内部协议书》，约定金某2联系承接的株洲银泰财富广场的土建项目工程，由公司出面承包给金某祥，金某1向金某2支付业务费580万元。乙方作为担保方在该协议上签章。2010年3月15日，甲方向乙方马某某发放了施工图纸2套，包括水施、电施、1号结施和建施、3号结施和建施、裙房及地下室结施和建施等图纸。2010年3月24日，株洲市求实项目管理有限公司根据甲方的委托发放招标文件，对案涉项目进行了招标。2010年4月7日，甲方与乙方签订《建设工程施工合同》，约定由乙方承包株洲银泰财富广场工程，该合同由协议书、通用条款、专用条款三部分组成。协议书第2条约定："工程承包范围为施工图纸范围内所有土建工程、安装工程及变更工程（但拟分包工程除外）。"通用条款对双方的权利义务、施工组织设计和工期、竣工验收与结算以及违约、索赔和争议等进行了约定。专用条款主要内容包括："第2条一般权利义务：'发包人派驻的工程师'代为签收承包人、项目经理送达的工程联系单或者文件。"2012年8月27日，乙方向杭州市中级人民法院提起诉讼，请求判

---

〔1〕 案件来源：最高人民法院民事判决书［2019］最高法民终379号。

决甲方支付工程款等 77 472 232. 36 元；甲方反诉，请求判决乙方支付工期逾期、变相停工、整改费用等 18 608 801 元。

一审法院认为，根据鉴定，甲方提供的工程量清单与图纸之间差额巨大，合同约定价 156 245 967. 55 元，工程量清单与图纸之间差距达 54 800 877. 12 元，已完成部分差距达 35 885 509. 09 元，差距已经超出了工程量编制正常误差范围。如果完全按照合同约定计价，则实质上免除了发包方对工程量清单准确性和完整性负责的法定义务，也不符合诚实信用与公平原则。因此，酌情确定，已完工部分差额 35 885 509. 09 元中 20% 的部分属于清单工程量与图纸不符的合理误差。该部分按照合同约定由乙方承担责任，其他部分甲方应向乙方支付工程款，即该部分工程款认定 28 708 407. 27 元。

二审法院认为，案涉工程系公开招投标工程，乙方根据甲方发放的工程量清单编制了工程量清单报价表，并以 156 245 967. 55 元中标。其后签订的《建设工程施工合同》亦约定"合同价款金 156 245 967. 55 元，其中包括 16 245 967. 55 元的分包工程价款"。据此，可以认定案涉合同系固定总价合同，但案涉合同价款并非完全不可调整。《建设工程施工合同》第三部分专用条款 23. 2. b 款约定："……设计变更引起的工程项目或者数量有增减，则项目的工程量应根据变更设计图纸、变更联系单并按有关工程量计算的方法计算确定工程量。"f 款约定："由于施工验收规范的要求或强制性条款的要求，以及设计图纸中缺、漏、碰、错等内容，在之后的会审纪要或施工联系单明确其做法的，不作为工程量的增减计算，累计超过 50 万元的，不在此限。"根据以上合同内容，一审法院采信"以固定总价为基数，非设计变更的部分，工程量与总价均不予调整；设计变更部分（具有有效的变更签证部分）按合同约定进行造价鉴定"，并认为根据实际情况对部分争议款项进行调整的计算方法符合当事人的合同约定。对此，二审法院予以认可。

案例评析

此案所涉及的虽然是固定总价合同，但该合同价款并非完全不可调整。由于案涉工程已验收合格并实际交付甲方使用，金某 1 就工程量清单与图纸差额部分已实际付出成本与劳动，甲方作为案涉工程的实际使用者与受益方，法院可以依据公平原则，要求发包方对实际发生施工工程量的大部分款项承担支付义务。因此，法院酌定已完工部分差额中的 80% 属甲方应当支付工程款的处理意见具有正当性和合理性。

3. 因未按期完成工程引起的价格争议

此种价格争议的关键点在于如何计算已完成工程量的价格。在工程总承包合同中，对于未完工的总承包工程结算主要有如下几种观点：①按照已完工程的完工比例折算；②以政府指导价并结合承包方组价为原则；③按已完工工程量×投标报价（类似于清单文件）计算；④合同总价扣除后续的建设费用。

情形一：在固定总承包合同模式下，基于一些客观因素，导致工程未能如期完成的，未完工的总承包工程结算应当按照已完成部分所占整个工程的比例来结算。

【案例】

——江苏某建设工程有限公司、安徽某投资有限公司建设工程施工合同纠纷[1]

基本案情

2011 年 12 月 26 日，某学院与安徽某投资有限公司签订《融资采购新校区项目协议书》。约定：项目名称为某学院新校区建设一期工程 BT 项目；建筑总面积约 18 万 m²，包括图文中心、教学实验实训用房、学生宿舍楼、食堂、教工周转房以及场区内的道路、绿化、供水、供电等附属和配套工程，总投资约 5 亿元；2013 年 5 月 29 日，安徽某投资有限公司、某学院向江苏某建设工程有限公司发出《中标通知》，通知江苏某建设工程有限公司为某学院新校区一期工程中标人，中标价为经审计确认的施工图工程量清单造价×（1-让利系数），让利系数为 13.6%。2013 年 5 月 30 日，江苏某建设工程有限公司（乙方）与安徽某投资有限公司（甲方）签订《建筑工程施工合同》。第 6 条合同价款及调整："采用可调价格合同，调整方法为：本工程最终按实结算，依据《安徽省建设工程工程量清单计价依据》编制结算，经审核后下浮 13.6% 作为结算价（预留金不下浮），建筑、装饰、安装工程造价计算程序执行 2009 年综合单价法，市政、园林及仿古工程造价计算程序执行 2006 年综

---

[1] 案件来源：最高人民法院二审民事判决书［2018］最高法民终 305 号。

合单价法，定额人工按照安徽省最新文件的人工费为定额人工进入费率。"双方对结算造价下浮 13.6% 的约定是否有效产生争议，并诉诸法院。

一审法院认为，本案主要涉及乙方已完工程的工程造价如何确定，甲方是否欠付乙方工程款，如欠付，数额为多少、利息应如何计算等问题。乙方认为案涉工程采取邀请招标方式进行费率招标违反了招投标法律规定，且招标文件对于工程价款结算采取的是固定单价计价方式。但甲方与乙方所签《建筑工程施工合同》却约定为可调价格合同，属于实质性变更，要求确认工程价款结算让利 13.6% 无效。经查，案涉工程为政府融资采购项目，工程造价逾亿元，属《招标投标法》（已被修改）第 3 条规定的必须招标项目。《招标投标法》（已被修改）第 10 条规定，招标分为公开招标和邀请招标两种方式进行，甲方采取邀请招标方式对案涉工程进行招标并不违反该法律规定。甲方在招标文件中明确让利系数范围为 8%~20%，乙方收到的中标通知书所载中标价为经审计确认的施工图工程量清单造价×（1-让利系数），让利系数为 13.6%，与双方所签《建筑工程施工合同》中约定的本工程最终按实结算，依据《安徽省建设工程工程量清单计价依据》编制结算，经审核后下浮 13.6% 作为结算价内容一致，故乙方以案涉工程采取邀请招标方式进行费率招标违反法律规定，合同约定对中标文件和通知书进行了实质性变更，要求确认中标通知书及合同中关于让利 13.6% 的内容无效的主张不能成立，不予支持。

二审法院认为，甲方主张对于乙方的已完工程价款，应当按照双方约定的让利系数下浮 13.6% 计算。虽然甲方与乙方签订的《建筑工程施工合同》约定工程价款按审核后下浮 13.6% 确定，但该让利系数适用的前提是乙方依约将施工范围内的工程全部施工完毕，工程款整体下浮 13.6%。鉴于案涉工程为未完工程，且工程各施工阶段的施工难易程度、施工成本、所获利润等均存在较大差异，一审法院依据乙方的实际施工进度及本案的具体情况，按照已完工程造价与合同约定工程款总额的占比，酌定让利系数为 3.52%，符合实际，并无不妥。关于塔吊机械费及脚手架费用。经查，根据乙方在一审审理过程中提交的《架子班组复工协议》，结合某学院向鉴定机构提供的现场勘查记录以及施工中必须搭设和使用塔吊及脚手架的实际，能够认定乙方在其施工过程中存在使用塔吊及脚手架的事实。基于此，在鉴定意见将该两项费用单独列项未计入总价的情况下，一审法院认定塔吊机械费 279 901 元及脚手架费用 5 979 134 元应被计入工程造价，并无不当。

案例评析

在本案中，由于工程尚未完工，且工程各施工阶段的施工难易程度、施工成本、所获利润等均存在较大差异，法院可以依据实际施工进度及案件具体情况，并结合双方在工程中所付出的成本，按照已完工程造价与合同约定工程款总额的占比，酌定让利系数。

三、固定总价合同工程变更的工程量认定

工程量计量是建设工程的发承包双方根据合同约定，对承包人完成的合同工程量进行的计算和确定。在通常情况下，工程量计量按照合同约定的工程量计算规则、图纸及变更指示等进行。当然，不同的合同类型决定了工程量变化的风险承担主体的不同，也决定着工程量计量方式的不同。考虑到单价合同和成本加酬金合同都由发包人承担工程量变化的风险，都将承包人实际完成的工程量作为工程价款结算的重要依据，基于相似性将成本加酬金合同的计量按照单价合同的规定进行。因而，在司法实践中主要存在单价合同的计量和总价合同的计量。在固定总价合同中，合同当事人约定以施工图、已标价工程量清单或预算书及有关条件进行合同价格计算、调整和确认的建设工程施工合同，在约定的范围内合同总价不作调整。

总的来看，在建筑工程施工过程中，工程量变更的原因不外乎以下四种：①发包人对工程的功能使用、规模标准等方面提出新的调整要求；②设计人基于设计文件的修改、以设计变更文件的形式提出变更要求；③监理人提出调整建议；④承包人提出合理化建议，合理化建议得到监理人和发包人的同意后可以变更。但无论是哪种情形，变更工程量都是对工程施工合同核心权利义务的修改，工程量变更权的主体只能是发包人。因此，经过发包人或监理现场人员签字并计量的施工文件、单据或其他指示性材料、往来函件等，均可以被作为应对该项质疑的有力证据。尽管现有关于建设工程的规定已经比较完善，对于已作现场进度确认和计量但"未经发包人确认"（无法取得发包人现场签证确认）的情形，承包人是否有权主张工程款等问题，在规定中却语焉不详，这些都有可能在实践中引发当事人双方的矛盾冲突。

由于工程量的计算具有很强的专门性和技术性，而在建筑工程领域，工

程量的计算会直接影响到发包人和承包人的切身利益。因而，在实践中，当工程量存在争议时，发包人和承包人作为建设工程施工合同中的直接利益当事人，为了实现自身利益的最大化，往往会在实际工程量计算和确认时强调争取对自己有利的方面，而当建设工程施工合同工程量约定不清或实际施工中因各种原因导致工程量增加、减少时，发承包双方易产生争议引起纠纷。事实上，对于争议工程量的确认，《最高人民法院关于审理建设工程施工合同纠纷案件适用法律问题的解释（一）》第 20 条早已作出专门规定，当事人对工程量有争议的，按照施工过程中形成的签证等书面文件确认。承包人能够证明发包人同意其施工，但未能提供签证文件证明工程量发生的，可以按照当事人提供的其他证据确认实际发生的工程量。实践中，以其他证据作为工程量确认依据的形式多样，包括会议纪要、工程施工图纸、来往电报、函件、工程洽商记录、工程通知资料等。

例如，《北京市高级人民法院关于审理建设工程施工合同纠纷案件若干疑难问题的解答》（京高法发〔2012〕245 号）第 16 条第 2 款规定："备案的中标合同实际履行过程中，工程因设计变更、规划调整等客观原因导致工程量增减、质量标准或施工工期发生变化，当事人签订补充协议、会谈纪要等书面文件对中标合同的实质性内容进行变更和补充的，属于正常的合同变更，应以上述文件作为确定当事人权利义务的依据。"由此可见，除了签证外，其他材料包括会议纪要、施工图纸、往来函件等都能够被作为确认工程量的依据。由于争议工程量的确认对于发包人与承包人的切身利益而言具有较大影响，而此类纠纷解决过程中相关签证文件的效力以及其他证据资料的留存举证是争议工程量确认的关键，直接关系到实际发生的工程量能否被认定，因此为了保障自己利益，发承包方在施工过程中要注意对上述材料的保存，以备不时之需。

但是，可以根据工程量确认依据的表现形式来进行划分，将确认工程量依据分为书面文件或者非书面文件（一般主要是电子数据材料）：

（一）以书面文件作为工程量确认的依据。

1. 以工程签证作为工程量确认的依据

作为工程量发生争议时确定工程量的基本依据，签证的构成要件至少应包括以下三项：①工程签订的主体为发承包人及其代理人，其他主体签发的有关文件不属于工程签证；②工程签证的性质是发承包人之间达成的补充协议，其成立并生效应满足一般合同成立并生效的要件；③工程签证的内容是施工过程中涉及的影响当事人权利义务的责任事件，包括工程量、工程款、工期等核心要素。项目经理在职权范围内作出的签证具有法律效力。"监理对技术签证的签认属于其职权范畴，应为有效；但对经济签证的签认没有明确授权的，应当认定为无效。"对于签证的程序性瑕疵，签证首先是被作为证明文件对待的，用以证明其记载的事实与责任分配内容是否成立，程序性瑕疵的签证自身效力往往不是争议焦点。与此同时，"承包人只要在合同约定的时间内提交签证单，并在法律意义上完成送达即可。发包人不按照合同约定的时间给予承包人书面意见，发包人将承担对其不利的法律后果"。此外，根据该解释，"原则上，固定总价合同中工程量变化的风险应由承包人承担"，但如果工程量的变化超过了约定或规定范围，应调整工程价款。对因设计变更而产生的工程量变更，可依定额调整工程结算价款。

【案例】

——衡阳某建筑劳务有限公司与衡阳某建筑工程公司、××某水务有限公司建设工程分包合同纠纷[1]

基本案情

2009 年 5 月 18 日，深圳市某投资有限公司湖南项目部总经理廖某作为衡阳某建筑工程公司××污水处理厂工程项目部（张某）的委托代理人（甲方）与衡阳某建筑劳务有限公司（乙方）签订《建筑工程施工劳务协作合同》，并加盖了衡阳某建筑工程公司××污水处理厂工程项目部公章。合同约定："……三、协作工程范围和内容：××市污水处理厂厂区土建工程。四、协作形式：包劳务用工、包小型消耗材料、包模板材料、包架管及安全防护、包施工设备、包水电费、包施工排水；钢材由张某供应，按图纸工程量核销，其他材料由乙方采购且含在综合单价中。……七、工程款支付：1. 工程进度款按张某审定的乙方报送的当月完成工程量，根据当月完成的工程量，乙方可预借部分工程款，该款项在每月 5 日支付；2. 单项工程完成后进行单项结算，

---

[1] 案件来源：湖南省高级人民法院二审民事判决书［2015］湘高法民一终字第 198 号。

7 天内付至 70%；3. 15% 在工程竣工验收，工程结算完成后 14 天内支付；4. 留 10% 作为民工工资保证金，在竣工验收 3 个月内支付；5. 留工程合同价的 5% 作为保修期的保修金。保修金在竣工验收后 1 年到期后 14 天内付清。……

九、现场管理：……2. 文明施工：乙方的场地通道、便道要充分满足施工、消防、排水、排污要求，其费用自理……"

合同签订后，乙方组织进行施工。该工程于 2010 年 6 月 18 日通过竣工验收。2010 年 9 月 29 日，乙方向甲方送达《××市污水处理厂厂区工程结算书》，结算金额为 21 414 874.40 元，但甲方未进行审核。2011 年 10 月 14 日，乙方项目经理朱某与甲方湖南分公司代表就××污水处理厂工程的结算事宜进行了协商并形成了会议纪要。2012 年 1 月 13 日，经甲方湖南分公司审核形成了《××污水处理厂厂区工程结算汇总表》，载明工程款合计 12 692 181.24 元。其中，签证部分 1（含土石方等）为 769 916.95 元、签证部分 2（含土石方等）为 398 472.53 元，甲方湖南分公司合同部工作人员张某林、谢某喜在该汇总表上签字，副总经理庾某华在该汇总表上签署了"签证工程量暂不予认可，待总公司审核后再予认定"的意见，总经理廖某未在该汇总表上签署意见。衡阳某建筑工程公司、甲方主张已分 28 笔向乙方支付、借支、抵扣工程款 8 116 881 元，但乙方对其中 3 笔有异议，只认可收到、借支工程款 7 883 985 元。

一审认为，衡阳某建筑工程公司××甲方污水处理厂工程项目部不具有独立承担民事法律责任的主体资格，其民事法律责任应由其设立机构衡阳某建筑工程公司承担；衡阳某建筑工程公司××甲方污水处理厂工程项目部与乙方签订《建筑工程施工劳务协作合同》虽系双方真实意思表示，但该合同所涉工程系衡阳某建筑工程公司从甲方处承包后转包给乙方，违反了法律法规的强制性规定，故该《建筑工程施工劳务协作合同》系无效合同；虽合同无效，但因该工程已经竣工验收合格，乙方有权请求衡阳某建筑工程公司参照合同约定支付工程价款，并有权要求发包人即甲方在欠付工程价款范围内承担支付责任。三方当事人对于涉案工程的工程价款未进行有效结算，法院根据乙方的申请，依法委托了有资质的精算堂对涉案工程总价款进行了评估鉴定，根据该公司出具的《鉴定报告》，××市污水处理厂土建及水电安装工程鉴定造价为 11 952 973.82 元。该鉴定所依据的签证资料均有建设方、监理方、施工方的签字或盖章，衡阳某建筑工程公司与甲方对于该签字和盖章的真实性无异议，其又未提供充分证据证实这些签证资料内容不实，故鉴定所依据的签证资料应认定为真实、合法，该《鉴定报告》应当予以采信。

二审法院认为，工程签证单上均有建设方、监理方、施工方的签字或盖章，双方对签证单上签字和盖章的真实性无异议，衡阳某建筑工程公司、甲方以工作人员素质不高、相互勾结，工程量虚假为由否认双方签字确认的工程量，没有证据证明；即使双方在2012年10月12日达成的结算协议上约定"土石方、淤泥开挖、回填工程量及签证工程量按核实的资料重新计算"，但在长达两年多的时间里双方并没有就以上工程量重新核实计算，衡阳某建筑工程公司、甲方主张系乙方拒不配合，也未提供证据证明。因此，各方对签证单上签字盖章的真实性予以认可，且本案衡阳某建筑工程公司、甲方至今未能提供核实后重新计算的工程量资料，一审中鉴定机构以经过双方质证的签证单作为鉴定的依据之一并无不妥。因此，一审法院委托进行的司法鉴定程序合法，鉴定机构和鉴定人员具备相应资质，且该鉴定人员也出庭接受各方当事人的质询，并对各方当事人提出的异议部分业已作出了合理说明，鉴定结论也无明显依据不足之情形。精算堂出具的工程造价鉴定报告，程序合法，依据充分，应当作为本案工程造价结算之依据。

案例评析

在建设工程合同中，签证是基于当事人双方在意思自治的基础上所签订的协议，该协议应当对双方当事人都具有约束力，而该协议通常会包括双方对工程量、工程款、工期等容易产生纠纷的事项进行的事先约定，因而通过签证可以明确知晓有关工程量的范围及责任承担等事项。此外，签证作为当事人平等协商的结果，也在客观上表明了当事人对工程量相关内容的确认，当事人之间对签证内容都是事先明确同意。因此，在实际施工过程中，一旦当事人对工程量产生争议，以签证为依据可以快速、准确地判断和解决争议中所存在的工程量争议问题，签证是作为工程量认定最基础的依据。

除签证外，施工日志、竣工图纸、会议纪要等相关材料在工程量发生争议时，也可以作为确定工程量的依据。例如，施工日志作为施工方单方记录工程的记录（或者监理日志），实际上是作为施工方的工作底稿，虽然可以作为对外签证等证明这些文件法律效力的佐证，但是一般不具备证明工程量的直接证明力，这些施工日志上记录的工程量信息只能发挥辅助性作用。根据《监理工作规范》的规定，监理具有对工程量计量的职权，其对工程事实（工程量、质量、工期）的签认，具有证明效力。但涉及工程价款经济决策方面事务的，原则上应取得发包方授权，否则监理无权就此决断。此外，工程指令，尤其是现场施工指令，也可以被作为工程价款的结算依据，但如果未能以书面（图纸或者技术核定单）的形式表现出来，其证明力也亟待加强。而竣工图的真实性及阶段性直接反映了施工结束的最终状态，它是承包方最终完成的建筑产品的书面表达。也可以作为工程量结算的一种证明材料。此外，在无竣工图纸、签证、会议纪要等可以证明工程量的资料时，也有人认为，"现场实测实量"就属于《最高人民法院关于审理建设工程施工合同纠纷案件适用法律问题的解释（一）》第 20 条所称的"其他证据"，其可以作为认定已完工程量依据，但只能按常规做法以"标准图集"来确定工程量。

2. 以会议纪要作为工程量确认的依据

《会议纪要》是对参会人员各方观点如实记录的公司内部会议纪要，不产生合同效力，但该会议纪要可作为证据用于证明会议过程中确认的相关事实，作为判断工程量存在的客观依据。但是，参会各方人员需要在《会议纪要》上签字、盖章。此外，《会议纪要》内容需是各方针对议题形成的一致意见且系各方的真实意思表示，这是《会议纪要》发挥作用的重要条件。

【案例】

——上海某建设工程有限公司诉天津某能源有限公司建设工程施工合同纠纷[1]

基本案情

2011 年 4 月 28 日，原告上海某建设工程有限公司与被告天津某能源有限公司（作为工程承包方）签订《某能源土建工程劳务合同》，约定工程名称为天津某能源 P22 新建厂房土建工程，工程地点为天津市××科技园高新二路 189 号，分包范围为土建工程劳务。约定工期 188 天，自 2011 年 4 月 28 日起至 2011 年 11 月 1 日止。约定工程劳务报酬总价 19 550 000 元，为一次包死，不再调整（工程变更按约定结算）。约定全部工作完成，经工程承包人认可后 14 天内，劳务分包人向工程承包人递交完整的结算材料，双方按照本合同约

---

[1] 案件来源：最高人民法院再审民事判决书［2015］申字第 2084 号。

定的计价方式进行劳务报酬的最终结算，工程承包人收到劳务分包人递交的结算资料后 30 天内进行核实、给予确认或者提出修改意见，工程承包人确认结算资料后 14 天内向劳务分包人支付劳务报酬尾款。约定工程承包人不按时向劳务分包人支付劳务报酬时，工程承包人应当承担违约责任，最终付款与业主大合同同步，劳务分包人需提供正式的劳务发票。工程竣工后，原告因与天津某能源有限公司对付款问题发生争议，诉诸法院。

一审法院认为，现原告主张被告已付款数额为 17 027 654.3 元、欠款数额为 2 413 195.45 元，被告主张已付款数额为 17 194 230.1 元、欠款数额为 2 246 619.65 元。本院认为，当事人对自己提出的诉讼请求所依据的事实或者反驳对方诉讼请求所依据的事实，应当提供证据加以证明，当事人未能提供证据或者证据不足以证明其事实主张的，由负有举证证明责任的当事人承担不利的后果。本案现有证据可以证实，在原告于 2013 年 9 月 17 日与被告签订的《天津某劳务补充协议书》中原告已经确认截止至该日被告已支付 16 599 230.1元（包括张某代付部分），该数额加上被告于 2013 年 11 月 5 日支付给原告的工程款 595 000 元，合计为 17 194 230.1 元，该数额与被告主张的已付款数额一致，现原告主张该付款数额与实际情况不符缺乏证据支持，本院难予采信。综上，本院依法认定被告欠付工程款数额为 2 246 619.65 元，对于上述认定数额的工程款被告应当及时给付原告。对于原告主张的超出上述数额的工程款，缺乏事实和法律依据，法院不予支持。

二审判决认定 2013 年 1 月 5 日签署的《会议纪要》，并在某鉴定公司鉴定意见的基础上，对工程量进行了核减。

再审法院认为，2011 年 6 月 15 日的工程变更部分，系双方当事人以书面签证的形式确认施工过程中发生的重大设计变更，依照《备案合同》的约定，经发包人或监理单位确认后应按照工程标单及详细价目表进行结算。该变更部分的工程量，被告、原告以及第三人某公司于 2012 年 1 月 5 日签署的《会议纪要》明确约定了混凝土、模板、桩的增加量。该变更部分的工程价款应以书面签证确认的工程量为基础，结合工程标单及详细价目表进行计算。依照《最高人民法院关于审理建设工程施工合同纠纷案件适用法律问题的解释》（已失效）第 19 条的规定："当事人对工程量有争议的，按照施工过程中形成的签证等书面文件确认。"本案以 2011 年 6 月 15 日变更签证以及 2012 年 1 月 5 日《会议纪要》作为认定 2011 年 6 月 15 日变更部分工程量的依据，符合该司法解释的规定和《备案合同》的约定。其中，《会议纪要》签证确认钢筋的增加量为 116.55 吨，而非某鉴定公司鉴定意见认定的钢筋增加量 779.97 吨，二审判决在某鉴定公司鉴定意见的基础上，将钢筋的增减项价款认定为 779.97 吨 − 116.55 吨 = 663.42 吨 × 5446.6 元/吨 = 361.338 万元，工程增减项价款在鉴定意见 452.354 万元的基础上，减去 361.338 万元，认定实际工程增减项为 91.016 万元，并无不当。

案例评析

被告、原告以及第三人某公司于 2012 年 1 月 5 日签署的《会议纪要》明确约定了混凝土、模板、桩的增加量，《会议纪要》作为认定 2011 年 6 月 15 日变更部分工程量的依据，符合该司法解释的规定和《备案合同》的约定。

3. 以施工图纸作为工程量确认的依据

施工图纸等资料是双方之间的建设工程施工合同的组成部分，施工图纸上所涉及的工程项目属于施工合同及补充协议约定的施工范围，可以作为判断工程量的依据。根据《最高人民法院关于审理建设工程施工合同纠纷案件适用法律问题的解释（一）》第 20 条的规定："当事人对工程量有争议的，按照施工过程中形成的签证等书面文件确认。承包人能够证明发包人同意其施工，但未能提供签证文件证明工程量发生的，可以按照当事人提供的其他证据确认实际发生的工程量。"该条是考虑当前建设工程施工实际，对工程变更在"书面要式"认定上予以了放宽处理，按照"据实认定""据实结算"的原则，施工图纸是判断实际工程量的依据，第 20 条规定体现了对施工方实际完成的工程量予以支持，具有很大的进步意义。

【案例】

——江苏某建设集团有限公司诉张某劳务合同纠纷[1]

基本案情

2013 年 8 月 20 日，江苏某建设集团有限公司（甲方）与张某（乙方）签订合同书，将位于××市×区×××商务中心 A、B、C 及地下室和裙房商场抹

---

〔1〕 案件来源：最高人民法院再审审查与审判监督民事裁定书〔2016〕最高法民申 3557 号。

灰工程承包给张某施工。该合同约定，建筑面积，工程面积以房产局测绘面积为准；施工范围为内外墙抹灰，室内天棚打磨、刮青等；承包方式及价额、包工（清包人工费）按测绘面积每平方米85元；甲方负责为工地提供机械设备及大小型工具，张某的施工队负责提供劳务。合同签订后，张某按照合同的约定对北方新天地商务中心A、B、C及地下室和裙房商场抹灰工程进行了施工，施工总面积为124 000m²，合计人工费10 540 000.00元。张某完成施工后，找到江苏某建设集团有限公司要求按照合同进行结算，江苏某建设集团有限公司给付张某工程款8 244 000.00元，尚欠2 296 000.00元。张某为索要工程欠款诉至本院，请求判令江苏某建设集团有限公司给付工程欠款2 296 000.00元。

一审法院认为，关于乙方施工的面积问题，甲方在庭审过程中向本院提交了面积汇总表，因该汇总表落款的时间为2003年4月1日，与本案工程施工的时间不符。甲方庭后申请本院向齐齐哈尔市汇博房地产开发有限责任公司调取的面积汇总表体现的测绘面积为108 290.02m²。乙方提交了工程施工图纸22份，证实施工总面积为124 000m²，该工程图纸来源于甲方，乙方按照该图纸进行施工。甲方对该22份图纸的真实性及来源不持有异议，且甲方明确表示其在房产局并没有查到测绘面积的备案。因此，本院对该22份施工图纸予以确认，应当以该22份施工图纸确定的测绘面积作为施工面积。

二审法院认为，甲方与乙方于2013年8月20日签订合同约定"工程面积以房产局测绘面积为准；承包方式及价额、清包人工费按测绘面积每平方米85元计算"。诉讼中，双方均认可并没有查到房产局的测绘面积，无法按合同约定的计算依据进行结算。由于《规划测量报告》执行的计算规范与"房产局测绘面积"执行的计算规范在测绘标准上不同、在适用范围上也不同，可能导致相同的房屋，参照不同的规范计算出来的面积不一致，且乙方对《规划测量报告》也不认可。因此，如依据《规划测量报告》计算施工面积，既不符合双方约定由房产部门测绘施工面积的约定，又不符合由房产部门测绘施工面积时所适用的测绘标准。故该份证据虽真实，但亦不应以此为计算案涉施工面积的依据。甲方作为发包方有义务提供合同约定的"房产局测绘面积"，其未能举示合同约定的测绘结论，应承担对其不利的法律后果。乙方作为劳务人员，主张以22份施工图纸对应的施工面积作为尚欠工程款的计算依据，其在原审期间已完成初步举证责任。原审法院将来源于甲方的施工图纸作为施工面积的计算依据，并无不当。

再审法院认为，甲方与乙方签订的《合同书》虽然约定建筑面积、工程面积以房产局测绘面积为准。但是，房管局并未对涉案工程进行测绘，无法按照合同约定认定乙方施工面积。《最高人民法院关于审理建设工程施工合同纠纷案件适用法律问题的解释》（已失效）第 19 条规定，当事人对工程量有争议的，按照施工过程中形成的签证等书面文件确认。承包人能够证明发包人同意其施工，但未能提供签证文件证明工程量发生的，可以按照当事人提供的其他证据确认实际发生的工程量。本案张某提供了涉案工程的施工图纸，证明施工总面积为 124 000m^2，该图纸源于甲方，甲方对图纸的真实性也没有异议，可以作为认定乙方施工面积的依据。

案例评析

在此案中，乙方提交了工程施工图纸 22 份，证实施工总面积为 124 000m^2，该工程图纸来源于甲方，乙方按照该图纸进行的施工。甲方对该 22 份图纸的真实性及来源不持有异议，且甲方明确表示其在房产局并没有查到对测绘面积进行备案。根据《最高人民法院关于审理建设工程施工合同纠纷案件适用法律问题的解释》第 19 条（已失效）的规定，其他证据确认实际发生的工程量，当事人无异议的，法院予以支持。

4. 以电报、来往函件等交流信息作为工程量确认的依据

电报、来往函件作为承发包双方交流沟通的一种方式，一般都会涉及对工程变更等内容的讨论，具有很强的证明力，在没有其他证据直接证明工程量的情况下，电报、来往函件也可以直接被作为确认工程量的依据。

【案例】

——某建设集团股份有限公司诉李某等建设工程分包合同纠纷[1]

基本案情

2012 年 10 月 28 日，某建设集团股份有限公司（甲方）与李某、王某、陈某（乙方）签订《建设工程项目承包施工合同》1 份。约定："工程名称：西安污水处理厂升级改造工程；承包范围：图纸设计包含所有土建部分（设

---

[1] 案件来源：最高人民法院再审审查与审判监督民事裁定书［2016］最高法民申 2319 号。

备、预留、预埋及全部安装除外）；工程承包方式：双包工程（包工包料）；合同工期：2012 年 9 月 15 日（以张某签订开工报告起计算）至 2012 年 12 月 5 日，合同工期总日历天数 80 天；工程质量标准合格；合同总价款：950 万元（签证及工程量变更部分与乙方无关）；合同总款支付方式：合同签订 15 日内张某支付乙方总价 50% 的工程款，合计 475 万元。工程主体完工后，在 15 日内按约定张某支付乙方总价 85% 的工程款，合计：807.5 万元。"施工期间，双方当事人针对施工工程的进度、质量等形成了多次会议纪要。双方之后就工程款产生争议诉诸法院。

一审法院认为，由于双方之间的《建设工程项目承包施工合同》为固定总价合同，并且明确约定签证及工程量变更部分与乙方无关，故甲方未经授权，自行与谭某峰、何某太等签订合同，支付费用，该部分工程价款无论是否包含在工程总价款 950 万元中，甲方要求从李某、王某、陈某应得工程款中扣除，均不应支持。因此，依照《最高人民法院关于民事诉讼证据的若干规定》（2008 年调整）第 2 条"当事人对自己提出的诉讼请求和所依据的事实或者反驳对方诉讼请求所依据的事实有责任提供证据加以证明。没有证据或者证据不足以证明当事人的事实主张的，由负有举证责任的当事人承担不利后果"及《合同法》（已失效）第 109 条"当事人一方未支付价款或者报酬的，对方可以要求其支付价款或者报酬"的规定。现甲方诉请李某、王某、陈某返还工程款及材料款 1 157 668 元缺乏证据支持，对其主张法院依法不予采信。甲方应当支付李某工程款 2 243 975 元，李某的反诉请求，予以部分支持。

二审法院认为，本案双方当事人的合同虽未履行完毕，但因甲方单方解除合同时，双方未对工程量进行过一致确认，发生争议后又互不认可施工界限，客观上亦无法进行鉴定，故只能依据双方在施工当中形成的书面文件确定工程量。李某一方认为 2013 年 1 月 7 日由甲方签字确认的工程量清单（合计 51 121.92 元）即为双方对全部工程剩余工程量的核算，当日形成的双方关于对素土回填、挖方、切割、破格、挖修沟道共计 172 735 元的处置情况是双方对于剩余工程量的处理约定。经审查，上述两份书面文件虽有甲方工作人员的签字确认，但其内容文字记载并不能明确反映是对单项工程还是整体工程的核算或约定，且甲方并不认可，故其证明目的依法不予采信。

再审法院认为，因申请人单方解除案涉合同时双方并未对被申请人一方的实际施工工程量进行一致确认，发生争议后双方又互不认可施工界限，导致客观上无法进行鉴定，故只能依据双方在履行合同过程中形成的相关书面文件等证据进行认定。根据已查明的事实，申请人在双方发生争议后单方出具的《解除合同通知函》明确载明，"据公司现场人员计算，仍有 25% 的工程量未完成"。在没有其他相反证据的情况下，一、二审判决根据申请人的上述自认事实推定已完成 75% 工程量是合理的。申请人虽称《解除合同通知函》中"仍有 25% 的工程量未完成"的表述只是对工程形象进度的推测，不能作为认定已施工工程量的依据，但申请人并未提供其他证据佐证其主张。相应地，在双方当事人提供的证据均不能充分证明自己主张的情况下，一、二审判决依据上述比例和合同约定的总价款计算工程价款亦无不当。

案例评析

因甲方解除案涉合同时双方并未对被申请人一方的实际施工工程量进行一致确认，发生争议后双方又互不认可施工界限，导致客观上无法进行鉴定，故只能依据双方在履行合同过程中形成的相关书面文件等证据进行认定。申请人在双方发生争议后单方出具的《解除合同通知函》明确载明，"据公司现场人员计算，仍有 25% 的工程量未完成"，在没有其他证据证明的工程量的情况下，法院以通知函作为工程量的认定依据。

5. 以工程洽谈记录、工程通知、鉴定报告等资料作为工程量确认的依据

工程洽谈记录是对承发包双方就某项工程施工内容洽谈的真实记录，体现了双方真实意思表示，对洽谈记录的整合也可以间接反映出对工程量的确认。而工程通知资料主要包含了发包方对承包方的工程变更指令，鉴定报告主要根据当事人或者法院委托，根据施工图纸、会议记录、施工现场等对实际工程量所作出的认定。这些能够真实地反映出发包方对工程变化情况的了解和知悉情况，也可以作为确认工程量的重要依据。

【案例】

——新疆某房地产开发有限公司诉浙江某建设有限公司建设工程施工合同纠纷[1]

基本案情

2008 年 12 月 31 日，浙江某建设有限公司（承包人、乙方）与新疆某房地产开发有限公司（发包人、甲方）签订《建设工程施工合同》一份，约定甲方将位于河南路的××公寓小区（一期 1#、2#、3#、4#、5#、6#楼、1#车库、1-a#车库）交由乙方施工；开工日期：2009 年 4 月 1 日，竣工日期：1#、2#、3#、4#、5#、6#楼为 2010 年 7 月 15 日。合同价款：贰仟捌佰壹拾捌万玖仟捌佰壹拾捌元整（暂定价）。工程款（进度款）支付：工程进度款按工程进度分阶段支付，群体工程中相应节点的所有单位工程共同达到约定付款单位为准，施工完地下室顶板时，按中标价主体工程总价的 40%支付已完工程进度款，施工完二层顶板时按中标价主体工程总价的 18%支付已完工程进度款，主体验收合格后，支付至已完全部主体工程中标价的 80%，在装修阶段共分 3 次支付，完成室内装修时支付中标室内装修合同总价的 80%，完成屋面装修工程时支付中标屋面合同总价的 80%，完成安装工程时支付中标安装合同总价的 80%，工程验收合格后并将正式结算书和竣工资料完整提交给发包方时，发包方委托中介审核机构进行审核，在审核结算书上三方签字盖章生效后 10 日内将工程款付到审核后总价的 97%，剩余 3%留作保修款。在无质量问题的前提下，满 2 年支付保修款的 60%，满 5 年付清保修款，不计息。2011 年 6 月 15 日，乙方以甲方收到结算文件一直未答复为由，将甲方诉至乌鲁木齐市中级人民法院，要求甲方按照其工程结算价款支付剩余工程款及相应利息和违约金。

一审法院认为，根据施工设计，模板工程应为钢模木支撑，但在审理中，甲方提交监理单位新疆某建设工程项目管理有限公司及施工现场照片可以证实施工过程中实际采用的是复合木模板钢支撑，故模板工程造价应以工程造价 4 091 545.16 元为准，即该部分工程的工程造价为 4 091 545.16 元。关于

---

[1] 案件来源：最高人民法院再审审查与审判监督民事裁定书［2016］最高法民申 1743 号。

1a#车库顶防水工程是否系乙方施工的问题双方各执己见，并均提交了各自与施工单位签订的防水工程施工合同来证实各自主张。经庭审质证，本院认为甲方提交的证据可以证明 1a#车库顶防水工程是由甲方发包给新疆某建筑公司施工完成的，乙方虽提交了协议、借条及工资单，但借条及工资单不能证实是因履行 1a#车库顶防水工程而发生，故 1a#车库顶防水工程的工程价款 412 205.69 元不应被计入工程总价款。关于未签字项目 1 918 020.21 元，经审核，虽然工程联系单中没有甲方签字，但乙方提交的收发文件登记簿可以证明对上述材料甲方已签收的事实，所以以上工程所产生的工程价款甲方应予负担。

二审法院认为，2013 年 12 月 24 日，某鉴定公司在《对甲方异议回复》中表明，鉴定报告是在施工图纸、施工合同、竣工验收资料及多次考察某现场情况的基础上出具的。甲方一直要求双方核对工程量，鉴定单位安排人员与其核对。在对接过程中，墙体、梁、板的钢筋差距不大，但甲方提供的《工程造价审核分析》中的工程量出现了误差。考虑到甲方主观上带有片面性，鉴定单位决定中止对量，审核过程以图纸、资料、签证、变更及现场考查为主，以防止乙方也带着片面性要求对量，阻止鉴定工作往返于此不能继续进行。因此，甲方所述鉴定报告确认的工程量与实际工程量不符，其确切含义应当是与甲方单方计算的工程量不符。首先，《建设工程施工合同》专用条款第 23.2 条（2）明确约定了工程量按施工图纸和设计变更联系单及签证联系单据实计算。鸿联公司的计量方法符合双方合同的约定。其次，甲方自行统计的工程量，因没有施工方的确认，缺乏客观性。鉴定单位发现此问题后，中止了与甲方的单方核对并无不妥。某鉴定公司的鉴定报告程序合法、内容客观真实，能够作为认定本案工程造价的依据。二审法院对甲方在没有充分理由和证据推翻鸿联公司鉴定报告的情况下提出的重新鉴定的申请，不予支持。

再审法院认为，关于鉴定机构和鉴定报告问题。鸿联公司是由一审法院按照法定程序委托的工程造价鉴定机构，具备鉴定资质，其在施工图纸、施工合同、竣工验收资料及多次考察现场情况的基础上出具了鉴定报告，并对提出的异议进行了答复。鉴定人员还出庭接受了双方当事人的质询，鉴定程序合法，甲方没有充分理由和证据推翻鸿联公司的鉴定报告，该鉴定报告可以被作为定案依据。

案例评析

鉴定公司在《对甲方异议回复》中表明，鉴定报告是在施工图纸、施工合同、竣工验收资料及多次考察现场情况的基础上出具的，并对提出的异议进行了答复，鉴定人员还出庭接受了双方当事人的质询，在没有其他证据能够证明实际工程量的情况下，法院采用鉴定公司的鉴定报告作为定案依据。

（二）以其他非书面材料作为工程量的确认依据

微信聊天记录、电子邮件等电子数据材料。在缺乏书面材料证明的情形下，微信等聊天记录也可以作为工程量的确认依据。《最高人民法院关于修改〈关于民事诉讼证据的若干规定〉的决定》（2019年），将可作为民事证据的电子数据界定为：网页、博客、微博客等网络平台发布的信息；手机短信、电子邮件、即时通信、通信群组等网络应用服务的通信信息；用户注册信息、身份认证信息、电子交易记录、通信记录、登录日志等信息；文档、图片、音频、视频、数字证书、计算机程序等电子文件；其他以数字化形式存储、处理、传输的能够证明案件事实的信息。因此，工程施工中的协商信息也能作为工程量变更的证明材料。但应注意的是，电子数据作为证据的，应当提供原件。电子数据的制作者制作的与原件一致的副本，或者直接来源于电子数据的打印件或其他可以显示、识别的输出介质，视为电子数据的原件。因此，没有签证等书面文件，在承包人能够证明发包人同意其施工时，其他非书面的试图证明工程量的证据，在经过举证、质证等程序后足以证明证据所证明的实际工程量的真实性、合法性和关联性的情况下，在一定条件下也可以作为计算工程量的依据。

【案例】

——沈某、广州某装饰设计工程有限公司装饰装修合同纠纷[1]

基本案情

2019年10月15日，广州某装饰设计工程有限公司（乙方）与沈某（甲方）签订《建筑装饰工程施工合同》。约定：工程地址为××广场；开工日期为2019年10月17日，交工日期为2019年12月15日；工程价款530 000元；

---

〔1〕 案件来源：广东省广州市中级人民法院二审民事判决书［2021〕粤01民终10155号。

本工程采用固定总价合同，合同总价包含为附件"施工项目报价清单"所注明项目范围内完成的直接费、间接费、管理费、因张某要求并签字确认的增加工程变更签证的价款按材料的价格款式，人工成本来计算，如施工图纸有改动工期根据改动多少调动工期；广州某装饰设计工程有限公司、沈某确认沈某已支付工程款 47.7 万元，场地的交付时间为 2019 年 12 月 24 日。广州某装饰设计工程有限公司表示施工过程中增加的工程量金额为 104 682 元，沈某对此不予确认，双方就此产生争议，并诉诸法院。

一审法院认为，乙方、甲方均确认对于新增加的工程量并无另行签订合同，乙方主张其增加的工作量款项为 104 682 元，提交了预（结）算单、微信聊天记录及照片予以证明，甲方虽然对此不予确认，但对于照片的真实性并无异议，同时现有证据并未显示甲方在使用涉案场地后对装修项目提出了异议，根据《最高人民法院关于审理建设工程施工合同纠纷案件适用法律问题的解释》（已失效）第 19 条的规定，当事人对工程量有争议的，按照施工过程中形成的签证等书面文件确认。承包人能够证明发包人同意其施工，但未能提供签证文件证明工程量发生的，可以按照当事人提供的其他证据确认实际发生的工程量。本案中，乙方提交的预（结）算单中列明的装修项目金额有增有减相对合理，核算照片所对应的增加工程量的金额亦超出乙方主张的金额，故根据乙方提交的证据并结合证人苟某的证人证言，一审法院对乙方的上述主张予以采信，乙方要求甲方支付增加的工程款 104 682 元的请求，依据充分，一审法院予以支持。

二审法院认为，乙方主张其增加的工作量款项为 104 682 元，提交了预（结）算单、微信聊天记录及照片予以证明，甲方虽然对此不予确认，但对照片的真实性并无异议，而甲方是涉案场地的使用人，对于是否有增加装修项目有能力、有义务提出相反证据，但其对此并未提出相反证据反驳，而甲方确认涉案工程通过苟某协调，苟某出庭作证称系甲方让其对涉案工程具体跟进，施工过程中修改、调整等由其与乙方沟通，工程修改及增加得到其确认，而就涉案工程施工建立的微信群，甲方一方系由苟某加入该群，从群聊天记录来看，部分施工事宜确在群聊中进行确认，且乙方李某与甲方的微信聊天记录亦提到了部分增加工程，甲方亦无异议，虽然乙方、甲方对于新增加的工程量并未按照合同约定另行签订补充合同，但根据《最高人民法院关于审理建设工程施工合同纠纷案件适用法律问题的解释》（已失效）第 19 条的规定，乙方能够提交一定证据证明系沈某方同意其施工，其亦提交证据证实实际发生的工程量，一审法院对乙方该主张予以采信，认定沈某应支付增加的工程款 104 682 元，并无不当。

案例评析

在该案中，洽谈记录并非一定是需要书面文件，微信、QQ 等聊天记录也可以证明工程变更情况，但要求在聊天记录中双方对工程量的增加无异议。例如就涉案工程施工建立的微信群，甲方一方系由苟某加入该群，从群聊天记录来看，部分施工事宜确在群聊中进行确认，且在庭审中，乙方李某与沈某的微信聊天记录亦提到了部分增加工程，沈某亦无异议。此时，法院对工程增量予以认可。

根据《最高人民法院关于审理建设工程施工合同纠纷案件适用法律问题的解释（一）》第 20 条的规定，工程计量争议首先根据施工过程中形成的签证等书面文件确认。但是，书面证据是一个大范畴，此处的书面文件不仅包括签证文件、变更文件，还包括了会议纪要、联系单等。其中，工程签证被认为是认定工程量事实的首要依据，因而其法律效力高于其他一般的书面证据。但是，尽管工程签证是确认工程量首要的直接证据，但其并不是认定工程量的唯一证据，最终也不一定会成为定案的证据，法院还会按照法定程序全面、客观地审核签证等书面证据，确定其有无证明力和证明力大小。相反，如果另一方能够提供相反证据足以推翻签证等书面证据，这些也可以被作为定案事实。

在证明责任的分配上，与一般的民事纠纷一样，建设工程争议工程量纠纷同样适用"谁主张，谁举证"的举证规则。依据《民事诉讼法》（2021 年修正）第 67 条的规定，"当事人对自己提出的主张，有责任提供证据"，主张法律关系存在的当事人，应当对产生该法律关系的基本事实承担举证证明责任。而在发承包双方对工程量产生争议的情况下，一般情况下是由承包人承担初步的举证责任，以证明工程量增加从而要求支付相应的工程价款。工程量的举证所需要用到的材料，包括但不限于工程签证、竣工图纸等，还包括其他与之相关的一切书面文件，只要能证明工程量发生变化即可。而在实践中，法院会根据承包方提交的证据进行司法鉴定来确认双方争议的工程量部分，接下来的部分将会着重介绍。根据《最高人民法院关于适用〈中华人民共和国民事诉讼法〉的解释》（2022 年修正）第 112 条第 1 款的规定，书证在对方当事人控制之下的，承担举证证明责任的当事人可以在举证期限届满前书面申请人民法院责令对方当事人提交。而在发包人、总承包人掌握工程量证据的情况下，实际施工人、分包人只负有初步举证责任，发包人、总承包人拒绝提供或举证不能的应当承担不利的法律后果。此外，依据《最高人民法院关于民事诉讼证据的若干规定》（2019 年修正）第 85 条的规定，人民法院应当以证据能够证明的案件事实为根据依法作出裁判。审判人员应当依照法定程序，全面、客观地审核证据，依据法律的规定，遵循法官职业道德，运用逻辑推理和日常生活经验，对证据有无证明力和证明力大小独立进行判断，并公开判断的理由和结果。

综合而言，在工程量纠纷中，对方当事人对签认的签证等书面证据载明的工程量提出异议，但未提供反证的，应按照原签证等书面证据记载的计量结果执行。而对方当事人对签认的签证等书面证据载明的工程量提出异议，并提供相反证据的，如果具备启动造价鉴定条件，造价鉴定机构一般要对原来的计量结果进行复核，必要时可到现场复核，按照复核后的计量结果执行。当以上证据不足或存在瑕疵时，司法鉴定意见被认为是建设工程合同纠纷中的"证据之王"，可以直接影响到案件的审理和裁判结果。司法鉴定本质上是一项举证责任，在建设工程合同纠纷中遵循正确的程序、时间申请司法鉴定，有助于解决与工程变更相关的纠纷。

四、固定总价合同工程变更的司法鉴定

司法鉴定，可以从广义和狭义上对其进行理解。广义上的司法鉴定是指在争议解决过程中，鉴定人运用科学技术或者专门知识对争议解决涉及的专门性问题进行鉴别和判断并提供鉴定意见的活动。狭义上的司法鉴定则将司法鉴定作用的范围限制于诉讼活动，认为只有在诉讼过程中进行的鉴定活动才可以被称作司法鉴定。在建筑工程领域，司法鉴定的种类繁多，主要包括工程造价鉴定和工程质量鉴定以及工期鉴定等，但目前法院审理的案件中纠纷主要包括前面两种。

（一）建设工程纠纷中司法鉴定的类型

工程造价鉴定主要是涉及诉争为工程款给付问题，其中工程价款是整个

案件审理的核心问题，在无证据证明当事人已经确定工程造价的情况下，此时，就需要依赖专业机构来进行工程造价鉴定。而工程质量鉴定目前主要包括，鉴定工程是否符合合同、法定标准，工程不合格的，各方就工程不合格所应承担的责任比例，在工程存在质量缺陷时，由双方或工程质量鉴定机构确定修复方案，以及由鉴定机构对修复和整改方案的方案所产生的费用进行鉴定。

【工程变更的造价鉴定的相关规则索引】

《建设工程造价鉴定规范》（GB/T51262-2017）：

5.4.2 在鉴定项目施工图或合同约定工程范围以外，承包人以完成发包人通知的零星工程为由，要求结算价款，但未提供发包人的签证或书面认可文件，鉴定人应按以下规定作出专业分析进行鉴定：

1 发包人认可或承包人提供的其他证据可以证明的，鉴定人应作出肯定性鉴定，供委托人判断；

2 发包人不认可，但该工程可以进行现场勘验，鉴定人应提请委托人组织现场勘验，依据勘验结果进行鉴定。

5.5.3 当事人就总价合同计量发生争议的，总价合同对工程计量标准有约定的，按约定进行鉴定；没有约定的，仅就工程变更部分进行鉴定。

5.6.1 当事人因工程变更导致工程数量变化，要求调整综合单价发生争议的；或对新增工程项目组价发生争议的，鉴定应按以下规定进行鉴定：

1 合同有约定的，应按合同约定进行鉴定；

2 合同中约定不明的，鉴定人应厘清履行情况，如是按合同履行的，应向委托人提出按其进行鉴定；如没有履行，可按现行国家标准计价规范的相关规定进行鉴定，供委托人判断使用；

3 合同中没有约定的，应提请委托人决定并按其决定进行鉴定，委托人暂不决定的，可按现行国家标准计价规范的相关规定进行鉴定，供委托人判断使用。

5.7.5 当事人对鉴定项目因设计变更顺延工期有争议的，鉴定人应参考施工进度计划，判别是否因增加了关键路线和关键工作的工程量而引起工期变化，如增加了工期，应相应顺延工期；如未增加工期，工期不予顺延。

（二）司法鉴定的启动

在建设工程纠纷中，若欲通过司法鉴定来完成相应的举证义务，就应当遵循相应的条件来启动司法鉴定。关于司法鉴定的启动主要包括以下几个方面：

（1）司法鉴定的申请条件。司法鉴定的申请必须是与案件相关的当事人，司法鉴定既可以由当事人主动提出，也可以由法院依职权提出。

【相关规则索引】

《民事诉讼法》（2021 年修正）第 79 条："当事人可以就查明事实的专门性问题向人民法院申请鉴定。当事人申请鉴定的，由双方当事人协商确定具备资格的鉴定人；协商不成的，由人民法院指定。当事人未申请鉴定，人民法院对专门性问题认为需要鉴定的，应当委托具备资格的鉴定人进行鉴定。"

针对建设工程，《最高人民法院关于审理建设工程施工合同纠纷案件适用法律问题的解释（一）》第 32 条第 1 款："当事人对工程造价、质量、修复费用等专门性问题有争议，人民法院认为需要鉴定的，应当向负有举证责任的当事人释明。当事人经释明未申请鉴定，虽申请鉴定但未支付鉴定费用或者拒不提供相关材料的，应当承担举证不能的法律后果。"

（2）司法鉴定的启动程序。除法律规定要求外，当事人双方就司法鉴定的内容和范围有约定的，应当严格依照合同约定进行。

【相关规则索引】

《最高人民法院关于审理建设工程施工合同纠纷案件适用法律问题的解释（一）》

第 28 条："当事人约定按照固定价结算工程价款，一方当事人请求对建设工程造价进行鉴定的，人民法院不予支持。"

第 29 条："当事人在诉讼前已经对建设工程价款结算达成协议，诉讼中一方当事人申请对工程造价进行鉴定的，人民法院不予准许。"

第 30 条："当事人在诉讼前共同委托有关机构、人员对建设工程造价出具咨询意见，诉讼中一方当事人不认可该咨询意见申请鉴定的，人民法院应予准许，但双方当事人明确表示受该咨询意见约束的除外。"

第 31 条："当事人对部分案件事实有争议的，仅对有争议的事实进行鉴定，但争议事实范围不能确定，或者双方当事人请求对全部事实鉴定的除外。"

第 32 条第 2 款："一审诉讼中负有举证责任的当事人未申请鉴定，虽申请鉴定但未支付鉴定费用或者拒不提供相关材料，二审诉讼中申请鉴定，人民法院认为确有必要的，应当依照民事诉讼法第一百七十条第一款第三项的规定处理。"

（3）司法鉴定的申请时间。司法鉴定可以在举证期限届满前提出，也可由法院在案件审理阶段依职权提出。

【相关规则索引】

《最高人民法院关于适用〈中华人民共和国民事诉讼法〉的解释》（2022年修正）第 121 条："当事人申请鉴定，可以在举证期限届满前提出。"若法院在审理案件过程中认为待证事实需通过鉴定意见证明的，会向当事人释明并指定提出鉴定申请的期间，此时，当事人应当在法院指定期间申请鉴定。此外，《最高人民法院关于适用〈中华人民共和国民事诉讼法〉的解释》（2022年修正）第 397 条："审查再审申请期间，再审申请人申请法院委托鉴定、勘验的，法院不予准许。"但如果当事人在原审中依法申请鉴定，原审法院应当准许而未予准许，且未经鉴定可能影响案件基本事实认定的，说明原判决、裁定认定的基本事实缺乏证据证明，可以依据《民事诉讼法》（2021年修正）第 207 条第 2 项的规定审查处理。

（4）鉴定机构的选择。鉴定机构可以通过当事人双方协商确定，协商不成的，也可以由法院直接指定，鉴定机构的选择必须符合相应的资质要求。

根据《民事诉讼法》（2021年修正）第 79 条的规定："当事人申请鉴定的，由双方当事人协商确定具备资格的鉴定人；协商不成的，由人民法院指定。当事人未申请鉴定，人民法院对专门性问题认为需要鉴定的，应当委托具备资格的鉴定人进行鉴定。"《最高人民法院关于人民法院民事诉讼中委托鉴定审查工作若干问题的规定》第 6、7 条规定："人民法院选择鉴定机构，应当根据法律、司法解释等规定，审查鉴定机构的资质、执业范围等事项"，"当事人协商一致选择鉴定机构的，人民法院应当审查协商选择的鉴定机构是否具备鉴定资质及符合法律、司法解释等规定。发现双方当事人的选择有可能损害国家利益、集体利益或第三方利益的，应当终止协商选择程序，采用随机方式选择"。

【相关规则索引】

《最高人民法院关于审理建设工程施工合同纠纷案件适用法律问题的解释（一）》第 33 条："人民法院准许当事人的鉴定申请后，应当根据当事人申请及查明案件事实的需要，确定委托鉴定的事项、范围、鉴定期限等，并组织当事人对争议的鉴定材料进行质证。"

《最高人民法院关于人民法院民事诉讼中委托鉴定审查工作若干问题的规定》（法［2020］202 号，以下简称《委托鉴定审查规定》）第 1 条规定："有下列情形之一的，人民法院不予委托鉴定：（1）通过生活常识、经验法则可以推定的事实；（2）与待证事实无关联的问题；（3）对证明待证事实无意义的问题；（4）应当由当事人举证的非专门性问题；（5）通过法庭调查、勘验等方法可以查明的事实；（6）对当事人责任划分的认定；（7）法律适用问题；（8）测谎；（9）其他不适宜委托鉴定的情形。"第 2 条规定："拟鉴定事项所涉鉴定技术和方法争议较大的，应当先对其鉴定技术和方法的科学可靠性进行审查。所涉鉴定技术和方法没有科学可靠性的，不予委托鉴定。"

《司法鉴定程序通则》（2016 年修订）第 14 条："对属于本机构司法鉴定业务范围，鉴定用途合法，提供的鉴定材料能够满足鉴定需要的，应当受理。"

由此，鉴定机构不得随意拒绝司法鉴定委托。对于被委托鉴定机构的资质，可通过"人民法院对外委托专业机构专业人员信息平台"或"人民法院委托鉴定系统"进行查询。"人民法院对外委托专业机构专业人员平台"可通过人民法院诉讼资产网进入。建筑工程有其专业的特殊性，很多建筑工程纠纷产生在工程施工阶段，受检测技术手段的限制，许多鉴定项目无法事后采用检测方法进行复查，因此产生了大量的诉前鉴定。诉前鉴定往往为单方委托而不被司法机关采信。

（5）司法鉴定的期限。

【相关规则索引】

《委托鉴定审查规定》第 13 条第 1 款和第 2 款规定："人民法院委托鉴定

应当根据鉴定事项的难易程度、鉴定材料准备情况，确定合理的鉴定期限，一般案件鉴定时限不超过 30 个工作日，重大、疑难、复杂案件鉴定时限不超过 60 个工作日。鉴定机构、鉴定人因特殊情况需要延长鉴定期限的，应当提出书面申请，人民法院可以根据具体情况决定是否延长鉴定期限。"

（6）对鉴定意见的质证。

【相关规则索引】

《最高人民法院关于审理建设工程施工合同纠纷案件适用法律问题的解释（一）》第 34 条："人民法院应当组织当事人对鉴定意见进行质证。鉴定人将当事人有争议且未经质证的材料作为鉴定依据的，人民法院应当组织当事人就该部分材料进行质证。经质证认为不能作为鉴定依据的，根据该材料作出的鉴定意见不得作为认定案件事实的依据。"

由于鉴定是证据的法定形式之一，鉴定结果甚至能够成为决定法官裁判的直接依据。因此，在司法实践中，在涉及建筑工程造价纠纷时，普遍存在着"以鉴代审"的现象。但也有学者认为这种方式与其说是法院审判，不如说是鉴定机构审判，它会带来刺激诉讼参与人寻租、异化司法审判职能、毁掉司法公信力等弊端。此外，在实务中，当事人一方对建设工程价款提出进行鉴定、评估、审计、审价的，有不同的途径确定工程价款，相应的也由不同的部门进行处理，如审计部门（常见财政评审中心）、审价（往往是工程造价咨询公司）、评估部门（如资产评估事务所）、鉴定机构（工程造价鉴定机构由工程造价咨询企业担任）等。这也进一步导致了工程价款确定的多样化，以及对鉴定地位和作用的质疑。

（三）司法鉴定的实际运用

在实践中，并非所有的工程变更都需要当事人或者法院对变更范围进行鉴定，也并非所有的工程变更鉴定结果都能获得对方当事人或者法院的认可，还需要根据不同法院和具体案情，具体分析。

情形一：不予鉴定的情形。

【案例】

——天津某投资有限公司、北京某建设有限公司建设工程施工合同纠纷[1]

基本案情

2008 年 6 月 25 日，天津某投资有限公司（甲方）与北京某建设有限公司（乙方）签订《天津市建设工程施工合同》。约定："北京某建设有限公司承建天津某投资有限公司开发建设的天津××务园一期工程 1 标段，承包范围：1 标段（E2-1 至 E2-10 栋楼共计 10 栋，建筑面积为 33 362.03m²）设计图纸范围内的建筑工程、装饰工程、给排水工程、暖通工程、强电工程、弱电工程、消防工程、电梯工程、室外道路工程、室外综合管网工程、景观绿化工程；合同工期：开工日期 2008 年 7 月 10 日，竣工日期 2009 年 5 月 30 日；质量标准：达到国家施工验收规范合格标准，质量目标为合格；合同价款：50 419 172 元。"双方当事人就涉诉工程总价款如何确定产生了争议，并诉诸法院。

一审法院根据双方当事人的申请，依法委托某鉴定公司对涉诉工程造价进行鉴定。某鉴定公司具有相应的鉴定资格，出具《鉴定意见书》后依法出庭接受质询，对双方当事人的异议给予了答复，鉴定程序合法，其鉴定意见可以被作为认定本案事实的依据。关于乙方提出的工程结算方式问题。招标文件"投标须知前附表"第 13 项规定的工程计价方式为综合单价法，是指投标人应当采用的投标报价的计算方式。招标文件第 14 条同时规定合同价款采用固定总价形式。"该价格在合同实施期间不因市场变化、气候条件恶劣、地质条件及其它意外困难等因素而变动，投标人在计算报价时应充分考虑保证质量、工期、风险等所发生的各种费用后慎重确定有竞争性的投标报价，合同实施期间单价及合价不允许调整（包括取费及政府部门的调价文件等），一次性包死。"

二审法院认为，鉴定单位出具鉴定意见初稿后，一审法院依法要求鉴定人出庭质证，乙方就上述问题提出了意见，针对乙方的该项意见，鉴定过程中某鉴定公司进行了多次核对，对于合理部分已给予调整，乙方的其他异议，

---

[1] 案件来源：最高人民法院二审民事判决书 [2016] 最高法民终 259 号。

依据不足，鉴定单位未予调整。乙方在诉讼中没有提供推翻鉴定意见的相反证据。故对乙方的该项主张，一审法院不予支持，并无不当。关于幕墙脚手架租赁费用，乙方主张在合理工期之外产生的幕墙工程脚手架费用，是甲方拖期施工产生的损失，应由甲方承担。双方签订的《建设工程施工合同》约定案涉工程采取固定总价，根据《建设工程施工合同》约定，总包服务费、施工措施费均已被包含在合同总价内。故一审判决对乙方要求甲方承担幕墙脚手架租赁费用的诉讼请求，未予支持，有合同依据。

案例评析

最高人民法院认为，在该固定总价合同中，工程量偏差及漏项属于合同约定的风险范围，该等风险由承包人自行承担，故该部分价款不予价款调整也不予以造价鉴定。因此，在固定总价合同形式下，工程量存在漏项或偏差一般属于正常的商业风险范围，由承包人自行承担，这就要求承包人在招投标过程中对合同进行细致审核。

情形二：予以鉴定的情形。

【案例】

——青海某建筑安装工程有限责任公司与青海某置业有限公司建设工程施工合同纠纷[1]案

基本案情

2011 年 9 月 1 日，青海某置业有限公司（甲方）与青海某建筑安装工程有限责任公司（乙方）签订《建设工程施工合同》。约定："由青海某建筑安装工程有限责任公司为青海某置业有限公司的建设工程施工。工程名称为海南××创意园商业广场；工程内容为：建筑结构为独立基础、框架结构；层数为 1 层、局部 2 层和 3 层；建筑高度分别为 5.70 米、10.20 米、14.10 米，建筑面积为 36 745m²，最终以双方审定的图纸设计面积为准；开工日期为 2011 年 5 月 8 日，竣工日期为 2012 年 6 月 30 日，工期 419 天。工程单价 1860 元/m²，单价一次性包死，合同总价款 68 345 700 元。"2011 年 5 月 15 日，青海某建

---

[1] 案件来源：最高人民法院民事判决书［2014］最高法民一终字第 69 号。

筑安装工程有限责任公司开始施工；2012 年 6 月 13 日，青海某建筑安装工程有限责任公司、青海某置业有限公司与相关单位组织主体验收；根据青海某置业有限公司的申请，一审法院委托甘肃某科学研究院对海南××文化产业创意园中心广场的工程质量进行了鉴定。

一审法院认为，双方当事人对工程计价有明确约定，虽然案涉工程为未完工程，并且合同已经解除，但合同的解除，并不影响合同中约定的工程价款的结算条款。《最高人民法院关于审理建设工程施工合同纠纷案件适用法律问题的解释》（已失效）第 10 条第 1 款规定："建设工程施工合同解除后，已完成的建设工程质量合格的，发包人应当按照约定支付相应的工程价款……"第 22 条规定："当事人约定按照固定价结算工程款价款，一方当事人请求对建设工程造价进行鉴定的，不予支持。"乙方关于合同约定的工程量因甲方解除合同的行为发生了变更，本案的工程款计价方式不再适用合同中关于固定单价的约定，应当按照定额进行结算的主张旨在于突破合同对双方当事人的拘束，打破双方之间的利益平衡。在合同解除后，由于案涉工程为未完工程，无法直接以固定价计算工程价款，鉴定机构将合同价与预算价相比，计算出乙方按合同约定已完成的工程价款，符合双方合同的约定，也符合上述司法解释的规定，有事实和法律依据。无证据证明鉴定机构在鉴定过程中存在程序违法的情形，并且，双方当事人对鉴定意见书的内容未提出实质性异议。因此，乙方的主张缺乏事实和法律依据，不予支持。鉴定意见书应作为定案依据。

二审法院认为，根据本案的实际，确定案涉工程价款，只能通过工程造价鉴定部门进行鉴定的方式进行。通过鉴定方式确定工程价款，在司法实践中大致有三种方法：一是以合同约定总价与全部工程预算总价的比值作为下浮比例，再以该比例乘以已完工程预算价格进行计价；二是已完施工工期与全部应完施工工期的比值作为计价系数，再以该系数乘以合同约定总价进行计价；三是依据政府部门发布的定额进行计价。就鉴定意见书能否作为定案依据而言。二审法院认为：首先，一审法院根据乙方的申请，委托了规划研究院咨询部就案涉工程乙方已施工和未施工部分的工程价款进行了鉴定，鉴定机构分别就相应的鉴定内容出具了鉴定意见书。在委托鉴定程序上并不存在违法环节。其次，乙方提出上诉主张，鉴定意见书署名人员为注册造价员，违反了《建设工程造价鉴定规程》。然而，乙方依据的《建设工造价规程》（CECCA/GC8－2012）只是行业自律性规范，其对鉴定人员资质的要求并不具有强制执行效力，并且该规程在青海省并未施行。再次，《青海省建设工程造价管理办法》第23条规定："建设工程造价执业人员应当依法取得相应的造价工程师或造价员资格，注册登记后，方可在其资格范围内按照相关执业准则和规范，从事建设工程造价计价活动。建设工程造价文件应由具备相应资格的注册造价工程师、造价员编制。"对于这一问题，在一审审理期间，鉴定机构已向一审法院作出专门说明，此情形符合青海省的实际。虽然鉴定意见书署名人员为注册造价员，但在无证据证明鉴定人员存在违反法律法规的情形下，应当认定该鉴定意见书署名人员具备工程造价编制资质。最后，尽管鉴定意见属于证据，是具备资格的鉴定人对民事案件中出现的专门性问题，运用专业知识作出的鉴别和判断。但是，鉴定意见只是诸多证据中的一种，其结果并不当然成为人民法院定案的唯一依据。在认定案件事实上，尤其是涉及法律适用时，尚需要结合案件的其他证据加以综合审查判断。

案例评析

最高人民法院裁判认为，通过鉴定方式确定工程价款，司法实践中大致有三种方法：一是以合同约定总价与全部工程预算总价的比值作为下浮比例，再以该比例乘以已完工程预算价格进行计价；二是已完施工工期与全部应完施工工期的比值作为计价系数，再以该系数乘以合同约定总价进行计价；三是依据政府部门发布的定额进行计价。此外，鉴定意见属于证据类型中的一种，是具备资格的鉴定人对民事案件中出现的专门性问题，运用专业知识作出的鉴别和判断。但是，鉴定意见的结果并不当然成为人民法院定案的唯一依据，还需要法院根据其他证据进行综合判断。

情形三：鉴定机构已作出鉴定意见，后再提交补充鉴定意见的，补充鉴定意见视情形也可以被采纳。

【案例】

——安徽某房地产股份有限公司、中国某集团有限公司建设工程施工合同纠纷[1]

基本案情

2014 年 1 月 28 日，安徽某房地产股份有限公司（甲方）与中国某集团有限公司（乙方）签订《建设工程施工合同》（合同编号为 HQHT-二期工程-20140103），合同价款金额（大写）：合同总价暂定为叁拾伍亿元人民币（35亿元）。其中：一期工程合同价暂定为 10 亿元，二、三期及其他工程合同总价暂定为 25 亿元，具体按施工图纸及本合同口径计算确定。2014 年 4 月，中国某集团有限公司进场进行施工。后因规划调整增加工程量，双方为工程款支付方式发生纠纷。2016 年 7 月，乙方向一审法院提起诉讼。一审法院依据安徽某房地产股份有限公司、中国某集团有限公司申请，委托某鉴定公司对工程质量进行司法鉴定。鉴定意见为："1. 桩身完整性鉴定检测意见。2. 单桩竖向抗压承载力鉴定检测意见。3. 钻芯法检测施工桩长的鉴定检测意见。4. 磁测法对灌注桩钢筋笼长度的鉴定检测意见。中国某集团有限公司对鉴定单位采用的桩基设计参数及鉴定方式提出异议，并申请补充鉴定。经鉴定单位补充鉴定，出具补充鉴定意见：5.1. 桩身完整性鉴定检测意见；5.2. 单桩竖向抗压承载力鉴定检测意见，5.3 钻芯法检测施工桩长的鉴定检测意见，5.4 磁测法对灌注桩钢筋笼长度的鉴定检测意见。"

一审法院认为，双方对 4 份工程联系单真实性没有异议，GCB-20140806-18 工程联系单记载的是根据甲方安排，乙方已拆迁基础障碍物的凿除，GCB-20141104-34 工程联系单记载的是根据工程前期施工情况，场内地下不明障碍物较多，需要清除障碍物。前一份工程联系单是对拆迁障碍物清除，后一份工程联系单是在相隔近 3 个月后对地下不明障碍物需要清除，反映了在不同期间的工作内容，故两份工程联系单工作内容不重复。乙方将另两份工程

---

[1] 案件来源：最高人民法院二审民事判决书［2019］最高法民终 485 号。

联系单解释为进场时进行土地平整，和在清除障碍物后二次进行土地平整，较为符合客观情况。因此4份工程联系单不重复，770 777.44元应被计入工程造价。

二审法院认为，编号为JZB-20141029-2的《图纸会审记录》第4点图纸修订意见载明，普通灌注桩混凝土浇筑强度为C35、挤扩支盘桩混凝土浇筑强度为C45，成桩后桩身混凝土强度分别达到C30、C40。该《图纸会审记录》表明，案涉桩基工程在实际施工中已发生变更，鉴定机构方建公司在此基础上作出补充鉴定意见书，符合本案施工实际，由此得出的鉴定意见更符合本案事实，案涉桩基工程符合双方在施工过程中达成一致修订后的质量要求。因此，一审判决以该补充鉴定意见书认定案涉桩基工程质量合格并无不当。

案例评析

当事人认为鉴定机构的鉴定方法会对工程结算结果产生重要影响，或者有遗漏，从而对鉴定单位采用的鉴定方法提出异议的，可以要求申请补充鉴定，鉴定机构以实际施工变更的情况为依据作出的补充鉴定意见，能够被作为质量认定的依据。

情形四：关于合同约定和工程变更中的工程量争议，只需对变更中工程量进行鉴定。

【案例】

——中建某建筑工程有限公司、通辽某置业有限公司建设工程施工合同纠纷[1]

基本案情

××一期住宅一标段施工总承包工程进行招标，中建某建筑工程有限公司于2007年6月25日向建设单位发出投标书并中标，投标报价总建筑面积39 128.38m²，总工期为299日，计划开工日期为2007年7月6日，计划竣工日期为2008年6月30日，报价总金额为33 967 665.5元。中建某建筑工程有限公司（乙方）与通辽某置业有限公司（甲方）签订《工程承包施工合同》。

---

[1] 案件来源：最高人民法院二审民事判决书［2018］最高法民终244号。

2007 年 8 月 21 日，通辽某置业有限公司向中建某建筑工程有限公司提供基础设计变更施工图。2009 年 7 月 31 日前，中建某建筑工程有限公司承建的住宅工程全部交付甲方，通辽某置业有限公司向建设主管部门对该工程竣工验收备案日期为 2009 年 12 月 8 日，中建某建筑工程有限公司取得××一期住宅竣工验收备案表的时间为 2009 年 12 月 11 日。

关于涉案工程是否存在两套图纸的问题。一审法院认为，乙方认为投标图与实际施工图是两套完全不一样的图纸，但其在庭前交换证据及本案第一次开庭时均未提出有两套图纸，且乙方未能提供有效的证据证明该涉案工程存在两套图纸，一审法院委托的鉴定机构内蒙古蒙宇工程项目管理有限公司针对乙方提出的通辽××一期住宅一标段施工总承包工程合同纠纷案司法鉴定报告异议的回复中明示，乙方提出的证据片面、不充分，不能说明此工程涉及两套不同的图纸。故一审法院认为，乙方提出该涉案工程存在两套图纸的主张不能成立，对该项诉讼请求亦依法不予支持。

二审法院认为，乙方主张存在投标图与实际施工图两套不同的图纸，但始终未能提供两套图纸，也未能提供充分证据证明存在两套图纸。一审法院委托的鉴定机构某公司针对乙方对鉴定报告异议的回复中明确指出，乙方提出的证据片面、不充分，不能说明此工程涉及两套不同的图纸。乙方应当对其主张承担举证不能的不利后果。本案中，原审法院组织双方对该工程造价司法鉴定意见书（蒙宇鉴〔2016〕鉴字第 094 号）进行了质证，鉴定机构派员出庭接受质询并出具了书面回复意见对鉴定人员的资格等问题作出了说明，乙方主张鉴定人员不具有鉴定资质、鉴定程序不合法、鉴定机构未派员出庭接受质询，但未提交证据证明。关于人工费的调增、材料价调差问题。鉴定机构在对鉴定意见的分析说明中明确了人工费和材料价调整的文件依据和合同依据，在对甲方的书面回复意见中再次明确了调整依据，乙方和甲方虽然提出异议，但均未提交相应证据证明。关于案涉工程造价计算的让利比例问题，鉴定机构在就乙方书面质询函的回复中明确是根据合同总价和投标文件中标价的比例计算浮动率，乙方虽然提出异议，但亦未提交相反证据证明。乙方和甲方关于该司法鉴定意见不应予以采信的上诉理由，均不能成立，二审法院不予支持。

案例评析

在可以区分合同约定部分和设计变更部分的工程中，不应对整个工程量进行鉴定，可根据公平原则对增减部分按照约定的结算方法标准计算工程款。

情形五：在固定总价合同中，针对已完成的工程，可以根据具体的工程量进行鉴定，然后确认其造价，但对于未完工程的造价鉴定，应当如何确认，这在司法实践中又有专门的规定。

【案例】

——石嘴山某建筑有限公司与西安某建筑劳务有限公司建设工程分包合同纠纷[1]

基本案情

2010年11月1日，西安某建筑劳务有限公司（乙方）与石嘴山某建筑有限公司（甲方）签订一份《主体结构劳务合同》，约定由西安某建筑劳务有限公司承包石嘴山某建筑有限公司承建的××住宅工程Ⅱ标段7、8、10、11、12、13、14、15、16、17号商业楼主体结构劳务作业；承包方式：实行包人工、周转设施料、辅料、机具方式；承包范围为毛墙毛地，不含所有贴瓷、乳胶漆、涂料。劳务合同价包括完成地基以上主体结构、女儿墙、阳台栏板、飘窗板、空调板、檐口、斜面屋、造型等结构图纸内的所有构件和建筑图中能和结构一次性施工的构建、塔吊及利用电梯基础等与主体工程有关的所有工作内容；合同开工日期2010年9月1日，封顶时间2011年11月30日；建筑总面积约5万 m²，±0.00以下有地下室的乘以基础面积的1.7系数，没有地下室的乘以基础面积的0.7系数，斜屋面乘以顶层面积的1.5系数。综合单价为466元/平方米。合同总价暂定为2800万元。最终结算以实际完工并验收合格的建筑面积结算，建筑面积计算依据2008年宁夏回族自治区建筑工程计价定额中的建筑面积计算规则计算；2012年3月16日向西安某建筑劳务有限公司发函清算意见，双方未能就案涉工程的结算达成一致意见，并诉诸法院。受一审法院委托，宁夏某工程造价咨询有限公司对西安某建筑劳务有限公司所施工的大武口区半岛官邸7、8、10、11、12、13、14、15、16、17号商业楼已完工程及未完工程、垃圾站总造价及经济签证作出［2014］造鉴

---

[1]　案件来源：最高人民法院再审民事判决书［2018］最高法民再333号。

字第 11 号工程造价咨询报告书。

一审法院认为，乙方为甲方施工的此两栋楼提供了模板、脚手架、塔吊等设施，此项费用甲方应支付于乙方，另双方在合同约定甲方所定班组所干工程超出了 1000m²，由甲方补差价 31 元/平方米，故甲方的主张符合合同约定，应予确认。鉴定单位的意见是依据合同价（466 元+31 元）予以计算。首先，鉴定部门未提供该计算原则的依据；其次，双方当事人在合同中并未约定该项费用，是在合同约定的综合单价 466 元/平方米基础上加 31 元予以计算，且在乙方未实际施工 13 号楼、16 号楼的情况下，以合同约定的单价再加 31 元予以计算显失公平，故对鉴定部门此项费用的鉴定原则及鉴定意见，不予采信。13 号楼、16 号楼，由甲方向乙方支付模板、脚手架、塔吊等设施费用 1 434 177 元。

二审法院认为，案涉工程所需材料由甲方提供，乙方为案涉工程主要提供劳务，实际人工费单价及市场价要远远高于定额人工费单价，如按定额计算人工费，对乙方显失公平。一审法院委托鉴定单位按照定额进行鉴定，是为了确定乙方完成的部分占整个工程的比例，而不是直接采用预算价为工程款数额，一审法院将已完工程预算价减去税金和利润认定为乙方的已完工程造价，没有事实和法律依据。鉴定单位认为对 13 号、16 号楼乙方应得工程款的鉴定原则应为：按照乙方提供的模板、脚手架、塔吊的预算造价占整个工程预算造价的比例乘以合同约定单价（466 元+31 元）计算得出鉴定造价，按此鉴定原则计算出的工程造价为 2 274 076 元。鉴定单位将按照甲方主张的鉴定原则计算出工程造价 1 434 177 元列入确定的工程造价，将该造价与鉴定单位确定的鉴定原则计算的造价差额 255 211 元，列入争议项。二审法院认为，因双方合同约定甲方所定班组所干工程超出 1000m²，由甲方补差价 31 元/平方米，且 13 号楼、16 号楼工程乙方并未实际施工，甲方仅需向其提供垂直运输费、脚手架及模板费用即可，鉴定单位的鉴定原则不应采纳，甲方的主张更公平，故该争议造价 255 211 元不应被计入应付工程款。

案例评析

在建筑施工合同中，当事人就实际完成施工的工程价款产生争议时，法院可以委托鉴定机构对已完成的工程量和工程价款进行鉴定，并由此计算出全部工程完成所需的预算价，再按照实际完成的比例计算出未成工程量的工程款。

情形六：在没有设计变更通知单的情况下，可以根据鉴定意见认定设计变更的事实，并相应增加工程款。

【案例】

——黑龙江某建设有限责任公司与鸡西某治理领导小组办公室建设工程施工合同纠纷[1]

基本案情

2005年8月，鸡西某治理领导小组办公室（甲方）就××二期工程××家园安置新区进行工程招标，黑龙江某建设有限责任公司（乙方）中标该项工程第二标段，计划开工时间为2005年10月1日，由于未取得施工许可证、场地未平整等因素一直未具备开工条件。2006年6月6日，双方签订工程施工合同。约定："黑龙江某建设有限责任公司负责包工包料，鸡西某治理领导小组办公室办理施工所需证件及相关手续并按进度拨款，执行平方米造价包干，固定合同价格为平方米造价621.00元，单项变更或签证在±1万元以内不予调整；超过±1万元的按现行定额调整。"该开工报告经批准后，黑龙江某建设有限责任公司开始施工，施工过程中，黑龙江某建设有限责任公司认为工程结构、质量标准与招标时的要求均有变化及提高，工程量及施工成本较招标文件增加，故向鸡西某治理领导小组办公室提出报告，并按变更后工程量计算工程价款上报《工程形象进度结算表》及《工程进度款报审表》。但鸡西某治理领导小组办公室未按黑龙江某建设有限责任公司的报审数额进行结算拨付，一直按固定价款审核结算，总计已拨付工程款15 080 000.00元，双方就工程价款产生争议，并诉诸法院。

一审法院根据乙方的申请，委托鸡西市某司法鉴定中心对诉争工程"是否存在设计变更及因设计变更扩大的工程款数额，基础加深及签证费用数额与甲方主张数字的差额，因逾期开工导致等待施工及工期延长所产生的费用，因逾期开工导致材料费、人工费市场价格上涨费用"进行鉴定。鉴定报告勘验所见中记载："诉争楼房均为七层纯住宅楼……验证设计施工图时，发现设计院所设计是六层，而施工仍按七层交付使用，证实了每栋楼都增加了一层

---

[1] 案件来源：最高人民法院再审审查与审判监督民事裁定书[2014]民申字第1252号。

的工程量……由于招标图纸与施工图纸是两个设计院出图，且层数又不一致，所以设计变更的出现和结构的差异是不可避免的。"鉴定报告中分析说明及依据中记载："本鉴定主要依据是双方当事人的招投标图纸和建设施工合同，被告下发的现场通知和现场签证等。1. 对招标图纸和施工图中存在的因设计变更扩大的工程款额进行鉴定……由于增层后的荷载增加，不得不改变原六层的结构设计，由此而导致基础的加深或加宽等的设计变更，促使其工程量扩大、工程造价增加等。"

一审法院认为，甲方提交的工程概预算表中有基础超深及变更的记载，表明实际施工过程中工程存在设计变更，但是施工图纸与会审图纸没有变化，应认定乙方同意按施工图纸施工并结算。因此，对于乙方该部分请求应不予支持。

二审法院认为，关于设计变更部分，诉争工程招投标时是六层设计，施工图纸为另一设计单位的七层设计，并据此施工。鉴定机构已经确认"设计变更的出现和结构的差异是不可避免的"及"由于增层后的荷载增加，不得不改变原六层的结构设计"，故诉争工程存在因设计变更扩大部分的工程款。经鉴定"设计变更扩大的工程款数额为 951 304.64 元"，即使分解到 5 栋楼中，其数额依然超过"每个单位工程设计变更与签证在正负 10 000.00 元"的约定，且鉴定机构扣除"原告中标有20%的让利"，符合双方招投标时的本意。因此，甲方应给付乙方上述款项。

再审法院认为，虽然设计单位没有下发设计变更通知单，但根据一审法院委托鸡西市科法司法鉴定中心作出的鉴定报告，案涉工程确实发生了设计变更，在甲方没有证据推翻该鉴定意见的情况下，二审判决采信该鉴定意见，认定了设计变更的事实，并根据鉴定意见及当事人的合同约定，认定了相应增加的工程款有事实依据。除设计变更增加的工程款外，增加的工程款还包括增加基础超深变更的人工费及签证变更的人工费。鉴定意见为"对实施施工基础加深及签证增加为 11 481.75 元"。因该数额超过双方当事人约定的"每个单位工程设计变更与签证在正负 10 000 元"，故二审判决认定甲方应当支付该部分增加的工程款正确。

案例评析

工程确实发生了设计变更，并已经经过鉴定，在没有证据推翻该鉴定意见的情况下，可以依据鉴定结果认定相应的工程量，增加工程价款。

国内外合同条件"工程变更"规则的比较分析

工程变更不仅会导致工程量的增加或减少，同时也会导致工程计价方法或标准发生变化，进而影响到工期的长短变化而增加额外的成本，这些都会对当事人的权利义务造成影响。本章主要通过对国内建设工程施工示范文本（1999 年版、2003 年版、2013 年版、2017 年版）以及国外 FIDIC 合同条件（1999 年版、2017 年版）涉及"工程变更"相关事项的修改变化进行举例说明，并对国内外两种合同条件中关于工程变更相关规定发生的变化进行总结，以试图为国内工程变更相关法律规范提出一些完善建议。

一、1999 年版、2003 年版、2013 年版、2017 年版示范文本比较分析

建设工程领域存在大量政府主管部门发布的示范文本，包括但不限于工程总承包、勘察、设计、施工合同、专业分包、劳务分包、监理、造价咨询等。其中，施工合同示范文本有以下变迁：建设部与国家工商行政管理局联合制定的《建设工程施工合同（示范文本）》（GF-91-0201）（简称"1991 年版示范文本"）；建设部与国家工商行政管理局联合制定的 1999 年版示范文本、2013 年版示范文本、2017 年版示范文本，而示范文本变迁对实务能够产生重要影响。

建设工程施工合同 (1999 年版示范文本)	建设工程施工合同 (2003 年版示范文本)	建设工程施工合同 (2013 年版示范文本)	建设工程施工合同 (2017 年版示范文本)
八 工程变更 29. 工程设计变更 29.1 施工中发包人需对原工程设计变更，应提前 14 天以书面形式向承包人发出变更通知。变更超过原设计标准或批准的建设规模时，发包人应报规划管理部门和其他有关部门重新审查批准，并由原设计单位提供变更的相应图纸和说明。承包人按照工程师发出的变更通知及有关要求，进行下列需要的变更： （1）更改工程有关部分的标高、基线、位置和尺寸； （2）增减合同中约定的工程量； （3）改变有关工程的施工时间和顺序； （4）其他有关工程变更需要的附加工作。 因变更导致合同价款的增减及造成的承包人损失，由发包人承担，延误的工期相应顺延。	八 工程变更 29. 工程设计变更 29.1 施工中发包人需对原工程设计变更，应提前 14 天以书面形式向承包人发出变更通知。变更超过原设计标准或批准的建设规模时，发包人应报规划管理部门和其他有关部门重新审查批准，并由原设计单位提供变更的相应图纸和说明。承包人按照工程师发出的变更通知及有关要求，进行下列需要的变更。 （1）更改工程有关部分的标高、基线、位置和尺寸。 （2）增减合同中约定的工程量。 （3）改变有关工程的施工时间和顺序。 （4）其他有关工程变更需要的附加工作。 因变更导致合同价款的增减及造成的承包人损失，由发包人承担，延误的工期相应顺延。	10. 变更 10.1 变更的范围 除专用合同条款另有约定外，合同履行过程中发生以下情形的，应按照本条约定进行变更： （1）增加或减少合同中任何工作，或追加额外的工作； （2）取消合同中任何工作，但转由他人实施的工作除外； （3）改变合同中任何工作的质量标准或其他特性； （4）改变工程的基线、标高、位置和尺寸； （5）改变工程的时间安排或实施顺序。	10. 变更 10.1 变更的范围 除专用合同条款另有约定外，合同履行过程中发生以下情形的，应按照本条约定进行变更： （1）增加或减少合同中任何工作，或追加额外的工作； （2）取消合同中任何工作，但转由他人实施的工作除外； （3）改变合同中任何工作的质量标准或其他特性； （4）改变工程的基线、标高、位置和尺寸； （5）改变工程的时间安排或实施顺序。

建设工程施工合同 （1999年版示范文本）	建设工程施工合同 （2003年版示范文本）	建设工程施工合同 （2013年版示范文本）	建设工程施工合同 （2017年版示范文本）
29.2 施工中承包人不得对原工程设计进行变更。因承包人擅自变更设计发生的费用和由此导致发包人的直接损失，由承包人承担，延误的工期不予顺延。 30. 其他变更 合同履行中发包人要求变更工程质量标准及发生其他实质性变更，由双方协商解决。	29.2 施工中承包人不得对原工程设计进行变更。因承包人擅自变更设计发生的费用和由此导致发包人的直接损失，由承包人承担，延误的工期不予顺延。 30. 其他变更 合理履行中发包人要求变更工程质量标准及发生其他实质性变更，由双方协商解决。	10.2 变更权 发包人和工程师均可以提出变更。变更指示均通过监理人发出，监理人发出变更指示前应征得发包人同意。承包人收到经发包人签认的变更指示后，方可实施变更。未经许可，承包人不得擅自对工程的任何部分进行变更。涉及设计变更的，应由设计人提供变更后的图纸和说明。如变更超过原设计标准或批准的建设规模时，发包人应及时办理规划、设计变更等审批手续。	10.2 变更权 发包人和工程师均可以提出变更。变更指示均通过监理人发出，监理人发出变更指示前应征得发包人同意。承包人收到经发包人签认的变更指示后，方可实施变更。未经许可，承包人不得擅自对工程的任何部分进行变更。涉及设计变更的，应由设计人提供变更后的图纸和说明。如变更超过原设计标准或批准的建设规模时，发包人应及时办理规划、设计变更等审批手续。
31. 确定变更价款 31.2 承包人在双方确定变更后14天内不向工程师提出变更工程价款报告时，视为该项变更不涉及合同价款的变更。 31.3 工程师应在收到变更工程价款报告之日起14天内予以确认，工程师无正当理由不确认时，自变更工程价款报告送达之日起14天后视为变更工程价	31. 确定变更价款 31.2 承包人在双方确定变更后14天内不向工程师提出变更工程价款报告时，视为该项变更不涉及合同价款的变更。 31.3 工程师应在收到变更工程价款报告之日起14内予以确认，工程师无正当理由不确认时，自变更工程价款报告送达之日起14天后视为变更工程价	10.3 变更程序 10.3.1 发包人提出变更 发包人提出变更的，应通过监理人向承包人发出变更指示，变更指示应说明计划变更的工程范围和变更的内容。 10.3.2 监理人提出变更建议 监理人提出变更建议的，需要向发包人以书面形式提出	10.3 变更程序 10.3.1 发包人提出变更 发包人提出变更的，应通过监理人向承包人发出变更指示，变更指示应说明计划变更的工程范围和变更的内容。 10.3.2 监理人提出变更建议 监理人提出变更建议的，需要向发包人以书面形式提出

建设工程施工合同 （1999 年版示范文本）	建设工程施工合同 （2003 年版示范文本）	建设工程施工合同 （2013 年版示范文本）	建设工程施工合同 （2017 年版示范文本）
款报告已被确认。 31.4 工程师不同意承包人提出的变更价款，按本通用条款第 37 条关于争议的约定处理。 31.5 工程师确认增加的工程变更价款作为追加合同价款，与工程款同期支付。 31.6 因承包人自身原因导致的工程变更，承包人无权要求追加合同价款。	款报告已被确认。 31.4 工程师不同意承包人提出的变更价款，按本通用条款第 37 条关于争议的约定处理。 31.5 工程师确认增加的工程变更价款作为追加合同价款，与工程款同期支付。 31.6 因承包人自身原因导致的工程变更，承包人无权要求追加合同价款。	变更计划，说明计划变更工程范围和变更的内容、理由，以及实施该变更对合同价格和工期的影响。发包人同意变更的，由监理人向承包人发出变更指示。发包人不同意变更的，监理人无权擅自发出变更指示。 10.3.3 变更执行 承包人收到工程师下达的变更指示后，认为不能执行，应立即提出不能执行该变更指示的理由。承包人认为可以执行变更的，应当书面说明实施该变更指示对合同价格和工期的影响，且合同当事人应当按照第 10.4 款［变更估价］约定确定变更估价。	变更计划，说明计划变更工程范围和变更的内容、理由，以及实施该变更对合同价格和工期的影响。发包人同意变更的，由监理人向承包人发出变更指示。发包人不同意变更的，监理人无权擅自发出变更指示。 10.3.3 变更执行 承包人收到工程师下达的变更指示后，认为不能执行，应立即提出不能执行该变更指示的理由。承包人认为可以执行变更的，应当书面说明实施该变更指示对合同价格和工期的影响，且合同当事人应当按照第 10.4 款［变更估价］约定确定变更估价。
31.1 承包人在工程变更确定后 14 天内，提出变更工程价款的报告，经工程师确认后调整合同价款。变更合同价款按下列方法进行：	31.1 承包人在工程变更确定后 14 天内，提出变更工程价款的报告，经工程师确认后调整合同价款。变更合同价款按下列方法进行：	10.4 变更估价 10.4.1 变更估价原则 除专用合同条款另有约定外，变更估价按照本款约定处理： （1）已标价工程量	10.4 变更估价 10.4.1 变更估价原则 除专用合同条款另有约定外，变更估价按照本款约定处理： （1）已标价工程量

建设工程施工合同（1999年版示范文本）	建设工程施工合同（2003年版示范文本）	建设工程施工合同（2013年版示范文本）	建设工程施工合同（2017年版示范文本）
（1）合同中已有适用于变更工程的价格，按合同已有的价格变更合同价款； （2）合同中只有类似于变更工程的价格，可以参照类似价格变更合同介款； （3）合同中没有适用或类似于变更工程的价格，由承包人提出适当的变更价格，经工程师确认后执行。	（1）合同中已有适用于变更工程的价格，按合同已有的价格变更合同价款。 （2）合同中只有类似于变更工程的价格，可以参照类似价格变更合同价款。 （3）合同中没有适用或类似于变更工程的价格，由承包人提出适当的变更价格，经工程师确认后执行。	清单或预算书有相同项目的，按照相同项目单价认定； （2）已标价工程量清单或预算书中无相同项目，但有类似项目的，参照类似项目的单价认定； （3）变更导致实际完成的变更工程量与已标价工程量清单或预算书中列明的该项目工程量的变化幅度超过15%的，或已标价工程量清单或预算书中无相同项目及类似项目单价的，按照合理的成本与利润构成的原则，由合同当事人按照第4.4款［商定或确定］确定变更工作的单价。 10.4.2 变更估价程序 承包人应在收到变更指示后14天内，向监理人提交变更估价申请。监理人应在收到承包人提交的变更估价申请后7天内审查完毕并报送发包人，监理人对变更估价申	清单或预算书有相同项目的，按照相同项目单价认定； （2）已标价工程量清单或预算书中无相同项目，但有类似项目的，参照类似项目的单价认定； （3）变更导致实际完成的变更工程量与已标价工程量清单或预算书中列明的该项目工程量的变化幅度超过15%的，或已标价工程量清单或预算书中无相同项目及类似项目单价的，按照合理的成本与利润构成的原则，由合同当事人按照第4.4款［商定或确定］确定变更工作的单价。 10.4.2 变更估价程序 承包人应在收到变更指示后14天内，向监理人提交变更估价申请。监理人应在收到承包人提交的变更估价申请后7天内审查完毕并报送发包人，监理人对变更估价申

建设工程施工合同 （1999 年版示范文本）	建设工程施工合同 （2003 年版示范文本）	建设工程施工合同 （2013 年版示范文本）	建设工程施工合同 （2017 年版示范文本）
		请有异议，通知承包人修改后重新提交。发包人应在承包人提交变更估价申请后 14 天内审批完毕。发包人逾期未完成审批或未提出异议的，视为认可承包人提交的变更估价申请。因变更引起的价格调整应计入最近一期的进度款中支付。	请有异议，通知承包人修改后重新提交。发包人应在承包人提交变更估价申请后 14 天内审批完毕。发包人逾期未完成审批或未提出异议的，视为认可承包人提交的变更估价申请。因变更引起的价格调整应计入最近一期的进度款中支付。
29.3 承包人在施工中提出的合理化建议涉及对设计图纸或施工组织设计的更改及对材料、设备的换用，须经工程师同意。未经同意擅自更改或换用时，承包人承担由此发生的费用，并赔偿发包人的有关损失，延误的工期不予顺延。 工程师同意采用承包人合理化建议，所发生的费用和获得的收益，发包人承包人另行约定分担或分享。	29.3 承包人在施工中提出的合理化建议涉及对设计图纸或施工组织设计的更改及对材料、设备的换用，须经工程师同意。未经同意擅自更改或换用时，承包人承担由此发生的费用，并赔偿发包人的有关损失，延误的工期不予顺延。 工程师同意采用承包合理化建议，所发生的费用和获得的收益，发包人承包人另行约定分担或分享。	10.5 承包人的合理化建议 承包人提出合理化建议的，应向监理人提交合理化建议说明，说明建议的内容和理由，以及实施该建议对合同价格和工期的影响。除专用合同条款另有约定外，监理人应在收到承包人提交的合理化建议后 7 天内审查完毕并报送发包人，发现其中存在技术上的缺陷，应通知承包人修改。发包人应在收到工程师报送的合理化建议后 7 天内审批完毕。合理化建议经发包人批准的，监	10.5 承包人的合理化建议 承包人提出合理化建议的，应向监理人提交合理化建议说明，说明建议的内容和理由，以及实施该建议对合同价格和工期的影响。除专用合同条款另有约定外，监理人应在收到承包人提交的合理化建议后 7 天内审查完毕并报送发包人，发现其中存在技术上的缺陷，应通知承包人修改。发包人应在收到工程师报送的合理化建议后 7 天内审批完毕。合理化建议经发包人批准的，监

建设工程施工合同 (1999年版示范文本)	建设工程施工合同 (2003年版示范文本)	建设工程施工合同 (2013年版示范文本)	建设工程施工合同 (2017年版示范文本)
		理人应及时发出变更指示，由此引起的合同价格调整按照第10.4款［变更估价］约定执行。发包人不同意变更的，监理人应书面通知承包人。合理化建议降低了合同价格或者提高了工程经济效益的，发包人可对承包人给予奖励，奖励的方法和金额在专用合同条款中约定。	理人应及时发出 变更指示，由此引起的合同价格调整按照第10.4款［变更估价］约定执行。发包人不同意变更的，监理人应书面通知承包人。合理化建议降低了合同价格或者提高了工程经济效益的，发包人可对承包人给予奖励，奖励的方法和金额在专用合同条款中约定。
		10.6 变更引起的工期调整 因变更引起工期变化的，合同当事人均可要求调整合同工期，由合同当事人按照第4.4款［商定或确定］并参考工程所在地的工期定额标准确定增减工期天数。	10.6 变更引起的工期调整 因变更引起工期变化的，合同当事人均可要求调整合同工期，由合同当事人按照第4.4款［商定或确定］并参考工程所在地的工期定额标准确定增减工期天数。

　　我国建设工程施工合同示范文本的修改比较频繁，已经从1999年、2003年、2013年到2017年历经了4个版本，从侧面说明了我国经济发展变化比较大，反映在建筑工程施工领域则表现为需要不断修改相应的施工合同规则以适应时代的发展需求。根据上面4个不同版本的建筑工程示范文本可知，与1999年版示范文本相比，2013年版示范文本多处借鉴《菲迪克（FIDIC）施工合同条件》（1999年版红皮书）的经典条款，针对市场实践中的不规范操

作，承发包双方权利地位不平等的现状以及"阴阳合同"、拖欠工程款等突出问题，建立了一系列新的管理制度。[1] 2017年版示范文本最早是在1999年版示范文本的基础上修订而来的，它对旧版本示范文本的内容和结构已经作出了较大幅度的修改和调整，2017年版示范文本相较于1999年版示范文本而言，在结构上更加具有系统性、在实际操作中更体现出实用性和公平性。虽然2017年版示范文本也对2013年版示范文本进行了修改，但除了质量保证等条款外，其他条款并无多大变化，新版主要针对缺陷责任期、质量保证金条款部分进行了修改，有利于缓解承包人的资金压力，使承发包双方更好地履约。[2]

通过比较可以发现，施工合同示范文本各版本关于"工程变更"条文之间的差别主要体现在以下几个方面：

其一，2013年版示范文本和2017年版示范文本，取消了1999年版示范文本和2003年版示范文本关于施工中发包人需对原工程设计变更，应提前14天以书面形式向承包人发出变更通知的规定要求。同时，变更类型中新增了"取消合同中任何工作，但转由他人实施的工作除外"的要求。此举有利于更好地保障合同的履行，使合同不会轻易被变更或撤销。[3]

其二，在变更估价上，1999年版示范文本和2003年版示范文本对于合同中没有适用或类似于变更工程的价格，由承包人提出适当的变更价格，经工程师确认后执行。但是，2013年和2017年版确认了变更导致实际完成的变更工程量与已标价工程量清单或预算书中列明的该项目工程量的变化幅度超过15%的，或已标价工程量清单或预算书中无相同项目及类似项目单价的，按照合理的成本与利润构成的原则，由合同当事人按照第4.4款"商定或确定"确定变更工作的单价。相比较而言，对于合同中的变更估价，2013年版示范文本和2017年版示范文本新增了"商定"的内容，而不只是由工程师单方面确定。另外，2013年版示范文本和2017年版示范文本还对变更估价程序进行了细化规定，要求承包人应在收到变更指示后14天内，向工程师提交变更估

〔1〕 蔡祥、纪晓晨：《〈建设工程施工合同（示范文本）〉（2013版）解读之六 施工企业如何应对"28天逾期即为失权"的索赔条款》，载《中国建筑装饰装修》2013年第9期，第46页。

〔2〕 葛家君、朱柏林：《2017版〈建设工程施工合同（示范文本）〉：小调整能否产生大影响》，载《施工企业管理》2017年第12期，第53页。

〔3〕 宿辉、何佰洲：《2013版〈建设工程施工合同（示范文本）〉解读》，载《建筑经济》，2013年第6期，第12~15页。

价申请，工程师应在收到承包人提交的变更估价申请后 7 天内审查完毕并报送发包人，发包人应在承包人提交变更估价申请后 14 天内审批完毕。发包人逾期未完成审批或未提出异议的，视为认可承包人提交的变更估价申请。此举使变更估价过程变得更易于操作，同时也提升了估价效率，防止工期延误。

其三，在承包人的合理化建议中，2013 年版示范文本和 2017 年版示范文本新增了除专用合同条款另有约定外，工程师应在收到承包人提交的合理化建议后 7 天内审查完毕并报送发包人，发现其中存在技术上的缺陷，应通知承包人修改。发包人应在收到工程师报送的合理化建议后 7 天内审批完毕。与此同时，如果合理化建议降低了合同价格或者提高了工程经济效益，发包人可对承包方给予奖励。由于承包方作为实际的施工方，对工程的施工方案和步骤有更多的了解，因而在实际的施工过程中，对工程如果有其他改进的方法使施工成本减少，发包方可以给予一定的奖励。但是，在工程总承包的实践活动中，设计或部分设计工作将由总承包人负责。此时，发承包双方可能会互相争取利益。

因此，一旦出现上述情形，承包人可能通过设计方案的优化节约成本，由此带来的利益应如何在发承包双方之间合理分配，既给予承包人合理的激励，又满足发包人投资管控的需要，需要发承包人事先约定。与此同时，承包人进行的设计优化工作可能改变了原有的"发包人要求"，发包人如何判断"发包人要求"是否被改变，是否应该接受这种改变，以及由此引起的利益又应该如何在发承包双方之间分配，也需要考虑。例如，根据《建设项目工程总承包计价规范》（T/CCEAS001-2022）第 6.3.3 条的规定：承包人对方案设计或初步设计文件进行的设计优化，在满足发包人要求时，其产生的利益应归承包人享有；在需要改变发包人要求时，应以书面形式向发包人提出合理化建议，经发包人认为可以缩短工期、提高工程的经济效益或其他利益，并指示变更的，发包人应对承包人合理化建议形成的利益双方共享，并应调整合同价款和（或）工期。

二、1999 年版红皮书和 2017 年版红皮书相关规则比较分析

FIDIC 是"国际咨询工程师联合会"法文（Federation International Des Ingenievers Conseils）的缩写，其相应的英文名称为 International Federation of Consulting Engineers。在国际上，FIDIC 具有很高的权威性，多数海外工程项目均以 FIDIC 合同条件为基础，而世界银行等多个开发银行贷款项目也大都

强制或推荐使用 FIDIC 合同范本，或要求使用基于 FIDIC 现有版本深度定制而得的多边开发银行协调版。FIDIC 条款在 20 世纪 80 年代中期的盛行于我国参与的一些世行贷款项目，由于具有条款严密、非常强的系统性和可操作性、工程建设各方（业主、监理工程师、承包商）风险责任明确、权利义务公平的特点，FIDIC 逐渐被我国所接受使用。它对我国建设工程相关法律制度的建设和管理模式的改革产生了重要的影响和冲击。例如，我国最早的《建设工程施工合同》1999 年版示范文本就和 FIDIC 框架的通用条款与专用条款在框架上几乎一致。

从第 1 版红皮书到 2017 年版红皮书，工程师角色的具体条款规定在不断变化。然而，对于 FIDIC 工程师角色的研究上，目前学者们只是从特定合同版本出发分析工程师的具体工作内容，进而总结形成特定版本下的工程师角色，缺少对版本更新后的角色演变分析，而且对特定版本下的工程师角色只是粗略的分析，并未形成系统的工程师角色分类方案。[1]

（一）关于"工程变更"的相关条款

1999 年版红皮书	2017 年版红皮书
1. 1. 3. 4 竣工测试是指在合同规定中的，或双方商定的，或按指示作为一项变更的，在工程或某分项工程（视情况而定）被雇主接收前，根据第九条【竣工测试】的要求进行的测试。	1. 1. 83 "竣工测试"是指在根据第 10 条［雇主接收］接收工程或部分（视情况）之前，根据第 9 条［竣工测试］进行的、合同中规定或者经双方同意或者指示为变更的测试。如果合同中对此没有规定，但这种检验确应在业主接受工程前进行，经双方商定或业主要求增加的竣工测试，应按变更处理。
I . 5 文件的优先次序 构成本合同的文件要认为是互相解释的。为了解释的目的，文件的优先次序如下： a 合同协议书（如果有）	1. 5 文件的优先次序 构成合同的文件应视为相互解释。如有任何冲突、歧义或差异，文件的优先次序应按下列顺序排列： （a）合同协议书

〔1〕 张水波、匡伟：《FIDIC 2017 版施工合同条件中工程师角色职能分析》，载《天津大学学报（社会科学版）》2021 年第 6 期，第 481~487 页。

1999 年版红皮书	2017 年版红皮书
b 中标函 c. 投标函 d 专用条件 e 本通用条件 f 规范 g 图纸 h 资料表和构成合同组成部分的其他文件。如文件中发现有歧义或不一致，工程师应发出必要的澄清或指示。	(b) 中标函 (c) 投标函 (d) 专用条件 A 部分 – 合同文件 (e) 专用条件 B 部分 – 合同文件 (f) 本通用条件 (g) 规范 (h) 图纸 (i) 资料表 (j) 合营体承诺书（如承建商为合营体）及 (k) 构成合同一部分的任何其他文件。 如果一方发现文件中有歧义或不一致之处，该方应立即通知工程师，说明其含糊不清或不一致之处。在收到通知后，或如果工程师发现文件中有歧义或不一致之处，工程师应发出必要的澄清或指示。
4. 6 协作 承包商应依据合同的规定、或工程师的指示，为可能被雇佣在现场或其附近从事本合同未包括的任何工作的下列人员进行工作提供适当的条件： a 雇主人员 b 雇主雇佣的任何其他承包商 c 任何合法公共机构的人员。 如果此类指示导致承包商增加费用，达到不可预见的程度，该指示则构成一项变更。	4. 6 协作 承包商应按照合同的规范或工程师的指示，为下述人员从事其工作提供一切适当的机会： (a) 雇主的人员； (b) 雇主雇用的任何其他承包商；以及 (c) 任何合法公共机构和私营公司的人员。 可受雇于工地或其附近进行任何不包括在合同工程在内的此类人员。这种适当的机会可包括使用承包商的设备、临时工程、承包商负责的出入安排和/或承包商在现场的其他设施或服务。 承包商应对承包商在现场的施工活动负责，并应尽一切合理的努力将这些活动与本规范中规定或工程师指示的范围（如有）进行协调。

1999 年版红皮书	2017 年版红皮书
4.12 不可预见的客观条件 如果承包商遇到他认为不可预见的客观条件，应尽快通知工程师。此通知应说明客观条件以便工程师进行检验，并应提出为何承包商认为不可预见的理由。承包商应采取适应物质条件的合理措施继续施工，并应遵循工程师可能给出的任何指示。如某项指示构成变更时，应按第 13 条【变更和调整】的规定办理。	4.12 不可预见的客观条件 本款中，"客观条件"是指承包商在实施工程中遇见的外界自然条件及人为的条件和其他外界障碍和污染物，包括地表以下和水文条件，但不包括现场的气候条件和这些气候条件的影响。 如果承包商遇到承包商认为不可预见的实际情况，并将对工程进度和（或）增加工程执行费用产生不利影响，应适用下列程序： 4.12.1 承包商的通知 在发现这种客观条件后，承包商应向工程师发出通知，工程师应： (a) 在实际可行的情况下，尽快给予工程师机会及时检查和调查其客观状况，以免其受到干扰； (b) 描述客观条件，以便工程师及时对其进行检查和/或调查； (c) 列出承包商认为该等客观状况不可预见的原因；及 (d) 描述客观条件对进度的不利影响和/或增加工程施工成本的方式。 4.12.2 工程师检查和调查 工程师应在收到承包商的通知后 7 天内或与承包商商定的较长期间，对客观条件进行检查和调查。 承包商应继续实施工程，采取适合实际情况的适当和合理的措施，使工程师能够检查和调查。 4.12.3 工程师指示 承包商应遵守工程师为处理实际情况而发出的任何指示，如果这种指示构成变更，则应适用第 13.3.1 款［指示更改］。 4.12.4 延误与费用 如果承包商因上述客观条件而遭受延误和/或招致成本，则承包商应按照上

1999 年版红皮书	2017 年版红皮书
	述第 4. 12. 1 至 4. 12. 3 款的规定，有权根据第 20. 2 款［支付和/或工期索赔］的规定，工期索赔和/或支付此类费用。 4. 12. 5 对延误和/或费用的商定或确定 根据第 20. 2. 5 款［对索赔的商定或确定］和第 4. 12. 4 款［延迟和/或费用］提出的任何索赔的商定或确定应包括考虑客观状况是否不可预见以及（如是）在何种程度上不可预见。工程师还可审查工程的类似部分（如有）中的其他客观条件是否比基本日期预计合理的其他客观条件更有利。如果在遇到这些更有利的条件的程度上，工程师在根据本款第 4. 12. 5 条计算商定或确定的额外费时可考虑到由于这些条件而导致的成本降低。但是，本款项下的所有增加和减少的实际结果不得导致合同价格的净减少。工程师可考虑到承包商在基准日期之前预见的客观状况的任何证据，承包商可在根据第 20. 2. 4 款［充分详细的索赔］项下提出的索赔的佐证中列入这些证据，但不受任何此类证据的约束。
5. 1 工程师根据第 13 条【变更和调整】的规定指示承包商雇佣的分包商。	
7. 2 样本 承包商应在使用工程中或为工程的材料前，向工程师提交以下材料样品和有关资料，以取得其同意： a 制造商的材料标准样本和合同中规定的样本均由承包商自费提供，以及 b 工程师指示的作为变更的样本。	7. 2 样本 承包商应向工程师提交以下材料的样本以及有关资料，以在工程中或为工程使用该材料之前获得同意： (a) 制造商的材料标准样本和合同中规定的样本均由承包商自费提供，以及

1999 年版红皮书	2017 年版红皮书
	（b）工程师指示作为变更增加的样本。 每件样本都应标明其原产地以及在工程中的预期使用部位。
7. 4 承包商的检验 根据第 13 条【变更和调整】的规定，工程师可以改变进行规定测试的位置和细节，或指示承包商进行附加的测试。	7. 4 承包商的检验 工程师可以按照第 13 条［变更和调整］的规定，变更规定检验的位置或细节，或指示承包商进行附加测试。如果此变更或附加检验证明被检验的永久设备、材料或工艺不符合合同规定，则此变更费用由承包商承担。如果工程师对此类检查的频繁变动影响了承包商的工作，承包商可以主张索赔。
8. 3 进度计划 承包商应及时将未来可能对工作造成不利影响、增加合同价格、或延误工程施工的事件或情况，向工程师发出通知。工程师可要求承包商提交此类未来事件或情况预期影响的估计，和（或）根据第 13. 3 款【变更程序】的规定提出建议。	8. 3 进度计划 承包商应在收到根据第 8. 1 款［工程开工］的通知后 28 天内向工程师提交实施工程的初步方案。本程序应使用规范中所述的编程软件（如无说明，则使用工程师可以接受的编程软件）。当任何方案不能反映实际进展或与承包商的义务不一致时，承包商还应提交一份修订方案，准确地反映工程的实际进展情况。 初步方案和每一修订方案应按合同专利所述将一份书面副本、一份电子副本和其他纸质副本（如有）提交工程师，其中应包括： （a）工程开始日期及完成时间、工程及每一区段（如有）； （b）应当根据合同专利规定的时间（或时期）将进入和占有工地（每一部分）的日期决定权给予承包商。如果没有这样说明，承包商要求雇主给予进入和占有（每一部分）场地的权利的日期；

续表

1999 年版红皮书	2017 年版红皮书
	（c）承包商计划进行工程的顺序，包括每一阶段设计（如有）、承包商文件的编制和提交、采购、制造、检查、交货、施工、安装、由任何指定分包商承担的工作（如第 5.2 条［指定分包商］所界定的）和测试的预期时间；
	（d）本规范所述或在这些条件下要求的对任何提交文件的评审期；
	（e）合同规定或要求的检查和测试的顺序和时间；
	（f）经修订的计划：工程师已根据第 7.5 条［缺陷及拒收］发出无异议通知书的补救工作（如有）的先后次序及时间；及/或根据第 7.6 条［补救工作］指示的补救工作（如有）的先后次序及时间；
	（g）所有活动（达到规范所述的详细程度），在逻辑上链接并显示每项活动的最早和最新的开始和完成日期、浮动（如有）和关键路径；
	（h）所有本地认可的休息日及假期（如有的话）的日期；
	（i）设备和材料的所有关键交货日期；
	（j）关于一项修订方案和每一项活动：迄今的实际进展、对这种进展的任何拖延以及这种拖延对其他活动的影响（如有）；以及
	（k）一份支持性报告，其中包括：
	（i）描述工程实施的所有主要阶段；
	（ii）概述承包商在实施工程时计划采用的方法；
	（iii）详细说明承包商在工程实施的每一个主要阶段对现场所需的每一类承包商人员和每种类型的承包商设备的合理估计；
	（iv）如果是经修订的方案，则确定承

1999 年版红皮书	2017 年版红皮书
	包商提交的对以前方案的任何重大变化；以及 （v）承建商对克服任何延误对工程进度的影响的建议。
11.2 修补缺陷的费用 如果由于以下原因，达到造成第 11.1 款【完成扫尾工作和修补缺陷】的 b 项中提出的所有工作的程度，其执行中的风险和费用应由承包商承担： a 承包商负责的设计 b 生产设备、材料或工艺不符合合同要求，或 c 承包商未能遵守任何其他义务。如果由于任何其他原因达到造成此类工作的程度，雇主（或其代表）应立即通知承包商，并应适用 13.3 款【变更程序】的规定。 11.1 款 b 项在工程或分项工程（视情况而定）的缺陷通知期限期满日期或其以前，按照雇主（或其代表）可能通知的要求，完成修补缺陷或损害所需要的所有工作。	11.2 修补缺陷的费用 如果所有第 11.1 款【完成扫尾工作和修补缺陷】（b）段中所述工作的必要性是由下列原因引起的，则所有此类工作应由承包商自担风险和费用进行：（a）任何承包商负责的设计； （b）永久设备、材料或工艺不符合合同要求； （c）或可归因于承包商负责的事项｛根据第 4.4.2 条［在建记录］、第 4.4.32 条［操作和维修手册］和/或第 4.5 条［培训］（如适用）或其他｝引起的不当操作或维修；或 （d）承包商未履行合同规定的任何其他义务。 如果承包商认为工程可归因于任何其他原因，承包商应及时向工程师发出通知，且工程师应根据第 3.7 条［商定或确定］的规定，同意或确定原因（以及出于第 3.7.3 条［时限］，该通知的日期应为第 3.7.3 款规定的协议期限的开始日期）。如果同意或确定工程可归因于以上列出的原因，则第 13.3.1 条［指示变更］应适用于工程师指示此类工作的情况。
12.3 估价 除非合同中另有规定，工程师应通过对每一项工作的估价，根据第 3.5 款【决定】，商定或决定合同价格。每项工作的估价是用依据上述第 12.1 款和第 12.2 款商定或决定的测量数据乘以此项工作的相应价格费率或价格得到的。对每一项工作，该项合适的费率或价格应该是合同中对此项工作规定的费率或价格，或者如	12.3 计价 在下列情况下，新的费率或价格应适用于一项工作： （a）该项目在工程量清单或其他附表中没有标明，也没有具体规定该项目的费率或价格，也没有指明的费率或价格是适当的，因为该工程项目的性质与合同中的任何项目不同，或没有

续表

1999 年版红皮书	2017 年版红皮书
果没有该项，则为对其类似工作所规定的费率或价格。但是在下列情况下，对这一项工作规定新的费率或价格将是合适的： （a）（i）如果此项工作实际测量的工程量比工程量表或其他报表中规定的工程量的变动大于 10%； （ii）工程量的变更与对该项工作规定的具体费率的乘积超过了接受的合同款额的 0.01%； （iii）由此工程量的变更直接造成该项工作每单位工程量费用的变动超过 1%；以及 （iv）这项工作不是合同中规定的"固定费率项目"；或 （b）（i）此工作是根据第 13 款【变更与调整】的指示进行的； （ii）合同中对此项工作未规定费率或价格；且 （iii）由于该项工作与合同中的任何工作没有类似的性质或不在类似的条件下进行，故没有一个规定的费率或价格适用。 每种新的费率或价格是对合同中相关费率或价格在考虑到上述（a）（b）段所描述的适用的事件以后作出的合理调整。如果没有相关的费率或价格，则新的费率或价格应是在考虑任何相关事件以后，从实施工作的合理费用加上合理利润中得到。 在商定或决定了一合适的费率或价格之前，工程师还应为期中支付证书决定一临时费率或价格。	在类似条件下实施； （b）（i）该项目的计量数量与工程量清单或其他附表中该项目的数量相比，变化幅度超过 10%， （ii）这一数量变动乘以工程量清单或本项目其他附表中规定的费率或价格，超过已接受的合同金额的 0.01%， （iii）这种数量的变化直接改变了这个项目的单位数量的成本超过 1%，并且 （iv）本项在工程量清单或其他附表中并没有指明为"定额收费项目""定额收费"或指因数量变动而须作出调整的费率或价格的相类术语；及/或 （c）根据第 13 条［变更和调整］和上条（a）或（b）款指示工作。 如果对于任何工程项目，工程师和承包商无法商定适当的费率或价格，则承包商应向工程师发出通知，说明承包商不同意的原因。在收到承包商根据本款发出的通知后，除非在当时该费率或价格已受第 13.3.1［指示变更］的规制，工程师应： 根据第 3.7 款［协议或决定］同意或确定适当的费率或价格；以及 就第 3.7.3 款［时限］的目的而言，工程师收到承包商通知的日期应为第 3.7.3 款规定的协议时限的开始日期。 在商定或确定适当的费率或价格之前，工程师应为中期付款证书评估临时费率或价格。（相比 1999 年版，新增了一种确定新单价或价格的方法，可采用成本+利润的方法。）

1999 年版红皮书	2017 年版红皮书
13 变更和调整	13. 1 变更和调整
13. 1 变更权	13. 1 变更权
在颁发工程接收证书前的任何时间，工程师可通过发布指示或以要求承包商递交建议书的方式，提出变更。	工程师可根据第 13. 3 条 [变更程序] 在工程验收证书签发之前的任何时候提出变更。
承包商应执行每项变更并受每项变更的约束，除非承包商马上通知工程师（并附具体的证明资料）并说明承包商无法得到变更所需的货物。在接到此通知后，工程师应取消、确认或修改指示。	除第 11. 4 条 [未能补救缺陷] 规定外，除非双方另有约定，否则变更不包括业主或他人进行的任何工程的删减。
每项变更可包括：	承包商应受根据第 13. 3. 1 条 [指示变更] 进行的每一项变更的约束，并应及时实施变更，除非承包商立即向工程师发出通知，说明（附有详细的佐证）：
（a）对合同中任何工作的工程量的改变（此类改变并不一定必然构成变更）；	（a）考虑到规范所述工程的范围和性质，变更的工作是不可预见的；
（b）任何工作质量或其他特性上的变更；	（b）承包商不能轻易获得变更所需的货物；或
（c）工程任何部分标高、位置和（或）尺寸上的改变；	（c）其将对承包商遵守第 4. 8 条 [健康和安全义务] 和/或第 4. 18 条 [环境保护] 的能力产生不利影响。
（d）省略任何工作，除非它已被他人完成；	在收到该通知后，工程师应立即向承包商发出通知，取消、确认或更改指示。任何经如此确认或更改的指示视为根据第 13. 3. 1 条 [指示变更] 作出的更改的指示。
（e）永久工程所必需的任何附加工作、永久设备、材料或服务，包括任何联合竣工检验、钻孔和其他检验以及勘察工作，或	（i）对合同中任何工作的工程量的改变（此类改变并不一定必然构成变更）；
（f）工程的实施顺序或时间安排的改变。	（ii）任何工作质量或其他特性上的变更；
承包商不应对永久工程作任何更改或修改，除非且直到工程师发出指示或同意变更。	（iii）工程任何部分标高、位置和（或）尺寸上的改变；
	（iv）任何工作的删减，除非是由他人在未经当事人同意的情况下进行；
	（v）永久工程所必需的任何附加工作、永久设备、材料或服务，包括任何联合竣工检验、钻孔和其他检验以及勘察工作，或

1999 年版红皮书	2017 年版红皮书
13.2 价值工程 承包商可以随时向工程师提交一份书面建议，如果该建议被采用，它（在承包商看来）将（i）加速完工，（ii）降低雇主实施、维护或运行工程的费用，（iii）对雇主而言能提高竣工工程的效率或价值，或（iv）为雇主带来其他利益。 承包商应自费编制此类建议书，并将其包括在第13.3款【变更程序】所列的条目中。 如果由工程师批准的建议包括一项对部分永久工程的设计的改变，除非双方另有协议，否则： （a）承包商应设计该部分工程， （b）第4.1款【承包商的一般义务】（a）至（d）段将适用，以及 （c）如果此改变造成该部分工程的合同的价值减少，工程师应依据第3.5款【决定】，商定或决定一笔费用，并将之加入合同价格。这笔费用应是以下金额的差额的一半（50%）： （i）由此改变造成的合同价值的减少，不包括依据第13.7款【法规变化作出的调整】和第13.8款【费用变化引起的调整】所作的调整；以及 （ii）考虑到质量、预期寿命或运行效率的降低，对雇主而言，已变更工作价值上的减少（如有时）。 但是，如果（i）的金额少于（ii），则没有该笔费用。 13.3 变更程序 如果工程师在发布任何变更指示之前要求承包商提交一份建议书，则承包商应尽快作出书面反应，要么说明理由为何不能遵守指示（如果未遵守时），要么提交： （a）将要实施的工作的说明书以及该工作实施的进度计划， （b）承包商依据第8.3款对进度计划和竣工时间作出任何必要修改的建议书，以及 （c）承包商对变更估价的建议书。	对工程的实施顺序或时间的变更。除非工程师根据第13.3.1条［指示变更］作出变更指示，否则承建商不得对永久工程作出任何变更及/或修改。 13.2 价值工程 承包商可以随时向工程师提交一份书面建议，如果该建议被采用，它（在承包商看来）将： （a）加速完工； （b）降低雇主实施、维护或运行工程的费用； （c）对雇主而言能提高竣工工程的效率或价值； （d）为雇主带来其他利益。 工程师在收到此类建议书后，应在切实可行范围内尽快作出答复，向承包商发出通知，说明其同意与否。工程师是否同意应由雇主自行决定。承包商在等待答复时不得延误任何工作。 如果工程师对建议表示同意，不论是否有意见，工程师都应指示变更。此后，承包商应提交工程师可能合理要求的任何进一步详细情况，第13.3.1条［指示变更］的最后一款适用，其中应包括工程师考虑在特定条件下双方分担的利益、费用和/或延迟（如有）。 13.3 变更程序 除第13.1条［变更权］另有规定外，工程师应按照下列任何一项程序提出变更： 13.3.1 指示变更 工程师可根据第3.5条［工程师指示］向承包商发出通知（描述所需的变更，并说明对成本记录的任何要求）的变更。

1999 年版红皮书	2017 年版红皮书
工程师在接到上述建议后（依据第 13.2 款【价值工程】或其它规定），应尽快予以答复，说明批准与否或提出意见。在等待答复期间，承包商不应延误任何工作。 工程师应向承包商发出每一项实施变更的指示，并要求其记录费用，承包商应确认收到该指示。每一项变更应依据第 12 款【测量与估价】进行估价，除非工程师依据本款另外作出指示或批准。 13.4 以适用的货币支付 如果合同规定合同价格以一种以上的货币支付，则在按上述规定已商定、批准或决定调整的同时，应规定以每种适用的货币支付的金额。在规定每种货币的金额时，应参照变更工作费用的实际或预期的货币比例以及为支付合同价格所规定的各种货币比例。	承包商应着手实施变更，并应在收到工程师指示之日起 28 天内（或承包商提议并经工程师同意的其他期限）向工程师提交详细详情，包括： （a）对所实施或将要实施的各种工作的描述，包括承包商所采用或将要通过的资源和方法的具体详情； （b）其实施方案以及承包商根据第 8.3 条［方案］对该方案做的任何必要的修改（如有）和完成时间的建议；以及 承包商根据第 12 条［测量和估价］对变更进行估价，提出调整合同价格的建议，并附有佐证详细资料［其中应包括确定任何估计数量，如果承包商因对完工时间的任何必要修改而引起或将产生费用，则应表明承包商认为承包商有权获得的额外付款（如有）。如果当事各方同意删减将由其他人进行的任何工作，承包商的建议也可包括因该项删减而造成的任何利润损失和其他损失和损害（或将要遭受的损失）］。 此后，承包商应提交工程师合理要求的任何进一步详细资料。 随后，工程师应根据第 3.7 条［商定或决定］的规定，同意或确定： （i）工期索赔，如有；和/或 （ii）合同价格的调整（包括根据第 12 条［计量和估价］对变更的估价）（使用不同工程的测量数量） 就第 3.7.3 条［时限］而言，工程师收到承包商提交的文件（包括所要求的任何进一步详细资料）的日期应为第 3.7.3 条规定的协议时限的开始日期）。承包商有权获得该工期索赔和/或合同价格的调整，而不必按照第 20.2 条［付款和/或工期索赔］。

1999 年版红皮书	2017 年版红皮书
13.5 暂定金额 每一笔暂定金额仅按照工程师的指示全部或部分地使用，并相应地调整合同价格。支付给承包商的此类总金额仅应包括工程师指示的且与暂定金额有关的工作、供货或服务的款项。对于每一笔暂定金额，工程师可指示： （a）由承包商实施工作（包括提供永久设备、材料或服务），并按照第13.3款【变更程序】进行估价，和（或） （b）由承包商从指定分包商（第5.1款【指定分包商】中所定义的）处或其他人处购买永久设备、材料或服务，并应加入合同价格： （i）承包商已支付（或将支付）的实际款额，以及 （ii）采用适用的报表中规定的相关百分比（如有时），以此实际款额的一个百分比来计算一笔金额包括上级管理费和利润。如果没有这一相关百分比，则可采用投标函附录中规定的百分比。 当工程师要求时，承包商应出示报价单、发票、凭证以及账单或收据，以示证明。	13.3.2 以建议变更 工程师在指示变更前，可向承包商发出通知以征求建议（描述提议的变更）。 承包商应在切实可行范围内尽快对该通知作出回复，其中之一是： （a）提交建议，该建议应包括第13.3.1条［指示变更］（a）至（c）中所述的事项；或 （b）就第13.1条［变更权］（A）至（C）所描述的事项，说明承建商不能遵从的理由（如属这种情况）。 如果承包商提交了建议，工程师应在收到建议后尽快作出答复，通知承包商他/她是否同意。承包商在等待答复时不得延误任何工作。 如果工程师同意，不论是否有意见，工程师应指示变更。此后，承包商应提交工程师合理要求的任何进一步详细资料和第13.3.1条［指示变更］应适用。 如果工程师不同意该建议，不论是否有意见，如果承包商因提交建议而产生费用，承包商应有权依据第20.2条［付款和/或工期索赔］获得此类费用的支付。 13.4 暂定金额 每一笔暂定金额仅按照工程师的指示全部或部分地使用，并相应地调整合同价格。支付给承包商的此类总金额仅应包括工程师指示的且与暂定金额有关的工作、供货或服务的款项。 对于每一笔暂定金额，工程师可指示： 由承包商实施的工程（包括将要供应的设备、材料或服务），且对合同价格的调整应根据第13.3.1条［指示变更］进行约定或确定；和/或

1999 年版红皮书	2017 年版红皮书
13.6 计日工 对于数量少或偶然进行的零散工作，工程师可以指示规定在计日工的基础上实施任何变更。对于此类工作应按合同中包括的计日工报表中的规定进行估价，并采用下述程序。如果合同中没有计日工报表，则本款不适用。 在订购工程所需货物时，承包商应向工程师提交报价。当申请支付时，承包商应提交此货物的发票、凭证以及账单或收据。 除了计日工报表中规定的不进行支付的任何项目以外，承包商应每日向工程师提交包括下列在实施前一日工作时使用的资源的详细情况在内的准确报表，一式两份： （a）承包商的人员的姓名、工种和工时， （b）承包商的设备和临时工程的种类、型号以及工时，以及 （c）使用的永久设备和材料的数量和型号。 如内容正确或经同意时，工程师将在每种报表的一份上签字并退还给承包商。在将它们纳入依据第 14.3 款【申请期中支付证书】提交的报表中之前，承包商应向工程师提交一份以上各资源的价格报表。	承包商从指定分包商购买的设备、材料、工程或服务（如第 5.2 条［指定分包商］所定义）或其他规定；合同价格应包括： （i）承包商已支付（或应支付）的实际金额；以及 （ii）间接费用和利润之和，以适用计划中规定的相关百分比费率（如有）计算为这些实际金额的百分比。如果没有这样的比率，则应采用合同数据中规定的百分比率。 如果工程师依据本条（a）和/或（b）指示承包商，则该指示可包括要求承包商向其供应商和/或分包商提交拟采购的工程或设备、材料、工程或服务的所有（或部分）项目的报价。此后，工程师可发出通知，指示承包商接受这些报价之一（但此类指示不得作为第 5.2 条［指定分包商］的指示）或撤销该指示。如果工程师在收到报价后 7 天内没有回复，承包商有权根据承包商的决定接受这些报价中的任何报价。 每一份包含临时金额的报表还应包括所有适用的发票、凭单和账目或收据，以证明临时金额。 **13.5 计日工** 如果计日工计划不包括在合同中，本款不适用对于数量少或偶然进行的零散工作，工程师可以指示规定在计日工的基础上实施任何变更。对于此类工作应按合同中包括的计日工报表中的规定进行估价，并采用下述程序。 在为这类工程订购货物（计日工计划中的任何货物除外）之前，承包商应向工程师提交承包商供应商和/或分包商的一份或多份报价。

1999 年版红皮书	2017 年版红皮书
13.7 法规变化引起的调整 如果在基准日期以后，能够影响承包商履行其合同义务的工程所在国的法律（包括新法律的实施以及现有法律的废止或修改）或对此法律的司法的或官方政府的解释的变更导致费用的增减，则合同价格应作出相应调整。 如果承包商由于此类在基准日期后所作的法律或解释上的变更而遭受了延误（或将遭受延误）和/或承担（或将承担）额外费用，承包商应通知工程师并有权依据第 20.1 款【承包商的索赔】，要求： （a）根据第 8.4 款【竣工时间的延长】的规定，获得任何延长的工期，如果竣工已经或将被延误；以及 （b）支付任何有关费用，并将之加入合同价格。 在接到此通知后，工程师应按照第 3.5 款【决定】的规定，对此事作出商定或决定。	此后，工程师可指示承包商接受其中一项报价（但这种指示不得视为根据第 5.2 条［指定分包商］发出的指示）。如果工程师在收到报价后 7 天内没有指示承包商，承包商应有权接受这些报价中的任何一个，由承包商自行决定。 除计日工计划规定付款未到期的任何项目外，承包商应每天向工程师交付一式两份（和一份电子副本）的确切报表，其中应包括头一天日工用的资源记录（如第 6.10 条［承包商记录］中所述）。 每份报表的一份副本，如果正确并经同意，应由工程师签字，并迅速退还承包商。如果不正确或同意，工程师应根据第 3.7 条［商定或决定］同意或确定资源（就第 3.7.3 条［时限］而言，承包商完成根据本条更改的工程的日期应为根据第 3.7.3 条达成协议的时限开始日期）。 在下一份报表中，承包商应将商定或确定的资源的价格表连同所有适用的发票、凭单和账户或收据一起提交给工程师，以证实在日工中使用的任何货物（在日工计划中定价的货物除外）。 除计日工计划表另有规定外，计日工表中的费率和价格应视为包括税收、间接费用和利润。 13.6 法规变化引起的调整 在不违反本款下列规定的情况下，合同价格应考虑到因下列情况而引起的费用增加或减少作出调整： （a）国家法律（包括引入新法律和废止除或修订现有法律）； （b）对上条（a）所述法律的司法或官方解释或施行；

1999 年版红皮书	2017 年版红皮书
13.8 费用变化引起的调整 在本款中，"数据调整表"是指投标函附录中包括的调整数据的一份完整的报表。如果没有此类数据调整表，则本款不适用。 如果本条款适用，应支付给承包商的款额应根据劳务、货物以及其他投入工程的费用的涨落进行调整，此调整根据所列公式确定款额的增减。如果本款或其他条款的规定不包括对费用的任何涨落进行充分补偿，接受的合同款额应被视为已包括了其他费用涨落的不可预见费的款额。 对于其他应支付给承包商的款额，其价值依据合适的报表以及已证实的支付证书决定，所作的调整应按支付合同价格的每一种货币的公式加以确定。此调整不适用于基于费用或现行价格计算价值的工作。公式常用的形式如下： $Pn = a + b \cdot Ln/Lo + c \cdot Mn/Mo + d \cdot En/Eo + \cdots \cdots$ 其中： "Pn"是对第"n"期间内所完成工作以相应货币所估算的合同价值所采用的调整倍数，这个期间通常是 1 个月，除非投标函附录中另有规定； "a"是在相关数据调整表中规定的一个系数，代表合同支付中不调整的部分； "b""c""d"相关数据调整表中规定的一个系数，代表与实施工程有关的每项费用因素的估算比例，此表中显示的费用因素可能是指资源，如劳务、设备和材料； "Ln""En""Mn"···是第 n 期间时使用的现行费用指数或参照价格，以相关的支付货币表示，而且按照该期间（具体的支付证书的相关期限）最后一日之前第 49 天当天对于相关表中的费用因素适用的费用指数或参照价格确定；以及 "Lo""Eo""Mo"···是基本费用指数或参照价格，以相应的支付货币表示，按照在基	(c) 雇主或承包商根据第 1.13 条[符合法律规定]（A）或（B）款分别取得的任何许可证、许可证或批准；或 (d) 承包商根据[符合法律规定]（B）款所须取得的任何许可证、许可、牌照及/或批准的规定， 在基准日期后作出和/或正式公布，这影响到承包商履行合同规定的义务。在本款中，"法律变更"是指根据上条（a）（b）（c）和/或（d）所作的任何改动。 如果承包商因法律变更而延迟和/或导致成本增加，则承包商应有权依据第 20.2 条[付款和/或工期索赔]得到工期索赔和/或此类成本的支付。 如果由于法律的任何变化而导致成本下降，雇主有权根据第 20.2 条[付款和/或工期索赔]降低合同价格。 如果由于法律的任何变化，有必要对工程的执行作出任何调整： (i) 承包商应立即向工程师发出通知，或 (ii) 工程师应及时向承包商发出通知（附详细的支持材料）。 随后，工程师应根据第 13.3.1 条[指示变更]或根据第 13.3.2 条[要求建议变更]做出指示变更。 13.7 费用变化引起的调整 如果成本指数化附表没有包括在本合同，则本款不适用。 应付承包商的款项应按工程的劳动、货物和其他投入成本的涨落进行调整，办法是按成本指数化附表计算的数额增加或扣减。 如果本条款或这些条件的其他条款未涵盖成本的任何涨落的完全补偿，则

1999 年版红皮书	2017 年版红皮书
准日期时相关表中的费用因素的费用指数或参照价格确定。 应使用数据调整表中规定的费用指数或参照价格。如果对其来源持怀疑态度，则由工程师确定该指数或价格。为此，为澄清其来源之目的应参照指定日期（如表中第 4 栏和第 5 栏分别所列）的指数值，尽管这些日期（以及这些指数值）可能与基本费用指数不符。 当"货币指数"（表中规定的）不是相应的支付货币时，此指数应依照工程所在国的中央银行规定的在以上所要求的指数适用的日期，该相应货币的售出价转换成相应的支付货币。 在获得所有现行费用指数之前，工程师应确定一个期中支付证书的临时指数。当得到现行费用指数之后，相应地重新计算并作出调整。 如果承包商未能在竣工时间内完成工程，则应利用下列指数或价格对价格作出调整（ⅰ）工程竣工时间期满前第 49 天当天适用的每项指数或价格，或（ⅱ）现行指数或价格：取其中对雇主有利者。 如果由于变更使得数据调整表中规定的每项费用系数的权重（系数）变得不合理、失衡或不适用时，则应对其进行调整。	被接受的合同金额应被视为包括支付其他成本涨落的应急费用的金额。 支付证书应计算根据合同价格应支付的货币。基于成本或当前价格，不得对工程价值进行调整。 在获得所有现行费用指数之前，工程师应确定一个期中支付证书的临时指数。当得到现行费用指数之后，相应地重新计算并作出调整。 如果承包商未能在竣工时间内完成工程，则应利用下列指数或价格对价格作出调整 （ⅰ）工程竣工时间期满前第 49 天当天适用的每项指数或价格，或 （ⅱ）现行指数或价格：取其中对雇主有利者。

2017 年版红皮书加强和拓展了工程师的地位和作用，同时强调工程师的中立性；更加强调在风险与责任分配及各项处理程序上业主和承包商的对等关系。[1]2017 年版红皮书"合同变更"的相关特点如下：

首先，无论是在 1999 年版红皮书还是在 2017 年版红皮书中，能够对合同进行变更的只有工程师和承包商，并且变更指示必须由工程师作出，虽然在 FIDIC 红皮书框架下，合同的主体是发包方（业主）和承包商。但是，业主并不能直接作出合同变更的指示。一般而言，工程师是由业主直接进行任命的，其必须按照业主的要求根据施工情况对合同变更作出具体安排，或者

---

〔1〕 陈勇强、张水波、吕文学：《2017 年版 FIDIC 系列合同条件修订对比》，载《国际经济合作》2018 年第 5 期，第 47 页。

自己也可以在承包方的建议下对合同作出变更指示，但无论是基于何种建议或命令，合同变更的指示都必须由工程师作出，此为一道必经的程序，必须严格遵从。在工程变更中，工程师发布的变更指示涉及工程内容的调整、工期的延长，价款的增减等和业主及承包商的权利、义务等有关事项。从效力上来看，主要可以概括为以下几点：承包方和业主的权利义务、对承包方的要求或者根据承包方的建议作出的指示、对承包方相关文件的确认或不确认出具意见等，这些变更指示有些是由工程师直接作出，有些是根据承包方的建议作出的指示。但无论怎样，变更指令都需要由工程师签发，因而其效力等同。例如合同中作出明确约定，工程师对变更事由有最终的裁决权，则该指示对承发包双方均有最终约束力，但是，如果工程师对变更事由没有裁决权时，该变更的效力则根据民事代理的一般原则进行处理。

其次，虽然工程变更的指示是由工程师作出，承包方也可以向工程师提出对工程进行变更的建议。但是，工程变更仍以发包方为主导。工程师必须在业主的授权范围内对工程进行变更。故而，工程师所作出的决定代表了发包方的决定。因此，工程师作出变更指示之时，即使价格、工期等因素还未确定，承包方也应当依照工程师的指示进行变更，但如果是承包方提出的建议，则涉及工期、费用等事项的变更，必须经过发包方同意后才能进行。因而，在 FIDIC 红皮书框架下的合同变更，发包方具有很大的权力。当然，由于建筑施工合同周期长、工程复杂等特点，发生合同变更的因素很多，但并非所有导致费用增减的情形都会必然形成变更，只有在施工合同协议中约定的情形才能成为变更的情形。因此，发生工程变更的原因并非承包方存在过错导致的，也有可能是因为承包方在具体的施工过程中，为了改善施工方法以便更好地促成工程完工。此外，也有可能是因为发包方在施工过程中提出与原合同不一致的要求，从而导致原有工程发生变动。

此外，例如根据 2017 年版红皮书第 13.4 款的规定，如果工程师依据本条工程变更指示承包商，则该指示可包括要求承包商向其供应商和/或分包商提交拟采购的工程或设备、材料、工程或服务的所有（或部分）项目的报价。而后工程师可发出通知，指示承包商接受这些报价之一（但此类指示不得作为第 5.2 条［指定分包商］的指示）或撤销该指示。如果工程师在收到报价后 7 天内没有回复，承包商有权根据承包商的决定接受这些报价中的任何报价。每一份包含临时金额的报表还应包括所有适用的发票、凭单和账目或收据，以证明临时金额。当然，如果对于数量少或偶然进行的零散工作，根据第13.5款的规定，工程师可以指示规定在计日工的基础上实施任何变更。并依照如下程序：在为这类工程订购货物（计日工计划中的任何货物除外）之前，承包商应向工程师提交承包商供应商和/或分包商的一份或多份报价。此后，工程师可指示承包商接受其中一项报价（但这种指示不得视为根据第5.2条［指定分包商］发出的指示）。如果工程师在收到报价后7天内没有指示承包商，承包商应有权接受这些报价中的任何一个，由承包商自行决定。除日工计划规定付款未到期的任何项目外，承包商应每天向工程师交付一式2份（和一份电子副本）的确切报表，其中应包括头一天日工用的资源记录（如第6.10条［承包商记录］所述）。每份报表的一份副本，如果正确并经同意，应由工程师签字，并迅速退还承包商。如果不正确或同意，工程师应根据第3.7条［商定或决定］同意或确定资源（就第3.7.3条［时限］而言，承包商完成根据本条更改的工程的日期应为根据第3.7.3条达成协议的时限开始日期）。在下一份报表中，承包商应将商定或确定的资源的价格表连同所有适用的发票、凭单和账户或收据一起提交给工程师，以证实在日工中使用的任何货物（在日工计划中定价的货物除外）。除日工计划表另有规定外，日工表中的费率和价格应视为包括税收、间接费用和利润。

最后，虽然工程变更的指示是由工程师作出，但相较于1999年版红皮书的相关规定内容，2017年版红皮书对变更指令的发布有更严格的程序要求。例如，2017年版红皮书要求工程师可根据第3.5条［工程师指示］向承包商发出通知（描述所需的变更，并说明对成本记录的任何要求）的变更。承包商应着手实施变更，并应在收到工程师指示之日起28天内（或承包商提议并经工程师同意的其他期限）向工程师提交详细详情。此外，变更前的工程承包合同，除了被改变的部分外，其他部分仍然有效，承包方需按照合同约定继续履行，而发生变更的部分，原约定不再有效，承包方和发包方的权利义务重新调整，承包方需要按照新的约定继续履行合同。[1]

在2017年版红皮书中，工程变更会产生三方面效力：

其一，变更会导致部分合同金额发生改变。根据红皮书的规定，针对一

---

［1］ 黄亚江等：《2017版FIDIC新红皮书承包商主要义务条款解读》，载《中国港湾建设》2022年第1期，第77~82页。

些变更较小的附带性工作，主要按照合同中的计日工作计划表进行估价，工程师可以指示按计日工作实施。

而一般的变更，需要经过估价后，由工程师指示以暂列金额支付由承包商实施的工作（包括工程设备、材料或服务）。虽然计日工作和暂列金额在原合同中有规定，但未变更工作支付合同款前，合同价格包括承包商已支付（或应支付）的实际金额，以及间接费用和利润之和，以适用计划中规定的相关百分比费率（如有）计算为这些实际金额的百分比。如果没有这样的比率，则应采用合同数据中规定的百分比率。所以，尽管变更引起的合同款增加的资金来源、计量方式在原合同中有规定，有的变化产生的合同金额的改变会另行确定。

其次，基于实施变更后的工程，原合同规定的工期会发生改变。2017 年版红皮书第 8.5 款［竣工时间的延长］规定，如果由于下述任何原因致使承包商对第 10.1 款中的竣工在一定程度上遭到或将要遭到延误，承包商有权依据第 20.2 条［付款和/或工期索赔］提出工期延长，其中就包括变更（除非不要求遵守第 20.2 款［关于付款和/或工期索赔］）。

最后，原工程会发生改变，且基于这种改变可能产生合同另一方的损害赔偿请求权。2017 年版红皮书列举的变更情形，除了情势变更的情形外，还包括了：对合同中任何工作的工程量的改变（此类改变并不一定必然构成变更）、任何工作质量或其他特性上的变更、工程任何部分标高、位置和（或）尺寸上的改变、任何工作的删减，除非是由他人在未经当事人同意的情况下进行、永久工程所必需的任何附加工作、永久设备、材料或服务，包括任何联合竣工检验、钻孔和其他检验以及勘察工作，或对工程的实施顺序或时间的变更。

（二）关于"索赔"条款

1999 年版红皮书"索赔"	2017 年版红皮书"索赔"
20.1 承包商的索赔如果承包商根据本合同条件的任何条款或参照合同的其他规定，认为他有权获得任何竣工时间的延长和（或）任何附加款项，他应通知工程师，说明引起索赔的事件或情况。该通知应尽快发出，并应	20.1 索赔 可能会出现下列索赔： （a）如果雇主认为其有权获得承包商的任何额外付款（或降低合同价格）和（或）延长缺陷通知期；

续表

1999 年版红皮书"索赔"	2017 年版红皮书"索赔"
不迟于承包商开始注意到，或应该开始注意到，这种事件或情况之后 28 天。 如果承包商未能在 28 天内发出索赔通知，竣工时间将不被延长，承包商将无权得到附加款项，并且雇主将被解除有关索赔的一切责任。否则本款以下规定应适用。 承包商还应提交一切与此类事件或情况有关的任何其他通知（如果合同要求），以及索赔的详细证明报告。	（b）如果承包商认为其商有权从雇主和/或工期索赔获得任何额外付款；或。 （c）如果任何一方认为其有权获得对另一方的其他权利或救济。该其他权利或济助可属任何种类（包括与工程师的任何证明书、决定、指示、通知、意见或估价有关），但如涉及上条（A）及/或（B）所提述的任何权利，则属例外。 如属根据上条（A）或（B）项提出的索赔，则适用第 20.2 条［付款和/或工期索赔］。 对于根据上条（C）提出的索赔，如果另一方或工程师不同意所要求的权利或救济（或如果他/她在合理时间内未作出答复，则被视为不同意），争议不应被视为已产生，但索赔方可通过发出通知将索赔提交工程师，并适用第 3.7 条［商定或决定］。本通知应在索赔方知道到不同意（或被视为不同意）并包括索赔方的案情和另一方或工程师的不同意（或视为不同意）的具体情况后，在切实可行的范围内尽快发出。 20.2 对付款和/或工期的索赔 如果任何一方认为其有权根据这些条件的任何条款或与合同有关的其他约定，获得另一方的任何额外付款（或就雇主而言，合同价格的降低）和（或）工期索赔（就承包商而言）或延长缺陷通知期（就雇主而言），则应适用下列索赔程序： 索赔通知 索赔方应尽快向工程师发出通知，说明引起缺陷通知期的费用、损失、延误或延期的事件或情况，为此尽快予以索赔。在其知道或应已知道事件或情况后 28 天内提出索赔（在这些情况下的"索赔通知"）。

1999 年版红皮书"索赔"	2017 年版红皮书"索赔"
承包商应在现场或工程师可接受的另一地点保持用以证明任何索赔可能需要的同期记录。工程师在收到根据本款发出的上述通知后，在不必事先承认雇主责任的情况下，监督此类记录的进行，并（或）可指示承包商保持进一步的同期记录。承包商应允许工程师审查所有此类记录，并应向工程师提供复印件（如果工程师指示的话）。 在承包商开始注意到，或应该开始注意到，引起索赔的事件或情况之日起 42 天内，或在承包商可能建议且由工程师批准的此类其他时间内，承包商应向工程师提交一份足够详细的索赔，包括一份完整的证明报告，详细说明索赔的依据以及索赔的工期和（或）索赔的金额。如果引起索赔的事件或情况具有连续影响： （a）该全面详细的索赔应被认为是临时的； （b）承包商应该按月提交进一步的临时索赔，说明累计索赔工期和（或）索赔款额，以及工程师可能合理要求的此类进一步的详细报告；以及 （c）在索赔事件所产生的影响结束后的 28 天内（或在承包商可能建议且由工程师批准的此类其他时间内），承包商应提交一份最终索赔报告。 在收到索赔报告或该索赔的任何进一步的详细证明报告后 42 天内（或在工程师可能建议且由承包商批准的此类其他时间内），工程师应表示批准或不批准，不批准时要给予详细的评价。他可能会要求任何必要的进一步的详细报告，但他应在这段时间内就索赔的原则作出反应。 每一份支付证明应将根据相关合同条款应支付并已被合理证实此类索赔金额纳入其中。如果承包商提供的详细报告不足以证明全部的索赔，则承包商仅有权得到已被证实的那部分索赔。	如果索赔方未能在 28 天内发出索赔通知，则索赔方无权获得任何额外付款，合同价格不应降低（如果雇主是索赔方）、完成时间（承包商为索赔方）或缺陷通知期（雇主作为索赔方）不得延长，而另一方应免除与引起索赔的事件或情况有关的任何责任。 20.2.2 工程师的初步回复 如果工程师认为索赔方没有在根据第 20.2.1 条［索赔通知］规定的 28 天期限内发出索赔通知，工程师应在收到索赔通知后 14 天内相应地（附理由）向索赔方发出通知。 如果工程师在这 14 天的期限内没有发出这样的通知，则索赔通知应被视为有效的通知。如果另一方不同意这种被认为有效的索赔通知，另一方应向工程师发出通知，其中应包括不同意的具体意见。此后，根据第 20.2.5 条［索赔的商定或决定］对索赔的商定或决定应包括工程师对这种分歧的审查。 如果索赔方收到工程师根据本款发出的通知，并不同意工程师的意见，或认为有情况证明有理由迟交索赔通知，则索赔方应在其根据第 20.2.4 款条［充分详细的索赔］提出的全部详细索赔中列入这种分歧的细节，或说明逾期提交索赔原因是合理的（视情况）。 同期记录 在本第 20.2 条中，"同期记录"是指同时或立即在引起索赔的事件或情况之后同时编制或生成的记录。 索赔方应保存必要的同期记录，以证实索赔。 在尚未确认雇主的责任的情况下，工程师可以监督承包商的同期记录和/或指示承包商保存更多的同期记录。承包商应允许工程师在正常工作时间（或承包

1999 年版红皮书"索赔"	2017 年版红皮书"索赔"
工程师应根据第 3. 5 款【决定】，表示同意或作出决定：(i) 根据第 8. 4 款【竣工时间的延长】的规定延长竣工时间（在其终止时间之前或之后）（如果有的话），以及（或者）；(ii) 根据合同承包商有权获得的附加款项（如果有的话）。 除本款的规定外，还有许多其他条款适用于索赔。如果承包商未能遵循本款或其他有关索赔的条款的规定，则在决定竣工时间的延长和（或）额外款项时，要考虑这种未遵循（如果有的话）已妨碍或影响索赔调查的程度，除非根据本款第二段该索赔已被排除。	商同意的其他时间）检查所有这些记录，并应在接到指示时向工程师提交副本。工程师的这种监督、检查或指示（如有）并不应意味着接受承包商当代记录的准确性或完整性。 20. 2. 4 充分详细的索赔 在本款第 20. 2 条中，"充分详细的索赔"是指包括提交下列材料： (a) 对引起索赔的事件或情况的详细描述； (b) 关于索赔的合同和/或其他法律依据的说明； (c) 索赔方所依据的全部同期记录；和 (d) 索赔的额外付款数额（或作为索赔方的雇主的合同价格减少额）和/或索赔的工期索赔的详细资料（承包商的索赔）或索赔缺陷通知期的延期（雇主的索赔）。 以下之一： (i) 在索赔方知悉或本应知悉引起索赔的事件或情况后 84 天，或 (ii) 由索赔方提出并经工程师同意的其他期间（如有），索赔方须向工程师提交一份完整的详细索赔材料。 如果索赔方在此期限内未提交上条（b）规定的陈述，则索赔通知应视为已失效，不再被视为有效通知，工程师应在此时限届满后 14 天内相应地向索赔方发出通知。 如果工程师在这 14 天的期限内没有发出这样的通知，则索赔通知应被视为有效的通知。如果另一方不同意这种被认为有效的索赔通知，另一方应向工程师发出通知，其中应包括不同意的详细资料。此后，根据第 20. 2. 5 条款［对索赔的商议或确定］对索赔的协议或决定应包括工程师对这种分歧的审查。

1999 年版红皮书"索赔"	2017 年版红皮书"索赔"
	如果索赔方收到工程师根据本款第 20. 2. 4 条发出的通知，如果索赔方不同意这一通知，或认为有情况证明有理由迟交上条（B）项下的陈述，则完整详细的索赔应包括索赔方不同意的详细材料或延迟提交的理由（视情况而定）。如果引起索赔的事件或情况具有持续影响，则适用第 20. 2. 6 条［持续影响索赔］。
	同意或确定索赔
	在根据第 20. 2. 4 条［充分详细的索赔］或第 20. 2. 6 条［继续影响的索赔］的规定接收到充分详细的索赔后，工程师应按照第 3. 7 条［商定或决定］的规定进行同意或确定：
	（a）索赔方有权获得的额外付款（如有），或降低合同价格（如雇主作为索赔方）；和/或
	（b）根据第 8. 5 条［延长竣工时间］（如果承包商作为索赔方）延长竣工时间（如有）（在其到期之前），或根据第 11. 3 条［延长缺陷通知期］（雇主作为索赔方）延长缺陷通知期（如有）。
	如果工程师已根据第 20. 2. 2 条［工程师的初步答复］和/或根据第 20. 2. 4 条［充分详细的索赔］发出通知，则索赔仍应按照第 20. 2. 5 条的规定予以同意或确定。对索赔的商定或决定应包括是否应将索赔通知视为有效通知，同时考虑到索赔方不同意该通知的具体要求（如有），或迟交索赔资料的理由（视情况）。可以考虑的情况（但不具约束力）包括如下：
	另一方是否会在多大程度上因接受迟交的索赔资料而受到损害；
	在根据第 20. 2. 1 条［索赔通知］规定的时限的情况下，另一方对此前所知道

1999 年版红皮书"索赔"	2017 年版红皮书"索赔"
	的导致索赔的事件或情况的任何证据都应包括在其支持的详细资料中；和/或就第 20.2.4 条 [充分详细的索赔] 而言，另一方任何事先知道的索赔的合同和/或其他法律依据的证据，索赔方可在其佐证详细资料中包括这些证据。 如果收到了根据第 20.2.4 条 [充分详细的索赔] 的充分详细的索赔，或者在根据第 20.2.6 条 [持续影响的索赔] 的索赔的情况下，工程师需要一份临时或最终的充分详细的索赔 (视情况)，工程师需提供必要的附加详情： (i) 工程师应及时向索赔方发出通知，说明其需要的其他详细资料和需要的理由； (ii) 但是，他/她应在第 3.7.3 条 [时限] 规定的协商期限内，通过向索赔方发出通知，就索赔的合同或其他法律依据作出回复； (iii) 索赔方在收到上条第 (i) 规定的通知后，应尽快提交补充资料； (iv) 随后，工程师应根据第 3.7 条 [商定或决定] 的规定，商定或确定上述 (a) 和/或 (b) 项下的事项。并且，就第 3.7.3 条 [时限] 而言，工程师收到索赔方的补充的详细资料的日期应为第 3.7.3 款规定的协商期限的开始日期。 20.2.6 持续影响的索赔 如果根据第 20.2 条引起索赔的事件或情况具有持续效力： (a) 根据第 20.2.4 条 [充分详细的索赔] 提交的充分详细的索赔应视为临时索赔； (b) 关于该第一个临时充分详细的索赔，工程师应在根据第 3.7.3 条 [时限] 规定的商议期限内，向索赔方发出通知，说明索赔的合同或其他法律依据。

1999 年版红皮书"索赔"	2017 年版红皮书"索赔"
	（c）在提交第一份临时充分索赔后，索赔方应按月间隔提交进一步的临时充分详细索赔，提供所要求的额外付款的累计数额（或者降低合同价格，如雇主为索赔方）和/或要求延长工期（如果承包商是索赔方），或延长缺陷通知期（如果雇主是索赔方）；
	（d）索赔方应在由事件或条件产生的影响结束后 28 天内，或在由索赔方提出并经工程师同意的其他期限内提交最终充分详细的索赔。该最终完全详细的索赔应提供所要求的额外付款的累计数额（或者降低合同价格，如雇主为索赔方）和/或要求延长工期（如果承包商是索赔方），或延长缺陷通知期（如果雇主是索赔方）。
	20. 2. 7 一般要求
	在收到索赔通知后，并在根据第 20.2. 条［索赔的商定或决定］同意或确定索赔之前，工程师应在每一份付款证书中列入根据合同有关规定应付给索赔方的任何索赔的合理证明数额。
	雇主仅有权要求承包商支付任何款项和/或延长缺陷通知期，或根据第 20.2 条的规定，从承包商的任何款项中抵扣或扣减任何款项。
	本款第 20.2 条的要求是对可能适用于索赔的任何其他条款的要求的补充。如果索赔方没有遵守与索赔有关的本条款或任何其他条款，任何额外的付款和/或任何工期索赔（如果承包商是索赔方）或延长缺陷通知期（如果雇主是索赔方），则应考虑到因违约而阻碍或妨碍工程师对索赔进行适当调查的程度（如有）。

根据 1999 年版红皮书和 2017 年版红皮书合同文本的规定，索赔一词是

由英语单词 claim 翻译过来的，FIDIC 合同中的索赔是指当事人在工程合同实施过程中根据法律的规定、合同的约定及施工的惯例，对当事人并非由于自己的过错，而是属于应由合同对方承担责任的情况造成，且实际发生了损失，向对方提出给予补偿的要求。而 1999 年版红皮书，在提到承包商索赔时指出："如果承包商认为，根据本条件任何条款或与合同有关的其他文件，他有权得到竣工时间的任何延长和（或）任何追加付款。"在提到雇主索赔时又指出："如果雇主认为根据本条件任何条款，或合同有关的另外事项，他有权得到任何付款，和（或）对缺陷通知期限的任何延长。"从条文来看，1999 年版红皮书中的索赔与当事方过错、损失并不绝对联系。2017 年版红皮书，在提到雇主和承包商的索赔时指出，如果雇主认为其有权获得承包商的任何额外付款（或降低合同价格）和（或）延长缺陷通知期；如果承包商认为其商有权从雇主和/或工期索赔获得任何额外付款；或如果任何一方认为其有权获得对另一方的其他权利或救济。该其他权利或济助可属任何种类（包括与工程师的任何证明书、决定、指示、通知、意见或估价有关），但如涉及上条（A）及/或（B）所提述的任何权利，则属例外。

此外，相较于 1999 年版红皮书、2017 年版红皮书在 20.2.3 款［索赔通知］规定了索赔方形式要件，规定索赔方应尽快向工程师发出通知，说明引起缺陷通知期的费用、损失、延误或延期的事件或情况，为此尽快予以索赔。在其知道或应已知道事件或情况后 28 天内提出索赔。如果索赔方未能在 28 天内发出索赔通知，则索赔方无权获得任何额外付款，合同价格不应降低（如果雇主是索赔方）、完成时间（承包商为索赔方）或缺陷通知期（雇主作为索赔方）不得延长，而另一方应免除与引起索赔的事件或情况有关的任何责任。相较于 1999 年版红皮书而言，2017 年版红皮书删除了关于"该通知应尽快发出，并应不迟于承包商开始注意到，或应该开始注意到，这种事件或情况之后 28 天"的相关表述，具有很大的进步意义。因为判断承包商应已注意到具有很强的主观性，一旦出现索赔事项，需要以此作为责任划分的标准，因而这些在实践中需要有严格的证据来予以证明。此外，索赔方应保存必要的同期记录，以证实索赔。在尚未确认雇主的责任的情况下，工程师可以监督承包商的同期记录和/或指示承包商保存更多的同期记录。承包商应允许工程师在正常工作时间（或承包商同意的其他时间）检查所有这些记录，并应在接到指示时向工程师提交副本。工程师的这种监督、检查或指示（如有）

并不应意味着接受承包商当代记录的准确性或完整性。需要说明的是，根据第20.2.2款的规定，在索赔方知悉或本应知悉引起索赔的事件或情况后84天，或由索赔方提出并经工程师同意的其他期间（如有），索赔方须向工程师提交一份完整的详细索赔材料。相比较于1999年版红皮书的"承包商在28天内随索赔通知提交的详细证明报告应被视为临时的，其最终的索赔报告和完整的证明报告应在承包商开始注意到，或应该开始注意到引起索赔的事件或情况之日起42天内，或在承包商可能建议且由工程师批准的此类其他时间内提交给工程师"，除了在时间上延长之外，对于索赔方的要求明显降低了。

最后，根据2017年版红皮书的规定，如果承包商认为工程已经有所变更，承包商可以寻求按照FIDIC合同条件有关条款进行计算的价格调整。如承包商认为其有权获得价格调整，那么向工程师发出通知的规定就是其最终能否获得此项权利的先决条件。具体而言："如果承包商未能在上述28天期限内发出索赔通知，则竣工时间不得延长，承包商应无权获得追加付款，而雇主应免除有关该索赔的全部责任。"而且，承包商还应保持用以证明任何索赔所需的有关费用和其他数据的同期记录。一旦承包商已提交索赔，则首先须由工程师决定承包商能否获得额外补偿。在工期延误问题上，对于误期问题的规定，FIDIC红皮书是在三个文本中是最详细的。其中最重要的规定是FIDIC合同条件第8款，这一条款包含了发生误期时各方责任分配的基本原则。第8.4款规定的是承包商有权获得延长竣工时间的情形。比如，承包商对因以下原因导致的误期有权延长竣工时间：变更（除非已根据第I 3.3款［变更程序］的规定，商定调整了竣工时间），或合同中某项工作量的显著变化；根据本条件某款，有权获得延长期的原因；异常不利的气候条件；由于流行病或政府行为造成可用的人员或货物的不可预见的短缺；或由雇主、雇主人员、或在现场的雇主的其他承包商造成或引起的任何延误、妨碍或阻碍。

（三）关于"不可抗力"条款

1999年版红皮书	2017年版红皮书
19. 不可抗力 19.1 不可抗力的定义 在本条中，"不可抗力"的含义是指如下所述的特殊事件或情况：	18. 例外事件 18.1 例外事件 "例外事件"是指下列事件或情况： （i）非当事方所能够控制的；

1999 年版红皮书	2017 年版红皮书
（a）一方无法控制的， （b）在签订合同前该方无法合理防范的， （c）情况发生时，该方无法合理回避或克服的，以及 （d）主要不是由于另一方造成的。 只要满足上述（a）至（d）段所述的条件，不可抗力可包括（但不限于）下列特殊事件或情况： （i）战争、敌对行动（不论宣战与否）、入侵、外敌行动， （ii）叛乱、恐怖活动、革命、暴动、军事政变或篡夺政权，或内战， （iii）暴乱、骚乱、混乱、罢工或停业，完全局限于承包商的人员以及承包商和分包商的其他雇员中间的事件除外， （iv）军火，炸药，离子辐射或放射性污染，由于承包商使用此类军火，炸药，辐射或放射性的情况除外， （v）自然灾害，如地震、飓风、台风或火山爆发。 19.2 不可抗力的通知 如果由于不可抗力，一方已经或将要无法依据合同履行他的任何义务，则该方应将构成不可抗力的事件或情况通知另一方，并具体说明已经无法或将要无法履行的义务、工作。该方应在注意到（或应该开始注意到）构成不可抗力的相应事件或情况发生后 14 天内发出通知。 在发出通知后，该方应在此类不可抗力持续期间免除此类义务的履行。 不论本条中其他款作何规定，不可抗力的规定不适用于任一方依据合同向另一方进行支付的义务。	（ii）当事人订立合同前未能合理约定的； （iii）如有发生，则该方不可能合理地避免或克服；及 （a）例外事件可包括但不限于下列任何事件或情况，但须符合以上（i）至（iv）的条件： （b）战争、敌对行动（不论是否宣战）、侵略、外敌行为； （c）叛乱、恐怖主义、革命、叛乱、军事或篡夺权力或内战； （d）罢工或停工，而不只是涉及承包商人员和承包商和分包商的其他雇员； （e）遭遇战争弹药、爆炸材料、电离辐射或无线电活动污染，但可归因于承包商使用此类弹药、爆炸物、辐射或无线电活动的除外；或 （f）自然灾害，如地震、海啸、火山活动、飓风或台风。 18.2 例外事件的通知 如果一方当事人因特殊事件（本条款中的"受影响方"）而无法或将无法履行合同规定的任何义务，则受影响方应向另一方发出此种例外事件的通知，并应具体说明其履行或将被阻止履行的义务（本条款中的"防止的义务"）。 本通知应在受影响方知道到或应知道到该特殊事件后 14 天内发出，然后，受影响方应从例外事件阻止履行此种义务之日起免除履行此种义务的义务。如果另一方在 14 天后收到本通知，则受影响方应仅从另一方收到本通知之日起免除履行不履行义务的义务。 此后，受影响方应在这种特殊事件妨碍受影响方履行义务的情况下，免除履行所妨碍的义务。除履行不履行的义务外，不得免除受影响方履行合同规定的所有其他义务。

1999 年版红皮书	2017 年版红皮书
19.3 减少延误的责任 只要合理，自始至终，每一方都应尽力履行合同规定的义务，以减少由于不可抗力导致的任何延误。 当不可抗力的影响终止时，一方应通知另一方。 19.4 不可抗力引起的后果 如果由于不可抗力，承包商无法依据合同履行他的任何义务，而且已经根据第 19.2 款【不可抗力的通知】，发出了相应的通知，并且由于承包商无法履行此类义务而使其遭受工期的延误和（或）费用的增加，则根据第 20.1 款【承包商的索赔】，承包商有权： （a）根据第 8.4 款【竣工时间的延长】的规定，就任何此类延误获得延长的工期，如果竣工时间已经（或将要）被延误，以及 （b）获得任何此类费用的支付款额，如果发生了如第 19.1 款【不可抗力的定义】中（i）至（iv）段所描述的事件或情况，以及如果在工程所在国发生了如（ii）至（iv）段中所述的事件或情况。 在收到此类通知后，工程师应根据第 3.5 款【决定】对上述事宜表示同意或作出决定。 19.5 不可抗力对分包商的影响 如果根据有关工程的任何合同或协议，分包商有权在附加的或超出本款规定范围之外的不可抗力发生时解除其义务，则在此类附加的或超出的不可抗力事件或情况发生时，承包商应继续工作，且他无权根据本款解除其履约义务。 19.6 可选择的终止、支付和返回 如果由于不可抗力，导致整个工程的施工无法进行已经持续了 84 天，且已根据第 19.2 款【不可抗力的通知】发出了相应的通知，或如果由于同样原因停工时间的总和已经超过了 140 天，则任一方可向另一方发出终止合同的通知。在这种情况下，合同将在通知发	但是，任何一方根据合同向另一方支付款项的义务，不得因例外情况而免除。 18.3 尽量减少延误的责任 各方应在任何时候尽一切合理努力，尽量减少因特殊事件而造成的合同履行中的任何延误。 如果例外事件具有持续影响，受影响方应在根据第 18.2 条 [例外事件的通知] 发出第一次通知后每 28 天再发出一次说明该效果的通知。 当受影响方不再受例外事件影响时，受影响方应立即向另一方发出通知。如果受影响方没有这样做，另一方可向受影响方发出通知，说明认为受影响方的履约不再因例外事件而受到阻碍，并附理由。 18.4 例外事件的后果 如果承包商是受影响方，并因其根据第 18.2 条 [例外事件的通知] 发出通知的例外事件而受到拖延和/或引起费用，承包商应有权依据第 20.2 条 [付款和/或工期索赔]： （a）工期索赔；及/或 （b）如该例外事件属第 18.1 条 [例外事件]（a）至（e）所规定的性质，而且属于（b）至（e）的情况，则该等费用在该国发生。 18.5 选择终止 如果由于根据第 18.2 款 [特殊事件通知] 已发出通知的特殊事件而连续 84 天无法执行所有正在进行的工程，或由于同一特殊事件而导致超过 140 天的多个期间，则任何一方可向另一方发出终止合同的通知。 在这种情况下，终止日期应为另一方收到通知后 7 天，承包商应按照第 16.3 款 [合同终止后的义务] 行事。

1999 年版红皮书	2017 年版红皮书
出后 7 天终止，同时承包商应按照第 16.3 款【停止工作及承包商的设备的撤离】的规定执行。 一旦发生此类终止，工程师应决定已完成的工作的价值，并颁发包括下列内容的支付证书： （a）已完成的且其价格在合同中有规定的任何工作的应付款额； （b）为工程订购的，且已交付给承包商或承包商有责任去接受交货的永久设备和材料的费用：当雇主为之付款后，此类永久设备和材料应成为雇主的财产（雇主亦为之承担风险），并且承包商应将此类永久设备和材料交由雇主处置； （c）为完成整个工程，承包商在某些情况合理导致的任何其他费用或负债； （d）将临时工程和承包商的设备撤离现场并运回承包商本国设备基地的合理费用（或运回其他目的地的费用，但不能超过运回本国基地的费用）；以及 （e）在合同终止日期将完全是为工程雇用的承包商的职员和劳工遣返回国的费用。 19.7 根据法律解除履约 除非本条另有规定，如果合同双方无法控制的任何事件或情况（包括，但不限于不可抗力）的发生使任一方（或合同双方）履行他（或他们）的合同义务已变为不可能或非法，或者根据本合同适用的法律，合同双方均被解除进一步的履约，那么在任一方向另一方发出此类事件或情况的通知的条件下： （a）合同双方应被解除进一步的履约，但是不影响由于任何以前的违约任一方享有的权利，以及 （b）如果合同是依据第 19.6 款的规定终止的，雇主支付给承包商的金额应与根据第 19.6 款【可选择的终止、支付和返回】终止合同时支付给承包商的金额相同。	在终止之日后，承包商应在切实可行范围内尽快提交（工程师合理要求的）所做工作价值的详细证明资料，其中应包括： （a）合同中规定价格的任何工程的应付金额； （b）为已交付承包商或承包商有责任接受交付的工程而订购的设备和材料的费用。该设备和材料在雇主支付费用时应成为雇主的财产（并由雇主承担风险），承包商应将其交给雇主支配； （c）在这种情况下承包商为完成工程而合理地承担的任何其他费用或责任； （d）将临时工程和承包商设备运出现场的费用，以及将这些物品退回承包商所在国的营业地（或任何其他目的地）的费用；以及 （e）在终止之日完全与工程有关的承包商工作人员和劳力的遣返费用。 工程师随后应根据第 3.7 条［商定或决定］同意或确定所做工程的价值（就第 3.7.3 条［时限］而言，工程师根据本条收到承包商的详细资料的日期应为根据第 3.7.3 条达成协议的时限的开始日期）。 工程师应根据第 14.6 条［签发支付证书］签发付款证书，以支付如此商定或确定的金额，而不需要承包商提交报表。 18.6 根据法律规解除履约 除本条款的任何其他规定外，如果任何事件发生在当事方控制范围之外（包括但不限于例外事件），则： （a）使任何一方或双方都不可能或不合法地履行其合同义务；或 （b）根据管辖合同的法律，当事人有权免于继续履行合同，如果双方无法就继

1999 年版红皮书	2017 年版红皮书
	续履行合同的变更达成一致，则在任何一方向另一方发出通知后： （i）双方应解除继续履行义务，并在不损害任何一方就任何先前违反合同的权利的情况下；和 （ii）雇主应支付给承包商的金额应与根据第 18.5 条［选择终止］应支付的金额相同，这一金额应由工程师证明，就好像合同已根据该条终止一样。

相较于 1999 年版红皮书，2017 年版红皮书将"不可抗力"更改为"例外事件"，第 18.1 款（例外事件）第一段，此处的规定，例外事件是指某种事件或情况，且需同时满足一方无法控制、该方在签订合同前，不能对之进行合理准备、发生后，该方不能合理避免或克服以及不能主要归因于他方等四个条件。但是，对于不可抗力的界定，即造成合同履行发生变化的是"事件"还是"情况"，在不同司法领域下用词有所差异。故而，2017 年版红皮书将不可抗力界定为"事件"或"情况"，这在很大程度上涵盖了各司法领域下对不可抗力本身的界定及实践中可能遭遇的事项。而在第 18.1 款第一段定性解释的基础上，第 18.1 款第二段通过非限制性的方式进一步列出了具体可能会构成例外事件的事件或情况。包括"（b）战争、敌对行动（不论是否宣战）、侵略、外敌行为；（c）叛乱、恐怖主义、革命、叛乱、军事或篡夺权力或内战；（d）罢工或停工，而不只是涉及承包商人员和承包商和分包商的其他雇员；（e）遭遇战争弹药、爆炸材料、电离辐射或无线电活动污染，但可归因于承包商使用此类弹药、爆炸物、辐射或无线电活动的除外；或（f）自然灾害，如地震、海啸、火山活动、飓风或台风等"。

但是，与 1999 年版红皮书不同的是，此处规定了如受影响的一方在 14 天之后发出例外事件通知，受影响一方能够免除履行义务的部分仅限于自另一方收到该通知的当日起算的义务部分。如果另一方在 14 天后收到本通知，则受影响方应仅从另一方收到本通知之日起免除履行"不履行义务"的义务。此后，受影响方应在这种特殊事件妨碍受影响方履行义务的情况下，免除履行所妨碍的义务。除履行不履行的义务外，不得免除受影响方履行合同规定的所有其他义务。但是，任何一方根据合同向另一方支付款项的义务，均不得因例外情况而免除。此外，第20.2款［付款和/或工期索赔］对索赔通知28天有时效上的要求，结合第18.4款的规定，如果承包商是受影响方，并因其根据第18.2条［例外事件的通知］发出通知的例外事件而受到拖延和/或引起费用，承包商应有权依据第20.2条［付款和/或工期索赔］，承包商必须同时满足第18.2款和20.2款中两个通知的时效要求，才可就例外事件造成的影响提出完整的有效索赔。

2017年版红皮书第18.3款［尽量减少延误的责任］的规定，主要是为了防止损失的进一步扩大。但是，该条款中双方的减损义务侧重于工程项目的工期"延误"事项，同时也并没有对违反此处规定的后果进行明确规定。故而，该条款在实践中的效果，还主要依靠于当事人双方的职业操守。需要注意的是，即使合同条款相关规定不够明确，但当事人应当有意识地采取合理措施，减轻因不可抗力事件可能导致的任何损失。此外，2017年版红皮书删除了1999年版红皮书第19.5条款［不可抗力对分包商的影响］的相关规定，如果根据有关工程的任何合同或协议，分包商有权在附加的或超出本款规定范围之外的不可抗力发生时解除其义务，则在此类附加的或超出的不可抗力事件或情况发生时，承包商应继续工作，且其无权根据本款解除其履约义务。

关于承包商是否有权就不可抗力事件提起费用索赔，根据该条款的安排，在2017年版红皮书第18.1款所列事项中，自然灾害类不能提起费用索赔；战争、敌对行动（不论宣战与否）、入侵、外敌行为不论是否发生在工程所在国，均可提起费用索赔。其余在第18.1款中列出的事项，应是发生在工程所在国才可提起费用索赔；其他未列出的、依据第18.1款定义构成例外事件的事项均无权提起费用的索赔，但有权索赔工期。因此，前述的索赔安排意味着例外事件的事项是否需明确列出，以及列在哪一项中，对承包商是否能够索赔费用的权益而言至关重要。此外，2017年版红皮书第18.5款［选择终止］第一段同时赋予了业主和承包商因例外事件终止合同的权利，并在发出终止通知7天后生效，具体分为两种情形：其一，因通知中的例外事件导致实质上全部进展中的工程实施连续受阻84天（该情形需实质考虑的是受阻连续性，而不限于单一的例外事件，即同时因多种例事件连续性地阻碍达到84天的情形）；其二，因同一通知中的例外事件间断性地阻碍累计达140天（该情形限于因同一通知中的例外事件所造成的阻碍）。最后，根据2017年版红皮书第18.6款［按照法律规定不再承担履行义务］的规定，以下两种双方都不可控制的极端情况，使任何一方或双方都不可能或不合法地履行其合同义务；或根据管辖合同的法律，当事人有权免于继续履行合同。

三、1999 年版银皮书和 2017 年版银皮书相关规则比较分析

（一）关于"工程变更"条款

1999 年版银皮书"变更"	2017 年版银皮书"变更"
1.1.6.8 "变更"系指按照第 13 条［变更和调整］的规定，经指示或批准作为变更的，对雇主要求或工程所做的任何更改。	1.1.78 "变更"是指工程的任何变更，根据第 13 条［变更和调整］的规定作为变更。
3.4 指示 雇主可向承包商发出为承包商根据合同履行义务所需要的指示。每项指示都应是书面的，并说明其有关的义务，以及规定这些义务的条款（或合同的其他条款）。如果任何此类指示构成一项变更时，应按照第 13 条［变更和调整］的规定办理。承包商应接受雇主或雇主代表或根据本条受托相应权力的助手的指示。	3.4 指示 雇主可通过其代表或下文所述的助理，向承包商（随时）发出依照合同规定实施工程所需的指示。每条指示均应说明其与之相关的义务，以及该义务所规定的条款（或合同的其他条款）。承包商应接受雇主代表或根据第 3.2 款［其他雇主的人员］受托相应权力的助手的指示。 根据本条规定，承包商应就与合同有关的任何事项遵守雇主代表或授权助理的指示。 如果指示阐该指示构成一项变更，则应适用第 13.3.1 条［指示变更］。 如果没有特别说明，承包商认为该指示： 构成变更（或涉及已经是现有变更一部分的工程）；或 如果未能遵守适用的法律，或将降低工程的安全性，或在技术上是不可能的，承包商应立即在进行与该指示有关的任何工作之前，将其理由通知雇主。如果雇主在收到本通知后 7 天内、（或当事双方之间可能同意的其他时间）未做出回应、通过发出确认、撤销或更改指示

1999 年版银皮书"变更"	2017 年版银皮书"变更"
	的通知，应视为雇主已撤销该指示。否则，承包商应遵守雇主答复的条款并受其约束。
4.5 指定的分包商 本款中，"指定的分包商"系指雇主根据第13条［变更和调整］的规定，指示承包商雇用的分包商。如果承包商对指定的分包商尽快向雇主发出通知，提出合理的反对意见，并附有详细的依据资料，承包商不应有任何雇用义务。	
5.4 技术标准和法规 设计、承包商文件、施工和竣工工程，均应符合工程所在国的技术标准、建筑、施工与环境方面的法律、适用于工程将生产的产品的法律，以及雇主要求中提出的适用于工程或适用法律规定的其他标准。 所有这些关于工程和其各分项工程的法规，应是在雇主根据第10条［雇主的接收］的规定接收工程或分项工程时通行的．除非另有说明，合同中提到的各项已公布标准应视为在基准日期适用的版本。 如果在基准日期后，上述版本有修改或有新的标准生效，承包商应通知雇主，并（如适宜）提交遵守新标准的建议书。如果： 雇主确定需要遵守， 遵守新标准的建议书构成一项变更时， 雇主应按照第13条［变更和调整］的规定着手做出变更。	5.4 技术标准和法规 承包商的文件、工程的实施和已完成的工程（包括承包商修补的缺陷）应符合国家的技术标准和有关建筑、施工和环境的法律、适用于工程生产的产品的法律，以及雇主要求中规定的适用于工程或适用法律规定的其他标准。 所有这些关于工程和每一部分的技术或其他标准和法律应是根据第10条［雇主接收］接收工程或部分时有效的标准和法律。 除非另有说明，合同中对已发布标准的引用应理解为对基准日期适用的版本的引用。如果更改或新的适用标准在基准日期后在该国生效，承包商应立即向雇主发出通知，并（如果合适或雇主要求）提交符合性建议。在某种程度上： （a）雇主认为需要符合要求，并且这种符合要求对工程的实施进行变更；和 （b）承包商的合规建议构成变更； 那么雇主应根据第13条［变更和调整］启动变更。
8.4 竣工时间延长 如由于下列任何原因，致使达到按照第10.1款［工程和分项工程的接收］要求的竣工受到或将受到延误的程度，承包商有权按照第	8.5 竣工时间的延长 如果第10.1条［工程和区段工程的接收］规定的目标的完成被或将被以下任何情况延误，承包商应有权根据第20.2条

1999 年版银皮书"变更"	2017 年版银皮书"变更"
20.1 款［承包商的索赔］的规定提出延长竣工时间： 变更（除非已根据第 13.3 款［变更程序］的规定商定调整了竣工时间）； 根据本条件某款，有权获得延长期的原因；或 由雇主、雇主人员或在现场的雇主的其他承包商造成或引起的任何延误、妨碍和阻碍。 如果承包商认为他有权提出延长竣工时间，应按照第 20.1 款［承包商的索赔］的规定，向雇主发出通知．雇主每次按照第 20.1 款确定延长时间时，应对以前所作的确定进行审核，可以增加，但不得减少总的延长时间。	［付款和/或工期索赔］的规定要求延期： （a）变更（除非无须遵守第 20.2 条［付款和/或工期索赔］）； （b）根据这些条件的条款获得延误工期的原因；或 （c）由现场的雇主、雇主人员或雇主的其他承包商引起或应归因于的任何延迟、阻碍或阻止（或由于流行病或其他原因造成的雇主提供的材料的任何不可预见的短缺或政府行为，如有）。 在根据第 20.2 条［付款和/或工期索赔］确定工期索赔时，雇主代表应审查第 3.5 条［商定或确定］中先前的决定，并且可以增加但不得减少总工期索赔。 如果由雇主责任事项引起的延误与由承包商责任事项引起的延误同时发生，则应按照专项条款中规定的规则和程序评估承包商的工期索赔权利（如果没有说明，并适当考虑到所有相关情况）。
13 变更和调整 13.1 变更权 在颁发工程接收证书前的任何时间，雇主可通过发布指示或要求承包商提交建议书的方式，提出变更．变更不应包括准备交他人进行的任何工作的删减。 承包商应遵守并执行每项变更．除非承包商及时向雇主发出通知，说明（附详细根据）：（ⅰ）承包商难以取得所需要的货物；（ⅱ）变更将降低工程的安全性或适用性；或（ⅲ）将对履约保证的完成产生不利的影响．雇主接到此类通知后，应取消、确认或改变原指示。 13.2 价值工程 承包商可随时向雇主提交书面建议，提出（他认为）采纳后将：(i) 加快竣工，(ii) 降低	13 变更和调整 13.1 变更权 雇主可以在签发工程接收证书之前的任何时间根据第 13.3 条［变更程序］启动变更。 除第 11.4 条［缺陷未能补救］所规定外，除非双方另有协议，否则变更不包括雇主或他人将进行的任何工作。 承包商应受第 13.3.1 条［指示变更］指示的每项变更的约束，并应及时且无延误地实施变更，除非承包商立即向雇主发出通知，阐明如下（附详细说明）： （a）考虑到雇主要求中所述工程的范围和性质，所变更的工程是不可预见的； （b）承包商无法轻易获得变更所需的货物；

1999 年版银皮书"变更"	2017 年版银皮书"变更"
雇主的工程施工、维护或运行的费用，（ⅲ）提高雇主的竣工工程的效率或价值，或（ⅳ）给雇主带来其他利益的建议。 此类建议书应由承包商自费编制，并应包括的第 13.3 款［变更程序］所列内容。 **13.3 变更程序** 如果雇主在发出变更指示前要求承包商提出一份建议书，承包商应尽快做出书面回应，或提出他不能照办的理由（如果情况如此），或提交： 对建议的设计和（或）要完成的工作的说明，以及实施的进度计划； 根据第 8.3 款［进度计划］和竣工时间的要求，承包商对进度计划做出必要修改的建议书； 承包商对调整合同价格的建议书。 雇主收到此类（根据第 13.2 款［价值工程］的规定或其他规定）提出的建议书后，应尽快给予批准、不批准或提出意见的回复。在等待答复期间，承包商不应延误任何工作。 应由雇主向承包商发出执行每项变更并附做好各项费用记录的任何要求的指示，承包商应确认收到该指示。 为指示或批准一项变更，雇主应按照的 3.5 款［确定］的要求，商定或确定对合同价格和付款计划表的调整．这些调整应包括合理的利润，如果适用，并应考虑承包商根据第 13.2 款［价值工程］提交的建议。 **13.4 以适用货币支付** 如果合同规定合同价格以一种以上货币支付，在上述商定、批准或确定调整时，应规定以每种适用货币支付的款额．为此，应参考变更后工作费用的实际或预期的货币比例，与规定的合同价格支付中的各种货币比例。 **13.5 暂列金额** 每笔暂列金额只按雇主指示全部或部分地使用，并对合同价格相应进行调整．付给承	（c）这将不利地影响承包商遵守第 4.8 条［健康与安全义务］和/或第 4.18 条［保护环境］的能力； （d）它将对履约保证时间的实现产生不利影响；或 （e）可能会对承包商完成工程的义务以使其符合第 4.1 条［承包商的一般义务］预期的目的产生不利影响。 雇主应在收到该通知后立即向承包商发出通知，以撤销、确认或更改指示。如此确认或更改的任何指令，均应视为第 13.3.1 条［指示变更］的指令。 **13.2 价值工程** 承包商可随时向雇主提交书面建议书（在承包商的意见中），如果采用： （a）加速完成； （b）减少雇主实施、维护或运营工程的成本； （c）提高已竣工的工程对雇主的效率或价值；或 （d）其他对雇主有利的方面。 该建议书应由承包商编制并承担费用，并应包括第 13.3.1 条［指示变更］第（a）至（c）款所规定的具体内容。 雇主应在收到该建议后，在切实可行的范围内，尽快以书面形式通知承包商其同意或其他意见。雇主的同意或其他意见应由雇主自行决定。承包商在等待答复时不得延迟任何工作。 如果雇主同意该建议书（有或没有意见），则应指示变更。之后： （i）承包商应提交雇主可能合理要求的任何其他具体材料；和 （ii）随后，第 13.3.1 条［指示变更］应适用，其中应包括雇主考虑在合同专用条款中规定的当事方之间的收益分配、费用和/或延误的分担（如有）。

1999 年版银皮书"变更"	2017 年版银皮书"变更"
包商的总金额只应包括雇主已指示的，与暂列金额有关的工作、供货或服务的应付款项。对于每笔暂列金额，雇主可以指示用于下列支付： 根据第 13.3 款［变更程序］的规定进行估价的、要由承包商实施的工作（包括要提供的生产设备、材料或服务）；和（或）应加入扣除原列暂列金额后的合同价格的，要由承包商购买的生产设备、材料或服务的下列费用： 承包商已付（或应付）的实际金额，以及以合同规定的有关百分率（如果有）计算的，这些实际金额的一个百分比，作为管理费和利润的金额。 当雇主要求时，承包商应出示报价单、发票、凭证，以及账单或收据等证明。 **13.6 计日工作** 对于一些小的或附带性的工作，雇主可指示按计日工作实施变更。这时，工作应按照包括在合同中的计日工作计划表，并按下述程序进行估价。如果合同中未包括计日工作计划表，则本款不适用。 在为工作订购货物前，承包商应向雇主提交报价单。当申请支付时，承包商应提交任何货物的发票、凭证，以及账单或收据。 除计日工作计划表中规定不应支付的任何项目外，承包商应向雇主提交每日的精确报表，一式二份，报表应包括前一日工作中使用的各项资源的详细资料： 承包商人员的姓名、职业和使用时间； 承包商设备和临时工程的标识、型号和使用时间； 所用的生产设备和材料的数量和型号。 报表如果正确或经同意，将由雇主签署并退回承包商 1 份。承包商应在经它们列入其后根据第 14.3 款期中支付的申请的规定提交的报表前，先向雇主提交关于这些资源的估价报表。	**13.3 变更程序** 根据第 13.1 条［变更权］的规定，变更应由雇主根据以下任一程序启动： **13.3.1 指示变更** 雇主可以根据第 3.4 条［指示］，通过向承包商发出通知（说明所需的变更并说明记录成本的任何要求）来指示变更。 承包商应执行变更，并应在收到雇主的指示后 28 天内（或承包商建议并由雇主同意的其他期限），向雇主代表提交详细信息，包括： （a）对已进行或将要进行的各种工作的陈述，包括承包商所采用或将要采用的资源和方法具体内容； （b）根据第 8.3 款［计划］和竣工时间对必要的计划变更（如有）进行的实施和建议；和 （c）承包商关于调整合同价格的建议，并附上详细说明。如果任何工程的删减构成变更的一部分（或全部），并且如果： 承包商已经或将要承担的费用，如果没有删减工程，将被视为由构成合同协议所述的合同价格的一部分款项；和 ·工程的删减导致或将导致该款项不构成合同价格的一部分 该费用可能包含在承包商的建议中（如有，应明确）。如果双方同意删减其他人将要进行的任何工作，承包商的建议还可包括承包商因该删减而遭受的（或将遭受）任何损失和其他损失和损害。 随后，承包商应提交雇主代表可能合理要求的其他详细信息。 然后，雇主代表应按照第 3.5 条［商定或确定］进行操作，以同意或确定： （i）工期索赔（如有）；和/或

1999 年版银皮书"变更"	2017 年版银皮书"变更"
	（ii）合同价格和付款时间表的调整（如有），并且就第 3.5.3 条［时限］而言，雇主代表收到承包商提交的日期（包括任何要求的其他详细信息）应为根据 3.5.3 条达成协议的时限的开始日期。承包商应有权要求工期索赔和/或调整合同价格，而无需遵守第 20.2 款［付款和/或工期索赔］。 如果合同中未包含价格和价格明细表，则上条（ii）款中的调整应从实施工程的成本利润中做出。 如果合同中包含价格和价格表，则第 13.3.1 款的以下规定应适用于以上（ii）款中的调整。 对于构成变更（或全部）一部分的每个工作项目，该项目的适当费率或价格应为价格和价格表中为该项目指定的费率或价格，或者，如果没有此类项目，则为类似工作指定的费率或价格。但是，如果在费率和价格表中没有规定该项目的费率或价格，而且由于该工作项目不具有类似的性质，或不在类似的条件下执行，因此没有规定费率或价格，则新的费率或价格应适用于该工作项目。 每个新的费率或价格应从费率和价格表中的任何相关费率或价格中得出，并应考虑所有相关情况进行合理调整。如果没有费率或价格与新价格或价格的推导相关，则应从实施工程的成本加利润中得出。 直至上条第（ii）项中得到商定或确定，雇主应根据第 14.6 条［临时付款］的规定，为临时付款的目的评估暂定费率或价格。 13.3.2 根据建议要求进行变更 雇主可以在指示变更之前，向承包商发出通知（说明拟议的变更）来请求提供建议。

1999 年版银皮书"变更"	2017 年版银皮书"变更"
	承包商应在以下可行的情况下尽快对该通知作出回应：
	(a) 提交建议，其中应包括第 13.3.1 条［指示变更］第（a）至（c）款所述的事项；或
	(b) 通过援引第 13.1 条［变更权］中第（a）至（e）款所述的事项，说明承包商不能遵守的理由（如是这种情况）。
	如果承包商提交了建议，则雇主应在收到建议后，应尽快向承包商发出通知，说明雇主的同意或其他意见。承包商在等待答复时不得延迟任何工作。
	如果雇主同意该建议，无论有无评论，则雇主应指示变更。此后，承包商应提交雇主可能合理要求的任何其他详情，并适用第 13.3.1 条［指示变更］第 3 款。
	如果雇主不同意该建议书（有或没有评论），并且承包商因提交该建议书而产生了费用，则该承包商应受第 20.2 款［付款和/或 EOT 索赔］的约束。支付此类费用。
	13.4 暂列金额
	每笔暂列金额只应按雇主指示全部或部分地使用，并对合同价格相应进行调整．付给承包商的总金额只应包括雇主已指示的，与暂列金额有关的工作、供货或服务的应付款项．对于每笔暂列金额，雇主可以指示用于下列支付。
	对于每笔暂列金额，雇主可以指示：
	(a) 承包商要实施的工程（包括要提供的生产设备、材料或服务），并应根据第 13.3 条［指示变更］就合同价格和付款时间表（如有）进行调整；和/或
	(b) 承包商要从指定分包商（如第 4.5 条［指定分包商］所规定）或其他方购买的设备、材料、工作或服务，并且应包括在合同价格中：

1999 年版银皮书"变更"	2017 年版银皮书"变更"
	（i）承包商实际支付（或应支付）的金额；和
	（ii）间接费用和利润的总和，采用适用的附表中规定的相关百分比率（如有），以这些实际金额的百分比计算。如果没有这种比率，则应采用合同数据中规定的百分比率。
	如果雇主根据上条（a）和/或（b）款指示承包商，则该指示可能包括要求承包商提交承包商的供应商和/或分包商对将要执行的所有（或部分）工程项目或拟购买的厂房、材料、工程或服务的报价。此后，雇主可以发出通知，以指示承包商接受这些报价或撤销该指示（但该指示不得视为第 4.5 条 ［指定分包商］的指示）。如果雇主在收到报价后 7 天内没有做出回应，则承包商有权酌情接受这些报价。
	每份包含暂列金额的表单也应包括所有经确认的暂列金额的发票、凭证和账户或收据。
	13.5 计日工作
	如果合同中未包含计日工表，则此条款应不适用。
	对于一些小的或附带性的工作，雇主可指示按计日工作实施变更，这时，工作应按照包括在合同中的计日工作计划表，并按下述程序进行估价。然后，应根据计日工表对工程进行估价，并应遵循以下程序。
	在订购用于此类工作的货物（计日工表中未计价的任何货物）之前，承包商应将承包商的供应商和/或分包商的一份或多份报价单提交给雇主。此后，雇主可以指示承包商接受这些报价之一（但该指示不得视为依照条款 4.5 ［指定的分包商］的指示）。如果雇主未在收到

1999 年版银皮书"变更"	2017 年版银皮书"变更"
13.7 因法律改变的调整 当基准日期后，工程所在国的法律有改变（包括施用新的法律，废除或修改现有法律），或对此类法律的司法或政府解释有改变，对承包商履行合同规定的义务产生影响时，合同价格应考虑由上述改变造成的任何费用增减，进行调整。 如果由于这些基准日期后做出的法律或此类解释的改变，使承包商已（或将）遭受延误和（或）已（或将）招致增加费用，承包商应向雇主发出通知，并应有权根据第 20.1 款[承包商的索赔]的规定提出： 根据第 8.4 款[竣工时间的延长]的规定，如果竣工已（或）将受到延误，对任何此类延误给予延长期； 任何此类费用应加入合同价格，给予支付。 雇主收到此类通知后，应按照第 3.5 款[确定]的要求，对这些事项进行商定或确定。 13.8 因成本改变的调整 当合同价格要根据劳动力、货物，以及工程的其他投入的成本的升降进行调整时，应按照专用条件的规定进行计算。	报价后 7 天内指示承包商，则承包商有权酌情接受这些报价中的任何一种。 除计日工表规定不付款的任何款目外，承包商应每天向雇主准确交付一式两份的准确报表（和一份电子副本），其中应包括前一天实施工程使用各项资源的记录（按第 6.10 条[承包商的记录]）。 如果雇主认为正确并同意，则签署一份声明，并立即退还给承包商。如果不正确或未达成一致，则雇主代表应根据第 3.5 条[商定或确定]行事，以同意或确定各项资源，就第 3.5.3[时限]而言，依据本款中作为变更的工程的完成日期，即承包商应按第 3.5.3 条规定的协议期限开始之日。 然后，在下一份报表中，承包商应向雇主提交已商定或确定的资源的已定价报表，以及所有适用的发票、凭证、账户或收据，以证明在计日工使用的任何商品（在计日工定价的商品除外）。 除非计日工表中另有说明，否则计日工表中的费率和价格应视为包括税款、间接费用和利润。 13.6 法律改变导致的调整 根据本条款的规定，调整合同价格应考虑到因以下因素变更而导致的费用的任何增加或减少： （a）工程所在国法律（包括颁布新法律以及废除或修改现有法律）； （b）上条（a）款中提到的司法或官方政府解释或施行； （c）雇主或承包商分别根据第 1.12 条[遵守法律]的（a）或（b）款得到的任何许可，执照或批准；或 （d）要求承包商根据第 1.12 条[遵守法律]的（b）款的规定获得的任何许可证、准许和/或批准，而相关法律是

1999 年版银皮书"变更"	2017 年版银皮书"变更"
	在基准日期之后制定和/或正式发布的，该要求影响了承包商履行本合同款下的义务。在本款中，"法律变更"是指上条（a），（b），（c）和/或（d）款中的任何变更。如果承包商因法律的任何变更而遭受延误和/或导致成本增加，则承包商有权获得第 20.2 条［付款和/或工期索赔］的工期索赔和/或此类费用的支付。 如果由于法律的变更而导致成本降低，则雇主有权依据第 20.2 条［付款和/或工期索赔］，降低合同价格。 如果由于法律的变更而需要对工程的实施进行任何调整： （i）承包商应立即向雇主发出通知，或 （ii）雇主应立即向承包商发出通知（附详细的相关具体材料）。此后，雇主应根据第 13.3.1 条［指示变更］指示变更，或根据第 13.3.2 条［根据建议书变更］要求提出建议。 13.7 因成本变动调整 如果在专用条款中没有成本指数表，则本款不适用。 应付给承包商的款应根据劳工、货物和其他对工程的投入的成本的升或降进行调整，方法是增加或扣除根据专用条款中成本指数表的费用计算出的数额。 如果本条款或本条件的其他条款未涵盖对任何成本上升或下降的全额赔偿，则合同协议中规定的合同价格应被视为已包括了其他上涨的或有费用并降低成本。 根据第 14 条［合同价格和付款］应向承包商支付的其他金额的调整应按照支付合同价格的每种货币计算。不得对基于成本或当前价格进行估价的工程进行调整。

续表

1999 年版银皮书"变更"	2017 年版银皮书"变更"
	在可获得每个当前成本指数之前，雇主应根据第 14.6 条［临时付款］为临时付款使用临时索引。当可获得当前成本指数时，应相应地重新计算调整额。 如果承包商未能在竣工时间内完成工程，其后的价格调整应采用以下方法之一：

2017 年 FIDIC 发布了银皮书的第 2 版，在维持原有风险分担原则基本不变的基础上，吸收借鉴了用户反馈，以及国际工程的发展动向和最佳实践，强调双方权利与责任的对等，以及沟通机制和质量管理的重要性。[1]首先，根据 2017 年版银皮书第 1.1.78 条款对变更的定义，对工程做出的任何更改，且该更改是根据第 13 条［变更和调整］规定指示为变更。由此可知，工程变更方式主要包括由业主发出指示，并指明为变更。第 13 条款约定，在签发工程接收证书前的任何时间，业主可以发出通知，指示变更。承包方应受根据第 13.1 条［指示变更］做出的变更约束，并尽快履行业主的指示。虽然 2017 年版银皮书赋予了业主单方面的变更权，导致业主在合同中的权利较大，但也规定承包商在几种情形下可以反对变更，包括变更所涉及的工作具有不可预见性，无法获得变更所需物资，变更影响承包商满足性能考核、工程预期目的等要求。其中，变更所涉及的工作具有不可预见性为 2017 年版银皮书新加内容。由于不可预见性含义较宽泛，承包商如果不愿意执行变更指示，有可能援引此条款。由于这一项对业主的变更权做出了一定的限制，也因此受到一些业主的质疑。关于"不可抗力"的分析，在下文将着重介绍。而在变更内容上，1999 年版银皮书的规定为，"对［业主要求］或工程所做的更改"。2017 年版银皮书删除了"对［业主要求］的更改"，而不再将其作为变更。这里所指的变更通常为工程变更，这与合同变更有实质性的区别。工程变更属于合同范围内工作的自然延续或改变，或与完成合同下的工程紧密相关。而合同变更是对合同条款本身的修改，如对变更的定义、变更的程序等进行修改。对于合同变更，必须双方协商达成一致，

---

〔1〕 赵珊珊等：《FIDIC 银皮书新旧版本之比较》，载《国际经济合作》2018 年第 5 期，第 53 页。

任何一方不享有单方面的权力。

其次，相比于 1999 年版银皮书对建议变更的规定，2017 年版银皮书对承包方的建议变更阐明义务更加具体。例如，承包商应受第 13.3.1 条［指示变更］指示的每项变更的约束，并应及时且无延误地实施变更，除非承包商立即向雇主发出通知，阐明如下（附详细说明）：考虑到雇主要求中所述工程的范围和性质，所变更的工程是不可预见的；承包商无法轻易获得变更所需的货物；这将不利地影响承包商遵守第 4.8 条［健康与安全义务］和/或第 4.18 条［保护环境］的能力；它将对履约保证时间的实现产生不利影响；同时还增加了可能会对承包商完成工程的义务以使其符合第 4.1 条［承包商的一般义务］预期的目的产生不利影响的相关要求。而雇主应在收到该建议后，在切实可行的范围内，尽快以书面形式通知承包商其同意或其他意见。雇主的同意或其他意见应由雇主自行决定。承包商在等待答复时不得延迟任何工作。如果雇主同意该建议书（有或没有意见），则应指示变更。之后承包商应提交雇主可能合理要求的任何其他具体材料；和随后，第 13.3.1 条［指示变更］应适用，其中应包括雇主考虑在合同专用条款中规定的当事方之间的收益分配、费用和/或延误的分担。

再次，在计日工的规定上，2017 年版银皮书规定了较为详细的流程，包括在订购用于此类工作的货物（计日工表中未计价的任何货物）之前，承包商应将承包商的供应商和/或分包商的一份或多份报价单提交给雇主。此后，雇主可以指示承包商接受这些报价之一（但该指示不得视为依照条款第 4.5 条［指定的分包商］的指示）。如果雇主未在收到报价后 7 天内指示承包商，则承包商有权酌情接受这些报价中的任何一种。除计日工表规定不付款的任何款目外，承包商应每天向雇主准确交付一式 2 份的准确报表（和一份电子副本），其中应包括前一天实施工程使用各项资源的记录（按第 6.10 条［承包商的记录］）。而 1999 年版银皮书只是规定承包商应向雇主提交每日的精确报表一式 2 份，报表应包括前一日工作中使用的各项资源的详细资料，报表如果正确或经同意，将由雇主签署并退回承包商一份。

最后，在因调价而导致的工程变更上，2017 年版银皮书对原 1999 年版银皮书调价条款进行了大量修改，原来的约定只有一小段，非常简单。其中，1999 年版银皮书第 13.8 款规定，因成本改变的调整当合同价格要根据劳动力、货物，以及工程的其他投入的成本的升降进行调整时，应按照专用条件的规定进行计算。而在 2017 年版银皮书的 13.7 因成本变动调整条款中规定，应付给承包商的款应根据劳工、货物和其他对工程的投入的成本的升或降进行调整，方法是增加或扣除根据专用条款中成本指数表的费用计算出的数额。如果本条款或本条件的其他条款未涵盖对任何成本上升或下降的全额赔偿，则合同协议中规定的合同价格应视为已包括了其他上涨的或有费用并降低成本。根据第 14 条［合同价格和付款］应向承包商支付的其他金额的调整应按照支付合同价格的每种货币算。不得对基于成本或当前价格进行估价的工程进行调整。在可获得每个当前成本指数之前，雇主应根据第 14.6 条［临时付款］为临时付款使用临时索引。当可获得当前成本指数时，应相应地重新计算调整额。如果承包商未能在竣工时间内完成工程，其后的价格调整应采用以下方法之一，在工程竣工时间届满前 49 天适用的每个指数或价格，或当前指数或价格，以较有利于雇主的为准。由此可知，除了第一项之外，全部都是新增加的内容。当然，上述增加的内容均来自 1999 年版红皮书和黄皮书调价条款的约定，2017 年版银皮书将其移植过来。上述修改使 2017 年版银皮书本调价条款适用更为方便，同时，2017 年版银皮书合同缩小了银皮书与红皮书和黄皮书关于调价条款约定的区别。

（二）关于"索赔"条款

1999 年版银皮书"索赔"	2017 年版银皮书"索赔"
20 索赔、争端和仲裁 20.1 承包商的索赔 如果承包商认为，根据本条件任何条款或与合同有关的其他文件，他有权得到竣工时间的任何延长期和（或）任何追加付款，承包商应向雇主发出通知，说明引起索赔的事件或情况。该通知应尽快在承包商察觉或应已察觉该事件或情况后 28 天内发出。 如果承包商未能在上述 28 天期限内发出索赔通知，则竣工时间不得延长，承包商应无权	20 雇主和承包商的索赔 20.1 索赔 可能出现索赔： （a）如果雇主认为雇主有权从承包商处获得任何额外付款（或降低合同价格）和/或获得缺陷通知期的延期； （b）承包商认为承包商有权从雇主和/或工期索赔获得任何额外付款；或 （c）如果任何一方认为自己有权获得另一方的其他权利或救济。此类其他应享

1999 年版银皮书"索赔"	2017 年版银皮书"索赔"
获得追加付款，而雇主应危险有关该索赔的全部责任。如果承包商及时发出索赔通知，应适用本款以下规定。 承包商还应提交所有有关该事件或情况的、合同要求的任何其他通知，以及支持索赔的详细资料。 承包商应在现场或雇主认可的另外地点，保持用以证明任何索赔可能需要的此类同期记录。雇主收到根据本款发出的任何通知后，未承认责任前，可检查记录保持情况，并可指示承包商保持进一步的同期记录。承包商应允许雇主检查所有这些记录，并应向雇主（若有指示要求）提供复印件。 在承包商觉察（或应已觉察）引起索赔的事件或情况后 42 天内，或在承包商可能建议并经雇主认可的其他期限内，承包商应向雇主递交一份充分详细的索赔报告，包括索赔的依据、要求延长的时间和（或）追加的付款的全部详细资料。如果引起索赔的事件或情况具有连续影响，则： 上述充分详细的索赔报告应被视为中间的； 承包商应按月向雇主递交进一步的中间索赔报告，说明累计索赔的延误时间和（或）金额，以及雇主可能合理要求的此类进一步详细资料； 承包商应在引起索赔的事件或情况产生的影响结束后 28 天内，或在承包商可能建议并经雇主认可的此类其他期限内，递交一份最终索赔报告。 雇主在收到索赔报告或对过去索赔的任何进一步证明资料后 42 天内，或在雇主可能建议并经承包商认可的其他期限内，做出回应，表示批准，或不批准并附具体意见。他还可以要求任何必需的进一步的资料，但他仍要在上述时间内对索赔的原则做出回应。 每次其中付款应包括已根据合同有关规定合理证明是有依据的、对任何索赔的应付款额。	权利或救济可以是任何形式的（包括与雇主的任何证书、确定、指示、通知、意见或估价有关的），但不包括上条（a）和/或（b）款所述的任何应享权利。 对于根据上条（a）或（b）款提出的索赔，应适用第 20.2 条［付款和/或工期索赔］。 对于根据上述（c）项提出的索赔，如果另一方不同意所要求的应享权利或救济（或者，如果他/她在合理时间内未做出回应，则视为已不同意），则争议应索赔方可以通过发出通知将索赔移交给雇主代表，第 3.5 条［商定或确定］适用。本通知应在提出要求的一方知悉异议（或视为异议）后，在切实可行的范围内尽快发出，并应包含提出索赔的事项和另一方的异议（或视为异议）的详细信息。 20.2 付款和/或工期索赔 如果任何一方认为他/她有权获得另一方的任何额外付款（或者，对于雇主，则是合同价格的降低）和/或对于工期索赔（对于承包商）或在本条件的任何条款下或与合同有关的其他情况下，缺陷通知期延长（对于雇主而言）应适用以下索赔程序： 20.2.1 索赔通知 提出索赔方应在切实可行的范围内尽快向另一方发出通知，说明引起索赔的费用、损失、延误或延期的事件或情况，且不得晚于提出索赔后的 28 天当事人已知道到或应该已经知道事件或情况（本条件中的"索赔通知"）。 如果索赔方在此 28 天内未发出索赔通知，则索赔方无权获得任何额外付款，合同价格也不得降低（对于雇主为索赔方的情况），竣工时间（对于承包商为要

1999 年版银皮书"索赔"	2017 年版银皮书"索赔"
除非并直到提供的详细资料足以证明索赔的全部要求是有依据的以前，承包商只有权得到索赔中他已能证明是有依据的部分。 雇主应按照第 3.5 款［确定］的要求，就以下事项商定或确定：（ⅰ）根据第 8.4 款［竣工时间的延长］的规定，应给予的竣工时间（其期满前或后）的延长期（如果有）；和（或）（ⅱ）根据合同，承包商有权得到的追加付款（如果有）。 本款各项要求是对适用于索赔的任何其他条款的追加要求。如果承包商未能达到本款或有关任何索赔的其他条款的要求，除非该索赔根据本款第二段的规定被拒绝，对给予任何延长期和（或）追加付款，应考虑承包商此项未达到要求对索赔的彻底调查造成阻碍或影响（如果有）的程度。	求方）或缺陷通知期（对于雇主为要求方）不得延长，并且另一方应免除与该方有关引起索赔的事件或情况的任何责任。 20.2.2 初步回应 如果另一方认为索赔方未在第 20.2.1 条［索赔通知］的 28 天内提出索赔通知，则另一方应在收到索赔通知后的 14 天内，相应地（有理由）通知索赔方。 如果另一方在 14 天内未发出此类通知，则索赔通知书将被视为有效通知。 如果索赔方根据本条规定从另一方收到通知，并且不同意另一方，或者认为在某些情况下有理由延迟提交索赔通知，则索赔方应依据条［充分详细的索赔］的规定在其详细的索赔中包括不同意的具体理由或为何逾时提交的理由（视情况）。 20.2.3 同期记录 在第 20.2 条中，"同期记录"是指在引起索赔的事件或情况的同时或之后立即编制或生成的记录。 索赔方应保留必要的同期记录，以证实索赔。在不承担雇主责任的情况下，雇主可以监督承包商的同期记录和/或指示承包商保留其他同期记录。承包商应准许雇主在正常工作时间内（或在承包商同意的其他时间）检查所有这些记录，并应指示将副本提交给雇主。雇主进行的这种监督、检查或指示（如有），并不意味着接受承包商的同期记录的准确性或完整性。 20.2.4 充分详细的索赔 在本第 20.2 条中，"充分详细的权利要求"是指提交以下内容： (a) 对引起索赔的事件或情况的详细描述；

1999 年版银皮书"索赔"	2017 年版银皮书"索赔"
	（b）有关索赔的合同和/或其他法律依据的陈述； （c）索赔方所依靠的所有同期记录；和 （d）所要求的额外付条额的详细证明细节（如果是雇主作为索赔方，则为合同价格的减少额），和/或工期延长要求（对于承包商而言,）或缺陷通知期要求延长的要求（对于雇主而言）。 在任何一项： （i）要求方在知道到或应该已经知道到引起索赔的事件或情况之后 84 天，或 （ii）由索赔方提出并经另一方同意的其他期限（如有），索赔方应向雇主代表提交一份充分详细索赔。 如果索赔方在此期限内未按照上条（b）款提交陈述，则索赔通知书应视为已失效，不再视为有效通知书，雇主代表应：在此期限到期后的 14 天内，相应地向索赔方发出通知。 如果雇主代表在 14 天内未发出此类通知，则索赔通知应视为有效通知。如果另一方不同意这种视为有效的索赔通知书，则另一方应向雇主代表发出通知，其中应包含不同意见的详细内容。此后，根据第 20.2.5 条 [索赔的商定或确定] 达成的对索赔的商定或确定，应包括由雇主代表对这种不同意见的审查。 如果索赔方根据本 20.2.4 条收到另一方的通知，并且索赔方不同意该通知或认为有根据上条（b）条的规定有延迟提交该陈述的理由，则应在详尽的索赔包括索赔方的不同意具体内容或合理的理由（视情况）。 如果引起索赔的事件或情况具有持续影响，则应适用第 20.2.6 条 [持续影响索赔]。 20.2.5 对索赔的商定或确定

1999 年版银皮书"索赔"	2017 年版银皮书"索赔"
	在收到依据第 20.2.4 条［详细说明］或第 20.2.6 条［持续影响索赔］的临时或最终详细索赔（视情况）后，雇主的代表应按照第 3.5 条［商定或确定］办理，以商定或确定： （a）索赔方有权获得的额外付款（如有）或降低合同价格（如果雇主是索赔方）；和/或 （b）根据第 8.5 条［竣工期的延长］（对于承包商为索赔方的情况）延长（如有）（在竣工期到期之前或之后），或第 11.3［缺陷通知期的延长］（在雇主为索赔方的情况下）的缺陷通知期（在到期前），索赔方有权根据合同获得。 如果根据第 20.2.2 条［初步回复］和/或根据第 20.2.4 条［详细索赔］发出了通知，则仍应根据本第 20.2.5 条对索赔进行商定或确定。索赔的商定或确定应包括考虑到索赔方不同意该通知的完整详细索赔中所包含的详细信息（如有），是否将索赔通知视为有效通知；或为何迟交是合理的（视情况）。可考虑的情况（但不具有约束力）可能包括： 接受迟交的决定是否会损害另一当事方； 就第 20.2.1 条［索赔通知］所述的时限而言，是指另一方事先对引起索赔的事件或情况的事先了解的任何证据，索赔方可将其包括在其支持性具体内容中；和/或 就第 20.2.4 条［充分详细索赔］的期限而言，是指另一方事先知道该索赔的合同和/或其他法律依据的任何证据，索赔方可将其包括在其支持内容中。 如果已收到依据第 20.2.4 条［充分详

1999 年版银皮书"索赔"	2017 年版银皮书"索赔"
	细索赔] 规定的详细要求，或者在根据第 20.2.6 条 [持续有效的索赔] 收到索赔的情况下，是临时或最终的充分详细索赔，如（视情况），雇主代表要求提供其他必要的附加信息：
	(i) 他/她应立即向承包商发出通知，说明附加详细内容及其要求理由；
	(ii) 然而，他/她应在根据第 3.5.3 条 [时限] 规定的协议期限内向承包商发出通知，在合同或索赔的其他基础上作出答复；
	(iii) 承包人在收到上条 (i) 款规定的通知后，应在切实可行的范围内尽快提交补充详情；
	(iv) 然后，雇主代表应根据第 3.5 条 [商定或确定] 的规定，商定或确定上条 (a) 和/或 (b) 款下的事项（就第 3.5 条而言）即雇主代表从承包商处收到补充详情的日期为根据第 3.5.3 条达成协议的时限的开始日期。
	如果根据本 20.2 条引起索赔的事件或情况具有持续影响：
	(a) 根据第 20.2.4 条 [充分详细的索赔] 提交的详细说明，应视为临时的；
	(b) 对于第一个临时完整详细的索赔，雇主代表应根据索赔的合同或其他法律依据，在根据 3.5.3 条 [时限] 规定的时限内发出通知；
	(c) 在提交第一个临时详细说明后，索赔方应每月间隔提出进一步的详细索赔，并给出累计的额外支付金额，（或以合同价的减少，对于索赔方的雇主而言）和/或索赔期限的延长（对于以承包商为索赔方的情况）或缺陷通知期的延期（对于雇主为索赔方的情况）；和
	(d) 索赔方应在事件或情况造成的后果终止后的 28 天内，或在索赔方提议并经另一方同意的其他期间内，提交最终

1999 年版银皮书"索赔"	2017 年版银皮书"索赔"
	的详细索赔。最终详细的索赔应给出索赔的额外支付总额，（或以合同价的减少，对于索赔方的雇主而言）和/或索赔期限的延长（对于以承包商为索赔方的情况）或缺陷通知期的延期（对于雇主为索赔方的情况）。 **20.2.7 一般要求** 在收到索赔通知后，直到根据第 20.2.5条［索赔的同意或确定］达成或确定了索赔，在依据第 14.7 条［付款］规定的每笔付款中，雇主应包括根据合同有关条款应向索赔方支付的已得到合理证实的任何索赔金额。 雇主仅有权依据本第 20.2 条规定，要求承包商支付任何款项和/或延长缺陷通知期，或从应付给承包商的任何付款中扣除或扣除任何付款。 第 20.2 条的要求是对可能适用于该权利要求的任何其他条款要求的补充。如果索赔方未遵守此索赔或任何其他与索赔有关的条款，则任何额外的付款和/或任何工期索赔（对于作为索赔方的承包商而言）或缺陷通知期的延期（在这种情况下）（作为索赔方的雇主），应考虑到违约在多大程度上妨碍或损害了雇主代表对索赔的适当调查。

在内容上，相较于 1999 年版银皮书对索赔的规定，2017 年版银皮书第 20 条对引起索赔的事项以及索赔程序作出了更加细致化的安排，规定业主发起的索赔与承包商一样受到索赔时效和索赔程序的制约。第 20.1 条款规定如任何一方认为自己有权获得除费用补偿和工期延长以外的其他权利，而另一方不同意时，先按照索赔程序提交业主代表按第 3.5 款的规定处理，而不直接视为构成争端按争端解决程序处理，这是对引起索赔事项所进行的新加内容。此外，2017 年版银皮书在 20.3 款还新增加了规定同期记录的要求，索赔方应保留必要的同期记录，以证实索赔。在不承担雇主责任的情况下，雇主可以

监督承包商的同期记录和/或指示承包商保留其他同期记录。承包商应准许雇主在正常工作时间内（或在承包商同意的其他时间）检查所有这些记录，并应指示将副本提交给雇主。雇主进行的这种监督、检查或指示（如有），并不意味着接受承包商的同期记录的准确性或完整性。

在充分详细的索赔上，1999 年版银皮书只规定如承包商 28 天内未能发出索赔通知，则丧失得到补偿的权利。但是，2017 年版银皮书第 20.2.4 条增加了需在 84 天内向业主代表提交完整详细的索赔报告的要求。如索赔不满足上述任何一个时效要求，则丧失获得补偿的权利。但如果未能在 14 天内提出时效抗辩，为索赔通知时，由接收方在收到索赔通知后 14 天内提出，为索赔报告时，由业主代表在时效期满后 14 天内提出，则该项索赔仍然有效，此举更有利于保障索赔方的权利。

此外，在工期延误的索赔问题上，2017 年版银皮书第 8.5 款增加了工期延误为雇主和承包商混合责任时的处理原则，如果由于雇主职责的事项导致误期和承包商职责的事项导致误期同时发生，应按照特别规定中说明的规则和程序对承包商申请延长时间的权利进行评估。而 1999 年版银皮书第 8.4 款并没有工期延误混合责任的相应规定。1999 年版银皮书在第 8.9 款中规定如果承包商因执行雇主暂时停工或复工的指令遭受工期延误、费用增加，可向雇主发出索赔通知，主张工期和费用的索赔。而 2017 年版银皮书第 8.10 款做出了相应调整：一方面扩大了承包商可索赔的范围，增加了利润的索赔，承包商可提出工期延长和（或）成本加利润的给付；另一方面也明确了承包商无权索赔的情形包括因承包商有缺陷的设计、工艺、设备或材料导致的后果，和/或承包商未能按照第 8.9 款尽到保护、保管或保证的义务造成的确定，损失或损害。[1]

最后，在争端的处理问题上，虽然 1999 年版银皮书也对 DAB 的组建进行了相应的规定，是根据双方争端处理需要而临时进行的组建。但是，2017 年版银皮书明确要求 DAB 必须是常设机构，同时还必须在合数据表中规定的时间或合同签订后的 28 天内组建。其成员必须是从合同数据表中给出的候选人名单中选出，而第 21.3 款争端避免中规定，DAB 应尽可能协调双方通过协商

---

〔1〕 张然、田志超：《新版 FIDIC 银皮书合同条件下的承包人索赔分析》，载《建筑经济》2020年第 S2 期，第 140 页。

达成一致，但无论该职责履行与否，都不影响 DAB 对争端的处理或裁决，强化了 DAB 决定的效力。[1]总体而言，2017 年版银皮书在索赔处理和风险分担上规定得更为细致，除了在 1999 年版银皮书的基础上，对部分的索赔的处理方式和程序进行了一定程度的调整，比如索赔通知中对期限的调整、新增的同期记录，以及对工期延误的索赔等。

（三）关于"不可抗力"条款

1999 年版银皮书"不可抗力"	2017 年版银皮书"例外事件"
19 不可抗力 19. 1 不可抗力的定义 在本条中，"不可抗力"系指某种异常的事件或情况： 一方无法控制的； 该方在签订合同前，不能对之进行合理准备的； 发生后，该方不能合理避免或克服的；及 不能主要归因于他方的。 只要满足上述（a）至（d）项条件，不可抗力可以包括但不限于下列各种异常事件或情况： 战争、敌对行动（不论宣战与否）、入侵、外敌行为； 叛乱、恐怖主义、革命、暴动、军事政变或篡夺政权或内战； 承包商人员和承包商及其分包商其他雇员以外的人员的骚动、喧闹、混乱、罢工或停工； 战争军火、爆炸物资、电离辐射或放射性污染，但可能因承包商使用此类军火、炸药、辐射或放射性引起的除外； 自然灾害，如地震、飓风、台风或火山活动。	18 例外事件 18. 1 例外事件 "例外事件"是指以下事件或情况： （i）超出了缔约方的控制范围； （ii）当事人在订立合同之前不可能合理地应对； （iii）该缔约方不可能合理地避免或克服；和 （iv）不能归因于他方。 只要满足上述条件（i）至（iv），则例外事件可能包括但不限于以下任何事件或情况： （a）战争、敌对行动（不论宣战与否）、入侵、外敌行为； （b）叛乱、恐怖主义、革命、暴动、军事政变或篡夺政权或内战； （c）承包商人员和承包商及其分包商其他雇员以外的人员的骚动、喧闹、混乱； （d）罢工或停工不仅仅涉及承包商人员以及承包商和分包商的其他雇员； （e）遭遇战争军火、爆炸物资、电离辐射或放射性污染，但可能因承包商使用此类军火、炸药、辐射或放射性引起的除外；或 （f）自然灾害，如地震、飓风、台风或火山活动。

---

〔1〕 周月萍、者丽琼：《2017 版 FIDIC 银皮书对 DAB 制度的创新》，载《建筑》2018 年第 15 期，第 53~55 页。

1999 年版银皮书"不可抗力"	2017 年版银皮书"例外事件"
19.2 不可抗力的通知 如果一方因不可抗力使其履行合同规定的任何义务已或将受到阻碍，应向他方发出关于构成不可抗力的事件或情况的通知，并应明确说明履行已或将受到阻碍的各项义务。此项通知应在该方察觉或应已察觉到构成不可抗力的有关事件或情况后 14 天内发出。 发出通知后，该方应在该不可抗力阻碍其履行义务期内免于履行该义务。 不管本条的其他任何规定，不可抗力的规定不应施用于任一方根据合同的另一方支付的义务。 19.3 将延误减至最小的义务 每方都应始终尽所有合理的努力，使不可抗力对履行合同造成的任何延误减至最小。 当一方不再受不可抗力影响时，应向另一方发出通知。 19.4 不可抗力的后果 如果承包商因已根据第 19.2 款［不可抗力的通知］的规定发出通知的不可抗力，妨碍其履行合同规定的任何义务，使其遭受延误和（或）招致增加费用，承包商应有权根据第 20.1 款［承包商的索赔］的规定，提出： 19.4 不可抗力的后果 如果承包商因已根据第 19.2 款［不可抗力的通知］的规定发出通知的不可抗力，妨碍其履行合同规定的任何义务，使其遭受延误和（或）招致增加费用，承包商应有权根据第 20.1 款［承包商的索赔］的规定，提出：	18.2 例外事件通知 如果一方因例外事件而（或将被阻止）履行合同项下的任何义务（本条款中的"受影响方"），则受影响的一方应将该例外事件通知另一方，并且应规定已履行或将要履行的义务（本条中的"预防性义务"）。 该通知应在受影响方知道或应该知道例外事件后的 14 天内发出，然后自例外事件阻止履行之日起，就应为受影响方免除履行义务。如果在 14 天的期限内另一方收到了该通知，则应仅从另一方收到通知之日起，受影响的一方免除受阻的履行义务。 此后，只要该例外事件阻止了受影响方履行义务，就应免责其履行受阻的履行义务。除免除履行受阻的义务外，不得免除受影响方履行合同规定的所有其他义务。 但是，任何例外情况均不能免除任何一方根据合同应向另一方付款的义务。 18.3 尽量减少延误的责任 双方应始终采取一切合理努力，以最大程度地减少因例外事件导致的合同履行延误。如果例外事件具有持续影响，则受影响的当事方应在根据第 18.2 条［例外事件通知］发出第一份通知后每 28 天发出进一步的通知，说明其影响。 当受影响的一方不再受到例外事件的影响时，受影响的一方应立即向另一方发出通知。如果受影响的一方没有这样做，则另一方可以向受影响的一方发出通知，指出另一方有理由认为该例外事件不再阻止该受影响方的履行义务。 18.4 例外事件的后果 如果承包商是受影响的当事方，并且由于例外事件而受到延误和/或产生费用，

1999 年版银皮书"不可抗力"	2017 年版银皮书"例外事件"
如果是第 19.1 款［不可抗力的定义］中第（ⅰ）至（ⅳ）目所述的事件或情况，且第（ⅱ）至（ⅵ）目所述事件或情况发生在工程所在国，对任何此类费用给予支付。 雇主收到此通知后，应按照第 3.5 款［确定］的要求，对这些事项进行商定或确定。 19.5 不可抗力影响分包商 如果任何分包商根据有关工程的任何合同或协议，有权因较本条规定更多或更广泛范围的不可抗力免除其某些义务，此类更多或更广的不可抗力事件或情况，不应成为承包商不履约的借口，或有权根据本条规定免除其义务。 19.6 自主选择终止、支付和解除 如果因已根据第 19.2 款［不可抗力的通知］的规定发出通知的不可抗力，使基本上全部进展中的工程实施受到阻碍已连续 84天，或由于同一通知的不可抗力断续阻碍几个期间累计 140 天，任一方可以向他方发出终止合同的通知。在此情况下，终止应在该通知发出 7 天后生效，承包商应按照第 16.3 款［停止工作和承包商设备的撤离］的规定进行。 在此类终止的情况下，雇主应向承包商支付： 已完成的、合同中有价格规定的任何工作的应付金额； 为工程订购的、已交付给承包商或承包商有责任接受交付的生产设备和材料的费用；当雇主支付上述费用后，此项生产设备与材料应成为雇主的财产（风险也由其承担），承包商应将其交由雇主处理； 在承包商原预期要完成工程的情况下，合理的任何其他费用或债务； 将临时工程和承包商设备撤离现场、并运回承包商本国工作地点的费用，（或运往任何其他目的地，但其费用不得超过）；	而他/她根据第 18.2 条［例外事件的通知］发出了通知，则承包商应有权依据第 20.2 条［付款和/或工期索赔］： （a）工期索赔；和/或 （b）如果例外事件属于第 18.1 条［例外事件］（a）至（e）款所述的事件种类，并且在（b）至（e）款规定的情况下，发生在支付此类费用的国家。 18.5 选择终止 如果由于例外事件而导致连续 84 天所有在建工程实际上受到阻碍，对根据第 18.2条［例外事件的通知］规定已发出通知，或由于同一例外事件总计超过 140 天，任何一方均可向另一方发出终止合同的通知。在此情况下，终止应在该通知发出 7 天后生效，承包商应按照第 16.3 款［停止工作和承包商设备的撤离］的规定进行。 终止合同之日后，承包商应在切实可行的范围内，尽快（根据雇主代表的合理要求）提交完成的工作价值的详细证明，其中包括： （a）对在合同中标明价格的已完成工程的应付金额； （b）已交付给承包商或承包商有责任接受交付的为工程所订购的生产设备和材料的成本。这种生产设备和材料在雇主支付时应成为雇主的财产（并由雇主承担风险），承包商应将其交由雇主处置； （c）承包商为完成工程而合理发生的任何其他费用或债务； （d）从现场移走临时工程和承包商的设备的费用，以及将这些物品返还至承包商在其所在国家（或其他任何目的地）的营业所的费用；和 （e）终止之日，与工程完全相关的承包商工作人员和人工的遣返费用。 然后，雇主代表应按照第 3.5 条［商定

1999 年版银皮书"不可抗力"	2017 年版银皮书"例外事件"
将终止日期时的完全为工程雇用的承包商的员工遣返回国的费用。 19. 7 根据法律解除履约 不管本条的任何其他规定，如果发生各方不能控制的任何事件或情况（包括但不限于不可抗力），使任一方或双方完成他或他们的合同义务成为不可能或非法，或根据管理合同的法律规定，各方有权解除进一步履行合同的义务，则根据任一方向他方就此事件或情况发出的通知： 双方应解除进一步履约的义务，并不影响任一方对过去任何违反合同事项的权利； 雇主应支付给承包商的款额，应等于如已根据第 19. 6 款［自主选择终止、支付和解除］的规定终止合同，按该款规定应予支付的款额。	或确定］的规定，同意或确定已完成工作的价值（并就第 3. 5. 3 条［时限］而言），雇主代表根据本条收到承包商的详细信息之日，应为根据第 3. 5. 3 款达成协议的时限的开始日期。 雇主应按照第 14. 6. 1 条［临时付款通知］的规定，就已商定或确定的金额发出通知，而无需承包商提交表单。 18. 6 依法解除履约 除本条款的任何其他规定外，如果任何事件发生在当事方控制范围之外（包括但不限于例外事件），则： (a) 使得任何一方或双方均履行其合同义务都不可能或违法；或 (b) 根据有关合同的法律，各方有权解除合同的继续履行，并且，如果双方无法就允许继续履行合同的变更达成协议，则在任何一方将以下情况通知另一方之后： (i) 双方应解除继续履行的义务，并且不得损害任何一方对先前任何违反合同的权利；和 (ii) 雇主应向承包商支付的金额应与第 18. 5 条［选择终止］项下应支付的金额相同，并且该金额应由雇主支付，就如同合同已根据该条款终止。

2017 年版银皮书在维持原版责任分配的基础上，进一步细化承包商具体责任范围，以强化其责任分配的合理性。[1]在风险承担上，1999 年版银皮书第 19.1 条款规定必须是承包方人员、承包方及其分包方的其他雇员以外的人员罢工或停工才可视为不可抗力，而 2017 年版银皮书的规定减轻了承包方的风险责任。其中，2017 年版银皮书第 18.1 款规定，只要罢工或停工不仅仅涉及承包商人员以及承包商和分包商的其他雇员即可视为例外事件。而在不可预见的困难上，2017 年版银皮书的规定与 1999 年版银皮书的规定相同，均在

---

〔1〕 祝捷、姚前、王一理：《FIDIC 银皮书模式下承包方不可预见风险策划研究——以新旧两版合同条件的变化解读为引》，载《福建建筑》2022 年第 4 期，第 122 页。

第 4.12 款规定除合同另有说明外，承包商应被认为已取得了对工程可能产生影响或作用的有关风险、意外事件和其他情况的全部必要资料；通过签署合同，承包商承担可预见的工程完工所可能遇到的困难和费用的全部职责；合同价格对任何未预见到的困难和费用不应考虑调整。

在不可抗力（例外事件）的通知上，2017 年版银皮书增加了免除受阻义务的规定，例如该通知应在受影响方知道或应该知道例外事件后的 14 天内发出，然后自例外事件阻止履行之日起，就应为受影响方免除履行义务。如果在 14 天的期限内另一方收到了该通知，则应仅从另一方收到通知之日起，受影响的一方免除受阻的履行义务。在选择终止上，2017 年版银皮书规定了雇主代表应按照第 3.5 条［商定或确定］的规定，同意或确定已完成工作的价值，而雇主应按照第 14.6.1 条［临时付款通知］的规定，就已商定或确定的金额发出通知，而无需承包商提交表单。因此，就整体而言，2017 年版银皮书在风险分配方面进行了一定的调整，将例外事件、法律变更以及不可抗力等自然因素造成的损害后果部分分配给业主承担，在一定程度上降低承包方的风险。而对于其中的一些自然类的特别风险由双方共同承担。为了进一步严格落实承包方对设计风险的承担，将职业责任先明确列为承包方应投的险种。

四、1999 年版黄皮书和 2017 年版黄皮书相关规则比较分析

2017 年版黄皮书将合同的专用合同条件分成两个部分：由 Part A Contract Data（A 部分 合同数据）和 Part B Special Conditions（B 部分 特殊条款）共同组成专用合同条件。其中 Contract Data 与 1999 年版黄皮书 Appendix to Tender 的作用相同，主要包含合同的主要数据信息，是针对某一具体工程的数据信息。相较于 1999 年版黄皮书，2017 年版黄皮书无论是在合同的架构上还是内容上，都较为科学。例如，第 1.1 款的定义不再按内容排列，而是按字母顺序排列，这与 DBO 合同条件的做法相同，增加了一些新定义。如在 2017 年版黄皮书中，分包商指的是为了实施工程的一个部分，合同中指明为分包商的任何人，或为承包商指定为分包商或者设计商的人及所有上述人员的继受人。而在 1999 年版黄皮书中，分包商指的是为了实施工程的一个部分，合同指明为分包商的任何人，或为指定为分包商的人及所有上述人员的继受人。2017 年版黄皮书从定义表述中明确了设计商也属于分包商，为设计分包提供了定义依据。而在条款的设置上，1999 年版黄皮书和 2017 年版黄皮

书在许多内容的排序上也存在差别。如 1999 年版黄皮书在第 4 条［承包商］下的第 4.10 款［现场数据］以及第 4.20 款［业主提供的材料和业主设备］中的内容在新版中纳入第 2 条［业主］中作为业主的职责和义务，1999 年版黄皮书第 2017 条［风险与职责］下的第 17.6 款［责任限度］条款在新版中则被纳入了第 1 条［一般规定］。此外，2017 年版黄皮书还将 1999 年版黄皮书第 20 条［索赔、争端和仲裁］拆分为两条，即第 20 条［业主和承包商的索赔］和第 21 条［争端和仲裁］，分别对合同的索赔以及争端和仲裁进行规定。

（一）关于"工程变更"条款

1999 年版黄皮书"工程变更"	2017 年版黄皮书"工程变更"
1.1.3.4"竣工测试"系指在合同中规定的，或双方商定的，或按指示作为一项变更的，在工程或某单位工程（视情况而定）被雇主接收前根据第 9 条［竣工测试］得到要求进行的测验。	1.1.85"竣工测试"是指合同中规定或双方约定或作为变更指示而进行的，该测试是依据第 9 条［竣工测试］在对工程或区段（视情况）按照第 10 条［雇主接收］的规定接收之前进行。
1.1.6.9"变更"系指根据第 13 条［变更和调整］的规定，经指示或批准作为变更的，对雇主要求或工程所做的任何更改。	1.1.88"变更"是指工程的任何变更，根据第 13 条［变更和调整］的规定作为变更。
1.9 雇主要求中的错误 如因雇主要求中的错误而使承包商遭受延误和（或）招致增加费用，且此错误是一个有经验的承包商在根据第 5.1 款［一般设计义务］的规定，对雇主要求进行认真详查也难以发现的，承包商应通知工程师，并根据 20.1 款［承包商的索赔］的规定，有权要求： （a）时间的延长］的规定，如果竣工已经或将受到延误，对任何此类延误给予延长期； （b）任何此类费用和合理的利润，应计入合同价格，给予支付。 工程师收到上述通知后，应按照第 3.5 款［确定］的规定，商定或确定：（i）该错误是否不能合理发现，（如果是）不能发现的程度如何，以及（ii）与此程度有关的（a）和（b）项所述事项。	1.9 雇主要求中的错误 如果承包商根据第 5.1 条［一般设计义务］进行了仔细检查后发现雇主的要求存在错误、差错或缺陷，则承包商应在合同数据规定的期限内（如无规定，则为 42 天）向工程师发出通知，从开工日期算起。 如果在此期限到期后，承包商发现雇主要求中存在错误、差错或缺陷，则承包商还应向工程师发出通知，说明错误、差错或缺陷。 然后，工程师应按照第 3.7 条［商定或确定］的规定进行商定或确定： （a）雇主的要求是否有错误、差错或缺陷； （b）无论是否有经验的承包商（考虑到

1999 年版黄皮书"工程变更"	2017 年版黄皮书"工程变更"
	成本和时间）在采取适当措施后是否会发现错误、差错或其他缺陷： 在提交投标书之前查验场地和雇主的要求时；或 如果承包商的通知是在本条第一款规定的期限届满后发出的，则根据第 5.1 条［一般设计义务］在审查业主提出的要求时发出通知；和 （'c）承包商需要采取何种措施（如有）纠正错误、故障或缺陷（并就第 3.7.3 条［时限］的目的，工程师收到承包商根据本条发出的通知的日期应为第 3.7.3 条规定的协议期限的开始日期）。 如果根据上条（b）款，有经验的承包商不会发现错误、差错或其他缺陷： （i）第 13.3.1 条［指示变更］应适用于要求承包商采取的措施（如有）；和 （ii）如果承包商因错误、差错或缺陷而遭受延误和/或产生费用，则承包商应有权依据第 20.2 条［付款和/或工期索赔］的规定，要求工期索赔和/或支付成本加利润。
	1.15 责任范围 除因下列原因，任何一方均不对另一方对使用任何工程的损失、利润损失、任何合同的损失或与另一方可能因该合同而遭受的任何间接或后果损失或损害承担责任。 （a）第 8.8 条［延误损害赔偿］； （b）第 13.3.1 条［指示变更］（c）款； （c）第 15.7 条［为雇主的方便而终止后的付款］； （d）第 16.4 条［承包商终止后的付款］； （e）第 17.3 条［知识产权和工业产权］；

1999 年版黄皮书"工程变更"	2017 年版黄皮书"工程变更"
	(f) 第 17.4 条 [承包商的赔偿] 第一款；和 (g) 第 17.5 条 [雇主的赔偿]。 合同规定或与之有关的承包商对雇主的全部责任，但以下情况除外： (i) 根据第 2.6 条 [雇主提供的材料和雇主的设备]； (ii) 根据第 4.19 条 [临时设施]； (iii) 根据第 17.3 条 [知识产权和工业产权]；和 (iv) 根据第 17.4 条 [承包商的赔偿] 第一款，不得超过合同资料中规定的金额或 (如未明确规定) 按合同协议中规定的价格。 在任何情况下，如果违约方进行欺诈、严重过失、故意违约或鲁莽的不当行为，则本条款均不限制责任。
3.3　工程师的指示 工程师可 (在任何时候) 按照合同规定向承包商发出为实施工程和修补缺陷可能需要的指示。承包商仅应接受工程师或根据本条受托适当权力的助手的指示。如果指示构成一项变更，应按照第 13 条 [变更和调整] 的规定办理。 承包商应遵守工程师或付托助手对合同有关的任何事项发出的指示。这些指示应采用书面形式。	3.5 工程师的指示 工程师可以随时根据合同向承包商发出实施工程可能必需的指令。承包商应仅从工程师、工程师代表 (如任命) 或根据第 3.4 条 [工程师的委托] 授予了适当权力的助手指示下接受指导。 依照本条规定，承包商应遵守工程师或工程师代表 (如果指定) 或委派助理就与合同有关的任何事项的指示。 如果一条指令指出其构成一个变更，则应适用第 13.3.1 条 [指示变更]。 如果没有如此说明，承包商则认为该指示： (a) 构成变更 (或涉及已经是现有变更一部分的工程)；要么 (b) 不遵守适用的法律，或将降低工程的安全性，或者在技术上是不可能的，承包商应立即在进行与该指令有关的任何工作之前，告知工程师并附理由。如果工程师在收到本通知后 7 天内没有通

1999 年版黄皮书"工程变更"	2017 年版黄皮书"工程变更"
	过发出通知予以确认、撤销或更改指令的回应，应视为工程师已撤销该指令。否则，承包商应遵守并受工程师答复条款的约束。
4.1 承包商的义务 承包商应按合同设计、实施和完成工程，并修补工程中的任何缺陷。完成后，工程应能满足合同规定的工程预期目的。承包商应提供合同规定的生产设备和承包商文件，以及此项设计、施工、竣工和修补缺陷所需的所有临时性或永久性的承包商人员、货物、消耗品及其他物品和服务。 工程应包括应满足雇主要求、承包商建议书和资料表的规定所需的或合同中隐含的任何工作，以及（合同虽未提及但）为工程的稳定或完成或安全和有效运行所需的所有工作。 承包商应对所有现场作业、所有施工方法和全部工程的完备性、稳定性和安全性负责。 当工程师要求时，承包商应提交其建议采用的为工程施工的安排和方法的细节。事先未通知工程师，对这些安排和方法不得做重要改变。	4.2.1 承包商的义务 承包商应在收到中标函后 28 天内向雇主提交一份履约保证金，并提交一份副本给工程师。履约担保应由雇主同意的实体和国家（或其他管辖范围）提交，并应以专用条款附件的形式或以雇主商定的另一种形式（但这种同意和/或商定不应解除承包商根据本条款承担的任何义务）。 承包商应确保履约担保在签发履约证书且承包商已遵守第 11.11 条［场地清理］之前一直有效且可执行。如果履约保证书的条款规定了失效日期，并且承包商没有资格在失效日期前的 28 天之前收到履约证书，则承包商应将履约保函的有效期延长至签发履约证书为止且承包商已遵守第 11.11 条［现场清理］。 如果当根据第 13 条［变更和调整］进行的更改和/或调整导致合同价格的累计涨价或减少幅度超过合同协议中规定的合同价格的百分之二十（20%）时： (a) 在这种增加的情况下，应雇主的要求，承包商应立即以该种货币增加相当于累积增加的百分比的履约保证金。如果承包商因雇主的要求而产生费用，则第 13.3.1 条［指示变更］应适用，如同该增加是由雇主指示的；或 (b) 在这种减少的情况下，在征得雇主事先同意，承包商可以以该种货币减少相当于累积减少额的百分比的履约保证金。

1999 年版黄皮书"工程变更"	2017 年版黄皮书"工程变更"
4.12 不可预见的物质条件 本款中,"物质条件"系承包商在现场施工时遇到的自然物质条件、人为的及其他物质障碍和污染物,包括地下和水文条件,但不包括气候条件。 如果承包商遇到他认为不可预见的不利物质条件,应尽快通知工程师。 此通知应说明该物质条件以便工程师进行检验,并应提出承包商为何认为不可预见的理由。承包商应采取适应物质条件的合理措施继续施工,并应遵循工程师可能给出的任何指示。如某项指示构成变更,应按第 13 条〔变更和调整〕的规定办理。 如果承包商遇到不可预见的物质条件,并发出通知,因这些条件达到遭受延误和(或)增加费用的程度,承包商应有权根据第 20.1 款〔承包商的索赔〕的规定,要求: (a) 根据 8.4 款〔竣工时间的延长〕的规定,如果竣工已或将受到延误,对任何此类延误给予延长期; (b) 任何此类费用应计入合同价格,给予支付。 工程师收到此类通知并对该物质条件进行检验和(或)研究后,应按第 3.5 款〔确定〕的规定,进行商定或确定;(i) 此类物质条件是否不可预见,(如果是)此类物质条件不可预见的程度,(ii) 与此程度有关的上述(a) 和(b) 项所述事项。 但是,根据上述(ii) 最终商定或确定给予增加费用前,工程师还可审查工程类似部分(如果有)其他物质条件是否比承包商提交投标书时能合理预见的更为有利。如果达到预见这些更为有利条件的程度,工程师可按照第 3.5 款〔确定〕的规定,商定或确定因这些条件引起的费用减少额,并(作为扣减	4.12 不可预见的物质条件 在本款中,"物质条件"是指承包商在施工期间在现场遇到的自然物质条件和物质障碍(自然或人为)和污染物,包括地下和水文条件,但不包括现场的气候条件和这些气候条件的影响。如果承包商遇到其认为不可预见的实际情况,并将对工程进度和(或)增加工程执行费用产生不利影响,应适用下列程序: 4.12.1 承包商通知 在发现这种物质条件后,承包商应向工程师发出通知,通知应: (a) 在切实可行的范围内尽快并给予及时的机会,使工程师有机会在受到干扰之前及时检查和调查物质状况; (b) 描述物质条件,以便工程师可以迅速检查和/或调查; (c) 阐明承包商认为物质条件不可预见的原因;和 (d) 描述身体状况将对进度和/或增加工程执行成本产生不利影响的方式。

1999 年版黄皮书"工程变更"	2017 年版黄皮书"工程变更"
额）计入合同价格和付款证书。但对工程此类部分遇到的所有物质条件根据（b）项所作的调整和所有这些减少额的净作用，不应造成合同价格净减少的结果。 工程师可以考虑承包商提交投标书时可能提供的预见的物质条件的任何证据，但不应受任何此类证据的约束。	
5.1 设计义务一般要求 承包商应进行工程的设计并对其负责。应由符合雇主要求中规定标准（如果有）的工程师或其他专业人员等合格的设计人员进行设计。除非合同中另有规定，承包商应将拟雇佣的每位设计人员和设计分包商的名称及详细情况，提交工程师，取得其同意。 承包商应保证其自身、设计人员和设计分包商具备从事设计所需的经验和能力。承包商承诺其设计人员在相应的缺陷通知期限满日期前的一切合理时间内，能参加与工程师的讨论。 在收到根据第 8.1 款［工程的开工］的规定颁发的通知后，承包商应仔细检查雇主的要求（包括设计标准和计算书，如果有），以及第 4.7 款［放线］中提到的基准依据。在投标书附录规定的自开工日期算起的期间内，承包商应将雇主要求或这些基准依据中发现的任何错误、失误或其他缺陷通知工程师。 在收到此类通知后，工程师应确定是否运用第 13 条［变更和调整］的规定，并相应地通知承包商。如果（考虑费用和时间）达到一个有经验的承包商在提交投标书前，对现场和雇主要求进行应有的细心检查时，本应发现此类错误、失误或其他缺陷的程度，则竣工时间不应予以延长，合同价格应不予调整。	5.1 一般的设计义务 承包商应实施并负责工程设计。设计应由下列设计师编制： （a）工程师或其他专业人员、在设计中具有资格、经验和能力的负责人员 （b）符合雇主要求中规定的标准（如果有）；和 （c）根据适用法律有资格并有权设计工程。 除非雇主要求另有规定，否则承包商应向工程师提交每个拟定设计/设计分包商的名称、地址、详细情况和相关经验。 承包商保证承包商、承包商的设计师和设计分包商具有设计所需的经验、能力和资格。承包商承诺，设计师和设计分包商应可在任何合理的时间（在现场或场外）参加与工程师和/或雇主的讨论，直至颁发履约证书为止。 在收到第 8.1 条［开工］规定的通知后，承包商应及时审查业主的要求（包括设计标准和计算，如有）。如果承包商发现雇主要求中的任何错误、故障或其他缺陷，则应适用第 1.9 条［业主要求］中的错误（除非在业主要求中规定的参考项目中有错误），在这种情况下，第 4.7 条［放线］应适用。

1999 年版黄皮书"工程变更"	2017 年版黄皮书"工程变更"
7.4 测验 本款适用于竣工后测验（如果有）以外的合同规定的所有测验。 为有效进行规定的测验，承包商应提供所需的所有仪器、帮助、文件和其他资料、电力、装备、燃料、消耗品、工具、劳力、材料，以及具有适当资质和经验的工作人员。对任何生产设备、材料和工程其他部分进行规定的测验，其时间和地点，应由承包商和工程师商定。 根据第 13 条［变更和调整］的规定，工程师可以改变进行规定测验的位置或细节，或指示承包商进行附加的测验。如果这些变更或附加的测验表明，经过测验的生产设备、材料或工艺不符合合同要求，不管合同有何其他规定，承包商应负担进行本项变更的费用。 工程师应至少提前 24 小时将参加测验的意图通知承包商。如果工程师没有在商定的时间和地点参加测验，除非工程师另有指示，承包商可以自行进行测验，这些测验应被视为是在工程师在场的情况下做出的。 如果由于服从这些指示或因雇主应负责的延误的结果，使承包商遭受延误和（或）招致费用，承包商应向工程师发出通知，并有权根据第 20.1 款［承包商的索赔］的规定要求：根据第 8.4 款［竣工时间的延长］的规定，如果竣工已或将受到延误炉忌任何此类延误，给予延长期；任何此类费用加合理利润，应计入合同价格，给予支付。 工程师收到此通知后，应按照第 3.5 款［确定］的规定，对这些事项进行商定或确定。 承包商应迅速向工程师提交充分证实的测验报告。当规定的测验通过时，工程师应在承包商的测验证书上签字认可，或向承包商颁	7.4 承包商的测试 本款适用于合同中规定的所有测试，但竣工后的测试除外（如有）。 为有效进行规定的测验，承包商应提供所需的所有仪器、帮助、文件和其他资料、电力、装备、燃料、消耗品、工具、劳力、材料，以及具有适当资质和经验的人员。所有仪器、设备和仪器应根据雇主要求中规定的或适用法律规定的标准进行校准，如果雇主要求，承包商应在进行测试前提交校准证书。 承包商应向雇主发出通知，说明对工程的任何设备、材料和其他部分进行特定测试的时间和地点。考虑到测试的地点，该通知应在合理的时间内发出，供雇主人员参加。 雇主可以根据第 13 条［变更和调整］，变更指定的测试位置、时间或具体要求，或指示承包商进行附加测试。如果这些变更的或附加的测试表明被测试的设备、材料或工艺不符合合同要求，承包商应承担实施该变更所产生的费用和任何延误。 工程师应在其参加测验的时间不少于 72 小时内通知承包商。如果工程师不出席承包商依据本款发出的通知中规定的时间和地点，除非工程师另有指示，否则承包商可继续进行测试，该测验应视为在工程师在场的情况下进行。如果承包商因遵守任何此类指示而延迟和/或招致成本，或由于业主承担责任的延误，承包商则有权根据第 20.2 条［付款和/或工期索赔］的规定，要求工期索赔和/或支付成本和利润。 如果承包商造成指定测试（包括变更或附加测试）的任何延迟，并且这种延迟导致雇主产生费用，雇主应有权根据第 20.2 条［付款和/或工期索赔］要求承

1999 年版黄皮书"工程变更"	2017 年版黄皮书"工程变更"
发等效的证书。如果工程师未参加测验，他应被视为已经认可测验数据是准确的。	包商支付这些费用。 承包商应及时向雇主提交经正式认证的测试报告。当专项测试通过后，雇主应认可承包商的测试证书，或为此向承包商签发测试证书。如果雇主没有参加测试，雇主应被视为已接受读数为准确。 条款 7.5 条［缺陷和拒收］应适用于任何生产设备、材料和工程的其他部分未能通过特定测试的部分。
8.3 进度计划 承包商应在收到根据第 8.1 款［工程的开工］规定发出的通知后 28 天内，向工程师提交一份详细的进度计划。当原进度计划与实际进度计划或承包商义务不相符时，承包商还应提交一份修订的进度计划。每份进度计划应包括： （a）承包商计划实施工程的工作顺序，包括设计、承包商文件、采购、制造、检验、运到现场、施工、安装、试验、投产准备和试运行的各个阶段的预期时间安排； （b）根据第 5.2 款［承包商文件］的规定进行审核的期限，以及雇主要求中规定的任何其他提交、批准和同意的期限； （c）合同规定的各项检验和试验的顺序和时间安排； （d）一份支持报告，内容包括： （ⅰ）工程实施中各主要阶段和承包商拟采用的方法的一般描述； （ⅱ）承包商对工程各主要阶段现场所需的各级承包商人员和各类承包商设备合理估计数量的详细情况。 除非工程师在收到进度计划后 21 天内向承包商发出通知，指出其中不符合合同规定的部分，承包商即应按照该进度计划，并遵守合同规定的其他义务，进行工作。雇主人员应有权依照该进度计划来安排他们的活动。 承包商应及时将未来对工程造成不利影响、	8.3 进度计划 承包商应在收到第 8.1 条［工程开工］通知后的 28 天内向雇主提交一份实施工程的初始计划。该计划应使用雇主要求中规定的编程软件（如果未说明，则是雇主可以接受的编程软件）。 承包商应提交修订后的计划，应准确反映工程的实际进度，只要任何计划不能反映实际进度或与承包商的义务不符。初始计划和每份修订的计划应按合同资料中规定的纸质副本、电子副本和增加的纸质份数（如有）的形式提交给雇主，并且应包括： （a）工程和各区段（如有）的开工日期和竣工时间； （b）根据合同资料规定的进入和占用工地（每一部分）的日期权应给予承包商。如果没有这样规定，承包商要求雇主给予进入和占用（每一部分）场地的权利的日期； （c）承包商拟进行工程的顺序，包括设计、编制和提交承包商文件、采购、制造、检查、交付到现场、施工、架设、安装、工作各阶段的预计时间，由任何指定的分包商（如第 4.5 条［指定的分包商］所规定）进行的测试、调试和试运行； （d）第 5.2.2 条［雇主的审查］下的审

1999 年版黄皮书"工程变更"	2017 年版黄皮书"工程变更"
增加合同价格或延误工程施工的事件或情况，通知工程师。工程师可要求承包商提交此类未来事件或情况预期影响的估计，和（或）根据第 13.3 款［变更程序］的规定提出建议书。 如果任何时候工程师通知承包商，指出进度计划（在指明的范围）不符合合同要求，或与实际进度和承包商提出的意向不一致时，承包商应按本款向工程师提交一份修订进度计划。	查期，以及雇主要求中指定或本条件要求的任何其他提交文件的审查期； （e）合同规定或要求的检查和试验的顺序和时间； （f）修订方案：雇主根据第 7.5 条［缺陷和拒收］给予无异议通知的补救工作（如有）和/或第 7.6 条［补救工作］指示的补救工作（如有）的顺序和时间； （g）所有活动（按雇主要求中指定的详细程度），在逻辑上链接并显示每个活动的最早和最晚开始和结束日期、变动（如有）和关键路径； （h）当地公认的所有休息日和节假日的日期（如有）； （i）生产设备和物料的所有关键交货日期； （j）对于修订的计划和每项活动：迄今为止的实际进展情况，这种进展的任何延误以及这种延误对其他活动（如果有）的影响；和 （k）一份支持报告，其中包括： （i）对工程实施的所有主要阶段的描述； （ii）承包商拟在实施工程中采用的方法的一般说明； （iii）显示承包商对于每个主要施工阶段在现场所需的每类承包商人员和每种承包商设备数量的合理估计的详细信息 （iv）如果是经修订的方案，则表明承包商对先前方案的任何重大更改；和 （v）承包商对克服任何延误对工程进度的影响的建议。 雇主应审查承包商提交的初始计划和每个修订的计划，并可以向承包商发出通知，说明其在何种程度上不符合合同或不能反映实际进度或与承包商的计划不符。如果雇主未发出此类通知：

1999 年版黄皮书"工程变更"	2017 年版黄皮书"工程变更"
	– 在收到初步方案后的 21 天内；或 –在收到修订的计划后的 14 天内， 雇主应被视为发出无异议通知，而初始计划或修订的计划（视情况）应为该计划。 承包商应按照计划进行，但要遵守承包商在合同下的其他义务。雇主人员在计划其活动时应有权依赖该计划。 任何计划、程序或任何辅助性报告中的任何内容均不得被视为承包商或解除承包商根据合同发出任何通知的义务。 如果雇主在任何时候向承包商发出通知，告知该计划（在何种范围内）未遵守合同或不能反映实际进度或与承包商的义务不符，则承包商应在 14 天内收到该通知后，根据本款向雇主提交修订后的计划
8.4 时间的延长 如果由于下列任何原因，致使达到第 10.1 款 [工程和单位工程的接收] 要求的竣工受到或将受到延误的程度，承包商应有权按照第 20.1 款 [承包商的索赔] 的规定提出延长竣工时间： （a）变更（除非已根据第 13.3 款 [变更程序] 的规定商定了竣工时间）， （b）根据本条件某款，有权获得延长期的原因， （c）异常不利的条件， （d）由于流行病或政府行为造成可用的人员或货物的不可预计的短缺，或 （e）由雇主、雇主人员或在现场的雇主的其他承包商造成或引起的任何延误、妨碍或阻碍。 如果承包商认为他有权提出延长竣工时间、应按照第 20.1 款 [承包商的索赔] 的规定，向工程师发出通知。工程师每次按照第 20.1 款确定延长期时，应对以前所作的确定进行审查，可以增加，但不得减少总的延长时间。	**8.4 预警** 各方应通知另一方和工程师，且工程师应向各方提前告知任何已经知道或将来可能发生的事件或情况： （a）对承包商人员的工作产生不利影响； （b）对工程的竣工产生不利影响； （c）增加合同价格；和/或 （d）延误工程或区段的实施（如有）。 雇主可以要求承包商根据第 13.3.2 条 [要求按照建议变更] 提交建议，以避免或减少此类事件或情况的影响。

1999 年版黄皮书"工程变更"	2017 年版黄皮书"工程变更"
	8.5 竣工时间延展 如果第 10.1 条［工程和区段工程的接收］规定的目标的完成被或将被以下任何情况延误，承包商应有权根据第 20.2 条［付款和/或工期索赔］的规定要求延期： （a）变更（除非无须遵守第 20.2 条［付款和/或工期索赔］）； （b）根据这些条件的条款获得延误工期索赔的原因； （c）特别不利的气候条件，就这些条件的目的而言，该气候条件是指雇主根据第 2.5 条［现场资料和参考项目］和/或在工程所在国发布的用于该地点地理位置的无法预见的现场不利气候条件； （d）由流行病或政府行为造成的人员或货物或雇主提供的材料（如有）的短缺是无法预见的；或 （e）因雇主、雇主人员或雇主的现场其他承包商或其原因造成的任何延误、妨碍或阻止。 在根据第 20.2 条［付款和/或工期索赔］确定工期索赔时，工程师应审查第 3.7 条［商定或确定］中先前的决定，并且可以增加但不得减少总工期索赔。 如果由雇主责任事项引起的延误与由承包商责任事项引起的延误同时发生，则应按照专项条款中规定的规则和程序评估承包商的工期索赔权利（如果没有说明，并适当考虑到所有相关情况）。
8.11 暂停期的延长 如果第 8.8 款［暂时停工］所述的暂停已持续 84 天以上，承包商可以要求工程师允许继续施工。如果在提出这一要求 28 天内，工程师没有予以许可，承包商可以通知工程师，将工程受暂停影响的部分视为根据第 13 条［变更和调整］规定的删减项目。如果暂停	8.12 长时间暂停 如果第 8.9 条［雇主的暂停］下的停工持续了超过 84 天，则承包商可以向雇主发出通知，要求允许其继续施工。 如果雇主在收到本条规定的承包人通知后的 28 天内未根据第 8.13 条［复工］发出通知，则承包人可以：

1999 年版黄皮书"工程变更"	2017 年版黄皮书"工程变更"
影响到整个工程，承包商可以根据第 16.2 款［由承包商终止］的规定发出终止的通知。	（a）同意继续停止，在这种情况下，当各方可以同意因合同期间的累计期限而产生的工期索赔和/或成本加利润（如果承包商产生了费用），和/或为暂停的生产设备和/或材料付款。或［且如果双方未能根据本（a）项达成协议］。 （b）在向雇主发出（第二次）通知后，立即将停工视为对工程的受影响部分的删减（如同是根据第 13.3.1 条［指示变更］的指示行事），包括解除第 8.9 条［雇主的暂停］规定的任何其他保护、储存和保障的义务。如果暂停影响到整个工程，承包商可以根据第 16.2 条［承包商的终止］发出终止通知。
13 变更和调整 **13.1 变更权** 签发工程接收证书前的任何时间，工程师可通过发布指示或要求承包商提交建议书的方式，提出变更。变更不应包括准备交他人进行的任何工作的删减。 承包商应遵守并执行每项变更。除非承包商向工程师迅速发出通知，说明（附详细根据）（i）承包商难以取得变更所需的货物；（ii）将对保证表的完成产生不利影响。工程师接到此通知后，应取消、确认或改变原指示。	**13. 变更和调整** **13.1 变更权** 雇主可以在签发工程接收证书之前的任何时间根据第 13.3 条［变更程序］启动变更。 除第 11.4 条［缺陷未能补救］所规定外，除非双方另有协议，否则变更不包括雇主或他人将进行的任何工作。 承包商应受第 13.3.1 条［指示变更］指示的每项变更的约束，并应及时且无延误地实施变更，除非承包商立即向雇主发出通知，阐明如下（附详细说明）： （a）考虑到雇主要求中所述工程的范围和性质，所变更的工程是不可预见的； （b）承包商无法轻易获得变更所需的货物； （c）这将不利地影响承包商遵守第 4.8 条［健康与安全义务］和/或第 4.18 条［保护环境］的能力； （d）它将对履约保证时间的实现产生不利影响；或

1999 年版黄皮书"工程变更"	2017 年版黄皮书"工程变更"
13.2 价值工程 承包商可随时向工程师提交书面建议，提出（他认为）采纳后将：(i) 加速完成，(ii) 降低雇主的工程施工、维护或由运行的费用，(iii) 提高雇主的竣工工程的效率或价值，或 (iv) 为雇主带来其他利益的建议。 此类建议书应由承包商自费编制，并应包括第 13.3 款 [变更程序] 所列的内容。 **13.3 变更程序** 如果工程师发出变更指示前要求承包商提交一份建议书，承包商应尽快做出书面回应，或提出他不能照办的理由（如果情况如此），或提交： (a) 对建议的设计和（或）要完成的工作的说明，以及实验的进度计划； (b) 根据第 8.3 款 [进度计划] 和竣工时间的要求，承包商对进度计划做出必要修改的建议书； (c) 承包商对调整合同价格的建议书。 工程师收到此类（根据第 13.2 款 [价值工程] 的规定或其他规定提出的）建议书后，应尽快给予批准、不批准或提出意见的回复。在等待答复期间，承包商不应延误任何工作。应由工程师向承包商发出执行每项变更并附做好各项费用记录的任何要求的指示，承包商应确认收到该指示。 为指示或批准一项变更，工程师应按照第 3.5 款 [确定的要求，商定或确定对合同价格和付款计划表的调整。这些调整应包括合理的利润，如果适用，并应考虑承包商根据第 13.2 款 [价值工程或单位工程提交的建议]。 **13.4 适用货币支付** 如果合同规定合同价格以一种以上的货币支付，在上述商定、批准或确定调整时，应规定以每种适用的货币支付的款额。为此，应参照变更后工作费用的实际或预期的货币比例和规定的合同价格支付中的各种货币比例。	(e) 可能会对承包商完成工程的义务以使其符合第 4.1 条 [承包商的一般义务] 预期的目的产生不利影响。 雇主应在收到该通知后立即向承包商发出通知，以撤销、确认或更改指示。如此确认或更改的任何指令，均应视为第 13.3.1 条 [指示变更] 的指令。 **13.2 价值工程** 承包商可随时向雇主提交书面建议书（在承包商的意见中），如果采用： (a) 加速完成； (b) 减少雇主实施、维护或运营工程的成本； (c) 提高已竣工的工程对雇主的效率或价值；或 (d) 其他对雇主有利的方面。 该建议书应由承包商编制并承担费用，并应包括第 13.3.1 条 [指示变更] 第 (a) 至 (c) 款所规定的具体内容。 雇主应在收到该建议后，在切实可行的范围内，尽快以书面形式通知承包商其同意或其他意见。雇主的同意或其他意见应由雇主自行决定。承包商在等待答复时不得延迟任何工作。 如果雇主同意该建议书（有或没有意见），则应指示变更。之后： (i) 承包商应提交雇主可能合理要求的任何其他具体材料；和 (ii) 随后，第 13.3.1 条 [指示变更] 应适用，其中应包括雇主考虑在合同专用条款中规定的当事方之间的收益分配、费用和/或延误的分担（如有）。 **13.3 变更程序** 根据第 13.1 条 [变更权] 的规定，变更应由雇主根据以下任一程序启动： **13.3.1 指示变更** 雇主可以根据第 3.4 条 [指示]，通过向承包商发出通知（说明所需的变更并

1999 年版黄皮书"工程变更"	2017 年版黄皮书"工程变更"
	说明记录成本的任何要求）来指示变更。 承包商应执行变更，并应在收到雇主的指示后 28 天内（或承包商建议并由雇主同意的其他期限），向雇主代表提交详细信息，包括： （a）对已进行或将要进行的各种工作的陈述，包括承包商所采用或将要采用的资源和方法具体内容； （b）根据第 8.3 款［计划］和竣工时间对必要的计划变更（如有）进行的实施和建议；和 （c）承包商关于调整合同价格的建议，并附上详细说明。如果任何工程的删减构成变更的一部分（或全部），并且如果： 承包商已经或将要承担的费用，如果没有遗漏，将被视为由构成已中标合同金额一部分的一笔款项支付；和 工程的删减导致或将导致该款项不构成合同价格的一部分。该费用可能包含在承包商的建议中（如有，应明确）。如果双方同意删减其他人将要进行的任何工作，承包商的建议还可包括承包商因该删减而遭受的（或将遭受）任何损失和其他损失和损害。 随后，承包商应提交工程师可能合理要求的其他详细信息。 然后，工程师应按照第 3.7 条［商定或确定］进行办理，以同意或确定： （i）工期索赔（如有）；和/或 （ii）关于合同价格和付款时间表的调整（如有），并且就第 3.7.3 条［时限］而言，工程师收到承包商依据本条款提交的日期（包括任何要求的其他详细信息）应为根据 3.7.3 条达成协议的时限的开始日期。承包商应有权要求工期索

1999 年版黄皮书"工程变更"	2017 年版黄皮书"工程变更"
	赔和/或调整合同价格，而无需遵守第 20.2 款 [付款和/或工期索赔]。 如果合同中未包含价格和价格明细表，则上条（ii）款中的调整应从实施工程的成本利润中做出。 如果合同中包含价格和价格表，则第 13.3.1 款的以下规定应适用于以上（ii）款中的调整。 对于构成变更（或全部）一部分的每个工作项目，该项目的适当费率或价格应为价格和价格表中为该项目指定的费率或价格，或者，如果没有此类项目，则为类似工作指定的费率或价格。但是，如果在费率和价格表中没有规定该项目的费率或价格，而且由于该工作项目不具有类似的性质，或不在类似的条件下执行，因此没有规定费率或价格，则新的费率或价格应适用于该工作项目。 每个新的费率或价格应从费率和价格表中的任何相关费率或价格中得出，并应考虑所有相关情况进行合理调整。如果没有费率或价格与新价格或价格的推导相关，则应从实施工程的成本加利润中得出。 在上条第（ii）款下的调整达成商定或确定之前，工程师应为临时付款证书的目的评估临时费率或价格。 13.3.2 根据建议要求进行变更 雇主可以在指示变更之前，向承包商发出通知（说明拟议的变更）来请求提供建议。承包商应在以下可行的情况下尽快对该通知作出回应： (a) 提交建议，其中应包括第 13.3.1 条[指示变更]第（a）至（c）款所述的事项；或 (b) 通过援引第 13.1 条 [变更权] 中第（a）至（e）款所述的事项，说明承包商不能遵守的理由（如是这种情况）。

1999 年版黄皮书"工程变更"	2017 年版黄皮书"工程变更"
	如果承包商提交了建议书，工程师应在收到建议书后尽快作出答复，通知承包商他/她是否同意。承包商在等待答复时不得延误任何工作。
	如果雇主同意该建议，无论有无评论，则雇主应指示变更。此后，承包商应提交雇主可能合理要求的任何其他详情，并适用第 13.3.1 条［指示变更］第 3 款。
13.5 暂列金额	如果雇主不同意该建议书（有或没有评论），并且承包商因提交该建议书而产生了费用，则该承包商应受第 20.2 款［付款和/或 EOT 索赔］的约束。支付此类费用。
每笔暂列金额只应按工程师的指示全部或部分地使用，并对合同价格相应进行调整。付给承包商的总金额只应包括工程师已指示的，与暂列金额有关的工作、供货或服务的应付款项。对于每笔暂列金额，工程师可指示用于下列支付：	13.4 暂列金额
（a）根据第 13.3 款［变更程序］的规定进行估价的、要由承包商实施的工作（包括要提供的生产设备、材料或服务）；和（或）	每笔暂列金额只应按雇主指示全部或部分地使用，并对合同价格相应进行调整。付给承包商的总金额只应包括雇主已指示的，与暂列金额有关的工作、供货或服务的应付款项．对于每笔暂列金额，雇主可以指示用于下列支付。
（b）计入合同价格，要由承包商购买的生产设备、材料或服务，	对于每笔暂列金额，雇主可以指示：
（i）承包商已付（或应付）的实际金额，	（a）承包商要实施的工程（包括要提供的生产设备、材料或服务），并应根据第 13.3 条［指示变更］就合同价格和付款时间表（如有）进行调整；和/或
（ii）以资料表规定的有关百分率（如果有）计算的，这些实际金额的一个百分比，作为管理费和利润的金额。如果没有此类百分率，应采用投标书附录中的百分率。	（b）承包商要从指定分包商（如第 4.5 条［指定分包商］所规定）或其他方购买的设备、材料、工作或服务，并且应包括在合同价格中：
当工程师要求时，承包商应出示报价单、发票、凭证以及账单或收据等证明。	（i）承包商实际支付（或应支付）的金额；和
	（ii）间接费用和利润的总和，采用适用的附表中规定的相关百分比（如有），以这些实际金额的百分比计算。如果没有这种比率，则应采用合同数据中规定的百分比率。

1999 年版黄皮书"工程变更"	2017 年版黄皮书"工程变更"
13.6 计日工作 对于一些小的或附带性工作，工程师可指示按计日工作实施变更。这时，工作应按照包括合同中的计日工作计划表，并按下述程序进行估价。如果合同中未包括计日工作计划表，则本款不适用。 在为工程订购货物前，承包商应向工程师提交报价单。当申请付款时，承包商应提交任何货物的发票、凭证以及账单或收据。 除计日工作计划表中规定不应支付的任何项目外，承包商应向工程师提交每日的精确报表，一式两份，报表应包括： （a）前一日工作中使用的各种资源的详细资料 （b）承包商人员的姓名、职业和使用时间， （c）承包商设备和临时工程的标识、型号和使用时间， 报表如果正确或经同意，将由工程师签署并退还承包商一份。承包商应在将它们列入其后根据 14.3 款［期中付款证书的申请］的规定提交的报表前，先向工程师提交这些资源的估价报表。	如果工程师根据上条（A）和/或（B）款指示承包商，该指示可能包括要求承包商提交承包商的供应商和/或分包商对将要实施的所有（或部分）工程或设备、材料、工程或服务的所有（或部分）报价。此后，工程师可以发出通知，指示承包商接受这些报价之一（但根据第 4. 条［指定分包商］不得将此视为指示）或撤销该指示。如果工程师在收到报价后 7 天内未作出答复，承包商应有权酌情接受其中任何报价。每一份包含临时金额的报表还应包括所有合格的发票、凭单和账目或收据，以证明临时金额。 13.5 计日工作 如果合同中未包含计日工表，则此条款应不适用。 对于一些小的或附带性的工作，雇主可指示按计日工作实施变更，这时，工作应按照包括在合同中的计日工作计划表，并按下述程序进行估价。然后，应根据计日工表对工程进行估价，并应遵循以下程序。 在订购用于此类工作的货物（计日工表中未计价的任何货物）之前，承包商应将承包商的供应商和/或分包商的一份或多份报价单提交给雇主。此后，雇主可以指示承包商接受这些报价之一（但该指示不得视为依照条款 4.5［指定的分包商］的指示）。如果雇主未在收到报价后 7 天内指示承包商，则承包商有权酌情接受这些报价中的任何一种。 除计日工表规定不付款的任何款目外，承包商应每天向雇主准确交付一式两份的准确报表（和一份电子副本），其中应包括前一天实施工程使用各项资源的记录（按第 6.10 条［承包商的记录］）。

1999 年版黄皮书"工程变更"	2017 年版黄皮书"工程变更"
13.7 因法律改变的调整 对于基准日期后工程所在国的法律有改变（包括施用新的法律，废除或修改现有法律），或对此类法律的司法或政府解释有所改变，影响承包商履行合同规定的义务，合同价格应考虑上述改变导致的任何费用增减进行调整。 如果由于这些基准日期后作出的法律或此类解释的改变，使承包商已遭受（或将）遭受延误和（或）已（或将）招致增加费用，承包商应向工程师发出通知，并应有权根据第20.1 款［承包商的索赔］的规定要求： （a）根据第 8.4 款［竣工时间的延长］的规定，如果竣工已或将受到延误，对任何此类延误给予延长期； （b）任何此类费用，应计入合同价格，给予支付。 工程师收到此通知后，应按照第 3.5 款［确定］的要求，对这些事项进行商定或确定。	如果雇主认为正确并同意，则签署一份声明，并立即退还给承包商。如果不正确或未达成一致，则工程师应根据第 3.7 条［商定或确定］行事，以同意或确定各项资源（就第 3.7.3［时限］而言，依据本款中作为变更的工程的完成日期，即承包商应按第 3.7.3 条规定的协议期限开始之日。 然后，在下一份报表中，承包商应向工程师提交已商定或确定的资源的已定价报表，以及所有适用的发票、凭证、账户或收据，以证明在计日工使用的任何商品（在计日工定价的商品除外） 除非计日工表中另有说明，否则计日工表中的费率和价格应视为包括税款、间接费用和利润。 13.6 法律改变导致的调整 根据本条款的规定，调整合同价格应考虑到因以下因素变更而导致的费用的任何增加或减少： （a）工程所在国法律（包括颁布新法律以及废除或修改现有法律）； （b）上条（a）款中提到的司法或官方政府解释或施行； （c）雇主或承包商分别根据第 1.12 条［遵守法律］的（a）或（b）款得到的任何许可，执照或批准；或 （d）要求承包商根据第 1.12 条［遵守法律］的（b）款的规定获得的任何许可证、准许和/或批准，而相关法律是在基准日期之后制定和/或正式发布的，该要求影响了承包商履行本合同款下的义务。在本款中，"法律变更"是指上条（a）（b）（c）和/或（d）款中的任何变更。如果承包商因法律的任何变更而遭受延误和/或导致成本增加，则承包商有权获得第 20.2 条［付款和/或工赔］

1999 年版黄皮书"工程变更"	2017 年版黄皮书"工程变更"
13.8 因成本改变的调整 在本款中，"调整数据表"系指投标书附录中填好的调整数据表。如果没有此类调整数据表，本款应不适用。 如本款适用，可付给承包商的款项应根据工程所用的劳动力、货物和其他投入的成本的涨落，按本款规定的公式确定增减额进行调整。在本条或他条规定对成本的任何涨落不能完全补偿的情况下，中标合同金额应被视为已包括其他成本涨落的应急费用。 按照适当资料表估价，并在付款证书中确认的，付给承包商的其他应付款要做的调整，应按合同价格应付每种货币的公式确定。对于根据成本或现行价格继续估价的工作，不予调整。所用公式应采用以下一般形式： Pn = a + b Ln + c En + d Mn + … 　　　　Lo　　Eo　　Mo 式中 "Pn"是用于在 n 期间所完成的工作以相应货币的估计合同价值的调整乘数，除非投标书附录中另有说明，此期间单位为一个月； "a"是在相关调整数据表中规定的固定系数，表示合同付款中不予调整的部分； "b"，"c"，"d"等是代表相关调整数据表中列出的，与工程施工有关个成本要素的估计比例要素；表列此类成本要素，可表示劳动力、设备和材料等资源；"Ln""En""Mn"等是适用于（与特定的付款证书有关）期间最后一日 49 天前的表列相关成本要素的，n 期间现行成本指数或参考价格，用相应支付货币表示；"LO""Eo""Mo"等是适用于基准日期时相关成本要素的，基准成本指数或参考价格，用相应支付货币表示。 应使用调整数据表中的成本指数或参考价格。如对其来源有疑问，应由工程师决定。为此目的，应参照所述日期的指数值（分别在该表第 4 列和第 5 列），以澄清来源，尽管这些日期（因而还有这些数值）可能与基准成本指数不相对应。	的工期索赔和/或此类费用的支付。 如果由于法律的变更而导致成本降低，则雇主有权依据第 20.2 条［付款和/或工期索赔］，降低合同价格。 如果由于法律的变更而需要对工程的实施进行任何调整： (i) 承包商应立即向雇主发出通知，或 (ii) 雇主应立即向承包商发出通知（附详细的相关具体材料）。此后，雇主应根据第 13.3.1 条［指示变更］指示变更，或根据第 13.3.2 条［根据建议书变更］要求提出建议。 13.7 因成本变动调整 如果合同中未包括成本指数化的时间表，则不适用本条。 应付给承包商的款应根据劳工、货物和其他对工程的投入的成本的升或降进行调整，方法是增加或扣除根据专用条款中成本指数表的费用计算出的数额。 如果本条款或本条件的其他条款未涵盖对任何成本上升或下降的全额赔偿，则中标合同金额中规定的合同价格应被视为已包括了其他上涨的或有费用并降低成本。 在支付证书中证明的对承包商应支付的其他数额的调整，应按支付合同价格的每一种货币计算。不应按成本或现价的估价对工程进行调整。 在每个现行成本指数可用之前，工程师应使用临时索引签发临时付款证书。当有现行成本指数时，应相应地重新计算调整数。 如果承包商未能在竣工时间内完成工程，其后的价格调整应采用以下方法之一： (a) 在工程竣工时间届满前 49 天的日期适用的每个指数或价格；或 (b) 当前指数或价格，以较有利于雇主的为准。

1999 年版黄皮书"工程变更"	2017 年版黄皮书"工程变更"
当指数对应的货币（表中所列）不是相应支付货币时，每个指数应按工程或单位工程所在国中央银行规定的此相应支付货币在上述要使用该指数的日期的卖出汇率，换算成该相应支付货币。 在获得每种现行成本指数前，工程师应确定一个临时指数，用以颁发期中付款证书。当得到现行成本指数时，应据此重新计算调整。 如果承包商未能在竣工时间内完成工程，其后应利用（i）适用于工程竣工时期满前第 49 天的各指数或价格，或（ii）现行指数或价格：取两者中对雇主更有利的，对价格作出调整。 只有当由于变更使调整数据表中所列的各项成本要素的权重（系数）变得不合理、不平衡或不适用时，才应对其进行调整。	

　　在涉及"工程变更"问题上，与 1999 年版黄皮书相比，2017 年版黄皮书在变更的工作程序规定上更为具体和详细，包括如何发起变更、承包商应作何回复、如何确认变更价格等条款。首先，2017 年版黄皮书和 1999 年版黄皮书对变更的定义表述存在区别。在 2017 年版黄皮书中，变更指的是根据通用条件第 13 条指示的变更，该变更为对工程所做的任何更改。而在 1999 年版黄皮书中，变更指的是根据通用条件第 13 条指示或者协商同意的变更，该变更为对业主要求或工程所做的任何更改，但不应包括准备交他人进行的任何工作的删减。1999 年版黄皮书并没有规定工程变更价格调整机制，但 2017 年版黄皮书第 13.3.1 款则详细规定了工程变更时的两种价格评估方法：一是在合同中没有价格清单的情况下，工程师将按照成本加利润的方法确定合同价格调整数额；二是在合同中包含了价格清单的情况下，工程师将依次按照价格清单或合同中据以推算的相关费率和价格确定合同价格调整数额。[1]

　　而在价值工程上，2017 年版黄皮书新增如果雇主同意该建议书（有或没

　　[1] 李成业：《FIDIC 合同中"工程变更条款"的关键点解读》，载《项目管理评论》2021 年第 4 期，第 42~47 页。

有意见），则应指示变更。之后，承包商应提交雇主可能合理要求的任何其他具体材料和第 13.3.1 条［指示变更］应适用，其中应包括雇主考虑在合同专用条款中规定的当事方之间的收益分配、费用和/或延误的分担。此外，在 2017 年黄皮书和 1999 年版黄皮书中，暂列金额的定义无本质上的区别，指的是合同中明确为暂列金额的，且用于实施工程的任何部分或提供生产设备、材料和服务的一笔金额（如有）。按照黄皮书的规定，暂列金额只能按照咨询工程师的指令使用。在 2017 年版黄皮书中，虽然咨询工程师在发放接收证书之前可以随时启动变更程序，但承包商具有下列任一理由时，可以拒绝咨询工程师的变更指令：拟执行的变更不可预见；拟执行的变更会影响承包商义务履行的能力；拟执行的变更会影响承包商履行合于使用义务的能力。

（二）关于"索赔"条款

1999 年版黄皮书"索赔"	2017 年版黄皮书"索赔"
20. 索赔、争端和仲裁 20.1 承包商的索赔 如果承包商根据本合同条件的任何条款或参照合同的其他规定，认为他有权获得任何竣工时间的延长和（或）任何附加项，他应通知工程师，说明引起索赔的事件或情况。该通知应尽快发出，并应不迟于承包商开始注意到，或应该开始注意到，这种事件或情况之后 28 天。 如果承包商未能在 28 天内发出索赔通知，竣工时间将不被延长，承包商将无权得到附加款项，并且雇主将被解除有关索赔的一切责任。否则本款以下规定应适用。 承包商还应提交一切与此类事件或情况有关的任何其他通知（如果合同要求），以及索赔的详细证明报告。	20. 雇主和承包商的索赔 20.1 索赔 可能出现索赔： （a）如果雇主认为雇主有权从承包商处获得任何额外付款（或降低合同价格）和/或获得缺陷通知期的延期； （b）承包商认为承包商有权从雇主和/或工期索赔获得任何额外付款；或 （c）如果任何一方认为自己有权获得另一方的其他权利或救济。此类其他应享权利或救济可以是任何形式的（包括与雇主的任何证书、确定、指示、通知、意见或估价有关的），但不包括上条（a）和/或（b）款所述的任何应享权利。 对于根据上条（a）或（b）款提出的索赔，应适用第 20.2 条［付款和/或工期索赔］。 对于根据上述（c）项提出的索赔，如果另一方或工程师不同意所要求的应享权利或救济（或者，如果他/她在合理时间内未做出回应，则视为已不同意），则争议应索赔方可以通过发出通知将索赔移交给工程师，第 3.7 条［商定或确定］

1999 年版黄皮书"索赔"	2017 年版黄皮书"索赔"
	适用。该通知应在提出要求的一方或工程师知悉异议（或视为异议）后，在切实可行的范围内尽快发出，并应包含提出索赔的事项和另一方的异议（或视为异议）的详细信息。
	20.2　付款和/或工期索赔
	如果任何一方认为他/她有权获得另一方的任何额外付款（或者，对于雇主，则是合同价格的降低）和/或对于工期索赔（对于承包商）或在本条件的任何条款下或与合同有关的其他情况下，缺陷通知期延长（对于雇主而言）应适用以下索赔程序：
	20.2.1　索赔通知
	提出索赔方应在切实可行的范围内尽快向另一方发出通知，说明引起索赔的费用、损失、延误或延期的事件或情况，且不得晚于提出索赔后的 28 天当事人已知道到或应该已经知道事件或情况（本条件中的"索赔通知"）。
	如果索赔方在此 28 天内未发出索赔通知，则索赔方无权获得任何额外付款，合同价格也不得降低（对于雇主为索赔方的情况），竣工时间（对于承包商为要求方）或缺陷通知期（对于雇主为要求方）不得延长，并且另一方应免除与该方有关引起索赔的事件或情况的任何责任。
	20.2.2 初步回应
	如果另一方认为索赔方未在第 20.2.1 条［索赔通知］的 28 天内提出索赔通知，则另一方应在收到索赔通知后的 14 天内，相应地（有理由）通知索赔方。
	如果工程师在 14 天内未发出此类通知，则索赔通知书将被视为有效通知。
	如果另一方不同意这种被认为有效的索赔通知，另一方应向工程师发出通知，其中应包括不同意的细节。此后，根据

续表

1999 年版黄皮书"索赔"	2017 年版黄皮书"索赔"
承包商应在现场或工程师可接受的另一地点保持用以证明任何索赔可能需要的同期记录。工程师在收到根据本款发出的上述通知后，在不必事先承认雇主责任的情况下，监督此类记录的进行，并（或）可指示承包商保持进一步的同期记录。承包商应允许工程师审查所有此类记录，并应向工程师提供复印件（如果工程师指示的话）。	第 20.2.5 条［索赔的商定或裁定］对索赔的协议或裁定应包括工程师对这种分歧的审查。 如果索赔方根据本条规定从另一方收到通知，并且不同意工程师，或者认为在某些情况下有理由延迟提交索赔通知，则索赔方应依据条［充分详细的索赔］的规定在其详细的索赔中包括不同意的具体理由或为何逾时提交的理由（视情况）。 20.2.3 同期记录 在第 20.2 条中，"同期记录"是指在引起索赔的事件或情况的同时或之后立即编制或生成的记录。 索赔方应保留必要的同期记录，以证实索赔。在不承担雇主责任的情况下，雇主可以监督承包商的同期记录和/或指示承包商保留其他同期记录。承包商应准许雇主在正常工作时间内（或在承包商同意的其他时间）检查所有这些记录，并应指示将副本提交给雇主。雇主进行的这种监督、检查或指示（如有），并不意味着接受承包商的同期记录的准确性或完整性。 20.2.4 充分详细的索赔 在本第 20.2 条中，"充分详细的权利要求"是指提交以下内容： （a）对引起索赔的事件或情况的详细描述； （b）有关索赔的合同和/或其他法律依据的陈述； （c）索赔方所依靠的所有同期记录；和 （d）所要求的额外付条额的详细证明细节（如果是雇主作为索赔方，则为合同价格的减少额），和/或工期延长要求（对于承包商而言，）或缺陷通知期要求延长的要求（对于雇主而言）。

1999 年版黄皮书"索赔"	2017 年版黄皮书"索赔"
	在任何一项：
	（i）要求方在知道到或应该已经知道到引起索赔的事件或情况之后 84 天，或
	（ii）由索赔方提出并经工程师同意的其他期限（如有），索赔方应向工程师提交一份充分详细索赔。
	如果索赔方在此期限内未按照上条（b）款提交陈述，则索赔通知书应视为已失效，不再视为有效通知书，工程师应：在此期限到期后的 14 天内，相应地向索赔方发出通知。
	如果工程师在 14 天内未发出此类通知，则索赔通知应视为有效通知。如果另一方不同意这种视为有效的索赔通知书，则另一方应向工程师发出通知，其中应包含不同意见的详细内容。此后，根据第 20.2.5 条［索赔的商定或确定］达成的对索赔的商定或确定，应包括由工程师对这种不同意见的审查。
	如果索赔方根据本 20.2.4 条收到工程师的通知，并且索赔方不同意该通知或认为有根据上条（b）条的规定有延迟提交该陈述的理由，则应在详尽的索赔包括索赔方的不同意具体内容或合理的理由（视情况）。
	如果引起索赔的事件或情况具有持续影响，则应适用第 20.2.6 条［持续影响索赔］。
	20.2.5 对索赔的商定或确定
	在收到依据第 20.2.4 条［详细说明］或第 20.2.6 条［持续影响索赔］的临时或最终详细索赔（视情况）后，工程师应按照第 3.5 条［商定或确定］办理，以商定或确定：
	（a）索赔方有权获得的额外付款（如有），或降低合同价格（如果雇主是索赔方）；和/或

1999 年版黄皮书"索赔"	2017 年版黄皮书"索赔"
在承包商开始注意到，或应该开始注意到，引起索赔的事件或情况之日起 42 天内，或在承包商可能建议且由工程师批准的此类其他时间内，承包商应向工程师提交一份足够详细的索赔，包括一份完整的证明报告，详细说明索赔的依据以及索赔的工期和（或）索赔的金额。	（b）根据第 8.5 条［竣工期的延长］（对于承包商为索赔方的情况）延长（如有）（在竣工期到期之前或之后），或第 11.3［缺陷通知期的延长］（在雇主为索赔方的情况下）的缺陷通知期（在到期前），索赔方有权根据合同获得。 如果工程师已根据第 20.2.2 款［工程师的初步答复］和/或根据第 20.2.4 条［充分详细的索赔］发出通知，则索赔仍应按照第 20.2.5 条的规定予以商定或确定。对索赔的商定或裁定应包括是否应将索赔通知视为有效通知，同时考虑到索赔方不同意该通知的详细要求（如有），或迟交的理由（视情况）。可考虑的情况（但不具约束力）可包括如下情况： 接受迟交的决定是否会损害另一当事方； 就第 20.2.1 条［索赔通知］所述的时限而言，是指另一方事先对引起索赔的事件或情况的事先了解的任何证据，索赔方可将其包括在其支持性具体内容中；和/或 就第 20.2.4 条［充分详细索赔］的期限而言，是指另一方事先知道该索赔的合同和/或其他法律依据的任何证据，索赔方可将其包括在其支持内容中。
如果引起索赔的事件或情况具有连续影响： （a）该全面详细的索赔应被认为是临时的； （b）承包商应该按月提交进一步的临时索赔，说明累计索赔工期和（或）索赔款额，以及工程师可能合理要求的此类进一步的详细报告；以及 （c）在索赔事件所产生的影响结束后的 28 天内（或在承包商可能建议且由工程师批准的此类其他时间内），承包商应提交一份最终索赔报告。	如果已收到依据第 20.2.4 条［充分详细索赔］规定的详细要求，或者在根据第 20.2.6 条［持续有效的索赔］收到索赔的情况下，是临时或最终的充分详细索赔（如（视情况），工程师要求提供其他必要的附加信息： （i）他/她应立即向承包商发出通知，说明附加详细内容及其要求理由； （ii）然而，他/她应在根据第 3.7.3 条［时限］规定的协议期限内向索赔方发出通知，在合同或索赔的其他法律基础上作出答复；

1999 年版黄皮书"索赔"	2017 年版黄皮书"索赔"
	（iii）索赔方在收到上条（i）款规定的通知后，应在切实可行的范围内尽快提交补充详情；和 （iv）然后，工程师应根据第 3.7 条［商定或决定］的规定，商定或决定上条（a）和/或（b）款下的事项（就第 3.7 条而言）即工程师从承包商处收到补充详情的日期为根据第 3.7.3 条达成协议的时限的开始日期。 20.2.6 索赔具有持续效力 如果根据本 20.2 条引起索赔的事件或情况具有持续影响： （a）根据第 20.2.4 条［充分详细的索赔］提交的详细说明，应视为临时的； （b）对于第一个临时完整详细的索赔，工程师应根据索赔的合同或其他法律依据，在根据 3.5.3 条［时限］规定的时限内发出通知； （c）在提交第一个临时详细说明后，索赔方应每月间隔提出进一步的详细索赔，并给出累计的额外支付金额，（或以合同价的减少，对于索赔方的雇主而言）和/或索赔期限的延长（对于以承包商为索赔方的情况）或缺陷通知期的延期（对于雇主为索赔方的情况）；和
在收到索赔报告或该索赔的任何进一步的详细证明报告后 42 天内（或在工程师可能建议且由承包商批准的此类其他时间内），工程师应表示批准或不批准，不批准时要给予详细的评价。他可能会要求任何必要的进一步的详细报告，但他应在这段时间内就索赔的原则作出反应。 每一份支付证明将根据相关合同条款应支付并已被合理证实的此类索赔金额纳入其中。如果承包商提供的详细报告不足以证明全部的索赔，则承包商仅有权得到已被证实的那部分索赔。 工程师应根据第 3.5 款【决定】，表示同意或作出决定：（i）根据第 8.4 款【竣工时间的延长】的规定延长竣工时间（在其终止时间之前或之后）（如果有的话），以及（或者）（ii）根据合同承包商有权获得的附加款项（如果有的话）。	（d）索赔方应在事件或情况造成的后果终止后的 28 天内，或在索赔方提议并经另一方同意的其他期间内，提交最终的详细索赔。最终详细的索赔应给出索赔的额外支付总额，（或以合同价的减少，对于索赔方的雇主而言）和/或索赔期限的延长（对于以承包商为索赔方的情况）或缺陷通知期的延期（对于雇主为索赔方的情况）。 20.2.7 一般要求 在收到索赔通知后，并在根据第 20.2.5 条［索赔的商定或裁定］商定或确定索

1999 年版黄皮书"索赔"	2017 年版黄皮书"索赔"
除本款的规定外，还有许多其他条款适用于索赔。如果承包商未能遵循本款或其他有关索赔的条款的规定，则在决定竣工时间的延长和（或）额外款项时，要考虑这种未遵循（如果有的话）已妨碍或影响索赔调查的程度，除非根据本款第二段该索赔已被排除。	赔之前，工程师应在每一份付款证书中列入根据合同有关规定应付给索赔方的任何索赔的合理证明数额。 雇主仅有权依据本第 20.2 条规定，要求承包商支付任何款项和/或延长缺陷通知期，或从应付给承包商的任何付款中扣除或扣除任何付款。第 20.2 条的要求是对可能适用于该权利要求的任何其他条款要求的补充。如果索赔方未遵守此索赔或任何其他与索赔有关的条款，则任何额外的付款和/或任何工期索赔（对于作为索赔方的承包商而言）或缺陷通知期的延期（在这种情况下）（作为索赔方的雇主），应考虑到违约在多大程度上妨碍或损害了雇主代表对索赔的适当调查。

在索赔问题的处理上，1999 年版黄皮书关于索赔的规定，重点主要在承包方向业主进行索赔的一些程序性规定，而对于业主发起的索赔规定相对较少。但是，2017 年版黄皮书在业主和承包方双方的索赔权利上进行统一，尤其是经济索赔和工期索赔的规定基本没有差别。由此表明：2017 年版黄皮书的索赔规定相对比较公平，索赔事项不只是发生于承包方，同样也可以发生于业主。例如在索赔通知上，2017 年版黄皮书第 20.2.1 条规定，提出索赔方应在切实可行的范围内尽快向另一方发出通知，说明引起索赔的费用、损失、延误或延期的事件或情况，且不得晚于提出索赔后的 28 天当事人已知道到或应该已经知道事件或情况，如果索赔方在此 28 天内未发出索赔通知，则索赔方无权获得任何额外付款，合同价格也不得降低，竣工时间或缺陷通知期也不得延长。并且，另一方应免除与该方有关引起索赔的事件或情况的任何责任。根据此条款可知，2017 年版黄皮书在经济索赔和工期索赔方面，同样加强了对业主的约束，这个条款很好地避免了因索赔方提出索赔的时候，业主通过利用其他虚构的反索赔手段，对承包方的索赔进行抵抗，甚至拖延，从而达到对承包方索赔进行压制的目的。

其次，2017 年版黄皮书在对争议的解决上更加注重快速、便捷。虽然

1999 年版黄皮书也规定了相应的索赔争议解决机制，但是由于理论和实践之间存在脱节，导致实践中对当事人一方的索赔，另一方可以通过各种手段来进行拖延，但新版黄皮书修改了这一机制，任何索赔方一旦发出索赔通知，必须将索赔进行到底，否则将丧失索赔的权利。只要在出现可能引起索赔的情况后，索赔方便可以在知道或者应该知道的 28 天内向工程师发出索赔通知。如果未能发出索赔通知，索赔方将丧失索赔的权利。由此可见，2017 年版黄皮书既体现了对索赔方权利的保护，同时又是对其权利进行限制的一种方式。例如，根据 2017 年版黄皮书的规定，如果索赔方在知道或者应该知道索赔发生后 42 天内未能按照新版黄皮书的规定向工程师提交详细的索赔资料，索赔通知失效，也就意味承包方将丧失索赔权。而在具体的索赔实践中，对期限的计算十分重要，无论是提前或逾期提交资料都将会引发严重后果，这些对能否最终实现索赔目的发挥着重要的影响。

而在索赔时限的要求上，1999 年版黄皮书和 2017 年版黄皮书都采取较为的严格的模式，例如索赔方若逾期未提出索赔通知或提交索赔资料即丧失索赔权，但对于未遵守索赔时限即丧失索赔权的规定予以变通。如果索赔方认为其延迟是正当的，可以将详细资料提交给工程师进行裁定。而工程师在收到索赔通知之后，如果认为索赔时限已过，则有义务在 14 天内作出初步答复，而工程师一旦作出此类答复，如果索赔方认为存在紧急情况使得索赔的迟延提交具有正当性，则该索赔方可以向 DAB 申请时效豁免。而 DAB 在考虑是否给予时效豁免时，应当认真考虑工程师是否已经作出决定或者正在努力推进协商并达成一致意见。此时，工程师发挥了重要的职能作用，在 2017 年版黄皮书的规定中，工程师应当鼓励双方通过协议约定解决索赔的积极义务，相关条款已经由 1999 年版黄皮书中的"决定"修改为"商定和决定"。就涉及的索赔而言，工程师还必须与各方协商并试图达成协议，如果在 42 天内没有达成任何协议，则须在之后 42 天内作出公平的决定。与 1999 年版黄皮书中工程师"应在 42 天内组织各方协商并作出决定"相比，延长了协商、决定作出的期限。这些新规定背后的意图很明确，那就是要尽量避免争议的扩大升级，不拖 DAB 的裁决，最终避免仲裁的发生。当然，如果工程师无法作出决定或达成协议，上述争议解决还是无法避免的。

但是，如果工程师未能在合同规定的时限内作出答复，则认为工程师已经驳回了索赔主张，该索赔应当被提交给 DAB 进行处理。如果各方对工程师的处理不满意，应当在工程师作出处理决定之日起 28 天内提出"不满意通知书"。否则，将默认各方最终接受工程师的决定，并将丧失一定的权利。针对有争议的索赔事件，应该通过第 21 条的争端解决程序来进行处理。但是，工程师的决定仍然对双方产生约束力，指导 DAB 对该决定进行了修改或变动。

在争端的处理程序上，2017 年版黄皮书与 1999 年版黄皮书的争端处理程序基本相同，即首先是 DAB 作出决定，其次是当事方发出不满 DAB 决定的通知及友好解决，最后是仲裁。但是，2017 年版黄皮书对"争端"作出了明确、详细的定义，第 1.1.29 条"争端"是指以下情况：一方向另一方提出索赔（可以是本条件中所定义的索赔，也可以是由雇主代表根据本条件或其他约定确定的事项）；另一方（如果是雇主，则根据第 3.5.2 条［雇主代表的决定］或其他条款）全部或部分拒绝了该索赔；和第一方没有默许（如果承包商根据第 3.5.5 款［对雇主代表的决定不满］或其他方式给出不满通知），但如果另一方未提出反对或回应，在这种情况下争端裁决委员会或仲裁员（视情况而定）认为这样做是合理的，则全部或部分索赔可能构成拒绝。此外，2017 年版黄皮书增加了争端避免的相关条款。例如，在争端发生前，第 8.4 款［提前预警］规定合同双方及工程师应对影响工程实施或影响合同工期、费用的事件进行提前预警。FIDIC 认为，此举有利于双方提前解决问题，避免将问题上升为争端。各方应通知另一方和工程师，且工程师应向各方提前告知任何已经知道或将来可能发生的事件或情况：对承包商人员的工作产生不利影响；对工程的竣工产生不利影响；增加合同价格；和/或延误工程或区段的实施（如有），雇主可以要求承包商根据第 13.3.2 条［要求按照建议变更］提交建议，以避免或减少此类事件或情况的影响。

此外，2017 年版黄皮书还规定双方可邀请 DAB 非正式介入履行合同中遇到的问题，DAB 也可以正式邀请双方来解决。如第 21.3 条款规定，如果双方同意，则他们可以共同要求（书面提出并提交一份副本给工程师）争端裁决委员会提供协助和/或非正式磋商，并试图解决双方在履行合同期间可能出现的任何问题或分歧。如果争端裁决委员会知悉问题或分歧，可以邀请双方提出共同请求。可以在任何时候提出联合请求，除非在工程师根据第 3.5 条［商定或确定］履行有争议的或有争议的事项期间，或者双方另有协议。这种非正式协助可以在任何会议、实地考察或其他方式中进行。但是，除非双方另有协议，否则双方均应出席此类磋商。双方没有义务根据此类非正式会议上提出的任何建议行事，争端裁决委员会在今后也不受非正式争议解决过程中通过口头或书面提供的任何意见或建议的任何争议解决程序或决定的约束。

（三）关于"不可抗力"条款

1999 年版黄皮书"不可抗力"	2017 年版黄皮书"例外事件"
19. 不可抗力 19.1 不可抗力的定义 在本条中，"不可抗力"的含义是指如下所述的特殊事件或情况： （a）一方无法控制的， （b）在签订合同前该方无法合理防范的， （c）情况发生时，该方无法合理回避或克服的，以及 （d）主要不是由于另一方造成的。 只要满足上述（a）至（d）段所述的条件，不可抗力可包括（但不限于）下列特殊事件或情况： （i）战争、敌对行动（不论宣战与否）、入侵、外敌行动， （ii）叛乱、恐怖活动、革命、暴动、军事政变或篡夺政权，或内战， （iii）暴乱、骚乱、混乱、罢工或停业，完全局限于承包商的人员以及承包商和分包商的其他雇员中间的事件除外， （iv）军火、炸药、离子辐射或放射性污染，由于承包商使用此类军火、炸药、辐射或放射性的情况除外， （v）自然灾害，如地震、飓风、台风或火山爆发。 19.2 不可抗力的通知 如果由于不可抗力，一方已经或将要无法依据合同履行他的任何义务，则该方应将构成不可抗力的事件或情况通知另一方，并具体说明已经无法或将要无法履行的义务、工作。该方应在注意到（或应该开始注意到）构成不可抗力的相应事件或情况发生后 14 天内发出通知。	18 例外事件 18.1 例外事件 "例外事件"是指以下事件或情况： （i）超出了缔约方的控制范围； （ii）当事人在订立合同之前不可能合理地应对； （iii）该缔约方不可能合理地避免或克服；和 （iv）不能归因于他方。 只要满足上述条件（i）至（iv），则例外事件可能包括但不限于以下任何事件或情况： （a）战争、敌对行动（不论宣战与否）、入侵、外敌行为； （b）叛乱、恐怖主义、革命、暴动、军事政变或篡夺政权或内战； （c）承包商人员和承包商及其分包商其他雇员以外的人员的骚动、喧闹、混乱； （d）罢工或停工不仅仅涉及承包商人员以及承包商和分包商的其他雇员； （e）遭遇战争军火、爆炸物资、电离辐射或放射性污染，但可能因承包商使用此类军火、炸药、辐射或放射性引起的除外；或 （f）自然灾害，如地震、飓风、台风或火山活动。 18.2 例外事件通知 如果一方因例外事件而（或将被阻止）履行合同项下的任何义务（本条款中的"受影响方"），则受影响的一方应将该例外事件通知另一方，并且应规定已履行或将要履行的义务（本条中的"预防性义务"）。

1999 年版黄皮书"不可抗力"	2017 年版黄皮书"例外事件"
在发出通知后，该方应在此类不可抗力持续期间免除此类义务的履行。 不论本条中的其他条款作何规定，不可抗力的规定不适用于任何一方依据合同向另一方进行支付的义务。 19.3 减少延误的责任 只要合理，自始至终，每一方都应尽力履行合同规定的义务，以减少由于不可抗力导致的任何延误。 当不可抗力的影响终止时，一方应通知另一方。 19.4 不可抗力引起的后果 如果由于不可抗力，承包商无法依据合同履行他的任何义务，而且已经根据第 19.2 款【不可抗力的通知】，发出了相应的通知，并且由于承包商无法履行此类义务而使其遭受工期的延误和（或）费用的增加，则根据第 20.1 款【承包商的索赔】，承包商有权： （a）根据第 8.4 款【竣工时间的延长】的规定，就任何此类延误获得延长的工期，如果竣工时间已经（或将要）被延误，以及 （b）获得任何此类费用的支付款额，如果发生了如第 19.1 款【不可抗力的定义】中（i）至（iv）段所描述的事件或情况，以及如果在工程所在国发生了如（ii）至（iv）段中所述的事件或情况。 在收到此类通知后，工程师应根据第 3.5 款【决定】对上述事宜表示同意或作出决定。 19.5 不可抗力对分包商的影响 如果根据有关工程的任何合同或协议，分包商有权在附加的或超出本款规定范围之外的不可抗力发生时解除其义务，则在此类附加的或超出的不可抗力事件或情况发生时，承包商应继续工作，且他无权根据本款解除其履约义务。	该通知应在受影响方知道或应该知道例外事件后的 14 天内发出，然后自例外事件阻止履行之日起，就应为受影响方免除履行义务。如果在 14 天的期限内另一方收到了该通知，则应仅从另一方收到通知之日起，受影响的一方免除受阻的履行义务。 此后，只要该例外事件阻止了受影响方履行义务，就应免责其履行受阻的履行义务。除免除履行受阻的义务外，不得免除受影响方履行合同规定的所有其他义务。 但是，任何例外情况均不能免除任何一方根据合同应向另一方付款的义务。 18.3 尽量减少延误的责任 双方应始终采取一切合理努力，以最大程度地减少因例外事件导致的合同履行延误。如果例外事件具有持续影响，则受影响的当事方应在根据第 18.2 条［例外事件通知］发出第一份通知后每 28 天发出进一步的通知，说明其影响。 当受影响的一方不再受到例外事件的影响时，受影响的一方应立即向另一方发出通知。如果受影响的一方没有这样做，则另一方可以向受影响的一方发出通知，指出另一方有理由认为该例外事件不再阻止该受影响方的履行义务。 18.4 例外事件的后果 如果承包商是受影响的当事方，并且由于例外事件而受到延误和/或产生费用，而他/她据根第 18.2 条［例外事件的通知］发出了通知，则承包商应有权依据第 20.2 条［付款和/或工期索赔］： （a）工期索赔；和/或 （b）如果例外事件属于第 18.1 条［例外事件］（a）至（e）款所述的事件种类，并且在（b）至（e）款规定的情况下，

1999 年版黄皮书"不可抗力"	2017 年版黄皮书"例外事件"
19.6 可选择的终止、支付和返回 如果由于不可抗力，导致整个工程的施工无法进行已经持续了 84 天，且已根据第 19.2 款【不可抗力的通知】发出了相应的通知，或如果由于同样原因停工时间的总和已经超过了 140 天，则任一方可向另一方发出终止合同的通知。在这种情况下，合同将在通知发出后 7 天终止，同时承包商应按照第 16.3 款【停止工作及承包商的设备的撤离】的规定执行。 一旦发生此类终止，工程师应决定已完成的工作的价值，并颁发包括下列内容的支付证书： （a）已完成的且其价格在合同中有规定的任何工作的应付款额； （b）为工程订购的，且已交付给承包商或承包商有责任去接受交货的永久设备和材料的费用：当雇主为之付款后，此类永久设备和材料应成为雇主的财产（雇主亦为之承担风险），并且承包商应将此类永久设备和材料交由雇主处置； （c）为完成整个工程，承包商在某些情况合理导致的任何其他费用或负债； （d）将临时工程和承包商的设备撤离现场并运回承包商本国设备基地的合理费用（或运回其他目的地的费用，但不能超过运回本国基地的费用）；以及 （e）在合同终止日期将完全是为工程雇用的承包商的职员和劳工遣返回国的费用。 19.7 根据法律解除履约 除非本条另有规定，如果合同双方无法控制的任何事件或情况（包括，但不限于不可抗力）的发生使任一方（或合同双方）履行他（或他们）的合同义务已变为不可能或非法，或者根据本合同适用的法律，合同双方均被解除进一步的履约，那么在任一方向另一方发出此类事件或情况的通知的条件下：	发生在支付此类费用的国家。 18.5 选择终止 如果由于例外事件而导致连续 84 天所有在建工程实际上受到阻碍，对根据第 18.2 条［例外事件的通知］规定已发出通知，或由于同一例外事件总计超过 140 天，任何一方均可向另一方发出终止合同的通知。 在此情况下，终止应在该通知发出 7 天后生效，承包商应按照第 16.3 款［停止工作和承包商设备的撤离］的规定进行。 终止合同之日后，承包商应在切实可行的范围内，尽快（根据工程师的合理要求）提交完成的工作价值的详细证明，其中包括： （a）对在合同中标明价格的已完成工程的应付金额； （b）已交付给承包商或承包商有责任接受交付的为工程所订购的生产设备和材料的成本。这种生产设备和材料在雇主支付时应成为雇主的财产（并由雇主承担风险），承包商应将其交由雇主处置； （c）承包商为完成工程而合理发生的任何其他费用或债务； （d）从现场移走临时工程和承包商的设备的费用，以及将这些物品返还至承包商在其所在国家（或其他任何目的地）的营业所的费用；和 （e）终止之日，与工程完全相关的承包商工作人员和人工的遣返费用。 然后，工程师应按照第 3.7 条［商定或确定］的规定，同意或确定已完成工作的价值（并就第 3.7.3 条［时限］而言），工程师根据本条收到承包商的详细信息之日，应为根据第 3.7.3 款达成协议的时限的开始日期。工程师应按照第 14.6.1 条［临时付款通知］的规定，就已商定或确定的金额发出通知，而无需承包商

1999 年版黄皮书"不可抗力"	2017 年版黄皮书"例外事件"
（a）合同双方应被解除进一步的履约，但是不影响由于任何以前的违约任一方享有的权利，以及 （b）如果合同是依据第 19.6 款的规定终止的，雇主支付给承包商的金额应与根据第 19.6 款【可选择的终止、支付和返回】终止合同时支付给承包商的金额相同。	提交表单。 18.6 依法解除履约 除本条款的任何其他规定外，如果任何事件发生在当事方控制范围之外（包括但不限于例外事件），则： （a）使得任何一方或双方均履行其合同义务都不可能或违法；或 （b）根据有关合同的法律，各方有权解除合同的继续履行，并且，如果双方无法就允许继续履行合同的变更达成协议，则在任何一方将以下情况通知另一方之后： （i）双方应解除继续履行的义务，并且不得损害任何一方对先前任何违反合同的权利；和 （ii）雇主应向承包商支付的金额应与第 18.5 条［选择终止］项下应支付的金额相同，并且该金额应由雇主支付，就如同合同已根据该条款终止。

在对"不可抗力"的规定上，新旧两版黄皮书都在第 18 条对该事件的定义、处理、后果等作了相关规定。但不同的是，2017 年版黄皮书将 1999 年版黄皮书中的"不可抗力"更名为"例外事件"，并对其定义进行了明确规定。但是，在第 4.12 条不可预见的物质条件上，2017 版黄皮书和 1999 版黄皮书对不可预见的定义表述存在区别。在 2017 年版黄皮书中，不可预见指的是有经验的承包商在基准日期前不能合理预见。在 1999 年版黄皮书中，不可预见则指的是有经验的承包商在提交投标文件日期前不能合理预见。两个版本的黄皮书"通用条件"第 4.12 条都规定了不可预见的地质条件，承包商只要能证明遇到的地质条件不能合理预见，则可以主张相应的工期延期和费用补偿。不可抗力作为影响工程变更的一种重要因素，1999 年版黄皮书第 19 条［不可抗力］修改为 1987 年之前 FIDIC 红皮书采用的术语"例外事件（Exceptional Events）"。这种变化的目的主要是避免与工程所在国法律制度或国际公约或条约中使用的"不可抗力"术语的涵义相冲突，提升了 FIDIC 合同在国际上的普适性。而 2017 年版黄皮书对不可抗力的定义进一步细化，规定在本条中

"不可抗力"的含义是指如下所述的特殊事件或情况：一方无法控制、在签订合同前该方无法合理防范、情况发生时该方无法合理回避或克服，以及主要不是由于另一方造成的。只要满足上述条件，不可抗力可包括（但不限于）下列特殊事件或情况：战争、敌对行动（不论宣战与否）、入侵、外敌行动、叛乱、恐怖活动、革命、暴动、军事政变或篡夺政权、内战、暴乱、骚乱、混乱、罢工或停业，完全局限于承包商的人员以及承包商和分包商的其他雇员中间的事件除外，军火、炸药、离子辐射或放射性污染，由于承包商使用此类军火、炸药、辐射或放射性的情况除外，自然灾害，如地震、飓风、台风或火山爆发。

此外，为了避免损失的扩大，2017 年版黄皮书对减少延误责任的通知期限要求为 28 天，其中第 18.3 条 ［尽量减少延误的责任］ 规定，双方应始终采取一切合理努力，以最大限度地减少因例外事件导致的合同履行延误。如果例外事件具有持续影响，则受影响的当事方应在根据第 18.2 条 ［例外事件通知］ 发出第一份通知后每 28 天发出进一步的通知，说明其影响。当受影响的一方不再受到例外事件的影响时，受影响的一方应立即向另一方发出通知。如果受影响的一方没有这样做，则另一方可以向受影响的一方发出通知，指出另一方有理由认为该例外事件不再阻止该受影响方的履行义务。如果由于例外事件而导致连续 84 天所有在建工程实际上受到阻碍，对根据第 18.2 条 ［例外事件的通知］ 的规定已发出通知，或由于同一例外事件总计超过 140 天，任何一方均可向另一方发出终止合同的通知。在此情况下，终止应在该通知发出 7 天后生效，承包商应按照第 16.3 款 ［停止工作和承包商设备的撤离］ 的规定进行。由此可知，2017 年版黄皮书强调了通知的重要性，受影响方只有在及时通知之后方可免于履行合同义务。

最后，相较于 1999 年版黄皮书，2017 年版黄皮书还规定了在终止合同之日后，承包商应在切实可行的范围内尽快（根据工程师的合理要求）提交完成的工作价值的详细证明，而工程师则应按照第 3.7 条 ［商定或确定］ 的规定，同意或确定已完成工作的价值（并就第 3.7.3 条 ［时限］ 而言），工程师根据本条收到承包商的详细信息之日，应为根据第 3.7.3 款达成协议的时限的开始日期。

五、2017 年版 FIDIC 合同条件与国内文本相关规则对比分析

（一）2017 年版 FIDIC 合同条件之间关于"工程变更"的比较分析

与 1999 年版 FIDIC 合同条件相比，2017 年版 FIDIC 合同条件在篇幅上大幅增加，融入了更多项目管理思维，相关规定更加详细和明确，更具可操作性。[1]在 2017 年版 FIDIC 合同条件中，变更的定义基本上都统一为"对工程所做的任何更改，且该更改是根据第 13 条［变更和调整］规定指示为变更"。该变更为通常所说的工程变更，这与合同变更或修改有很大的不同。工程变更属于合同范围内工作的自然延续或改变，或与完成合同下的工程紧密相关，表现为工程量、工作性质、工作范围、施工程序或顺序等方面的变化。故而，一般所指的变更都是工程变更。在 2017 年版 FIDIC 合同条件中，根据变更发起人的不同将变更分为由业主方（或工程师）发起的变更以及由承包商发起的变更。而业主方发起的变更又可分为由业主直接签发变更指示发起的变更（"指示变更"）和业主方要求承包商提交变更建议书发起的变更（"征求建议书变更"）。二者的区别在于：

一方面，业主方征求建议书变更是承包商按业主方要求提交变更建议书供其审阅并确定是否变更，而承包商发起的变更是承包商从价值工程的角度自发提交变更建议书。因而，在引起变更的目的上有所不同。而在编制建议书的费用承担上，由承包商发起的变更，编制建议书的相关费用应当由承包商自行承担；由业主方发起的变更，如果业主方最终决定不变更，为了保护承包方的利益，由承包商编制建议书的费用应当由业主自身承担。对于承包商发起的变更，业主方在确认签发变更令时，应在其中说明合同双方对价值工程产生的效益、费用和（或）延误的分享和分担机制。另一方面，无论是由业主方还是承包商发起变更，在确认变更后业主方都应签发变更指示，即变更的决定权在业主方，由业主方决定是否变更、如何变更。但对于业主方发起的变更，承包商可以合理理由拒绝接受变更或拒绝提交变更建议书。

根据前文所描述可知，1999 年版 FIDIC 合同条件和 2017 年版 FIDIC 合同条件关于"工程变更"的相关规定存在很大的不同。例如，与 1999 年版

---

［1］ 陈勇强、张水波、吕文学：《2017 年版 FIDIC 系列合同条件修订对比》，载《国际经济合作》2018 年第 5 期，第 47 页。

FIDIC 合同条件相比，2017 年版 FIDIC 合同条件对第 13 条［变更与调整］做了很大的修订，包括 2017 年版 FIDIC 合同条件对工程变更的进展逐步展开说明，条文更为清晰和易于操作，同时在明确变更条件下，承包商自然享有延期和调价的权利，而无需按第 20.2 款［索赔款项和（或）延长工期］发出索赔通知。该内容虽然在 1999 年版 FIDIC 合同条件中被视为一种隐形规定或习惯，但由于合同并未明确作出书面规定，且缺乏强制性要求，因此会导致实践中业主和承包商居于不同立场作出不同解释。并且，对业主方征求建议书变更情况下承包商编制变更建议书的费用，明确规定如业主方决定不变更，则承包商可以索赔。1999 年版合同条件虽未规定承包商不能索赔，即如果承包商认为自己为此遭受了额外的费用，可按第 20.1 款［承包商的索赔］发起索赔。但由于相关内容并无明确的规定，在实践中仍会给承包商的索赔带来很大的困难。而对于承包商可拒绝变更或拒绝提交变更建议书的情形，增加了变更会严重影响承包商履行安全和环境保护的义务，以及变更工作就原工作的范围和性质而言具有不可预见性的规定。同时，2017 年版黄皮书和 2017 年版银皮书将 1999 年版 FIDIC 合同条件"降低工程的安全性和适用性"修改为"可能会影响工程满足预期目的的目标"。

在 1999 年版 FIDIC 合同条件和 2017 年版 FIDIC 合同条件中，针对变更对合同工期、价格和支付进度表进行调整，2017 年版 FIDIC 合同条件根据第 3.7 款［商定或决定］由双方协商确定或业主/工程师决定。由于 2017 年版 FIDIC 合同条件对"商定或决定"做了细化和修改，原 1999 年版 FIDIC 合同条件第 3.5 款为［决定］，从而对于依据该条款对变更作出的商定或决定也产生了以下影响，对商定或决定的时间作了限制，即针对变更对合同工期、价格和支付进度表的调整需在一定的时间内由双方达成共识或业主方作出决定。但是，对于业主方作出的决定，如承包商存在异议并在规定时间内发出不满意通知后，则进入 DAB 或仲裁程序。而 1999 年版 FIDIC 合同条件只说明不满意通知发出后，业界通常认为先启动第 20.1 款［承包商的索赔］向业主进行索赔，当索赔形成争议后，再进入后续争端解决或仲裁程序。在确定变更的价格方面，2017 年版黄皮书和 2017 年版银皮书，借鉴了 1999 年版红皮书的相关内容，即如果合同包含价格费率表，则采用价格费率表中相同或相近项目的价格，或根据相关价格由业主方制定新的临时价格，如合同中不含价格费率表，则采用成本加酬金的方式定价。

当然，与 1999 年版 FIDIC 合同条件相比，2017 年版 FIDIC 合同条件除对第 13 条变更条款做了改动外，同时也对一些相关条款也做了调整。例如，在第 2.4 款［业主的资金安排］增加了对变更费用的支付保证。如果单次变更价格超过了中标合同金额的 10% 或累积变更价格超过了中标合同金额的 30%，承包商可要求业主提供相关的资金安排证明，以证明其有能力对该变更费用进行支付。而第 4.2 款［履约担保］则规定，当变更导致合同价格累计增加或减少超过中标合同金额的 20% 时，如业主要求，需要对履约担保额度进行相应调整。在第 8.7 款［工程进度］中，2017 年版 FIDIC 合同条件明确规定对于承包商根据业主方要求采取的弥补第 8.4 款［竣工时间的延长］下工期损失的措施（包括赶工措施），第 13.3.1［指示变更］适用，即赶工属于变更。

另一方面，2017 年版 FIDIC 合同条件中黄皮书和红皮书、银皮书关于工程变更的相关规定也有所区别。例如，在 2017 年版 FIDIC 合同条件中，关于变更的规定，银皮书由业主直接负责，其他内容均与黄皮书一致。而红皮书与黄皮书相比，主要有以下不同：在红皮书中，承包商拒绝变更或拒绝提交建议书的理由被删除了两个，变更将严重影响工程的性能保证值以及可能影响工程完工后预期目的的满足。如此安排，主要是因为黄皮书中承包商负责设计，需保证工程的性能和满足工程预期目的，而红皮书中承包商主要作为工程的施工单位，按图施工，不存在该类义务。另外，红皮书对变更规定进行了分类罗列，规定得比较详细具体，而黄皮书对此并没有花费大量的文字去描述变更的具体类型。另外，红皮书规定在承包商发起变更的情况下，如果业主方批准了承包商的建议书并签发了变更，则除非双方另有约定，否则由承包商负责变更相关设计。黄皮书对此并无特别说明，变更的设计工作如无特别说明，都由承包商承担，而在红皮书中承包商一般只负责按图施工，设计由他方完成。由于该变更由承包商根据价值工程发起，并且承包商已对该变更编制了建议书，因而承包商能够更好地理解和实施变更，这也符合 FIDIC 对风险的一般分配原则。

最后，在变更的估价的问题上，FIDIC 红皮书按第 12 条［测量与估计］规定，对变更需要以工程量乘以适用单价进行定价，同时在第 12.3 款［工程的估价］对适用单价进行了说明。但黄皮书为总价合同，红皮书中的第 12 条［测量与估价］在黄皮书中被修改为竣工后试验，对于变更的定价根据合同中是否包含价格费率表分别进行处理。如合同中包含价格费率表，定价参照红皮书第12.3款的内容进行处理。否则，根据第3.7款［商定或决定］由双方商定或业主/工程师确定价格。除此之外，2017年版银皮书和2017年版黄皮书的主要区别在于谁对业主要求和参考项目的准确性负责、谁承担不可预见的物质条件（银皮书中为不可预见的困难）的风险，具体体现在第1.9款［业主要求中的错误］和第4.12款［不可预见的物质条件］中。

例如，2017年版黄皮书第1.9款［业主要求中的错误］规定，如果承包商根据第5.1款［设计义务一般要求］在规定的时间内对业主要求进行认真详查或者承包商在此之后发现了错误、失误或其他缺陷，承包商应通知工程师。因此，在2017年版黄皮书下，业主需对业主要求和参考项目的准确性负责，如果在这类文件中存在错误、失误或其他缺陷，承包商可通过变更或索赔方式获得赔偿（时间和费用）。而2017年版银皮书则没有相关规定，即在2017年版银皮书下，业主仅提供数据供承包商参考，承包商除负责核实该数据外，还对其准确性承担相应的责任。此外，2017年版黄皮书第4.12款［不可预见的物质条件］还规定，当承包商遭受了不可预见的物质条件，并且该物质条件对工程的工期和（或）费用产生不利影响时，承包商应及时通知工程师，工程师应在7天内对此进行检查和调查。在此过程中，承包商应采取合适的措施继续施工，并应遵守工程师可能给出的任何指示。可见，在2017年版黄皮书下，业主承担了不可预见的物质条件的风险，如发生相关情况，承包商可通过变更或索赔获得赔偿（时间和费用）。但是，2017年版银皮书则没有相关规定，即在2017年版银皮书下，此类风险由承包商承担，这些都是二者在一些具体条款上存在的区别。

（二）FIDIC合同条件与国内建设施工合同示范文本"工程变更"相关条款比较分析

2017年版示范文本主要是借鉴和学习了2017年版FIDIC合同条件，因而很多规定具有相似之处。但是，2017年版示范文本并非完全照搬FIDIC的相关规定，而是结合中国建设工程施工的实际情况，设立了一些具有特色的规则。它主要立足于我国工程实际，在编制的过程中结合了中国具体的实践经验。故而，FIDIC合同条件与《建设工程施工合同》仍存在一些不同。例如，在监理工程师的权限上，包括监理工程师的适用范围、时间规定，以及业主与承包商的权利与义务、风险与保险管理、争端解决机制等方面，2017 年版示范文本与 FIDIC 合同条件相比，差异就比较大。

而在结构上，2017 年版 FIDIC《施工合同条件》和 2017 年版《建设工程施工合同》皆由协议书、通用条款、专用条款以及附件组成。专用条款作为对通用条款的补充和个性化规定，是发、承包人双方据相关法律法规，综合考虑签约工程现实情况协商达成的，是对通用条款的一种具体化固定，同时也是对通用条款的一种补充或修改。故此，专用条款中的条款编号与通用条款具有很大的相似性，并且它们之间一一对应。对专用条款和通用条款结构的设置，可以使整个合同文本内容结构完整、思想体系一致，具有很强的操作性和指导性。例如，2017 年版示范文本主要对工程质保金、缺陷责任期等条款进行了修订，同时也对 2013 年版示范文本专用条款中与通用条款表述存在不一致的地方进行了变动。其中，包括缺陷责任期、质量保证金的扣留和退还等时限规定等。此外，2017 年版示范文本在 2013 年版示范文本的基础上，还根据工程实践经验对可能造成当事人双方纠纷的条款进一步明确和具体，使得各方的责任义务关系变得更加清晰。

其次，在 2017 年版 FIDIC 合同条件中，关于工程变更的识别和确认主要是在第 13 条中。根据第 13 条［变更和调整］的规定，无论变更以何种方式发起，其最终的决定都需要经过业主方签发指示。而第 3.5 款［工程师的指示］（2017 年版银皮书为第 3.4 款［指示］）明确说明承包商应从有"权限"的工程师、工程师代表或授权助理（银皮书为业主）那里接受指示，如该指示已指明为变更，则第 13.3.1 款［指示变更］适用。但是，如果未指明为变更，而承包商认为该指示是变更，则承包商应在开展相关工作前应与业主/工程师进行确认。如果业主/工程师对此予以确认，则按指示进行，否则视为该指示被撤销。对于业主方签发的指示，承包商应有一定的敏感性，对于未指明为变更的指示，应与业主方及时进行确认。如业主方在审批图纸时提出的一些"审批意见"可能会构成变更，这时要求承包商适时请求业主方确认变更。此外，承包商在接受指示时，应明确业主方相关人员有相关权限，否则可以不予接受或在接受前向有权限的人员进行确认。由于承包商是工程的具体执行者，其对工程实施中的实际情况非常了解，加上有的承包商经验丰富，因而可能会有一些降低成本、缩短工期的想法。为充分发挥承包商在节省投资方面的作用，FIDIC 在价值工程上作出了相应的规定，承包商可就工程费用节约问题向工程师提交书面建议，节省则可获得奖励。这与 2017 年版示范文本中由发包人、工程师掌握变更权，承包人仅仅能照图施工的规定也存在一些不同。

在变更程序的执行上，2017 年版示范文本明确的变更程序主要涉及变更指令的提出和变更指令的执行。首先，变更权只有发包人享有，承包人和工程师可以提出建议，是否变更最终由发包人决定。发包人可根据其意愿直接或委托监理向承包人发出变更指令，承包人不得拒绝执行变更指令，以服从发包人意愿为目的，在执行指令过程中，承包方需要做的仅是以书面的形式说明变更的实施将对工程和合同造价造成多少影响，因变更引起的价款变更和工期顺延问题，若未被发包人认可也必须严格执行变更，更不能以此为由暂停变更执行。如此，国内的变更执行的强制力很高，而 2017 年版 FIDIC 合同条件提出了工程师下达变更指令时，承包商具有一定的建议权，从某种程度上可以参与变更的实施，打破了国内发包人主导的模式。而在暂估价的问题处理上，2017 年版示范文本中的"暂估价"主要是指招标人在工程量清单中提供的用于支付必然发生但暂时不能确定价格的材料、工程设备单价以及专业工程的金额，暂估价的发生具有很大的必然性。对此，国内强调的是根据招标程序来确定暂估价的金额，"暂列金额"是招标人在工程量清单中暂定并包括在合同价款中的一笔款项，用于支付工程建设过程中的一些变化及风险费用。它和暂估价不同，是必然发生的费用，由发包人决定如何使用。而 2017 年版 FIDIC 合同条件则是规定了暂列金额的使用程序，并明确按工程师的指示来使用该笔费用。中国 2017 年版示范文本单列的"暂列金额"是指发包人在工程量清单或预算书中暂定并包括在合同价格中的一笔款项，用于工程合同签订时尚未确定或者不可预见的所需材料、工程设备、服务的采购，施工中可能发生的工程变更、合同约定调整因素出现时的合同价格调整以及发生的索赔、现场签证确认等的费用。所以，国外的暂估价也就相当于国内的暂估价和暂列金额。

此外，针对一些不构成工程变更的细微实现，FIDIC 在合同中就以计日工作计划表的形式进行了约定，从某种程度上也可以作为工程建设过程中的变更依据，工程师可指示按计日工作实施变更小的或附带性的工作。以计日工作计划表为基准作为变更的依据，在认定变更上相对而言需要更为严谨。而施工合同 2013 年版中的计日工，主要是指一种计价方式，当在工程建设过程中发生需以计日工形式来进行计价的工作任务时，承包人在经发包人同意后，可以按计日工方式来开展相关工作，并以此进行结算报审，这在一定程度上具有很大的相似性。与此同时，无论是 FIDIC 还是国内的施工合同示范文本，都是以调价公式作为风险费用计算依据，并通过对可调价因素的价格指数或价格的调整，就合同实施过程中的不确定市场风险进行了约定。调价公式体现的是 FIDIC 的风险管理思路，其本质是以更理性的方式，对雇主和承包商之间的价格变化风险因素分担问题进行约定，以便在工程实施过程中价款支付环节更加合理，而我国在此基础上有所借鉴。但是，两个调价公式也有不太一样的地方，在 2017 年版 FIDIC 合同条件中，调价公式计算出的结果是调价后得出的工程款，而 2017 年版示范文本中的调价公式，计算出的结果是需要调整的价格差额。另外，2017 年版示范文本除了采用公式进行价格调整外，还规定了采用公布的造价信息进行价格调整这一方式。如此既明确了承发包双方在市场价格波动时调整合同固定价格的权利义务，同时还能妥善解决合同履约过程中价格调整的矛盾和争议。

在索赔问题的处理上，无论是 FIDIC 合同条件还是国内示范文本的相关规定，都要求承包商应在知道索赔事件后 28 天内向工程师或监理进行报告，并上报索赔文件。但是，FIDIC 合同条件与示范文本也有一些不同。例如在 2017 年版银皮书中，如果业主认为承包商提出索赔的通知超过了上述时间要求，业主应当在收到索赔通知后 14 天内向承包商发出通知，说明不接受该逾期索赔通知的理由，并告知该通知无效，而如果业主未在 14 天内发出该通知，此时承包商的索赔通知应当被视为有效。当然，即使业主在 14 天向承包商发不了无效索赔的通知，如果承包商不接受业主提出的理由或者有充足的合理理由解释延迟发出索赔通知的原因，承包商仍可以在后续的详细索赔报告中给出解释说明，坚持自己的索赔主张。由此可以发现，FIDIC 合同条件对索赔以及索赔逾期的处理规定更为详细，且更为灵活。而在索赔过程中，作为索赔的重要证明文件，同期记录是承包商向业主进行索赔的重要材料，我国示范文本同样要求承包商提交的索赔意向通知、索赔报告应附必要的记录和证明材料。2017 年版银皮书用单独条款对同期记录进行了定义和具体规定，明确当导致索赔的事件发生或发生不久时，承包商应该做好相关记录并将之作为索赔报告的重要组成部分，并且业主可以随时监督承包商的同期记录，有权要求承包商对同期记录做出必要的补充，此行为并不代表其认可承包商所做同期记录内容的准确性，相较而言，FIDIC 合同条件此举更为严格。

此外，FIDIC 合同条件与 2017 年版示范文本对承包商最终索赔报告提交的规定虽然具有共同点，但是 FIDIC 合同条件的要求明显更为严格。即当承包商通知索赔事件发生后，应当按照工程师指示保持同期记录，并在得知索赔事件发生后的 42 天内向工程师提供完整的索赔报告，在索赔事件结束后的 28 天内，向工程师提交最终索赔报告，而该最终报告已考虑了连续索赔问题。在 2017 年版示范文本中，发、承包人索赔的程序和处理方式已经有了明确规定，并规定了索赔期限应在承包人接收竣工付款证书前提出。而在国内的示范文本规定中，如果索赔事件具有持续影响，承包商应每月继续提交延续索赔通知，索赔事件影响结束后 28 天内，承包商应向工程师提交最终索赔报告，说明最终要求索赔的追加付款金额和（或）延长的工期，并附必要的记录和证明材料。但是 2017 年版银皮书规定，当索赔事件有持续性的影响时，承包商提出的详细索赔报告将被视作期间报告，业主代表将针对期间索赔报告，在 42 天内依据合同及法律就索赔事项给出反馈意见。承包商还应每月按期提交新的期中索赔报告，阐明索赔事件的持续影响情况。在索赔持续事件影响结束后 28 天内（或合同双方一致同意的时间期限内），承包商应给出最终详细索赔报告。

在具体的索赔程序上，2017 年版银皮书和 2017 年版示范文本基本上没有差别，都要求工程师（或业主代表）在收到索赔报告文件后，与合同双方进行协商。如果在规定的时间限制内，合同双方协商无法达成一致意见，将由工程师按照合同及相关证据就索赔事项进行决策。但是，2017 年版银皮书规定，如果业主代表未能在规定的期限内出具协商结果通知书，则应认定为业主代表给出了对索赔不予接受的意见，而 2017 年版示范文本规定，如果工程师收到索赔报告及相关证明材料后 42 天内不予答复，视为认可索赔。另外，2017 年版银皮书规定如果业主代表未能在规定的期限内出具业主代表决定书，则应认定为业主代表给出了对索赔不予接受的意见。而 2017 年版示范文本则规定，除另有约定外，若工程师未能在确定的期限内发出确定的结果通知，则构成争议，应当按争议解决约定处理。在 2017 年版银皮书中，业主代表还需要对下列承包商未遵守索赔时效的两种情况重新进行审理，以确定承包商索赔通知是否有效，包括业主提出的无效的索赔通知的通知以及业主代表亦未在规定期限内向承包商发出索赔通知无效的通知导致索赔通知继续有效时，业主发出的反对索赔通知有效的通知。在这里，业主代表应考虑承包商在索赔报告中提出的理由说明，并应综合考虑对自身利益造成损害的损害程度等，此处对索赔时效的不同规定表明了 2017 年版银皮书对此类问题的处理较为宽松。

在不可抗力的比较上，我国《民法典》第 180 条、第 563 条、第 590 条对不可抗力事件及其法律后果进行了专门规定。根据《民法典》的规定，不可抗力的构成要件主要包括不能预见、不能避免、不能克服的客观情况。而因果关系及结果要件为导致合同不能履行。另外，《民法典》还规定了不可抗力的原因必须是发生在合同履行期间，如是发生在迟延履行后则不能获得免责。因此，在发生不可抗力后，受影响一方需及时履行相关义务，包括通知义务、减损义务以及提供不可抗力证明义务。而因不可抗力致使合同当事人违约的，部分或全部免除违约责任；因不可抗力致使不能实现合同目的的，可以直接解除合同。由此可见，我国《民法典》的总体内容与 FIDIC 合同条件规定的"例外事件"条款大体一致。然而，由于 FIDIC 合同条件针对国际工程行业，需要在多样化的法域中适用，具有鲜明的独特性和专向性，因而两者也存在不小的差异。例如，在法定免责事由与约定免责事由上，在我国不可抗力是一项法定的免责事由，当事人即便未在合同中明确约定，仍可根据法律规定主张不可抗力。但是，在 FIDIC 合同条件中，例外事件属约定免责事由。FIDIC 合同条件的规定充分考虑了各国规则的差异，主要原因是在大陆法系国家，不可抗力通常为法定免责事由，但普通法系国家通常没有相应规则，当事人要获得相关救济必须在合同中自行约定。因此，FIDIC 合同条件对事件/不可抗力作出了详细规定，以便合同使用人无论在哪个法系均可依照合同约定而获得保护。

另外，FIDIC 合同条件非常具体细致。"例外事件"条款在界定异常事件时所采取的"构成要件+典型例示"方法，以及在通知义务、减损义务、法律后果等方面的具体规定，都具有很强的实践性和操作性。相比较而言，国内法所确定的不可抗力规则仍属原则性规范，比较模糊。当然，这也是成文法系本身的特点。在救济方式上，与国内规定相比，FIDIC 合同条件提供了更加灵活、多样的救济方式，法律设定不可抗力条款的目的主要是调整风险情况下的利益分配方式，在很多情况下双方当事人需要的是损失分配和补偿，并不是终止/解除合同，而我国采取的救济方式主要还是免除责任或解除合同。

这与合同设立的目的和当事人的意愿有点不符。此外，我国《民法典》第533条还特别规定了情势变更的规则，从而使其与不可抗力规则形成了相互衔接与配合的格局，若不可抗力对合同履行造成重大不利影响，但并未彻底阻碍履行，可依情势变更规则，要求变更甚至解除合同。不过，我国情势变更条款也属原则性规范，在实践中适用性仍比较模糊。虽然 FIDIC 合同条件也确立了"例外事件"规则与情势变更规则的协作格局，但由于其没有情势变更的相关规则，针对诸多具体情形实际上确立了情势变更规则，且具有更强的可操作性。例如，在例外事件条款中，规定"因瘟疫、政府行动造成人员或货物不可预见的短缺"可请求延长工期、因法律改变的调整可请求调整合同价格，以及因成本改变的调整可请求调整价格等，无不都是对出现情势变更所作出的一种应对策略。相对而言，比我国规定得更为具体。

我国"工程变更"的完善路径

工程变更以及基于工程变更而产生的签证、索赔是建筑工程领域在实务领域常见的纠纷类型，推动我国建筑工程变更规则的规范化须完善我国建筑工程变更相关规则。事实上就是探究发承包方应该如何在既有法律、合同示范文本等框架下进行有效的组织和管理，才有利于其作出更加明智、合理的决策。本章将从多个方面提出完善我国建筑工程变更规则的规范化建议。

一、关于工程变更规则的完善路径

（一）限制发包方单方面变更工程的权利，提升承包方的地位

在固定总价模式下，承包方承担着较大的项目风险，而发包方承担的风险较轻。这种风险分配方式在一定程度上能够督促承包方尽责履约。但无论合同最终履行结果怎样，都无法忽视发包方是整个项目结果的最终承担者，如果承包方在合同履行过程中出现失误或瑕疵，发包方将会是利益损失的最大一方。例如，在 EPC 模式下，设计施工采购的一体化使得承包方掌握了绝大部分的项目信息，承包商基于逐利的本质属性，在面对隐匿信息可以产生巨大的经济利润时，可能会选择冒险的变更行为来实现其自身短期的巨大利益，而在 EPC 模式下，建设工程项目的绝大部分都由承包方承担，一旦发生巨大的不可挽回风险时，承包方必然会为了自身的利益而转移风险。因而，无论对发包人而言还是对承包人而言，风险分配规则的设置都至关重要，避免出现风险不当移转的情况。例如，在设置规则时，鉴于承包商作为具体实施方，对设计基础信息和施工信息的掌握具有优势，可以将设计变更风险和施工风险分配给承包方；对于社会政策法律等方面的风险，则需要由更有控

制力的发包方来承担。如此一来，既可以发挥双方各自在风险预控方面的优势，又可以降低风险承担的成本。故而，应当针对不同的工程变更条款，给予交易双方不同程度的控制权，只有设定合理的控制权配置和强弱互补的变更条款，才能有效提高合同双方的履约效率。[1]

根据已有的工程变更相关规则可知，无论是我国合同示范文本还是国外 FIDIC 合同条件中的相关规则，工程变更的控制权主要掌握在发包方和承包方手中。但是，相较之下，我国法律规范和示范文本中承包方对工程变更的控制权仍然要弱于 FIDIC 合同条件中的相关规定。这表明，在我国的特殊背景下，发包方对承包方仍然不够信任。因而，在承包方提出工程变更时，仍需经过发包方的同意。例如，承包方提出的变更方案需要交由监理审核并签字盖章后再交由发包方审批。发包方在审核工程变更方案符合实际情况后直接发出工程变更指示或由监理发出工程变更指示，而后承包方才能按照变更指示实施工程变更。在实际运行中，这种情况甚至表现得更为严格：发包方在进行发包时会人为地设置各种严格的分级审批制度，通过层层审批的方式使变更建议经过层层筛选。如从施工现场到项目负责人，然后到建设单位都需要依据变更的重要程度，以及变更所需涉及金额的大小交由相关负责人员进行专门审批，最终再由发包方作出最后决定。

事实上，无论是在合同签订前，还是在合同履行过程中，发包方都具有单方变更工程的权利，而承包方在不违反法律法规、技术标准和危害项目安全的情况下，必须遵照该工程变更指令。发包方在交易市场上的优势地位非常明显。这也会进一步导致出现发包方"一言堂"的现象。但是，如果对承包方提出的工程变更不采取严格的变更审批程序，又难以达到抑制承包方的效果，基于我国的特殊国情和承发包双方在交易地位上的巨大差距，对于发包方提出的变更要求，也应当给予承包方提出异议的权利。例如，2017 年版银皮书和 2017 年版示范文本的相关条款都提到，当承包方无法完成发包方所提出的变更要求时，应当向业主提交书面材料予以说明。因此，在强化发包方对工程变更控制权的同时，发包方自身要本着公平诚信原则来行使变更权，避免提出不合理的工程变更要求。相应地，合同条款也应当赋予承包方对发

---

〔1〕 毛慧敏等：《EPC 项目工程变更控制研究——基于控制权配置的视角》，载《项目管理技术》2019 年第 7 期，第 21~22 页。

包方变更指示的异议权，并对该权利进行具体化，从而减少工程变更中发承包双方之间的利益摩擦，提高合同的履行效率，实现双方利益的最大化。赋予承包人提出变更的权利和对变更指示提出不同意见的权利应当采用柔性的条款设计，以保障合同顺利履行。[1]

与此同时，承、发包地位上的不平等也会导致双方在工程签证中面临一些合作上的困难。承包方作为弱势一方不可避免地在签证过程中也会丧失一些主动权，而当承包方长期处于不利地位时，会在无形中削弱承包方施工的积极性，使其消极地履行合同义务，最终对整个工程造成不利影响。因此，为了调动承包方的履约积极性，可设定相应的程序，以及在合同履行过程中给予承包方相应的一些自主权。为了保证双方在程序上地位的平等性，需要在建筑工程示范文本中设置相应的平等条款，以实现承发包方力量的相对均衡。例如，在施工过程中，发包方在特殊情况下可以进行口头指示工程签证，而为了保证工程能够顺利进行，可以针对某些特殊情形也给予承包方相应的一些口头申请工程签证的权利。在工程签证的申请时间上也可以做出一些限制。主要是通过设置签证时效来督促承包方及时向发包方申请工程签证，承包方未在期限内提出签证，则签证失效，由此造成的损失由承包方承担。但是，为了避免发包方恶意拖延签证审批时间或者不签证，也可以将工程签证时间进行相应延长直至完工，使工程签证的时间能够贯穿于整个施工过程，这样能够避免因发包方施加障碍导致承包方不能及时申请签证的情形出现。而与之相对，发包方针对承包方的一些罚没、保证金的条款也需要顺延到合同履行完毕前，使之能够对承包方的不履约行为进行制衡。

（二）完善风险事先评估机制，使工程变更风险在发承包方合理进行分配

在传统的 EPC 模式下，发包方在市场交易中占据主导地位，因此在工程合同的实际履行过程中，发包方会利用合同中的一些免责条款将项目中可能存在的风险转嫁给承包方，使自己的风险最小化。但如果承包方未能成功履行合同，由此造成的损失发包方也无法幸免。例如，在施工过程中，承包方为了降低自己的成本对工程进行恶意变更，最终导致项目无法按期按约完成，发包方利益同样也会遭受巨大损失。因而，在合同签订过程中，如果发包方

---

[1] 刘进明：《合同履约效率改善视角下工程变更柔性条款设置研究》，天津理工大学 2017 年硕士学位论文，第 10~20 页。

一味地将风险转移给承包方而不考虑到其风险承受能力，最终将会导致合同目的难以实现。因此，为了防止承包方的恶意变更行为，应当对双方的风险进行合理分配，对于发包方而言，要本着公平、权责平衡的原则控制自身承担的风险，同时也要避免将风险过度转移给承包方。

对此，应当建立健全相应的风险事先评估机制，发承包双方要对工程施工过程中可能产生的风险进行事先评估，并且要对评估的风险按照合理的方式进行分担。如在招投标或者合同正式签订阶段，发承包双方应当将施工过程中存在的变更风险和监控时间与流程在合同中进行明确约定，将一些影响较小的风险列入日常监控范围，而将一些影响大的变更风险纳入管控清单，依照工程的特点、风险程度和种类进行适当的转移和分散，达到合理的风险分配效果。而在工程变更中，传统上主要是由发包方、承包方和设计单位提出变更要求的主张。针对设计单位和承包方提出的变更事项，还需要由专门的监理人进行审核，审核内容包括变更的内容、方案等细节，并进行签字盖章，最终交由发包方进行决策，发包方决定好之后再由监理人发出工程变更的通知和指令，承包方根据指令要求具体实施变更。但是，考虑到工程项目的大小、施工时间、工程造价以及工程的复杂程度等特殊情形，针对工程变更这一特殊事项，可以建立相应的分级分类审批制度来有效化解工程变更层层申报、层层审核的弊端。例如，在依照现场施工需要进行工程变更时，由现场施工负责人向现场施工总负责人进行汇报，然后由特定的主管领导和企业负责人进行审批，上级审批单位依照工程的重要程度和造价金额大小分别确定相应的审批级别进行依次审批，在涉及金额核定时，需要由发包方进行最终确定，但无论由哪一级进行审核，最终都需要将工程变更内容交由发包方合约部进行备案。

而针对工程变更中有些施工进度的风险是可以预见并可以控制的。比如，工程量偏差以及工程清单缺项，这些都是在施工过程中可以预见且可以控制的。此时，可以事先在合同中约定由承发包方对这些风险产生的费用确定一个合理的价格。如果有些风险属于突发风险，无法进行控制（比如针对施工过程中突发的不可预见的事件导致工程停工、窝工，以及在施工过程中发现设计图纸与实际施工存在很大误差），这些问题如果按照通常的工程变更流程进行解决，需要花费很高的人力和物力成本。此时，将一些无法确定的风险统一"打包"进行包干处理，并明确约定风险包干的范围，有利于提升合同履行的效率，减少因工程变更进行审核的流程。此外，也有学者建议在现行施工合同示范文本第 5.2 款下作如下约定："发包人委托的职权：一般工程变更意向的批准权、一般工程变更方案的审批权、一般工程变更费用审批权、重要变更方案的审批权、重要变更费用审批权。"[1]通过分级授权来提高工程变更中的审核效率，以便及时应对施工现场的突发情况。

（三）完善承包方的合理化建议和变更估价程序，减少恶意变更行为的产生

针对承包方的合理化建议权利，应当制定严格且细致的审批和监督程序。实践中，原设计合同与实际施工现场出现不一致的情形，例如地质、地貌不符，或者施工条件发生变化，这就需要设计出新的施工方案、提供新的施工材料才能保证工程的顺利进行。而在实践中，这些一般都是事先由承包方发现，然后再由其向监理人提出工程变更的建议。这类建议通常以合理化建议的方式向发包方提出。主要原因在于承包方是合同的正式履行方，处于施工现场的第一线，对现场的一些施工细节和施工方案更为了解、专业性更强。此时，如果不采取严格的审批程序，就可能无法排除承包方利用施工和专业优势进行恶意变更，达到不正当获取利润的目的。因此，对承包方提出的工程变更合理化建议，需要采取严格的审批程序进行审批和监督。例如，在2019 年版红皮书中，价值工程作为衡量承包方合理化建议是否可行的唯一判断标准，规定承包人要想提出合理化建议，除非是在保证项目质量、工期、费用、安全等目标实现的前提下，或者是能够采用相对更优的施工方案或建筑材料来缩短施工期限和降低工程价格，或者是在工程成本影响不大的情况下大幅度提高项目的使用功能。由此可以发现，为了能够确保承包方在施工过程中提出切实可行的合理化建议，保证项目的有效实施和工程的顺利推进，需要对承包方采取以价值工程为基础的严格审核机制，减少承包方在施工过程中的投机行为，保证合同的有效履行。考虑到施工合同中待建工程与工程价款之间应有均衡的给付关系，对应发包人的单方变更权，可以相应地赋予承包人变更工程价款的请求权。[2]

根据 2017 年版示范文本 "10.5 承包人的合理化建议" 的规定，承包人提

---

〔1〕 吴书安：《工程变更管理的研究》，东南大学 2016 年硕士学位论文，第 46 页。

〔2〕 黄喆：《情势变更原则在建设工程合同中的适用——德国建筑私法实践及其对我国的启示》，载《法律科学（西北政法大学学报）》2013 年第 5 期，第 128 页。

出合理化建议的，应向监理人提交合理化建议说明，说明建议的内容和理由，以及实施该建议对合同价格和工期的影响。合理化建议降低了合同价格或者提高了工程经济效益的，发包人可对承包人给予奖励，奖励的方法和金额在专用合同条款中约定。由此可以发现，2017年版示范文本规定发包方对承包方提出的合理化建议可以给予适当的奖励。该行为有利于促进双方的合作，调动承包方在施工过程中发现问题和解决问题的积极性，使承包方更好地履行合同，而发包方也会从承包方提出的合理化建议中获利，最终实现承发包方利益的"双赢"。实践证明，承包方有效的合理化建议对于促进项目工程的实施、降低成本（大约5%~30%）具有很大帮助。因此，在专有条款中明确约定奖励条款并进一步细化就显得极为重要了。而2017年版示范文本只写了"适当"奖励，此语比较模糊，容易给双方造成误解，且在发包方占据优势地位的情形下，承包方对于奖励系数的要求也会丧失相应的"讨价还价"能力，故而应当对一些奖励系数进行明确，才能促使承包方去主动提出合理化建议，而2017年版红皮书就直接将这一比例明确为50%。

而在变更估价上，根据2017年版示范文本第10.4条"变更估价"的规定，变更导致实际完成的变更工程量与已标价工程量清单或预算书中列明的该项目工程量的变化幅度超过15%的，或已标价工程量清单或预算书中无相同项目及类似项目单价的，按照合理的成本与利润构成的原则，由合同当事人按照第4.4款［商定或确定］确定变更工作的单价。而2017年版红皮书则将调整综合单价的工程量偏差比例确定为10%，二者关于工程量偏差比例的规定存在不同。通常而言，承发包双方在事先的招投标文件中关于工程量的规定仅为一个估算值，而在实际的施工过程中，基于施工条件和各种突发事件的变化，实际的工程量和招投标文件中的工程量可能会存在误差，作为承发包方理应能够预见到这种情况的存在。因而，2017年版示范文本关于15%工程量偏差的约定也是基于实践中出现的案例所作出的。如果低于15%的偏差，这些工程量仍应当按照原有的综合单价计算，即应当按照招投标文件中一开始就约定的综合单价对变动的工程量进行计算。而如果工程量变动超过15%，则应当在专有合同中对超出工程量的单价进行单独约定。此外，在实践中，也有承发包方单独约定以20%或25%作为工程偏差的判断标准。由此可见，2017年版示范文本对15%的约定并未在实践中得到严格落实，导致承包方在实际施工过程中恶意利用工程量偏差来进行不公平报价。对此，应当对此条款进行严格限定，可以依据工程量的大小来设定一定的幅度范围。例如，针对一些特大工程，工程量的变化幅度可以在15%~25%之间，超过部分的工程量单独定价，而15%以内按照招投标约定的综合单价。针对一些中小型工程，由于可预见性比较强，应当将变化幅度严格限定为15%，超过了的部分按照专有合同约定的单价进行定价，以此提高合同履行效率。

此外，依照现有的工程实务经验，工程变更条款通常会约定在工程变更完成后，相应的价款需要由发包方进行审核之后才会进行发放。虽然进度款最终都是一起支付给承包方，但是在实际操作过程中，承包方往往还会以此为由向发包方进行停窝工费和工期索赔。因而，这种做法在实践中也常常受到质疑。而我国 2017 年版示范文本有类似规定。第 10.4.2 条"变更估价程序"规定，承包人应在收到变更指示后 14 天内，向监理人提交变更估价申请，监理人应在收到承包人提交的变更估价申请后 7 天内审查完毕并报送发包人，监理人对变更估价申请有异议，通知承包人修改后重新提交，发包人应在承包人提交变更估价申请后 14 天内审批完毕，发包人逾期未完成审批或未提出异议的，视为认可承包人提交的变更估价申请，因变更引起的价格调整应被计入最近一期的进度款支付。由此可见，在工程变更条款中直接约定一旦承包方实施完成后申请支付款可以最大限度地降低由变更引发的索赔问题，从而提高施工效率。因此，无论是在制度设计过程中，还是承包方在合同签订过程中，针对工程变更相关事项、价款调整和支付时间事项等都需要采取较为严格、细致的条款设计。此类设计将确保承包方不会在实施工程变更途中，采取"搭便车"或寻租的方式为自己规避责任或谋取不合理利益，同时也不会对承包方的施工行为造成过多限制。

二、关于签证和索赔规则的完善路径

（一）完善工程签证规则，提升签证的有效性

工程签证作为证明工程变更的关键性文件涉及工程索赔的顺利进行。因此，一些国家通常会通过减轻工程签证所载实体内容的效力来规范工程签证证据的证明力度。例如，美国通过对施工变更指令条款的设置，来控制承包方对工程签证的参与度，使其只能参与事后的索赔，而在强化发包方工程签证权利的同时，也赋予其承担更多的责任。该规定不仅充分考虑了承包方在

合同履行时相对劣势的地位，使其只要符合规定流程即可获得相应的工期补偿，同时也给司法裁判提供了明确的指引，对司法鉴定等流程进行了简化。当然，考虑到各地经济发展水平的差异，以及项目工程的大小，对工程签证的管控还需要具体情况具体分析。

1. 建立异议工程签证的延伸审查机制，保证签证的真实性

虽然目前我国已经建立起了规范化、制度化的工程签证法律、合同管理体系，尤其是针对工程签证争议处理流程已经涵盖了包括调整、索赔、和解、调解、诉讼和仲裁等一系列的措施。但是，在工程签证争议处理上，仍然存在一些问题，亟须对相应规则进行适当调整和修改。例如，在实践中，对工程签证进行审核时会发现一些手续齐全，但工程量占比较大、造价占比较高或只签总量、总价，无图纸、无几何尺寸、无计算式、无现场照片以及无基础数据等附件支持的异常的工程签证，发包方会对其内容的真实性、合规合法性产生很大的异议。有人认为，对此可以采取工程签证延伸审核的办法进行解决，工程签证延伸审核需要以《民法典》的相关规定为重要依据，施工方利用自己的专业知识和实践经验发现有异议的工程签证，通过与工程相关的施工、监理和设计等资料证据，照片、视频和气象记录等其他证据以及进行现场踏勘审核，来证明签证事件不属实、部分属实或违法违规的审核过程。[1]作为一块新兴的研究领域，对异议工程签证开展延伸审核有利于在最大程度上还原事件的原委，从而为是否将异议工程签证纳入工程造价总量提供依据。与一般的因为事实或程序产生争议的工程签证不同，异议工程签证涉及的争议更大，这就要求相关人员不仅需要对工程签证的程序进行详细调查，还需要对工程签证所涉及内容的真实性进行调查。

在异议工程签证延伸审查的制度构建上：

其一，需要明确异议工程签证相关审核主体的责任。异议工程签证的审核主体通常是由发包方内部人员担任，但发包方既作为争议当事人的一方出现在异议工程签证事件的处理当中，同时又是主要的审核方。如此一来，对异议工程签证作出的审核意见难免会缺乏中立性。因而，为了公平起见，需要引入第三方中立机构来充当异议工程签证的审核人员，负责对承发包双方

---

〔1〕 贾世军：《谈对有异议的工程签证进行"延伸审核"》，载《工程造价管理》2019年第1期，第85~89页。

异议工程签证事件的处理。有学者认为，建设工程竣工决算审计单位是较为合适的人选。理由在于：一方面，竣工决算审计单位受聘于发包人，在发包人具有相对优势合同地位的市场环境下，其审核意见容易得到推广和采用，而竣工决算审计单位通常是专业的造价单位，具备核实工程签证复杂情况的专业能力和丰富经验，能够凭借专业的知识和技术对工程签证内容进行审核；另一方面，竣工决算审计单位虽然受聘于发包方，但又独立于发包方，且有法律规范和市场信誉的双重约束，是相对公正的第三方。因此，工程签证法律规制选择竣工决算审计单位作为异议工程签证"延伸审核"的责任主体较为合适，能够在现有争议化解机制外寻找新的第三方监管裁判单位，消除争议隐患。[1]考虑到建设工程竣工决算审计单位与发包方具有较强的联系，可以在必要时由承包方派驻代表参与工程签证延伸审查的全过程，并适当给予其相应的决策建议权，从而对发包方权力进行有效限制。

其二，为了便于提升工程签证延伸审核的准确性和效率，有学者认为，还需要明确异议工程签证"延伸审核"介入的时机，竣工决算审计单位在竣工决算审计环节对工程签证本就承担工程签证审核职责，同一主体对工程签证的审核前移，是对传统争议化解机制的补充，但不增加建设工程纠纷处置链条，同时竣工决算审计单位对异议工程签证的"延伸审核"成果可以直接适用于竣工决算审计，提高了相关工作效率。[2]如此一来，竣工决算审计单位在竣工决算审计环节就已经对工程变更的整体情况有所了解，更加方便竣工决算审计单位对工程签证的延伸审核，提升签证延伸审核的效率，基于竣工决算审计单位对工程情况的整体把握，还有利于避免后期因工程签证不准确导致索赔事件的发生，在客观上降低发承包双方交易的成本。但是，需要注意的是，为了保证竣工决算审计和工程签证延伸审查的中立性和公正性，竣工决算审计单位派出的审计和延伸审查的工作人员应当是同一批人员，且必须对签证延伸审核内容负责，在出现争议的时候，相关人员必须作为审查机构出庭作出解释说明，以更好地帮助法院解决当事人之间的争议。

---

〔1〕 柳雨良：《建设工程签证的法律规制研究》，西北师范大学2021年硕士学位论文，第34~37页。

〔2〕 柳雨良：《建设工程签证的法律规制研究》，西北师范大学2021年硕士学位论文，第34~37页。

2. 完善现场签证相关规则，避免后期出现纠纷

此外，在工程结算时，不可避免地会存在造价纠纷，此时现场签证作为工程结算价款支付的一种重要凭证，能否直接证明工程价款的结算以及应当如何对工程价款进行计算将直接关系到当事人的利益诉求。但是，现场签证目前在我国司法实践中还存在诸多争议，且不同法院在司法裁判中观点不一，发承包方在实践中面临签证纠纷时，难以有效保障其权益。

其一，对于现场签证主体资格问题，有司法裁判观点认为，只要现场签证文件上有承发包双方人员签字，均可认定其为有效签证。但是，针对一些不适格主体签证如果也同样认为是有效的话，将会带来很多不必要的风险，比如承发包方的代表或者一些不适格主体代替相关人员的签证，一般不被认为是有效签证。如果不对这种签证进行区分，而是直接将其认定为有效签证，就有可能会将一些"虚假签证"误认为是有效签证，从而损害当事人一方的利益。一般现场签证所涉及的金额比较巨大，签证的合法性及有效性通常会成为案件的争议焦点。为了避免纠纷，在工程管理过程中，承发包双方均应加强现场签证管理，而在判断现场签证的有效性问题时，需要综合考虑影响工程签证的各方面因素。针对我国目前工程签证存在的问题，需要进一步完善相关立法，以便为现场签证相关案件裁判提供指引，更好地解决工程纠纷。对于工程签证结算的领域从立法角度考虑还是需要回归到管理提到的专人专项管理，由此对变更事项和反复拆建的情形才能从时间节点和全面管理上进行梳理，防止遗漏。[1]

其二，明确现场签证的法律属性，宜将现场签证作为工程结算的直接证据。现场签证是承发包双方在现场对工程变更所作出的一种书面凭证，是基于双方意思表示一致所作出的决定，并能够单独、直接证明案件的主要事实，因而在双方产生争议时，可以作为直接证据来使用。尤其是在涉及工程量、工程价款计算时，合法有效的现场签证能够被直接计入工程结算。而在司法实践中，除非存在其他相反证据证明可以推翻，现场签证只要是合法有效的，在一般情况下都会被法院作为直接证据采信，而如果当事人另一方认为签证存在虚假内容，可以进行另行起诉。但是，在实践中也会存在一些签证由于客观原因导致签证无效的情形出现。例如，在签证过程中，发包方不给签证

---

[1] 徐振娜：《工程签证法律问题研究》，大连海事大学 2014 年硕士学位论文，第 16 页。

签字盖章，导致其缺乏相应的形式要件。在此种情形下，签证即使缺乏相应的构成条件也被认为是有效的，但如果是承包方不主动去完成签证所需的条件，因自身管理缺陷导致签证无效，在此种情形下应由承包方承担无效的后果。而法院在审理此类案件时，认为那些形式要件虽未达成的签证也会认可其成立的裁判观点，可能会削弱发包方对签证的管理，由于双方在签订合同时一般会对现场签证进行约定，要求签证必须有管理方签字盖章方可生效。

其三，在一些涉及工程签证的签发程序上，应当本着有利于施工和"意思自治"的原则进行设置。在一些发生于非承包方责任的情形下，可以通过法律明确规定，将工程签证的性质作为补充合同认定，直接将承包方提出申请的时间作为合同成立的时间，而发包方对一些涉及工程签证金额的认定、工期的审核等并不影响对该事件性质的认定。此举有利于解决由不抗力事件导致工程变更，继而引发的工程签证等问题，避免在此类实践中承发包双方因签证程序而产生后期争议。而根据2020年颁布实施的《最高人民法院关于审理建设工程施工合同纠纷案件适用法律问题的解释（一）》第24条的规定，当事人就同一建设工程订立的数份建设工程施工合同均无效，但建设工程质量合格，一方当事人请求参照实际履行的合同关于工程价款的约定折价补偿承包人的，人民法院应予支持。实际履行的合同难以确定，当事人请求参照最后签订的合同关于工程价款的约定折价补偿承包人的，人民法院应予支持。此处关于折价补偿的规定，其初衷是对承包方获得补偿予以适当的保护，使工程项目得以完成。但是，在实践中，由于折价补偿的标准不明确，各地法院关于折价补偿的裁判依据也不一致，承包方可能会刻意压缩工程签证所涉及的价款和工期，来促成与发包方达成和解。因此，为了能够减少承发包双方的矛盾，可以在法律中对工程价款和工程量的参照标准进行进一步明确化。例如，可以当地政府的指导价或者同期行业价作为标准，为承发包在产生争议时提供一种可借鉴的处理模式，尽可能使争议在进入司法程序前能够得到顺利解决。这既可以节约司法成本，同时又能让承发包双方保持长久的良好合作关系，营造一个温馨的市场交易环境。

（二）完善工程师和索赔制度，有效推动争议的解决

1. 扩大工程师工程变更的自主权，减少索赔事件发生

目前，我国 2017 年版示范文本对索赔已经作出了详细的规定，但与国际上 2017 年版 FIDIC 合同条件相比仍存在一定差距。具体表现在：首先，在建筑工程领域，受制于技术、自然条件等因素的影响，建筑工程合同的履行一般主要依靠专业的人士或群体来完成。此时，会有很多职业化的专业人士来参与工程项目的监督、管理和实施。例如，监理人是受发包人委托按照法律规定进行工程监督管理的法人或其他组织，而设计人是在专用合同条款中指明的，受发包人委托负责工程设计并具备相应工程设计资质的法人或其他组织。其中，监理人和设计人就属于专业人士来协助发包方顺利完成工程项目。相比于发包方而言，监理人和设计人具备专业的知识，能够在项目实施过程为发包方提供专业的服务和指导，同时也可以对承包方实施有效监督，为承发包方之间的有效沟通提供了良好的渠道。在 2017 年版 FIDIC 合同条件中，工程师主要从事协调、决策和监管的工作。但是，从 1999 年版红皮书到 2017 年版红皮书，工程师在管理项目组织的工作中都包含着协调、决策和监管三大角色，但在每项角色的具体工作中都有所调整，工程师角色在演变。从整体上看，工程师每个角色项下的工程师工作内容都有了较大幅度的提升，相关规定更加详细和明确，更具可操作性。[1]

我国《民法典》《建筑法》《建设工程质量管理条例》以及《建设工程安全生产管理条例》等相关法律法规已经对工程师的基本含义和主要内容进行了规定，但长期以来工程师的法律地位和权责问题却广受争议，特别是当工程师实施的具体行为成为建设工程施工合同纠纷的争议焦点时，如何界定他们的权限范围，以及如何认定他们实施相关行为之后的法律效力、法律后果及责任承担，一直是理论界和实务界面临的难点问题。而在 FIDIC 系列文本中工程师的地位明显要高于我国，其在工程质量的监督、工程进度的监管等方面都享有很高的自主权。而我国工程师的自主性很弱，在很多的事项上要得到发包方授权后才可以进行，这就导致了工程师的作用无法完全发挥，尤其是在涉及一些紧急事项需要对工程进行调整时，工程师往往处于被动地位，

---

[1] 张水波、匡伟：《FIDIC 2017 版施工合同条件中工程师角色职能分析》，载《天津大学学报（社会科学版）》2021 年第 6 期，第 483~487 页。

无法有效履行监管职责。对此，有人建议将工程监理人作为独立的"第三方咨询服务主体"，通过构建多元化的委托方式，在工程监理人与其他主体建立的委托合同法律关系的基础上，正确认定工程监理行为的效力和法律后果承担，促进监理人权、责的平衡发展，进而更好地实现监理制度以及全过程工程咨询制度对建设工程行业发展的积极作用。[1]

就此而言，为了能够更好地让工程师发挥作用，我国可以适当借鉴 FIDIC 合同条件关于工程师的相关规定，要求发包方给予工程师适当的自主权，包括指令变更、设计等权利可以适当让工程师参与其中，避免发包方因专业知识的欠缺而影响决策，最终引发索赔事件。同时，在出现工程质量或数量争议时，工程师可以被作为裁判者按照正规的工程标准作出正确处理。考虑到工程师的专业性要求，建立一个独立而又稳定的工程师职业体系迫在眉睫。对此，要强化对工程师的选拔和考核，将提高工程师的专业素养作为扩大工程师权利的一个重要保障，作为工程师的监管部门，包括政府主管部门和行业协会等应当强化对工程师技能的培训和管控，要对工程师行为进行严格监督，加大对一些失信工程师的惩戒力度，提升工程师的整体职业素质，强调工程师的权责统一，为工程师在施工领域的核心地位奠定基础。

2. 完善索赔的提出和争议解决程序，提升索赔效率

我国建设工程施工合同示范文本最早规定的解决方式主要包括和解、调解、诉讼和仲裁四种，2013 年版示范文本新增了争议评审制度的规定，并在 2017 年版示范文本中得到了进一步细化。但是，与 FIDIC 系列文本相比，我国建设工程施工合同有关"索赔"条款的相关规定仍存在不足，需进一步修改完善。例如，根据 2017 年版示范文本"19.3 发包人的索赔"的规定，发包人应在知道或应当知道索赔事件发生后 28 天内通过监理人向承包人提出索赔意向通知书，发包人未在前述 28 天内发出索赔意向通知书的，丧失要求赔付金额和（或）延长缺陷责任期的权利。而 2020 年版示范文本同样也规定，在索赔事件发生后的 28 天内提交索赔意向通知书，逾期则丧失要求追加/减少付款、延长缺陷责任期和（或）延长工期的权利。在发出索赔意向通知书后 28 天内，索赔方应提交索赔报告。值得注意的是，如果索赔事件具有持续影

---

〔1〕 王译曼：《我国工程监理人的法律地位与权责研究》，长沙理工大学 2018 年硕士学位论文，第 37~40 页。

响，则索赔方应每月递交延续索赔通知，在索赔事件影响结束后 28 天内，索赔方应向对方递交最终索赔报告。但是，此项规定仍然存在一些缺陷，在建筑工程领域，尤其是一些大型的施工项目，从发现索赔事件到具体核对索赔的金额，以及提出索赔解决的方法等都需要很长的时间来验证。此项 28 天的规定过于绝对，忽视了一些其他因素对索赔期限的影响，尤其是对于索赔的提出和索赔的程序等细节缺乏具体的指引。

由于我国法律层面上并无明文规定，因此在实务中存在不同的理解。一方面，司法实务中认为合同约定"逾期索赔失权"属于无效，有人认为索赔权系请求权，请求权的行使适用诉讼时效。根据《民法典》第 197 条的规定，诉讼时效的期间、计算方法以及中止、中断的事由由法律规定，当事人约定无效。当事人对诉讼时效利益的预先放弃无效。因此，当事人对索赔期限的约定无效，自然不存在逾期索赔问题，更不会发生逾期索赔失权的后果。也有观点认为，"逾期索赔失权"属于无效的理由在于，当事人对索赔期限的约定系双方对于解决纠纷的程序性约定，未对该约定做无效的否定性评价，但该期限并非权利存续期间（除斥期间）。该约定不会导致未在 28 天内索赔即丧失索赔权的后果。而"逾期索赔失权"属于有效的观点认为，逾期索赔失权条款系双方当事人的真实意思表示，内容未违反法律、行政法规的强制性规定，合法有效，双方均应当按约履行。他们主要依据的是《民法典》第 199 条的规定，法律规定或者当事人约定的撤销权、解除权等权利的存续期间，除法律另有规定外，自权利人知道或者应当知道权利产生之日起计算，不适用有关诉讼时效中止、中断和延长的规定。存续期间届满，撤销权、解除权等权利消灭。也有观点持折中的看法，认为约定索赔期限的法律后果与权利失效制度相近，依权利失效制度，索赔期限届满，当事人未必丧失胜诉权和实体权利。索赔期限届满是否失权，应当根据个案具体情形是否符合权利失效的构成要件进行判断。

索赔时效是索赔权利得以行使的重要前提，无论是 FIDIC 合同条件还是国内的建设工程施工合同示范文本，都要求承包商在知道索赔事件后 28 天内向业主或工程师进行报告，并上报索赔文件。但是，FIDIC 与示范文本也有一些不同。例如，根据我国 2017 年版示范文本的规定，在索赔事件发生后 28 天内，承包商应向工程师提交索赔意向通知书，说明索赔事项的理由，否则承包商将彻底丧失索赔权利。而 2017 年版 FIDIC 合同条件（黄皮书/银皮书）

则要求承包商在索赔事件发生后 28 天内向业主发出索赔通知，否则业主由索赔事件引起的全部责任就会被免除。但是，与 2017 年版示范文本不同的是，在 2017 年版银皮书合同条件下，如果业主认为承包商提出索赔通知超过了上述规定时间，业主应在收到索赔通知后 14 天内向承包商发出通知，说明不接受该逾期索赔通知的理由，告知承包商该索赔通知无效。如果业主未在 14 天内发出通知，该承包商索赔通知则被视为"有效的索赔通知"。此外，即使业主在 14 天内向承包商发出了"无效的索赔通知"，如果承包商不接受业主提出的理由，或者有充足、合理的理由解释延迟发出索赔通知的原因，承包商仍可以在后续的详细索赔报告中给出解释说明，坚持自己的索赔主张。

产生上述争议的实质是当前人们对"索赔权"属于请求权还是形成权的认识不同，对权利性质的认定不同，所适用的期间制度当然不同。通常而言，债权请求权适用诉讼时效，而形成权原则上适用除斥期间。对此，应当在立法中对"逾期索赔失权"的权利性质作进一步的明确规定，以减轻司法实务中应用混乱之局面。而根据 [2019] 最高法民申 2708 号案可以发现，西藏自治区高级人民法院在审理该案时认为适用除斥期间的权利为撤销权、解除权等形成权，认为该案中的索赔权属于损害赔偿请求权，不适用除斥期间，以诉讼时效利益的预先放弃无效，最高人民法院在再审程序中支持了西藏自治区高级人民法院的裁判观点，并驳回了承包方的诉讼请求，最高人民法院为"索赔权"是属于请求权而不是形成权提供了一个判断基准。此外，索赔程序在启动程序上缺乏一些具体的指引，也给索赔工作带来了一系列问题。基于建筑行业的特殊性，在建筑施工过程中，各种突发情况导致的工程争议和纠纷无法避免，而索赔作为纠纷解决的一种重要方式在建筑施工领域越来越占据重要的位置。因此，针对建筑工程领域索赔的实践经验，结合国外 FIDIC 合同条件中的相关规定，我国索赔制度还应当从以下几个方面来进行修改完善：

其一，虽然我国建筑工程相关示范文本已经对索赔制度进行了详细规定，并已经吸收和借鉴了 FIDIC 合同条件中大量的相关规则，具有很大的进步意义。但考虑到我国特殊的国情和社会文化背景，单纯依靠双方签订自愿性的示范文本难以有效应对当前建筑工程领域面临的问题，有必要通过制定并完善相关法律法规，依靠国家强制性的方式来保障索赔制度的顺利运行。以《建筑法》为例，该法中的主要条款设计是关于行政机关对建筑工程的行政管理以及有关建筑工程质量方面的规定，但并未对"索赔"内容进行规定。而其他一些相关的法律法规涉及建筑工程合同、违约责任等相关规定，可以为工程索赔提供一种间接的依据，但也缺乏对索赔条款的直接规定。而如果将索赔完全视为一种由当事人双方自由约定的条款，则难以真正对当事人的行为进行有效规范。因此，要提升对"索赔"的重视、提高索赔水平，就需要建立更加明确和具体的规则，通过法律的强制手段来规范索赔行为。例如，在相关法律法规中增加工程索赔相关索赔内容，明确索赔的原因和启动程序、索赔的举证责任和索赔违约责任等相关内容，同时还要出台相配套的司法解释、行政法规，以进一步规范工程索赔行为。如最高人民法院可对建设工作索赔纠纷中的典型问题进行深入研究后，总结出相应的审判经验、审判规律，适时颁布审理建设工程索赔案件的司法解释，发布指导性案例，统一全国各地法院处理建设工程索赔纠纷法律问题的认识以及规范法官的裁量权，为索赔纠纷的解决提供良好的法治环境。[1]

其二，在争议评审小组的规则设立上也存在诸多不完善之处。例如，根据 2017 年版示范文本 "20.3.1 争议评审小组的确定"的规定，合同当事人可以共同选择 1 名或 3 名争议评审员，组成争议评审小组。除专用合同条款另有约定外，合同当事人应当在合同签订后 28 天内，或者争议发生后 14 天内，选定争议评审员。此处由当事人来选择评审员组成争议评审小组，体现了双方当事人的自由意志，保证争议能够在较短的时间内得到解决，具有一定的积极意义。此外，示范文本还规定，争议评审员可以由合同当事人共同确定，选择 3 名争议评审员的，由各自选定 1 名，第三名成员为首席争议评审员，由合同当事人共同确定或由合同当事人委托已选定的争议评审员共同确定，或由专用合同条款约定的评审机构指定第三名首席争议评审员。但是，示范文本虽对评审员的组成数量和选择有规定，但是对于评审员的资格、要求等条件并没有作进一步的规定，进而可能导致一些非专业、非中立的评审员参与到争议处理当中，不利于争议的实质性解决，造成形式意义高于实质意义。此外，虽然 2017 年版示范文本明确规定了当建设工程施工过程中出现争端时可以运用争议评审方式，但因建设工程施工合同只是合同条款，并不

---

〔1〕 王艺霖：《我国建设施工合同与 FIDIC 施工合同条件下工程索赔的比较研究》，长沙理工大学 2018 年硕士学位论文，第 35~37 页。

具备法律强制执行力，即使双方选择了争议评审意见且赋予了合同效力，但当一方消极履行时，由于无法进行强制执行，此时会产生新的履行争议。我国已有一些争议评审适用的实践，但争议评审制度在我国的实际应用率依旧很低，确切地说，我国完全出资的工程项目出现争议时，鲜有合同双方选择争议评审的方式来解决争端问题。这充分说明了该项方式在制度设计上存在一些问题。其中，包括法律层面规定的不完善、相关人才的欠缺等都是制约这一方式得到应用的重要因素。

鉴于建筑工程项目主体关系复杂、建设周期长且环境变数大等特点，在施工过程中产生各种争议是无法避免的。但是，面对各种纠纷，尤其是涉及索赔事项，如果只是依靠传统的方式予以解决无法满足工程领域的实践需要。与此同时，过于繁杂的纠纷处理时间较长且成本较高，容易引起承发包双方的矛盾，更不利于工程的顺利进行。故而，争议评审机制的引入能够在很大程度上弥补这一不足，同时也极大地节约了原本就紧张的司法资源。因此，在现有相关法律法规的基础上，需要尽快出台制定专门的争议评审法律法规，提升争议评审的法律地位。其中，要对争议评审的程序、资格的选拔以及评审员的权利、义务和责任进行详细具体的规定，使争议评审委员作出的裁决具备相应的法律效力。除了传统的和解、调解、诉讼和仲裁四种争议处理方式之外，还可以在建筑工程领域适用争议评审道德处理方式。此举不仅有利于创新当前的争议处理模式，使争议评审与其他四种处理方式并驾齐驱，提升争议评审这一方式的适用范围，同时还可以扩大其影响力，并通过其他部门法规定的方式来达到对争议评审的间接保障，使争议评审能够在规范的范围内进行。

此外，针对争议委员会作出的决定，其效力问题不仅需要在合同条款中作出约定，还应该在一些具体的法律中及进行明确，并通过赋予其裁决方式相应的司法执行力，使其具有实质上的意义。争议评审不仅与争议评审机构多寡相关，更是与专业人才的质量相挂钩。争议评审方式对专家的要求极高，既要有扎实的理论功底，同时又必须具备丰富的建设工程实践经验，所以培养优秀的评审专家具有至关重要的作用。一方面，要加强对争议评审专家的培养，建立相应的人才标准规则，使其人员组成既要符合学历、专业知识面、工程实践及处理争议经验的要求，同时也要综合考虑道德综合品质，以严格的标准来选出最优秀的人才，还要加强考核、监督管理机制，定期组织考试和颁发资格认证书，通过制定相应的准入和淘汰机制，使争议评审的正向价值得到充分保障。考虑到我国大部分建设工程项目都是在交通比较偏远的山区，如果要求所有的争议评审专家都定期前往施工现场勘查处理各种情况，成本较高且对争议评审专家比较苛责。故此，可以适当引入在线纠纷解决方式，通过利用网络、电子邮件或者 VR 等现代信息技术来加强现场勘查以及人员之间的交流沟通，在必要的时候可以通过线上方式来进行调解和化解矛盾。此举不仅有利于节省承发包方的时间成本和人力成本，也能极大地减轻争议评审专家的工作负担。

对于当事人而言，为了保证设计变更、工程签证管理工作的开展，应当将设计变更的权责落实到具体负责人之上，从而规范变更管理的效果，提升设计变更、工程签证的管理水平。相关人员开展建筑工程项目施工时，应了解施工图、合同等相关规定，对施工现场仔细开展勘探工作，及时了解施工中的异常情况与工艺变动情况，知悉工程设计变更造成工程造价变化。在发生设计变更、工程签证等事项时，应当要求参与施工项目的相关人员充分了解合同内容以及变更签证的相关申报程序，并对合同相关内容进行交底记录，保证所有人员和事项的进行都能以合规的方式展开。而在对工程签证进行管理时，管理人员需要审核签证程序是否属实、合规，施工单位是否存在设计人员、监理人员、建筑单位主管人员通过虚抬工程量或提高工程单价方式套取高额工程款的行为，应进行严格管理，保障各项管理工作的实际开展效果，包括审查签证环节是否严格按照相关制度的规定开展施工，是否满足招投标文件及施工合同的具体要求等。如果是由施工单位原因导致的设计变更，无须进行变更费用的承担，而对受到影响的单位则应给予索赔处理。

三、关于"不可抗力"相关规则的完善路径

在建设工程施工合同中，当事人对合同能够继续履行的期待要明显高于其他行业，但是建设工程合同解除后，就工程已完成部分的处置、结算、索赔等问题依然存在。而且，争议往往更加复杂，这些争议比合同继续履行更加棘手。根据前文分析可知，由于 FIDIC 合同条件针对国际工程行业，需要在多样化的法域中适用，所以具有鲜明的独特性和专向性，而我国属于大陆法系国家，主要采用的是法典化形式来对工程行业进行规制，因而与 FIDIC 合同条件相关规定也会存在不小差异。例如，在法定免责事由与约定免责事

由上，不可抗力在我国法律规定是一项法定的免责事由，当事人即便未在合同中明确约定，仍可根据法律规定主张不可抗力。但是，在 FIDIC 合同条件中，例外事件属约定免责事由，二者对于免责事由的不同规定充分体现了两种法系的不同。

在涉及一些其他内容方面，国内国外相关规定也存在一些差异，这些差异或许可以为我国所借鉴。例如，根据示范文本的定义，不可抗力主要是指合同当事人在订立合同时不可预见，在合同履行过程中不可避免、不能克服且不能提前防备的自然灾害和社会性突发事件。2017 年版银皮书将不可抗力称为例外事件（Exceptional events）。此外，2017 年版银皮书认为业主应承担由不可抗力引发的包括工期和费用的一切损失，包括承包商的人员和机械损失，承包商在履行了合同规定的通知义务后，有权进行索赔。因此，在订立合同时，建议承发包双方在专用合同条件上对不可抗力造成的工期延误和经济损失的风险与责任划分进行明确规定，以避免后期产生争议。

其次，2020 年版示范文本第 17.4 条［不可抗力后果的承担］约定："不可抗力导致的人员伤亡、财产损失、费用增加和（或）工期延误等后果，由合同当事人按以下原则承担：（1）永久工程，包括已运至施工现场的材料和工程设备的损害，以及因工程损害造成的第三人人员伤亡和财产损失由发包人承担；（2）承包人提供的施工设备的损坏由承包人承担；（3）发包人和承包人各自承担其人员伤亡及其他财产损失；（4）因不可抗力影响承包人履行合同约定的义务，已经引起或将引起工期延误的，应当顺延工期，由此导致承包人停工的费用损失由发包人和承包人合理分担，停工期间必须支付的现场必要的工人工资由发包人承担；（5）因不可抗力引起或将引起工期延误，发包人指示赶工的，由此增加的赶工费用由发包人承担；（6）承包人在停工期间按照工程师或发包人要求照管、清理和修复工程的费用由发包人承担。"而《房屋建筑和市政基础设施项目工程总承包管理办法》（建市规［2019］12 号，以下简称《工程总承包管理办法》）第 15 条则规定："建设单位和工程总承包单位应当加强风险管理，合理分担风险。建设单位承担的风险主要包括：……（五）不可抗力造成的工程费用和工期的变化。"由此可见，二者在对不可抗力的风险承担上存在差别。

在《工程总承包管理办法》中，不可抗力所导致的风险主要由发包人承担，建设单位和总承包商只是对不可抗力造成的风险起到一个分担作用，但是 2020 年版示范文本中，对不可抗力造成损害的原因进行了详细规定。在这里，发承包方都是不可抗力风险承担的主体，不存在谁主谁次的问题。而在 2017 年版 FIDIC 系列文本下，不可抗力也称为"例外事件"（Exceptional Events），构成例外事件需要满足"（i）一方无法控制的；（ii）该方在签订合同前；（iii）发生后，该方不能合理避免或克服的；（iv）不能归责于另一方的"四个条件。和我国示范文本的规定一样，FIDIC 系列文本也列举了不可抗力的几种情况，但对不可抗力的类型加以区分：从（a）到（e）是社会性突发事件，而（f）则是自然灾害。FIDIC 系列文本第 18.4 条［例外事件的后果］约定："承包商有权根据第 20.2 款［付款和/或竣工时间延长的索赔］的规定要求：（a）竣工时间的延长（和/或）；（b）如果该例外事件属于第 18.1 款［例外事件］（a）至（e）段所述的类型，且该款（b）至（e）段所述例外事件发生在工程所在国，此类费用的支付。"由此可知，针对社会性突发事件，一般由承包方向发包方进行索赔，但如果是自然灾害，则承包方需要自己承担费用损失。

关于不可抗力条款和情势变更规则的关系，建设工程施工合同的常见模式主要包括成本加酬金合同和可调价合同，这两者都可根据实际发生成本或合同约定进行结算，因而受情势变更规则的影响较小。但固定价格合同主要约定的总价或单价一般不能调整，因而属于情势变更规则适用的重点情形。在不可抗力规则与情势变更规则的关系上，我国《民法典》第 533 条的情势变更规则与不可抗力规则形成衔接关系。例如，发生不可抗力时存在两种可适用的规则：第一种是适用不可抗力产生法定解除权规则，直接通过行使解除权解除合同；第二种是适用情势变更规则，双方可先协商，协商不成的，可请求法院或仲裁机构变更或解除合同。即如果不可抗力并未导致合同目的无法实现，可以依据情势变更规则请求法院或者仲裁机构变更甚至解除合同。但是，我国关于情势变更的相关规定主要表现为原则性条款，在具体适用中难免会存在不确定性问题，从而给司法实践造成困难。例如，关于"无法预见""商业风险""明显不公"等词汇，法律或司法解释并未进行明确界定，由此导致司法实践中面对同一种因素导致材料价格上涨之情形，在不同区域，有些法院可能会认定属于情势变更而要求当事人一方予以补偿，而有些法院可能认定为正常的商业风险而要求当事人风险自担。而在实践中，法官对以"情势变更原则"为依据进行裁判也持较为谨慎的态度，这也与该原则规定较为模糊有关。

虽然 2017 年版 FIDIC 合同条件也确立了"例外事件"条款与情势变更条款的相互衔接制度，但考虑到英美法系国家没有明确的情势变更法律规定，为了便于 FIDIC 合同条件在国际上的通行使用，因而其没有直接规定情势变更原则，但在具体情形上实际已然确立了情势变更相关规则，且可操作性明显要强于我国。例如 2017 年版 FIDIC 合同条件针对不同情形的情势变更设立了不同的权利保护路径，即其第 8.5（d）条"因瘟疫、政府行动造成人员或货物不可预见的短缺"（可请求延长工期）、第 13.6 条"法律改变的调整"（可请求调整合同价格）、第 13.7 条"成本改变的调整"（可请求调整价格）等。[1]就此而言，为了保证"不可抗力""情势变更"等原则在司法实践中的适用，需要在我国建立以不可抗力与情势变更等为原则的具体、细致的适用机制。

以固定总价合同为例，在此类合同中，发承包双方一般会采取两种合同形式：一种是对人工、材料、机械等费用上涨的处理在合同中不予明确约定，一旦出现价格上涨的情形，如果合同未约定如何处理，一般参照 2013 年版《建设工程工程量清单计价规范》的市场价格波动相关价格调整条款进行，主要是以 5% 作为幅度进行限制，超出的由当事人双方协商确定，协商不成的参照当地行业文件有关的价格调整条款进行。另一种是直接在合同中约定，无论市场如何变化价格都不予以调整。此约定虽然将情势变更原则排除在合同的适用范围之外，但是如果出现不可抗力或者因情势变更之情形导致继续履行合同会对当事人一方明显造成不公平，当事人仍可请求变更或者解除合同。例如，《民法典》第 533 条就规定，合同成立后，合同的基础条件发生了当事人在订立合同时无法预见的、不属于商业风险的重大变化，继续履行合同对于当事人一方明显不公平的，受不利影响的当事人可以与对方重新协商；在合理期限内协商不成的，当事人可以请求人民法院或者仲裁机构变更或者解除合同。人民法院或者仲裁机构应当结合案件的实际情况，根据公平原则变更或者解除合同，此举更有利于保护遭受损害的一方当事人利益。

实务中一直以来对情势变更和商业风险的界限较难划清，尤其是多大程

---

〔1〕 田曙光：《新版 FIDIC 合同"异常事件"条款与中国不可抗力规则之比较》，载《国际工程与劳务》2023 年第 8 期，第 71~73 页。

度上属于商业风险以及如何是属于明显不公平缺乏明确的判断标准，导致在司法实践中认定不一，给司法裁判带来了很大的不确定性，此处需要通过司法解释或者以指导性案例来作进一步的解释说明，避免司法实践审判标准不统一。《最高人民法院〈关于当前形势下审理民商事合同纠纷案件若干问题的指导意见〉》（法发［2009］40 号）规定："3. 人民法院要合理区分情势变更与商业风险。商业风险属于从事商业活动的固有风险，诸如尚未达到异常变动程度的供求关系变化、价格涨跌等。情势变更是当事人在缔约时无法预见的非市场系统固有的风险。人民法院在判断某种重大客观变化是否属于情势变更时，应当注意衡量风险类型是否属于社会一般观念上的事先无法预见、风险程度是否远远超出正常人的合理预期、风险是否可以防范和控制、交易性质是否属于通常的'高风险高收益'范围等因素，并结合市场的具体情况，在个案中识别情势变更和商业风险。"虽然最高人民法院对商业风险已经进行了相应的解释，但仍缺乏具体的专门指导，可以进一步例举出在价格变化时，哪些属于正常的商业风险、哪些属于发承包正常的专业知识判断范围。

参考文献

一、专著类

1. 杨晓林、冉立平主编:《建设工程施工索赔》,机械工业出版社 2013 年版。

2. 刘力、钱雅丽主编:《建设工程合同管理与索赔》（第 2 版）,机械工业出版社 2012 年版。

3. 常设中国建设工程法律论坛第十六工作组:《建设工程质量纠纷裁判指引》,法律出版社 2023 年版。

4. 常设中国建设工程法律论坛第八工作组:《中国建设工程施工合同法律全书:词条释义与实务指引》,法律出版社 2021 年版。

5. 黄喆:《中德比较法视野下工程合同的规范构造》,东南大学出版社 2020 年版。

6. 最高人民法院民事审判第一庭编著:《最高人民法院建设工程施工合同司法解释（二）理解与适用:条文·释文·原理·案例》,人民法院出版社 2019 年版。

7. 常设中国建设工程法律论坛第五工作组:《建设工程施工合同纠纷证据指引理解与适用》,法律出版社 2018 年版。

8. 朱树英、曹珊主编:《〈建设项目工程总承包合同（示范文本）〉（GF-2020-0216）适用指南》,法律出版社 2021 年版。

9. 李德智、刘亚臣编著:《FIDIC 合同条款概论》,中国建筑工业出版社 2017 年版。

10. 徐培涛:《FIDIC 合同条件下 EPC 项目风险分析与对策》,机械工业出版社 2021 年版。

11. 应秀良、应旭升主编:《建设工程常见法律实务问题全解答》,法律出版社 2021 年版。

12. 宋宗宇等:《建设工程索赔与反索赔》,同济大学出版社 2007 年版。

13. 袁华之:《建设工程索赔与反索赔》,法律出版社 2016 年版。

14. 陈津生主编:《FIDIC 施工合同条件下的工程索赔与案例启示》,中国计划出版社 2016 年版。

二、期刊论文类

（一）期刊论文

1. 黄喆：《情势变更原则在建设工程合同中的适用———德国建筑私法实践及其对我国的启示》，载《法律科学（西北政法大学学报）》2013 年第 5 期。

2. 张水波、匡伟：《FIDIC 2017 版施工合同条件中工程师角色职能分析》，载《天津大学学报（社会科学版）》2021 年第 6 期。

3. 田曙光：《新版 FIDIC 合同"异常事件"条款与中国不可抗力规则之比较》，载《国际工程与劳务》2023 年第 8 期。

4. 吕双全：《合同变更中同一性识别规则的规范构造》，载《现代法学》2021 年第 2 期。

5. 宿辉、何佰洲：《2013 版〈建设工程施工合同（示范文本）〉解读》，载《建筑经济》2013 年第 6 期。

6. 陈勇强、张水波、吕文学：《2017 年版 FIDIC 系列合同条件修订对比》，载《国际经济合作》2018 年第 5 期。

7. 祝捷、姚前、王一理：《FIDIC 银皮书模式下承包方不可预见风险策划研究——以新旧两版合同条件的变化解读为引》，载《福建建筑》2022 年第 4 期。

8. 李成业：《FIDIC 合同中"工程变更条款"的关键点解读》，载《项目管理评论》2021 年第 4 期。

9. 贾世军：《谈对有异议的工程签证进行"延伸审核"》，载《工程造价管理》2019 年第 1 期。

10. 梁晋：《"工程变更"与"合同变更"有啥不同》，载《中国招标》2015 年第 40 期。

11. 蒋朝敬：《工程签证中常见问题及应对措施》，载《中国高新科技》2021 年第 17 期。

12. 尹贻林等：《2013 版清单计价模式下现场签证对合同价款调整的多案例研究》，载《项目管理技术》2015 年第 6 期。

13. 徐江：《工程管理中签证形式要件的法律启示》，载《中国招标》2013 年第 35 期。

14. 吕先红、胡高、胡环：《浅谈现场工程签证存在的常见问题及应对办法》，载《中华建设》2020 年第 4 期。

（二）学位论文

1. 王译曼：《工程施工中监理人法律地位研究》，长沙理工大学 2018 年硕士学位论文。

2. 徐振娜：《工程签证法律问题研究》，大连海事大学 2014 年硕士研究生论文。

3. 柳雨良：《建设工程签证的法律规制研究》，西北师范大学 2021 年硕士学位论文。

4. 吴书安：《工程变更管理的研究》，东南大学 2006 年硕士学位论文。

5. 刘进明:《合同履约效率改善视角下工程变更柔性条款设置研究》,天津理工大学 2017 年硕士学位论文。

6. 白艺:《建设工程合同发包人单方变更权的规制问题研究》,东南大学 2021 年硕士学位论文。

7. 仝晓蕊:《建设项目工程变更对施工合同价款的影响研究》,东南大学 2017 年硕士学位论文。

8. 吴林:《论不可归责于承包人之工期迟延责任》,东南大学 2017 年硕士学位论文。